U0100585

大展好書　好書大展
品嘗好書　冠群可期

大展好書　好書大展

品嘗好書・　冠群可期

道家養生與生命科學 ⑦

《黃帝外經》
丹道修真長壽學

黃帝岐伯 ／原著

蘇德仙　廖冬晴 ／編著
嵇道明　杜葆華

大展出版社有限公司

中國道家內丹養生之道祖師　中華民族神聖祖先　黃帝　聖像

軒轅黃帝登臨崆峒山向廣成子問道圖

中華聖祖軒轅黃帝坐像

黃帝丹道師父廣成子聖像

岐伯像

岐伯是我國遠古時代最著名的醫生，他又被尊稱為岐天師，
意為懂得修養天真的生知先覺者。

《黃帝內經》《黃帝外經》著者之一岐伯聖像

中國道家丹道養生祖師老子聖像

孫思邈圣像（公元541～682）

黃帝、老子丹道傳師藥王孫思邈聖像

《黃帝外經》《老子道德經》丹道當代傳人吳雲青（1838～1998）

弘揚丹道

造福人天

贈天下善士

吳云青书

丙子年秋

世界著名《老子道德經》養生之道當代傳人吳雲青墨寶

苏华仁道長

丹道回春

丙戌秋

唐明邦

當代易學與道學學術泰斗武漢大學唐名邦教授墨寶

142歲的吳雲青增補為延安市政協委員

陝西省延安市青化砭村142歲的老人吳雲青，增補為延安市五屆政協委員。

吳雲青出生於清朝道光18（戊戌）年臘月（即1839年）。原為青化寺長老，現為人民公社社員。他雖然經歷了142個春秋，但仍精神矍鑠，步履穩健。

張純本攝（新華社稿）

1980年9月10日《人民日報》第四版

世界著名生物學家牛滿江博士1982年專程來中國北京向邊智中道長學煉中國道家養生時合影

謹將本叢書敬獻給

中國道家養生之道集大成者
中華民族神聖祖先黃帝，老子

獻給渴望身心康壽事業成功，天人合一者。

中華聖祖黃帝、老子養生之道禮贊：

> 浩浩茫茫銀河悠，
> 浮動蔚藍地球，
> 造化生人世間稠
> 生老病亡去，
> 轉眼百春秋。

> 黃帝、老子創養生，
> 度人超凡康壽，
> 道法自然合宇宙
> 復歸於嬰兒，
> 含笑逍遙遊。

——蘇華仁

編委會名單

本叢書所載中國道家丹道修真長壽秘傳師承

1. 吳雲青（1838～1998）

中華聖祖黃帝，老子創立道家丹道修真長壽當代160歲傳師，世界著名壽星。（詳況登陸央視四台發現之旅「肉身不腐之謎」）

2. 邊智中（1910～1989）

中國道家華山派丹道修真長壽當代傳師，世界著名生物學家牛滿江道功師父。

3. 李理祥（1893～1996）

中國道家龍門派丹道修真長壽當代百歲傳師，中國當代著名道家醫學傳師。

4. 李嵐峰（1905～1977）

中國道家金山派丹道修真長壽當代傳師，張三豐太極拳與丹道修真長壽當代傳師。

5. 唐道成（1868～1985）

中國道家武當派丹道修真長壽當代117歲傳師，中國當代著名道家醫學傳師。

6. 趙百川（1876～2003）

中國道家青城山丹道修真長壽當代127歲傳師，中國當代著名長壽老人。

7. 李靜甫（1910～2010）

中國當代華山丹道道醫著名百歲道長、華山道教協會原會長。

中國道家丹道修真學與現代生命科學結合必將對現代人類身心健康長壽、事業成功做出巨大貢獻

——《中國道家養生與現代生命科學系列叢書》序之一

唐明邦 序

現代科學發展日新月異。無論宏觀世界或微觀世界研究都有長足進展。唯人體生命科學研究，相對滯後。人類修真長壽之道和生命科學研究成為當今熱門課題，實非偶然。《中國道家養生與現代生命科學系列》叢書，正好為人們提供一套中國先賢留下的寶貴修真長壽經典文獻與修真長壽之道，閱後令人高興頗感實用。其中主要包括：

①中國道家丹道養生修真學說；

②中國道家修真長壽精華內丹修真之道；

③中國道家內丹修真之道與現代生命科學結合對當代人類身心健康的啟示。

我今真誠向讀者推介本叢書，同時簡要試論其內容如下：

一、關於中國道家丹道養生修真學說

早在五千多年前，中國道家始祖、中華民族神聖祖先黃帝在其傳世名著秘著《黃帝外經》、《黃帝陰符經》就已提

出了深刻的丹道養生修真學說。後至距今2500年前，中國道家集大成者、「東方聖經」作者老子，建立了完整思想與修真長壽體系，成為中華傳統文化中的瑰寶。中華聖祖道家始祖黃帝、道家祖師老子，首先闡揚天人統一宇宙觀：《黃帝外經》中有「天人一氣篇」，《黃帝陰符經》精闢指出：「宇宙在乎手，萬化生乎身。」《老子道德經》第二十五章曰：「人法地，地法天，天法道，道法自然。」強調人同自然和諧統一。《老子道德經》第四十二章，同時闡發「萬物負陰而抱陽，沖氣以為和」的生命哲學，肯定人體保持陰陽和諧和維護生命的基本要求。莊子《齊物論》強調「天地與我並生，萬物與我為一」，人體小宇宙與天地大宇宙是息息相通的統一體。這也同《黃帝內經·素問·上古天真論》堅持的「法於陰陽，和於術數」哲學思想與修真長壽原理完全一致。道家丹道養生修真學說既指導又吸取中國傳統中醫學中的臟腑、經絡、氣血理論，認為人體生理機能的正常發揮，全靠陰陽與五行（五臟的代表符號）的相生相剋機制，調和陰陽、血氣，促使氣血流暢，任、督二脈暢通。後來道教繼承這一思想傳統，實現醫道結合，高道多成名醫，名醫亦多高道。宗教與科學聯盟，成為中國道家與道教文化的重大特徵。

中國道家丹道養生修真學說、博大精深包容宇宙，但其修真長壽之道卻至簡至易。其修真長壽三原則如下：

①道家修真長壽思想與修真長壽之道首先重心性修養，《老子道德經》第十九章強調「少私寡慾，見素抱樸」淡泊名利，貴柔居下，不慕榮華，超脫塵世紛擾。

②道家修真長壽、養性同時重視性格與生活習慣的修養，其核心機制尤貴守和。心平氣和，血氣平和，心性和

諧。

③在修煉完成心性和諧，道家則進一步提出性、命雙修，即心性與肌體雙修，最終達到天人合一，心理與肌體都復歸於嬰兒，長生久視。

道家修真長壽三原則是道家修真長壽最根本、最偉大之處，實乃人類修真長壽至寶。具有深遠科學價值與應用價值，這是歷史經驗與結論。

二、關於中國道家修真長壽精華內丹修真之道

中華民族神聖祖先、中國道家祖師黃帝，中國道家大宗師老子創立的道家丹道養生修真學說和道家內丹修真之道，為後來的中國道教繼承並發展，並以之為指導原則，繼承、創立了多種修真長壽方術，如服食、導引、胎息、存神、坐忘、房中術等；再經過歷代丹家長期實踐修煉，不斷總結提升，形成完整的內丹學體系，成為中國道教丹道養生修真學說與實踐的中心內容。故《黃帝歸藏易》、《黃帝內經》、《黃帝外經》和載於中國《道藏》的《黃帝陰符經》、《老子道德經》《太上老君內丹經》，是有史以來中國道家內丹修真之道最早的經典，因此，中國宋代道家內丹修真之道名家、中國道教南宗祖師張伯端在《悟真篇》曰：

《陰符》寶字逾三百，

《道德》靈文止五千，

今古上仙無限數，

盡從此處達真詮。

道家內丹修真之道的操作規程，多由師徒口傳心授，不立文字，立為文字者多用金烏、玉兔、赤龍、白虎、嬰兒、姹女、黃婆、黃芽等隱喻，若無得道名師點傳，外人實難領

悟。

　　修煉內丹，最上乘的修法是九轉還丹，其目的是讓人類透過內煉生命本源精、氣、神，達到「還精補腦」，再進一步達到天人合一；達到《老子道德經》第五十九章中講的：「是謂深根固蒂、長生久視之道。」

　　其具體修煉法如下：首先要安爐立鼎。外丹的鼎，指藥物熔化器，爐，指生火加熱器。內丹修真之道謂鼎爐均在身內。一般指上丹田為鼎，下丹田為爐。前者在印堂後三寸處，後者在臍下三寸處。還有中丹田在膻中穴，煉丹過程即「藥物」在三丹田之間循環。

　　煉丹的藥物，亦在人身內。指人體的精、氣、神，丹家謂之三寶。乃人體內生命的三大要素。精為基礎，在下丹田；氣為動力，在中丹田；神為主宰，在上丹田，實指人的心神與意念力。煉丹過程就是用自己的心神意念主導人體精水與內氣在三丹田線上回還，以心神的功力調協呼吸，吐故納新，調理、優化人體生理機能。

　　煉丹過程中「火候」極為重要。心神主導精、氣、神三寶在三田中循環往復，必須嚴格掌控其節奏快慢，深淺層次，是為「火候」。

　　煉丹成功與否，關鍵在於火候的調控，若無得道、同時修煉成功的內丹學名師點傳，實難知其訣竅。

　　內丹修煉，分三個階段，火候不同，成就各異，三個階段，當循序漸進，前階段為後階段打基礎，不可超越。

　　小成階段，煉精化氣。以心神主導精與氣合一，即三化為二。此時內氣循行路線為河車，旨在打通任、督二脈，促使百脈暢通，有健體祛病功效。河車，喻人體內精氣神運行時，恍恍惚惚的軌跡。中成階段，練氣化神。達到神氣

合一，即二化為一。是為中河車，功可延壽。大成階段，練神還虛，也稱煉神合道，天人合一，即自身精氣神歸於太虛，太虛以零為代表，即一化為零。太虛與《周易》太極相似，指天地未分之先，元氣混而為一的狀態。此謂大河車或紫河車，乃達到長生久視的最高成就。總的來看，煉丹過程同宇宙衍化過程正好相反。宇宙衍化是《老子道德經》第四章所講的那樣：道生一，一生二，二生三，三生萬物。由簡而繁，稱為「順則生人」。丹法演化是由三而二，由二而一，由一而零，由精氣神的生命體、返歸太虛，稱為「逆則成仙」。《老子道德經》第十六章曰：「歸根曰靜，靜曰復命。」實現此一法則，端賴火候掌控得法。

丹家指出：內氣在丹田中運轉，火候的調控，須通過「內觀」或「內照」。內觀指的是人的意念集中冥想體內某一臟腑或某個神靈，做到排除一切思慮，保持絕對寧靜。意念猶如心猿意馬，極易逃逸；內觀要求拴住心猿意馬，使心神完全入靜，其功用是自主調控生理系統。入靜在修真中的重要性，為儒佛道所共識。儒家經典《禮記‧大學》載孔子主張「定而後能靜，靜而後能安，安而後能慮。」其足以開發智慧。佛教主禪定，亦以靜慮為宗旨。《老子道德經》第十六章強調「致虛極，守靜篤」，為修道根本。

凝神靜慮以修道，必須首先排除外界的九大阻難，如衣食逼迫，尊長勸阻，恩愛牽纏，名利牽掛等。丹道要求「免此九難，方可奉道。」內觀過程，更大的障礙是「十魔」，即種種美妙幻象引誘，或兇惡幻象恫嚇，均能破壞修煉者的意志，使其以為修煉成功而中止修煉。美妙幻象有：金玉滿堂（富魔），封侯拜相（貴魔），笙歌嘹亮（樂魔），金娥玉女（情魔），三清玉皇（聖賢魔）等；兇惡幻象有：路逢

凶黨（患難魔），兒女疾病（恩愛魔），弓箭齊張（刀兵魔）等，丹家要求見此十魔幻象應「心不退而志不移」，「神不迷而觀不散」。必須「免此十魔，方可成道。」其詳情請參閱《鍾呂傳道集・論磨難第十七》。

道家內丹修真之道，也稱作內丹學或內丹術，是在道家修真理論指導下制定的一套修煉程式。理論離開方術，容易流於空談；方術失去理論指導，將失去方向與依歸。

中國道家道教的內丹修真學，理論與實踐結合，故能保持其永久魅力，造福人類，享譽古今中外。故世界著名科學家李約瑟在《中國科技史》一書中，高度評價中國道家內丹修真之道，他寫道：中國的內丹，成為世界早期生物化學史上的一個里程碑。

三、關於道家內丹學與現代生命科學結合 對人類康壽的啟示

自然科學的發展，到20世紀下半頁，興起系統科學與複雜科學，宏觀研究與微觀研究同時深化，迎來了「科學革命」。大力開展天地生人的綜合研究，建立了天地生人網路觀，從而將整個自然科學特別是人體生命科學研究推向發展新階段。人們開始發現，人體生命科學研究的目標任務，同中國道家與道教內丹『學的目標任務，十分相近，其主要內容有四：

①優化生命。由優生、優育到生命的優化，使免疫力提高，排除疾病困擾；保持血氣平和，生理機能旺盛，耳聰目明，精神奮發。

②促進生命延續。做到健康長壽，童顏鶴髮，返老還童，黛發重生，長生久視。

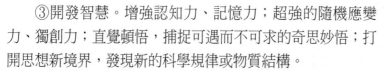

③開發智慧。增強認知力、記憶力；超強的隨機應變力、獨創力；直覺頓悟，捕捉可遇而不可求的奇思妙悟；打開思想新境界，發現新的科學規律或物質結構。

④開發人體潛能，具備超常的能量，抗強力打擊，不畏嚴寒、酷暑，耐饑渴、能深眠與久眠；具有透視功能、預測神通；誘發常人所不具備的特異功能。

人體潛能的開發，關鍵在人的大腦，人腦的功能，目前只用到百分之幾；許多人體功能的奧秘尚待破解。超越人的生命界線，早已成為道家道教內丹術奮鬥的目標。這實際上已為人體生命科學提出新任務和新課題。四川教育出版社1989年出版的《錢學森等論人體科學》一書載：舉世聞名的中國科學家錢學森早有科學預見：「中醫理論，氣功科學，人體特異功能，是打開生命科學新發展之門的一把鑰匙。」錢學森同時指出：「結合科學的觀點，練功、練內丹。」道家內丹學將為生命科學提供新的課題，新的研究方法，引起生命科學的新突破；現代生命科學將以其現代化的科學手段，幫助道家內丹術進行測試、實驗、總結，使之上升到理論高度，構建更完備的理論思想體系，制定更加切實可行、利於普及的修煉程式。兩者結合，相互促進，相得益彰。必將對現代人類身心健康長壽、事業成功做出巨大貢獻。

《中國道家養生與現代生命科學系列叢書》的出版，正好為二者架上橋樑。道家修真長壽著作甚多，講服食、導引、胎息、存神、守一、坐忘、房中術均有專著。內丹學著作，由理論與方術結合緊密，成為道家道教修真長壽文化的核心，其由行家編著的尚不多見。現經世界著名丹道老壽星吳雲青入室弟子，內丹名師、全書總主編蘇華仁道長，約集海內外部分丹道行家擇其精要，精心校點，詳加注釋、評

析，或加今譯，分輯分期出版，洋洋大觀，先賢古仙宏論盡收眼底，內丹修真學與生命科學研究經典文獻，熔於一爐。生命科學激發內丹學煥發新的活力；內丹學為生命科學研究提供新的參照系統，打開新思路，開拓新領域，兩大學科攜手並進，定能為研究中華傳統文化打開新局面，綻繁花，結碩果，造福全人類。

總主編蘇華仁道長徵序於愚，卻之不恭，聊陳淺見以就正於方家。同時附上近作「道家道教內丹學與中國傳統文化」一文，本文為2008年四月在華中師大舉行的「全真道與老莊學國際學術研討會論文。」

唐明邦簡介：

唐明邦：男，號雲鶴。重慶忠縣人。1925年生。武漢大學哲學學院教授，博士生導師，中國當代著名易學家。畢業于北京大學哲學系，歷任中國哲學史學會理事，中國周易研究會會長，國際易學聯合會顧問，東方國際易學研究院學術委員，中國周易學會顧問，湖北省道教學術研究會會長等職。主講中國哲學史，中國辯證法史，中國哲學文獻，易學源流舉要，道教文化研究等課程。

著作有《邵雍評傳》附《陳摶評傳》、《當代易學與時代精神》、《易學與長江文化》、《論道崇禎集》、《李時珍評傳》、《本草綱目導讀》。主編《周易評注》、《周易縱橫錄》、《中國古代哲學名著選讀》、《中國近代啟蒙思潮》；合編《中國哲學史》、《易學基礎教程》、《易學與管理》。多次應邀參加國際易學、道學、儒學、佛學、學術會議。應邀赴香港、臺灣講學。發表學術論文多篇。

中華道家內丹養生人類和諧發展福星

—《中國道家養生與現代生命科學系列叢書》序之二

董應周 序

　　史載由中華聖祖黃帝、老子創立的中華傳統絕學、道家內丹養生大道,自古迄今,修煉者眾多。得真傳修煉成功者,當代海內外有數。世界著名道家內丹養生壽星吳雲青弟子、蘇華仁道長數十載寒暑,轉益多師,洗心修煉,易筋髓化神氣,還精入虛,丹道洞明,遂通老子養生學真諦,庶幾徹悟人生妙境。但不願意自有、欲天下共用之。故而與諸同道共編《中國道家養生與現代生命科學系列叢書》,將丹道精華、公之於世,使天下士人,能聞見此寶,持而養身,養人養家,利民利國利天下,誠謂不朽之盛事業。

　　何緣歟?蓋為21世紀人類文明,雖已可分裂原子,利用核能,控制基因,進行宇宙探索,然而,對自身卻知之甚少,人們能登上月球,卻不肯穿過街道去拜訪新鄰居;我們征服了高遠太空,卻征服不了近身內心,我們對生命真相的理解,至今還停留在蛋白質,基因、神經元等純物質層面。而在精神層面,知之更少:僅及於潛意識,稍深者,亦不過榮格的「集體潛意識」,當今世界、物質主義大行其道,人類精神幾近泯滅,有識之士,大聲疾呼,人類文明若不調整自己物質至上的發展方向,將會走向自我毀滅。

二次大戰後，1984年11月，美國參謀長聯席會議主席布魯得利說：「我們有無數科學家卻沒有什麼宗教家。我們掌握了原子的秘密，卻摒棄了耶穌的訓喻。人類一邊在精神的黑暗中盲目地蹣跚而行，一邊卻在玩弄著生命和死亡的秘密。這個世界有光輝而無智慧，有強權而無良知。我們的世界是核子的巨人，道德侏儒的世界。我們精通戰爭遠甚於和平，熟諳殺戮遠甚於生存。」

　　現在，我們又看到了全球氣候變暖，發展中國家空氣、水、土壤生物圈的大規模污染和破壞，各種致命疾病的傳播等等。

　　美國前副總統戈爾四處奔波，呼籲拯救地球。英國著名物理學家霍金，於去年兩次提出人類應該向外太空移民以防止自身毀滅。他在2006年6月的一次記者招待會上預言：「為了人類的生存和延續，我們應該分散到宇宙空間居住，這是非常重要的。地球上的生命被次大災難滅絕的危險性越來越大，比如突然的溫度上升的災難、核戰爭，基因變異的病毒，或者其他我們還沒有想到的災難。」

　　以上諸位道出了目前人類病因，也開出了藥方。能行否？可操作嗎？且不說眼下走不掉，即使能移民外太空，若不改變人類本性中貪婪的一面，還不是照樣污染破壞宇宙。

　　地球真的無法拯救了？難道這個世界真的是「有光輝而無智慧，有強權無良知？」是「核子的巨人，道德的侏儒」嗎？是也，非也，有是，有不是。問題存在但有就地解決辦法，不需要逃離地球，移民外太空目前只是異想天開！

　　這打開智慧之門，拯救人類良知的金鑰匙在哪裡？就在中華傳統道家內丹大道中，中華內丹大道，功能可導引人類重新認識自己，發現人類自身良知良能，改變自身觀念，使

人類昇華再造，進而改觀地球村，使之成為真正的桃花源伊甸園。中華內丹大道智慧，能教人人從知我化我開始，進而知人知物知天地，化人化物化天地；其智能之高能量之大，古往今來蓋莫過焉！

史載距今八千多年前，中華聖祖伏羲「仰觀天文，俯察地理，遠取諸物，近取諸身。」畫成伏羲先天八卦，首開人類天人合一世界觀和天人合一，性、命雙修大道。故中國唐代道家內丹名家呂洞賓祖師，禮贊伏羲詩曰：「伏羲創道到如今，窮理盡性至於命。」

距今約五千年前，《莊子・在宥》記載：中華聖祖黃帝之師廣成子，開示中華道家內丹養生大道秘訣曰：「勿勞汝形，勿搖汝精，乃可以長生。」

中華聖祖黃帝《陰符經》，開示宇宙天人合一生命要訣曰：「宇宙在乎手，萬化生乎身。」「知之修煉，謂之聖人。」「聖人知自然之道不可違，因而制之。」

「東方聖經」老子《道德經》開示生命之道要訣曰：「道法自然」「修之於身。」「歸根曰靜，靜曰復命。」「聖人之道，為而不爭。」

整個人類若能忠行中華聖祖伏羲、廣成子、黃帝、老子取得人生成功的極其寶貴的經驗，修煉中國道家內丹養生之道，身心自然會強健，身心自然會安靜下來，清淨起來，內觀返照。五蘊洞開，自會頓悟出原來人類的內心世界是如此廣闊無限，清淨無垢，透徹寬容，澄明神朗。

這時候，自然地就都能收斂起外部的物欲競爭，停止巧取豪奪。人人和諧相處，家家和諧相處，區域和諧相處，天下和諧相處；自然的，地球村也就和諧和安清了，適合人居了。天地人和諧安清，還用得著移民外太空嗎？人類如要去

太空，那只是去遊玩、去逍遙遊罷了！

華仁道長內丹全冊已就，開券有益，人人自我修煉，庶幾自救救人。莫失良機。是為序。

董應周簡介：

董應周：男，1942年生於中國河南省禹州市，當代著名中華傳統文化研究專家與行家。1965年加入中國共產黨，1966年畢業于鄭州大學中文系。著名作家、詩人。

本人任中國中州古籍出版社原總編輯兼社長期間，曾主持整理、出版了大量的中華傳統文化典籍。此舉在海內外各界影響深遠。目前任中國河南省易經學會會長，擔任香港中國港臺圖書社總編。

道家內丹是全人類康壽超凡，事業成功的法寶

蘇華仁 序

《中國道家養生與現代生命科學系列叢書》，由中國、美國、馬來西亞、澳洲和中國香港、臺灣，對中國道家養生學與現代生命科學結合研究和實修的部分專家與行家精心編著。其中，海內外著名、當代《周易》研究與道家學術研究泰斗、武漢大學教授唐明邦擔任重要編著者之一，並為該叢書作序、題字，同時擔任該叢書道家學術與周易學術顧問；中國社會科學院博士生導師、海內外著名的中國道家養生學術與內丹學專家、老子道學文化研究會會長胡孚琛教授，擔任該叢書道家養生學術與內丹學顧問；當代中國傳統養生文化研究專家、中國・中州古籍出版社原總編輯兼社長董應周，擔任該叢書技術編輯與出版藝術顧問，同時為該叢書作序。

《中國道家養生與現代生命科學系列叢書》編委，緣於本人為世界著名內丹養生壽星吳雲青弟子、中國廣東羅浮山軒轅庵紫雲洞道長、中山大學兼職教授，故推舉我擔任該叢書總主編；山西學技術出版社副總編趙志春擔任該叢書總策劃。

為了確保《中國道家養生與現代生命科學系列叢書》的高品質、高水準，該叢書特別在世界範圍內諸如中國、美國、馬來西亞、澳洲和香港、臺灣，聘請有關專家與行家擔

任該叢書編著者和編委。

經過該叢書編委和有關工作人員、歷時五年多的緊張工作，現在即由山西科學技術出版社出版，將與廣大有緣讀者見面了。其主要內容有三：

一、中國道家養生學與現代生命科學簡介

中國道家養生學，是一門凝聚著中國傳統養生科學與人文科學和生命科學精華的綜合學科。被古今中外大哲學家、大科學家和各界養生人士公認為：世界傳統養生文化寶庫中的精華和瑰寶。

根據記載中華五千年文明史的中國《二十四史》和有關史書記載：中國道家養生學，主要由中華民族神聖祖先、中國道家始祖黃帝，中國道家祖師老子，依據「道法自然」規律，又「因而制之」自然規律的中國道家哲學思想和道家養生之道綜合確立。

古今中外無數事實啟迪人類：修學中國道家養生學，可促進全人類身心健康長壽、事業成功、天人合一。故其在中華大地和世界各地已享譽大約有五千多年歷史。

中國道家養生學歷史悠久，博大精深其核心是中國道家內丹養生之道，其理論基礎主要為中國傳統的生命科學理論：其主旨是讓人們的生活方式「道法自然」規律生活，進而因而制之自然規律達到「樂天知命，掌握人類自身生命密碼，同時掌握宇宙天地人大自然萬物生命變化的規律」，最終讓全人類達到健康長壽、平生事業獲得成功。用黃帝《陰符經》中講：「宇宙在乎手，萬化生乎身。」

中國道家養生學及其核心中國道家內丹養生之道主要經典有：《黃帝內經》、《黃帝外經》、《黃帝陰符經》、

《黃帝歸藏易》、《老子道德經》、《太上老君內丹經》、《老子常清靜經》等。

中國道家養生學核心，中國道家內丹養生之道的科學機制為「天人合一」，透過修煉中國道家內丹養生之道達到「返樸歸嬰」，其主要經典有：老子親傳弟子，尹喜真人《尹真人東華正脈皇極闔闢證道仙經》、鬼谷子《黃帝陰符經注》、魏伯陽《周易參同契》、葛洪《抱朴子》、孫思邈《養生銘》《四言內丹詩》《千金要方》、漢鍾離、呂洞賓《鍾、呂傳道集》《呂祖百字碑》、張伯端《悟真篇》、張三豐《太極拳》和《丹經秘訣》等道家養生著作。

中國道家養生學核心是中國道家內丹養生之道，修煉方法為「內煉生命本源精、氣、神，返還精、氣、神於人體之內。」從而確保修學者能常保自身生命本源精、氣、神圓滿。經現代生命科學家用現代高科技儀器實驗表明：中國道家養生學核心是中國道家內丹養生之道所講的「精」，即現代生命科學中所講的去氧核糖核酸；「氣」，即臍肽；「神」，即丘腦。此三者是人類生命賴以生存的本源，同時是人類健康長壽，開智回春、天人合一的根本保障和法寶。

中國道家養生學的核心是中國道家內丹養生學養生之道，其功理完全合乎宇宙天地人大自然萬物變化規律，故立論極其科學而高妙。其養生之道具體的操作方法卻步步緊扣生命密碼，故簡便易學、易練、易記。其效果真實而神奇、既立竿見影，又顯著鞏固。因此，古今中外無數修學中國道家養生學者的實踐表明：學習中國道家養生學的核心中國道家內丹養生學養生之道，可確保學習者在短時間內學得一套上乘養生方法，從而掌握生命密碼基本規律，為身心健康長壽、事業成功鋪平道路，並能確定一個正確而科學的人生目

標而樂天知命地為之奮鬥而後精進。

因此，靜觀記載中華五千年文明史的中國《二十四史》一目了然：大凡在中國歷史上大有作為的各界泰斗人物，大多首選了中國道家養生學的核心中國道家內丹養生之道，作為平生養生與改善命運規律的法寶。並因平生修學中國道家內丹養生之道，而獲得身心康壽、開啟大智，建成造福人類的萬世事業，成為各界泰斗。

諸如：中華民族神聖祖先、中華文明始祖黃帝，「東方聖經」《道德經》的作者、中國道家祖師老子，中國儒家聖人、中國教育界祖師孔子，中國兵家祖師《孫子兵法》的作者孫子，中國商業祖師范蠡，中國智慧聖人鬼谷子，中國道學高師黃石公（即黃大仙）中國帝王之師張良，中國道教創始人張道陵，中國「萬古丹經王」《周易參同契》的作者魏伯陽。中國大科學家張衡、中國大書法家書聖王羲之、中國晉代道家養生名家葛洪、中國藥王孫思邈、中國詩仙李白、中國唐，宋時代、道家養生名家漢鍾離、呂洞賓、張果老、陳摶、張伯端。

中國明、清之際，主要有中國太極拳與中國武當派武術創始人張三豐、中國清代道學名家黃元吉、中國近代道學名家陳攖寧、當代世界著名老壽星吳雲青中國了人華山道功名家邊智中道長、中國中南山百歲道醫李理祥、中國安陽三教寺李嵐峰高師、中國武當山百歲高道唐道成、中國四川青城山百歲高道趙百川……

由於中國道家養生學的核心中國道家內丹養生之道，確有回春益智，促進人類事業成功，使人類天人合一，改善人類生命密碼之效，從中國道家內丹養生之道祖師廣成子傳黃帝內丹始。為嚴防世間小人學得，幹出傷天害理之事。故數

千年來其核心養生機制一直以「不立文字、口口相傳」的方式，秘傳於中國道家高文化素質階層之內，世人難學真訣；當今之世，諸因所致：真正掌握中國道家養生學的核心是中國道家內丹養生之道真諦，並且自身修學而獲得大成就的傳師甚少，主要有：

世界著名百歲老壽星、道家內丹養生高師吳雲青（世界著名壽星吳雲青老人修道養生和坐化肉身不朽情況主要載《人民日報》1980年9月10日、中央電視臺四台國際頻道「發現之旅」欄目2010年11月25日晚間十點以「肉身不腐之謎」節目播出，登錄央視網站即可觀看）、中國道家養生學華山道功名家邊治中（道號邊智中）等。

眾所周知：當今世界、進入西方現代實驗科學加東方古代經驗科學、進行綜合研究促進現代科學新發展的新時代，作為中國傳統養生科學精華的中國道家養生學核心的道家內丹養生之道，日益受到當今世界中、西方有緣的大科學家的學習與推薦，諸如舉世聞名的英國劍橋大學李約瑟博士，在其科學巨著《中國科技史》一書中精闢地指出：「中國的內丹成為人類早期生物化學史上的一個里程碑。」

同時指出：「道家思想一開始就有長生不死概念，而世界上其他國家沒有這方面例子，這種不死思想對科學具有難以估計的重要性。」

世界著名生物遺傳科學家牛滿江博士，因科學研究工作日繁導致身心狀況日衰，又因求中、西醫而苦無良策，效果不佳。故於1979年，他來中國北京，向中國道家華山道功名家邊智中道長（俗名邊治中），修學了屬於中國道家養生學核心的道家內丹養生之道動功的中國道家秘傳養生長壽術後、身心短時間回春。故他以大科學家的嚴謹態度，經過現

代科學研究後，確認本功是：「細胞長壽術，返老還童術，繫生命科學」。四年之後的1982年牛滿江博士並深有感觸地向全人類推薦道：「我學煉這種功法已經四年受益匪淺，真誠地希望此術能在世界開花，使全人類受益。」（本文修訂之際，適逢世界著名生物遺傳科學家牛滿江博士於2007年11月8日以95歲高齡辭世，此足見道家內丹養生之道養生長壽效果真實不虛。）

中國當代著名大科學家錢學森，站在歷史的高度、站在高文化素養的基礎之上：深知中國道家養生學核心的道家內丹養生之道、為中國傳統生命科學和中國傳統人文科學精華，因此，對中國道家養生學核心的道家內丹養生之道十分推崇，他在《論人體科學》講話中精闢地指出：「結合科學的觀點，練功、煉內丹。」錢學森同時支援、中國社會科學院博士生導師、中國當代道學名家胡孚琛確立完善：「中國道家內丹養生學科。」

經過胡孚琛博士長年千辛萬苦、千方百計地努力，中國道家養生學核心的道家內丹養生之道得以完成。走進了本應早走進的現代科學殿堂。成為一門古老而嶄新的生命科學學科。此舉，對弘揚中國傳統生命科學，對於全人類身心健康、事業成功，無疑是千古一大幸事。

為使天下有緣善士學習到中國道家養生學核心的道家內丹養生之道，世界著名老壽星、當代內丹傳師吳雲青、邊治中兩位高師，曾經親自在中國西安、北京和新加坡等地對海內外有緣善士辦班推廣，同時委託其入室弟子，世界傳統養生文化學會的主要創辦人之一的蘇華仁等人，隨緣將中國道家養生學核心的道家內丹養生之道，傳授給了中國、美國、英國、法國、日本、新加坡、馬來西亞等國家（包括中國香

港、澳門地區）的有緣學員。

二、中國道家養生學核心道家內丹養生之道效果簡介

根據當代世界各地有緣修學、習練中國道家養生學核心的道家內丹養生之道課程的學員，自己填寫的大量效果登記表；根據中國山東省中國醫藥研究所，所作的大量醫學臨床報告表明：學習中國道家養生學核心中的道家內丹養生之道課程，短時間內可有效地、大幅度地提高人類的智商和思想水準與思維觀念，並能確立一個樂天知命的科學目標而精進。

同時，短時間內可有效地增加生命本源精、氣、神，提高人體內分泌水準和改善人體各系統功能，從而可使人們顯著地達到身心健康、軀體健美、智慧提高、身心整體水準回春。同時，還可以讓人類克服亞健康，康復人類所患的各類疑難雜症，諸如：神經系統失眠、憂鬱、焦慮等症；腎臟與泌尿系統各類腎病，精力不足、性功能減退等症；內分泌功能失調造成的肥胖與過瘦等症；循環系統糖尿病、心腦血管病，高、低血壓等症；呼吸系統各類肺病、哮喘病、鼻炎、過敏等症；消化系統各類胃病、肝病、便秘與腹瀉等症；免疫系統、衰老過快和容易疲勞的亞健康等症。

綜上所述：修學與遵行中國道家養生學核心中的道家內丹養生之道，短時間內確保您身心能整體水準改善和提升與回春。

為您一生取得身心健康、事業成功奠定一個堅實可靠的基礎，同時為您修學中國道家養生學核心道家內丹上乘大道，達到天人合一奠定基礎。

這是古今中外大量修學中國道家養生學核心的道家內丹養生之道者的成功經驗，供您借鑒，您不妨一試。

真誠的感恩與感謝

——代本叢書前言

古今中外，人類發展史啟迪人們：由我們中華民族神聖祖先黃帝、老子創立集大成的中國道家養生之道，是公認的全人類康壽超凡、事業成功、天人合一真實而神奇的法寶。

在海內外諸位有緣同道的真誠努力和友人幫助之下，《中國道家養生全書與現代生命科學系列叢書》十二本基本脫稿了，其書目如下：

1. 《老子〈道德經〉養生之道》
2. 《藥王孫思邈道醫養生》
3. 《道家內丹功與現代生命科學》
4. 《太極拳祖師張三豐內丹養生》
5. 《〈周易參同契〉與道家養生》
6. 《世界著名壽星吳雲青談中國傳統養生之道》
7. 《〈黃帝外經〉丹道修真長壽學》
8. 《〈鬼谷子〉與茅山道派丹道修真學》
9. 《葛洪〈抱朴子〉道醫丹道修真長壽學》
10. 《呂洞賓丹道修真長壽精華》
11. 《華山陳摶老祖丹道修真長壽學》
12. 《道家南宗丹道修真長壽學》

我有幸作為本叢書的總主編，在此以感恩的心情真誠的懇謝：

一、真誠的懇謝我們中華民族的神聖祖先：中華易祖伏羲、中華養生始祖廣成子、中華文明之祖黃帝、中國道家之祖老子等中國道家養生祖師，是他們奮起大智大慧，靜觀體悟宇宙天地人萬物生滅變化規律，而後又經過漫長的歷史歲月，歷經無數的坎坷磨難，數不清的失敗最終獲得成功。

　　正因為他們偉大與堅忍不拔，才給我們後人創立了古今中外公認為世界傳統養生文化寶庫中最珍貴而神奇的法寶：中國道家養生之道精華的中國道家內丹養生之道，開創了人類養生歷史的新紀元。

　　二、我真誠的懇謝中華五千年歷史長河中，歷朝歷代的中國道家養生精華中國道家內丹養生之道的傳承者、弘揚者：尹喜真人、儒聖孔子、兵聖孫子、道學大宗師莊子、中國智慧聖人鬼谷子、中國道學高師黃石公、中國帝王之師張良、中國道教創始人張道陵、中國大科學家張衡、《周易參同契》作者魏伯陽、道學高師葛洪、藥王孫思邈、丹道高師漢鍾離、呂洞賓和張果老、易道高師華山陳摶老祖、道家南宗始祖張伯端、南宗丹道高師白玉蟾、道家全真派始祖王重陽、龍門派始祖邱長春、太極拳祖師張三豐、道學名家黃元吉等祖師，是他們在漫長而複雜的歷史環境中，將中國道家養生精華「道家內丹養生之道」一代一代的弘揚於世，造福古今世人。

　　三、真誠地懇謝將萬分珍貴的中國道家養生精華「道家內丹養生之道」秘傳於我的恩師們：

　　1.《周易》發源地中國古都安陽三教寺高師李嵐峰（1905～1977），如果不是他老人家傳我道家內丹養生秘功，我很有可能被病魔奪去生命離開人間。至今思之，仍讓我既驚心動魄，又欣喜非常。正是李嵐峰師父將道家內丹養

生秘功秘傳於我，才使我枯木逢春，也正因為道家內丹救了我的命，而且僅僅七天時間，從而改變了我的人生觀和世界觀，以至於我後來再學習、深造道家內丹養生而雲遊天下時，不管碰到什麼險阻，我都義無反顧，勇往直前。同時，我也親身體驗到：中國道家養生之道是全人類康壽超凡，事業興旺、天人合一的神奇法寶。

2. 我也真誠的懇謝中國陝北延安青化寺長老，世界著名壽星、道家高師吳雲青（1838～1998），是他老人家與我一見投緣，將中國道家養生精華「內丹養生之道」的靜功全法全訣秘傳於我，使我學習掌握了黃帝、老子創立的道家內丹「九轉還丹功」秘訣。使我生命之樹從後天返先天。特別令我感動的是吳雲青老人又親筆提定將我委任為掌門弟子。

3. 我真誠的懇謝我的第三位師父，中國河南泌陽白雲山117歲道長唐道成，是他將中國道家養生精華「中國道家內丹養生之道」中的丹田速開秘功傳給我，使我大大縮短了練成內丹的時間。

4. 我真誠的懇謝我的第四位師父，聞名海內外、世界著名的道家內丹養生動功傳人——華山道功傳人邊治中（道號邊智中）。是他對我厚愛有加，不僅將秘功傳於我，還任命我為「中國古代養生長壽術學會副秘書長兼河南分會會長」。而世界著名生物遺傳科學牛滿江也是邊治中的弟子，為中國古代養生長壽術學會的名譽會長。

5. 我真誠的懇謝我的第五位師父李理祥（1893～1996）：中國終南山老子化羊廟百歲道長，道醫名家。是他老人家與我一見如故，悉數將他珍藏多年的中國道家醫學秘方秘傳於我，使我學習掌握了中國道家醫學，親身體會到中國道家醫學的真實神奇。需要補充說明的是，李理祥出生

於中國安徽阜陽，祖傳中醫世家，又曾到日本留學學習過西醫，故他精於中國道醫與中醫、西醫。由於其醫德醫術精湛，故而曾被馮玉祥將軍聘任為私人保健醫生多年，後在終南山張良廟出家為道士。其醫德醫術聞名海內外。

6. 我真誠的懇謝我的第六位師父趙百川（1876～2003），是他老人家秘傳我中華道家養生精華「道家內丹養生之道始祖廣成子秘笈」使我眼界大開，特別是趙百川老人家壽高127歲仍日日修道，日日勞動不止，而且童心未泯，實在令人懷念感動。

7. 我真誠的懇謝我的佛門淨土宗師父：中國當代淨土宗百歲禪師、河南開封大相國寺方丈釋淨嚴（1891～1991），是他愛我如子，開示我佛門明心見性真諦。

8. 我同時真誠懇謝我的佛門禪修師父：中國當代禪宗泰斗虛雲法師入室弟子、九華山佛學院首座釋明心法師（1908～1994），是他老人家一見我而決定收我為弟子，即傳我虛雲法師傳承禪宗九禪秘功。

9. 我十分懇謝我的佛門密宗師父，中國當代密宗金剛心法傳師釋園照，是她老人家一見我秘傳密宗「九節佛風」秘法，並開示我密宗秘咒真諦。

我十分感恩與懇謝在我多年雲遊神州學習道家養生與佛家明心見性真諦時，對我十分關懷支持的高道高僧和所有支持過與幫助過我的人。

首先我十分感恩並懇謝中國道教協會副會長，武當山主持，中國道教龍門派十七代傳人王教化道長。在我1978年雲遊至武當山學道和深造張三豐太極拳時，是他老人家將武當山的實際情況原原本本告訴我，並同時讓我在武當山常住。

我同時十分感恩並懇謝中國少林寺老方丈釋行正法師，

1980年我雲遊至少林寺學習禪修真諦時，是他老人家讓我在少林寺常住，並讓我擔任當家助理同時讓我與他老人家住在同一個房間，至今思之，恍如昨日……

我也同時十分感恩與感謝：我1980年在華山修道時，是華山老道長李靜甫、王靜澄，給我開示華山陳摶老祖臥功秘訣。同時讓我在華山常住。1980年11月間，王靜澄道長與弟子徐明玄（通妙），邀我到陳摶老祖故里參加「陳摶辭世千年祭」，使我受益良多……

更令我感動的是：華山百歲道醫李靜甫老道長，特將其珍存多年的《華山道醫古方》讓其弟子車道長複印一份給我。而李靜甫老道長的入室弟子、現任華山道教協會會長的鄒通玄道長，我每次到華山他都會給以熱誠接待，並給我寫書提供種種支援與方便，在此我深深地感恩。

我也同樣十分感恩與感謝：我2000年在「中國道教第一山」中華聖祖黃帝問道廣成子的中國甘肅平涼崆峒山修道時，崆峒山道教協會負責人李宗旭道長和眾道友，對我十分厚愛，特讓我在廣成洞常住修煉，並聘請我為廣成洞主持，使我昇華不少，至今思之，唯有感恩……

在《中國道家養生全書與現代生命科學系列叢書》基本脫稿之際，我也十分懇謝，為我寫書而提供熱忱幫助而大力支持的人們：

海內外著名、中國當代易道學術研究老前輩、武漢大學唐明邦教授特為本叢書作序並題寫：「中國道家養生與現代科學系列叢書」，同時惠賜關於道家養生真訣高水準的文章五篇和《華山陳摶評傳》，共計八萬多字。

中國社會科學院哲學系博士生導師，海內外著名的道家養生行家胡孚琛對本叢書始終關懷支持。在本叢書即將脫稿

之際，2008年春節前夕，胡孚琛教授親自從北京打電話到羅浮山告訴我一個好消息，國務院辦公會議最近批准成立中國第一個全國性的「中國老子道家文化研究學會」。本會由胡孚琛教授任會長，胡孚琛教授推薦我出任本會常務理事。

中國道教協會前任會長、中國華山道家內丹養生之道19代傳師閔智亭道長與我相識多年，他老人家曾多次到我的家鄉、周易發源地、中國古都安陽靈泉寺，看望我師父吳雲青老人家的不朽真身並親筆留下墨寶：「龍泉聖境」。這次，將其墨寶編入《世界著名壽星吳雲青談中國傳統養生之道》，使本書錦上添花、增色不少。

現任中國道教協會會長任法融（是我1989年拜訪的高道），任法融道長當時與我合影留念，並讓我在其主持的老子樓觀台道觀常住，同時還贈我他的著作《黃帝陰符經注釋》《老子道德經注釋》《黃石公素書注釋》《周易參同契注釋》等書。為寫好本叢書，我們曾就有關事宜進行多次通話。

感謝我馬來西亞弟子辛平，美國道家養生學者張德驆先生，臺灣的李武勳、黃易文先生，香港的劉裕明等先生與同道對本叢書的大力支持。同時我也特別感謝我寫作所在地的中國廣東羅浮山沖虛觀賴寶榮道長，是他在沖虛觀東坡亭、為我們《中國道家養生與現代生命科學系列叢書》編委會提供了寫作第一輯的辦公室，使我們能專心寫作。

同時我也特別感謝我寫作所在地的中國廣東羅浮山嘉寶田酒店廖慶生董事長，是他在嘉寶田酒店中醫養生中心、為我們《中國道家養生與現代生命科學叢書》編委會提供了寫作第二輯的辦公室，使我們能專心寫作。

最後，我特別懇謝山西科學技術出版社焦社長、副總編

輯趙志春先生等有關同道，有了與他們的真誠合作與支持，才使本叢書能夠早日面世。

總之，我代表本叢書全體編委，真誠懇謝為本叢書提供幫助與支持的海內外有緣人。

值此本叢書脫稿之際，我也真誠地告訴讀者：古來修學道家養生之道者云：「得訣歸來好看書」，是十分寶貴的經驗之談，學習道家養生法只有在真正的高師指導下，才能學得真訣，才能短時間掌握真諦，獲得真效。

本叢書所選定書目內容和書內所載養生方法，均是根據我的上述師父秘傳秘訣而後選定的內容，讀者盡可放心閱讀，自能獲益，最好能將本叢書全部通讀一遍，其獲益更全面更大，如有什麼困難請與我聯繫，我的地址附於本書之後。

最後，我真誠的祝願各位讀者通過學習本書，能儘快學習好，掌握好「中國道家養生之道」，早日獲得身心康壽超凡、事業成功、天人合一。

我也真誠地歡迎您對本叢書有什麼意見和建議能夠真誠給我們提出來以便我們改善提高本叢書品質。本文結束之際，特敬贈各位讀者四首詩：

一

參透萬物與人生，
道家養生甚高明；
黃帝、老子煉內丹，
道法自然大業興。

二

黃帝、老子煉內丹，

百歲童顏身心健；
煉精化氣氣化神，
天人合一宛若仙。

三

黃帝、老子內丹成，
返樸歸嬰天地同；
為益世人學大道，
著出《陰符》《道德經》。

四

黃帝《陰符》闡宇宙，
老子《道德經》養生；
世人若能忠行之，
自然康壽萬事成。

《中國道家養生與現代生命科學系列叢書》
總主編蘇華仁簡介

蘇華仁與恩師吳雲青1996年合影於西安樓觀台老子說經台

　　蘇華仁道長，道號蘇德仙，20世紀中葉出生在舉世聞名的《周易》發源地和世界文化遺產殷墟與甲骨文的發祥地——中國古都安陽（古都安陽同時是中華智聖鬼谷子的故鄉）。為追求宇宙天地人大道，年輕時曾雲遊四海、尋真問道，三生有幸於1980年被1998年160歲坐化、至今金剛肉身不壞的世界著名丹道養生老人吳雲青收為入室掌門弟子，精心培養長達十八年。（世界著名壽星吳雲青老人修道養生和坐化肉身不朽情況主要載《人民日報》1980年9月10日、中央電視臺四台國際頻道「發現之旅」欄目2010年11月25日晚間以「肉身不腐之謎」節目播出，登錄央視網站即可觀看）；蘇華仁道長還曾師從當代道功名師李嵐峰、當代華山道功名家邊智中、117歲的丹道高師唐道成、終南山百歲道醫李理祥、青城山127歲道長趙百川、當代佛門禪宗泰斗虛雲法師

弟子九華山佛學院首座法師釋明心、佛門密宗泰斗釋圓照、佛門淨土宗百歲禪師釋淨嚴，有緣學得中國道家內丹與佛家禪修秘傳。

蘇道長曾於1980年被中國禪宗祖庭少林寺行正禪師委任為副主持，二人同住一屋。現任中國道教十大名山羅浮山軒轅庵、紫雲洞道長。他將中國道家內丹養生學傳授給海內外有緣的國家、地區和人士，同時用中國道家內丹養生修真學為攻克聯合國公佈十七種疑難雜症中的十六種（愛滋病除外）進行了多年探索，取得不少科研成果，康復患者無數，享譽海內外。

蘇華仁道長數十年從事內丹養生修煉，基本上已達先天境界，對各種中國道家內丹養生理論和功法有全面而獨到的精煉解釋。如今，揮手之間，口中金津玉液泉湧無窮，身輕如燕、行走無聲、皮膚已煉至橘子色……是不可多見的理論與實修兼具、有正宗傳承、用生命證明了丹道絕學的當代道家高人。

蘇華仁道長還兼任中國老子道學文化研究會常務理事，中國作家協會河南分會的會員，中國安陽《周易》研究會常務理事，中國珠海市老子道學文化研究會名譽會長，中國珠海市古中醫養生發展研究會會長、新加坡道家養生學會名譽會長等職。

近年來，蘇華仁道長與世界著名易道泰斗唐明邦、董應周和中國山西科學技術出版社副總編趙志春等同道精心編著《中國道家養生與現代生命科學系列叢書》（共十二冊），蘇道長擔任總主編。本叢書由山西科學技術出版社出版後受到海內外同道好評。書目如下：

1.《老子〈道德經〉養生之道》

2.《藥王孫思邈道醫養生》

3.《道家內丹功與現代生命科學》

4.《太極拳祖師張三豐內丹養生》

5.《〈周易參同契〉與道家養生》

6.《世界著名壽星吳雲青談中國傳統養生之道》

7.《〈黃帝外經〉丹道修真長壽學》

8.《〈鬼谷子〉與茅山道派丹道修真學》

9.《葛洪〈抱朴子〉道醫丹道修真長壽學》

10.《呂洞賓丹道修真長壽精華》

11.《華山陳摶老祖丹道修真長壽學》

12.《道家南宗丹道修真長壽學》

通訊位址：中國廣東博羅縣羅浮山寶田國際會議大酒店中醫養生理療中心轉軒轅庵　蘇華仁道長收。

郵編：516133　　手機：13138387676，13542777234

電子郵箱：su13138387676@163.com

公開郵箱：su13138387676@126.com　密碼：510315

網站：www.djyst.com

博客：http://blog.sina.com.cn/suhuaren

http://hi.baidu.com/蘇華仁

北京愛心中立高文化有限責任公司，是一個專門研究、傳承、創新、傳播經典文化的組織，公司以全真和合論為指導理論，以提升全民文化自覺自信為己任，以健康國民身心為宗旨，以促進和平和諧為目的，秉承傳統，契合當代，弘揚國學經典文化，傳承孝道養老美德，結合傳統工藝精髓，發展身心健康事業。

公司目前在北京、河北、山東、甘肅等地共有連鎖店18處，公司秉著「誠信合作、互利共贏」的理念誠邀社會文化精英與愛好者共謀發展、共促和諧。

電話：010-51811253

地址：北京豐台區小屯路9號立高大廈

目　錄

緒論：《黃帝外經》內含中國道家內丹養生修真長壽學是
　　　古今人類康壽超凡、事業成功的科學法寶 ⋯⋯⋯⋯⋯ 55

《史記·五帝本紀第一·黃帝》（漢·司馬遷撰）⋯⋯⋯⋯ 75

《道藏·軒轅（黃帝）本紀》（宋·張君房撰）⋯⋯⋯⋯⋯ 125

《莊子·黃帝問道廣成子》（先秦·莊子撰）⋯⋯⋯⋯⋯⋯ 151

《軒轅黃帝崆峒山問道廣成子記》（宋·蘇東坡撰）⋯⋯⋯ 157

《道藏·（黃帝）中山玉櫃服炁經》 ⋯⋯⋯⋯⋯⋯⋯⋯⋯ 161

《黃帝外經》直譯序言 ⋯⋯⋯⋯⋯⋯⋯⋯⋯⋯⋯⋯⋯⋯ 171

《黃帝外經》注解與探微緣起 ⋯⋯⋯⋯⋯⋯⋯⋯⋯⋯⋯ 173

卷　一 ⋯⋯⋯⋯⋯⋯⋯⋯⋯⋯⋯⋯⋯⋯⋯⋯⋯⋯⋯⋯ 177
　　第一章　陰陽顛倒篇 ⋯⋯⋯⋯⋯⋯⋯⋯⋯⋯⋯⋯ 177
　　第二章　順逆探原篇 ⋯⋯⋯⋯⋯⋯⋯⋯⋯⋯⋯⋯ 194
　　第三章　回天生育篇 ⋯⋯⋯⋯⋯⋯⋯⋯⋯⋯⋯⋯ 205
　　第四章　天人壽夭篇 ⋯⋯⋯⋯⋯⋯⋯⋯⋯⋯⋯⋯ 217
　　第五章　命根養生篇 ⋯⋯⋯⋯⋯⋯⋯⋯⋯⋯⋯⋯ 223
　　第六章　救母篇 ⋯⋯⋯⋯⋯⋯⋯⋯⋯⋯⋯⋯⋯⋯ 228
　　第七章　紅鉛損益篇 ⋯⋯⋯⋯⋯⋯⋯⋯⋯⋯⋯⋯ 237
　　第八章　初生微論篇 ⋯⋯⋯⋯⋯⋯⋯⋯⋯⋯⋯⋯ 242
　　第九章　骨陰篇 ⋯⋯⋯⋯⋯⋯⋯⋯⋯⋯⋯⋯⋯⋯ 247

卷　二 ……………………………………………… 251

　　第　十　章　媾精受妊篇 ……………………… 251

　　第十一章　社生篇 ……………………………… 256

　　第十二章　天厭火衰篇 ………………………… 261

　　第十三章　經脈相行篇 ………………………… 265

　　第十四章　經脈終始篇 ………………………… 273

　　第十五章　經氣本標篇 ………………………… 277

　　第十六章　臟腑闡微篇 ………………………… 283

　　第十七章　考訂經脈篇 ………………………… 287

　　第十八章　包絡配腑篇 ………………………… 320

卷　三 ……………………………………………… 326

　　第　十九　章　膽腑命名篇 …………………… 326

　　第　二十　章　任督死生篇 …………………… 330

　　第二十一章　陰陽二蹻篇 ……………………… 336

　　第二十二章　奇恒篇 …………………………… 339

　　第二十三章　小絡篇 …………………………… 344

　　第二十四章　肺金篇 …………………………… 346

　　第二十五章　肝木篇 …………………………… 351

　　第二十六章　腎水篇 …………………………… 356

　　第二十七章　心火篇 …………………………… 362

卷　四 ……………………………………………… 368

　　第二十八章　脾土篇 …………………………… 368

　　第二十九章　胃土篇 …………………………… 374

　　第　三十　章　包絡火篇 ……………………… 381

　　第三十一章　三焦火篇 ………………………… 386

　　第三十二章　膽木篇 …………………………… 390

　　第三十三章　膀胱水篇 ………………………… 394

第三十四章　大腸金篇 ……………………… 399

第三十五章　小腸火篇 ……………………… 404

第三十六章　命門真火篇 …………………… 408

卷　五 ……………………………………………… 415

第三十七章　命門經主篇 …………………… 415

第三十八章　五行生剋篇 …………………… 420

第三十九章　小心真主篇 …………………… 428

第 四十 章　水不剋火篇 …………………… 432

第四十一章　三關升降篇 …………………… 436

第四十二章　表微篇 ………………………… 440

第四十三章　呼吸篇 ………………………… 443

第四十四章　脈動篇 ………………………… 446

第四十五章　瞳子散大篇 …………………… 450

卷　六 ……………………………………………… 454

第四十六章　診原篇 ………………………… 454

第四十七章　精氣引血篇 …………………… 456

第四十八章　天人一氣篇 …………………… 460

第四十九章　地氣合人篇 …………………… 466

第 五十 章　三才並論篇 …………………… 470

第五十一章　五運六氣離合篇 ……………… 475

第五十二章　六氣分門篇 …………………… 478

第五十三章　六氣獨勝篇 …………………… 481

第五十四章　三合篇 ………………………… 485

卷　七 ……………………………………………… 494

第五十五章　四時六氣異同篇 ……………… 494

第五十六章　司天在泉分合篇 ……………… 497

第五十七章　從化篇 ………………………… 500

第五十八章　冬夏火熱篇 ················· 503

第五十九章　暑火二氣篇 ················· 506

第 六十 章　陰陽上下篇 ················· 509

第六十一章　營衛交重篇 ················· 512

第六十二章　五臟互根篇 ················· 515

第六十三章　八風固本篇 ················· 519

卷　　八 ···································· 523

第六十四章　八風命名篇 ················· 523

第六十五章　太乙篇 ····················· 527

第六十六章　親陽親陰篇 ················· 533

第六十七章　異傳篇 ····················· 537

第六十八章　傷寒知變篇 ················· 541

第六十九章　傷寒異同篇 ················· 546

第 七十 章　風寒殊異篇 ················· 550

第七十一章　陰寒格陽篇 ················· 558

第七十二章　春溫似疫篇 ················· 561

卷　　九 ···································· 565

第七十三章　補瀉陰陽篇 ················· 565

第七十四章　善養篇 ····················· 569

第七十五章　亡陰亡陽篇 ················· 575

第七十六章　晝夜輕重篇 ················· 578

第七十七章　解陽解陰篇 ················· 581

第七十八章　真假疑似篇 ················· 586

第七十九章　從逆窺源篇 ················· 592

第 八十 章　移寒篇 ····················· 597

第八十一章　寒熱舒肝篇 ················· 600

卷 十　學習《黃帝外經》必讀經典《黃帝陰符經》…… 603

　上篇（神仙抱一演道章）……………………… 603

　中篇（富國按民演法章）……………………… 606

　下篇（強兵戰勝演術章）……………………… 607

卷十一　老子傳承《黃帝外經》內含丹道修真

長壽學著作 ………………………………………… 610

　第一節　老子《道德經》第一、六、七、十、

　　　　　十六、二十、二十一、二十八、四十、

　　　　　四十一、五十四、五十九、八十一關於

　　　　　丹道的論述（呂祖注）………………… 610

　第二節　《道藏・太上老君內丹經》……………… 627

　第三節　老子親傳丹道弟子尹喜真人著《尹真

　　　　　人東華正脈皇極闔闢證道仙經》………… 629

　　一、添油接命章 ……………………………… 630

　　二、凝神入竅章 ……………………………… 633

　　三、神息相依章 ……………………………… 635

　　四、聚火開關章 ……………………………… 637

　　五、採藥歸壺章 ……………………………… 639

　　六、卯酉周天章 ……………………………… 641

　　七、長養聖胎章 ……………………………… 643

　　八、乳哺嬰兒章 ……………………………… 645

　　九、移神內院章 ……………………………… 646

　　十、煉虛合道章 ……………………………… 649

卷十二　吳雲青傳承《黃帝外經》內含的道家

內丹養生《九轉還丹功》真傳 …………………… 654

　第一節　築基 …………………………………… 654

第二節　煉己 ······························· 660

第三節　採藥 ······························· 664

第四節　得藥 ······························· 668

第五節　進火 ······························· 671

第六節　烹煉 ······························· 674

第七節　溫養 ······························· 677

第八節　沐浴 ······························· 679

第九節　退符 ······························· 682

第十節　九轉還丹功補充明細之解說 ······· 685

跋一　《黃帝外經》直譯後記 ··················· 689

跋二　《黃帝外經》探微後記 ··················· 690

特別附錄：研究《黃帝外經》必備經典論著精選 ······· 692

第一節　《黃帝外經》與《黃帝內經》篇目
　　　　對照表 ····························· 692

第二節　《黃帝歸藏易》（清·馬國翰輯本）··· 695

第三節　古三墳《黃帝歸藏易》 ··············· 704

第四節　《黃帝歸藏易》發源地為古都安陽考 ··· 707

羅浮奇人蘇華仁話養生 ······················· 719

老子《道德經》與養生大智慧 ··················· 729

中國道家養生20字要訣 ······················· 731

中華丹道·傳在吳老 ························· 739

力爭能使世人學到一套實用的道家養生之道的叢書 ······· 744

道家養生長壽基地崛起山東沂蒙山 ··············· 747

緒論：《黃帝外經》內含中國道家內丹養生修真長壽學是古今人類康壽超凡、事業成功的科學法寶

—— 《〈黃帝外經〉丹道修真長壽學》緒論

一、《黃帝外經丹道修真長壽學》編著緣起與內容

　　靜觀中華五千年文明史，無數事實啟迪我們：中華民族神聖祖先黃帝是中國傳統文化與文明的始祖之一，也是中國道家文化與中國道家內丹養生修真之道的始祖之一。眾所周知：中國道家內丹養生修真是全人類實現康壽超凡的法寶。

　　根據《漢書·藝文志》、《道藏·軒轅（黃帝）本紀》與《中國大百科全書·中國傳統醫學》、《古代醫籍志》等史書記載：《黃帝內經》與《黃帝外經》，構成了中國傳統道醫與中醫和中國道家養生與中國道家內丹養生修真文化主體的兩翼，造福世人，永世不竭。

　　《黃帝內經》以養生治病為主，兼及養生與修真。

　　《黃帝外經》以養生修真為主，兼及養生與治病。

　　《黃帝內經》指出宇宙天地人萬物為一體，而作為萬物之靈的人類達到健康長壽的理論基礎為：「道法自然」規律與「天人合一」生活，其具體方法載於《黃帝內經》，總綱為：

　　　　　　法於陰陽，

　　　　　　和於術數，

　　　　　　飲食有節，

起居有常，

不妄勞作。

《黃帝外經》則在《黃帝內經》讓人類獲得健康長壽的基礎上，進一步獲得「掌握陰陽」實現「修真長生」的偉大理想。其理論基礎為「天人一氣」，其方法為中國道家內丹養生修真之道，其修煉和秘訣主要蘊藏於《黃帝外經》，集大成於《老子道德經》、《太上老君內丹經》（本經載《道藏》，太上老君即修丹道者對老子的尊稱）。總綱為：

顛倒陰陽：

秘傳內丹口訣為「迴光返照，默守玄關竅」，即老子《道德經》第一章中講的「常有欲以觀其竅」、「玄之又玄，眾妙之門」。

命根養生：

秘傳內丹口訣為「煉腎生精，添油接命」，即老子《道德經》中所講的「深根固蒂，長生久視之道」。

命門真火：

秘傳內丹口訣為「煉精結丹，武火烹煉」，即《太上老君內丹經》中所講的「夫煉大丹者，精勤功行……」

任督生死：

秘傳內丹口訣為「取坎填離，丹道周天」，即老子《道德經》中所講的「反者道之動，弱者道之用，專氣至柔，復歸於嬰兒乎」。

善養陰陽：

秘傳內丹口訣為「溫養沐浴，煉神還虛」，即老子《道德經》中所講的「歸根曰靜，靜曰復命。」

為使海內外讀者能儘快學好、用好《黃帝外經》內含丹道修真長壽秘術，早日獲得身心康壽超凡，《中國道家養生與現

代生命科學系列叢書》總主編蘇華仁經過三思後定出書名與結構內容，同時寫出本書緒論，而後首先將中華聖祖與中國道家丹道始祖黃帝、傳世《黃帝外經》內含丹道修真學集大成者中國道家祖師老子、傳承《黃帝外經》內含丹道修真學是傳世主要著作收錄書內，計有：

（1）《老子道德經》中關於丹道的論述

（2）《道藏·太上老君內丹經》

（3）老子親傳丹道弟子尹喜真人著《尹真人東華正脈皇極闔闢證道仙經》

為使廣大讀者能窺丹道九層秘功全法全訣，隨將《黃帝外經》內含黃帝、老子丹道秘傳下手功夫九轉還丹功九層功夫丹道全法全訣當代傳人、世界著名丹道高師吳雲青（1838～1998）傳承修煉的丹道下手秘功九轉還丹功附上。然後敬請海內外著名丹道名家梅自強門內弟子、廖冬晴博士（道號賢陽）譯成白話文，同時精心注解了55章至82章。同時敬請中國當代江蘇淮安易道醫三者行家嵇道明（原名嵇衛明。）進行注解了《黃帝外經》第1章至54章，同時特意對《黃帝外經》全文81章寫出了具有導讀與探索明意性質的「探微」文章，以益海內外廣大有緣讀者快速學習理解應用《黃帝外經》。最後，由本叢書總主編蘇華仁統一審定修改完善而定稿出版。

尋根求源：

《黃帝外經》的源頭是黃帝兩次登臨崆峒山拜廣成子為師，學習丹道修真長壽秘術，中國偉大的史學家司馬遷《史記·五帝本紀》和《莊子·在宥》、《道藏·軒轅（黃帝）本紀》與中國宋代大文學家蘇東坡精心撰寫的《軒轅黃帝崆峒山問道廣成子記》中有詳細記載。《道藏·（黃帝）中山

玉櫃服氣經》中則有廣成子傳黃帝丹道修真長壽功夫綱要。
為了使海內外有緣讀者進一步瞭解與《黃帝外經》緊密相
關：中華聖祖黃帝的哲學思想、養生修真、治國用兵經典論
著，我們又特別收入了《黃帝陰符經》（張果老注），當代
國學與考古名家、清華大學考古所廖明春教授提供的、十分
珍貴的湖北省江陵市王家台1993年3月出土秦簡《黃帝歸藏
易》原始資料，中國安陽周易研究會會長秦文學「《黃帝歸
藏易》發源地為古都安陽考」等文章，今一併收入《黃帝外
經》以供讀者修真。然後與中國山西科學技術出版社精誠合
作出版。

　　誠願中華兒女暨天下道德之士有緣潛心精學《黃帝外
經》，有緣誠心拜得精通《黃帝外經》蘊藏的修真至道的高
師修成丹道，即修成中國道家內丹養生修真大道，成為獲得
中華聖祖黃帝《陰符經》中講的「宇宙在乎手，萬化生乎
身」成就而為世人造福的真人，此乃中華聖祖黃帝、老子及
歷代丹道祖師之博大宏願！作為我們後人唯有尊道貴德，日
日精煉丹道，以利己利人利社會，永久利天地人生生不息。

二、《黃帝外經》內含中國道家內丹養生修真
　　　長壽學源流與祖典

　　中國道家內丹養生修真長壽學，是古今中外大聖哲、大
科學家、養生專家公認的全人類養生長壽、回春開智、事業
成功、天人合一的最佳法寶。

　　據《史記·五帝本紀》、《莊子·在宥篇》、《史記·
老子韓非列傳》、《道藏》等諸多書古籍明確記載：中國道
家內丹養生修真長壽學，古稱「中華仙學」。大約在五千年
前，始由中華民族神聖祖先黃帝兩次登臨崆峒山向當世道學

真人廣成子學得。

黃帝修煉中國道家內丹養生修真長壽學之後，切實取得
了養生長壽、回春開智、事業成功、天人合一真實而神奇效
果；為了讓千秋後世道德學問高深，與丹道有緣的大聖哲、
大科學家、高道真人和一切與丹道有緣的有德者能夠學到丹
道真諦，同時又為了嚴防千秋後世德薄才淺的小人學得丹道
真諦，幹出傷天害理之事，黃帝特定下嚴格道規：丹道傳授
下手修煉功夫不准寫下文字，只准許師徒二人單獨在場的情
況下用口傳方式，秘密傳授，口口相傳，故稱口訣。爾後華
夏大地流傳起古語道：「假傳萬卷書，真傳一句話」和「道
不傳六耳」與「得訣歸來好看書」等。

有關中國道家內丹養生修真長壽學理論的經典著作，在
中國東漢之前，主要有《黃帝外經》《黃帝陰符經》、《老
子道德經》和《太上老君內丹經》，而同時兼有中國道家內
丹養生修真長壽學理論與下手功夫的著作，其時尚缺，這實
在令人感到美中不足。

至中國東漢時期，著名的中國道家內丹養生修真長壽學
修煉家魏伯陽，為了弘揚中華聖祖黃帝開創的中國道家內丹
養生修真長壽學，特意將中華民族神聖祖先黃帝、老子「道
法自然」規律，同時又「因而制之」自然規律，進而讓全人
類達到「天人合一」的中國道家哲學思想，參同由黃帝、老
子秘傳：被古今中外諸多大聖哲、大科學家、養生專家和各
界有識之士公認為全人類養生修真至寶的中國道家內丹養生
長壽修真學，同時參同周文王演繹的《周易》所揭示的宇宙
萬物生滅變化規律時所採用的易理卦象，三者合理有機合而
為一，潛心多年著出了被古今中外大聖哲、大科學家，中國
道家內丹養生修真長壽學修煉家、外丹護生學燒煉家和各界

有志有識之士，公認為「萬古丹經王」的《周易參同契》。使中國道家內丹養生修真長壽學和外丹燒煉學理論、功夫、體用三者熾熔於一爐。

故中國晉代著名的中國道家內丹養生修真長壽學高師《抱朴子》一書的作者葛洪，提綱挈領地精闢指出「伯陽作《參同契》、《五相類》凡二卷。其說如似解釋《周易》，其實假借爻象，以論作丹之意，而儒者不知神仙之事，多作陰陽注之，殊失其奧旨矣。」

三、《黃帝外經》內含中國道家內丹養生修真長壽學核心機制「取坎填離」與現代宇宙生命能量回收

縱觀古今中外：人類的生命規律是生—老—病—亡。究其根源：是因為人類的一切活動與運動方式都是消耗生命能量的。因此，不消耗人類生命能量、時常補充生命能量，是人類健康長壽、天人合一的根本關鍵所在。基於此，中國古代大聖哲伏羲、廣成子、軒轅黃帝、老子等高師，運用大智慧，經過漫長的歷史歲月，潛心參透天地人生生滅滅變化規律，而後創立的中國道家內丹養生長壽學，是人類養生科學領域少有的一種不消耗生命能量，同時又時時將宇宙萬物能量補充進人類生命能量的上乘天人合一的養生之道，古人稱之為「黃帝、老子丹道」。故《黃帝外經》、《黃帝陰符經》、《老子道德經》、《太上老君內丹經》是中國道學內丹養生之道的祖典。

中國道家內丹養生長壽學，不消耗生命能量，同時又能時時補充生命能量，其核心機制是「取坎填離」。取坎（卦象為☵），就是採取宇宙大自然、天地間之能量，吸收到人

體之內。古人叫做採天地之精華，也稱採集天地之靈氣。填離（卦象為☲），就是將採取的宇宙天地間之能量，補充到人類能量的不足之處。進而達到人類的生命能量「生生不息」，最終實現人類的美好理想：「健康長壽，天人合一，事業成功，長生久視。」

中國道家內丹養生修真長壽學與現代宇宙生命能量回收有異曲同工之妙，故靜觀記載中華五千年文明史的中國《二十四史》一目了然，中國歷史上各界泰斗大多平生修學中國道家內丹養生修真長壽學，詳情請閱本文第四節。

四、中國歷史上各界泰斗大多修煉《黃帝外經》內含的中國道家內丹養生修真之道

展開博大精深、史實確鑿的中國《二十四史》和中國大量的歷史典籍一目了然：大凡在中國歷史上大有作為的各界泰斗人物，大多渴求大道之理和渴求中國道家內丹養生修真長壽學，潛心修煉中國道家內丹養生修真長壽學。請看：

中國政治界泰斗，我們炎黃子孫的聖祖軒轅黃帝，《史記·五帝本紀》、《史記·封禪》、《莊子·在宥篇》載：約在五千年前黃帝不遠萬里，兩次登臨崆峒山、誠心拜上古易道高師廣成子為師習煉內丹養生修真長壽學，壽至380歲仙逝，《道藏》載其「被龍馱上天」。此乃中華民族為龍的傳人主要源頭之一。

《史記·老子韓非列傳》載：中國思想界泰斗老子，他所著的《老子道德經》被古今中外西方各界有識之士公認為「東方聖經」。老子修煉內丹養生修真長壽學有大成，「壽高200餘歲不知所終」。為了完善和弘揚中國道家內丹養生修真長壽學，老子特意著出了中國歷史上第一部內丹經典

《太上老君內丹經》（本經載《道藏》）。

中國教育界泰斗，中國儒家祖師孔子，《史記‧孔子世家》載：約在2500多年前，孔子不畏長途跋涉之艱辛，親自到周都洛陽恭身拜中國思想界泰斗老子為師、叩問大道之理和道家養生要旨。孔子向老子拜師後回到山東曲阜，馬上改變了他原來周遊列國、恢復周禮的人生之路，潛心修煉丹道和研究《周易》，同時辦學傳授中華易道文化。《史記‧仲尼弟子列傳》記載：孔子對他的弟子們講：他平生拜師六位、老子為首位。

中國軍事界泰斗孫武子，他在他所著的《孫子兵法》中，明言為將帥的重要之事是「修道保法」，有關史籍載孫子功成身退後則隱居在故鄉「阿澶」（今山東東阿、東營）一帶，潛心修煉中國道家內丹養生修真長壽學。

中國古代商貿界供奉之祖師范蠡、輔助越王勾踐建成春秋霸主之業後即急流勇退，更名陶朱公，一邊修道，一邊經商。中國近代道學名家陳攖寧曾援引圓嶠詩《江上詠范少伯》禮贊范蠡，詩中寫道：陶朱計定傾吳日，黃老功成霸越年。

司馬遷《史記‧蘇秦‧張儀列傳》、《道藏‧茅濛傳》記載了中國智慧聖人鬼谷子隱居雲夢山，潛心修煉老子秘傳的中國道家內丹養生長壽學，獲得年逾百歲而童顏之效，鬼谷子同時培養出道學名家茅濛、徐福和三個外交家蘇秦、張儀、毛遂、三個軍事家孫臏、龐涓、尉繚子的史實。

中國大謀略家，身為帝王之師的張良，《史記‧留候世家》載其輔佐漢高祖劉邦興漢滅秦後急流勇退、志隨丹道高師赤松子雲遊和習煉中國道家內丹養生修真長壽學。

中國道教創始人張道陵，《雲笈七籤》載其乃張良後

裔，張道陵於丹道與道術均精通，他至123歲時仍四處傳道。

世界上最早發明地震預報地動儀，還發明氣象預報測定風向的風侯儀的中國大科學家張衡，《後漢書・張衡傳》和《四川總志》載其乃是中國道教創始人張道陵之長子，他發明的地動儀和渾天儀與風侯儀、《黃帝飛鳥曆》是在黃帝和老子的道家思想指引下完成的。

中國書法界書聖王羲之，《晉書》載其「五世奉道」，他本人自幼慕道，年長則與道士許邁常優游林下，共修丹道。

中國宋代易學泰斗陳摶，《宋史・陳摶傳》載其潛心修道，高臥華山，上承黃帝、老子之遺教，下開後世丹道易道之師風，壽至118歲蛻化於華山張超谷。

《宋史・陳摶傳》還記載了中國八仙之一呂洞賓，因平生修煉道家內丹養生修真長壽學而「百餘歲而童顏，動則數百里，善劍術，世人以為神仙，與陳摶互為師友」的史實。

中國武術界武當派祖師和太極拳宗師張三豐，武術與丹道均精，他為華為陳摶老祖的徒孫，所著丹道名篇《無根樹》，寓意深廣，飲譽古今。據研究張三豐的史學家、太極拳與丹道修煉家研究結果，張三豐的壽命至少在二百餘歲時而不知所終……

中國佛教界大德高僧、北魏著名法師曇鸞、佛教天臺宗三祖慧思，慧眼深識中國道家內丹養生修真長壽學乃養生長壽至寶，故師事內丹道功大師陶弘景學習內丹道功並潛心習煉於佛門之內。

時至今日，世界科技進入西方實驗科學加東方古代經驗科學（有人稱之為東方神秘主義），進行綜合研究以期望新

發展之際，中國道家內丹養生修真長壽學益發受到有識之士推崇，英國皇家學會會員，世界著名科技研究專家李約瑟博士在其世界名著《中國科技史》中精闢指出：「中國的內丹成為世界早期生物化學史上的一個里程碑。」

世界著名生物遺傳學家牛滿江教授，因科研日繁導致身心俱衰，後來他於1998年來到中國北京向中國道家內丹功華山派十九代傳人邊智中（俗名：邊治中）道長習煉道功後身心頓健，他連連稱道：「養生秘術，千真萬確，千真萬確」。並且深有感觸地說：「我習煉這種功法受益匪淺，真誠地希望此術能在世界開花，使全人類受益。」

綜上所述，可見中國道家內丹養生修真長壽學古今中外飲譽之高，故古來素有「朗朗乾坤，獨尊內丹」之謂。

本文第一章節中所提及的在中國歷史大有作為的各界泰斗人物，大多渴求大道之理與中國道家內丹養生修真長壽學，其奧妙何在？奧妙就在於他們站在高文化素養的基石之上，深刻地理解中國道家內丹養生修真長壽學依據天地人與萬物變化規律科學創立，故其治病強身、健身開智、養生長壽、天人合一，掌握生命密碼，超越生命之功效真實而神奇。

反過來看：中國歷史上各界泰斗人物之所以大有作為，取得成功，其奧妙就在於他們習煉了中國道家內丹養生修真長壽學。

這是歷史事實，這是歷史的結論。同時歷史還啟迪我們：中華民族神聖祖先黃帝、老子秘傳中國道家內丹養生修真長壽學是全人類康壽超凡，掌握生命科學達到天人合一的最佳法寶。

五、中國道家內丹養生是全人類養生益智 「天人合一」的最佳法寶

學習《周易參同契》內含的中國道家內丹養生修真長壽學在我國和古今中外的發展史：大量修煉者取得真實神奇效果的大量史實真誠地啟迪後人：中國道家內丹養生修真長壽學，千真萬確的是全人類達到養生長壽、回春開智、天人合一理想境地的最佳法寶。同時，古今中外大量高人求道、得道的史實也啟迪我們：大道難得，得道真人不易逢……故張三豐祖師辭官別親，雲遊天下長達數十年，歷盡千辛萬苦後才在終南山中，拜得華山陳摶老祖親傳弟子火龍真人為師，學得《周易參同契》內含中國道家內丹養生修真長壽學真諦。因為中國道家內丹養生修真長壽學是中華民族傳統文化寶庫中最寶貴之寶，他需要修煉者先拜得名師，求得千古口傳之秘訣，然後在名師輔導下才能讀懂丹經秘訣，弄通《周易參同契》內含中國道家內丹養生修真長壽學真諦奧秘，故古語道「得訣歸來方看書」。中國宋代道家內丹養生修真長壽學南宗祖師張伯端談學習丹道之難曰：「憑您聰明過顏閔，未遇名師莫強猜。」

張三豐祖師在談到學習《周易參同契》內含中國道家內丹養生修真長壽學經驗時寫道：「勸賢才、莫賣乖、不遇名師莫強猜。」同時寫到他雲遊天下數十年求道之難，而後在終南山拜得火龍真人為師，才學到《周易參同契》內含中國道家內丹養生修真長壽學真訣時道：「落魄江湖數十秋，逢師咬破鐵饅頭。」

何為得道名師？中華民族神聖祖先黃帝在《黃帝內經》中明確告訴我們：「上古知道者……度百歲乃去……」顯而

易見：真正得道名師高師是因修煉《周易參同契》內含的中國道家內丹養生修真長壽學，已修成「年逾百歲猶童顏」者。

六、《黃帝外經》、《老子道德經》、《周易參同契》內含中國道家內丹養生修真長壽學真諦綱要明指

筆者為探求《黃帝外經》、《老子道德經》、《周易參同契》內含的中國道家內丹養生修真長壽學真諦，先後十多年間雲遊於神州大河上下、長城內外、長江南北的名山上、道廟裏、佛寺內，千尋百尋難見到「年逾百歲猶童顏」的得道名師蹤影，正在彷徨無路可走之際，忽思得「大道在深山」之古語，猛然有所悟隨即邁步神州莽蒼蒼的深山之中，經得不少辛苦悲歡離合……嗚呼！蒼天不負有心人，終於拜得六位丹道名師，真正精於《黃帝外經》、《老子道德經》、《周易參同契》內含中國道家內丹養生修真長壽學真諦。這六位丹道名師，其中四位因潛心修煉丹道獲得年逾百歲猶童顏之效。他們分別是：

1. 中國陝北青化寺佛道雙修長老、中華聖祖黃帝、老子秘傳中國道家內丹養生修真長壽學160歲傳師吳雲青。吳雲青老人於清道光十八年（西元1838年）臘月生於中國中部鄭州市西鄰的歷史文化名城滎陽，1998年9月坐化於舉世聞名的《周易》發源地中國古都安陽，其平生傳奇事蹟分別見於《人民日報》1980年9月10日四版，中國《新體育》雜誌1980年第七期，中國中央電視臺四台2010年11月25日「發現之旅——肉身不腐之謎」專題節目向海內外播放，讀者登錄央視網站即可觀看。

2. 中國陝西終南山百歲道長李理祥。（其聖照刊於1991年9月10日《科學晚報》）

3. 中國河南泌陽白雲117歲道長唐道成。（其事蹟載於1980年10月8日《河南日報》）

4. 中國青城山紅廟子道觀122歲道長趙百川。（其事蹟載於1998年第七期《中國道教》）

另外，兩位年逾古稀之年身心猶健的丹道名師分別是：

1. 中國道家內丹養生修真長壽學華山派十九代傳人邊治中、道號邊智中。（其事蹟載於1982年4月4日香港《明報》和同年的《世界日報》與《人民日報》等海內外多家報刊。）世界著名生物遺傳科學家美籍華人牛滿江博士，1982年2月特意從美國來到中國北京拜邊治中道長為師，習煉中國道家內丹養生修真長壽學華山派道功。因牛滿江博士習煉內丹道功後身心短時間回春，故而他以大科學家高文化水準，經過科學研究後，於1982年4月4日在香港《明報》上發表文章：確認內丹道功是「從增加生命之源入手，是細胞長壽術，人體生命科學……」而後，牛滿江博士又向全人類推薦該功法道：「我習煉這種功法受益匪淺，真誠希望此術在世界開花，使全人類受益。」

2. 中國道家內丹養生修真長壽學龍門岔派金山派丹道傳人、中國古都安陽三教寺內、中國儒釋道三教養生秘功合修的高師李嵐峰，法名性昆，其真實而神奇的事蹟流傳於古都安陽民間和宗教界與武術界。

本文闡述《黃帝外經》、《老子道德經》、《周易參同契》內含中國道家內丹養生修真長壽學真諦，均依據上述六位丹道名師口傳秘訣而成文。

上述六位名師口傳《黃帝外經》、《老子道德經》、

《周易參同契》內含中國道家內丹養生修真長壽學具體修煉下手功夫，共分九階，即俗謂之「九品」，古稱「九轉還丹」。此九品之功法，內蘊性、命雙修之大法。為使眾名師指教時簡便，筆者今擬用白話，不帶冗繁之論，將其功法真諦綱要概述如下，正可謂「大道不繁」矣。

一品煉己：性如灰，心掃雜念；

二品築基：止善地，固住本源；

三品按爐：採大藥，文烹武煉；

四品結丹：在柢樹，兩大中懸；

五品還丹：過崑崙，降落會晏；

六品溫養：玉靈胚，也得三千；

七品脫胎：鬚眉頂，嬰兒出現；

八品懸殊：並六道，妙哉難言；

九品還虛：九載功，丹成九轉。

「九品」內丹功法真諦綱目如上，試解釋之於下：

一品煉己功法「其要在煉性」。性功乃命功之基，性命之重，恰如諸葛亮所言：「性也，命也。」性功主要是將自身「後天之識神」「返回先天之元神」，現出自身之本來之性。

煉好性功至為重要。而煉好性功之途徑，古來雖也靠名師口傳之訣，但要修煉成功則主要靠自身：潛心實煉。故務需習練者師乎造化、法乎自然，誠心以修道德（躬身以歷世事，博覽古今中外群書，廣參世間萬事學問，習練者達到功德才智量五德兼備，進而方可真正達到視功名利祿與塵緣世事如浮雲），對自身及身邊之天地有一個客觀、真實、科學、辨證的認識和善於處理之法。看待萬物能俯視宇宙，觀空不空。胸襟博大，能陶熔古今，最終達到參透世事，自身

與天地合一，識神泰定，元神顯明，處世能「依乎天理、固其自然」，「揮斥八極，神氣不變」（莊周語）。

一品行功秘傳口訣曰：

> 參透世事自定神，也無我相也無人；
>
> 緣人回光玄關竅，自有靈光貯此身。

二品為築基，此乃命功築基之大法。其目的主要是將後天之元氣返回先天之元氣，以為採取元精做好準備。在一品性功煉好之後，方可進行築基之功的習煉，因築基屬命功之基，古來主要靠名師口傳，特別需靠習煉內丹成功之名師言傳口授之口訣習煉之！故需習練者誠心誠意，千方百計求得名師口傳之真訣。

築基功以已性止善地（即真正之玄關竅）於子午卯酉四時，按師傳一定之法，一定之度，一定之數精心、潛心修煉之，以達到可隨時（即活子時）將自身的後天之氣返回先天之氣。

二品行功秘傳口訣曰：

> 靜則為陰動則符，功夫底是有沉謀；
>
> 倘若玄關無消息，動及風雷也算浮。

三品為按爐，此為命功（修煉元精）之首，習煉者務須在自身先天元氣浩然盈足的基礎上，配以先天之元神，和以自身甘露，以文武火烹煉於丹田之內，以為結丹做好準備，三品功法務需因勢按一定度數，在丹田之內留下清氣，去掉濁氣，將體內丹爐按穩，以便採藥結丹。

三品行功秘傳口訣曰：

> 古來金丹產鼎內，金丹全賴精氣神；
>
> 文烹武煉師造化，終日乾乾聞捷音。

四品結丹，其要在按爐已妥的基礎上，將自身中的元精

採於身內兩大中懸的抵樹（即丹田之爐內）隨即和以先天之元精，配以先天之元氣，然後將已採於丹田內的元精化為氣結為丹，然後進行還丹。

四品行功秘傳口訣曰：

> 心無我相無人相，忘掉眾相總是長；
> 待到丹成九轉後，心隨物我一起忘。

五品為還丹，四品功確煉成之後，可進行還丹之功五品之功的習煉。還丹之功，仍需以先天之氣吹動四品功夫所煉之丹，沿自身先天之路線，按名師所傳的特殊功勢，速將所結之丹過崑崙落會晏。此功如確煉好，精氣神三位一體凝成的丹，過崑崙落會晏時確實可聽到鳥語啾啾，天籟聲聲；聞到花香陣陣，異香撲鼻……

五品行功秘傳口訣曰：

> 終日乾乾得金丹，金丹不還為假丹；
> 龜蛇盤結坎離交，過海跨山落會晏。

六品溫養，五品功確煉成之後，可煉六品溫養之功，溫養之法，其要在文火溫養，即以先天之元氣，按一定之度數，將所煉之丹細細的慢慢的溫養之，因還丹之功需適時急速行功，故煉溫養之功時需全身精氣神放鬆，歸於自然而然。

六品行功秘傳口訣曰：

> 龜蛇盤結金丹還，溫養神功歸自然；
> 玄關引來三昧火，方可後天返先天。

七品脫胎，六品功成之後，方可行七品之大功，因一般人難以修煉達此境地，故本文謹簡述如下，此步功效甚大，僅言其中之一效為習練者自身逐漸返呈出嬰兒時模樣……

七品行功秘傳口訣曰：

脫胎至境非等閒，不是仙佛難至前；

聖胎脫去遊八極，功德圓滿童顏現。

八品懸珠，七品功確煉成之後方可行八品之功，八品之功效又高於七品，進入八品之功效者人更稀，故謹舉其中功效之一斑以示人，八品之功效之一是雙目呈碧藍色，精光射人⋯

八品行功秘傳口訣曰：

六道併一懸珠功，自然而然人天通；

其妙難言世間人，唯有仙佛可印證。

九品還虛，九品功法之效比之八品，真可謂更上一層樓台，習練者如真能將其習煉精，則人與天地化為一，功德才智量五德兼備也，其功用難以估量也。

九品行功秘傳口訣曰：

還虛之功非凡功，不是賢達豈容聽；

其效神妙不可言，百獸聞之也通靈。

上述內丹九品功法，乃筆者依據習煉《黃帝外經》、《老子道德經》、《周易參同契》內含中國道家內丹養生修真長壽學道功已成功之名師口傳秘訣大要寫成，其功效合於自然，但海內外諸賢慎勿照本宣科習煉之!!!因古來修煉內丹者均需得真正的名師口傳其訣後方可行之。

為便同道以辨真偽。於丹經道書，今試略舉數本以薦君：黃帝著《陰符經》，老子著《道德經》、《太上老君內丹經》，陳搏著《指玄篇》，尹真人之弟子著《性命圭旨》，漢鍾離、呂洞賓著《鍾、呂傳道集》、《試金石全旨》，張三豐祖師著《丹經秘訣》等書，上述諸書讀熟後，可明瞭性命雙修之真意，但古來書中不會有行功之訣，如欲學得口傳之訣，仍需不折不撓，克服種種磨難，學得《黃帝

外經》、《老子道德經》、《周易參同契》內含中國道家內丹養生修真長壽學之真訣，訪名師務需先辨其真偽，真名師功德自厚深，細訪之自明；二查其功果真假。

　　真名師其狀貌形神兼備，舉止迥異，功德超群，道貌岸然。年壯者其貌碧眼豐頷，歷年如松柏，年逾古稀者氣色如童初，年逾百歲者則體健似嬰兒……

　　末了，囉唆一句：本文所述《黃帝外經》、《老子道德經》、《周易參同契》蘊含中國道家內丹養生修真長壽學之道，雖為大要，確為真諦，此確已明白內丹之名師，一看便知，無需多言，余之拙文，正欲盼此類名師賜教之也。

七、中國道家內丹養生長壽修真學「取坎填離」進行宇宙生命能量回收的生活習慣規律具體方法

　　1.「天人合一」生活，將人體生物鐘節律與大自然運動節律合一：主要要求人類要做到早睡早起，古人稱為：「日出而作，日落而息。」吳雲青高師常說：「跟著太陽走，百歲身無憂。」

　　2.「道法自然」規律，大自然運行規律是「陰陽消長」、「陰陽互根」，古人云：「一陰一陽謂之道。」因此，人類的活動與體力勞動要交叉適度進行。

　　3. 生生不息、自強不息，大自然是生生不息永遠煥發著青春的活力，因此，我們人類也要遵循大自然規律，而生生不息、自強不息。

　　4. 採宇宙萬物之靈氣，因為人類乃萬物之靈，故人類要時時採集萬物之靈氣，才能健康生存。主要包含平生吃素食和無農藥、無化肥、無公害的蔬菜與糧食，常飲山泉等。

5. 採日精：採取太陽之精華，即早上卯時：早上五點至七點對著太陽練功，其他時間，也要盡可能對著太陽練功，萬一看不到太陽，也要對著有太陽的方向練功和深呼吸，太陽光過強時則避開陽光，以免輻射。

6. 吸月華：吸收月亮之精華，即晚上五點至七點或之後，對著月亮修煉中國道家內丹養生長壽學或深呼吸。也可以對著天上的北斗星練功。

7. 與時俱進：主要指吃時鮮糧食、食物、水果，時飲鮮山泉，常吃生食，常吃有機食品，嚴禁食葷食與飲葷湯。

8. 將食進體內的食物儘快、儘量轉化成能量。

9. 開發體內潛能，包括開發自身內潛藏的口水、精水，也包括中國傳統的自尿療法，和將自尿精煉成「秋石」荷爾蒙晶體。

10. 返樸歸嬰，節約能量的不必要的消耗，將生活習慣和生活方式返樸到簡樸、質樸、淳樸，這樣可以有效地節約生命能量；歸嬰，將人類心理與生理回歸到嬰兒，這樣，人類的心理壓力自然而然地減弱；《老子道德經》中講的「吾有三寶：一曰慈，二曰儉，三曰不敢為天下先。」即是減少不必要生命能量消耗的大智慧。

11. 損有餘，補不足：老子在《道德經》中指出：「為學日益，為道日損，損之又損，幾至於無。」即是「損有餘，補不足」的大方略。具體做法是將人類不必要的身心靈行為減去，做到清靜無為，如此，才能做到老子在《道德經》講的「聖人之道，為而不爭」與「無為無不為」的大境界。

12. 透過煉精化氣、煉氣化神、煉神還虛，而修煉成內丹，進而通過「九轉還丹」使生命昇華。

綜上所述，《黃帝外經》、《老子道德經》、《周易參同契》內含中國道家內丹養生長壽學核心機制「取坎填離」，就是將宇宙萬物生命能量，盡可能適度適量的採集到人類自身之內，同時將人類自身潛藏的生命能量進行開發，進而將宇宙生命能量與自身生命能量合而為一，使生命昇華、健康、長壽、事業成功，進而達到天人合一、天人和諧、人人和諧。同時獲得生命科學的大智慧。因此人類一定盡力做好環境保護工作。因為只有保護好人類賴以生存的宇宙大自然環境，人類才能與宇宙大自然同步共同發展。

中華聖祖黃帝外經禮贊：

（一）

黃帝創建大業成，英雄回頭拜廣成。

助人長壽又超凡，著出《內經》與《外經》。

老子傳承成大道，藥王遵行神醫通。

我輩時時忠行之，宇宙在手天地同。

（二）

黃帝聖祖著《外經》，歷經滄桑益顯明。

老子據此著《道德》，藥王忠行《千金》成。

修仙軒轅能捨國，求玄列子歸道宗。

我輩時時效法之，自然中華文化興。

蘇華仁

2012年5月8日于中國廣東羅浮山軒轅庵

《史記・五帝本紀第一・黃帝》

（漢・司馬遷撰）

◇集解凡是徐氏義，稱徐姓名以別之。餘者悉是駰注
解，並集眾家義。○索隱紀者，記也。本其事而記之，故曰
本紀。又紀，理也，絲縷有紀。而帝王書稱紀者，言為後代
綱紀也。正義鄭玄注中候敕省圖云：「德合五帝坐星者，
稱帝。」又坤靈圖云：「德配天地，在正不在私，曰帝。」
案：太史公依世本、大戴禮，以黃帝、顓頊、帝嚳、唐堯、
虞舜為五帝。譙周、應劭、宋均皆同。而孔安國尚書序，
皇甫謐帝王世紀，孫氏注世本，並以伏羲、神農、黃帝為
三皇，少昊、顓頊、高辛、唐、虞為五帝。裴松之史目云
「天子稱本紀，諸侯曰世家」。本者，係其本系，故曰本；
紀者，理也，統理眾事，繫之年月，名之曰紀；第者，次序
之目；一者，舉數之由：故曰五帝本紀第一。禮云：「動則
左史書之，言則右史書之。」正義云：「左陽，故記動。右
陰，故記言。言為尚書，事為春秋。」案：春秋時置左右
史，故云史記也。

黃帝者[1]，少典之子[2]，姓公孫，名曰軒轅[3]。生而神
靈，弱而能言[4]，幼而徇齊[5]，長而敦敏，成而聰明[6]。

【注釋】

①◇集解徐廣曰：「號有熊。」○索隱案：有土德之
瑞，土色黃，故稱黃帝，猶神農火德王而稱炎帝然也。此以

黃帝為五帝之首，蓋依大戴禮五帝德。又譙周、宋均亦以為然。而孔安國、皇甫謐帝王代紀及孫氏注系本並以伏羲、神農、黃帝為三皇，少昊、高陽、高辛、唐、虞為五帝。注「號有熊」者，以其本是有熊國君之子故也。亦號軒轅氏。皇甫謐云：「居軒轅之丘，因以為名，又以為號。」又據左傳，亦號帝鴻氏也。正義輿地志云：「涿鹿本名彭城，黃帝初都，遷有熊也。」案：黃帝有熊國君，乃少典國君之次子，號曰有熊氏，又曰縉雲氏，又曰帝鴻氏，亦曰帝軒氏。母曰附寶，之祁野，見大電繞北斗樞星，感而懷孕，二十四月而生黃帝於壽丘。壽丘在今中國河南崔新鄭府內，今有軒轅丘遺跡。生日角龍顏，有景雲之瑞，以土德王，故曰黃帝。封泰山，禪亭亭。亭亭在牟陰。

②◇集解譙周曰：「有熊國君，少典之子也。」皇甫謐曰：「有熊，今河南新鄭是也。」○索隱少典者，諸侯國號，非人名也。又案：國語云「少典娶有蟜氏女，生黃帝、炎帝」。然則炎帝亦少典之子。炎黃二帝雖則相承，如帝王代紀中間凡隔八帝，五百餘年。若以少典是其父名，豈黃帝經五百餘年而始代炎帝后為天子乎？何其年之長也！又案：秦本紀云「顓頊氏之裔孫曰女脩，吞鳥之卵而生大業，大業娶少典氏而生柏翳」。明少典是國號，非人名也。黃帝即少典氏後代之子孫，賈逵亦謂然，故左傳「高陽氏有才子八人」，亦謂其後代子孫而稱為子是也。譙周字允南，蜀人，魏散騎常侍徵，不拜。此注所引者，是其人所著古史考之說也。皇甫謐字士安，晉人，號玄晏先生。今所引者，是其所作帝王代紀也。

③○索隱案：皇甫謐云「黃帝生於壽丘，長於姬水，因以為姓。居軒轅之丘，因以為名，又以為號」。是本姓公

孫，長居姬水，因改姓姬。

④○索隱弱謂幼弱時也。蓋未合能言之時而黃帝即
言，所以為神異也。潘岳有衰弱子篇，其子未七旬曰弱。正
義言神異也。易曰「陰陽不測之謂神」，書云「人惟萬物之
靈」，故謂之神靈也。

⑤◇集解徐廣曰：「墨子『年逾十五，則聰明心慮無
不徇通矣』。」駰案：徇，疾；齊，速也。言聖德幼而疾速
也。索隱斯文未是。今案：徇，齊，皆德也。書曰「聰明齊
聖」，左傳曰「子雖齊聖」，謂聖德齊肅也。又案：孔子家
語及大戴禮並作「叡齊」，一本作「慧齊」。叡，慧，皆智
也。太史公採大戴禮而為此紀，今彼文無作「徇」者。史記
舊本亦有作「濬齊」。蓋古字假借「徇」為「濬」，濬，
深也，義亦並通。爾雅「齊」「速」俱訓為疾。尚書大傳曰
「多聞而齊給」。鄭注云「齊，疾也」。今裴氏注云徇亦訓
疾，未見所出。或當讀「徇」為「迅」，迅於爾雅與齊俱訓
疾，則迅濬雖異字，而音同也。又爾雅曰「宣，徇，遍也。
濬，通也」。是「遍」之與「通」義亦相近。言黃帝幼而才
智周遍，且辯給也。故墨子亦云「年逾五十，則聰明心慮不
徇通矣」。俗本作「十五」，非是。案：謂年老逾五十不聰
明，何得云「十五」？

⑥據正義成謂二十冠，成人也。聰明，聞見明辯也。
此以上至「軒轅」，皆大戴禮文。

軒轅之時，神農氏世衰①。諸侯相侵伐，暴虐百姓，而
神農氏弗能徵。於是軒轅乃慣用干戈，以徵不享②，諸侯咸
來賓從。而蚩尤最為暴，莫能伐③。炎帝欲侵陵諸侯，諸侯
咸歸軒轅。軒轅乃修德振兵④，治五氣⑤，蓺五種⑥，撫萬

民，度四方⑦，教熊羆貔貅貙虎⑧，以與炎帝戰於阪泉之野⑨。三戰，然後得其志⑩。蚩尤作亂，不用帝命⑪。於是黃帝乃徵師諸侯，與蚩尤戰于涿鹿之野⑫，遂禽殺蚩尤⑬。而諸侯咸尊軒轅為天子，代神農氏，是為黃帝。天下有不順者，黃帝從而征之，平者去之⑭，披山通道⑮，未嘗寧居。

【注釋】

①◇集解皇甫謐曰：「易稱庖犧氏沒，神農氏作，是為炎帝。」班固曰：「教民耕農，故號曰神農。」○索隱世衰，謂神農氏後代子孫道德衰薄，非指炎帝之身，即班固所謂「參盧」，皇甫謐所云「帝榆罔」是也。正義帝王世紀云：「神農氏，姜姓也。母曰任姒，有蟜氏女，登為少典妃，遊華陽，有神龍首，感生炎帝。人身牛首，長於姜水。有聖德，以火德王，故號炎帝。初都陳，又徙魯。又曰魁隗氏，又曰連山氏，又曰列山氏。」括地志云：「厲山在隨州隨縣北百里，山東有石穴。神農生於厲鄉，所謂列山氏也。春秋時為厲國。」

②○索隱謂用干戈以征諸侯之不朝享者。本或作「亭」，亭訓直，以征諸侯之不直者。

③◇集解應劭曰：「蚩尤，古天子。」瓚曰：「孔子三朝紀曰『蚩尤，庶人之貪者』。」○索隱案：此紀云「諸侯相侵伐，蚩尤最為暴」，則蚩尤非為天子也。又管子曰「蚩尤受盧山之金而作五兵」，明非庶人，蓋諸侯號也。劉向別錄云「孔子見魯哀公問政，比三朝，退而為此記，故曰三朝。凡七篇，併入大戴記」。今此注見用兵篇也。正義龍魚河圖云：「黃帝攝政，有蚩尤兄弟八十一人，並獸身人語，銅頭鐵額，食沙石子，造立兵仗刀戟大弩，威震天下，誅殺無道，不慈仁。萬民欲令黃帝行天子事，黃帝以仁義不

能禁止蚩尤，乃仰天而歎。天譴玄女下授黃帝兵信神符，制伏蚩尤，帝因使之主兵，以制八方。蚩尤沒後，天下復擾亂，黃帝遂畫蚩尤形象以威天下，天下咸謂蚩尤，不死，八方萬邦皆為弭服。」山海經云：「黃帝令應龍攻蚩尤。蚩尤請風伯、雨師以從，大風雨。黃帝乃下天女曰『魃』，以止雨。雨止，遂殺蚩尤。」孔安國曰「九黎君號蚩尤」是也。

④正義振，整也。

⑤◇集解王肅曰：「五行之氣。」○索隱謂春甲乙木氣，夏丙丁火氣之屬，是五氣也。

⑥集解駰案：藝，樹也。詩云「藝之荏菽」。周禮曰「穀宜五種」。鄭玄曰「五黍、稷、菽、麥、稻也」。○索隱藝，種也，樹也。五種即五穀也，音殊用反。此注所引見詩大雅生民之篇。爾雅云「荏菽，戎菽」也，郭璞曰「今之胡豆」，鄭氏曰「豆之大者」是也。據正義藝音魚曳反。種音腫。

⑦集解王肅曰：「度四方而安撫之。」據正義度音徒洛反。

⑧索隱書云「如虎如貔」，爾雅云「貔，白狐」，禮曰「前有摯獸，則載貔貅」是也。爾雅又曰「貙獌似貍」。此六者猛獸，可以教戰。周禮有服不氏，掌教擾猛獸。即古服牛乘馬，亦其類也。據正義熊音雄。羆音碑。貔音毗。貅音休。貙音醜於反。羆如熊，黃白色。郭璞云：「貔，執夷，虎屬也。」案：言教士卒習戰，以猛獸之名之，用威敵也。

⑨◇集解服虔曰：「阪泉，地名。」皇甫謐曰：「在上穀。」正義阪音白板反。括地志云：「阪泉，今名黃帝泉，在媯州懷戎縣東五十六里。出五里至涿鹿東北，與涿水合。又有涿鹿故城，在媯州東南五十里，本黃帝所都也。晉太康地理志

云『涿鹿城東一里有阪泉，上有黃帝祠』。」案：阪泉之野則平野之地也。

⑩據正義謂黃帝克炎帝之後。

⑪據正義言蚩尤不用黃帝之命也。

⑫◇集解服虔曰：「涿鹿，山名，在涿郡。」張晏曰：「涿鹿在上谷。」○索隱或作「濁鹿」，古今字異耳。案：地理志上谷有涿鹿縣，然則服虔云「在涿郡」者，誤也。

⑬◇集解皇覽曰：「蚩尤塚在東平郡壽張縣闞鄉城中，高七丈，民常十月祀之。有赤氣出，如匹絳帛，民名為蚩尤旗。肩髀塚在山陽郡巨野縣重聚，大小與闞塚等。傳言黃帝與蚩尤戰于涿鹿之野，黃帝殺之，身體異處，故別葬之。」索隱案：皇甫謐云「黃帝使應龍殺蚩尤于凶黎之谷」。或曰，黃帝斬蚩尤于中冀，因名其地曰「絕轡之野」。注「皇覽」，書名也。記先代塚墓之處，宜皇王之省覽，故曰皇覽。是魏人王象、繆襲等所撰也。

⑭據正義平服者即去之。

⑮集解徐廣曰：「披，他本亦作『陂』。字蓋當音詖，陂者旁其邊之謂也。披語誠合今世，然古今不必同也。」索隱披音如字，謂披山林草木而行以通道也。徐廣音詖，恐稍紆也。

東至於海，登丸山①，及岱宗②。西至於空桐③，登雞頭④。南至於江，登熊、湘⑤。北逐葷粥⑥，合符釜山⑦，而邑于涿鹿之阿⑧。遷徙往來無常處，以師兵為營衛⑨。官名皆以雲命，為雲師⑩。置左右大監，監于萬國⑪。萬國和，而鬼神山川封禪與為多焉⑫。獲寶鼎，迎日推筴⑬。舉風後、力牧、常先、大鴻⑭以治民。順天地之紀⑮，幽明

之占⑯，死生之說⑰，存亡之難⑱。時播百穀草木⑲，淳化鳥獸蟲蛾⑳，旁羅日月星辰水波㉑土石金玉㉒，勞勤心力耳目，節用水火材物㉓。有土德之瑞，故號黃帝㉔。

【注釋】

①◇集解徐廣曰：「丸，一作『凡』。」駰案：地理志曰丸山在郎邪硃虛縣。○索隱注「丸，一作『凡』」，凡音扶嚴反。據正義丸音桓。括地志云：「丸山即丹山，在青州臨朐縣界硃虛故縣西北二十里，丹水出焉。」丸音紈。守節案：地志唯有凡山，蓋凡山丸山是一山耳。諸處字誤，或「丸」或「凡」也。漢書郊祀志云「禪丸山」，顏師古云「在硃虛」，亦與括地志相合，明丸山是也。

②據正義泰山，東岳也。

③◇集解應劭曰：「山名。」韋昭曰：「在隴右。」

④索隱山名也。後漢王孟塞雞頭道，在隴西。一曰崆峒山之別名。正義括地志云：「空桐山在肅州福祿縣東南六十里。抱朴子內篇云『黃帝西見中黃子，受九品之方，過空桐，從廣成子受自然之經』，即此山。」括地志又云：「笄頭山一名崆峒山，在原州平高縣西百里，禹貢涇水所出。輿地志云或即雞頭山也。酈元云蓋大隴山異名也。莊子云廣成子學道崆峒山，黃帝問道於廣成子，蓋在此。」案：二處崆峒皆云黃帝登之，未詳孰是。

⑤◇集解封禪書曰：「南伐至於召陵，登熊山。」地理志曰湘山在長沙益陽縣。正義括地志云：「熊耳山在商州上洛縣西十里，齊桓公登之以望江漢也。湘山一名艑山，在岳州巴陵南十八里也。」

⑥◇集解匈奴傳曰：「唐虞以上有山戎、獫狁、葷粥，居於北蠻。」○索隱匈奴別名也。唐虞已上曰山戎，亦

曰薰粥，夏曰淳維，殷曰鬼方，周曰獫狁，漢曰匈奴。據正義葷音薰。粥音育。

⑦○索隱含諸侯符契圭瑞，而朝之於釜山，猶禹會諸侯於塗山然也。又案：郭子橫洞冥記稱東方朔云「東海大明之墟有釜山，山出瑞雲，應王者之符命」，如堯時有赤雲之祥之類。蓋黃帝黃雲之瑞，故曰「合符應於釜山」也。正義括地志云：「釜山在媯州懷戎縣北三里，山上有舜廟。」

⑧據正義廣平曰阿。涿鹿，山名，已見上。涿鹿故城在山下，即黃帝所都之邑於山下平地。

⑨據正義環繞軍兵為營以自衛，若轅門即其遺像。

⑩◇集解應劭曰：「黃帝受命，有雲瑞，故以云紀事也。春官為青雲，夏官為縉雲，秋官為白雲，冬官為黑雲，中官為黃雲。」張晏曰：「黃帝有景雲之應，因以名師與官。」

⑪據正義監，上監去聲，下監平聲。若周邵分陝也。

⑫◇集解徐廣曰：「多，一作『朋』。」○索隱與音羊汝反。與猶許也。言萬國和同，而鬼神山川封禪祭祀之事，自古以來帝皇之中，推許黃帝以為多。多猶大也。

⑬◇集解晉灼曰：「策，數也，迎數之也。」瓚曰：「日月朔望未來而推之，故曰迎日。」○索隱封禪書曰「黃帝得寶鼎神策」，下云「於是推策迎日」，則神策者，神蓍也。黃帝得蓍以推算曆數，於是逆知節氣日辰之將來，故曰推策迎日也。據正義筴音策。迎，逆也。黃帝受神筴，命大撓造甲子，容成造曆是也。

⑭◇集解鄭玄曰：「風後，黃帝三公也。」班固曰：「力牧，黃帝相也。」大鴻，見封禪書。據正義舉，任用。四人皆帝臣也。帝王世紀云：「黃帝夢大風吹天下之塵垢皆

去,又夢人執千鈞之弩,驅羊萬群。帝寤而歎曰:『風為號令,執政者也。垢去土,後也。天下豈有姓風名後者哉?夫千鈞之弩,毅力者也。驅羊數萬群,能牧民為善者也,天下豈有姓力名牧者哉?』於是依二占而求之,得風後於海隅,登以為相。得力牧於大澤,進以為將。黃帝因著占夢經十一卷。」藝文志云:「風後兵法十三篇,圖二卷,孤虛二十卷,力牧兵法十五篇。」鄭玄云:「風後,黃帝之三公也。」案:黃帝仰天地置列侯眾官,以風後配上臺,天老配中台,五聖配下臺,謂之三公也。封禪書云「鬼臾區號大鴻,黃帝大臣也。死葬雍,故鴻塚是」。藝文志云「鬼容區兵法三篇」也。

⑮據正義言黃帝順天地陰陽四時之紀也。

⑯:據正義幽,陰;明,陽也。占,數也。言陰陽五行,黃帝占數而知之。此文見大戴禮。

⑰:◇集解徐廣曰:「一云『幽明之數,合死生之說』。」正義說謂儀制也。民之生死。此謂作儀制禮則之說。

⑱:○索隱存亡猶安危也。易曰「危者安其位,亡者保其存」是也。難猶說也。凡事是非未盡,假以往來之詞,則曰難。又上文有「死生之說」,故此云「存亡之難」,所以韓非著書有說林、說難也。據正義難音乃憚反。存亡猶生死也。黃帝之前,未有衣裳屋宇。及黃帝造屋宇,製衣服,營殯葬,萬民故免存亡之難。

⑲:◇集解王肅曰:「時,是也。」○索隱為一句。據正義言順四時之所宜而布種百穀草木也。

⑳:○索隱為一句。蛾音牛綺反。一作「豸」。言淳化廣被及之。據正義蛾音魚起反。又音豸,豸音直氏反。蟻,

蚍蜉也。爾雅曰：「有足曰蟲，無足曰豸。」

㉑：◇集解徐廣曰：「一作『沃』。」

㉒：○索隱旁，非一方。羅，廣布也。今案：大戴禮作「曆離」。離即羅也。言帝德旁羅日月星辰水波，及至土石金玉。謂日月揚光，海水不波，山不藏珍，皆是帝德廣被也。據正義旁羅猶遍佈也。日月，陰陽時節也。星，二十八宿也。辰，日月所會也。水波，瀾漪也。言天不異災，土無別害，水少波浪，山出珍寶。

㉓：據正義節，時節也。水，陂障決洩也。火，山野禁放也。材，木也。物，事也。言黃帝教民，江湖陂澤山林原隰皆收採禁捕以時，用之有節，令得其利也。大戴禮云「宰我問於孔子曰：『予聞榮伊曰黃帝三百年。請問黃帝者人耶？何以至三百年？』」孔子曰：「勞勤心力耳目，節用水火材物，生而民得其利百年，死而民畏其神百年，亡而民用其教百年，故曰三百年也。」

㉔：○索隱炎帝火，黃帝土代之，即「黃龍地螾見」是也。螾，土精，大五六圍，長十餘丈。螾音引。據正義螾音以刃反。

黃帝二十五子，其得姓者十四人[①]。

【注釋】

①○索隱舊解破四為三，言得姓十三人耳。今案：國語胥臣云「黃帝之子二十五宗，其得姓者十四人，為十二姓，姬、酉、祁、己、滕、葴、任、荀、僖、姞、儇、衣是也。唯青陽與夷鼓同己姓」。又云「青陽與蒼林為姬姓」。是則十四人為十二姓，其文甚明。唯姬姓再稱青陽與蒼林，蓋國語文誤，所以致令前儒共疑。其姬姓青陽當為玄囂，是

帝嚳祖本與黃帝同姬姓。其國語上文青陽，即是少昊金天氏
為己姓者耳。既理在不疑，無煩破四為三。

黃帝居軒轅之丘①，而娶於西陵之女②，是為嫘祖③。
嫘祖為黃帝正妃④，生二子，其後皆有天下：其一曰玄囂，
是為青陽⑤，青陽降居江水⑥；其二曰昌意，降居若水⑦。
昌意娶蜀山氏女，曰昌僕，生高陽，高陽有聖悳焉⑧。黃帝
崩⑨，葬橋山⑩。其孫昌意之子高陽立，是為帝顓頊也。

【注釋】

①◇集解皇甫謐曰：「受國于有熊，居軒轅之丘，
故因以為名，又以為號。山海經曰『在窮山之際，西射之
南』。」張晏曰：「作軒冕之服，故謂之軒轅。」

②據正義西陵，國名也。

③◇集解徐廣曰：「祖，一作『俎』。嫘，力追
反。」○索隱一曰雷祖，音力堆反。據正義一作「劇」。

④○索隱案：黃帝立四妃，象后妃四星。皇甫謐云：
「元妃西陵氏女，曰累祖，生昌意。次妃方雷氏女，曰女
節，生青陽。次妃彤魚氏女，生夷鼓，一名蒼林。次妃嫫
母，班在三人之下。」案：國語夷鼓、蒼林是二人。又案：
漢書古今人表彤魚氏生夷鼓，嫫母生蒼林，不得如謐所說。
太史公乃據大戴禮，以累祖生昌意及玄囂，玄囂即青陽也。
皇甫謐以青陽為少昊，乃方雷氏所生，是其所見異也。

⑤○索隱玄囂，帝嚳之祖。案：皇甫謐及宋衷皆云玄
囂青陽即少昊也。今此紀下云「玄囂不得在帝位」，則太史
公意青陽非少昊明矣。而此又云「玄囂是為青陽」，當是誤
也。謂二人皆黃帝子，並列其名，所以前史因誤以玄囂青陽
為一人耳。宋衷又云：「玄囂青陽是為少昊，繼黃帝立者，

而史不敍，蓋少昊金德王，非五運之次，故敍五帝不數之也。」

⑥據正義括地志云：「安陽故城在豫州新息縣西南八十裏。應劭云古江國也。地理志亦云安陽古江國也。」

⑦○索隱降，下也。言帝子為諸侯，降居江水。江水、若水皆在蜀，即所封國也。水經曰「水出旄牛徼外，東南至故關為若水，南過邛都，又東北至硃提縣為盧江水」，是蜀有此二水也。

⑧據正義華陽國志及十三州志云：「蜀之先肇於人皇之際。黃帝為子昌意娶蜀山氏，後子孫因封焉。帝顓頊高陽氏，黃帝之孫，昌意之子，母曰昌僕，亦謂之女樞。」河圖云：「瑤光如蜺貫月，正白，感女樞于幽房之宮，生顓頊，首戴干戈，有德文也。」

⑨◇集解皇甫謐曰：「在位百年而崩，年百一十一歲。」○索隱案：大戴禮「宰我問孔子曰：『榮伊言黃帝三百年，請問黃帝何人也？抑非人也？何以至三百年乎？』對曰：『生而人得其利百年，死而人畏其神百年，亡而人用其教百年。』」則士安之說略可憑矣。據正義列仙傳云：「軒轅自擇亡日與群臣辭。還葬橋山，山崩，棺空，唯有劍舄在棺焉。」

⑩◇集解皇覽曰：「黃帝塚在上郡橋山。」○索隱地理志橋山在上郡陽周縣，山有黃帝塚也。據正義括地志云：「黃帝陵在寧州羅川縣東八十里子午山。地理志云上郡陽周縣橋山南有黃帝塚。」案：陽周，隋改為羅川。爾雅云山銳而高曰橋也。

帝顓頊高陽者[1]，黃帝之孫而昌意之子也。靜淵以有

謀，疏通而知事；養材以任地②，載時③以像天，依鬼神以制義④，治氣⑤以教化，絜誠以祭祀。北至於幽陵⑥，南至於交址⑦，西至於流沙⑧，東至於蟠木⑨。動靜之物⑩，大小之神⑪，日月所照，莫不砥屬⑫。

【注釋】

①◇集解皇甫謐曰：「都帝丘，今東郡濮陽是也。」○索隱宋衷云：「顓頊，名；高陽，有天下號也。」張晏云：「高陽者，所興地名也。」

②○索隱言能養材物以任地。大戴禮作「養財」。

③○索隱載，行也。言行四時以像天。大戴禮作「履時以像天」。履亦踐而行也。

④○索隱鬼神聰明正直，當盡心敬事，因制尊卑之義，故禮曰「降於祖廟之謂仁義」是也。據正義鬼之靈者曰神也。鬼神謂山川之神也。能興雲致雨，潤養萬物也，故己依憑之剬義也。剬，古制字。

⑤○索隱謂理四時五行之氣以教化萬人也。

⑥據正義幽州也。

⑦據正義阯音止，交州也。

⑧◇集解地理志曰流沙在張掖居延縣。據正義濟，渡也。括地志云：「居延海南，甘州張掖縣東北千六十四里是。」

⑨集解海外經曰：「東海中有山焉，名曰度索。上有大桃樹，屈蟠三千里。東北有門，名曰鬼門，萬鬼所聚也。天帝使神人守之，一名神荼，一名鬱壘，主閱領萬鬼。若害人之鬼，以葦索縛之，射以桃弧，投虎食也。」

⑩據正義動物謂鳥獸之類，靜物謂草木之類。

⑪據正義大謂五嶽、四瀆，小謂丘陵墳衍。

⑫◇集解王肅曰：「砥，平也。四遠皆平而來服
屬。」○索隱依王肅音止蜀，據大戴禮作「砥礪」也。

帝顓頊生子曰窮蟬①。顓頊崩②，而玄囂之孫高辛立，
是為帝嚳。

【注釋】

①○索隱系本作「窮系」。

②◇集解皇甫謐曰：「在位七十八年，年九十八。」
皇覽曰：「顓頊塚在東郡濮陽頓丘城門外廣陽里中。頓丘者
城門，名頓丘道。」○索隱皇甫謐云：「據左氏，歲在鶉火
而崩，葬東郡。」又山海經曰：「顓頊葬鮒魚山之陽，九嬪
葬其陰。」

帝嚳高辛者①，黃帝之曾孫也。高辛父曰蟜極②，蟜極
父曰玄囂，玄囂父曰黃帝。自玄囂與蟜極皆不得在位，至高
辛即帝位③。高辛於顓頊為族子。

【注釋】

①◇集解張晏曰：「少昊以前，天下之號象其德。顓
頊以來，天下之號因其名。高陽、高辛皆所興之地名；顓頊
與嚳皆以字為號：上古質故也。」○索隱宋衷曰：「高辛地
名，因以為號。嚳，名也。」皇甫謐云：「帝嚳名夋也。」
□正義帝王紀云：「斡母無聞焉。」

②據正義蟜音居兆反。本作「橋」，音同。又巨遙
反。帝堯之祖也。

③◇集解皇甫謐曰：「都亳，今河南偃師是。」

高辛生而神靈，自言其名①。普施利物，不於其身。聰

以知遠，明以察微。順天之義，知民之急。仁而威，惠而信，修身而天下服。取地之財而節用之，撫教萬民而利誨之，曆日月而迎送之②，明鬼神而敬事之③。其色郁郁，其德嶷嶷④。其動也時，其服也士⑤。帝嚳溉執中而徧天下⑥，日月所照，風雨所至，莫不從服⑦。

【注釋】

①據正義帝王紀云：「帝嚳高辛，姬姓也。其母生見其神異，自言其名曰夋。齔齓有聖德，年十五而佐顓頊，三十登位，都亳，以人事紀官也。」

②據正義言作曆弦、望、晦、朔，日月未至而迎之，過而送之，上「迎日推策」是也。

③據正義天神曰神，人神曰鬼。又云聖人之精氣謂之神，賢人之精氣謂之鬼。言明識鬼而敬事也。

④○索隱郁郁猶穆穆也。嶷嶷，德高也。今案：大戴禮「郁」作「神」，「嶷」作「俟」。

⑤○索隱舉動應天時，衣服服士服，言其公且廉也。

⑥◇集解徐廣曰：「古『既』字作水旁。『遍』字一作『尹』。」○索隱即尚書「允執厥中」是也。據正義溉音既。言帝干治民，若水之溉灌，平等而執中正，遍於天下也。

⑦據正義以上大戴文也。

帝嚳娶陳鋒氏女①，生放勳②。娶娵訾氏女，生摯③。帝嚳崩④，而摯代立。帝摯立，不善⑤，而弟放勳立，是為帝堯。

【注釋】

①○索隱鋒音峰。案：系本作「陳酆氏」。皇甫謐云「陳鋒氏女曰慶都」。慶都，名也。據正義鋒音峰。又作

「豐」。帝王紀云「帝嚳有四妃，卜其子皆有天下。元妃有邰氏女，曰姜嫄，生后稷。次妃有娀氏女，曰簡狄，生卨，次妃陳豐氏女，曰慶都，生放勳。次妃娵訾氏女，曰常儀，生帝摯」也。

②據正義放音方往反。勳亦作「勛」，音許云反。言堯能放上代之功，故曰放勳。諡堯。姓伊祁氏。帝王紀云：「帝堯陶唐氏，祁姓也。母慶都，十四月生堯。」

③○索隱案：皇甫謐云「女名常宜」也。據正義娵，足須反。訾，紫移反。

④◇集解皇甫謐曰：「在位七十年，年百五歲。」皇覽曰：「帝嚳塚在東郡濮陽頓丘城南台陰野中。」

⑤○索隱古本作「不著」，音張慮反。俗本作「不善」。不善謂微弱，不著猶不著明。衛宏云：「摯立九年而唐侯德盛，因禪位焉。」據正義帝王紀云：「帝摯之母於四人中班最在下，而摯於兄弟最長，得登帝位。封異母弟放勳為唐侯。摯在位九年，政微弱，而唐侯德盛，諸侯歸之，摯服其義，乃率群臣造唐而致禪。唐侯自知有天命，乃受帝禪，乃封摯於高辛。」今定州唐縣也。

帝堯者①，放勳②。其仁如天③，其知如神④。就之如日⑤，望之如雲⑥。富而不驕，貴而不舒⑦。黃收純衣⑧，彤車乘白馬。能明馴德⑨，以親九族。九族既睦，便章百姓⑩。百姓昭明，合和萬國。

【注釋】

①◇集解諡法曰：「翼善傳聖曰堯。」○索隱堯，諡也。放勳，名。帝嚳之子，姓伊祁氏。案：皇甫謐云「堯初生時，其母在三阿之南，寄於伊長孺之家，故從母所居為姓

也」。據正義徐廣云：「號陶唐。」帝王紀云：「堯都平陽，於詩為唐國。」徐才宗國都城記云：「唐國，帝堯之裔子所封。其北，帝夏禹都，漢曰太原郡，在古冀州太行恆山之西。其南有晉水。」括地志云：「今晉州所理平陽故城是也。平陽河水一名晉水也。」

②◇集解徐廣曰：「號陶唐。」皇甫謐曰：「堯以甲申歲生，甲辰即帝位，甲午徵舜，甲寅舜代行天子事，辛巳崩，年百118，在位98年。」

③○索隱如天之涵養也。

④○索隱如神之微妙也。

⑤○索隱如日之照臨，人咸依就之，若葵藿傾心以向日也。

⑥○索隱如雲之覆渥，言德化廣大而浸潤生人，人咸仰望之，故曰如百穀之仰膏雨也。

⑦○索隱舒猶慢也。大戴禮作「不豫」。

⑧◇集解徐廣曰：「純，一作『�』。」駰案：太古冠冕圖云「夏名冕曰收」。禮記曰「野夫黃冠」。鄭玄曰「純衣，士之祭服」。○索隱收，冕名。其色黃，故曰黃收，象古質素也。純，讀曰緇。

⑨◇集解徐廣曰：「馴，古訓字。」○索隱史記「馴」字徐廣皆讀曰訓。訓，順也。言聖德能順人也。案：尚書作「俊德」，孔安國云「能明用俊德之士」，與此文意別也。

⑩◇集解徐廣曰：「下云『便程東作』，然則訓平為便也。」駰案：尚書並作「平」字。孔安國曰「百姓，百官」。鄭玄曰「百姓，群臣之父子兄弟」。○索隱古文尚書作「平」，此文蓋讀「平」為浦耕反。平既訓便，因作「便

章」。其今文作「辯章」。古「平」字亦作「便」，音婢緣反。便則訓辯，遂為辯章。鄒誕生本亦同也。

乃命羲、和①，敬順昊天②，數法③日月星辰④，敬授民時⑤。分命羲仲，居郁夷，曰暘谷⑥。敬道日出，便程東作⑦。日中，星鳥，以殷中春⑧。其民析，鳥獸字微⑨。申命羲叔，居南交⑩。便程南為，敬致①。日永，星火，以正中夏⑫。其民因，鳥獸希革⑬。申命和仲⑭，居西土⑮，曰昧谷⑯。敬道日入，便程西成⑰。夜中，星虛⑱，以正中秋⑲。其民夷易，鳥獸毛毨⑳。申命和叔；居北方，曰幽都㉑。便在伏物㉒。日短，星昴，以正中冬㉓。其民燠，鳥獸氄毛㉔。歲366日，以閏月正四時㉕。信飭㉖百官，觸功皆興。

【注釋】

①◇集解孔安國曰：「重黎之後，羲氏、和氏世掌天地之官。」正義呂刑傳云：「重即羲，黎即和，雖別為氏族，而出自重黎也。」案：聖人不獨治，必須賢輔，乃命相天地之官，若周禮天官卿、地官卿也。

②正義敬猶恭勤也。元氣昊然廣大，故云昊天。釋天云：「春為蒼天，夏為昊天，秋為旻天，冬為上天。」而獨言昊天者，以堯能敬天，大，故以昊大言之。

③○索隱尚書作「曆象日月」，則此言「數法」，是訓「曆象」二字，謂命羲和以曆數之法觀察日月星辰之早晚，以敬授人時也。

④據正義曆數之法，日之甲乙，月之大小，昏明遞中之星，日月所會之辰，定其天數，以為一歲之曆。

⑤據正義尚書考靈耀云：「主春者，張昏中，可以種稷。主夏者，火昏中，可以種黍菽。主秋者，虛昏中，可以

種麥。主冬者,昴昏中,可以收斂也。」天子視四星之中,知民緩急,故云敬授民時也。

⑥◇集解尚書作「嵎夷」。孔安國曰:「東表之地稱嵎夷。日出於暘谷。羲仲,治東方之官。」○索隱舊本作「湯谷」,今並依尚書字。案:淮南子曰「日出湯谷,浴于咸池」,則湯谷亦有他證明矣。又下曰「昧谷」,徐廣云「一作『柳』」,柳亦日入處地名。太史公博採經記而為此史,廣記異聞,不必皆依尚書。蓋郁夷亦地之別名也。正義郁音隅。陽或作「暘」。禹貢青州云:「嵎夷既略。」案:嵎夷,青州也。堯命羲仲理東方青州嵎夷之地,日所出處,名曰陽明之谷。羲仲主東方之官,若周禮春官卿。

⑦◇集解孔安國曰:「敬道出日,平均次序東作之事,以務農也。」○索隱劉伯莊傳皆依古史作平秩音。然尚書大傳曰「辯秩東作」,則是訓秩為程,言便課其作程者也。據正義道音導。便,程,並如字,後同。導,訓也。三春主東,故言日出。耕作在春,故言東作。命羲仲恭勤道訓萬民東作之事,使有程期。

⑧◇集解孔安國曰:「日中謂春分之日也。鳥,南方硃鳥七宿也。殷,正也。春分之昏,鳥星畢見,以正仲春之氣節。轉以推孟、季,則可知也。」據正義下「中」音仲,夏、秋、冬並同。

⑨◇集解孔安國曰:「春事既起,丁壯就功,言其民老壯分析也。」乳化曰字。尚書「微」作「尾」字。說云「尾,交接也」。

⑩◇集解孔安國曰:「夏與春交,此治南方之官也。」○索隱孔注未是。然則冬與秋交,何故下無其文?且東嵎夷,西昧谷,北幽都,三方皆言地,而夏獨不言地,乃

云與春交，斯不例之甚也。然南方地有名交阯者，或古文略舉一字名地，南交則是交阯不疑也。據正義義叔主南方官，若周禮夏官卿也。

⑪◇集解孔安國曰：「為，化也。平序分南方化育之事，敬行其教，以致其功也。」〇索隱為依字讀。春言東作，夏言南為，皆是耕作營為勸農之事。孔安國強讀為「訛」字，雖則訓化，解釋亦甚迂廻也。據正義為音於偽反。命義叔宜恭勤民事。致其種植，使有程期也。

⑫◇集解孔安國曰：「永，長也，謂夏至之日。火，蒼龍之中星，舉中則七星見可知也，以正中夏之節。」馬融、王肅謂日長晝漏六十刻，鄭玄曰五十五刻。

⑬◇集解孔安國曰：「因，謂老弱因就在田之丁壯以助農也。夏時鳥獸毛羽希少改易也。革，改也。」

⑭據正義和仲主西方之官，若周禮秋官卿也。

⑮◇集解徐廣曰：「一無『土』字。以為西者，今天水之西縣也。」駰案：鄭玄曰「西者，隴西之西，今人謂之兌山」。

⑯：◇集解徐廣曰：「一作『柳谷』。」駰案：孔安國曰「日入于谷而天下冥，故曰昧谷。此居治西方之官，掌秋天之政也」。

⑰：集解孔安國曰：「秋，西方，萬物成也。」

⑱：〇索隱虛，舊依字讀，而鄒誕生音墟。案：虛星主墳墓，鄒氏或得其理。

⑲：◇集解孔安國曰：「春言日，秋言夜，互相備也。虛，玄武之中星。亦言七星皆以秋分日見，以正三秋也。」

⑳：◇集解孔安國曰：「夷，平也。老壯者在田，與夏平也。毨，理也。毛更生整理。」

㉑：◇集解孔安國曰：「北稱幽都，謂所聚也。」○索隱山海經曰「北海之內有山名幽都」，蓋是也。據正義案：北方幽州，陰聚之地，命和叔居理之。北方之官，若周禮冬官卿。

㉒：○索隱使和叔察北方藏伏之物，謂人畜積聚等冬皆藏伏。尸子亦曰「北方者，伏方也」。尚書作「平在朔易」。今案：大傳云「便在伏物」，太史公據之而書。

㉓：◇集解孔安國曰：「日短，冬至之日也。昴，白虎之中星。亦以七星並見，以正冬節也。」馬融、王肅謂日短晝漏四十刻。鄭玄曰四十五刻，失之。

㉔：◇集解徐廣曰：「氄音茸。」駰案：孔安國曰「民入室處，鳥獸皆生氄毳細毛以自溫也。」

㉕：○索隱夫周天三百六十五度四分度之一，是天度數也。而日行遲，一歲一周天；月行疾，一月一周天。日一日行一度，月一日行十三度十九分度之七。至二十九日半強，月行天一匝，又逐及日而與會。一年十二會，是為十二月。每月二十九日過半。年份出小月六，是每歲餘六日。又大歲三百六十六日，小歲三百五十五日，舉全數云六十六日。其實一歲唯於十一日弱。未滿三歲，已成一月，則置閏。若三年不置閏，則正月為二月。九年差三月，則以春為夏。十七年差六月，則四時皆反。以此四時不正，歲不成矣。故傳曰「歸餘於終，事則不悖」是也。

㉖：◇集解徐廣曰：「古『敕』字。」

　　堯曰：「誰可順此事①？」放齊曰：「嗣子丹朱開明②。」堯曰：「吁！頑凶，不用③。」堯又曰：「誰可者?」讙兜曰：「共工旁聚布功，可用④。」堯曰：「共工

善言，其用僻，似恭漫天，不可⑤。」堯又曰：「嗟，四岳⑥，湯湯洪水滔天，浩浩懷山襄陵⑦，下民其憂，有能使治者？」皆曰鯀可⑧。堯曰：「鯀負命毀族，不可⑨。」岳曰：「乎哉，試不可用而已⑩。」堯於是聽岳用鯀。九歲，功用不成⑪。

【注釋】

①據正義言將登用之嗣位也。

②◇集解孔安國曰：「放齊，臣名。」據正義放音方往反。鄭玄云：「帝堯胤嗣之子，名曰丹硃，開明也。」案：開，解而達也。帝王紀云：「堯娶散宜氏女，曰女皇，生丹硃。」汲塚紀年云：「後稷放帝子丹硃。」范汪荊州記云：「丹水縣在丹川，堯子硃之所封也。」括地志云：「丹水故城在鄧州內鄉縣西南百三十里。丹水故為縣。」

③◇集解孔安國曰：「吁，疑怪之辭。」據正義左傳云：「口不道忠信之言為嚚，心不則德義之經為頑。」凶，訟也。言丹硃心既頑嚚，又好爭訟，不可用之。

④◇集解孔安國曰：「讙兜，臣名。」鄭玄曰：「共工，水官名。」據正義兜音斗侯反。

⑤據正義漫音莫干反。共工善為言語，用意邪僻也。似於恭敬，罪惡漫天，不可用也。

⑥◇集解鄭玄曰：「四岳，四時官，主方岳之事。」據正義嗟歎鴻水，問四岳誰能理也。孔安國云：「四岳，即上義和四子也。分掌四岳之諸侯，故稱焉。」

⑦集解孔安國曰：「懷，包；襄，上也。」正義湯音商，今讀如字。蕩蕩，廣平之貌。言水奔突有所滌除，地上之物為水漂流蕩蕩然。案：懷，藏，包裹之義，故懷為包。釋言以襄為駕，駕乘牛馬皆在上也。言水裹上乘陵，浩浩盛

大，勢若漫天。

⑧◇集解馬融曰：「鯀，臣名，禹父。」

⑨據正義負音佩，依字通。負，違也。族，類也。鯀性很戾，違負教命，毀敗善類，不可用也。詩云「貪人敗類」也。

⑩據正義異音異。孔安國云：「異，已；已，退也。言於人盡已，唯鯀可試，無成乃退。」

⑪正義爾雅釋天云：「載，歲也。夏曰祀，周曰年，唐、虞曰載。」李巡云：「各自紀事，示不相襲也。」孫炎云：「歲，取歲星行一次也。祀，取四時祭祀一訖也。年，取禾穀一熟也。載，取萬物終更始也。載者，年之別名，故以載為年也。」案：功用不成，水害不息，故放退也。至明年得舜，乃殛之羽山，而用其子禹也。

堯曰：「嗟！四岳：朕在位七十載，汝能庸命，踐朕位①？」岳應曰：「鄙德忝帝位②。」堯曰：「悉舉貴戚及疏遠隱匿者。」僉皆言於堯曰：「有矜在民閒，曰虞舜③。」堯曰：「然，朕聞之。其何如？」岳曰：「盲者子。父頑，母嚚，弟傲，能和以孝，烝烝治，不至奸④。」堯曰：「吾其試哉⑤。」于是堯妻之二女⑥，觀其德于二女⑦。舜飭下二女於媯汭⑧，如婦禮。堯善之，乃使舜慎和五典⑨，五典能從。乃徧入百官，百官時序。賓於四門，四門穆穆，諸侯遠方賓客皆敬⑩。堯使舜入山林⑪川澤，暴風雷雨，舜行不迷。堯以為聖，召舜曰：「女謀事至而言可績，三年矣⑫。女登帝位。」舜讓于德不懌⑬。正月上日⑭，舜受終於文祖。文祖者，堯大祖也⑮。

《史記·五帝本紀第一·黃帝》

【注釋】

①◇集解鄭玄曰：「言汝諸侯之中有能順事用天命者，入處我位，統治天子之事者乎？」據正義孔安國云：「堯年十六，以唐侯升為天子，在位七十載，時八十六，老將求代也。」

②據正義四岳皆云，鄙俚無德，若便行天子事，是辱帝位。言己等不堪也。

③◇集解孔安國曰：「無妻曰矜。」據正義矜，古頑反。

④◇集解孔安國曰：「不至於奸惡。」據正義烝，之升反，進也。言父頑，母嚚，弟傲，舜皆和以孝，進之於善，不至於奸惡也。

⑤據正義欲以二女試舜，觀其理家之道也。

⑥據正義妻音七計反。二女，娥皇、女英也。娥皇無子，女英生商均。舜升天子，娥皇為后，女英為妃。

⑦據正義視其為德行於二女，以理家而觀國也。

⑧◇集解孔安國曰：「舜所居媯水之汭。」○索隱列女傳云二女長曰娥皇，次曰女英。系本作「女瑩」。大戴禮作「女匽」。皇甫謐云：「媯水在河東虞鄉縣歷山西。汭，水涯也，猶洛汭、渭汭然也。」據正義飭音敕。下音胡亞反。汭音芮。舜能整齊二女以義理，下二女之心於媯汭，使行婦道於虞氏也。括地志云：「媯汭水源出蒲州河東南山。許慎云：『水涯曰汭。』案：地記云『河東郡青山東山中有二泉，下南流者媯水，北流者汭水。二水異源，合流出谷，西注河。媯水北曰汭也』。又云『河東縣二里故蒲阪城，舜所都也。城中有舜廟，城外有舜宅及二妃壇』。」

⑨◇集解鄭玄曰：「五典，五教也。蓋試以司徒之職。」

⑩◇集解馬融曰：「四門，四方之門。諸侯群臣朝

者，舜賓迎之，皆有美德也。」

⑪○索隱尚書云「納於大麓」，穀梁傳云「林屬於山曰麓」，是山足曰麓，故此以為入山林不迷。孔氏以麓訓錄，言令舜大錄萬幾之政，與此不同。

⑫◇集解鄭玄曰：「三年者，賓四門之後三年也。」

⑬◇集解徐廣曰：「音亦。今文尚書作『不怡』。怡，懌也。」○索隱古文作「不嗣」，今文作「不怡」，怡即懌也。謂辭讓於德不堪，所以心意不悅懌也。俗本作「澤」，誤爾，亦當為「懌」。

⑭◇集解馬融曰：「上日，朔日也。」據正義鄭玄云：「帝王易代，莫不改正。堯正建丑，舜正建子，此時未改，故依堯正月上日也。」

⑮◇集解鄭玄曰：「文祖者，五府之大名，猶周之明堂。」○索隱尚書帝命驗曰：「五府，五帝之廟。蒼曰靈府，赤曰文祖，黃曰神斗，白曰顯紀，黑曰玄矩。唐虞謂之五府，夏謂世室，殷謂重屋，周謂明堂，皆祀五帝之所也。」正義舜受堯終帝之事于文祖也。尚書帝命驗云：「帝者承天立五府，以尊天重象也。五府者，黃曰神門。」注云：「唐虞謂之天府，夏謂之世室，殷謂之重屋，周謂之明堂，皆祀五帝之所也。文祖者，赤帝熛怒之府，名曰文祖。火精光明，文章之祖，故謂之文祖。周曰明堂。神斗者，黃帝含樞紐之府，名曰神斗。斗，主也。土精澄靜，四行之主，故謂之神斗。周曰太室。顯紀者，白帝招拒之府，名顯紀。紀，法也。金精斷割萬物，故謂之顯紀。周曰總章。玄矩者，黑帝汁光紀之府，名曰玄矩。矩，法也。水精玄味，能權輕重，故謂之玄矩。周曰玄堂。靈府者，蒼帝靈威仰之府，名曰靈府。周曰青陽。」

於是帝堯老，命舜攝行天子之政，以觀天命。舜乃在璇璣玉衡，以齊七政[1]。遂類於上帝[2]，禋于六宗[3]，望於山川[4]，辯於羣神[5]。揖五瑞，擇吉月日，見四岳諸牧，班瑞[6]。歲二月，東巡狩，至於岱宗，柴[7]，望秩於山川[8]。遂見東方君長，合時月正日[9]，同律度量衡[10]，修五禮[11]五玉[12]三帛[13]二生[14]一死[15]為摯[16]，如五器，卒乃復[17]。五月，南巡狩；八月，西巡狩；十一月，北巡狩：皆如初。歸，至於祖禰廟[18]，用特牛禮。五歲一巡狩，羣後四朝[19]，敷告以言[20]，明試以功，車服以庸[21]。肇十有二州，決川[22]。象以典刑[23]，流宥五刑[24]，鞭作官刑[25]，扑作教刑[26]，金作贖刑[27]。眚災肆過，赦[28]；怙終[29]賊，刑[30]。欽哉，欽哉，惟刑之靜哉[31]！

【注釋】

①◇集解鄭玄曰：「璇璣，玉衡，渾天儀也。七政，日月五星也。」正義說文云：「璇，赤玉也。」案：舜雖受堯命，猶不自安，更以璇璣玉衡以正天文。璣為運轉，衡為橫簫，運璣使動於下，以衡望之，是王者正天文器也，觀其齊與不齊。今七政齊，則己受禪為是。蔡邕云：「玉衡長八尺，孔徑一寸，下端望之，以視星宿，並縣璣以象天，而以衡望之，轉璣窺衡，以知星宿。璣徑八尺，圓周二丈五尺而強也。」鄭玄云：「運轉者為璣，持正者為衡。」尚書大傳云：「政者，齊中也。謂春秋冬夏天文地理人道，所以為政也，道正而萬事順成，故天道政之大也。」

②◇集解鄭玄曰：「禮祭上帝於圓丘。」據正義五經異義云：「非時祭天謂之類，言以事類告也。時舜告攝，非常祭也。」王制云：「天子將出，類於上帝。」鄭玄云：「昊天上帝謂天皇大帝，北辰之星。」

③◇集解鄭玄曰：「六宗，星、辰、司中、司命、風師、雨師也。」駰案：六宗義眾矣。愚謂鄭說為長。據正義周語云「精意以享曰禋」也。孫炎云：「禋，絜敬之祭也。」案：星，五緯星也。辰，日月所會十二次也。司中、司命，文昌第五、第四星也。風師，箕星也。雨師，畢星也。孔安國云：「四時寒暑也，日月星也，水旱也。」禮祭法云：「埋少牢於大昭，祭時也。禳祈於坎壇，祭寒暑也。王宮，祭日也。夜明，祭月也。幽禜，祭星。雩禜，祭水旱也。」司馬彪續漢書云：「安帝立六宗，祀於洛陽城西北亥地，禮比大社。魏因之。至晉初，荀顗言新祀，以六宗之神諸家說不同，乃廢之也。」

④◇集解徐廣曰：「名山大川。」據正義望者，遙望而祭山川也。山川，五嶽、四瀆也。爾雅云：「梁山，晉望也。」

⑤◇集解徐廣曰：「辨音班。」駰案：鄭玄曰「群神若丘陵墳衍」。據正義辨音遍。謂祭群神也。

⑥◇集解馬融曰：「揖，斂也。五瑞，公侯伯子男所執，以為瑞信也。堯將禪舜，使群牧斂之，使舜親往班之。」正義揖音集。周禮典瑞云：「王執鎮圭，尺二寸。公執桓圭，九寸。侯執信圭，七寸。伯執躬圭，五寸。子執谷璧，男執蒲璧，皆五寸。言五瑞者，王不在中也。」孔文祥云：「宋末，會稽修禹廟，於廟庭山土中得五等圭璧百於枚，形與周禮同，皆短小。此即禹會諸侯于會稽，執以禮山神而埋之。其璧今猶有在也。」

⑦◇集解馬融曰：「舜受終後五年之二月。」鄭玄曰：「建卯之月也。柴祭東嶽者，考績。柴，燎也。」據正義案：既班瑞群後即東巡者，守土之諸侯會岱宗之岳，焚柴告至也。王者巡狩，以諸侯自專一國，威福任己，恐其雍過

上命，澤不下流，故巡行問人疾苦也。風俗通云：「太，山之尊者，一曰岱宗，始也，長也，萬物之始，陰陽交代，故為五嶽之長也。」案：二月，仲月也。仲，中也，言得其中也。

⑧據正義乃以秩望祭東方諸侯境內之名山大川也。言秩者，五嶽視三公，四瀆視諸侯。

⑨◇集解鄭玄曰：「協正四時之月數及日名，備有失誤。」據正義既見東方君長，乃合同四時氣節，月之大小，日之甲乙，使齊一也。周禮：「太史掌正歲年以序事，頒正溯于邦國。」則節氣晦朔皆天子頒之。猶恐諸侯國異，或不齊同，因巡狩合正之。

⑩◇集解鄭玄曰：「律，音律；度，丈尺；量，斗斛；衡，斤兩也。」據正義律之十二律，度之丈尺，量之斗斛，衡之斤兩，皆使天下相同，無制度長短輕重異也。漢律曆志云：「虞書云『同律度量衡』，所以齊遠近，立民信也。律有十二，陽六為律，陰六為呂。律以統氣類物，一曰黃鍾，二曰太蔟，三曰姑洗，四曰蕤賓，五曰夷則，六曰無射。呂以旅陽宣氣，一曰林鍾，二曰南呂，三曰應鍾，四曰大呂，五曰夾鍾，六曰中呂。度者，分、寸、尺、丈、引也，所以度長短也。本起黃鍾之管長，以子穀秬黍中者一黍為一分，十分為一寸，十寸為尺，十尺為丈，十丈為引，而五度審矣。量者，龠、合、升、斗、斛也，所以量多少也。本起黃鍾之龠，以子穀秬黍中者千有二百實為一龠，合龠為合，十合為升，十升為斗，十斗為斛，而五量嘉矣。衡權者，銖、兩、斤、鈞、石也，所以稱物輕重也。本起于黃鍾之重，一龠容千二百黍，重十二銖，二十四銖為兩，十六兩為斤，三十斤為鈞，四鈞為石，而五權謹矣。衡，平也。

權，重也。」

⑪◇集解馬融曰：「吉、凶、賓、軍、嘉也。」據正
義周禮「以吉禮事邦國之鬼神祇，以凶禮哀邦國之憂，以賓
禮親邦國，以軍禮同邦國，以嘉禮親萬民」也。尚書堯典云
「類于上帝」，吉禮也；「如喪考妣」，凶禮也；「群後四
朝」，賓禮也；大禹謨云「汝徂征」，軍禮也；堯典云「女
于時」，嘉禮也。女音女慮反。

⑫◇集解鄭玄曰：「即五瑞也。執之曰瑞，陳列曰玉。」

⑬◇集解馬融曰：「三孤所執也。」鄭玄曰：「帛，
所以薦玉也。必三者，高陽氏後用赤繒，高辛氏後用黑繒，
其餘諸侯皆用白繒。」據正義孔安國云：「諸侯世子執纁，
公之孤執玄，附庸之君執黃也。」案：三統紀推伏羲為天
統，色尚赤。神農為地統，色尚黑。黃帝為人統，色尚白。
少昊，黃帝子，亦尚白。故高陽氏又天統，亦尚亦。堯為人
統，故用白。

⑭據正義羔、雁也。鄭玄注周禮大宗伯云：「羔，小
羊也，取其群不失其類也。雁，取其候時而行也。卿執羔，
大夫執雁。」案：羔、雁性馴，可生為贄。

⑮據正義雉也。馬融云：「一死雉，士所執也。」
案：不可生為贄，故死。雉，取其守介死不失節也。

⑯◇集解馬融曰：「摯：二生，羔、雁，卿大夫所執；
一死，雉，士所執。」據正義摯音至。贄，執也。鄭玄云：
「贄之言至，所以自致也。」韋昭云：「贄，六贄：孤執皮帛，
卿執羔，大夫執雁，士執雉，庶人執鶩，工商執雞也。」

⑰集解馬融曰：「五器，上五玉。五玉禮終則還之，
三帛已下不還也。」據正義卒音子律反。複音伏。

⑱據正義禰音乃禮反。何休云：「生曰父，死曰考，

廟曰禰。」

⑲◇集解鄭玄曰：「巡狩之年，諸侯見於方岳之下。其間四年，四方諸侯分來朝于京師也。」

⑳據正義遍音遍。言遍告天子治理之言也。

㉑據正義孔安國云：「功成則錫車服，以表顯其能用也。」

㉒◇集解馬融曰：「禹平水土，置九州。舜以冀州之北廣大，分置并州。燕、齊遼遠，分燕置幽州，分齊為營州。於是為十二州也。」鄭玄曰：「更為之定界，濬水害也。」

㉓◇集解馬融曰：「言咎繇制五常之刑，無犯之者，但有其象，無其人也。」據正義孔安國云：「象，法也。法用常刑，用不越法也。」

㉔◇集解馬融曰：「流，放；宥，寬也。一曰幼少，二曰老耄，三曰蠢愚。五刑，墨、劓、荆、宮、大辟。」據正義孔安國云：「以流放之法寬五刑也。」鄭玄云：「三宥，一曰弗識，二曰過失，三曰遺忘也。」

㉕◇集解馬融曰：「為辨治官事者為刑。」

㉖◇集解鄭玄曰：「撲，檟楚也。撲為教官為刑者。」

㉗◇集解馬融曰：「金，黃金也。意善功惡，使出金贖罪，坐不戒慎者。」

㉘◇集解鄭玄曰：「眚災，為人作患害者也。過失，雖有害則赦之。」

㉙◇集解徐廣曰：「一作『眾』。」

㉚◇集解鄭玄曰：「怙其奸邪，終身以為殘賊，則用刑之。」

㉛◇集解徐廣曰：「今文云『惟刑之謐哉』。爾雅曰『謐，靜也』。」○索隱注「惟形之謐哉」，案：古文作

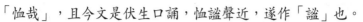

「恊哉」，且今文是伏生口誦，恊謚聲近，遂作「謚」也。

讙兜進言共工①，堯曰不可而試之工師②，共工果淫辟③。四岳舉鯀治鴻水，堯以為不可，岳強請試之，試之而無功，故百姓不便。三苗④在江淮、荊州⑤數為亂。於是舜歸而言于帝，請流共工于幽陵⑥，以變北狄⑦；放讙兜于崇山⑧，以變南蠻；遷三苗于三危⑨，以變西戎；殛鯀于羽山⑩，以變東夷：四辠而天下咸服。

【注釋】

①據正義讙兜，渾沌也。共工，窮奇也。鯀，檮杌也。三苗，饕餮也。左傳云「舜臣堯，流四凶，投諸四裔，以禦魑魅」也。

②據正義工師，若今大匠卿也。

③據正義匹亦反。

④◇集解馬融曰：「國名也。」據正義左傳雲自古諸侯不用王命，虞有三苗，夏有觀扈。孔安國云：「縉雲氏之後為諸侯，號饕餮也。」吳起云：「三苗之國，左洞庭而右彭蠡。」案：洞庭，湖名，在岳州巴陵西南一里，南與青草湖連。彭蠡，湖名，在江州潯陽縣東南五十二里。以天子在北，故洞庭在西為左，彭蠡在東為右。今江州、鄂州、岳州，三苗之地也。

⑤據正義淮，讀曰匯，音胡罪反，今彭蠡湖也。本屬荊州。尚書云「南入于江，東匯澤為彭蠡」是也。

⑥◇集解馬融曰；「北裔也。」據正義尚書及大戴禮皆作「幽州」。括地志云：「故龔城在檀州燕樂縣界。故老傳云舜流共工幽州，居此城。」神異經云：「西北荒有人焉，人面，硃佛，蛇身，人手足，而食五穀禽獸，頑愚，名曰共工。」

⑦◇集解徐廣曰：「變，一作『燮』。」○索隱變謂變其形及衣服，同于夷狄也。徐廣云作「燮」。燮，和也。據正義言四凶流四裔，各於四夷放共工等為中國之風俗也。

⑧集解馬融曰：「南裔也。」據正義神異經云：「南方荒中有人焉，人面鳥喙而有翼，兩手足扶翼而行，食海中魚，為人很惡，不畏風雨禽獸，犯死乃休，名曰驩兜也。」

⑨◇集解馬融曰：「西裔也。」據正義括地志云：「三危山有三峰，故曰三危，俗亦名卑羽山，在沙州敦煌縣東南三十里。」神異經云：「西荒中有人焉，面目手足皆人形，而胳下有翼不能飛，為人饕餮，淫逸無理，名曰苗民。」又山海經云大荒北經「黑水之北，有人有翼，名曰苗民」也。

⑩◇集解馬融曰：「殛，誅也。羽山，東裔也。」據正義殛音紀力反。孔安國云：「殛，竄，放，流，皆誅也。」括地志云：「羽山在沂州臨沂縣界。」神異經云：「東方有人焉，人形而身多毛，自解水土，知通塞，為人自用，欲為欲息，皆云是鯀也。」

堯立七十年得舜，二十年而老，令舜攝行天子之政，薦之於天。堯辟位凡二十八年而崩①。百姓悲哀，如喪父母。三年，四方莫舉樂②，以思堯。堯知子丹朱之不肖③，不足授天下，於是乃權授舜④。授舜，則天下得其利而丹朱病；授丹朱，則天下病而丹朱得其利。堯曰「終不以天下之病而利一人」，而卒授舜以天下。堯崩，三年之喪畢，舜讓辟丹朱于南河之南⑤。諸侯朝覲者不之丹朱而之舜，獄訟者不之丹朱而之舜，謳歌者不謳歌丹朱而謳歌舜。舜曰「天也」，夫而後之中國踐天子位焉⑥，是為帝舜。

【注釋】

①◇集解徐廣曰：「堯在位凡九十八年。」駰案：皇覽曰「堯塚在濟陰城陽。劉向曰『堯葬濟陰，丘壟皆小』。呂氏春秋曰『堯葬谷林』。」皇甫謐曰「谷林即城陽。堯都平陽，於詩為唐國」。據正義皇甫謐云：「堯即位九十八年，通舜攝28年也，凡年百177歲。」孔安國云：「堯壽160歲。」括地志云：「堯陵在濮州雷澤縣西三里。郭緣生述徵記云『城陽縣東有堯塚，亦曰堯陵，有碑』是也。」括地志云：「雷澤縣本漢城陽縣也。」

②據正義尚書「三載，四海遏密八音」是也。

③○索隱鄭玄云：「肖，似也。不似，言不如父也。」皇甫謐云：「堯娶散宜氏之女，曰女皇，生丹朱。又有庶子九人，皆不肖也。」

④○索隱父子繼立，常道也。求賢而禪，權道也。權者，反常而合道。據正義五帝官天下，老則禪賢，故權試舜也。

⑤◇集解劉熙曰：「南河，九河之最在南者。」據正義括地志云：「故堯城在濮州鄄城縣東北十五里。竹書雲昔堯德衰，為舜所囚也。又有偃朱故城，在縣西北十五里。竹書云舜囚堯，復偃塞丹朱，使不與父相見也。」案濮州北臨漯，大川也。河在堯都之南，故曰南河，禹貢「至於南河」是也。其偃朱城所居，即「舜讓避丹朱于南河之南」處也。

⑥◇集解劉熙曰：「天子之位不可曠年，於是遂反，格于文祖而當帝位。帝王所都為中，故曰中國。」

虞舜者①，名曰重華②。重華父曰瞽叟③，瞽叟父曰橋牛④，橋牛父曰句望⑤，句望父曰敬康，敬康父曰窮蟬，窮

蟬父曰帝顓頊，顓頊父曰昌意：以至舜七世矣。自從窮蟬以至帝舜，皆微為庶人。

【注釋】

①◇集解諡法曰：「仁聖盛明曰舜。」○索隱虞，國名，在河東大陽縣。舜，諡也。皇甫謐云「舜字都君」也。正義括地志云：「故虞城在陝州河北縣東北五十里虞山之上。酈元注水經云幹橋東北有虞城，堯以女嬪于虞之地也。又宋州虞城大襄國所封之邑，杜預云舜後諸侯也。又越州餘姚縣，顧野王云舜後支庶所封之地。舜姚姓，故云餘姚。縣西七十里有漢上虞故縣。會稽舊記云舜上虞人，去虞三十里有姚丘，即舜所生也。周處風土記云舜東夷之人，生姚丘。」括地志又云：「姚墟在濮州雷澤縣東十三里。孝經援神契云舜生於姚墟。」案：二所未詳也。

②◇集解徐廣曰鷄「皇甫謐云『舜以堯之21年甲子生，31年甲午徵用，79年壬午即真，百歲癸卯崩』。」正義尚書云鷄「重華協於帝。」孔安國云。「華謂文德也，言其光文重合於堯。」瞽叟姓媯。妻曰握登，見大虹意感而生舜於姚墟，故姓姚。目重瞳子，故曰重華。字都君。龍顏，大口，黑色，身長六尺一寸。

③據正義先後反。孔安國云鷄「無目曰瞽。舜父有目不能分別好惡，故時人謂之瞽，配字曰『叟』。叟，無目之稱也。」

④據正義橋又音嬌。

⑤據正義句，古侯反。望音亡。

舜父瞽叟盲，而舜母①死，瞽叟更娶妻而生象，象傲。瞽叟愛後妻子，常欲殺舜，舜避逃；及有小過，則受罪。順

事父及後母與弟，日以篤謹，匪有解。

【注釋】

①○索隱皇甫謐云：「舜母名握登，生舜於姚墟，因姓姚氏也。」

舜，冀州之人也①。舜耕歷山②，漁雷澤③，陶河濱④，作什器于壽丘⑤，就時于負夏⑥。舜父瞽叟頑，母嚚，弟象傲，皆欲殺舜。舜順適不失子道，兄弟孝慈。欲殺，不可得；即求，嘗在側。

【注釋】

①據正義蒲州河東縣本屬冀州。宋永初山川記云：「蒲阪城中有舜廟，城外有舜宅及二妃壇。」括地志云：「嬀州有嬀水，源出城中。耆舊傳云即舜釐降二女於嬀汭之所。外城中有舜井，城北有歷山，山上有舜廟，未詳。」案：嬀州亦冀州城是也。

②◇集解鄭玄曰：「在河東。」據正義括地志云：「蒲州河東縣雷首山，一名中條山，亦名歷山，亦名首陽山，亦名蒲山，亦名襄山，亦名甘棗山，亦名豬山，亦名狗頭山，亦名薄山，亦名吳山。此山西起雷首山，東至吳阪，凡十一名，隨州縣分之。歷山南有舜井。」又云：「越州餘姚縣有歷山舜井，濮州雷澤縣有歷山舜井，二所又有姚墟，云生舜處也。及嬀州歷山舜井，皆云舜所耕處，未詳也。」

③◇集解鄭玄曰：「雷夏，兗州澤，今屬濟陰。」據正義括地志云：「雷夏澤在濮州雷澤縣郭外西北。山海經云雷澤有雷神，龍身人頭，鼓其腹則雷也。」

④◇集解皇甫謐曰：「濟陰定陶西南陶丘亭是也。」據正義案：於曹州濱河作瓦器也。括地志云：「陶城在蒲州

河東縣北三十里，即舜所都也。南去歷山不遠。或耕或陶，
所在則可，何必定陶方得為陶也？舜之陶也，斯或一焉。」

⑤◇集解皇甫謐曰：「在魯東門之北。」○索隱什
器，什，數也。蓋人家常用之器非一，故以十為數，猶今云
「什物」也。壽丘，地名，黃帝生處。據正義壽音受。顏師
古云：「軍法，伍人為伍，二伍為什，則共器物，故謂生生
之具為什器，亦猶從軍及作役者十人為火，共畜調度也。」

⑥◇集解鄭玄曰：「負夏，衛地。」○索隱就時猶
逐時，若言乘時射利也。尚書大傳曰「販於頓丘，就時負
夏」，孟子曰「遷于負夏」是也。

　　舜年二十以孝聞。三十而帝堯問可用者①，四岳咸薦虞
舜，曰可。於是堯乃以二女妻舜以觀其內，使九男與處以
觀其外。舜居媯汭，內行彌謹。堯二女不敢以貴驕事舜親
戚②，甚有婦道。堯九男皆益篤③。舜耕歷山，歷山之人皆
讓畔④；漁雷澤，雷澤上人皆讓居；陶河濱，河濱器皆不苦
窳⑤。一年而所居成聚⑥，二年成邑，三年成都⑦。堯乃賜
舜絺衣⑧，與琴，為築倉廩，予牛羊。瞽叟尚復欲殺之，
使舜上塗廩，瞽叟從下縱火焚廩。舜乃以兩笠自扞而下，
去，得不死⑨。後瞽叟又使舜穿井，舜穿井為匿空⑩旁出⑪。
舜既入深，瞽叟與象共下土實井⑫，舜從匿空出，去⑬。瞽
叟、象喜，以舜為已死。象曰「本謀者象。」象與其父母
分⑭，於是曰：「舜妻堯二女，與琴，象取之。牛羊倉廩予
父母。」象乃止舜宮居⑮，鼓其琴。舜往見之。象鄂不懌，
曰：「我思舜正郁陶！」舜曰：「然，爾其庶矣⑯！」舜復
事瞽叟愛弟彌謹。於是堯乃試舜五典百官，皆治。

【注釋】

①據正義可用，謂可為天子也。

②據正義二女不敢以帝女驕慢舜之親戚。親戚，謂父瞽叟，後母弟象，妹顆手等也。顆音苦果反。

③據正義篤，惇也。非唯二女恭勤婦道，九男事舜皆益惇厚謹敬也。

④據正義韓非子「歷山之農相侵略，舜往耕，期年，耕者讓畔」也。

⑤◇集解史記音隱曰：「音遊甫反。」駰謂窳，病也。正義苦，讀如鹽，音古。鹽，粗也。窳音庾。

⑥據正義聚，在喻反，謂村落也。

⑦據正義周禮郊野法云「九夫為井，四井為邑，四邑為丘，四丘為甸，四甸為縣，四縣為都」也。

⑧據正義絺，敕遲反，細葛布衣也。鄒氏音竹几反。

⑨○索隱言以笠自扞己身，有似鳥張翅而輕下，得不損傷。皇甫謐云「兩繖」，繖，笠類。列女傳云「二女教舜鳥工上廩」是也。據正義通史云：「瞽叟使舜滌廩，舜告堯二女，女曰：『時其焚汝，鵲汝衣裳，鳥工往。』舜既登廩，得免去也。」

⑩○索隱音孔。列女傳所謂「龍工入井」是也。

⑪據正義言舜潛匿穿孔旁，從他井而出也。通史云：「舜穿井，又告二女。二女曰：『去汝裳衣。龍工往。』入井，瞽叟與象下土實井，舜從他井出去也。」括地志云：「舜井在媯州懷戎縣西外城中。其西又有一井，耆舊傳云並舜井也，舜自中出。帝王紀云河東有舜井，未詳也。」

⑫○索隱亦作「填井」。

⑬◇集解劉熙曰：「舜以權謀自免，亦大聖有神人之

助也。」

⑭正義扶問反。

⑮據正義宮即室也。爾雅云「室謂之宮」。禮云「命士已上，父子異宮」也。

⑯：○索隱言汝猶當庶幾于友悌之情義也。如孟子取尚書文，又云「惟茲臣庶，女其於予治」，蓋欲令像共我理臣庶也。

昔高陽氏有才子八人①，世得其利，謂之「八愷」②。高辛氏有才子八人③，世謂之「八元」④。此十六族者，世濟其美⑤，不隕其名。至於堯，堯未能舉。舜舉八愷，使主后土⑥，以揆百事，莫不時序⑦。舉八元，使布五教于四方⑧，父義，母慈，兄友，弟恭，子孝，內平外成⑨。

【注釋】

①◇集解名見左傳。

②集解賈逵曰：「愷，和也。」○索隱左傳史克對魯宣公曰：「昔高陽氏有才子八人，倉舒、隤敳、檮戭、大臨、尨降、庭堅、仲容、叔達。」

③◇集解名見左傳。

④◇集解賈逵曰：「元，善也。」○索隱左傳：「高辛氏有才子八人，伯奮、仲堪、叔獻、季仲、伯虎、仲熊、叔豹、季貍。」

⑤○索隱謂元、愷各有親族，故稱族也。濟，成也，言後代成前代也。

⑥集解王肅曰：「君治九土之宜。」杜預曰：「后土地官。」○索隱主土。禹為司空，司空主土，則禹在八愷之中。正義春秋正義云：「後，君也。天曰皇天，地曰后

土。」

⑦據正義言禹度九土之宜，無不以時得其次序也。

⑧○索隱契為司徒，司徒敷五教，則契在八元之數。

⑨據正義杜預云：「內諸夏，外夷狄也。」案：契作五常之教，諸夏太平，夷狄向化也。

昔帝鴻氏有不才子①，掩義隱賊，好行兇慝，天下謂之渾沌②。少暤氏③有不才子，毀信惡忠，崇飾惡言，天下謂之窮奇④。顓頊氏有不才子，不可教訓，不知話言，天下謂之檮杌⑤。此三族世憂之。至於堯，堯未能去。縉雲氏⑥有不才子，貪于飲食，冒於貨賄，天下謂之饕餮⑦。天下惡之，比之三凶⑧。舜賓於四門⑨，乃流四凶族，遷于四裔⑩，以禦螭魅⑪，於是四門闢，言毋凶人也。

【注釋】

①◇集解賈逵曰：「帝鴻，黃帝也。不才子，其苗裔讙兜也。」

②據正義慝，惡也。一本云「天下之民，謂之渾沌」。渾沌即讙兜也。言掩義事，陰為賊害，而好兇惡，故謂之渾沌也。杜預云：「渾沌，不開通之貌。」神異經云：「崑崙西有獸焉，其狀如犬，長毛，四足，似羆而無爪，有目而不見，行不開，有兩耳而不聞，有人知性，有腹無五藏，有腸直而不旋，食徑過。人有德行而往抵觸之，有凶德則往依憑之。名渾沌。」又莊子云：「南海之帝為儵，北海之帝為忽，中央之帝為渾沌。儵、忽乃相遇於渾沌之地，渾沌待之甚善。儵與忽謀欲報渾沌之德，曰：『人皆有七竅以視聽食息，此獨無有，嘗試鑿之。』日鑿一竅，七日而渾沌死。」案：言讙兜性似，故號之也。

③◇集解服虔曰：「金天氏帝號。」

④◇集解服虔曰：「謂共工氏也。其行窮而好奇。」據正義謂共工。言毀敗信行，惡其忠直，有惡言語，高粉飾之，故謂之窮奇。案常行終必窮極，好詭諛奇異於人也。神異經云：「西北有獸，其狀似虎，有翼能飛，便剿食人，知人言語，聞人鬥輒食直者，聞人忠信輒食其鼻，聞人惡逆不善輒殺獸往饋之，名曰窮奇。」案：言共工性似，故號之也。

⑤◇集解賈逵曰：「檮杌，頑凶無疇匹之貌，謂鯀也。」據正義檮音道刀反。杌音五骨反。謂鯀也。凶頑不可教訓，不從詔令，故謂之檮杌。案：言無疇匹，言自縱恣也。神異經云：「西方荒中有獸焉，其狀如虎而大，毛長二尺，人面，虎足，豬口牙，尾長一丈八尺，攪亂荒中，名檮杌。一名傲很，一名難訓。」案：言鯀性似，故號之也。

⑥◇集解賈逵曰：「縉雲氏，姜姓也，炎帝之苗裔，當黃帝時任縉雲之官也。」據正義今括州縉雲縣，蓋其所封也。字書雲縉，赤繒也。

⑦據正義謂三苗也。言貪飲食，冒貨賄，故謂之饕餮。神異經云：「西南有人焉，身多毛，頭上戴豕，性很惡，好息，積財而不用，善奪人穀物。強者奪老弱者，畏群而擊單，名饕餮。」言三苗性似，故號之。

⑧◇集解杜預曰：「非帝子孫，故別之以比三凶也。」據正義此以上四處皆左傳文。或本有並文次相類四凶，故書之，恐本錯脫耳。

⑨據正義杜預云：「闢四門，達四聰，以賓禮眾賢也。」

⑩◇集解賈逵曰：「四裔之地，去王城四千里。」

⑪◇集解服虔曰：「螭魅，人面獸身，四足，好惑人，山林異氣所生，以為人害。」據正義禦音魚呂反。螭音醜知反。魅音媚。案：禦螭魅，恐更有邪詔之人，故流放四凶以禦之也。故下云「無凶人」也。

舜入于大麓，烈風雷雨不迷，堯乃知舜之足授天下。堯老，使舜攝行天子政，巡狩。舜得舉用事二十年，而堯使攝政。攝政八年而堯崩。三年喪畢，讓丹朱，天下歸舜。而禹、皋陶①、契、後稷、伯夷、夔、龍、倕、益、彭祖②自堯時而皆舉用，未有分職③。於是舜乃至於文祖，謀于四岳，闢四門，明通四方耳目，命十二牧論帝德，行厚德，遠佞人④，則蠻夷率服。舜謂四岳曰：「有能奮庸⑤美堯之事者，使居官相事？」皆曰：「伯禹為司空，可美帝功。」舜曰：「嗟，然！禹，汝平水土，維是勉哉。」禹拜稽首，讓於稷、契與皋陶。舜曰：「然，往矣⑥。」舜曰：「棄，黎民始饑⑦，汝後稷播時百穀⑧。」舜曰：「契，百姓不親，五品不馴⑨，汝為司徒，而敬敷五教，在寬⑩。」舜曰：「皋陶，蠻夷猾夏⑪，寇賊奸軌⑫，汝作士⑬，五刑有服，五服三就⑭；五流有度⑮，五度三居⑯：維明能信⑰。」舜曰：「誰能馴予工⑱？」皆曰垂可。於是以垂為共工⑲。舜曰：「誰能馴予上下⑳草木鳥獸？」皆曰益可。於是以益為朕虞㉑。益拜稽首，讓于諸臣朱虎、熊羆㉒。舜曰：「往矣，汝諧。」遂以朱虎、熊羆為佐㉓。舜曰：「嗟！四岳，有能典朕三禮㉔？」皆曰伯夷可。舜曰：「嗟！伯夷，以汝為秩宗㉕，夙夜維敬，直哉維靜絜㉖。」伯夷讓夔、龍。舜曰：「然㉗。以夔為典樂，教稚子㉘，直而溫㉙，寬而栗㉚，剛而毋虐，簡而毋傲㉛；詩言意，歌長言㉜，聲依永，律和

聲㉝，八音能諧，毋相奪倫，神人以和㉞。」夔曰：「于！予擊石拊石，百獸率舞㉟。」舜曰：「龍，朕畏忌讒說殄偽，震驚朕師㊱，命汝為納言，夙夜出入朕命，唯信㊲。」舜曰：「嗟！女二十有二人㊳，敬哉，惟時相天事㊴。」三歲一考功，三考絀陟，遠近師功咸興。分北三苗㊵。

【注釋】

①正義高姚二音。

②○索隱彭祖即陸終氏之第三子，籛鏗之後，後為大彭，亦稱彭祖。正義皋陶字庭堅。英六二國是其後也。契音薛，殷之祖也。伯夷，齊太公之祖也。夔，巨龜反，樂官也。倕音垂，亦作「垂」，內言之官也。益，伯翳也，即秦、趙之祖。彭祖自堯時舉用，歷夏、殷封于大彭。

③正義分音符問反，又如字。分謂封疆爵士也。

④據正義舜命十二牧論帝堯之德，又敦之於民，遠離邪佞之人。言能如此，則夷狄亦服從也。

⑤◇集解馬融曰：「奮，明；庸，功也。」

⑥◇集解鄭玄曰：「然其舉得其人。汝往居此官，不聽其所讓也。」

⑦◇集解徐廣曰：「今文尚書作『祖饑』。祖，始也。」○索隱古文作「阻饑」。孔氏以為阻，難也。祖阻聲相近，未知誰得。

⑧◇集解鄭玄曰：「時，讀曰蒔。」據正義稷，農官也。播時謂順四時而種百穀。

⑨◇集解鄭玄曰：「五品，父、母、兄、弟、子也。」王肅曰：「五品，五常也。」據正義馴音訓。

⑩◇集解馬融曰：「五品之教。」

⑪◇集解鄭玄曰：「猾夏，侵亂中國也。」

⑫◇集解鄭玄曰：「由內為奸，起外為軌。」據正義亦作「宄」。

⑬◇集解馬融曰：「獄官之長。」據正義案：若大理卿也。

⑭◇集解馬融曰：「五刑，墨、劓、剕、宮、大辟。三就，謂大罪陳諸原野，次罪於市朝，同族適甸師氏。既服五刑，當就三處。」據正義孔安國云：「服，從也，言得輕重之中正也。」案：墨，點鑿其額，涅以墨。劓，截鼻也。剕，刖足也。宮，淫刑也，男子割勢，婦人幽閉也。大辟，死刑也。

⑮據正義度音徒洛反。尚書作「宅」。孔安國云「五刑之流，各有所居」也。

⑯據正義案：謂度其遠近，為三等之居也。

⑰◇集解馬融曰：「謂在八議，君不忍刑，宥之以遠。五等之差亦有三等之居：大罪投四裔，次九州之外，次中國之外。當明其罪，能使信服之。」

⑱◇集解馬融曰：「謂主百工之官也。」

⑲◇集解馬融曰：「為司空，共理百工之事。」

⑳◇集解馬融曰：「上謂原，下謂隰。」

㉑◇集解馬融曰：「虞，掌山澤之官名。」

㉒○索隱即高辛氏之子伯虎、仲熊也。據正義孔安國云：「朱虎，熊羆，二臣名。垂、益所讓四人，皆在元凱之中也。」

㉓據正義為益之佐也。

㉔◇集解馬融曰：「三禮，天神、地祇、人鬼之禮也。」鄭玄曰：「天事、地事、人事之禮。」

㉕◇集解鄭玄曰：「主次秩尊卑。」據正義若太常

也。漢書百官表云「王莽改太常曰秩宗」，依古也。孔安國云：「秩，序；宗，尊也。主郊廟之官也。」

㉖據正義靜，清也。絜，明也。孔安國云：「職典禮，施政教，使正直而清明。」

㉗據正義孔安國云：「然其推賢，不許其讓也。」

㉘◇集解鄭玄曰：「國子也。」案：尚書作「冑子」，冑聲相近。據正義，冑雉反。孔安國云：「冑，長也。謂元子以下，至卿大夫子弟，以歌詩蹈之舞之，教長國子中和祗庸孝友。」

㉙◇集解馬融曰：「正直而色溫和。」

㉚◇集解馬融曰：「寬大而謹敬戰慄也。」

㉛據正義孔安國云：「剛失之虐，簡失之傲，教之以防其失也。」

㉜◇集解馬融曰：「歌，所以長言詩之意也。」據正義孔安國云：「詩言志以導其心，歌詠其義以長其言也。」

㉝◇集解鄭玄曰：「聲之曲折又依長言，聲中律乃為和也。」據正義孔安國云：「聲，五聲，宮、商、角、徵、羽也。律謂六律六呂，十二月之音氣也。當依聲律和樂也。」

㉞◇集解鄭玄曰：「祖考來格，群后德讓，其一隅也。」據正義八音，金、石、絲、竹、匏、土、革、木也。孔安國云：「倫，理也。八音能諧，理不錯奪，則神人咸和，命夔使勉也。」

㉟◇集解鄭玄曰：「百獸，服不氏所養者也。率舞，言音和也。」據正義於音烏。孔安國云：「石磬，音之清者。拊亦擊也。舉清者和，則其於皆從矣。樂感百獸，使相率而舞，則神人和可知也。」案：磬，一片黑石也。不謂福

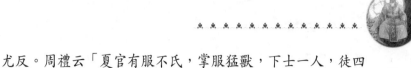

尤反。周禮云「夏官有服不氏，掌服猛獸，下士一人，徒四人」。鄭玄云「服不服之獸也」。

　　㊱◇集解徐廣曰：「一云『齊說殄行，震驚眾』。」駰案：鄭玄曰「所謂色取仁而行違，是驚動我之眾臣，使之疑惑」。正義偽音危睡反。言畏惡利口讒說之人，兼殄絕奸偽入黨，恐其驚動我眾，使龍遏絕之，出入其命唯信實也。此「偽」字太史公變尚書文也。尚書偽字作「行」，音下孟反。言己畏忌有利口讒說之人，殄絕無德行之官也。

　　㊲據正義孔安國云：「納言，喉舌之官也。聽下言納於上，受上言宣於下，必信也。」

　　㊳◇集解馬融曰：「稷、契、皋陶皆居官久，有成功，但述而美之，無所復敕。禹及垂已下皆初命，凡六人，與上12牧四岳，凡22人。」鄭玄曰：「皆格于文祖時所敕命也。」

　　㊴據正義相，視也。舜命22人各敬行其職，唯在順時，視天所宜而行事也。

　　㊵◇集解鄭玄曰：「所竄三苗為西裔諸侯者尤為惡，乃復分析流之。」

　　此二十二人咸成厥功：皋陶為大理，平[①]，民各伏得其實；伯夷主禮，上下咸讓；垂主工師[②]，百工致功；益主虞，山澤闢[③]；棄主稷，百穀時茂；契主司徒，百姓親和；龍主賓客，遠人至；十二牧行而九州莫敢辟違[④]；唯禹之功為大，披九山[⑤]，通九澤，決九河，定九州，各以其職來貢，不失厥宜。方五千里，至於荒服。南撫交址、北發[⑥]，西戎、析枝、渠廋、氐、羌[⑦]，北山戎、發、息慎[⑧]，東長、鳥夷[⑨]，四海之內[⑩]咸戴帝舜之功。於是禹乃興九招之

樂[11]，致異物，鳳凰來翔。天下明德皆自虞帝始。

【注釋】

①據正義皋陶作士，正平天下罪惡也。

②據正義工師，若今大匠卿也。

③據正義婢亦反，開也。

④據正義禹九州之民無敢辟違舜十二牧也。

⑤據正義披音皮義反。謂傍其山邊以通。

⑥○索隱一句。

⑦○索隱一句。

⑧◇集解鄭玄曰：「息慎，或謂之肅慎，東北夷。」

⑨○索隱此言帝舜之德皆撫及四方夷人，故先以「撫」字總之。北發當云「北戶」，南方有地名北戶。又案漢書，北發是北方國名，今以北發為南方之國，誤也。此文省略，四夷之名錯亂。「西戎」上少一「西」字，「山戎」下少一「北」字，「長」字下少一「夷」字。長夷也，鳥夷也，其意宜然。今案：大戴禮亦云「長夷」，則長是夷號。又云「鮮支、渠搜」，則鮮支當此析枝也。鮮析音相近。鄒氏、劉氏云「息並音肅」，非也。且夷狄之名，古書不必皆同，今讀如字也。據正義注「鳥」或作「島」。括地志云：「百濟國西南海中有大島十五所，皆置邑，有人居，屬百濟。又倭國西南大海中島居凡百餘小國，在京南萬三千五百里。」案：武后改倭國為日本國。

⑩據正義爾雅云：「九夷八狄七戎六蠻謂之四海。」

⑪索隱招音韶，即舜樂簫韶。九成，故曰九招。

舜年二十以孝聞，年三十堯舉之，年五十攝行天子事，年五十八堯崩，年六十一代堯踐帝位[①]。踐帝位三十九年，

南巡狩，崩於蒼梧之野。葬於江南九疑，是為零陵[2]。舜之踐帝位，載天子旗，往朝父瞽叟，夔夔唯謹[3]，如子道。封弟象為諸侯[4]。舜子商均亦不肖[5]，舜乃豫薦禹於天[6]。十七年而崩。三年喪畢，禹亦乃讓舜子[7]，如舜讓堯子。諸侯歸之，然後禹踐天子位。堯子丹朱，舜子商均，皆有疆土[8]，以奉先祀。服其服，禮樂如之。以客見天子[9]，天子弗臣，示不敢專也。

【注釋】

①◇集解皇甫謐曰：「舜所都，或言蒲阪，或言平陽，或言潘。潘，今上谷也。」據正義括地志云：「平陽，今晉州城是也。潘，今媯州城是也。蒲阪，今蒲州南二里河東縣界蒲阪故城是也。」

②◇集解皇覽曰：「舜塚在零陵營浦縣。其山九谿皆相似，故曰九疑。傳曰『舜葬蒼梧，象為之耕』。禮記曰『舜葬蒼梧，二妃不從』。山海經曰『蒼梧山，帝舜葬于陽，丹朱葬于陰』。」皇甫謐曰：「或曰二妃葬衡山。」

③◇集解徐廣曰：「和敬貌。」

④◇集解孟子曰：「封之有庳。」音鼻。據正義帝王紀云：「舜弟象封于有鼻。」括地志云：「鼻亭神在營道縣北六十里。故老傳云，舜葬九疑，象來至此，後人立祠，名為鼻亭神。輿地志云零陵郡應陽縣東有山，山有象廟。王隱晉書云本泉陵縣，北部東五里有鼻墟，象所封也。」

⑤◇集解皇甫謐曰：「娥皇無子，女英生商均。」據正義譙周云：「以虞封舜子，今宋州虞城縣。」括地志云：「虞國，舜後所封邑也。或云封舜子均于商，故號商均也。」

⑥○索隱謂告天使之攝位也。

⑦據正義括地志云：「禹居洛州陽城者，避商均，非時久居也。」

⑧◇集解譙周曰：「以唐封堯之子，以虞封舜之子。」○索隱漢書律曆志云封堯子硃於丹淵為諸侯。商均封虞，在梁國，今虞城縣也。據正義括地志云：「定州唐縣，堯後所封。宋州虞城縣，舜後所封也。」

⑨據正義為天子之賓客也。

自黃帝至舜、禹，皆同姓而異其國號，以章明德①。故黃帝為有熊，帝顓頊為高陽，帝嚳為高辛，帝堯為陶唐②，帝舜為有虞③。帝禹為夏後而別氏，姓姒氏。契為商，姓子氏④。棄為周，姓姬氏⑤。

【注釋】

①◇集解徐廣曰：「外傳曰『黃帝二十五子，其得姓者十四人』。虞翻云『以德為氏姓』。又虞說以凡有二十五人，其二人同姓姬，又十一人為十一姓，酉、祁、己、滕、葳、任、荀、釐、姞、儇、衣是也，餘十二姓德薄不記錄。」據正義釐音力其反。姞音其吉反。儇音在宣反。

②集解韋昭曰：「陶唐皆國名，猶湯稱殷商矣。」張晏曰：「堯為唐侯，國於中山，唐縣是也。」

③◇集解皇甫謐曰：「舜嬪于虞，因以為氏，今河東大陽西山上虞城是也。」

④索隱禮緯曰：「禹母脩己吞薏苡而生禹，因姓姒氏。」而契姓子氏者，亦以其母吞乙子而生。

⑤◇集解鄭玄駁許慎五經異義曰：「春秋左傳『無駭卒，羽父請諡與族。公問族於眾仲，眾仲對曰：「天子建德，因生以賜姓，胙之土而命之氏。諸侯以字為氏，因以為

族。官有世功，則有官族，邑亦如之。」公命以字為展氏，以此言之，天子賜姓命氏，諸侯命族。族者，氏之別名也。姓者，所以統系百世，使不別也。氏者，所以別子孫之所出。故世本之篇，言姓則在上，言氏則在下也。

太史公曰[1]：學者多稱五帝，尚矣[2]。然尚書獨載堯以來；而百家言黃帝，其文不雅馴[3]，薦紳先生難言之[4]。孔子所傳宰予問五帝德及帝系姓[5]，儒者或不傳[6]。余嘗西至空桐[7]，北過涿鹿[8]，東漸于海，南浮江淮矣，至長老皆各往往稱黃帝、堯、舜之處，風教固殊焉，總之不離古文者近是[9]。予觀春秋、國語，其發明五帝德、帝系姓章矣[10]，顧弟弗深考[11]，其所表見皆不虛[12]。書缺有閒矣[13]，其軼乃時時見於他說[14]。非好學深思，心知其意，固難為淺見寡聞道也。余並論次，擇其言優雅者，故著為本紀書首[15]。

【注釋】

①據正義太史公，司馬遷自謂也。自敘傳云「太史公曰先人有言」，又云「太史公曰余聞之董生」，又云「太史公遭李陵之禍」。明太史公，司馬遷自號也。遷為太史公官，題贊首也。虞憙云：「古者主天官者皆上公，非獨遷。」

②○索隱尚，上也，言久遠也。然「尚矣」文出大戴禮。

③據正義馴，訓也。謂百家之言皆非典雅之訓。

④◇集解徐廣曰：「薦紳即縉紳也，古字假借。」

⑤據正義系音奚計反。

⑥○索隱五帝德、帝系姓皆大戴禮及孔子家語篇名。以二者皆非正經，故漢時儒者以為非聖人之言，故多不傳學

也。

⑦據正義余，太史公自稱也。嘗，曾也。空桐山在原州平高縣西百里，黃帝問道於廣成子處。

⑧據正義涿鹿山在媯州東南五十里，山側有涿鹿城，即黃帝、堯、舜之都也。

⑨○索隱古文即帝德、帝系二書也。近是聖人之說。

⑩○索隱太史公言己以春秋、國語古書博加考驗，益以發明五帝德等說甚章著也。

⑪◇集解徐廣曰：「弟，但也。史記、漢書見此者非一。又左思蜀都賦曰『弟如滇池』，而不詳者多以為字誤。學者安可不博觀乎？」據正義顧，念也。弟，且也。太史公言博考古文，擇其言表見之不虛，甚章著矣，思念亦且不須更深考論。

⑫○索隱言帝德、帝系所有表見者皆不為虛妄也。

⑬據正義言古文尚書缺失其間多矣，而無說黃帝之語。

⑭○索隱言古典殘缺有年載，故曰「有間」。然皇帝遺事散軼，乃時時旁見於他記說，即帝德、帝系等說也。故己今采案而備論黃帝已來事耳。

⑮據正義太史公據古文並諸子百家論次，擇其言語典雅者，故著為五帝本紀，在史記百三十篇書之首。

【索隱述贊】帝出少典，居于軒丘。既代炎曆，遂擒蚩尤。高陽嗣位，靜深有謀。小大遠近，莫不懷柔。爰泊帝嚳，列聖同休。帝摯之弟，其號放勳。就之如日，望之如雲。郁夷東作，昧穀西嘔。明鯀厎陋，玄德升聞。能讓天下，賢哉二君！

《道藏·軒轅（黃帝）本紀》

（宋·張君房撰）

　　軒轅，黃帝。姓公孫（自周制五等諸侯後，乃有公孫姓。軒轅為黃帝，長于姬水，合以姬為姓，不知古史何據也？），有熊①國君少典之次子也（伏羲生少典，少典生神農。及黃帝襲帝位，居有熊之封焉）。其母西喬氏女，名附寶，瞑見大電光繞北斗，樞星照於郊野，附寶感之而有娠，以樞星降，又名曰天樞。懷之二十四月，生軒轅于壽丘（地名，在魯東門之外）。帝生而神靈，幼而徇齊（疾而速也），弱而能言，長而敦敏，成而聰明。龍顏日角②河目隆顙③，蒼色大肩，始學于大頂，長于姬水。帝年十五，心慮無所不通，乃受國于有熊，襲封君之地（在鄭州新鄭縣）。以製作軒冕，乃號軒轅，以土德王，曰黃帝。得奢龍④，辨⑤乎東方（解在下文）。得祝融，辨乎南方（心星以火⑥，火在正南，大明也。融，光明也。主火之官號祝融，南字從南從午⑦南求也，求正對為明為暗⑧。則南為陽，北為陰也）。得火封辨乎西方，酉之半也⑨（雞之鳴旦，則望東而身居西也。酉，雞也⑩。以少入時⑪名之，酉半為西也）。得后土，辨乎北方（北，陰也，背也。故曰北。四方之名也。東者，動也，日出萬物乃動也。東字從日穿木，以日出望之，如穿扶桑之林木也。日所出在扶桑東數十萬里）。

　　帝娶西陵氏于大梁，曰嫘祖，為元妃。生二子玄囂、昌

意。初喜天下之戴己也，養正娛命，自取安而順之，為鴻黃⑫之代，以一民⑬也。時人未使而自化，未賞而民勸，其心愉而不偽，其事素而不飾，謂之太清之始也。耕者不侵畔，漁者不爭岸，抵市不預價，市不閉鄙，商旅之人，相讓以財，外戶不閉，是謂大同。

帝里⑭天下十五年之後，憂念黎庶之不理，竭聰明，進智力，以營百姓，具修德也。考其功德，而務其法教。時元妃西陵氏始養蠶為絲（今《禮記》，皇后祭先蠶西陵氏。葛稚川《西京記》曰：「宮內有先蠶壇。」）。乃有天老⑮，五聖以佐理化。帝取伏棲氏之卦象，法而用之，據神農所重六十四卦之義，帝乃作八卦之說，謂之《八索》，求其重卦之義也。時有臣曹胡造衣，臣伯余造裳，臣于則造履，帝因之作冠冕（冠者則服之，又名冕者，則冠中之別名。以其後高前下，有俯仰之形，因曰冠寇，冕也）。始代毛革之弊，所謂黃帝垂衣裳⑯而天下理也。帝因以別尊卑，令男女異處而居，取法乾坤天尊地卑之義。帝見浮葉方為舟，即有共鼓化狄三臣助作舟楫，所謂「刳⑰木為舟，剡⑱木為楫也」。以取諸渙⑲。渙，散也，物大通也，所以濟不通也。帝又觀轉蓬⑳之象以作車。時有神馬出，生澤中，因名澤馬。一曰吉光，又曰吉良，出大封國（亳州東，古國也）。文馬縞身硃鬣㉑，乘之壽千歲，以聖人為政，應而出（今飛龍司有吉良廄，因此也。薛綜曰：「與騰黃一也。」所出之國各別。葛稚川曰：「騰黃之馬，吉光之獸。」則獸馬各異。今據吉光即馬，騰黃即獸，稚川之說又別）。又有騰黃神獸，其色黃，狀如狐，背上有兩角，龍翼（一本云龍翼而馬身，一名乘黃，一名飛黃，或曰古黃，又曰翠黃，出日本國，壽三千歲，日行萬里，乘此令人壽二千歲）。出日本國，壽二千

歲（《六典》曰：宋齊梁陳皆有車府乘黃之官。今太僕寺有乘黃署，即其事）。黃帝得而乘之，遂周旋六合[22]，所謂乘八翼之龍遊天下也。故遷徙往來無常。帝始教人乘馬，有臣胲作服[23]牛以用之。《世本》云：所謂服牛乘馬，引[24]重致遠，以取諸《隨[25]》，得隨所宜也。有臣黃雍父始作舂[26]，所謂斷木為杵，掘地為臼，以濟萬人，取諸《小過[27]》也。小過者，過而通也。帝作灶以著經，始令鑄釜造甑，乃蒸飯而烹粥，以易茹毛飲血之弊。有臣揮始作弓，臣夷牟作矢，所謂「弦木為弧，剡木為矢」也（《史記》云，黃帝為之也）。弧矢之利，以威天下，取諸《暌[28]》。暌，乖也，制不順也。帝始作屋，築宮室，以避寒暑燥濕，謂之宮室，言處於中也。所謂上棟下宇，以待風雨，取諸《大壯[29]》。大者，壯也。帝又令築城邑以居之，始改巢居穴處之弊。又重門擊柝[30]，以待暴客，以取諸《豫》[31]，備不虞[32]也。又易古之衣薪[33]，葬以棺槨，以取諸《大過[34]》也。

帝服齋于中宮，于洛水上，坐玄扈石室，與容光等觀。忽有大鳥銜圖置於帝前，帝再拜受之。是鳥狀如鶴，而雞頭鸞喙，龜頸龍形，駢翼魚尾，體備五色，三文成字。首文曰「慎德」，背文曰「信義」，膺文曰「仁智」。天老曰：是鳥麟前鹿後[35]蛇頸，背有龍文，足履正，尾繫武[36]。有九苞[37]，一曰包命，二心合度，三耳聰達，四舌屈伸，五采[38]色備，六冠鉅銳鈎，七金目鮮明，八音激揚，九腹大。一名鸀，其雄曰鳳，其雌曰凰，高五六尺，朝鳴曰登晨，晝鳴曰上祥，夕鳴曰歸昌，昏鳴曰固常，夜鳴曰保長，皆應律呂[39]，見則天下安寧。黃帝曰：是鳥遇亂則去，居九夷矣！出於東方君子之國，又出丹穴之山。」有臣沮頌，倉頡觀鳥跡以作文字，此文字之始也（先儒論文字之始不同，或始於

三皇，或始於伏羲，或云與天地並興。今據司馬遷、班固、韋延、宋衷、傅玄等云，倉頡、黃帝臣，今據此載之。諸家說倉頡，亦無定據）。

黃帝修德義，天下大理。乃召天老謂之曰：吾夢兩龍挺[40]白圖，出于河，以授予，敢問于子。天老對曰：此《河圖》、《洛書》[41]將出之狀，天其授帝乎！試齋戒觀之。黃帝乃齋于中宮，衣黃服，戴黃冕，駕黃龍之乘，載交龍之旗，與天老五聖遊於河洛之間。求夢未得，帝遂沉璧於河，乃大霧三日。又至翠媯之泉，有大鱸魚，河中溯流而至。殺三牲以醮[42]之，即甚雨，七日七夜，有黃龍負圖而出於河。黃帝謂天老五聖曰：子見河中者乎？天老五聖乃前跪受之，其圖五色畢具，白圖蘭葉而硃文，以授黃帝，乃舒視之，名曰《綠錯圖》，令侍臣寫之，以示天下。黃帝曰：此謂《河圖書》。是歲之秋也，帝既得龍鳳之圖書，倉頡之文，即製文章，始代結繩之政，以作書契，蓋取諸夬。夬，決[43]也，決斷萬事（自垂衣裳至製文字，凡九事。按皇甫謐《帝王代記》載，此九事皆黃帝之功。今各以當時事及眾書所載，列之如前以明之。然于《易繫》說此九事，則上自黃帝，下至堯舜。以其先儒說者，或以為不獨黃帝。若以皇甫所載，及今所引眾書，則九事皆黃帝始創制之以服用，後代聖人至堯舜，但繼作修飾爾）。於是黃帝定百物之名，作八卦之說，謂之《八索》。一號帝鴻氏，一號歸藏氏，乃名所制曰《歸藏書》，此《易》之始也。

黃帝垂衣裳之後，作龍袞[44]之服，畫日月星辰於衣上以象天，故有《龍袞之頌》。帝納女節為妃，其後女節見大星如虹，下臨華渚，女節感而接之，生少皞（《代記》云，女節即嫘祖，非也）。帝又納丑女，號嫫母，使訓宮人，而有

淑德，奏《六德之頌》。又納費修氏為夫人。是時庶民甘其食，美其服，樂其俗，安其居，無羨欲之心。鄰國相望，雞犬之音相聞，至老而不相往來，無求故也。所謂黃帝理天下，便[45]民心，謂之至理之代。是時風不鳴條[46]，謂之天下之喜風也。雨不破塊[47]，謂十日一小雨，應天下文；十五日一大雨，以葉[48]運也。以嘉禾為糧，謂大禾也，其穗異常。以醴泉為漿，謂泉水味美如酒，可以養老也。以五芝為芳，謂有異草生於圃，則芝英、紫芝、金芝、黑芝，五芝草生，皆神仙上藥。時有水物洋湧，山車[49]滿野，於是德感上天，故有黃星之祥，謂之異星，形狀似月，助月為光，名曰景星。又有赤方氣與青方氣相連，赤方中有二星，青方中有一星，凡三星。又有異草生於庭，月一日生一葉，至十五日生十五葉，至十六日一葉落，至三十日落盡。若小月，即一莢厭[50]而不落，謂之蓂莢，以明於月也，亦曰歷莢。帝因鑄鏡以象之，為十五面神鏡，寶鏡也。

于時大撓能探五行之情，占北斗、衡所指，乃作甲乙十干以名日，立子丑十二辰以名月，以鳥獸配為十二辰屬之，以成六旬，謂造甲子也。黃帝觀伏棲之三畫成卦，八卦合成二十四氣，即作紀曆，以定年也。帝敬大撓以為師，因每方配三辰，立孟仲季，自是有陰陽之法焉。黃帝聞之，乃服黃衣，帶黃紳，首黃冠，齋于中宮。即有鳳凰蔽日而至，帝乃降階，東面再拜稽首曰：天降丕祐，敢不承命。鳳乃止帝東園，集於梧桐，又巢于阿閣，非竹實不食，非醴泉不飲，其飲也，則自鳴舞，音如笙簫。帝即使伶倫往大夏之西（大夏國在西，去長安萬里）。阮榆之溪，崑崙之陰嶰谷，採鍾龍之竹，取其竅厚均者，斷兩節，間三寸七分，吹之為黃鍾之音（十一月律為黃鍾，謂冬至一陽[51]生，萬物之始也）。以

本至理之代天地之風氣。所謂黃帝能理日月之行，調陰陽之氣，為十二律呂，雄雌各六也（《晉書》云，律管長尺，六孔，十二月之音。㮚之以竹，取自然圓虛也；以玉取堅貞溫潤也）。時有女媧之後容成氏，善知音律，始造律曆，元起辛卯。又推冬至日在之星（南斗后星也）。又問天老，得天元日月星辰之書。天文刻漏㊲之書以紀時。有臣隸首善演算法，始作數著算術焉。臣伶倫作權量（權，秤也，量即斗斛也）。

黃帝得蚩尤，始明乎天文（據《管子》言之，蚩尤㊳有術，後乃叛）。帝又獲寶鼎，乃迎日㊴推策㊵。於是順天地之紀，旁羅日月星辰，作蓋天儀，測玄象㊶，推分星度㊷，以二十八宿㊸為十二次。角亢為壽星之次，房心為大火之次，箕斗為析木之次，牛女為星紀之次，虛危為玄枵之次，室壁為諏訾之次，奎婁為降婁之次，昴畢為大樑之次，觜參為實沉之次，井鬼為鶉首之次，星張為鶉火之次，翼軫為鶉尾之次。立中外之星，作占日月之書，此始為觀象之法也。皆自《河㊾圖》而演之。又使羲㊿和占日，常儀占月，鬼臾區占星，帝作占候㉛之法，占日之書，以明休咎焉。

黃帝有茂德，感真人來遊玉池，至德所致也。有瑞獸在囿，玄枵之獸也。《尚書·中候》云：麇身、牛尾，狼蹄、一角，角端有肉，示不傷物也。音中黃鍾，文章彬彬然。牝曰麒，牡曰麟。生於火，游於土。春鳴曰歸禾，夏鳴曰扶幼，秋冬鳴曰養信。帝又得微蟲蛄螻，有大如羊者，大如牛者，蟲名螾，大如虹者，應土德之王也。有獸名蜼，如獅子，食虎，而循常近人，或來入室，人畏而患之。帝乃上奏於天，徙之北荒。

帝以景雲㉒之瑞，慶雲之祥，即以雲紀官，官以雲為

名，故有縉雲之官（或云帝煉金丹，有縉雲之瑞，自號縉雲氏。赤多白少為縉）。於是設官分職，以雲命官，春為青雲官，夏為縉雲官，秋為白雲官，冬為黑雲官。帝以雲為師也。是時炎帝之裔姜姓者也。縉雲者，帝之祥雲，其雲非雲非煙[63]，非紅非紫。又以帝煉丹於婺州縉雲之堂，有此祥雲也。

帝置四史官，令沮誦、倉頡、隸首、孔甲居其職，主圖籍也（《周禮》，掌版圖，人戶版籍也）。又令倉頡主人儀。孔甲始作盤盂，以代凹尊坏飲之樸，著《盤盂篇》，盤盂之誡也。帝作巾几之法以著經，黃帝書中通理，黃帝史謂之《墳》。墳，大也（孔安國曰：遭秦焚之，不可聞也）。有臣史王始造畫，又濟南人公玉帶上黃帝明堂圖，有復道，上有樓，從西南入，此樓之始也。帝依圖製之，曰合宮，可以觀其行也。乃立明堂之議，以觀於賢也。時有仙伯出於岐山下，號岐伯，善說草木之藥性味，為大醫。帝請主方藥。帝乃修神農所嘗百草性味，以理疾者，作《內外經》。又有雷公述《砲炙方》，定藥性之善惡。扁鵲、俞附[64]二臣定《脈經》，療萬姓所疾。帝與扁鵲論脈法，撰《脈書上下經》（漢文里陽公淳於意能知疾之生死，按《脈經》也）。帝問岐伯脈法，又製《素問》等書及《內經》（今有二帙，各九卷，後來就修之，按《素問》序云岐伯作，今卷數大約闕少，其八十一難，後來增修。又云天降素女以治人疾，帝問之，遂作《素問》也）。帝問少俞針注，乃製《針經》明堂圖灸[65]之法，此針藥之始也。

黃帝理天下，始以中方之色稱號。初居有熊之國，曰有熊帝（如顓頊為高陽帝，帝嚳為高辛帝，唐堯為陶唐帝也），不好戰爭。當神農之八代榆岡[66]始衰，諸侯相侵。以

黃帝稱中方，故四方僭號，亦各以方色稱（史載而不言名號，即青帝太皞，赤帝神農，白帝少昊，黑帝顓頊，時有四帝之後，子孫僭越而妄有稱者也）。僉[67]共謀之，邊城日駭。黃帝乃罷台榭之役，省靡麗[68]之財，周[69]戎士，築營壘。帝問于首陽山（在河中郡，不安其居）。令採首山之金，始鑄刀造弩。有[70]於東海流波山得奇獸，狀如牛，蒼身無角一足，能出入水，吐水則生風雨，光如日月，其音如雷，名曰夔牛。帝令殺之，以其皮冒之，以為鼓，以擊之，聲聞五百里（《世本》云，殷巫咸始作鼓，則非也）。帝令軍人吹角為龍鳴，此鼓角之始也。於是又令作蹴踘之戲，以練武士（今擊球也。《西京記》曰，踘場即球也）。黃帝云：「日中必䰠[71]，操刀必割。狂屈豎聞之曰：黃帝知言也。

帝有天下之二十有二年，忽有蚩尤氏不恭帝命，諸侯中強暴者也。兄弟八十人，並獸身人語，銅頭鐵額，不食五穀，啖沙蠶石（蚩尤始作鎧甲兜牟[72]，時人不識，謂是銅頭鐵額。李太白曰：南人兵士見北地人所食麥飯糗糧，不識，謂之啖沙吞石，以喻於此）。不用帝命，作五虐之刑，以害黎庶。于葛盧山發金作冶，制為鎧甲及劍，造立兵仗刀戟大弩等，威震天下，不順帝命。帝欲伐之，征諸侯，一十五旬未克敵，思念賢哲以輔佐，將征不義。乃夢見大風吹天下塵垢，又夢一人執千鈞之弩，驅羊數萬群。覺而思曰：風號令，執政者也；垢去土，解化清者也，天下當有姓風名后者。夫千鈞之弩，冀力能遠者也；驅羊萬群，是牧人為善者也，豈有姓力名牧者乎？帝作此二夢及前數夢龍神之驗，即做夢之書。令依二夢求其人，得風后於海隅，得力牧於大澤。即舉風后以理民，初為侍中，後登為相，力牧以為將。

此將相之始也。以大鴻為佐理。於是順天下之紀，幽明之數，生死之說，是謂帝之謀臣也。

帝問張若謀敵之事，張若曰：不如力牧，能于推步[73]之術，著《兵法》十三卷，可用之。乃習其干戈，以徵弗享[74]。始制三公之職，以象三台（天象有三台星）。風後配上臺，天老配中台，五聖配下臺（太公《六韜》曰：風后、力牧、五聖為七公。則五聖五人也）。黃帝於是取合己者四人，謂之四面而理。時獲寶鼎，迎日推策。又得風胡為將，作五牙旗及烽火戰攻之具，著《兵法》五篇。又以神皇為將，帝之夫人費修之子為太子，好張羅[75]及弓矢，以大將謂之撫軍大元帥，為王前敵；張若、力牧為行軍左右別乘；以容光為大司馬，統六師兼掌邦國之九法（容光一曰常光）。又置左右大監，監于萬國。臣龍紆者，有勇有義，亦為將。

帝之行也，以師兵為營衛，乃與榆岡合謀，共擊蚩尤。帝以玉為兵（玉飾兵器）。帝服黃冕，駕象車，交六龍，大丙、太一為御，載交龍之旗，張五牙彩旗引之，以定方位。東方青牙旗，餘各依方色。帝之行也，常有五色雲氣，狀如金枝玉葉，止於帝上，如葩華之象，帝因令作華蓋（今之傘蓋是也）。黃帝即與蚩尤大戰于涿鹿之野（地在上谷郡，南有涿鹿城）。帝未克敵，蚩尤作百里大霧，彌三日，帝之軍人皆迷惑。乃令風后法斗機[76]，作指南車，以別四方（崔豹《古今注》曰：「周公作指南之車。」據此，時已有指南車，即周公再修之爾）。

帝乃戰，未勝，歸泰山之阿，慘然而寐。夢見西王母遣道人，披玄狐之衣，以符受帝曰：太一在前，天一[77]在後，得之者勝，戰則克矣。帝覺而思之，未悉其意，即召風後告之。後曰：此天應也，戰必克矣！置壇祈之。帝依以設壇，

稽首再拜,果得符,廣三寸,長一尺,青色,以血為文,即佩之。仰天歎所未捷,以精思之,感天大霧,冥冥三日三夜。天降一婦人,人首鳥身,帝見稽首,再拜而伏。婦人曰:「吾玄女也,有疑問之。」帝曰:「蚩尤暴人殘物,小子欲萬戰萬勝也。」玄女教帝《三宮秘略五音權謀陰陽之術》(兵法謂玄女戰術也。衛公李靖用九天玄女法是也[78]。又神符,黃帝之符也。《陰陽術》即《六壬太一遁甲[79]運式法》也)。玄女傳《陰符經》三百言,帝觀之十旬,討伏蚩尤。授帝《靈寶五符真文》及《兵信符》,帝服佩之,滅蚩尤。又令風后演《河圖》法而為式用之,創十八局,名曰《遁甲》(周公時約為七十二局,漢張子房共向映,一雲四皓[80]議之為十八局。案神龍負圖文,遁其甲,乃名之《遁甲》,今為一局,揭帖是也)。以推主客勝負之術。

黃帝又著《十六神曆》,推《太一》、《六壬》[81]等法。又述六甲[82]陰陽之道,作勝負握機之圖及《法要訣黃帝兵法》三卷(《宋武傳》云:神人出之。《河圖出軍訣》稱黃帝得《王母兵符》。又有《出軍大帥》、《年命立成》各一卷,《太一兵曆》一卷,《黃帝出軍新用訣》一十二卷,《黃帝夏氏占兵氣》六卷,此書至夏後時重修之也)。《黃帝十八陣圖》二卷(諸葛亮重修為八陣之圖)。《黃帝問玄女之法》三卷,《風後孤虛訣》二十卷,《務成子玄兵災異占》十四卷,《鬼臾區兵法》三卷、圖一卷(或作《鬼谷區》。設兵法以來,皆起于黃帝,亦後來增修也)。

黃帝於是納五音之策,以審攻戰之事。復率諸侯再伐蚩尤于冀州。蚩尤率魑魅魍魎,請風伯雨師,從天大風而來,命應龍蓄水以攻黃帝。黃帝請風伯雨師及天下女襖,以止雨於東荒之地,北隅諸山,黎土羌兵,驅應龍以處南極,殺蚩

尤與誇父。不得復上，故其下旱，所居皆不雨。蚩尤乃敗于顧泉，遂殺之于中冀，其地因名絕轡[83]之野（在媯州也）。既擒殺蚩尤，乃遷其庶類[84]善者于鄒屠之鄉，其惡者以木械之。帝令畫蚩尤之形於旗上，以厭[85]邪魅，名蚩尤旗。殺蚩尤于黎山之丘（東荒之北隅也）。擲械於大荒之中，宋山之上，其械後化為楓木之林（《山海經》曰：融天山有楓木之林，蚩尤之桎梏所化也）。所殺蚩尤，身首異處，帝閔之，令葬其首塚于壽張（縣名，在鄆州，塚高七尺，土人常以十月祀之，則赤氣如絳見，謂之蚩尤旗）。其肩髀塚在山陽（縣名，在楚州，肩髀，府藏也）。其髀塚在巨鹿（邢州鉅鹿縣也）。收得蚩尤《兵書行軍秘術》一卷，《蚩尤兵法》二卷。黃帝都于涿鹿城（上谷郡涿州，地名獨鹿，又曰濁鹿，聲傳記誤也）。

黃帝又與榆岡爭天下，榆岡恃神農帝之後，故爭之。黃帝始以雕鶡鷹鸇[86]，一雲隼之羽，為旗幟（《六典》曰：今鷄䙆[87]旗也）。以熊羆貙虎為前驅，戰於阪泉之野（地名，在上谷郡，今媯州也）。三戰而後克之。帝又北逐獯鬻之戎（即匈奴也）。諸侯有不從者，帝皆率而征之。凡五十二戰，天下大定。

帝以伐叛之功，始令岐伯作車樂鼓吹，謂之簫鐃歌，以為軍之警衛。《？鼓曲》、《靈夔[88]吼》、《雕鶚[89]爭》、《石墜崖》、《壯士怒》、《玄雲》、《硃鷺》等曲，所以揚武德也，謂之凱歌（《六典》曰：漢時張騫得之於西域，凡八曲，軍樂之遺音。簫、笳也，金鐃如鈴而無舌，有柄，執之以止鼓也）。

於是諸侯咸尊軒轅為天子。帝以己酉歲立，承神農之後，火生土，帝以土德，稱王天下[90]，號黃帝。位居中央，

臨制四方。帝破山通道，未嘗寧居。令風後負壽書，伯常荷劍，且出流沙，夕歸陰浦，行萬里而一息，反涿鹿之阿[91]。帝又試百神而朝之。帝問風后：「予欲知河所泄。」對曰：「河凡有五，皆始於崑崙之墟。黃河出於崑崙山東南腳下，即其一也。」（餘四河，說在於東方朔《十洲記》）。

帝令豎亥步自東極，至於西極，得五億十選九千八百八步（一云二億三萬三千）。南北二億三萬一千三百里（二億二十萬）。豎亥左手把筭[92]，右手指青丘北，東盡泰遠，西窮邠國，東西得二萬八千里，南北得二萬六千里（萬里曰選。神農時東西九千萬里，南北八千萬里，逾四海之外。韋昭注《漢書》，不信此闊遠於海外。臣瓚據道書，神農乘龍遊遠也，黃帝乘馬以理土境，只四海內也。《淮南子》云：北極至於南極，二億三萬三千五百七十里也。淮南王學道，此言絕遠，亦據道書也）。黃帝始畫野分州，令百郡大臣授德教者，先列圭玉于蘭蒲席上，使春雜寶為屑，以沉榆之膠和之為泥，以分土別尊卑之位，與華戎之異。文出《封禪記》。

帝旁[93]行天下，得百里之國者萬區。今之縣邑者也。所謂「首出庶物，萬國咸寧。」有青烏子能相地理，帝問之以制經。帝又問地老，說五方之利害。時有瑞草生帝庭，名屈軼，佞人入則指之，是以佞人不敢進。時外國有以神獸來進，名獬豸，如鹿，一角。置於朝，不宜之臣，獸即觸之。帝問食何物？對曰：春夏處水澤，秋冬處松竹。此獸兩目似熊。

容成子，有道，知律者，女媧之後。初為黃帝造律曆，元起辛卯，至此時造笙以像鳳鳴。素女于廣都來，教帝以鼓五十弦瑟（《古史考》曰琴則非也）。黃帝損之為二十五

弦，其瑟長七尺二寸。伏羲置琴，女媧和之。黃帝之琴名號鍾，作清角之弄[94]。帝始制七情，行十義之教。七情者，喜、怒、哀、樂、懼、惡、欲七情也。十義者，君仁、臣忠、父慈、子孝、兄良、弟悌、夫義、婦聽、長惠、幼順，十義也。帝制禮作樂之始也。《黃帝書》說東海有度索山，或曰度朔山，偽呼也（此山間以竹索懸而度也）。山有神荼、郁壘[95]，神能禦凶鬼，為百姓除患，制驅儺[96]之禮以象之。帝以容成子為樂師，帝作《雲門》、《大卷》、《咸池》之樂。乃張樂於洞庭之野。北門成曰：其奏也，陰陽以之和，日月以之明，和風俗也（唐至德二年，洞庭側有人穿地得古鍾，有古篆文，黃帝時樂器也。永泰二年，巴陵令康通中得採藥人石季德，於洞庭鄉採藥，得古鍾，上有篆。岳州刺史李蕚進之。可明《莊子》所謂黃帝于洞庭張樂，誠不妄者也）。

黃帝將會神靈於西山之上，乃駕象車[97]六交龍[98]，畢方[99]並轄[100]，蚩尤居前（蚩尤旗也）。風伯進掃，雨師灑道，鳳凰覆上，乃至山大合鬼神。帝以號鍾之琴，奏清角之音（師曠善於琴，晉平公強請奏角弄，師曠不得已，一奏雲從西北起，再奏大風起、大雨作，平公懼而成疾焉）。謂崑崙山之靈封，致豐大之祭，以詔後代，斯封禪之禮也。于時崑崙山北玉山之神人也。西王母太陰之精，天帝之女也。人身虎首（《山海經》曰虎顏，一云虎色）。豹尾，蓬頭[101]戴勝[102]，顥然[103]白首，善嘯，石城金台而穴居，坐於少廣之山，有三青鳥常取食，此神人西王母也。慕黃帝之德，乘白鹿來獻白玉環。又有神人自南來，乘白鹿獻鬯[104]，帝德至地，秬鬯乃出。黃帝習樂以舞眾神，又感玄鶴二八[105]翔舞左右。帝於西山嘗木果，味如李，狀如棠華，赤無核，因名沙棠，食之禦水不溺。帝立台于沃人國西王母之山，名軒轅台。帝乃休于冥伯之丘，崑崙之墟。

帝遊華胥國，此國神仙國也（伏羲生於此國，伏羲母此國人），帝往天毒國居之，因名軒轅國（後來曰天竺，去長安一萬二千里，《古史考》曰在海外，妄也）。

帝又西至窮山女子國，北又復遊逸于崑崙宮赤水北，及南望還歸而遺其玄珠。使明目人離婁求之，不得；使罔象求而得之。後為蒙氏之女奇相氏竊其玄珠，沉海去為神（玄珠喻道，蒙氏女得之為水神）。

帝巡狩東至海，登桓山，于海濱得白澤神獸，能言，達於萬物之情。因問天下鬼神之事，自古精氣為物，遊魂為變者，凡萬一千五百二十種，白澤言之，帝令以圖寫之以示天下，帝乃作《祝邪之文》以祝之。

帝周遊行時，元妃嫘祖死於道，帝祭之以為祖神。令次妃嫫母監護於道，以時祭之，因以嫫母為方相氏（向其方也，以護喪，亦曰防喪氏。今人將行，設酒食先祭道，謂之祖餞。祖，送也。顏師古注《漢書》云黃帝子為道神，乖妄也。崔寔《四民月令》[16]復曰黃帝之子，亦妄也。皆不得審詳祖嫘祖之義也）。

黃帝以天下大定，符瑞並臻，乃登封泰山，禪於亭亭山（泰山下小山也）。又禪於幾幾山，勒功于喬嶽，作下時以祭炎帝。以觀天文、察地理、駕[17]宮室、制衣服、候[18]氣律、造百工之德，故天授輿服、斧鉞、華蓋、羽儀。天神之丘，黃帝著《軒輿之銘》。

帝以事周畢，即推律定姓（孔子京房皆行此事）。紀鐘甄聲[19]。帝之四妃（嫘祖、嫫母、費修、女節是也）。生二十五子，得姓者十二人（一云十三人），姬、酉、祁、巳、滕、箴、任、荀、僖、詰、旋、依（《史記》云六十一姓，惟厘、嫘二姓不同。所云黃帝姓公孫者十八代，合一千五百

年，其十二姓十三代，合一千七十二年。《史》又云：「十二姓德薄不記錄，」亦不可也。姬、祁、滕、任、僖、詰皆有德有名者也。所云黃帝姓公孫，雖古史相傳，理終不通。且黃帝生於有熊，長於姬水，只合以姬為姓。至周武王稱黃帝十九代孫，姬姓之後，即黃帝姬姓，非公孫也。且周置五等諸侯，以公侯伯子男，後諸侯子孫多稱公孫，言公之子孫也。故連公子為姓者，且有八十五氏，皆非黃帝時人）。黃帝九子，各封一國（潘安仁詩言之，未知其源）。元妃嫘祖生二子，玄囂、昌意，並不居帝位。玄囂得道，為北方水神。昌意娶蜀山氏之女，生顓頊，居帝位，即黃帝嫡孫也，號高陽氏。摯字青陽，即帝位，號金天氏，黃帝之小子也。少昊後有子七人，顓頊時，以其一子有德業，高陽帝賜姓曼氏，餘不聞。

黃帝以天下既理，物用具備，乃尋真訪隱，問道求仙，冀獲長生久視，所謂先理代而後登仙者也。時有寧子為陶正[⑩]，有神人過，教火法，出五色煙，能隨之上下，道成仙去，往流沙之所，食飛魚，暫死，二百歲更生，作《沙頭頌》曰：「青藜灼爍千載舒，萬齡暫死餌[⑪]飛魚。」有務光子者，身長八尺七寸，神仙者也（至夏時，餌藥養性鼓琴，有道壽永者）。有赤蔣子輿，不食五穀，啖百花而長年（堯時為木工，能隨風上下，即已二千歲矣）。有容成公善補導之術，守生養氣，谷神[⑫]不死，能使白髮復黑，齒落復生。黃帝慕其道，乃造五城十二樓以候神人。即訪道遊華山、首山，東之太山，時致怪物，而與神仙通。接神人于蓬萊，回乃接萬靈於明庭、京兆、仲山、甘泉、寒門、谷口（在長安北，甘泉，雲陽）。黃帝于是祭天圜丘[⑬]，將求至道，即師事九元子，以地皇元年正月上寅日齋于首山（在河東蒲阪

縣）。復周遊以訪真道。令方明為禦，昌宇驂乘⑭，張若謬
屢道⑮焉（謬音習，屢，舒氏切，或作明）。昆閽、滑稽從
車，而至襄城之野，七聖俱迷，見牧馬童子，黃帝問曰：為
天下若何？小童曰：理天下何異牧馬？去其害馬而已。黃帝
稱天師而退。至於圜丘，其國有不死樹，食其子與葉，人皆
不死。有丹巒之泉，飲之而壽。有巨蛇害人，黃帝以雄黃卻
逐之，其蛇留一時而反（《外國記》云，留九年也）。帝令
三子習服之，皆壽三百歲。北到洪堤，上具茨山（在於陽
翟）。見大隗君（密縣大隗神也）。又見黃蓋童子，受《神
芝圖》七十二卷。適中岱，見中黃子中，受《九茄之方》
（一云至崆峒山見中黃真人，其方原州有崆峒之山。應劭
云：在隴右，非也）。登崆峒山，見廣成子問至道（司馬彪
注《莊子》云：「崆峒，當斗⑯之山也。一方在梁國虞城東
三十里是也」）。廣成子不答。帝退，損天下，築特室⑰，
藉⑱白茅，間⑲居三月，方往再問修身之道，乃授以《自然
經》一卷。

　　黃帝舍帝王之尊，托猨豚之文，登雞山，陟王屋山，開
石函，發玉笈⑳，得《九鼎神丹注訣》。南至江，登熊、湘
山（熊山在召陵長沙也，湘山在長沙益陽縣）。往天臺山，
受《金液神丹》。東到青丘山，見紫府先生，受《三皇內文
大字》（《抱朴子》云：有二十卷），以劾召萬神。南至五
芝玄澗，登圜壟廥，建木觀，百靈所登，降采若乾之芝（一
云花）。飲丹巒之水。南至青城山，禮謁中黃丈人。乃間登
雲臺山，見寧先生，受《龍蹻經》。問真一之道，皇人曰：
子既居海內，復欲求長生不死，不亦貪乎！頻相反覆，而復
受道，即中黃真人，黃帝拜謝訖，東過廬山，為使者以次青
城丈人也。廬山使者秩㉑比御史，主總仙官之道，是五嶽監

司也。又封潛山君為九天司命，主生死之錄。黃帝以四嶽皆有佐命之山，而南嶽孤特無輔，乃章詞三天太上老君，命霍山為儲君⑫，命潛山為衡嶽之副以成之，時參政事，以輔佐之。帝乃造山躬寫形象㉓，以為《五嶽真形之圖》。

黃帝往練石于縉㉔雲堂，於地煉丹，時有非紅非紫之雲見，是曰縉雲，因名縉雲山（在婺州金華縣，一云永康縣也）。帝藏兵法勝負之圖，六甲陰陽之書于苗山（禹會計功于此集諸侯，因名會稽也）。黃帝合符瑞於釜山，得不死之道。侍奉事太一元君，受要記，修道養生之法。于玄女素女受房中之術㉕，能御三百女。玄女授帝《如意神方》，即藏之崆峒山。帝精推步之術，於山稽、力牧著體診之訣，于岐伯、雷公講占候，于風后先生救傷殘綴金冶之事，故能秘要，窮盡道真也。黃帝得玄女授《陰符經》義，能內合天機，外合人事。

帝所理天下，南及交趾，北至幽陵，西至流沙，東及蟠木（蟠桃在度索山，具在《山海經》也）。帝欲棄天下曰：吾聞在宥㉖天下，不聞理天下。我勞天下久矣，將息駕于玄圃，以返吾真矣（崑崙山上有玄圃也）。黃帝修興封禪禮畢，採首山之銅，將鑄九鼎于荊山之下，以象太一于雍州（虢州湖城縣有石記述㉗黃帝鑄鼎於此，舊曰鼎州㉘弘農郡，《地理志》云，馮翊懷德縣㉙南之荊山是也）。是鼎神質文精也，知吉知凶，知存知亡，能輕能重，能息能行，不灼而沸，不汲㉚自滿，中生五味，真神物也。黃帝煉九鼎丹服之。逮至煉丹成後，以法傳于玄子，此道至重，盟以誡之。帝以《中經》所紀，藏于九嶷山東，號委羽，承以文玉，覆以磐石。其書金簡玉字，黃帝之遺讖也（夏禹得之，亦仙化去㉛。又云藏之於會稽覆釜山中也）。帝又以所佩

《靈寶五符真文》書金簡一通⑫，封于鐘山，一通藏于宛委之山。

帝嘗以金鑄器，皆有名，題上古之字也，以記年月，或有祠也。時有薰風⑬至，神人集，成厭代⑭之志，即留冠劍珮⑮舄⑯於鼎湖極峻處昆台之上，立館其下，崑崙山之軒轅台也。

時有馬師皇善醫馬，有通神之妙思。有龍下於庭，伏地張口閉目，師皇視之曰：此龍病求我醫也。師皇乃引針于龍口上下，以牛乳煎甘草灌之。龍病癒，師皇乘此龍仙去。黃帝聞之，自擇日卜云，還宅升仙之日，得戊午，果有龍來。垂胡髯下迎，黃帝乃乘龍與友人無為子及臣僚等從上，七十二人同去。小臣不得上者，將⑰龍髯拔墜⑱髯及帝之弓，小臣抱其弓與龍髯而號泣，弓因曰烏號，鑄鼎之地後曰鼎湖（至周王時封虢叔于此，因名曰虢州⑲，古曰鼎州，於漢曰湖城縣⑳也）。其後有臣左徹削木為黃帝象，率諸侯朝奉之。臣僚追慕，靡所措思，或取幾杖立廟而祭，或取衣冠置墓而守，是以有喬山㉑之塚（在上谷郡周陽縣。又膚施縣有黃帝祠四所，邠州喬山，黃帝塚在焉）。黃帝曾遊處皆有祠，五百年後，喬山墓崩，惟劍與赤舄在焉，一旦亦失（《荊山記》、《龍首記》具載之也）。黃帝居代總百一十一年，在位一百年。自上仙後，升天為太一君，其神為軒轅之宿，在南宮。黃龍之體象（火體，祭天神，軒轅星一也）。後來享之，列為五帝之中方君也，以配天。黃帝土德，居中央之位，以主四方（東方青帝太昊，南方赤帝神農，西方白帝少昊，北方黑帝顓頊）。以鎮星配為子，名樞紐之神，為佐配享于黃帝。

帝之子昌意居弱水。昌意弟少昊，帝妃女節所生也。

帝之女溺於東海，化為鳥，名精衛，常銜西山木石以堙[12]東海。少昊名摯，字青陽，即帝位，號金天氏，黃帝之子也。顓頊高陽氏，黃帝之孫也，各有聖德，在位78年終，母蜀山氏所生都商丘。濮陽禺強，黃帝之胤[13]，不居帝位，與顓頊俱得道，居北方為水神（顓頊已來，以所典之地為名號）。帝嚳高辛氏，黃帝之孫（蟜極生高辛也），帝嚳高辛神靈，自言其名，都偃師（亳州，河南）。在位70年，壽105歲。帝堯陶唐氏，黃帝之玄孫也。姓伊祁，名放勳，興于定陶，以唐侯為帝（濟陰定陶，又云定州唐縣）。都於平陽（郡在晉州）。在位98年，118歲。舜有虞氏，黃帝八代孫。禹為玄孫也。按《遁甲開山圖》曰：禹得道仙人也。古有大禹，女媧十九代孫，大禹壽三百六十歲，入九嶷山，仙飛去。後三千六百歲，堯理天下，洪水既甚，人民墊溺，大禹念之，乃化生于石紐山。泉女狄暮汲水，得石子如珠，愛而吞之有娠，十四月生子。及長，能知泉源，代父鯀理洪水，三年功成。堯帝知其功，如古大禹，知水源，乃賜號禹。推之，是黃帝玄孫無疑也。殷湯，黃帝17代孫（黃帝子少昊生蟜極，蟜極生高辛，十四世後，即天一為殷王是也）。

　　黃帝子孫各得姓于事，帝推律定姓者12（具在中卷）。少昊有子姓曼，顓頊姬姓（以黃帝居姬水，帝嚳子後稷，姬姓也）。堯姓伊祁，舜姓姚，禹姓姒，湯姓子。又張、鄧、軒、路、黃、寇、宋、酈、白、薛、虞、資、伊、祁、申、屠、黃公、托拔（昌意少子封北土，以黃帝土德化俗，以土為托，以君為拔，乃以托拔為姓）。黃帝有九子，各封一國（具在中卷）。總33氏，出黃帝之後。黃帝相承凡1250年，自黃帝己酉歲至今。

【注釋】

①有熊：古國名，故地在今河南新鄭縣。

②日角：額骨中央隆起，形狀如日，舊時認為是大貴之相。

③河目：上下眶平正而長的眼睛。原作「河日」，據從刊本、四庫本、輯要本改。

④隆顙：高額。奢龍：相傳黃帝時六相之一。

⑤辨：明察。

⑥心星：即心宿，二十八宿之一，其主星也叫商星、鶉火、大火、大辰。

⑦南字從南從午：謂「南」字表南方，與「午」字相配，古人在八卦圖上將南方與十二地支的「午」相配，正南方所對為「午」。

⑧求正對為明為暗：上文說火在正南，為大明，而求與南正對者則為暗，故下文說南為陽、北為陰，因南為明而所正對之北為暗之故。

⑨酉之半也：謂西方為酉之半，據下文，酉為雞，而雞鳴旦時望東而身居西，同時佔有東西兩方，故云西為酉之半。

⑩酉，雞也：古人將雞與十二地支的「酉」相配，為十二屬相之一。

⑪以少入時：叢刊本、四庫本同，輯要本作「以日入時」。

⑫鴻黃：即黃帝。

⑬一民：統治人民。

⑭里：通「理」。四庫本、輯要本作「理」。

⑮天老：相傳黃帝臣。

⑯垂衣裳：穿著長大的衣服，形容無所事事或文縐縐的樣子，後來成為稱頌帝王無為而治的套語。

⑰劏（ㄎㄨ）：剖開，挖空。

《黃帝外經》丹道修真長壽學

⑱ 刉（ㄐ一ㄢ）：削，刮。

⑲ 渙：《易》卦名。

⑳ 轉蓬：蓬草隨風飄轉。

㉑ 縞身：白色的身軀。鬣（ㄌ一ㄝˋ）：獸類頸上的長毛。

㉒ 周旋六合：周遊天地四方。周旋：運轉。

㉓ 服：使用。

㉔ 引：拉，牽。

㉕ 隨：《易》卦名。

㉖ 舂：原作「春」，據四庫本、輯要本改。

㉗ 小過：《易》卦名。

㉘ 暌：《易》卦名。

㉙ 大壯：《易》卦名。

㉚ 擊柝：打更。柝：打更用的梆子。

㉛ 豫：《易》卦名。

㉜ 不虞：沒有預料到的事。

㉝ 衣薪：上古人死後，用柴草蓋之以葬。

㉞ 大過：《易》卦名。

㉟ 麟前鹿後：指前面像麟，後面像鹿。

㊱ 尾繫武：謂尾長至地。武：足跡。

㊲ 九苞：鳳的九種特徵。

㊳ 采：通「彩」，彩色。

㊴ 律呂：我國古代審定樂音高低的標準，把聲音分為六律和六呂，合稱十二律，此處的律呂乃律的統稱。

㊵ 挺：舉起。

㊶ 《河圖》、《洛書》：《易‧繫辭》：「河出圖，洛出書。」相傳伏羲氏時，有龍馬從黃河出現，背負「河圖」，有神龜從洛水出現，背負「洛書」，二者都是天授神物。

㊷醮（ㄐ丨ㄠˋ）：一種禱神的祭禮，後來專指僧道為禳除災祟而設的道場。

㊸夬：《易》卦名。

㊹龍袞（ㄍㄨㄣˇ）：古帝王朝服，上繡龍紋。

㊺便（ㄆ丨ㄢˊ）：安。

㊻鳴條：風吹樹枝發聲。《古文苑‧漢董仲舒＜雨苑對＞》：「太平之世‧則風不鳴條。」

㊼破塊：謂暴雨毀傷農田。

㊽葉（ㄒ丨ㄝˊ）：和洽，合。

㊾山車：古時迷信說天下太平則山車出現，為瑞應的一種。

㊿厭：美好的樣子。

(51)一陽：最初的陽氣。

(52)刻漏：古時計時的器具。

(53)尤：原作「尢」，據四庫本、輯要本改。

(54)迎日：推算天文日曆。

(55)推策：以蓍草或竹籌推算曆數，後亦用於占卜吉凶。

(56)玄象：天象。日月星辰在天成象，故稱。

�57分星：古天文學說，把天空星宿分為十二次，與地上州、國的位置相對應，用以占卜凶吉，就天文說，稱分星，就地上說，稱分野。

(58)二十八宿：古代天文學家把黃道（太陽和月亮所經天區）的恒星分成二十八個星座，稱為二十八宿。

(59)河：原作「何」，據叢刊本、四庫本、輯要本改。

㊀義：原作「羲」，據四庫本改。

㊁占候：視天象變化以測吉凶。

㊂景雲：祥雲，又名慶雲。

(63)非雲非煙：謂祥瑞的彩雲，下文「非紅非紫」亦指祥瑞的紅紫之色。

(64)俞附：叢刊本、輯要本同，四庫本作「俞跗」。

(65)灸：叢刊本、四庫本、輯要本均作「炙」。

(66)榆罔：叢刊本、輯要本同，四庫本作「榆罔」。

(67)僉（ㄑㄧㄢ）：全部，都。

(68)靡麗：奢華。

(69)周：通「調」，徵調。

(70)有：通「又」。

(71)熭（ㄨㄟˋ）：曬，曬乾。

(72)兜牟：即兜鍪，頭盔。

(73)推步：古稱推算曆法為推步，意謂日月運轉於天，猶如人的行步，可以推而算之。

(74)弗享：猶言不善。

(75)張羅：設羅網捕鳥。

(76)斗機：指北斗。機：北斗七星第三星。

(77)天一：神名。

(78)用九天玄女法是也：叢刊本、四庫本無「法」字，輯要本無「是」字。

(79)遁甲：古代方士術數之一，起于《易緯乾鑿度》太乙行九宮法，其法以十干的乙丙丁為三奇，以戊己庚辛壬癸為六儀，三奇、六儀分置九宮，而以甲統之，視其如臨吉凶，以為趨避，故稱遁甲，亦稱奇門遁甲。

(80)四皓：漢初商山四個隱士，四人鬚眉皆白，故稱四皓，漢高祖欲廢太子，呂后用留侯張良之計，迎四皓，使輔太子。

(81)《太一》《六壬》：太一、六壬皆古方士占法，

「太一」又作「太乙」，太乙、六壬、遁甲世稱三式。

⑧ 六甲：古代術數的一種。

⑧ 絕轡：馬的韁繩斷絕，奔馳迅猛，形容逐殺蚩尤的壯觀場面，因以為地名。

⑧ 庶類：眾類。

⑧ 厭：通「壓」，壓制。

⑧ 雕鶚（ㄏㄜˊ）鷹鸇（ㄓㄢ）：四者皆猛禽之名。

⑧ 鵕鸃（ㄐㄩㄣˋ）（ㄧˊ）：古籍中鳥名，即錦雞。

⑧ 靈夔（ㄎㄨㄟˊ）：夔為古代傳說中的一種異獸，狀如牛而無角，一足，因其神異，故稱靈夔。

⑧ 鶚（ㄜˋ）：猛禽，又名「魚鷹」，常在水面上飛翔，捕食魚類。

⑨ 帝以土德，稱王天下：古代方士以金、木、水、火、土五行相生相剋的道理來附會王朝的命運，稱「五德」，據說神農為火德，火生土，故黃帝承神農之後，以土德稱王天下。

⑨ 反：為「返」的古字，返回。阿：大的丘陵。

⑨ 筭（ㄙㄨㄢˋ）：計算用的籌。輯要本作「算」。

⑨ 旁：廣。

⑨ 清角：古代五音之一，亦為古曲調名。弄：樂一曲。

⑨ 神荼（ㄕㄨ）、郁壘：傳說中能制服惡鬼的神。

⑨ 儺（ㄋㄨㄛˊ）：古時驅除疫鬼的儀式。

⑨ 象車：象駕之車。

⑨ 交龍：即蛟龍，蛟為古代傳說中的動物，民間相傳以為能發洪水，其形似龍，故稱蛟龍。交：通「蛟」。

⑨ 畢方：神名。

⑩ 並轄：並車而進，轄，指車。

⑩ 蓬頭：指頭髮散亂。

⑩ 戴勝：古代神話人物西王母的服飾，勝指玉勝，玉制的婦女首飾。

⑩ 顥然：白貌。

⑩ 鬯（彳尢ˋ）：古時祭神用的酒，用鬱金草釀黑黍而成，亦稱「秬（ㄐㄩ）鬯」。

⑩ 二八：即十六。

⑩ 《四民月令》：農書，東漢崔寔撰。原作《四人月令》，據四庫本改。

⑩ 駕：架構。

⑩ 候：測，驗。原作「侯」，據四庫本、輯要本改。

⑩ 紀鐘甄聲：謂記其功績於鐘鼎，以傳揚名聲。

⑩ 陶正：古代官名，掌製造陶器之事。

⑪ 餌：吃。

⑫ 谷神：腹中的元神。《老子》：「谷神不死，是謂玄牝。」河上公注：「谷，養也，人能養神則不死也。神，謂五臟之神也。

⑬ 圓丘：即圜丘，古時祭天的圓形高壇。叢刊本、四庫本同，輯要本作「圜丘」。

⑭ 驂乘：古代乘車在車右陪同的人。

⑮ 道：導，先導。

⑯ 當斗：原作「當斗下」，據叢刊本、四庫本、輯要本刪「下」字。

⑰ 特室：正室之外的居室。

⑱ 藉：以物襯墊。

⑲ 間：通「閑」。

⑳ 玉笈：玉飾的書箱。

⑿ 秩：指官吏的職位、品級。

⑿ 儲君：被確認為君位的繼承者，意思是君王之副。

⑫ 造：去，到。躬：親自。

⑿ 緹：淺赤色。

⑫ 房中之術：道教有關房中養生保氣的修煉之法，亦稱之為「男女合氣之術」或「黃赤之道」。

⑫ 在宥：《莊子》論述無為而治，任事物自然發展，因以「在宥」名篇，謂「聞在宥天下，不聞治天下也」。

⑫ 有石記述：叢刊本、四庫本、輯要本均無「述」字。

⑫ 鼎州：輯要本同，叢刊本、四庫本作「述州」，據後面文中注解，當以「鼎州」為是。

⑫ 馮翊懷德縣：叢刊本、四庫本、輯要本均作「馮翊鼎懷德縣」，「鼎」字似為衍文。

⑬ 汲：從井中取水，此處指在鼎中裝水。

⑬ 亦仙化去：叢刊本、四庫本、輯要本均無「去」字。

⑬ 一通：一份。

⑬ 薰風：和風。

⑬ 厭代：謂帝王去世。

⑬ 珮：同「佩」，身上佩帶的飾物。

⑬ 舄（ㄒㄩˋ）：鞋。

⑬ 將：扶，持。叢刊本、輯要本同，四庫本作「挦」。

⑬ 墜：四庫本同，叢刊本、輯要本作「陔」。

⑬ 因名曰號州：叢刊本、四庫本、輯要本均無「名」字。

⑭ 湖城縣：原作「湖縣」，據輯要本改。

⑭ 喬山：叢刊本、四庫本、輯要本均作「僑山」。

⑭ 堙（ㄧㄣ）：堵塞。

⑭ 胤：後代。

《莊子‧黃帝問道廣成子》

（先秦‧莊子撰）

　　黃帝立為天子十九年，令行天下，聞廣成子[①]在於崆峒之山[②]，故往見之，曰：「我聞同吾子達於至道，敢問至道之精。吾欲取天地之精[③]，以佐五穀，以養民人，吾又欲官陰陽[④]，以遂群生，為之奈何？」

　　廣成子曰：「而[⑤]所欲問者，物之質也；而所欲官者，物之殘[⑥]也。自而治天下，雲氣不待族[⑦]而雨，草木不待黃而落，日月之光益以荒矣。而佞人之心翦翦[⑧]者，又奚足以語至道哉[⑨]？」

　　黃帝退，捐天下，築特室，席白茅，閒居三月，復往邀之。

　　廣成子南首而臥，黃帝順下風[⑩]膝行而進，再拜稽首而問曰：「聞吾子達於至道，敢問，治身奈何而可以長久？」廣成子蹶然而起，曰：「善哉問乎！來！吾語汝至道。至道之精，窈窈冥冥[⑪]；至道之極，昏昏默默[⑫]。無視無聽，抱神以靜，形將自正。必靜必清，無勞汝形，無搖汝精，乃可以長生。目無所見，耳無所聞，心無所知，汝神將守形，形乃長生。慎汝內，閉汝外[⑬]，多知為敗。我為汝遂於大明[⑭]之上矣，至彼至陽之原也；為汝入於窈冥之門矣，至彼至陰之原也。天地有官[⑮]，陰陽有藏[⑯]，慎守汝身，物將自壯。我守其一以處其和，故我修身一千二百歲矣，吾形未常衰。」

黃帝再拜稽首曰：「廣成子之為天矣！」

廣成子曰：「來！余語汝。彼其物無窮，而人皆以為有終；彼其物[17]無極，而人皆以屬有極。得吾道者，上為皇而下為王；失吾道者，上見光而下為土[18]。今夫百昌[19]。皆生於土而反於土，故余將去汝，入無窮之門，以遊無極之野。吾與日月參光，吾與天地為常。當我，緡乎[20]！還我，昏乎！人其盡死，而我獨存乎！」

【注釋】

①廣成子：中國上古時代掌握並修成中國道家內丹養生之道的真人，史載廣成子曾著《自然經》。中華民族神聖祖先黃帝學習與修煉內丹養生之道的師父。〔詳情請看司馬遷《史記·五帝本紀》、《葛洪·神仙傳》〕。

②空同之山：即中國道教第一山崆峒山，在今甘肅省平涼市內，山上有廣成子修道之廣成洞和黃帝問道廣成子遺址及紀念碑。

③天地之精：天地自然的精氣與精華（福永光司說）。

④官陰陽：「官」，管、治。謂調和陰陽。林希逸說：「變調陰陽。『官』各任其職也。陰陽不相戾，各當其職曰『官』。」

⑤而：汝。下文：「自而治天下」「而佞人之心」的「而」，同作「你」。

⑥質：原質、真質。林希逸說：「物之本然曰『質』，即前言至道也。」

⑦族：聚（司馬注）。

⑧翦翦：猶淺淺（林希逸《口義》）。

⑨又奚足以語至道哉：「哉」字原缺。《御覽》六二四引「道」下有「哉」字，文意較完整（王叔岷《校

釋》）。

⑩ 順下風：順下方。李勉說：「『風』，方。古
『風』方」通用，故二字通用。〈天運〉篇：『雄鳴於上
風，雌應於下風』，〈天地〉篇：禹趨就下風，又願先生言
其風，〈漁父〉篇：『竊待於下風』，各『風』字皆『方』
字之意。

⑪ 窈窈冥冥：深遠暗昧。「窈」，微不可見。
「冥」，深不可測。《老子》二十一章作：「窈兮冥兮。」

⑫ 昏昏默默：喻深靜（李勉說）。

⑬ 慎汝內，閉汝外：「慎汝內」，不動其心‧「閉汝
外」，不使外物得以動吾心（林希逸《口義》）。

⑭ 遂於大明：「大明」指太陽。《禮記‧禮器篇》：
「大明生於東，月生於西。」（福永光司說）。

⑮ 天地有官：「官」、職，天地各官其官（林希逸
說）。

⑯ 陰陽有藏：「藏」，府。陰陽各居其所（林希逸
說）。

⑰ 彼其物：指「道」而言（林雲銘《莊子因》）。

⑱ 上見光而下為土：指上見日月之光，下則化為土
壤。林希逸說：「『上見光』者，日月也。『下為土,者，
地也。言居天地之間，憒然無知，舉頭但見日月，低頭但見
地下而已。」（《口義》）

⑲ 百昌：百物昌盛（成《疏》）；猶百物（司馬彪
說）。

⑳ 當我，緡乎！遠我，昏乎：「當我」，迎我而來。
「遠我」，背我而去（林希逸說）「緡乎」，泯合（《釋
文》）。「緡」、「昏」，並無心之謂（司馬彪說）。

黃帝問道廣成子

〔今譯〕

　　黃帝立為天子十九年，令行天下，聞精於宇宙天地人萬物至道和養生長壽丹道的高師廣成子，隱居在景色古幽、宛若仙境的崆峒山上，（史載崆峒山為「中國道教第一山」。位於中國大西北，即如今甘肅省平涼市境內。）故而從中原皇宮（位在今中國河南鄭州南之新鄭市具茨山一帶）啟程，不畏千里長途跋涉之艱辛，去崆峒山拜廣成子為師。黃帝登上崆峒山拜見到廣成子請教道：「我聞說我的老師您通達於天地人至道。故而才敢問您天地人萬物最高深至道精髓所在、因我欲攝取天地人萬物之精華，以佐五穀豐登，以養民人，我又欲像管理天下那樣：設百官職位來掌管天地人陰陽變化以裨益群生。為達上述目的，我該如何有所為呢？」

　　廣成子答道：「您所欲問者，乃宇宙天地人萬物之本質也，而您欲像您治理天下那樣設官分職位來管理萬物生生滅滅自然規律，這樣，萬物必被致殘也。您想想：自從您用設官分職，有礙於大自然萬物之道的方法管理天下，其結果如何呢？這種管理方法從大自然界回饋過來的情況可是不良。您看：天上的雲不待凝聚至足夠分量、便稀稀啦啦下起所謂的雨來；天下的草木不待變黃便已開始衰落，連日月之光輝也日益見其荒廢暗淡啊，而您，以世俗之見，想用有礙於大自然規律的設官職的方法來管理自然，我又怎麼能夠與您言語談論宇宙天地人萬物之至道奧秘呢？」

　　黃帝聽完廣成子這番宣導因循大自然規律至道而為人處世的金玉良言，深以為是，他恭恭敬敬地退下。回到中原皇宮，隨即用廣成子因循自然規律的方法治理天下，而摒棄

那種有礙大自然規律的設官分職方法治理天下，天下果然不治而大治。這樣黃帝自己也有了時間來養生，他養生之生活方式嚴格遵廣成子所言：因循自然規律而返樸歸真，為此，他特意築靜室，室內陳設十分簡樸，以白茅草為席。如此閒居三月以後，身心變得脫俗、康泰自然。然後，他懷著十分恭敬感恩之情再次赴崆峒山求見廣成子，懇求修學養生長久之丹道。當時，廣成子正頭朝南而臥，黃帝極其謙恭地順下風跪著。以膝蓋來行走而進至廣成子之前，再二再三地向廣成子行磕頭拜見老師之大禮後，才畢恭畢敬虔誠地向廣成子求道：「聞我師達於至道之精華丹道玄機，我斗膽敢問老師：治身用什麼樣的方法可以使身體長久。」廣成子聞言深感黃帝這次所問切中了宇宙天地人至道之核心，而且態度至誠出於本心，他高興地蹶然而起曰：「善哉問乎」，來，靠近我，我告之您我修煉宇宙天地人至道精華丹道時神妙的內景，體會和功效的秘密：

「宇宙天地間至道的精粹，博大精深而微不可見、深不可測；『至道』的極致，靜默沉潛。視聽不外用，抱守精神的寧靜，形體自能康健長壽。靜慮清神，不要勞累你的形體，不要耗費你的精神，才能夠長生。眼睛不要被紅塵眩惑，耳朵不要被世俗騷擾，內心不要多計慮，你的精神守護著形體，形體才能夠長生。持守你內在的虛靜，棄絕你外在的紛擾，多智巧便要敗壞，我幫助你達到大明的境地上，到達至陽的根源；幫你進入深遠的大道門徑中，到達『至陰』的根源。天地各司其職，陰陽各居其所，謹慎守護你自身，道會自然昌盛。我持守『至道』的純一而把握至道的和諧，所以我修身一千二百歲了，我的形體卻還沒有一點兒衰老。」

黃帝聞廣成子談論修煉養身至道丹道之景象，體會和功效後甚為嘆服，其思想也因之豁然開悟。他再向廣成子頂禮膜拜後說：「廣成子師父，聽您以上之述，使我深深理解到老師您因修煉丹道，已是能夠完全地掌握宇宙天地人生生滅滅玄機規律，達到超生了死天人合一境界之高師矣。」

　　廣成子聞黃帝如此一說，知道黃帝已開悟，真正理解了丹道乃宇宙天地人超生了死最尊至寶，便欣然對黃帝說：「來，您再靠我近些，我要將掌握天地人至道之丹道秘訣秘密地耳語您……」至此，黃帝在廣成子的口口秘傳下，學到了掌握天地人生滅規律的世間最高至寶丹道秘訣。（廣成子秘傳黃帝長生丹道秘訣詳情載入《黃帝外經》。）

　　廣成子向黃帝口傳完丹道秘訣後深有感慨地說道：「天地人萬物的生命是能夠無窮無際的，而常人皆以為有終，天下萬物生命能量是能夠常常使其充沛的、無法測定的，而常人皆以為生命的能量是有極限的。」

　　「世人得到我修煉丹道秘訣修成丹道者：必能身心康壽超凡，大智大慧大增而掌握自然無所不能，比如上可為皇下可為王：世人失掉我所修煉丹道秘訣而未修成丹道者，他只能在日月之光下碌碌一生而歸於黃土，現在的百姓百物大多出於土而返歸於土，而至死不覺悟去渴求與修煉丹道以掌握生死；故我將離開你們這些至死不悟者。進入那神妙的無窮無盡之門，以悠游於無極之野，我與日月同光，我與天地為常，我至人之心以天道為心；與我同時代相善而處死去的和遠我而去死去的我均處之若一。

　　「故茫茫天地之間，世人盡死，而我獨存宇宙天地之間。」

《軒轅黃帝崆峒山問道廣成子記》

（宋・蘇東坡撰）

　　黃帝立為天子十九年，令行天下，聞廣成子在於崆峒之山，故往見之，曰：「我聞吾子達於至道，敢問至道之精。吾欲取天地之精，以佐五穀，以養民人，吾又欲官陰陽，以遂群生，為之奈何？」（注：道，乃宇宙大自然運行之道，道固有是也。然人自是為之。則殆不成。）

　　廣成子曰：「而所欲問者，物之質也；而（汝也）所欲官者，物之殘也。（注：得道者不問。問道者未得也。得道者無物無我。未得者固將先我而後物。夫苟得道。則我有餘而物自定。豈固先之耶。今乃捨己而問物。惡其不情也。故曰而有所欲問者。物之質也。言所欲官者。物之殘也。言其情在於欲己長生。而外托於養民人。遂群生也。夫長生不死。豈非物之實。而所謂養民人。遂群生者。豈非道之餘乎。）自而（汝也）治天下，雲氣不待族（聚也）而雨，草木不待黃而落，日月之光，益以荒矣。（注：天作時雨。山川出雲。雲行雨施。而山川不以為勢者。以其不得已而後雨。非雨之也。春夏發生。秋冬黃落。而草木不以為病者。以其不得已而後落。非落之也。今云不待族而雨。草木不待黃而落。雖天地之精。不能供此有心之耗。故荒亡之符。先見於日月。以一身占之。則耳目先病矣。）而佞人之心翦翦（善辯也）。者，又奚足以語至道。」（注：真人之與佞人。猶穀之與稗也。所種者穀，雖瘠土惰農。不生稗也。所

種者稗。雖美田疾耕。不生穀也。今欲學道。而問已不惰侫偽之種。道何從生。）

黃帝退，捐天下，築特室，席白茅，閒居三月，復往邀之。

廣成子南首而臥，黃帝順下風，膝行而進，再拜稽首而問曰：「聞吾子達於至道，敢問治身，奈何而可以長久？」（注：棄世獨居。則先物後己之心。無所復施。故其問如此。）廣成子蹶然而起，曰：「善哉問乎！來！吾語汝至道。至道之精，窈窈冥冥；至道之極，昏昏默默。（注：窈窈冥冥者。其狀如登高望遠。察千里之毫末。如臨深俯幽。玩萬仞之藏賓也。昏昏默默者。其狀如枯木死灰。無可生可然之道也。曰道止此乎。曰。此幽冥昏默之狀。而至道之方也。如指以為道。則夫幽冥昏默者。可得謂之道乎。人能棄世獨居。體幽冥昏默之狀。以入於精極之淵・未有不得道者也。學道者。患其散且偽也。故窈窈冥冥者。所以致一也。昏昏默默者。所以全真也。）無視無聽，抱神以靜，形將自正。必靜必清，無勞汝形，無搖汝精，乃可以長生。目無所見，耳無所聞，心無所知，汝神將守形，形乃長生。慎汝內，閉汝外，多知為敗。（注：自此以上。皆真實語。廣成子提耳劃一以教人者。無視無聽。抱神以靜。則無為也。心無所知。則無思也。必靜必清。無勞汝形。無搖汝精。則無欲也。三者具而形神一。形神一而長生矣。內不慎。外不閉。貳者不去。而形神離矣。或曰。廣成子之於道。若是數數歟。曰。穀之不為稗。在種時一粒耳。何數數之有。然力耕敏耘。不可廢也。）我為汝遂於大明之上矣，至彼至陽之原也；為汝入於窈冥之門矣，至彼至陰之原也。（注：幽冥昏默。長生之本。長生之本既立。則必有堅凝者。二者如

日月水火之用。所以修煉變化。堅氣而凝物者也。蓋必有方矣。然皆必致其極。不極不化也。）**天地有官，陰陽有藏，**（注：廣成子以幽冥昏默。立長生之本。以無思無為無欲。去長生之害。人以至陰至陽堅凝之。吾事足於此矣。天地有官。自為我治之。陰陽有藏。自為我蓄之。為之在我。成之在彼。）**慎守汝身，物將自壯。**（注：言長生可必也。物豈有稈而不壯者哉。）**我守其一以處其和，故我修身，無量數歲矣，吾形未嘗衰。」**

黃帝再拜稽首曰：「廣成子之謂大矣！」

廣成子曰：「來！余語汝。彼其物無窮，而人皆以為終；彼其物無測，而人皆以為極。（注：物本無終極。其分也成也。其成也毀也。物未嘗有死。故長生者。物之同然。非我獨能。我能守一而處和。故不見其分成與毀耳。）**志吾道者，上為皇而下為王；**（注：皇者其精也。王者其粗也。）**失吾道者，上見光而下為土。**（注：生者明。死者幽。幽者不知名。明者不知幽。）**今夫百昌。**（注：物遂其生謂之昌。荀子有云。萬物以昌。故百物亦曰百昌。）**皆云生於土而反於土，故余將去汝，入無窮之門，以遊無極之野。**（注：蓋道。心領身行。功滿原返無極。土者真意。）**吾與日月參光，吾與天地為常。當我緡**（注：作泯。出莊子在宥篇。）**乎！遠我昏**（注：作昒。不能見也。）**乎！人其盡死，而我獨存乎！」**（注：人。朝聞道。夕死可也。）

（按）通鑒。黃帝三十一歲即位。在位百年。計住世百三十一年。著經甚巨。皆修身治國安民之道。帝老年聖躬。玄德愈明。老當益壯。群臣知帝有得。懇求道要。遺傳聖裔。千秋萬世。臣民嗣繼天德也。

帝宣言曰。養心服形。覺性常定。道非外求。入門返

根。神靜氣定。罔象得珠。無道得道。不言不知。通一貫
一。達玄真境。牧馬去害。（注：伏心猿意馬。得明心見
性。）帝又訓曰。飲啄不止身不輕。思慮不止神不清。心色
不止心不寧。心不寧。則神不靈。神不靈。則道不成。不在
苦己勞形。貴在方寸無物。無所營營。神仙之道。返本還元
兀。敕爾群臣。以遺後昆。

（東坡曰。吾儕黃帝聖冑。五常傳家。悉遵祖制。行道
修身。須尊黃老。易曰。先天而天勿違。曰九五。飛龍在
天。曰。君子終日乾乾。曰。聖人大寶曰位。寶無邊際。承
襲聖粹。感帝聖澤浩蕩。萬世得有憑藉。帝著諸經。文移造
化。遺訓忠孝。千秋良圖。余幼年叨入聖門。朝於斯。忠孝
灌頂。夕於斯。仁義灑心。嗟乎。一日無聖人實學。焉能太
平乎。終身有黃、老之道。君子英雄。功成得退步。山林隱
士。朝廷舊臣。老年還青年。樂無何有之鄉。北宸在望。長
嘯一聲。編書以遺後學。蘇軾後跋。）

（蘇東坡簡介：蘇東坡名軾。字子瞻。眉山人。宋嘉祐
二年。乙科。復對制策。入三等。累除中書舍人。翰林學
士。禮部尚書。紹聖初。安置惠州。徙昌化。建中靖國元
年。卒於常州。累贈太師。諡文忠。有蘇東坡前後集，和陶
集。應詔集。）

《道藏‧（黃帝）中山玉櫃服炁經》
《雲笈七籤》卷之六十

碧岩先生撰黃元君注

錄神誠戒序第一

昔黃帝[①]（太古無名，云大黃帝君者，則黃帝有熊也。）會群仙於崆峒山，問道于廣成子曰：夫人養生全真，遊觀于天庭間，止息於洞房中，得與眾聖齊群，駐童顏而不敗者，則何法最寶？廣成子曰：夫人以元炁為本，本化為精，精變為形，形雖好生，欲能竭之，故欲不可縱，縱之則生虧，制之則生盈，盈者精滿氣盛，百神備足。夫有死必有生[②]，有生必形虧，虧盈盛衰，物之常理。（日中移，月滿虧，樂極哀，來物盛則衰，有生即死，是天地之常數也。聖人智通萬物，以法堅身，在養育之門，無犯形本，則合於化元之道者也。）

夫人體內有百關九節，（百關者[③]，號百祿之神，為九節之用；九節者，一掌、二腕、三臂、四膊、五項、六腰脊、七腿陛、八脛踝、九腦，是謂九節也，）合為形質，洞房、玉戶、紫宮、泥丸、丹田益處泊，（古文作措薄[④]。今論神炁棲息，故宜處泊洞房等‧皆天庭三田神正泊[⑤]處也。）百神守衛，六靈潛護，（百神者，百節之神，守固榮衛，保護五臟。藏亦有神，五神清則百節靈，五神傷則百節尪，清則少，傷則老。經云：貪欲嗜味，傷神促壽。金玉滿

堂，莫之能守。六靈者，眼、耳、鼻、舌、身、意，亦謂之
六識，常隨心動，念則識暗，但閉之則寧，用之則成，察之
則悟，任之則真。又有三魂伏於身，七魄藏於府，故云肝藏
魂，肺藏魄，脾藏志，心藏神，腎藏精，此皆百神六靈之主
也。宜防濁亂，輕躁動作‧違之不守，自致敗傷而已。）保
其玄關，守其要路。（道以真一為玄關，以專精為要路。）
既食百穀，則邪魔生，三蟲聚，（蟲有三名，伐人三命，亦
號三屍。一名青姑，號上屍，伐人眼，空人泥丸，眼暗面皺
口臭齒落，鼻塞耳聾髮禿眉薄，皆青姑之作也，一本作青
石。二名白姑，號中屍，伐人腹，空人藏府，心煩意亂肺脹
胃弱，炁共傷胃，失饑過度，皮癬肉燋，皆白姑之作也，一
本作白石。三名血屍，號下屍，伐人腎，空人精髓，腰痛脊
急，腿痹膝頑，腕疼頸酸，陰萎精竭，血乾骨枯，皆血屍之
化也。一本作血姑。此三屍毒流，噬嗑胎魂，欲人之心，務
其速死，是謂邪魔生也。屍化為鬼，遊觀幽冥，非樂天庭
之樂也。常于人心識之間，使人常行惡事、好嗜欲⑥、增喜
怒、重腥穢、輕良善，或亂意識，令蹈顛危⑦。其於一日之
中，念念之間不可絕想。每于⑧甲子、庚申日，上白天曹，
下訟地府，告人陰私，述人過惡⑨，十方刺史受其詞，九泉
主者容其對，于是上帝或聽，人則被罰，輕者，人世迍邅，
求為不遂；重者，奄歸大夜，分改身成⑩，殃異而⑪出，今
俗傳死次直符，雄雌殃注，破在煞星，此之是也。都由人不
能絕百穀五味，誠嗜欲，禁貪妄而自致其殞歿。《內景玉
書》云：百穀之實土地精，五味外美邪魔腥，臭亂神明胎炁
零，三魂恍惚魄糜傾。要知成彼之三蟲，由斯五穀也。）貫
穿五臟，環鑿六腑，使丹田不華實，津液不流注，血脈不通
行，精髓不凝住，胎魂不守宮，陰魄不閉戶。令人耽五味，

長貪欲，衰形神，老皮髮。若不卻粒絕味，禁嗜誡色，則屍蟲全而生，身神必死滅。若三蟲弭，屍鬼失，魂魄養，精髓固，形神保。天地者，非氣術而不可倚矣。（擒制情欲，弭滅蟲屍，使形神不枯朽，須服神氣，還元返本，過此皆不可倚也。）且我大仙，以氣術為先，元炁是本；道乙太和為宗，仲元是本。及吾歸之於妙，寂之于玄，化之於無，用之于自然，自然輕舉，升于玄玄，出入無間，其道恬焉。與道通靈，當有何患？（音還[12]。《內景》云：勿令七祖受冥患。不許以道傳非人[13]，即七祖受冥殃也。今言「當有何患」，是亦依道奉行，保無殃咎也。）

夫上清所崇，中仙以丹術為本，下仙以藥術為首，量此二者，夫何以久？皆以勤形勞神，餌金服石，動費貨泉，失於歸寂，蓋不得自然之理，乖於真道矣。昔大隗翁曰：生吾有身，憂吾勤勞，念吾饑渴，觸情縱欲，過患斯起，遂虧于玄牝之道也。（此廣成子[14]述初古大仙要道所得之密旨也。）於是大黃帝君謹心神，觀想元氣，（用啟玄理，先靜丹元，觀想自然融於歸寂也。）乃感太一真君，持《玄元內景氣訣妙經》一篇，授之帝君。爾後降中岳，復會群仙，宣是妙經，因名《中山玉櫃服神炁經》。（此碧巖受行是經[15]于師奉傳，然得分明知其的實故以告也。）夫太一真君，是北極太和元炁之神，神通變化，自北極紫微官，經過於天地間，滋育萬物，在天則五象明焉，在地則草木生焉，居人則神志靈焉，在鑒則五行察，在化則四運變，聽之不聞，視之不見，搏之不得，無狀而與萬物作狀，故謂之玄，謂之象。所患無不應，所真無不證，所專無不用，所精無不動，是知道以真正為玄關，專精為要路，倚於此者，則無所不通也。（碧巖所受，相次顯示，使其將來，不滯迷惑。）

經曰：夫欲服氣，服元氣為本，以歸寂為玄妙，若不得此門，及不知玄關要路，則終不能成就功德也。（經之要言，故不妄語[16]。）

夫求仙道絕粒為宗，絕粒之門，服氣為本，服炁之理，齋戒為先，當持齋戒，然揀好日，晏靜一室，安置床席。（其齋以心清意靜，無諸躁動，正可二七日。）若不先齋，則不得神炁內助；若不存想，則神氣不內補。夫欲修行，要當別置一室，好土香泥泥飾，明密高敞，床褥厚暖，衾枕新潔，不得使雜人穢汙，輒到其中。其中地須鋤深二尺，篩去滓礫，除諸穢物，更添好土，築搗平實，更羅細土，拍踏令緊，既得穩便，勤須灑掃，務其清冷。室中唯安書機、經櫃，每一度焚香，念玄元無上天尊，又念太一真君。（又可存乎三一、三、元、五臟、六靈、一身之神冥心，叩齒，靜默思之也。）太一真君有五誡，誠心依之，克獲神應：一者，不得與女人語笑同處，致屍鬼惑亂精神；二者，勿食一切雜薰膩、五辛、留滯冷滑之物，若食之，令三屍濁觸五神；三者，勿入一切穢惡處所，夫吊死問病，至人不為，殺戮懲罰驚魂，大怒大怖精神飛散，就中死屍，道家大忌。（海之至大[17]，尚不宿屍，人之至靈，屍之至穢也。）或誤沖見，當以桃皮、竹葉湯浴，訖，入室平臥，存想心家火遍身焚燒，身都炯然，使之如晝，然後閉氣，咽新氣，驅逐腹內穢氣，攻下泄務令出盡，當自如故；四者，勿與一切眾人爭於是非，忿諍鬥競，及抱小兒，減人算壽，損志傷神；五者，勿得[18]欺罔，一切事陰神不助，常慎言語，節度行止，勿對北旋溺，犯太一紫微，殃罰非細。若有違此五戒，於二七日間，眠夢之內，自有驚覺，覺悟於人，務人[19]修善，其事秘密，無事勿泄於人。（所言《內景炁訣妙經》一篇，良

有是也。夫內景是內秘之事，唯自己心內知之，固不可洩露他人也。）

服氣絕粒第二

要當用雙日，（只日則奇，雙日則偶）及本命日[20]，預前更沐浴，於室內焚香機上，上安淨水一碗，設衾枕。其訣例曰：臥至夜半起坐，鳴天鼓三十六過，靜心神，為元氣和，此炁子時生發于心藏間，上貫泥丸、丹田，眉間卻行三寸是上丹田宮，周轉於身，如紫雲氣；又想太一真君如嬰兒，左手持玉訣，右手執靈符，游於紫雲氣間。然後平枕正臥，絕一切浮想，浮想若不除，則心神炁當閉不行，絕想止念既定，然待出息盡便閉，玄牝氣鼓滿，牙齒勿得相近，欲咽之時，齒牙微相近，仍須收息縮氣弽（音攝）腹咽下，以咽得為度，咽得飽以為期，亦無時限，此法與諸家咽氣不同。若不收息縮氣，取弽咽下，則不入大腹中，又不入食脈中。

夫喉嚨中咽入之氣，自有三道：一入腸胃中脈；二入五臟中脈；三入食脈。若不依前法縮氣弽腹，但空咽得其炁，只得獨入腸中，不入食脈，即無所成益也。若直下入腹中，入腸[21]胃，緣腹中多阻隔，致令上沖下泄，食退其腸，四肢漸似無力，體內不免虛羸。縱吃湯飲，餌服諸藥，並亦不免口乾、舌澀。若但依此法，候氣滿口，食久畜取，弽腹咽下，自當分入食脈及五臟，內息以此為都契。假令元氣未達腸中，其食脈已先強滿，與食無異，輒無虛羸，神妙無比。若不依此，一日縱三五十度咽氣，其腹內未免欠乏[22]，常有所思於食，即不可見其效矣。要坐服亦得，須依前法，以炁息畜咽入，咽入之時，仍須低頭取勢咽下，咽下即當時分入

臟腸及食脈中，但解用氣，食脈當時強滿，滿即自然飽足。如未曾學者，亦不過三數日便見次第。若咽物不得，縱咽不入於食脈，及心意妄思，即是夙生無分矣。

諸門咽氣，皆先入腸中，沖排滓穢，經三五七日後，方達食脈。縱達食脈，且神勞力倦，思食之意未能全絕，假令堅守數日之間，尚多腹中久之。若遇此法，但持四十九日，自然絕思飲食，縱有百味佳餚，都不採覽，神功若此，無以加焉。切在藏秘，勿示見人者也。

凡春夏秋冬，並不假暖氣，日久自悟，諸理了然。若要湯藥，杏仁、薑、蜜及好蜀茶無妨，力未圓可以調助，唯薑不得多著，性能壞物，善奪人志。曾有通服豉湯，此則未達深理，豉且本性太冷，久淹塵穢，只辟面毒及解傷寒，大約傷壞藏府，正傾元氣，特宜忌之。前云收息者，當低頭納氣，炁入都亦無聲，攻排滓穢，務令速退腸中滯食，納得元炁，自然常飽，此是氣與神合行之至也。三日後，亦不擇住坐臥，為之總得，亦不假致氣，但咽強自下，人亦不知，自覺體理疏通，四肢過於㉓常健。如此七日，神炁自足，不假久煉功夫，亦不要每日存想。自此一百日，三屍自除，忽爾一日，神自內現。但食氣五十日，穀氣方盡，便可絕諸湯藥，其食出時，當有五色物出如似㉔膿血。此物既盡，諸府通達，內視藏胃，如晝所見。若得至此，切不得慢泄於人，一旦神功通悟，亦不得輒懷怪異，尤須秘之，勿申於外。自然之功，外奸亦所不入，在陽不燋，托陰不腐，一切質礙，無不穿貫，不危不殆。若穀氣未盡，即不到通地，如曾經受法之後，得遇此術，神氣內輔，靈響外應，自然自在，無所拘束，要食亦得，不食亦得，食亦無損，絕亦無傷，再食再服，不揀月日，不論行住坐臥，處處總得。若不食多時，要

得食者，可依前受法訖即食；若食多時，要得絕者，亦可受法訖，更依術為之，取以大成，諸絕為定。

　　夫至道無二，守之必成。但不錯功，自然玄秘，世間吉凶善惡，無不曉達，上至天府，下至陰司，一切神靈，皆得使役，所有疾病，見無不理，所有異物，見無不識，顏如童女，光彩射人，行速如風，所去無滯，一年之外，自入玄門。玄門者，謂入胎息。（《老子道德經》言：玄牝門，天地根，綿綿若存，用之不勤。又，玄之又玄，眾妙之門也。）

胎息羽化功第三

　　夫修胎息，於密室中厚設床枕，焚上好名香，兼請一至友為伴，緣初學人乍通玄路，見種種事，善惡境界，鬼神形容，自涉怪疑，心生妄亂，必恐㉕閉息不固，事㉖須要假相伴以安其意，切在清冷心神，使寂然不動。（自淨其心，無想他事，善惡俱舍，出入兩忘，有㉗若處胎，了然絕息，即寂然不動也。）可㉘正施手足，平枕仰臥，待出息盡，欻然閉之，更勿令出，當得攻面，流下四肢，渾身稍熱，處處自得，絕喘絕息，乃遣至下，籌記泄息數，（凡一出一入口鼻之氣，名一息。以傍人出入，數其息也。）不過五百息，內景自現。若卻還口鼻中，當微微放出，功至千息，其效的然，當易換骨肉，煉髓如霜，即合於大元，通於天府。上清事固不可裁其功，元力固不可明其德，神仙之法固不可宣其言，修㉙道之術固不可示其要。所以雖言胎息，不說羽化者，良由此也。若依此術修煉，胎息得成而羽化亦成就，自有五神相伴，不假至友，此則不言之功，功已成矣。此《中山玉櫃服神氣經》，非至人至行，不可妄傳，豈唯罪業一

身，抑亦殃累七祖，切宜誠慎，勿示非人。

論曰[30]：氣功妙篇，氣術之道數略同，專其精通，則世一二，且諸門咽氣，或功繁語間，理敍多端。若咽非候時，則心力多倦；若無時吐納，食退氣微；若坐想存神，志羸氣憊，縱使宣明口勢，吐納開張，皆須日久月探，倦於賒闊。假令元氣初得通於經脈，即經體尚虛，若元氣未達經脈之間，即臟腑不免綿愓，致其轉思食道，因此彌留。辯其理者，則勤苦而進輪；昧其趣者，則懈怠而退轍。實由不通元路，未契玄關，齋禁不齊於內神，制度有愧於外法。余今所錄，至秘至神，是得自然之本原，洞了道術之根蒂。後代學者，宜自勉歟！

聖正規法第四

夫先聖[31]先真之道術，通載則理合於幽微，若不逢立啟之門，難達其玄牝，若獲斯訣，可決成功。功滿德圓，無所不可，上以升九天，下以遊五嶽。若居於塵世者，可以理百病，可以消眾毒，可以鑒吉凶，可以察善惡，可以起垂死，可以救臨危，可以役神靈，可以辟刀兵，可以卻寒熱，可以離世苦。若居於山谷者，可以登懸險，可以升虛空，可以涉江波，可以隱形蹤，可以降毒蛇，可以伏猛獸，可以遊九府，可以棲三岫。進可以飛九天，退可以沉九泉，永除饑渴，度絕纏綿，隱化無滯，盈虧自然，免三塗五苦之難，削黑簿丹籍之名，名書金簡之科，功記玉皇之曆，此玄元之聖力，上真之密旨，功成之後，不思而自成，不呼而自至。言通雅正，語合幽微，至道無為，了然總會，一至於此，吾道成焉。

論曰：夫達士悟道，常畏於身。故吾有大患，為吾有

身，故有其患，患在毀傷形體，莫若寄寓神精，譬于器中安物，物假器而居之，畏器之破壞，物乃不得安居。形體若也消亡，精神于何處安泊？神畏身死，物忌器破。若乃小心護惜，專意保持，身器兩存，神物何慮？但以粗心大膽，棄擲墜撲，色欲勞形，縱性費力，炁因茲而破壞，身自此而毀傷，形如燋穀枯木，不可復生其牙葉，縱遇陽和之春，長為陰冥下鬼，畢於朽腐，可謂湣嗟，雖位極人臣，皆行屍走骨矣。（言雖位極人臣若不知道，皆是行屍走骨也。）

夫玄元得之于自然，廣成受之於上仙，黃帝修之于內景，余今遇之于中天（中天，即中山，謂嵩岳也。碧岩於此，遇斯經焉。）此經微妙，不可思議。述服氣之神功，漸通達於胎息，之道若成，羽化之期自至，便能升於天府，名紀玉書，位為大仙，階齊聖列。將來學人見此《中山玉櫃服神炁經》，安心修行，請勿有疑，必然之理，通於神明，幸宜保敬，勿負余信[32]。

【注釋】

①昔大黃帝君：叢刊本、四庫本均作「昔黃帝」且無注文。

②夫有死必有生：此起至注文「則合於化元之道者也」七十二字，叢刊本、四庫本均缺。

③百關者：此起至「是謂九節也」一段注文，叢刊本、四庫本均置下文「丹田以處怕」後。

④古文作措薄：此起至「故宜處泊」三句叢刊本、四庫本均無。

⑤正泊：叢刊本、四庫本均作「止泊」。

⑥嗜：叢刊本、四庫本均作「色」。

⑦令蹈顛危：叢刊本、四庫本均作「令陷昏危」。

⑧ 每于：叢刊本、四庫本均作「恒以」。

⑨ 過惡：叢刊本、四庫本均作「罪狀」。

⑩ 成：叢刊本、四庫本均作「屍」。

⑪ 而：叢刊本、四庫本均作「百」義勝原本。

⑫ 音還：叢刊本、四庫本均無。

⑬ 人：此下疑奪「若傳非其人」五字。

⑭ 此廣成子：此起兩句注文，叢刊本、四庫本均無。

⑮ 此碧岩受行是經：此起五句注文，叢刊本、四庫本均無。

⑯ 經之要言，故不妄語：叢刊本、四庫本均無。

⑰ 海之至大：此起四句注文：叢刊本、四庫本均無。

⑱ 得：此下叢刊本、四庫本均有「為」字。

⑲ 人：叢刊本、四庫本均作「令」，義勝原本。

⑳ 本命日：原作「日本命」，據叢刊本、四庫本改。

㉑ 腸：叢刊本、四庫本均作「腹」。原本義勝。

㉒ 欠乏：原誤作「久之」據叢刊本、四庫本改。

㉓ 過於：叢刊本、四庫本均無，疑衍。

㉔ 似：叢刊本、四庫本均無。

㉕ 恐：叢刊本、四庫本均作「然」。

㉖ 事：叢刊本、四庫本均無。

㉗ 有：原誤作「雖」，據叢刊本、四庫本改。

㉘ 可：叢刊本、四庫本均作「乃」，義勝原本。

㉙ 修：原奪據叢刊本、四庫本補。

㉚ 論曰：此起至「宜自勉歟」一段計一百九十八字，叢刊本、四庫本均無。

㉛ 夫先聖：此起至「吾道成焉」一段計二百五十九字，叢刊本、四庫本均無。

㉜ 信：叢刊本、四庫本均作「言」。

《黃帝外經》直譯序言

　　根據《道藏‧軒轅黃帝本紀》、《漢書‧藝文志》等大量史料記載：《黃帝外經》又名為《黃帝外經‧岐伯天師傳》，是《黃帝內經》的姊妹篇，是黃帝、岐伯與二十五位大臣在「外廷」探討丹道養生、修真秘訣和醫道的專著。

　　《黃帝外經》具有極高的養生、修真與醫道價值！四川省老中醫、天府樂育堂黃元吉真人法脈第四代真傳學者梅自強先生說：

　　「《黃帝外經》約後於《黃帝內經》二、三十年集成。以黃帝晚年始借岐伯之口公開其在位第十九年已受傳廣成子之修真至道，結合太子雷公、太師伯高等計二十五臣工請問岐伯天師講道答案彙編而成。」

　　「《黃帝外經》的特色，除作為內修一脈真傳之源頭外，岐伯繼黃帝公開至道之後，自謂『吾不敢再隱矣！』不但公開或半公開原不少保留之內修丹道機要，又明指大量《黃帝內經》之遺與未及者之醫事而合成，在很大程度上可補《黃帝內經》之不足，乃至糾偏，誠難得之典籍！」

　　對於現代讀者而言，閱讀此書最大的障礙之一是對古文的理解。正因為如此，總主編蘇華仁道長在編著《中國道家丹道長壽修真學與現代生命科學》系列叢書時，將此書列為重點內容之一，並邀筆者將古文譯成白話文，同時將《黃帝外經》第55～81章進行注解，筆者欣然從命！而將《黃帝外經》以適當的方式解釋出來也是筆者多年的願望！

　　在編寫《黃帝外經直譯》時，為了保存原意，我盡可能

參考有關資料進行直譯。

經過一年的努力，《黃帝外經》原文直譯均已告成，即將付梓，聊作數語，是為序。

廖冬晴（賢陽）

歲在庚寅中秋序于天府樂育堂

《黃帝外經》注解與探微緣起
暨請教海內外諸讀者、師友

作者：嵇道明

　　中華文化，源遠流長；中華典藏，浩如煙海。其中令人解讀後忠行者終身受益，不知凡幾。靜觀三墳五典，九丘八索，這些都是中國傳統文化中的經典。就目前劫火餘存經歷史滄桑而珍存者，首推「三玄」：黃帝、岐伯論著《黃帝內經》、周文王著《周易》、老子著《道德經》。故縱覽中華五千年文明史，凡讀此等古籍，古來不少是取得大成就者，故其皓首窮經，甚至如孔子，「韋編三絕」，傾其畢生之心血而努力學習之忠行之。

　　余生何幸，欣逢盛世，值此中華文化復興的時代，於身世坎坷中得遇無上奇緣，結識了集中華聖祖黃帝、老子創立的中國古代傳統文化一脈真傳之道家內丹養生學大成者，當代功果甚高的著名壽星吳雲青老人的親傳弟子，中國廣東羅浮山軒轅庵道長蘇華仁（道號蘇德仙）。

　　從2009年結緣山東蒙山，到2010年親赴廣東羅浮山，目睹真道、真功、真德，親聆教誨，得其道家內丹養生真傳，仰其道德風範尊崇。玄竅初開，真元漸固。和蘇道長校《老子道德經》等道家養生六書，暢談大道玄妙效果於軒轅庵綠樹蔭下，飲茶談心於沖虛觀側東坡亭中，共修真道於雲霧松風，泉聲虹彩之間，暢遊於山徑花海、林莽峰影之畔。一年收穫頗多，得益匪淺。日益仰慕吳雲青仙長仙跡，欽服蘇道長仙風道範。

吳老是當今佛道門中修行功果甚高之士！何以言此？《金剛經》開篇就有據說是武則天撰的詩謁云：「云何得長壽，金剛不壞身！」放眼數千百年來，多少仁人志士苦心孤詣，嘔心瀝血，拋家捨業，離妻別子，孜孜所求者就是為了修得不朽之身，然而屈指算來，除了佛經中的記載的「地藏王菩薩」外，千百年來就只有來九華山修行的朝鮮王子金喬覺、佛家禪宗的六祖惠能、明代的憨山德清大師和清代的丹田大師等寥寥可數的有限幾人而已。而蘇道長跟隨吳老十八年，得其真訣修煉大成，已達金砂入鼎之境。更於周易、道醫等絕學傳承有術、鑽研有得，當然道家功果還有許多境界等著人們去探索和追尋，如「肉身沖舉，拔宅飛升」，「長生久視、童顏不老」，「壽蔽天地，無有終時」……總之，中華文化的玄妙奧秘，不是我區區禿筆就能終述的，亟待普天下有道有德有智有識之士們共同追求，「路漫漫其修遠兮，吾將上下而求索！」

　　蘇道長繼往開來，自己隱居深山，刻苦潛修之外，還在中華道家傳統文化寶庫中，擷取其精華，結合現代養生科學技術和自己的半生修煉體會，在中國當代易學泰斗唐明邦、易道行家董應周等海內外名家支援下，編纂成「中國道家養生和現代生命科學系列叢書」，由山西科技出版社出版，第一輯六冊已於零九年公開發行，一版再版，深受廣大讀者歡迎，雖印刷排版有點謬誤，卻是搶購一空，為社會民眾服務，為子孫後代造福，真是功德無量。

　　區區不才，有幸於2009年參加了第一輯叢書的再版校對工作，得以竟篇累次熟讀，真是獲益匪淺。後來又參加了第二輯叢書的編輯工作，並擬命我執筆於曠古奇書《黃帝外經》的白話譯寫，本來這對於我來說真的是莫大的榮幸，曠

世的奇緣，但當時我就心中惶恐不安，果然只翻譯了其中的一部分，就因為家中有事而被迫中斷，豈不是因為我福薄緣吝嗎？時幸今天，蘇道長來電話對我講：鑒於您自幼熱愛中國傳統道家文化、易道醫文化，少壯又求學於南京中醫學院，爾後自學自修中國傳統易道醫文化多年，有較豐富中醫與道醫臨床經驗，近年又入羅浮山修煉丹道有年，故您注解與探微《黃帝外經》有得天獨厚的基礎，因而誠邀請您為《黃帝外經》作注解。同時為每個章節寫篇具有導讀性質謙稱「探微」文章，我深信您一定能將這項神聖而艱巨的工作做好。

我聽後不僅感愧萬分，雖覺才疏學淺，任重道遠，然而感恩蘇師知遇之恩德和託付之諄切，又不敢推辭，當然更是不願意再次錯過此等千秋盛舉和學習鍛鍊的機會，只好鼓起勇氣，迎難而上了，雖不敢說是「知不可為而為之」，卻也真的願意「為伊消得人憔悴，衣帶漸寬終不悔」了。

但願此事勉力以赴後，說不定真的能達到「眾裏尋他千百度，驀然回首，那人卻在燈火闌珊處」的真境界了，對於不才來說，固然是曠世奇緣，脫胎換骨。而對於廣大讀者朋友來說，也未免不是一飽眼福的機會，看看筆者到底是真弓還是蛇影了。

當然，說這話時，我的心中何嘗不是惶惑不安，七上八下呢。因為注解既要查明這個字詞的起源出處，又要理解此詞在本篇中的含意，還要達到引申貫通，使讀者能夠明白《黃帝外經》中此詞的用意，所以是一件非常艱難的事情。加之本人學問淺薄，識見鄙陋，手頭資料又非常缺乏。只有一本古漢語詞典，還有《黃帝內經》作為參考，外經來源只有梅自強老前輩的解要，還有就是張岫峰、馮明清、劉淑華

三人合編的外經淺釋了。

　　而蘇道長諄囑在下一定要依據《黃帝外經》中蘊含道家內丹學為核心，道家醫學為應用特色的效果而注解之，不由得我又是喜憂參半，戰戰兢兢地接過這一令旗來，真可謂「與有榮焉」，又是覺得「力不逮矣」！只好向讀者諸君求援，如有高明之士，還望不吝賜教，道明先在此向您稽首了。為了我們的千秋事業，為了中華民族傳統文化的傳承，為了我們的子孫後代能夠因為自己是一個中國人而感到自豪，道明願和讀者諸君努力共勉，共同完成這一神聖的使命！

　　詩云：聖祖傳承有聖經，劫灰初冷覓伶仃。

　　　　　青牛西去無蹤跡，黃鶴東歸入耳聽。

　　　　　為道軒轅能拾國，求玄列子可成星？

　　　　　廣陵弦斷誰堪續，願作鶗鴂接好音！

　　　　　　　　　　　　　　　　　秘道明

　　　　　　　辛卯年冬月于江蘇淮安青蓮崗

卷　一

第一章　陰陽顛倒篇

原文

黃帝①聞廣成子②窈窈冥冥之旨③，歎廣成子之若天矣④！退而夜思，尚有未獲⑤，遣鬼臾區⑥問于岐伯天師曰：「帝問至道⑦于廣成子，廣成子曰：『至道之精，窈窈冥冥⑧。至道之極，昏昏默默⑨。無視無聽⑩，抱神以靜⑪，形將自正⑫。必靜必清，無勞汝形，無搖汝精，無思慮營營⑬，乃可以長生。目無所見，耳無所聞，心無所知⑭，汝神將守汝形，形乃長生⑮。慎汝內，閉汝外，多知為敗⑯，我為汝遂於大明之上矣⑰，至彼至陽之原⑱也；為汝入於窈冥之門矣⑲，至彼至陰之原也⑳。天地有官㉑，陰陽有藏㉒，慎守汝身㉓，物將自壯。我守其一㉔，以處其和㉕，故身可以不老也，天師必知厥義㉖？幸明晰之㉗！』」

岐伯稽首㉘奏曰：「大哉言乎！」非吾聖帝，安克聞㉙至道哉！帝明知故問，豈欲傳旨于萬祀乎㉚？何心之仁也，臣愚，何足知之。然，仁聖明問，敢備述以聞：窈冥者㉛，陰陽之謂也。昏默者㉜內外之詞也。視聽者㉝，耳目之語也。至道無形而有形，有形而實無形，無形藏於有形之中，有形化于無形之內，始能形與神全㉞，精與神合乎？

鬼臾區曰：「諾。雖然，師言微矣㉟，未及其妙㊱也。」

岐伯曰：「乾坤之道，不外男女㊲，男女之道不外陰陽㊳，陰陽之道不外順逆㊴，順則生，逆則死也㊵。陰陽之原㊶，即

顛倒之術也。世人皆知順生，不知順之有死[42]；皆知逆死，不知逆之有生[43]，故未老先衰矣。廣成子之教[44]，示帝行顛倒之術也。」

鬼臾區贊曰：「何言之神乎！雖然，請示其原[45]！」

岐伯曰：「顛倒之術，即探陰陽之原乎[46]！窈冥之中有神也[47]。昏默之中有神也[48]。視聽之中有神也[49]。探其原而守其神，精不搖矣[50]。探其原而保其精，神不馳矣[51]。精固神全，形安能乎[52]？」

鬼臾區復奏帝前。帝曰：俞哉！載之《外經》，傳示臣工[53]，使共聞至道，同遊于無極之野也[54]。

陳士鐸曰：此篇帝問而天師答之，乃首篇之論也。問不止黃帝而答止天師者，帝引天師之論也。帝非不知陰陽顛倒之術，明知故問，亦欲盡人皆知廣成子之教也。

【注釋】

①黃帝：根據中國偉大歷史學家司馬遷《史記·五帝本紀》和中國《道藏·軒轅本紀》明確記載：黃帝是中華民族有史記載的神聖祖先，是一位偉大的具有神話色彩的傳奇性歷史人物，是中華民族第一位統一中華社會統治的帝王，也是中華文明和中國傳統文化與中國道家文化道家內丹養生之道的開創者。具體事蹟請參考《史記·五帝本紀》、《道藏·軒轅本紀》中的事蹟記載。

②廣成子：是中國上古隱居在崆峒山修煉的道家真人，據《莊子·在宥》、葛洪《抱朴子》、《神仙傳》等有關歷史記載，軒轅黃帝在位的第十九年，曾躬身去崆峒山問道廣成子，並求教「治身長生之道」。

③窈冥之旨：指黃帝向廣成子求道所學到的養生修真秘訣。在《黃帝內經》中僅概述一下，只是在《黃帝外經》中

才借著黃帝詢問岐伯時才公開闡述明瞭。

④歎廣成子之若天也：這句話可做兩種解釋，據文義解釋，黃帝從廣成子學得真訣後，回家實踐身心智均得益匪淺，故由衷讚歎廣成子真了不起，就像是天上的神人一樣；另一種解釋就是說黃帝悟道後感到廣成子說的話非常的深奧玄妙，就像是天那樣宏深奧妙。

⑤尚有未獲：尚，還，仍然；獲：獲得、收穫。當然不能理解為尚未得到，而是意猶未盡的意思，指黃帝學練了廣成子所傳授給他的修真秘訣，覺得還有心願未了，不能只顧著自己習練這麼珍貴的養生修真秘寶，應該公佈出來，讓她更加可以造福於人類！造福後世！

⑥鬼臾區：黃帝的大臣，黃帝天師岐伯的弟子。

⑦至道：至，大，特別，極處，照字面解釋是特別玄微、最妙的大道。據《黃帝內經》中黃帝和岐伯曾將養生修真的人分成聖人、神人、真人和至人幾個層次。因此這裏也可以解「至道」為指中國道家內丹養生修真之道。

⑧窈窈冥冥：指修煉中國道家內丹養生修真之道時高度的定靜狀態所產生的天人合一的功能狀態。

⑨昏昏默默：昏昏不是睡覺，是指眼睛不看；默默：指不說話，不言語，默默無語。只有這樣才能達到下文的「抱神以靜」的效果。這是真正的定靜狀態，即修學中國道家內丹養生修真之道成功後復歸於嬰兒達到的「胎息」狀態，而不是昏睡。

⑩無視無聽：真正修煉成功中國道家內丹養生修真達到胎息狀態時就是這樣的，同時也是修真時的要求：無視無聽不是看不見和聽不見，而是視而不見，聽而不聞，這樣神魂安寧，精神內守，就是下文的顛倒之術的具體體現。

現代普通人都是極盡視聽之能事，目視美色，耳聽妙音，甚至手機上看電視，走路都戴個耳機聽MP3，就這樣精神逐漸外耗而形神衰萎，未老而先衰了。所以，中國儒家孔子也有「非禮勿視、非禮勿聽、非禮勿動」之說，同樣戒人浪費生命之精華。

⑪抱神以靜：靜指靜默入定，但絕不是死氣沉沉、全無生機的枯靜。而是精華內蘊，生機盎然，如母雞抱雛一樣的靜謐中含著靈動一點，沉默中守著光明無限。《大學》裏講的「知止而後有定，定而後能靜，靜而後能安，安而後能慮，慮而後能得。」關鍵是在靜定之中能有所得，而不是頑空一片。此種狀態非過來人難以與言。

⑫形將自正：此句有三個解釋：

一是指人修煉成功中國道家內丹養生之道後，自然而然能達到無上至道之精，至道之極的效果昏昏默默、窈窈冥冥的抱神以靜的胎息狀態，這時人的形體也會在不知不覺中不調而自調，從而達到「止於至善」，即調整到最佳狀態。

二是指人的行為與天合一，自然而然每個言行都是合於大道而正確無誤的。

三是指人能夠修養到這個地步後，從外面看來，效果也是不同的，即可以達到舉止端方，體格健壯，甚至每一塊肌肉都會和骨骼結合得最均稱。

⑬無思慮營營：這幾句法訣更進一步闡明了中國道家內丹養生修真之道的要求和其所能夠達到的效果。《太上老子常清靜經》有云：「人能常清靜，天地悉皆歸」。因此廣成子在此強調了清靜的重要性，用了一個「必」，必須做到真正的清靜，即下文的「無勞汝形，無搖汝精」，甚至連思慮都停止了。凡人未經修煉者，即使形靜止下來了，但思慮

念頭卻如脫韁的野馬一樣潮水般地湧現出來了，一個念頭接著一個念頭。蘇東坡詞云：「長恨此身非我有，何時忘卻營營。」

這裏的「思慮營營」就是指人的心思雜念難以忘卻放下，而必須經過窈窈冥冥昏昏默默之旨的訓練，才能慢慢地達到這樣的效果。如此才能使形體達到長生的理想境地。

⑭目、耳、心無所知：老子《道德經》第十四章中所言：「視之不見，名曰夷，聽之不聞，名曰希」。《雲笈七籤》載頭部九真中「天真者，不視而明，不聽而聰，不言而正，不行而從」。《黃帝內經·上古天真論》：「虛邪賊風，避之有時，恬淡虛無，真氣從之，精神內守，病安從來。」

只有這樣目無所見、耳無所聞，心無所知，才能精神內守而不外耗，達到下文的「神將守形，形乃長生」的效果。

⑮「汝神將守汝形，形乃長生」：按照上文的「抱神以靜」、「顛倒之術」，就可以達到「形神合一」，精神內守其行的效果，於是形體也就可以長生不老了。

⑯「慎汝內，閉汝外，多知為敗。」謹慎地守護內在的人身三寶精氣神構成的生命，而封閉住精氣神不使外耗消散。知道明白與生命知識無關的越多越消耗生命精力，這樣就會導致形體迅速地消耗敗亡下去。

⑰我為汝遂於大明之上矣：大明即人與日月相合，自身與天合一。「大明之上」是「中國道家內丹養生修真學內含性命雙修再造生命的核心機制」的關鍵所在，具體地講即《老子道德經》第一章中講的：「眾妙之門」。其重要性即老子強調地「常無欲觀其妙，常有欲觀其竅」。那麼這個「大明之上」到底是什麼，到底在哪裡？下文的窈冥之門

又是什麼，在哪裡？又如何才能遂入呢？仍請讀者諸君體會歷代祖師的良苦用心，耐下心來從文中細細體會吧，或有所得，也不枉蘇道長選輯這套叢書的一番美意。

希望有志之士速速「訪名師，問方兒」，以期早成大道，也不枉為人一世，要知道一失人身可是萬劫難啊！具體下手古來唯需躬身虛心拜得「年逾百歲猶童顏」修成道家內丹養生學高師。理論請時時細讀呂洞賓仙師注解的《老子道德經》和張三豐祖師《丹經秘訣》則足矣。

⑱至陽之原：前面說過，廣成子傳黃帝的窈冥至道就是中國道家內丹養生修真之道，「至陽之原」就是秘傳的「添油接命」功夫煉成，就可以達到後文所講的「至陽赫赫」，詳情請奉讀《張三豐丹經秘訣》「添油接命」章。

⑲為汝入於窈冥之門矣：和上文「為汝遂於大明之上矣」相對，是中國道家內丹養生修真之道的第二步下手功夫「凝神入竅」，指修煉「添油接命」功夫煉成之後進入第二步功法，詳情請拜讀《張三豐丹經秘訣》「凝神入竅」章。

⑳至彼至陰之原也：上文說過「遂於大明之上」，就可以至彼至陽之原（源）；這裏又說：「入於窈冥之門」，就可以至彼至陰之原。是指中國道家內丹養生修真之道第三步「神息相依」，具體詳情請您拜讀《張三豐祖師丹經秘訣》「神息相依」章。

㉑天地有官：指宇宙天地有時令節氣，以主宰時間的運行。

㉒陰陽有藏：藏通臟，即臟腑的臟。對應天地節氣時令，人體也有五臟六腑，以應天地的五運六氣。

㉓慎守汝身，物將自壯：只要您效法宇宙大自然天地之間運行規律有節制而謹慎地守護住您的身體這一小天地，

那麼體內氣血臟腑，骨骼皮毛等器官也會像天地間的山川草木、動物飛禽一樣的生生不息，強盛不衰了。當然您也可以像現在某些人一樣肆意地不顧一切地宰殺牛、羊、豬、狗、雞、鴨、魚、蛙等一切飛禽走獸而吃葷食，這樣做害己又害其他生靈。

同時濫開濫伐地球資源，完全不顧子孫後代的千秋利益而只顧眼前的享受，那麼現在的環境破壞的後果和屢屢發生的天災人禍也應該是有目共睹了吧。我們當像保護我們的生命一樣保護好生我們養我們的地球。

㉔我守其一：這裏的「一」字不是數字的一，而是一種高級的宇宙生命形態的存在。是老子《道德經》第十四章所講的：「視之不見，名曰夷，聽之不聞，名曰希；搏之不得，名曰微。此三者不可致詰，故混而為一。」第三十九章的：「昔之得一者：天得一以清；地得一以寧。神得一以靈；穀得一以盈；萬物得一以生；侯王得一以為天下正。」也就是上文所說的至陽和至陰的結合體，是這樣的一體相合，而不是各守陰陽其一，因此才有下文的「以處其和。」

㉕以處其和：即為人處世達到和諧是最高境界就是修道之人要始終保持（處）在身心氣血陰陽的最佳和諧狀態中，這樣才能保持生命狀態的最佳品質，才能使人的生命之樹常青不謝。現在我們的國家正在建設和諧社會，希望朋友們讀了此書也能夠趕緊行動起來，共建和諧，以處其和吧！

㉖天師必知厥義：厥，即其。這裏是指天師岐伯必定能夠知道並能理解黃帝從廣成子那裏學來的「至道」，即中國道家內丹養生修真秘法的真意。

㉗幸明晰之：晰，同析。但願能夠聽到天師您為我們把大道真義作明白的解釋和分析啊！

㉘稽首：稽首，是古代的一種禮節，是僅次於叩頭拜見的較高禮數。即左右手相抱於胸，左腿半跪於地動作。因岐伯雖貴為天師，但仍為黃帝之臣。現在鬼臾區代帝問道，岐伯回奏，因為不是直接面奏黃帝，因此不用叩拜的全禮，而用稽首的半禮。

㉙安克聞：克通可；可以能夠。安是哪裡，豈能聞：聽到得到。這是讚美黃帝因為聖明而能夠得到如此珍貴的生命大道至寶，不是我們神聖英明的帝君，我們哪裡能夠聽到這樣的可以掌握人生死的大道啊。

㉚傳旨于萬祀乎：旨，奧秘，指前面的至道秘訣；祀，即祭祀，供奉，但此處用作引申意，作子孫後代講。因為子孫後代必代代供奉祭祀祖先。所以傳于萬祀，換言之，也就是將中國道家內丹養生修真之道傳於萬代了。

㉛窈冥者，陰陽之謂也：前面解釋過窈冥是指高度入靜的狀態。但這裏為什麼說窈冥就是指陰陽之謂呢？這也是只能是過來人才可以體會得到的一種難以言表的狀態。因為如果沒有陰陽二氣相互交合，動、靜適當的相互作用，修煉的人是根本不可能進入這一種高度的似睡非睡，一靈炯炯的靜定狀態的。從字面上講，窈指深遠，這需要用動意才能逐漸進入；冥指沉靜，這必須似睡非睡、似醉非醉的大定力才能達到。動靜，一陰一陽，所以說「窈冥者，陰陽之謂也。」

㉜昏默者，內外之詞也：昏不是昏沉，更不是昏睡，而是指閉目垂簾，隔斷內外：默，不是沉默不言語，而是不受外界干擾，謹守內視。所以有內外之別。

㉝視聽者，耳目之語也：視，不是向外看；聽：不是聽外面的聲音。眼要內視，《黃帝陰符經》揭修煉丹道秘訣云：「機在於目」，目光迴光玄關，真火自燃；耳要內聽，

聽自己的體內呼吸，莊子有「心齋坐忘」法門，其中就有聽息法。耳內聽，精歸於腎源，不向外洩漏，精關自固，神息相依。

㉞形與神全，精與神合：功夫到此，已能夠形神俱妙，精神抱而不散，心息相依，元神顯現了。

㉟雖師言微：微不是現代語言微小的意思，而是深奧微妙的意思即所謂的微言大義，寥寥數語中包含著無限宇宙大地人萬物生生滅滅運行規律的奧秘。

㊱未及其妙：不是字面上理解好像未達到奧妙之處的意思。而是古漢語習慣沒有主語成分的句子，就是因為您講得太深奧奇妙了，我一時間還不能領悟到其中的玄妙之處啊。

㊲乾坤之道，不外男女：乾坤，就是天和地。這句話就是告訴人們，天地之間最大的道理，不會再有超過男人和女人之間事情了。男女交媾，順則生人，逆則成仙；天地陰陽相交，也是順則化生萬物，逆則不生不滅。

㊳男女之道，不外陰陽：男人和女人之間，無非就是陰精和陽氣相互交感就能孕育成胎。

㊴陰陽之道，不外順逆：宇宙天地萬物一陰一陽的交感，也無非順行，一個逆轉，具體的表現可參考河圖、洛書，河圖所表現的就是一陰一陽交合而化生，符合老子《道德經》中所講的「道生一、一生二、二生三、三生萬物」的順行之道。而「洛書」所表現則相反，是大禹治水時用的九州八道，七星六會、五行四象、三才並二，二而歸於一統的逆行之道。也如老子《道德經》中闡述宇宙天地人萬物逆行規律時所講：「反者道之動，弱者道之用。」

㊵順則生，逆則死也：從物質後天運轉角度來看，一

生二、二生三、三生萬物的順序是生之道，因為萬物由此而生；反之，萬物歸三，三歸二，二歸一的順序是逆行之道，因為萬物由此而歸藏。唐白居易詩句：「離離原上草，一歲一枯榮。野火燒不盡，春風吹又生。」就是這個道理。

㊶陰陽之原，即顛倒之術也：明白陰陽發生的根源，就掌握了生死順逆的顛倒方法。萬物由靜止虛無狀態中產生了生長壯老死的運行之路；而死又進入了起初的虛無靜止狀態，恰恰是另一個生命的開端。因此說生命的生死之路，陰陽的源頭，就是顛倒順行方法。

㊷世人皆知順生，不知順之有死：世人，是指一般的沒有掌握陰陽生死順逆規律的普通人。猶如一個孩子出生後，儘管這個孩子在使勁地哭叫，但是人們卻是笑容滿面，喜氣洋洋地前來祝賀，因為他們都只知道一個生命誕生了，但卻不知道此刻正是這個生命同時一步步沿著生老病死的規律走向死亡。

㊸世人皆知逆死，不知道逆之有生：普通人都只知道違背了事物生長的規律就會發生死亡，一個人死去了，活著的人在感到無可奈何的悲傷，於是哀哀地哭泣，卻不知道我們寶貴的生命是完全可以由修煉中國道家內丹養生修真之道，採取「逆」的方法，由「取坎填離」達到「還精補腦」，而進入像廣成子、黃帝、老子那樣達到長生久視的理想境地。

㊹廣成子之教，示帝行顛倒之術也：由於普通的人不能掌握陰陽相交的源頭就是事物的生死順逆的顛倒規律，因此不能把這些方法運用到日常生活中來保養自己的生命，所以只知順行追求事物的不斷生長發展，從而導致自己的生命形態由新生一步步地走向衰老和死亡。而廣成子教導黃帝明白了這個順逆生死的陰陽顛倒之術後，就教給他上文的窈窈冥

冥、昏昏默默,無動無搖的逆行養生,培本固元的方法,也就是道家的還丹,佛家禪定追求的修漏盡通,儒家追求的功德圓滿,基督教追求的復活之道。

㊺請示其原:大臣鬼臾區受黃帝之命,再三地追問岐伯,不是鬼臾區蠢笨愚昧,而是為了體會黃帝要透過他們的對話把至道傳到萬代,所以才一而再,再而三地追問。這裏又一次懇求岐伯天師開示陰陽順逆的根源,正是為了更加方便有志求道的人進一步理解至道。

㊻顛倒之術,即探陰陽之原乎:前面所說顛倒之術不就是探索陰陽順逆之道的根源嗎?岐伯天師回答鬼臾區的再三追問。

㊼窈冥之中有神也:前面所傳的窈窈冥冥,進入高度的入靜狀態即可以到達大明之上的至陽的源頭,就可以看到人體真陽的元神呈現出燦爛的光華來,丹經上稱此為:「三華聚頂」。

㊽昏默之中有神也:也就是前文所說的入定狀態中,就可以進入人體的窈冥之門,到達至陰的根源所在,可以使體內的真陰元神迸發出烈火一樣的巨大能量。

㊾視聽之中有神也:前文所講目光內視觀定月華火光;耳韻內聽體內氣血運行海潮般的天籟之音。就能抱神以靜,守一處和。

㊿探其原而守神,精不搖矣:探尋到窈窈冥冥的源頭,守住大明之元神,就可以使體內的精華不再被外欲搖動而耗散。

51探其原而保精,神不馳矣:探求到昏昏默默的根源,抱住窈冥的精竅就可以使人的神志不再被外耗的運用而消亡。

(52)精固神全，形安能敝乎：能達到前文所說守神而保精，自然就可以使精元堅固，元神全備，這樣人的形體也就不會未老先衰，肉體敗壞了。

(53)俞哉！載之《外經》，傳示臣工：俞通愈，即完善，齊備的意思。這裏是說黃帝聽了鬼臾區回復岐伯天師對至道的破解分析後，說這下完善了，可以在《內經》之外再寫部《外經》，把至道真訣記載在上面，傳給各位大臣們學習。同時讓後世之人享受大道之妙處。

(54)同遊於無極之野也：一同遨遊在無窮無盡的宇宙生命的原野上達到長生久視的理想境地啊！

《黃帝外經》與《黃帝外經・顛倒陰陽篇》探微

一、《黃帝外經》探微緣起

根據司馬遷《史記・五帝本紀》、中華《道藏》、《莊子・在宥篇》、葛洪《抱朴子》、《神仙傳》等歷史資料記載：

偉大的中華民族的神聖祖先軒轅黃帝，在距今大約五千年，他登上帝位十九年之後，為探求和掌握宇宙天地人萬事萬物生生滅滅自然規律的奧妙秘訣，同時使人類達到康壽超凡乃至長生久視理想境界，而長年不辭辛苦、不遠萬里、跋山涉水，四處訪高道仙真，經過千辛萬苦之後，最後才聞知其時在中國大西北崆峒山上隱居著一位壽高一千二百歲而形未衰的高道廣成子。

黃帝於是懷著萬分欣喜、萬分崇敬、萬分迫切的心情，親自不遠千里兩次赴崆峒山向廣成子問道求道。由於黃帝求

道至誠：「捐天下而求道」。同時黃帝又嚴遵廣成子教導：「築特室（即靜室），席白茅，閒居三月，齋戒沐浴，同使思想與行動遵循大自然規律生活，堅持吃齋、行善，過簡樸的生活」。故廣成子才將長生至道——中國道家內丹養生修真之道，依上古傳道之規，採取只准師徒兩人在場，用口口相傳的方式而秘傳給軒轅黃帝。

黃帝經過嚴格的修學中國道家內丹養生修真之道，之後不久日見衰微的身心真實而神奇地回了春，同時智慧大開。黃帝親身體會到廣成子傳他至道，即中國道家內丹養生修真之道是全人類康壽超凡至寶，為了能讓當時和後代中功德兼備之士能夠學習到中國道家內丹養生修真之道，黃帝大慈大悲大智之心大開，他經過深思熟慮之後，決定委派天師岐伯的弟子鬼臾區等人分別透過向岐伯求道、問道、學道、體道的方式，然後編撰出內含中國道家內丹養生修真之道的《黃帝外經》流傳後世、造福後代。

二、《黃帝外經》暨《顛倒陰陽篇》內含掌握宇宙生命科學的中國道家內丹養生修真學綱要探微

《黃帝外經·顛倒陰陽篇》是《黃帝外經》的總綱，要點有三：

1. 開示宇宙天地人萬事萬物生生滅滅變化規律的奧秘，其中自然包含人類生、老、病、亡規律。強調「天人合一」即「宇宙大人身，人身小宇宙」。《黃帝外經·十二章》劃時代地指出「天人一道」。

2. 闡明掌握宇宙天地人萬事萬物生生滅滅變化規律，同時闡明掌握人類生、老、病、亡規律的唯有「至道」，即

被後人共稱的「中國道家內丹養生修真之道」。

3. 特別強調：人類獲得康壽超凡的要訣有三：一是人類身心生活方式一定要「道法自然」規律；二是人類達到掌握生、老、病、亡規律唯一「至道」是透過修煉好中國道家內丹養生修真學的根本機制：顛倒陰陽（即丹道周天，還精補腦）；三是透過修煉好中國道家內丹養生修真學達到「天人合一」生活，用《黃帝外經·天人一氣篇》中語言是「天人一氣」生活。

靜觀古今中外千秋史——欲探求和掌握宇宙天地人萬事萬物生生滅滅變化規律，達到康壽超凡，乃至長生久視理想者甚多，也可以說是全人類共同理想，然而真正能夠探明和掌握了宇宙天地人萬事萬物生生滅滅變化規律，達到康壽超凡乃至長生久視理想境地者稀之又稀，真可謂是鳳毛麟角。屈指數來唯有中華聖祖廣成子、黃帝、老子、岐伯等修成至道者，即修煉成功中國道家內丹養生修真之道者。

中華聖祖廣成子、岐伯、黃帝、老子關於宇宙天地人生命奧秘，掌握宇宙生命規律達到長生久視理想境地的至道，即中國道家內丹養生修真學，對我們的開示：我們在《黃帝外經·顛倒陰陽篇》中已知悉，如果您想加深瞭解和理解地更簡明、更全面、更深刻、更高遠，讓我們一起時常拜讀被古今中外公認為「東方聖經」的老子《道德經》。

三、《老子道德經》是《黃帝外經》內含的宇宙生命科學《中國道家內丹養生修真學》大成

中華聖祖老子在《道德經》第二十五章中，用十分優美的散文詩似的語言，揭示宇宙天地人生命奧秘規律：「有物混成，先天地生。寂兮寥兮，獨立而不改，周行而不殆，可

以為天下母。吾不知其名，字之曰道。強為名之曰大。大曰逝，逝曰遠，遠曰反。故道大，天大，地大，人亦大。域中有四大，而王居其一焉。人法地，地法天，天法道，道法自然。」老子明示：茫茫宇宙間先有一個以道（即大自然規律）為核心混動的場，而後混動成萬物，自然而然生出天地來。

而宇宙天地間萬事萬物其生成發展的規律和其外部與內部結構，老子在《道德經》第四十二章描述道：「道生一，一生二，二生三，三生萬物。萬物負陰而抱陽，沖氣以為和。」上述之論與西方現代物理學之父愛因斯坦創立的「宇宙統一場」、「量子力學」和「廣義相對論」有著驚人而神奇的相通之處。

老子關於人類掌握宇宙生命奧秘規律達到康壽超凡、乃至長生久視至道、即中國道家內丹養生修真之道的論述，分別在《老子道德經》第一章：「常有欲，以觀其竅。常無欲，以觀其妙。玄之又玄，眾妙之門。」《老子道德經》第六章：「谷神不死，是謂玄牝。玄牝之門，是謂天地根。綿綿若存，用之不勤。」《老子道德經》第廿一章：「孔德之容，惟道是從。道之為物，惟恍惟惚。惚兮恍兮，其中有象；恍兮惚兮，其中有物；窈兮冥兮，其中有精；其精甚真，其中有信。自今及古，其名不去，以閱眾甫。吾何以知眾甫之然哉？以此。」《老子道德經》第四十章曰：「反者道之動。弱者道之用。天下萬物生於有，有生於無。」老子此論是對《黃帝外經・顛倒陰陽篇》總綱最好注釋。

《老子道德經》第五十九章指出：「重積德則無不克，無不克則莫知其極；莫知其極，可以有國；有國之母，可以長久。是謂深根固蒂，長生久視之道。」

老子關於人類達到康壽超凡、長生久視理想境地的中國道家內丹養生修真至道的具體下手功夫，分別記載於老子親傳弟子《尹真人東華正脈皇極闔闢證道仙經》、張三豐祖師《丹經秘訣》與中國當代世界著名丹道高師吳雲青傳承中國道家九轉還丹功法之中，其綱目如下：

1. 添油接命章
2. 凝神入竅章
3. 神息相依章
4. 聚火開關章
5. 採藥歸壺章
6. 卯酉周天章
7. 長養聖胎章
8. 乳哺嬰兒章
9. 移神內院章
10. 煉虛合道章

《黃帝外經》探微詩曰：

宇宙萬物造化衍，中華聖祖參透玄。

伏羲廣成修性命，《黃帝外經》養真源。

老子《道德》含內丹，顛倒陰陽返童顏。

深根固蒂得長生，天人合一法自然。

直譯

黃帝聽聞了廣成子窈窈冥冥的修真奧旨，讚歎說：「廣成子真可以說是天人啊！」

黃帝退居，徹夜靜坐沉思，覺得還有不能盡意的地方。於是派遣大臣鬼臾區到岐伯天師那裏請教說：「黃帝向廣成子請問什麼是大道，廣成子說：『大道的精妙，在於窈窈冥

冥之中；大道的極致，在於似睡非睡、虛靜默默之中。沒有
視覺，也沒有聽覺，保持元神的虛靜，身體就會自然清正。
保持虛靜與清正。不要勞動你的形體，不要搖動你的精氣，
不要有思慮的雜念，才能夠長生久視。眼睛沒有什麼可以看
見的，耳朵沒有什麼可以聽聞的，心裏沒什麼可以知覺的，
你的神就會守護你的形體，形體就可以長生。慎重地持守你
內在的精氣神，緊閉你外在的關竅，懂得越多就會越耗散衰
敗。我為你指出了大明之上這一玄關妙竅，那裏是陽氣發生
的源頭；為你指出了進入窈冥的竅門，那裏是陰精化生的根
源。天地的變化有主宰，陰陽的變化有歸藏，謹慎地守護你
的身體，身體中的精氣將會自然壯旺。我守護其中的一，以
使精氣神平和，因此身體可以長生久視而不衰老。」天師必
定知道其中的含義，希望能榮幸地聽到您明白的解釋。」

　　岐伯半跪著拱手回奏說：「這是多麼偉大的語言啊！如
果不是我們神聖的帝王，怎麼能夠聽得到這樣至高無上的大
道呢！帝王明知故問，這不是想要把修真的要旨流傳給萬代
之後嗎？聖心為什麼如此仁慈呢？臣愚昧，哪裡知道如此神
聖的大道呢？但是，仁慈的聖帝既然明知故問，臣只好詳細
地講述我所聽聞到的真旨。窈冥，是陰陽的稱謂。昏默，是
內外的描述。視聽，是耳目的解說。至高無上的大道既無形
而又有形，雖然有形而其實無形，是無形隱藏在有形之中，
有形混化於無形之內，才能形神俱妙，精神合一。」

　　鬼臾區說：「是啊！雖然天師講得很細微了，我還是不
能悟到其中的玄妙之處啊！」

　　岐伯說：「乾坤的道理，不外乎男女。男女的道理，不
外乎陰陽。陰陽的道理，不外乎順逆。順行則生人，逆行則
死亡。陰陽的原理，就是顛倒之術。世人都知道順生，不知

道順生中有死亡；都知道逆死，不知逆行中有生機，因此就未老先衰了！廣成子的教旨，是指示黃帝奉行顛倒之術。」

鬼臾區讚歎說：「講得真是神妙啊！不過，還請您指示大道的原理。」

岐伯說：「顛倒之術，就是探索陰陽的原理啊！窈窈冥冥之中有元神的主宰，昏昏默默中也有元神的存在，視聽之中也有元神的支配。探索其中的原理而持守內在的元神，元精就可以不搖動了；探索其中的原理而保守元精，元神就不外弛了。元精牢固元神完全，形體又怎麼會衰敗呢？」

鬼臾區回到黃帝面前稟奏。黃帝說：「好極了！記載到《外經》上，傳授和指示給大臣和醫生們，使他們共同聽聞到至高無上的大道，一起逍遙地暢遊在無極的原野之上。」

陳士鐸說：這一篇黃帝提問，天師回答，是第一篇的論述。提問不只是黃帝一人，而回答只有岐伯天師，是黃帝引述天師的言論。黃帝並不是不知道陰陽顛倒之術，明知故問，是想人人都知道廣成子的教旨。

第二章　順逆探原篇

原文

伯高太師①問于岐伯曰：天師言顛倒之術，即探陰陽之原也，其旨奈何②？岐伯不答。再問曰：唯唯③。三問，岐伯歎曰：吾不敢隱矣④。夫陰陽之原者，即生剋之道也⑤。顛倒之術者，即順逆之理也⑥。知顛倒之術，即可知陰陽之原矣⑦。伯高曰：陰陽不同也。天之陰陽，地之陰陽，人身之陰陽，男女之陰陽，何以探之哉？岐伯曰：知其原亦何異

哉[8]！伯高曰：請顯言其原[9]。岐伯曰：五行順生不生[10]，逆死不死[11]。生而不生[12]者，金生水而剋水，水生木而剋木，木生火而剋火，火生土而剋土，土生金而剋金，此害生於恩也[13]。死而不死者[14]，金剋木而生木，木剋土而生土，土剋水而生水，水剋火而生火，火剋金而生金，此仁生於義也[15]。夫五行之順相生而相剋[16]；五行之逆不剋而不生[17]。逆之至者，順之至也。伯高曰：美哉言乎！然何以逆而順之也[18]？岐伯曰：五行之順，得土而化[19]；五行之逆，得土而神[20]。土以合之，土以成之也[21]。伯高曰：余知之矣。陰中有陽，殺之內以求生乎[22]。陽中有陰，生之內以出死乎[23]。余與帝同遊於無極之野也。岐伯曰：逆而順之，必先順而逆之[24]。絕欲而毋為邪所侵也[25]，守神而毋為境所移也[26]，練氣而毋為物所誘也[27]，保精而毋為妖所耗也[28]。服藥餌以生其津[29]，慎吐納以添其液[30]，慎勞逸以安其髓[31] 節飲食以益其氣[32]，其庶幾乎[33]？伯高曰：天師教我以原者全矣[34]。岐伯曰：未也，心死則身生，死心之道，即逆之之功[35]。心過死則身亦不生，生心之道又順之之功也[36]。順而不順，始成逆而不逆乎[37]。伯高曰：志之矣，敢忘秘誨哉[38]。

　　陳士鐸曰：伯高之問，亦有為之問也。順中求逆，逆處求順，亦生死之門也。今奈何求生於順乎？于順處求生，不若于逆處求生之為得也。此一「逆」字，知者自知，迷者自迷。諸君自捫其心，知否？

　　【注釋】

　　①伯高太師：黃帝的大臣之一，太師是官名。

　　②其旨奈何：奈何，怎麼辦：其旨，指第一章中所說的顛倒陰陽的奧旨。就是說我該怎樣做才能達到陰陽顛倒的宗旨呢？

③曰唯唯：說話唯唯諾諾，有應付的意思。

④不敢隱矣：不敢再隱瞞不說，不然就會辜負了黃帝問道欲使至道傳于萬代的美意以及伯高太師等大臣們渴慕至道的心願。

⑤陰陽之源，即生剋之道：顛倒之術可以探求至陰至陽的源頭，而陰陽的源頭，原來就是五行互相生剋的道理啊。

⑥顛倒之術，即順逆之理：所謂的陰陽顛倒的方法，其實就是把順從後天外耗改變為逆轉先天內收，所以說顛倒就是順逆的原理。

⑦知顛倒之術，即知陰陽之原：陰陽的起源後天外耗的情形下根本看不到，只有用顛倒的方法，改變外耗的用，回歸內收的體，由動入靜，陰陽之源自然就會顯現出來的。

⑧知原亦何異哉：一旦能夠知道陰陽的源頭，那麼天地，人身、男女這些陰陽又有什麼區別呢？原，即前文的陰陽之原；異：區別不同之處。

⑨請顯言其原：顯，明白，明確。請明確地談談陰陽生克的起源。

⑩五行順生不生：五行生剋如果順行相生之道，如金生水，水生木，木生火，火生土，土生金，其實當金化生為水時，金本身必有傷損，所以說五行順生不生。

⑪逆死不死：五行生剋如果逆走相剋之路，金剋木、木剋土、土剋水，水剋火，火又剋金，其實金在剋木的同時，木因受到金的制約反而使自身的生化趨向平穩。所以說五行逆死不死。

⑫生而不生：「不要以為五行相生就是生長了，其實下文的金生水而剋水，實際因為金生水時就成了水的母體，那麼水只能賴金而生，一旦離開了金，自身就會枯竭，所以說

金又克制著水了，因此叫生而不生。

⑬害生於恩：兩者相生，本來是有恩的，如水生了木，水對於木不是有恩嗎？但水於生木時必有虧耗，那麼對於水來說，這不就是有害處從這恩澤中產生了嗎？其詳情請參閱《黃帝陰符經》。

⑭死而不死：五行相剋，本是逆死之路。然而卻剋中有生，死而不死。如火本剋金，但剋金的同時，火卻因為用而本體得以源源不斷地生成；金卻因為被火制約而得以正常地生化。所以叫「死而不死」。

⑮仁生於義：五行相剋怎麼叫做仁生於義呢？原來這個「仁」字，不是後世文人自身不修身而不理此「仁」為何意，只會望文生義地解釋為什麼「仁者愛人」、「二人為仁」等等後天行為上的舉動，錯解為「仁」是有愛心的善舉。卻不知古人最純樸真實，所用的字都不是亂取的，這個「仁」字只就本身來講是生命的內核，如桃仁、杏仁等包含有生命胚胎的種子內核。

那麼作為萬物之主的人裏面的生命能量核呢？於是古人也用了這個「仁」字來代替。當然人內部的內核也不是只限於「性源」，而是「性」與「命」雙源交匯結合在一起，道家所謂內丹的能量核。它的產生就源於「五行逆轉」，五行相剋，剋他者為夫，被剋者為妻，所以又是上文講的「陰陽之道，無非男女；男女之道，無非順逆」的最好注解。而這個「仁」的產生就在於剋中有生，死而不死的內涵深義，所以又叫做「仁生於義」。

⑯夫五行之順，相生而相剋：五行的順行是後天的用，看似彼此生生不已，其實正是如人的一生一樣由生長壯老死的順序一步步走向衰亡。

⑰五行之逆，不剋而不生：就像前文所講的，沒有舊生命的死亡，就沒有新生命的產生，這也是新陳代謝的客觀辯證法。五行相剋之道，也是這樣，水不把火剋住，火就不會產生新生的動力，而水本身也不會因消耗而重生，火也不會因被剋而轉去剋金，沒有動力，五行就不會運轉，所以說「五行之逆，不剋而不生」。

⑱何以逆而順之也：伯高聽了岐伯說了以上的真理，高興地說，您這些話講得多好啊，像這樣，怎麼才能使五行從逆轉得到生生不息的動力呢？」

⑲五行之順，得土而化：岐伯進一步詳加分析，告訴伯高五臟合五行的順行功能運化，都離不開其中的脾土的中和作用。

⑳五行之逆，得土而神：與上面的順行相反，五臟合五行的逆轉相剋，也是離不開脾土的調度和調節作用的。

㉑土以合之，土以成之：不管五行的變化是順行的相生，還是逆轉的相剋，都是在脾土的作用下相合相成的。

㉒陰中有陽，殺之內以求生乎：伯高透過岐伯的講解，也明白了陰陽顛倒，五行生剋的道理，所以他才能悟出這樣，本是相剋的殺滅的開端，然而不由這樣的死，就不含有新生的起始。靜中生動，窈冥之門中有了真動靜，就預示著原有的舊體內即將含有一場革命要發生，一切的舊生命都要發生完全的變化。所以說「殺之內以求生乎」。

㉓陽中有陰，生之內以出死乎：普通人的身體，經常處在用中，陰為體，陽為用，不知逆反，只知順轉，所以日逐漸消耗，這不是生之內以出死乎。

㉔逆而順之，必先順而逆之：要想把逆行之路走成順暢的逆路，就必須先從順行裏面逆走出來。如想用水去剋火，

就先要讓金來生水，使水壯大，才能去剋火。直接去行顛倒
之術，比較困難。所以先順從習慣性的順行之路。如最難實
行的絕除男女之欲，以逆行保精，但往往適得其反，導致內
陰陽未調而外陰陽早已消亡，因此還不如先讓人順行隨從後
天之欲，從調和外陰陽著手而逐漸由外及內，漸漸逆行，及
至完全斷除後天順行，轉而逆走先天陰陽，這樣更加穩妥安
全。

㉕絕欲而毋為邪所侵也：絕欲，斷除後天的肉體慾望。
許多人只知道斷除男女色慾，其實人的後天肉體有許多奢
慾，耳聽媚聲，眼觀美色，口嗜佳味，鼻貪異香，身喜細
軟，心愛順從。人生一世要想成就生命大道，就當效法中華
聖祖軒轅黃帝，作大丈夫，有大決斷，行大聖人事。

㉖守神而毋為境所移也：老子《道德經》說：「故常
無欲以觀其妙，常有欲以觀其徼。」黃元吉在講義中，說
「徼」字就是「竅」。道家丹法中也連篇累牘地描述這一
「竅」。於是就產生了「道法三千六百門，人人各執一苗
根。誰知些子玄關竅，不在三千六百門。」又說：「此竅非
凡竅，乾坤共合成。」而真正的修煉只是強調了著手之處而
已，並非死守某竅，如果一味地死守某一竅穴，反會導致疾
病的產生。故《老子常清靜經》曰：「人能常清靜，天地悉
皆歸！」天地就是乾坤，而乾坤相合，天地交泰，此真竅自
然顯現也來。

這時候各種萬物生化的幻影幻相就會呈現在眼前，這是
人的元神看到了識神這台電腦中所記錄的資訊，此時人如果
沒有足夠的定力，往往會以假當真，迷失真我，心為境所移
而導致心神迷失。要想勝過這一危險，必須在平時加強心性
的修養，能做到清心寡慾心態平和，見景不動心，見欲不生

念，見怪不怪，其怪自敗。就好像我們坐在電視機或者坐在電腦旁，冷眼看著螢幕上的表演，我自毫不動心。這樣就能做到守神而不為境所移了。

㉗練氣而毋為物所誘也：當元神守定，不再被幻景真境所移動心志時，元氣就會蓬勃生發。而這時就須更加注意謹守真竅（這個竅不是指身體上的某處穴位關竅，而是元氣生發的玄關真竅），封閉外欲。像上文所說的琴棋書畫、詩詞歌賦、武功技術等外物都會導致元氣虧損，真元消耗的外因。作為修真之人必須做到如廣成子所說：「慎汝內，閉汝外，多知為敗。」所以，要儘量地關閉六識，不能被外物所引誘。

㉘保精而毋為妖所耗也：如前面所說的一樣，當元氣蓬勃發生的時候，元氣的源頭——精，這時候也非常地旺盛。為了保證元氣的充足，則必須謹守真精，不要被一些不正當的行為所牽累遺失。這裏必須進一步說明的是，這個「精」並不僅僅指的是後天的精液。這個「妖」，也並非「美色之代名詞」。如果「精」只指精液而言，那麼女子的「精」就可以任其洩漏了，因為女子的情慾之液不叫「精液」，這當然是個笑話。「精」指的先天一點能量，是從宇宙生命洪流中分流出來的包含著生命密碼的，而後又與後天父精母血構成的受精卵相互結合而成，出生後主要靠後天水穀精華滋養的一點生命的胚芽，似有形卻非有形，說無形卻又有質地存在的一點真因子，古人稱之為「天一真水」的東西，人能否生育主要靠的是一點真精，而絕對不是流出體外的液體陰質。當然，這一點先天真水也是靠後天精水所積累而成的，人一落後天，主要是靠攝取後天水穀精華來滋養了，因此不是說因為不是先天真液就可以肆意流失。而所謂的「妖」，也並

非單單指女色那麼簡單了，而是指一切放縱不正當的行為都稱為「妖」。「妖裏妖氣」、「妖言惑眾」等都是「妖行」。而修行人到此地步，當格外謹慎，不能任由肉體行為的放縱情慾來消耗精神，丟失命寶。

㉙服藥餌以生其津：以上所言絕慾防邪，守神定志，練氣格物，保精固命都是對人主觀上的要求，那麼客觀上怎樣達到呢？聖人情懷，自是不同，體貼入微，知道修行人的難處，因此下面就是從客觀上來教人如何做才能持守住精氣神三寶。本條就是教人怎麼利用後天水穀之津來滋養和增益先天命寶，天生萬物，各種含靈，除了五穀以外，就是神農嘗百草，著本草經以傳世。藥物中也分補藥和毒藥，補藥養生，毒藥去病。由於藥歸歸經。可以選取不同的藥物為餌補益人體經氣，氣化津液，填補虧損。

㉚慎吐納以添其液：人體內稀薄者為津，黏稠者為液。除了上文的服藥生津外，就是要注意慎守呼吸吐納，寡言少語來增添人體的水液精華，因為它們都是和元精真水是同一源頭的，千萬不可以輕視的。宋朝有位著名的得道女真人曹文逸曹大姑，寫了一首《靈源大道歌》說的就是人體的先天真水和後天津液互養互補，體用雙全的真理。

㉛慎勞逸以安其髓：人體不可不勞，但也不可過勞。要注意動靜有常，勞逸結合。凡事都有個度，道家不講絕慾，但卻嚴格強調節度。骨髓也是津液的高度濃縮物，是養骨補腦的精華養分，因此慎勞逸安其髓也是非常重要的。

㉜節飲食以益其氣：飲食，本可以補益後天水穀之精，再化成精氣以補益元氣。但是如果毫無節制地暴飲暴食，不但不能補益反而因為要消化和排泄而消耗元之氣。因此，養生有道的人都善於調節飲食習慣，使飲食更有助補益元氣。

㉝其庶幾乎：所謂修真有道不就是這樣的嗎？

㉞天師教我以原者全矣：天師您教導我探尋陰陽之原的方法真夠完全的啊！

㉟心死則身生，死心之道，即逆之之功也：如果能做到連以上這些做法的念頭都沒有了的話，那樣身體才更加可以長久地生存著，所以說斷除念頭的方法，就是最好的逆行探原的方法啊。

㊱心過死則身也不生，生心之道又順之之功也：但是如果像前面所說斷除一切念頭的死心之道，如果毫無節制地行得太過了，那麼心就死了，心如果真的死了，身體也就全無生機，沒有一點活力產生了。所以又必順行的方法使心念生髮出來，再去導引它。

㊲順而不順，始成逆而不逆乎：做到活活潑潑從順行中走出先天逆行的路來，才能成就逆轉還原的功效啊！

㊳志之矣！豈敢忘秘誨哉：記住了，我怎麼敢忘記天師您秘密地教誨啊！這裏，再一次強調真法必須注意隱藏保密。因天師教誨的都是關乎生命的大道啊！

《順逆探原篇》探微

這一章借伯高太師問道于天師岐伯，再三叩問，才得到岐伯的秘傳授法，可見這一偉大的生命工程是多麼的重要。岐伯著重為伯高太師講了五行順逆就是探陰陽之原的重要途徑，明確了「害生於恩」和「仁生於義」的內在意義，這與老子《道德經》中「禍兮福所倚，福兮禍所伏」的矛盾辯證思想有異曲同工之妙，說明「以土為歸，得土而化，得土而神」的以靜制動，以柔克剛的養生方法是最正確的。老子《道德經》中多處進一步闡明了《黃帝外經》的思想，正說

明黃帝老子本是一脈相承的。

文中的「絕欲、守神，練氣，保精，服藥餌、慎吐納、慎勞逸節飲食」等具體修持方法在老子《道德經》也被多處闡述。老子《道德經》第十五章說：「古之善為士者，微妙玄通，深不可識。夫唯不可識，故強為之容：豫兮若冬涉川，渾兮其若濁。孰能濁以靜之徐清，孰能安以動之徐生？保此道者不欲盈，夫唯不盈故能敝而新成」，和第十六章的「致虛極，守靜篤，萬物並作，吾以觀其復，夫物芸芸，各復歸其根，歸根曰靜，靜曰復命。」第二十章的「絕學無憂……眾人昭昭，我獨昏昏，眾人察察，我獨悶悶，忽兮若海，漂兮若無所止……」等等，許多處都有驗證。

當然，大道是又真又活的，這一篇妙在順逆二字，善用順逆，即可直探其源。所以，在實際運用中，必須靈活地掌握一個度，心不死道不生，心盡死道也不生，妙在陰陽適度。修行的朋友們可不細察嗎？

詩曰：

順逆探原尋妙門，五行生剋是苗根。

心生心死須靈活，外絕方知內有真！

修成《黃帝外經》道，還精補腦上崑崙。

宇宙在手生乎身，長生久視樂萬春。

直譯

伯高太師請問岐伯說：「天師說顛倒之術，就是探索陰陽的源頭。其中的真旨怎麼樣呢？」

岐伯沒有回答。

再次請問，說：「哦哦。」

再三請問，岐伯感歎地說：「我不敢再隱藏了！陰陽的

原理，就是相生相剋的道理。顛倒之術，就是順行和逆行的道理。知道顛倒之術，就可以知道陰陽的原理了。」

伯高說：「陰陽有不同的類型，有天的陰陽，有地的陰陽，有人身的陰陽，有男女的陰陽，怎麼探索它呢？」

岐伯說：「知道了陰陽的原理，又有什麼差異呢？」

伯高說：「請淺顯地解說其中的原理。」

岐伯說：「五行順行相生而不生，逆死而不死。」生而不生，金生水而剋水，水生木而剋木，木生火而剋火，火生土而剋土，土生金而剋金，這是『害生於恩』。死而不死，金剋木而生木，木剋土而生土，土剋水而生水，水剋火而生火，火剋金而生金，這是『仁生於義』。五行順行，相生中存在著相剋；五行逆行，不剋害則也不發生。逆行的極致，也就是順行了。」

伯高說：「這言論真是美妙啊！但是，怎麼才能將逆死變為順生呢？」

岐伯說：「五行的順行，得到土就會產生變化；五行的逆行，得到土就會變得神妙。土可以使它和合，土可以使它成就。」

伯高說：「我知道了！陰中有陽，從殺伐之中可以求得生機吧？陽中有陰，在生機之中產生出死因吧？我與聖帝一起暢遊在無極的原野。」

岐伯說：「逆死中求順生，必須先將順行轉為逆行。斷絕慾望不被邪氣所侵害，持守元神不被外境所轉移，鍛鍊元氣不被外物所誘惑，保養元精不被女色所耗散，服食藥餌以便產生真津，謹慎吐納以便增添玉液，謹調勞動和安逸以便靜養腦髓，節制飲食以便補益元氣，這樣不就可以了嗎？」

伯高說：「天師教導我的原理很全面了！」

岐伯說：「還沒有。心死則身生，死心之途徑，就是逆行的功夫；心過死，那麼身也沒有生機，生心的途徑又是順行的功夫。順行而又不順行，才能成為逆行而不逆行啊！」

伯高說：「我記住了！怎麼敢忘記秘密教誨呢？」

陳士鐸說：伯高的提問，也是故意問的。順中求逆，逆處求順，就是生死之門。如今為什麼從順中求生呢？在順處求生，不如在逆處求生得到的更多啊！這一個「逆」字，知道的人自然知道，迷惑的人自然迷惑。各位君子捫心自問，你們知道了嗎？

第三章　回天生育篇

原文

雷公[①]問曰：人生子嗣，天命也[②]。豈盡非人事乎[③]？岐伯曰：天命居半，人事居半也[④]。雷公曰：天可回乎[⑤]？岐伯曰：天不可回，人事則可盡也[⑥]。雷公曰：請言人事。岐伯曰：男子不能生子者，病有九；女子不能生子者，病有十也。雷公曰：請晰言之。岐伯曰：男子九病者：精寒也[⑦]，精薄也[⑧]，氣餒也[⑨]，痰盛也[⑩]，精澀也[⑪]，相火過旺也[⑫]，精不能射也[⑬]，氣鬱也[⑭]，天厭也[⑮]。女子十病者：胞胎寒也[⑯]，脾胃冷也[⑰]，帶脈急也[⑱]，肝氣鬱也[⑲]，痰氣盛也，相火旺也，腎水衰也[⑳]，任督病也，膀胱氣化不行也[㉑]，氣血虛而不能攝也[㉒]。雷公曰：然則治之奈何？岐伯曰：精寒者，溫其火乎[㉓]；精薄者，益其髓乎[㉔]；氣餒者，壯其氣乎[㉕]；痰盛者，消其涎乎[㉖]；精澀者，順其水乎[㉗]；火旺者，補其精乎[㉘]；精不能射者，助其氣乎[㉙]；氣鬱者，舒其

氣乎③；天厭者，增其勢乎③；則男子無子而可以有子矣，
不可徒益其相火也③。胞胎冷者，溫其胞胎乎；脾胃冷者，
暖其脾胃乎；帶脈急者，緩其帶脈乎；肝氣鬱者，開其肝氣
乎；痰氣盛者，消其痰氣乎；相火旺者，平其相火乎；腎
水衰者，滋其腎水乎；任督病者，理其任督乎③；膀胱氣化
不行者，助其腎氣以益膀胱乎③；氣血不能攝胎者，益其氣
血以攝胎乎③；則女子無子而可以有子矣，不可徒治其胞胎
也。雷公曰：天師之言，真回天之法也。然用天師法男女仍
不生子奈何？岐伯曰：必夫婦德行交虧也③。修德以宜男③，
豈虛語哉。

　　陳士鐸曰：男無子有九，女無子有十，似乎女多於男
也，誰知男女皆一乎？知不一而一者，大約健其脾胃為主，
脾胃健而腎亦健矣！何必分男女哉？

　　【注釋】

　　①雷公：黃帝的兒子。

　　②人生子嗣天命也：天命，不是後來迷信的說法，而
是指天生的能力和人類生命發展規律。這句話是說：人能夠
生兒育女，繁殖後代是自然天生的能力和人類生命的發展規
律。

　　③豈盡非人事乎：難道完全都不是人自己所能夠掌握的
嗎？人事，指人們能力所能夠做到的事情。

　　④天命居半，人事居半也：古人並不迷信，他們很客觀
地認為，就像人的生育繁殖的事情都是天賦的條件只占一半
的因素，而人自己的努力，操作也占一半的作用。

　　⑤天可回乎：古人認識事物非常客觀，既不盲目輕信，
也不狂妄自大。這裏雷公就在小心翼翼和岐伯探討人和天的
關係，問岐伯上天決定好的因素人可不可以挽回，這裏的天

不是後來迷信的老天爺，而是天生的、宇宙大自然生成、發展的規律。

⑥天不可回，人事可盡也：即天生的決定因素所形成的東西不可以隨意改變，但人卻可以由自身的努力把事情做得更好。回：挽回，改變；盡：指最好的狀態，《大學》有：「在止於至善」。

⑦精寒也：這是一種表現為陽氣虛的男科病症，是男性不育症之一。屬於命門火衰，陽氣不足，症見面色晄白，形寒肢冷，畏寒怕冷，語音低微，常有自覺下半身如坐冷水中的感覺。臨床常見性慾冷淡，房事不舉，早洩、精冷等。

⑧精薄也：精液稀薄，形如清水。這是男科病中的一種營養不良，元氣稟賦不足的疾病。臨床常見腰脊酸痛，下肢無力，腳跟常痛，記憶力下降，頭暈耳鳴，性慾冷淡，房事早洩，滑精遺精，精液像清水一樣，精蟲稀少，因此不育。

⑨氣餒也：餒，衰弱。是元氣虛弱虧損的男科病症之一。證見精神恍惚，怔忡心悸，言語無力，容易疲勞，免疫力差，不思飲食，昏沉瞌睡，四肢疲軟，性慾減退。臨床有陽痿，早洩遺精等症。

⑩痰盛也：痰盛，就是因為脾腎功能虛弱引起的後天水穀精華未能轉化昇華成先天天一真水而滯留在體內成為一種廢水，一般大多表現為因肺部氣化無力而貯盛在肺及肺的表腑大腸內。所以中醫臨床上才有「脾為生痰之源，肺為貯痰之器」一說。臨床症見體形虛胖，面色晄白，四肢疲軟甚或浮腫，怕冷怕熱，少氣懶言，行動遲緩，脈象濡軟，遲緩舌苔薄白滑膩。男科往往伴有陽痿不舉，性慾冷淡，前列腺肥大增生和炎症等；

⑪精澀也：多是因為腎炎水道不暢所致，常伴尿路感

染，前列腺肥大，炎症等或在腎結石，尿路結石等泌尿系統疾病。患者多肥胖或伴有浮腫，排尿困難。脈結滑濡，舌絳苔薄。

⑫相火旺也：此症多因心腎不交，水火不能相濟引起的虛火亢盛，不能化成命門真火以溫煦其他臟腑所致。臨床常見形體消瘦，情慾亢盛，房事不射精或者早洩，遺精等。病人性情急躁，心煩口苦，口渴咽乾，舌紅少苔，脈數或弦緊。男科常見前列腺炎，尿道感染，房事不舉而不軟，排尿赤黃，排經有刺痛感等。

⑬精不能射也：主要是因為腎氣虧損引起的射精無力。證見腰膝酸軟，餘瀝不盡，尿液清長或者短赤，房事疲軟或者滑精早洩，排精淋漓。頭暈耳鳴耳聾，牙齒鬆動，脈象細遲無力，舌淡薄白苔。

⑭氣鬱也：指由於肝膽氣鬱引起的口苦咽乾，兩脇漲或刺痛，耳鳴耳聾，頭暈目眩，脾氣古怪，煩躁不安，饑不欲食，小便赤黃，大便先乾後溏，脈弦長數緊，舌絳苔薄微黃。房事不舉或舉而不堅，排尿射精疼痛等症狀為主的疾病。

⑮天厭也：顧名思義，天厭就是連老天都討厭的人。其實就是先天性生殖系統發育不良，如陰莖短小，附睪不全，前列腺狹小等，臨床多見形體瘦小，精神萎靡，飲食不振，形態畏縮，膽小易驚，力小體弱等。

⑯胞胎寒也：是女子不孕症中常見的一種症候。胞胎，即女子子宮，古代神話傳說中把它比喻成嫦娥居住的廣寒宮。子宮寒冷，受精卵不易成活，故而不孕。證見形體偏肥，四肢寒冷，腰酸膝軟，食慾不振，語音低微。臨床常伴有白帶清稀，月經量少色淡，脈象濡細，舌淡苔白等。

⑰脾胃冷也：脾胃是後天培育的溫室，脾胃虛寒。脾陽不振，不能溫化水穀，使生殖機能失去濡養，就會導致不孕。其實男子也是一樣，後天失養，先天虧損，豈能生育？臨床證見形體消瘦或伴有浮腫，面色萎黃，飲食不納，多伴有腹痛泄瀉，手足寒涼，語音低微。脈微遲緩，舌體胖大有齒痕，舌苔薄白滑膩，晨起口中有甜膩感。

⑱帶脈急也：急，這裏不是急躁、緊張的意思，而是鬆弛不拘的意思，就如古時拉弓射箭，拉得急猛了，導致弓弦崩斷，鬆弛不張的意思。這裏常見婦科病臨床，帶脈不拘，臟器下垂等症。如胃下垂，子宮下垂，帶下崩漏等症，臨床常伴有頭暈目眩，語音低微，耳鳴耳聾，食慾不振，四肢無力等。

⑲肝氣鬱也：和第14條注解大體相同，所不同在於女子肝鬱者，臨床多伴乳房脹痛，乳癖（即現代醫學稱「乳房小葉增生、發炎」）等。另外還有月經失調，行經疼痛，梅核氣（多見於青年婦女，喉間如塞一梅核相似，咯之不出，咽之不下）等症狀。

⑳腎水衰也：和男子的精薄，天閹有差不多的病因病機。但因男女生殖機理有內外之別，女子主腎水，男子主精髓，所以有所差別。女子腎水衰多見面色黧黑憔悴，頭髮分叉、脫髮嚴重，月經量少，性慾冷淡，陰道乾澀，口乾唇焦，頭暈頭痛，記憶力差，耳鳴、腰脊酸痛等。

㉑膀胱氣化不行：和男子前列腺炎相似，小便不利，小腹脹痛。尿少尿頻。阻礙經水下行，每伴有子宮頸炎症、肥大、也就是現代臨床盆腔炎症。

㉒氣血虛而不能攝也：男子以氣為先天，女子以血為先天，腎主氣，脾主統血，凡女子後天脾胃氣虛，不能統攝血

系，導致血崩，經漏等出血症狀發生。

㉓精寒者，溫其火乎：精寒之症，上文說過主要是因為腎陽虛引起的，所以在臨床上有「益火之源，以消陰翳」的治則方法。用溫補腎陽如巴戟天、淫羊藿等藥物消除命門寒濕，溫煦精源氣海。

㉔精薄者，益其髓乎：前文說過，精水稀薄，是因為先天腎水不足，髓海空虛。臨床治療則多用血肉有情之品以增益其源，如採用鹿茸、龜板等大補精元，助生命門真火，生精益髓。

㉕氣餒者，壯其氣乎：氣虛衰弱，必須補氣，中氣虛弱，元精不生，何以生育。所以臨床多用人參，黃耆等補益中氣，兼顧先後天，壯力增氣。

㉖痰盛者，消其涎乎：後天五穀精華，不能昇華為先天真水，積累在體內成為痰涎涕唾，變成廢水，就當排出，以待新生。臨床方用茯苓、澤瀉等。

㉗精澀者，順其水乎：前文說過，精澀是因為水道不通，排泄不暢。所以臨床多用茯苓、通草等通利水道，釜底抽薪。

㉘火旺者，補其精乎：這個火是虛火，相火，想要讓其熄滅，必須實益腎水，水庫裏水蓄滿了，自然不怕火起。所以臨床有：「壯水之主，以制陽光」的治則，方藥多用知母、黃柏等清火，用地黃、枸杞等生陰津。方用「六味地黃丸」、「二至丸」等。

㉙精不能射者，助其氣乎：由氣虛引起排精無力，主要是腎氣虧虛，行水無力。所以臨床多用「金匱腎氣丸」補益腎氣。

㉚氣鬱者，舒其氣乎：肝氣鬱結，氣滯則水也不行。所

以臨床多用「逍遙丸」，疏肝理氣，解鬱和中。

㉛天厥者，增其勢乎：先天性發育不良，只好從先天著手，大用血肉有情之品以增強後天的力量，彌補先天的缺陷。如臨床用「三鞭酒」，海馬、鹿茸等。

㉜不可徒益其相火也：臨床治療不育之症，必須認真對待，對症施治，千萬不能不分虛實寒熱，一味地壯陽助火，以補為主，如現代社會的壯陽藥都是火上澆油，揠苗助長，其後果太可怕了，不管你是什麼美國的威而剛也好，中國的什麼腎寶也罷，不能辨證施治，對症下藥，寒熱不分，虛實不辨，一味濫補，都是極其危險的，要切記「是藥三分毒」啊！

㉝任督病者，理其任督乎：在人體經絡中，任督二脈是最為重要的。如同中華大地上的長江黃河兩大水系一樣，這兩大水系要是堵塞不通或者氾濫成災的話，全國的各條河道就都會發生災禍。人體任督二脈生了病，全身經絡都會生病的，而經絡又聯絡各個臟腑，臟腑生了病，能懷孕生育嗎？所以任督病者，必須理其任督，長江黃河通暢了，全國的水道都會順暢平和。而且女性的任脈關聯衝脈血海，對懷孕生育有至關重要的作用。而督脈又是女性健康與否的標誌，督脈通暢，真陽自然流布全身，女子正是全身屬陽的體質屬性。當然調任督二脈的方法，最好的方法是內丹修煉，導引行氣通周天；其次是以針灸法與行氣相輔；再次是透過參、耆、歸、芍等行氣活血的藥物輔佐。三種方法以用藥為最次，有句俗話叫「藥補不如食補，食補不如練武」，練武能通理全身氣脈，所以可以彌補修道、修真、修煉內丹術的資質不足者的缺憾！

㉞膀胱氣化不行者，助其腎氣以益膀胱乎：這個治法

和男子不育症中的「精不射者，助其氣乎」的治法差不多，以「金匱腎氣丸」為主方，當然仍以修煉內丹功法為最佳治法。

㉟氣血不能攝胎者，益其氣血以攝胎乎：脾虛不能統血，導致崩漏、滑胎墮胎等症，治療以內丹養氣血為最佳選擇，其次，須用「十全大補湯」「六君子湯」「歸脾丸」等。

㊱必夫婦德行交虧也：這一句相當重要，不是像某先生注解所說的那樣。前面所說的諸多男女科疾病，都是由於夫婦本身不能修道立德而導致在日常生活中產生病變引起的。有人曾經反駁我說，像天厭之類天生先天性疾病也是由於夫婦德行有虧嗎？我告訴他，凡先天性疾病，尤其是這一類發育不良之症，完全是由於其父母在受孕懷胎過程中調理不當，保養不周，也就是文中所說的德行有虧而形成的。

古人非常注重母體在懷孕期間的保養，甚至要求孕婦在懷胎期間耳不聽淫聲，目不觀淫色，口不言淫聲，身不行淫事，一切不正當行為都必須在懷孕期間杜絕。就這樣稍有不慎還會導致胎兒的殘疾畸形等後果。更何況現代一些女孩根本不知道什麼叫婦德，懷孕期間照樣放縱自己的行為，後果堪憂！

㊲修德以宜男：這句話直接被一些機械唯物主義者駁斥為沒有科學根據而橫加批判。其實，如今的科學家還遠遠不能夠用自己目前所掌握的科學知識來解釋中國傳統文化和《老子道德經》中闡述的「德」的內涵價值。

實際上「德」和她的本體「道」一樣，都是人難以掌握又否認的存在，是「道」在人體後天的具體體現，絕非僅僅是人故意去做幾件自以為的好事就是所謂的「德」了。天地有道，化生萬物，人體有德，方能生子。

《回天生育篇》探微

　　第三章著重探討了後天生育的事情。也就是本經主題思想的轉捩點，前面二章側重於道，講述如何逆轉先天，才能探究陰陽生命之源，顛倒後天陰陽即是逆反長生之道。

　　開宗明義，畫龍點睛，整個《黃帝外經》的重點都在明示讀者，如果讀者沒有細心體察，忽略了前二章的內涵，那麼從第三章開始則逐漸轉向了探索後天人體方面的秘密，當然絕對不可以輕視後面的內容，但是始終不要忘了我們讀經的目的。要點不能忘記，要不斷地呼應前兩章的主題和《黃帝外經》的宗旨。要記得順則後天，逆則先天，先後天互補，缺一不可。

　　第三章雖然談的是後天生育的事情，卻與先天息息相關。使人具備生育繁殖的能力是上天賦予的使命，是先天條件的取捨。而修德宜男、德行無虧以致身體強壯、元氣充盈是後天人事的努力和配合。「順則生凡，逆則成真」是古人樸素的辨證思想，是對人體養生科學的偉大貢獻，即使數千年傳承而經久不敗，中華民族「天人合一」的辨證思想是對全人類哲學文化的傑出而偉大貢獻。

　　就拿本章中「天命居半，人事居半」，「天不可回，人事則可盡也」；就連「天厭」這樣的先天虧損疾病都有後天努力的機會和改變的方法，這些方面無處不體現出辨證的智慧之光。

　　我們的祖先其實一點也不迷信什麼天命，他們所說的天命只是指事物本來所自然形成而具備的先天條件。然後又很客觀地看到人類自身的努力又可以彌補先天條件所不具備的缺憾，但是，他們又很客觀地知道自身能力的有限，並不像

我們今天某些人學了一點自然科學知識就盲目地自大起來，認為「人力定可勝天」，蔑視並破壞大自然的規律，肆意地破壞自然界的平衡。任性胡為，好大喜功，浪費資源，導致天災人禍的頻繁發生。卻不知道這些災難形成的原因大多是由人的因素所造成。

當然，另一類人卻又走向了另一個極端，他們執著於違背宇宙大自然規律的宗教信仰，盲從於迷信思想，過分依賴於自然規律的自我調節和改變，忽視了人類自身的主觀能動性，放棄了人類自己應付出的努力，導致一再錯失改變自然事物發展變化的良機。

古人尚且知道盡人事以待天命，人事不盡，又豈能掌握天命的良機？因此我們讀此篇經文，一定要注意效法我們的偉大祖先，學會客觀地認識自身能力和社會環境，自然條件等各種因素；學會合理地開發利用自然環境和自身條件的和諧，不能被慾望和功利蒙蔽了雙眼，泯滅了良知。

另外的話題就是關於「修德以宜男」的說法，曾幾何時，我們學會了用批判和質疑的眼光看待古人留下來的東西，這本來是一種好的趨向，因為孟子也說：「盡信書不如無書。」但是從「五四」運動打倒孔家店以來，我們就由質疑到批判再到造反挖根，於是，一切舊的都成了反動的，一切古的都是落後的。直至今日，又被大西洋的浪潮衝擊，「道德」二字逐漸淡出了人們心中的地位，不認識道，不知道德，修道被人嗤笑，積德變成交易。鍛鍊身體就是修道嗎？行善做好事就叫積德嗎？

有些人平時生活奢侈糜爛，偶爾興起，在某處建兩所學校，蓋幾棟住房，做一場義演，就被媒體炒上了天，名利雙收，這樣的做法就叫做積德嗎？能宜男嗎？當然不能，於

是，這句真理就受到了質疑，成了一句空話。

其實，老祖宗用生命體驗出來的真理是顛撲不破的。道為體，德為用，德其實就是自然大道在人體小宇宙中的具體體現。修德說大了就是修正自身體現大道的方式方法，說小了就是鍛鍊自身自心對於自然大道的具體感悟。當自身和自然社會環境取得了十分恰當的和諧時，人自然就會心氣平和，正氣沛然，按《黃帝內經》的說法就是「正氣存內，邪不可干，病安從來。」有了正氣作種子，何謂不能宜男呢？

詩云：

> 既尊天道又人為，人事垂成始可回。
>
> 煉成內丹三華現，彩霞如練玉龍飛！

直譯

雷公問：「人類繁衍後代是上天的安排，難道全都與人力無關嗎？」

岐伯說：「天命佔據一半，人力佔據一半。」

雷公問：「天命可以挽回嗎？」

岐伯說：「天命不能挽回，人事方面是可以盡力的。」

雷公說：「請解說人事方面的挽回吧。」

岐伯說：「男子不能生育後代的，有九種病；女子不能生育後代的，有十種病。」

雷公說：「還請詳細解說。」

岐伯說：「男子的九種病：精液寒冷，精液稀薄，元氣衰弱，痰涎壅盛，精液短澀，相火過旺，不能射精，氣機抑鬱，天時厭惡。女子的十種病：子宮寒冷，脾胃虛冷，帶脈勁急，肝氣抑鬱，痰氣壅盛，相火過旺，腎水衰弱，任督有病，膀胱氣化不行，氣血虛弱不能攝養胞胎。」

雷公問：「那麼怎麼治療呢？」

岐伯說：「精液寒冷的，溫暖腎中的火氣；精液稀薄的，補益他的骨髓；元氣衰弱的，強壯他的元氣；痰涎壅盛的，消除他的痰涎；精液短澀的，調理他的腎水；相火過旺的，補益他的精水；不能射精的，助長他的元氣；氣機抑鬱的，舒暢他的氣機；上天厭惡的，增強他的生育能力。這樣，男子沒有子嗣的也會變成有子嗣了，不能只增強他的相火。子宮寒冷的，溫暖她的胞胎；脾胃虛寒的，溫暖她的脾胃；帶脈勁急的，舒緩她的帶脈；肝氣抑鬱的，開啟她的肝氣；痰氣壅盛的，消除她的痰氣；相火過旺的，平抑她的相火；腎水衰弱的，滋潤她的腎水；任督有病的，調理她的任脈和督脈；膀胱氣化不行的，增強她的腎氣以便補益膀胱；氣血虛弱不能攝養胞胎的，補益她的氣血以便攝養胞胎。這樣，女子沒有子嗣的也會變成有子嗣了，不能只治療她的胞宮。」

雷公說：「天師的話，真是挽回天命的方法啊！然而採用天師的方法，男人和女人仍然有一些不能生育子嗣的，又是什麼原因呢？」

岐伯說：「這必然是夫婦雙方的德行都有虧損。修養道德，以便有利於子嗣，這怎麼會是虛假的話呢？」

陳士鐸說：男人沒有後代的原因有九種，女人沒有後代的原因有十種，似乎女人多於男子，有誰知道男女都是一樣的呀？明白不一致中的一致，就知道大約以強健脾胃為主，脾胃強健腎臟也會強健了，又何必再分男女呢？

第四章　天人壽天篇

原文

伯高太師問岐伯曰：余聞形有緩急[①]，氣有盛衰，骨有大小，肉有堅脆[②]，皮有厚薄，可分壽夭，然乎？岐伯曰：人有形則有氣，有氣則有骨，有骨則有肉，有肉則有皮。形必與氣相合也，皮必與肉相稱也，氣血經絡必與形相配也。形充而皮膚緩者壽，形充而皮膚急者夭。形充而脈堅大者，氣血之順也，順則壽。形充而脈小弱者，氣血之衰也，衰則危。形充而顴不起者，肉勝於骨也，骨大則壽，骨小則夭。形充而大，肉（䐃）[③]堅有分理[④]者，皮勝於肉也，肉疏則夭，肉堅則壽。形充而大肉無分理者，皮僅包乎肉也，肉厚壽，肉脆夭。此天生，人不可強也[⑤]。故見則定人壽夭，即可測人生死矣。

少師問曰：誠若師言，人之壽夭天定之矣，無豫於人乎[⑥]？岐伯曰：壽夭定於天[⑦]，挽回天命者人也。壽夭聽於天[⑧]，戕賊其形骸[⑨]，瀉泄其精髓，耗散其氣血，不必至天數而先夭者，天不任咎也[⑩]。少師曰：天可回乎？岐伯曰：天不可回，而天可節也[⑪]。節天之有餘，補人之不足，不亦善全其天命乎[⑫]。伯高太師聞之曰：岐天師真善言天也。世人賊天之不足，焉能留人之有餘哉[⑬]。少師曰：伯高非知在人之天者乎。在天之夭，難回也。在人之夭，易延也[⑭]。吾亦修吾之天，以全天命乎[⑮]。

陳遠公曰：天之夭難延，人之夭易延，亦訓世延人之夭也。伯高之論，因天師之教而推廣，不可輕天師而重伯高也。

【注釋】

①形有緩急：形，指體形、形態。緩：鬆弛肥胖；急：緊、小、體形瘦小。這句是說人的體態有肥胖和瘦小的區別。

②肉有堅脆：肌肉有結實和脆弱。堅：堅實，發達；脆：脆弱，瘦削。

③䐃：音（ㄐㄩㄣˋ），指隆起的肌肉。

④有分理：從皮膚外面都可以看的肌肉紋路，用現代名詞講就是形容肌肉發育良好，條理清晰，棱角分明。

⑤此天生，人不可強也：這是天生的，就是天然形成的；人不可強也，人不可以勉強去改變。強，勉強。也通強，對抗的意思。

⑥無豫於人乎：無，沒有辦法；豫：通預，干預。在這裏是古文倒裝句式，即人的壽命長短，都是天然形成的，人沒有辦法干預了？

⑦壽夭定於天，挽回天命者，人也：人的壽命長短，是天然形成的，但是能夠挽回天命改變壽命的長短，還得靠人自己去爭取啊！

⑧壽聽於天：聽，這裏念第四聲（ㄊㄧㄥˋ），聽任的意思。如果聽任老天自然擺佈，決定人壽命的長短。

⑨戕賊其形骸：戕，傷害；賊，盜取，丟失，指不知不覺中的消耗損失。這裏說人消極地聽任天命自然安排人壽命的長短；放縱自己的行為，任意傷害自己的身體，使壽命在不知不覺中消耗、損失。

⑩不必至天數而先夭者，天不任咎：咎，過錯，這裏引申為責任。這句話是說；因為人身的緣故，任意傷害自己身體，放縱自己的行為，浪費自身的精液骨髓，耗散自己的元

氣津血,這樣不必等到上天決定他的壽命期限的到來,就已經提前夭折了自身的壽限,這樣上天可是不會承擔任何責任的。

⑪天不可回,而天可節也:節,節制,節約。天然形成的條件無法去改變它,先天發育不良也不可以重新讓母親去孕育,但是卻可以由後天人為的方法和努力去節制它,讓有限的先天資源在後天的應用上無限地延長。

⑫節天之有餘,補人之不足,不亦善全其天命乎:節約使用先天形成的條件,去補充後天使用上的不充足部分,不也是善於補全自己本來不足的條件嗎?

⑬世人賊天之不足,焉能留人之有餘哉:世人不知不覺中在消耗本來就是不充足的先天條件,哪裡還能懂得保留人後天剩餘的東西呢?

⑭在天之天難回也,在人之天易延也:如果是因為先天形成的缺陷;的確是難以挽回的;但是在人自身後天因素形成的缺憾是絕對可以由人自己的努力挽救和彌補的。

⑮吾亦修吾之天,以全天命乎:天,指人本身先天所繼承過來的那一片天,雖然落到人身上便成為後天,但我們自己便擁有了這麼一片天,而這一片天我們自己可以做主,修煉吾之後天,以補全從先天那裏繼承時所留下的缺憾,這是一句偉大的口號!

《天人壽夭篇》探微

這一章至關重要,是整部《黃帝外經》的核心宗旨所在,如果沒有這一章的主題思想,整部《黃帝外經》將沒有存在的意義;前面的幾章將是無本之木,後面的數十章將無任何意義。因為這一章提出了一個響亮的口號,也是《黃帝

外經》的中心主旨，「吾亦修吾之天，以全天命乎」。「壽夭定於天，挽回天命，人也」。這幾句話都是擲地有聲的人力回天的錚錚之語。

但是《黃帝外經》的思想絕非是後來之人的狂妄之語「人定勝天」可比，因為《黃帝外經》的思想是建立在一系列客觀的且行之有效驗的人體科學的先進方法上的。所以這一書的探微主要就是要探索這一微言中的大義，學習我們的祖先修後天以全先天的科學思想和方法，效法上古真人「提挈天地，把握陰陽，呼吸精氣，獨立守神，肌肉若一」。以達到「壽蔽天地，無有終時」的神奇效果。這一思想就是《黃帝內經·上古天真論》中所闡述的。按古人的方法去操作，最不濟的還能達到「形與神俱，而終其天年，度百歲乃去」的效果。可見我們的祖先是多麼偉大，哪裡像今天有一些人那樣數典忘祖，妄自菲薄，不學無術，捧著金飯碗討飯吃的奴才相，實在讓人寒心之極，這也是筆者注解探索《黃帝外經》的一片苦心，希望讀者朋友能夠諒解。

曾經有朋友粗略地讀了幾篇《黃帝外經》原文後對我說：「其實，這部書也並沒有你說的那樣神奇，不過是一部古代醫學著作而已，如果真的如你所說的那樣神奇，那為什麼還要研究醫術呢？」我告訴他請你多讀幾遍第四章，細品其中幾句話你就會明白了。後來朋友似有所悟，問我是否是這句話：「吾亦修吾之天，以全天命乎？」我與他會心一笑。醫學的產生背景本來並不是為了治病用的，這個思想在今天學中醫的人中還偶爾有人提到，但已經有氣無力了。筆者記得當年學醫的時候，在教科書上讀到地這樣的話：「上醫治未病，下醫醫已病。」「下醫治病，中醫治人，大醫治國醫天下。」我就立下過「誓為蒼生作大醫」的誓語。

當年醫道本同源，因為人一落後天肉身，就有稟賦參差不齊之分別，有的人資質好身體棒，生來就適合修道，所以道家就有「我命在我不在天，還丹煉精億萬年。」的豪言壯語；而有的人生來體質屢弱，資質愚鈍。所以就可以透過醫藥手段，像女媧那樣煉石以補天，「吾亦修吾之天，以全天命乎！」

具體修法上，就可以探尋人後天之天到底指什麼說的，從何處著手，怎麼樣去開天關地生人造物，則有待於有志之士來羅浮山尋訪高師真人，學習黃帝、老子一脈真傳的內丹大道，修我之天，補全天命！

詩云：

其一

離別母腹墮此身，人間少有百年春。

黃帝有道通天地，修成回天笑脫塵。

其二

黃帝老子得長生，而今幾個可回春？

羅浮一老蟠龍隱，笑把金丹送緣人！

直譯

伯高太師請問岐伯說：「我聽說形體有緩有急，元氣有盛有衰，骨骼有大有小，肌肉有堅有脆，皮膚有厚有薄，可以區別長壽和夭折，是這樣嗎？」

岐伯說：「人有形就有氣，有氣就有骨，有骨就有肉，有肉就有皮。形必然與氣相合，皮膚必須與肌肉相適應，氣血經絡必然與形體相配合。形體壯實而皮膚柔潤的人長壽，形體壯實而皮膚焦燥的人夭折；形體壯實並且脈象堅大的人氣血順暢，順暢就會長壽；形體壯實但是脈象小弱的人氣血

衰弱，衰弱就會有危險；形體壯實並且顴骨不高起的人，是肌肉比骨骼充盈，骨骼大的就會長壽，骨骼小的就會夭折；形體充實並且壯碩，肌肉堅實紋理分明，是皮膚勝過肌肉，肌肉疏鬆就會夭折，肌肉堅實就會長壽；形體充實並且壯碩，肌肉沒有紋理的，是皮膚僅僅能夠包住肌肉，肌肉厚實就會長壽，肌肉鬆脆就會夭折。這是上天賦予人類的，不可強求。因此，根據表現就可以決定人的長壽和夭折，也就可以預測人的生死了。」

少師問：「果真像老師所說的，人的長壽和夭折是上天註定的了，跟人的預防沒有關係嗎？」

岐伯說：「長壽和夭折取決於上天，而人可以挽回天命。長壽和夭折取決於上天，戕害人的形骸，瀉泄人的精髓，耗散人的氣血，還沒有到達天命就夭折了，上天不會承擔這種過錯。」

少師問：「天命可以挽回嗎？」

岐伯說：「天命不能挽回，但是可以節省。節省上天賦予的有餘，彌補人體的不足，不也是善於保全人的天命嗎？」

伯高太師說：「岐伯天師真是善於解說天命啊！世上的人損害上天的不足，又怎麼能夠留給人有餘呢？」

少師說：「伯高難道不知道這取決人的天命嗎？決定於上天的夭折難以挽回，取決於人的夭折則容易延長。我也修養我的天命，來保全天年。」

陳遠公說：由天命造成的夭折難以延續，人為造成的夭折容易使之延長，這也是在訓導人們延長壽命。伯高的論述，是因為天師的教導推而廣之，不能輕視天師的言論而重視伯高的言論。

第五章　命根養生篇

原文

伯高太師復問岐伯曰：養生之道[1]，可得聞乎？岐伯曰：愚何足以知之。伯高再問。岐伯曰：人生天地之中，不能與天地並久者，不體天地之道也[2]。天賜人以長生之命[3]，地賜人以長生之根[4]。天地賜人以命根者[5]，父母予之也。合父母之精，以生人之身，則精即人之命根也。魂魄藏於精之中[6]，魂屬陽，魄屬陰，魂趨生，魄趨死。夫魂魄皆神也[7]，凡人皆有神，記憶體則生，外遊則死。魂最善遊，由於心之不寂也。

廣成子謂：抱神以靜者，正抱心而同寂也。伯高曰：夫精者，非腎中之水乎？水性主動，心之不寂者，不由於腎之不靜乎？岐伯曰：腎水之中，有真火在焉，水欲下而火欲升，此精之所以不靜也，精一動而心搖搖矣。然而制精之不動，仍在心之寂也。伯高曰：吾心寂矣，腎之精欲動，奈何？岐伯曰：水火原相須也，無火則水不安，無水則火亦不安。制心而精動者，由於腎水之涸也。補先天之水以濟心，則精不動而心易寂矣[8]。

陳遠公曰：精出於水，亦出於水中之火也。精動，由於火動；火不動，則精安能搖乎？可見，精動由於心動也。心動之極，則水火俱動矣！故安心為利精之法也。

【注釋】

①養生之道：這裏所講的養生完全不同於今天琳琅滿目的各種都市養生。今天的人們完全忘記了老祖宗遺留下來的

養生瑰寶——內丹大道，即中國道家丹道養生修真學是中國幾千年來獨有的，外人永遠無法竊取的民族文化精魂，她在人體自身上用精、氣、神，同時參同宇宙天地精氣神而培養出爛漫的生命之花，結出的璀璨之果。豈能與今天所流行的完全物化的藥物，飲食等等外行養生豈能比肩的。

②天地之道：天和地各有其生命化生的因果規律。按老子《道德經》所說：「人法地、地法天、天法道、道法自然」來講，人就應該效法宇宙天地人生命產生的規律，才能達到天地人三才的和諧統一。

③天錫人以長生之命：錫，通賜。長生之命，按古人所說，人的壽命應該是與天地共存，長生不老的，《黃帝內經》上就有講人「壽敝天地，無有終時」的。這本是上天賜給人的力量和資格，但人類卻因為自己的原因丟失了這一先天條件。

④地賜人以長生之根：宇宙誕生了生命因子的合成精華——人，而把她放在了地球這座美麗的家園，同時孕育了宇宙生命的胚芽，就是人體內的元精，並且而產生了源源不斷地滋養人後天生命的萬物，所以說人的生命之根是大地賜予的。

⑤天地賜人以命根：天地《周易》中說是乾坤二卦，而乾坤二卦就是人的父母，天的陰陽相合而產生地球，地的陰陽相合產生了人類，人的父母相合產生子嗣，世世代代生生不息，所以說人的命根就是天地相合而賜予，而生成。

⑥魂魄藏於精之中：既然人身是由父母陽氣陰精組合而成的，那麼所合成體中就包含有人的陰陽能量，古人把這兩股合成一體的能量名之為魂魄。今天有一班所謂科學權威人士竟然把魂魄斥之為迷信，他們不知道魂魄產生的源頭，要

是照他們這樣的說法，那麼，人自己的存在首先就是不科學的了，因為魂魄就是人自身陰陽的別名。精，其實就是整個人的生命，包括肉體以及肉體產生的能量。

⑦夫魂魄皆神也：提到「神」字，現代自命為懂科學的人就會自然地產生排斥感。其實所謂的「神」，就是指道的本體在實際作用中產生的神奇效果而已。這裏的魂魄都是陰陽本源利用人體的功能在實際生活中會產生出很多真實而神奇效果，這些效果在古代用文字表達的名詞就叫做魂魄的神。

⑧補先天之水以濟心，則精不動而心易寂矣：這句話所描述的情景就是《黃帝外經》涉及到的養生核心——內丹學，屬於道家正統闡教，為什麼叫做闡教呢？因為它的修煉方法，它的過程以及最後的結果都是闡述了宇宙生命產生轉化的過程，在內丹的修煉中，人自身小宇宙中所發生和感受到的一切量與質的變化發展都是和大宇宙中所發生的一切極其地相似。如本條中的補腎水以濟心火，心就會不再躁動而歸於平寂，這一水火既濟的過程就是宇宙由混沌中產生陰陽，化生水火，而後水火既濟歸於外寂而內裏無時無處不動的今天的宇宙生命模式。這一現象用之於後天醫療中可以治療心腎不交的相火偏亢之症，用在先天修煉中以神光〔即二目交併的光在寂靜中得到元神的指導下所獲得的陰陽相交，歸於胎息大定的神奇效果〕。

《命根養生篇》探微

這一章緊接前文「回天」「延壽」之說，提出了具體的修煉大道與養生之道的具體指導思想理論與方法，請讀者耐心細察，學得這一秘訣就會知道中華民族神聖祖先黃帝策劃

與著作《黃帝外經》一書的良苦用心了，千萬不能因為文中談到其他似乎與修煉無關的話題就草草略過，要知道讀經正是養心煉已的最好方法，當您能夠洗去心中凡塵燥火，靜下心來讀經時，您事實上已經開始了修煉的第一步了。

呂純陽祖師丹經有云：「養氣妄言守，降心為不為。」《黃帝外經》前面開宗明義就引用黃帝之師廣成子教人：「必靜必清，無勞汝形，無搖汝精，無思慮營營，乃可以長生。」

《黃帝內經》也教人：「恬淡虛無、精神內守。」老子《道德經》中說：「載營魄抱一，能無離乎？專氣致柔，能如嬰兒乎？」所以說降心煉已時時達到心靜心清境界就是修煉內丹術的第一步下手之法。

未修煉的凡俗之人，每天在慾望的驅使下，蠅苟營營，忙忙碌碌，從來都沒有一時一刻的靜止，正好助長了心火上炎而不斷地消耗腎中先天真水，水越枯乾虛火越旺，形成了「火水未濟卦」。所以必須透過修心降火，腎水滋生來形成「水火既濟卦」，身內陰陽才能平衡和諧。

詩云：

心猿拴住莫須馳，便是金丹將熟時。
天海相逢唯有笑，原來大道是聾癡！

人能常清淨，天地悉皆歸。
內丹煉成時，宇宙任您飛。

直譯

伯高太師又請問岐伯說：「養生修真的道理，可以允許聽聞到嗎？」

岐伯說：「庸愚的我又怎麼會知道呢？」

伯高再次請問岐伯。

岐伯說：「人生於天地之中，不能與天地一起長存，是沒有體察天地的道理啊！上天賜給人類長生的命根，大地賜給人類以長生的本源。天地賜給人類的命根，是由父母給予的。配合父母的元精形成了身體，元精就是人的命根。魂魄隱藏在元精之中，魂屬於陽，魄屬於陰，魂趨向於生，魄趨向於死。魂魄都是神，每個人都有。神記憶體於體內，人就得以生存；神出遊到外面，人就會死亡。魂最善於出遊，這是由於心不寂靜。廣成子說『保持元神的虛靜』，正是保持此心而與魂同時寂靜啊！」

伯高問：「精不是腎中的水嗎？水的特性是主管運動，心火不寂靜，不正是因為腎水的不平靜嗎？」

岐伯說：「腎水之中存在著真火，水的特性是向下流動，但火的特性是向上燃燒，因此精水就不平靜了。精水一動，那麼心火就搖搖而上了。制伏精水使它不動，仍然在於心火的寂靜。」

伯高問：「我的心寂靜了，但是腎中的精水蠢蠢欲動，這是為什麼呢？」

岐伯說：「水火原來是相反相成的，沒有火，水就會不安靜；沒有水，火也不會安寧。」制伏心火，但是精水仍然會妄動的，是由於腎水乾涸了。補益先天的腎水，以上濟心火，精水不妄動，那麼心火就容易寂靜了。

陳遠公說：精既然從水中生出來，也是水中的火。精水動，是因為火氣的發動；火不動，精怎麼會搖動呢？可見，精動由於心動。心動到極點，水火都一起動了。因此，安心為補益精水的法要。

第六章　救母篇

原文

容成[1]問于岐伯曰：天癸之水，男女皆有之，何以婦人經水謂之天癸乎？岐伯曰：天癸水，壬癸之水也。壬水屬陽，癸水屬陰[2]。二水者先天之水也。男為陽，女為陰，故婦人經水以天癸名之，其實壬癸未嘗不合也[3]。容成曰：男子之精，不以天癸名者，又何故歟？岐伯曰：精者，合水火名之。水中有火，始成其精。呼精而壬癸之義已包於內，故不以天癸名之。容成曰：精與經同一水也，何必兩名之？岐伯曰：同中有異也。男之精，守而不溢；女之經，滿而必泄也。癸水者，海水也，上應月，下應潮，月有盈虧，潮有往來，女子之經水應之，故潮汐月有信，經水亦月有期也[4]。以天癸名之，別其水為癸水，隨天運為轉移耳[5]。容成曰：其色赤者何也？岐伯曰：男之精，陽中之陰也，其色白。女之經，陰中之陽也，其色赤。況流于任脈，通於血海[6]，血與經合而成濁流矣。容成曰：男之精虧而不溢者，又何也？岐伯曰：女子陰有餘陽不足，故滿而必泄。男子陽有餘陰不足，故守而不溢也。容成曰：味鹹者何也？岐伯曰：壬癸之水，海水也。海水味鹹，故天癸之味應之。容成曰：女子二七經行，稚女不行經何也？岐伯曰：女未二七則任衝未盛，陰氣未動，女猶純陽也，故不行經耳。容成曰：女過二七，不行經而懷孕者，又何也？岐伯曰：女之變者也，名為暗經，非無經也。無不足，無有餘，乃女中最貴者。終身不字[7]，行調息之功，必長生也[8]。容成問曰：婦女經水，上應月，下應潮，宜月無愆期矣[9]。何以有至有不至乎？岐伯

曰：人事之乖違也。天癸之水，生於先天，亦長於後天也。婦女縱欲傷任督之脈，則經水不應月矣。懷抱憂鬱以傷肝膽，則經水閉而不流矣。容成曰：其故何也？岐伯曰：人非水火不生，火乃腎中之真火，水乃腎中之真水也。水火盛則經盛，水火衰則經衰。任督脈通於腎，傷任督未有不傷腎者。交接時，縱欲泄精，精傷任督之脈亦傷矣。任督脈傷，不能行其氣於腰臍，則帶脈亦傷，經水有至有不至矣。夫經水者，火中之水也。水衰不能制火，則火炎水降，經水必先期至矣。火衰不能生水，則水寒火冷，經水必後期至矣。經水之愆期，因水火之盛衰也。容成曰：肝膽傷而經閉者，謂何？岐伯曰：肝藏血者也，然又最喜疏泄。膽與肝為表裏也，膽木氣鬱，肝木之氣亦鬱矣。木鬱不達，任衝血海皆抑塞不通，久則血枯矣。容成曰：木鬱何以使水之閉也？岐伯曰：心腎無晷不交者也[⑩]。心腎之交接，責在胞胎，亦責在肝膽也。肝膽氣鬱，胞胎上交肝膽，不上交於心，則腎之氣亦不交於心矣。心腎之氣不交，各臟腑之氣抑塞不通，肝剋脾，膽剋胃，脾胃受剋，失其生化之司，何能資於心腎乎？水火未濟，肝膽之氣愈鬱矣。肝膽久鬱，反現假旺之象，外若盛內實虛。腎因子虛轉去相濟涸水，而鬱火焚之，木安有餘波以下泄乎？此木鬱所以水閉也。鬼臾區問曰：氣鬱則血閉，血即經乎？岐伯曰：經水，非血也。鬼臾區曰：經水非血，何以血閉而經即斷乎？岐伯曰：經水者，天一之水也，出於腎經，故以經水名之。鬼臾區曰：水出於腎，色宜白矣，何赤乎？岐伯曰：經水者，至陰之精，有至陽之氣存焉，故色赤耳，非色赤即血也。鬼臾區曰：人之腎有補無瀉，安有餘血乎？岐伯曰：經水者，腎氣所化，非腎精所泄也。女子腎氣有餘，故變化無窮耳。鬼臾區曰：氣能

化血，各經之血不從之而泄乎？岐伯曰：腎化為經，經化為血，各經氣血無不隨之而各化矣。是以腎氣通則血通，腎氣閉則血閉也。鬼臾區曰：然則氣閉宜責在腎矣，何以心肝脾之氣鬱而經亦閉也？岐伯曰：腎水之生，不由於三經⑪。腎水之化，實關於三經也。鬼臾區曰：何也？岐伯曰：腎不通肝之氣，則腎氣不能開。腎不交心之氣，則腎氣不能上。腎不取脾之氣，則腎氣不能成。蓋交相合而交相化也。苟一經氣鬱，氣即不入於腎，而腎氣即閉矣。況三經同鬱，腎無所資，何能化氣而成經乎？是以經閉者，乃腎氣之鬱，非止肝血之枯也。倘徒補其血，則鬱不宣反生火矣。徒散其瘀，則氣益微反耗精矣。非惟無益，而轉害之也。鬼臾區曰：大哉言乎！請勒之金石⑫，以救萬世之母乎。

陳遠公曰：一篇救母之文，真有益於母者也！講天癸無餘義，由於講水火無餘義也。水火之不通，半成於人氣之鬱。解鬱之法，在於通肝膽也，肝膽通則血何閉哉？正不必又去益腎也。誰知肝膽不鬱，而腎受益乎？鬱之害，亦大矣！

【注釋】

①容成：是黃帝的史官，後世傳說是道家「採陰補陽」一門的祖師爺，其實是邪教徒冒認的。《漢書藝文志》中記載有《容成陰道》二十六卷，實際上容成應該是中醫婦科的祖師。

②壬水屬陽，癸水屬陰：男的精水屬陽，叫壬水；女的經水屬陰，叫癸水。其實統稱天癸，都是指腎中先天天一真水，因後天成熟，能資補了，就可以排泄出來。壬癸陰陽相交就可以生兒育女了。這是後天順陰陽相交，實際上男的後天之水也是癸水，如果以自身先天壬水與後天癸水相交，就

是陰陽逆交，則「身內夫妻自妙哉，男人今日也懷胎。」元
胎造就，金丹煉成，能夠更進，還丹服食，與身合道，大道
可期也。女子也是如此，把後天排出體外的壬水（與男子相
反，就這點區別）逆反回身內，與先天癸水相交，則還丹而
不生凡胎了。不小心洩漏天機已盡，還望讀者於陰陽順逆處
細細留心，訪名師，問方兒，以期早成大道，悟證混元，莫
再渾渾噩噩，做那螻蟻蒼生了。

③壬癸未嘗不合也：就是上一題注解中所說男女各有壬
癸先後天陰陽，分則各自相合，合則二生三了。

④經水亦月有期也：女子經水相當於海水，屬陰，當
後天壬水補充滿溢後，就會在月圓潮汐時因引力作用溢出體
外。男壬水相當於江河，對應太陽因此滔滔不絕，浩浩歸海
化元氣，生海底金。

⑤通於血海：女子衝脈，稱為血海，後天資助，盡在衝
脈，與任脈相連，如果用中國水系地形來比擬的話，則任脈
就是長江，當長江水滿，就會溢入漢水淮河兩大水系，而資
生中華大地，衝脈就相當於漢淮兩水。

⑥不字：不結婚，不出嫁，古時女子出嫁，要把自己的
生辰八字報送夫家，所以不出嫁叫不字。

⑦必長生也：其實女子修真求道比男子更容易，只要
做到還經不漏（術語叫「斬赤龍」）就可以長生了。這裏是
說有一種天生暗經的女子，生來先後天陰陽就平衡，也不虧
損，也不滿溢，江水和海水平潮，一切靜止，日月映照其
中，行調息內照之法，長生立地可期！

⑧宜月無愆期矣：愆，延長。這裏指月經不按時來潮，
容成問岐伯，女子既然癸水和海潮、月亮相對應，應該沒有
不準時來潮的現象啊！所以有月經提前或錯後不按時來潮的

現象就叫婦科病了。

⑨心腎無晷不交者也：晷，指古代用日光照影移動規律所刻制的類似鐘錶的計時器。這裏作時刻講。就是說心和腎之間無時無刻不相交，不相交就是因為肝膽氣鬱而成病了。

⑩三經：這裏指上文提到的心、肝、脾三經。

⑪請勒之金石：勒，刻鑄。請讓我把您所講的這些關於婦女經血運行的大道刻鑄在金屬上或者石頭上，好讓這些話能夠流傳下來。

《救母篇》探微

這一章題名就叫「救母」，著重講了婦女的生育生理和病理。是要我們明白中國是個母體性文化傳承的國家，是月亮文化。我們應該明白古人的良苦用心，不管什麼時候都要重視女性的健康，只有母親健康了，才有優秀的子孫後代，只有良田才能長出好莊稼。而後世儒家壓制女性社會地位，不重視女性的健康，才會有中國近代歷史的國力衰微，屈辱受欺。而反觀歷史上一些傑出人物的成長，無不是因為背後有個賢妻良母的默默奉獻。大禹、周文王、老子、孟子、范仲淹、寇准、岳飛、朱元璋等等，他們的背後都有一個偉大女性的身影。當太陽落下餘暉，月亮就悄悄地反射光華，把陰精像乳汁一樣地滋潤著天地萬物。而人們只知道「萬物生長靠太陽」，往往忽略了月光的存在。

其實，女子無論在修先天大道還是在作後天生育上，都是勝過男子的。當然，不是像當今某些開放女士自輕自賤地勝過男人。希望今天的偉大女性們也能讀一讀此篇經文，奮發圖強，刻苦修行先天大道，也做一做像歷史上的女媧娘娘、西王母、麻姑、媽祖、董雙成、樊雲翹、魏華存、何仙

姑、曹文逸、孫不二、呂四娘等等女中豪傑吧。讓中華靈鳳
再一次騰飛於世界的東方。

詩云：

　　紫氣東來撼玉門，誰知大道在崑崙。

　　瑤池王母蟠桃熟，又度閻浮多少人。

直譯

容成請問岐伯說：「天癸之水男女都有，為什麼只將婦
女的月經稱為天癸呢？」

岐伯說：「天癸之水，指壬癸二水。壬水屬陽，癸水屬
陰。二水是先天之水。男為陽，女為陰。因此，將婦女的經
水稱為天癸。其實稱為壬、癸二水，也未嘗不符合啊！」

容成問：「男子的精水不用天癸來命名，這又是什麼原
因呢？」

岐伯說：「精，綜合了水火二者來命名，水中有火，才
能構成精水。稱為『精』，就已經將壬癸的含義包括在其中
了，因此不用天癸來命名。」

容成問：「精與經同樣是水，又何必用兩個名詞來命名
呢？」

岐伯說：「相同之中存在著差異。男子的精液可以持守
而不溢出，女子的經水一旦滿了必然會排泄出來。癸水是海
水，在上對應月亮，在下對應潮水。月亮有盈滿和虧缺，潮
水有去有來，女子的月經與它相對應，因此潮汐每月有週
期，月經也每月有準信。用天癸來命名月經，以便說明其中
的水是癸水，是隨著自然規律而轉移的。」

容成問：「為什麼月經的顏色是紅色的？」

岐伯說：「男子的精液，陽中有陰，顏色是白色的；女

子的月經，陰中有陽，顏色是紅色的。況且月經流行於任脈之中，貫通於血海之內，血水與經氣相匯合，從而變成混濁的液體了。」

容成問：「男子精液虧導致不能溢出的，又是為什麼呢？」岐伯說：「女子陰血有餘，陽氣不足，因此血滿就必然要排泄出來；男子陽氣有餘，陰形不足，因此持守就可以不溢出來。」

容成問：「味道是鹹的，為什麼？」

岐伯說：「壬癸之水，是大海之水。海水的味道是鹹的，因此天癸的味道與之相應。」

容成問：「女子十四歲來月經，幼女不來月經，這是為什麼？」岐伯說：「女子十四歲之前，任脈和衝脈中氣還沒有充盛，陰氣還沒有啟動，這些女子有如純陽之體，因此不來月經。」

容成問：「女子十四歲以後，不來月經也可以懷孕，這是為什麼呢？」

岐伯說：「這是女人月經的一種變化，稱為『暗經』，並不是沒有月經。有暗經的女人不存在『不足』，也不存在『有餘』，是女子中最尊貴難得的。這種人如果終身不嫁，並修持『調息』的功夫，必然會長生。」

容成問：「婦女的月經在上對應月象，在下對應潮水，應當每月不會不準時啊，為什麼有的人應當來月經反而不來呢？」

岐伯說：「這是人事變化違背了天道的規律。天癸之水，從先天中產生出來，在後天中成長。如果婦女性慾過度，損傷了任督二脈，那麼月經就會不符合月象了！如果婦女心中抑鬱傷害了肝膽，就會導致閉經而不來月經了。」

容成問：「其中的原因是什麼呢？」

岐伯說：「人離開了水火就不能生存。火是腎中的真火，水是腎中的真水。水火旺盛經氣就旺盛，水火衰弱經氣就衰弱。任脈和督脈與腎臟相連通，損傷了任脈和督脈，沒有不損傷腎的。性交時放縱慾望泄出精液，精氣損傷，任脈和督脈也隨著受傷了。任脈和督脈損傷後，不能將它的氣輸送到腰臍，那麼帶脈也會損傷，月經就會出現應當來而不來了。經血是火中之水，水衰不能制火，就會火炎水降，月經必然會比預計的日期先來；火衰不能勝水，就會水寒火冷，月經必然會比預計的日期遲來。經水不能按期而來，是由於水火二氣的盛衰引起的。」

容成問：「肝膽受到損傷以後就會閉經，指的是什麼？」岐伯說：「肝臟藏血，然而又最喜歡疏泄。膽與肝相互是表裏關係，膽腑的木氣抑鬱，肝臟的木氣也就隨著抑鬱了。木氣抑鬱不能舒張，任脈和衝脈的血海都會抑塞不通，久而久之經血就會枯竭了。」

容成問：「木氣抑鬱為什麼會閉塞水呢？」

岐伯說：「心火與腎水無時無刻不相交。心火與腎水相互交接，取決於胞胎，也取決於肝膽。肝膽之氣抑鬱，胞胎上交於肝膽，不上交於心，那麼腎中之氣也不會交於心。心腎之氣不交，各臟腑之氣鬱塞不通，肝木剋脾土，膽木剋胃土。脾胃受剋，失去了生化的職能，怎麼還能被心腎資生呢？水火未濟，肝膽之氣也就使人變得更加抑鬱了。肝膽長時間抑鬱，反而會表現出虛假的旺盛表像，表面似乎旺盛，裏面其實虛弱。腎臟由於木虛，轉而去相濟乾涸的水，從而被鬱閉的火所焚燒，木怎麼還會有剩餘的力量下泄呢？這就是木鬱引起水閉的原因。」

鬼臾區請問說：「氣鬱血閉，血就是經血嗎？」

岐伯說：「經水不是血液。」

鬼臾區問：「經水不是血液，為什麼血液閉塞不通月經就會斷絕呢？」岐伯說：「月經是天一之水，從腎經化生出來，因此用經水來命名。血液閉塞，經水就失去了生化的源頭，血液閉塞不通月經就會斷絕。」

鬼臾區問：「經水從腎臟中化生出來，顏色應當是白色的，為什麼會是紅色的呢？」

岐伯說：「經水是至陰的精氣，其中存在著至陽之氣，因此顏色是紅色的，顏色紅的並不都是血液。」

鬼臾區問：「人的腎臟只有補沒有瀉，怎麼會有多餘的血液呢？」岐伯說：「經水是腎臟中的元氣變化而成，不是由腎精中排泄出來的。女子的腎氣有餘，因此變化無窮。」

鬼臾區問：「氣能變化出血液，各經絡中的血液不會隨著它排泄出來嗎？」岐伯說：「腎精化生為經絡，經絡化出血液，各經絡中的氣血沒有不隨之而變化的。因此，腎氣通暢，血液就會流通，腎氣閉塞經血也會閉塞。」

鬼臾區問：「然而，氣閉塞的根源在腎，為什麼心肝脾的氣鬱也會導致閉經呢？」

岐伯說：「腎水的生發，雖然不是由於心經、肝經和脾經；腎水的變化，其實與這三經有關。」

鬼臾區問：「為什麼呢？」岐伯說：「腎臟不能貫通肝臟的氣，腎氣就不能開；腎臟的氣不與心臟的氣相交，腎氣就不能上行；腎臟不能資取脾臟的氣，腎氣就不能形成。這是因為相互交合而互相變化的緣故。如果只是一條經絡的氣鬱，真氣不能進入於腎臟，腎氣就會閉塞了！何況三條經脈同時鬱閉，腎臟缺乏資生的源頭，怎麼能夠化氣而變成經血

呢？因此，閉經是腎臟中的氣鬱，並不僅僅是肝血的枯竭。如果單純補血，那麼鬱氣得不到宣發，反而會產生火了！如果只是散瘀，真氣就會更加衰微，反而會耗傷元精了！不僅沒有好處，反而會轉化為傷害。」

鬼臾區說：「這番話的意義重大啊！請刻在金石之上，以便拯救萬世的母親。」

陳遠公說：一篇救母的文章，真是有益於母親啊！講述天癸沒有餘義，是因為講述水火沒有餘義。水火不通暢，一半是由於人的氣鬱造成的。解除氣鬱的方法，在於疏通肝膽。肝膽通暢，血液又怎麼會閉塞呢？這正是強調不要單純去補腎。有誰知道肝膽不鬱閉，腎臟就會受益呢？肝膽鬱閉的危害，竟然如此之大啊！

第七章　紅鉛損益篇

原文

容成問曰：方士①采紅鉛②接命③，可為訓乎④？岐天師曰：慎欲者⑤采之，服食延壽⑥；縱欲者采之，服食喪軀。容成曰：人能慎欲，命自可延⑦，何藉紅鉛乎？岐伯曰：紅鉛延景丹⑧也。容成曰：紅鉛者，天癸水也。雖包陰陽之水火，溢滿於外則水火之氣盡消矣，何以接命乎？岐伯曰：公之言，論天癸則可，非論首經之紅鉛也。經水甫出戶輒色變，獨首經之色不遽變者，全其陰陽之氣也⑨。男子陽在外，陰在內⑩；女子陰在外，陽在內⑪。首經者，坎中之陽也。以坎中之陽補離中之陰⑫，益乎不益乎？獨補男有益，補女有損。補男者，陽以濟陰也；補女者，陽以亢陽

也。容成曰：善。

陳遠公曰：紅鉛何益於人，講無益而成有益者，辨其既濟之理也。誰謂方士非恃之以接命哉？

【注釋】

①方士：方士不同於後世的道士，也不同於道教產生前的修真之士，但修真者也會參考方士的方術以養生，本篇岐伯是修真之士，而容成所問的服食紅鉛接命延年的方術就是此例。修真之術是內丹修煉，修煉的是人自身未消亡的天命真水接後天之火，以成陰陽顛倒之用。如同後世道教所劃分的清修丹法。而方士們則從外面研究後天物質補益先天所虧損的，如煉金石外丹，採異性陰陽，合百草藥物，效百獸導引等由外接內追求長生的方法，好似道教後來劃分的雙修丹法。據說，歷史上的徐福、新垣平等都屬於方士之列。而東漢魏伯陽在「萬古丹經王」《周易參同契》中已經明白地批判了方術延命長生的錯誤。今天，社會仍有許多長壽藥在暢銷，莫非方士還在嗎？

②紅鉛：本來就專指女子第一次行經的經水，而後世那些假借修長生術的方士騙子們故意解釋為女子破處之血，而肆行邪術，坑害良家少女以滿足他們的淫慾。但某先生顯然在注解中誤解了文中之意，而解釋成第二種說法。因為後文有出而變色與否的說法，處女破身之血顏色變嗎？

③接命：古代修真之士，以先天真性接修後天命蒂，叫做接命，術語叫還丹。但此處所說的接命，是指方士們用後天外物接續先天虧損的方法，以為可以延長壽命。

④可為訓乎：訓，教訓，此處引申為可以作為借鑒學習的作用。

⑤慎欲者：就是第一章所提到採用內景清修，以窈窈冥

冥，昏昏默默為宗旨的無視無聽，抱神以靜、慎內閉外，不放縱後天慾望的修真方法為正統的修真之士。

⑥采之服食延壽：方士們以為紅鉛〔女子首經〕製藥服食可以延長壽命，真不知道怎麼服食法，這些未得黃帝、老子真傳的可憐的人，真的能吃下去嗎？真的可以延壽嗎？

⑦人能慎欲，命自可延：可見容成也知道，人能夠做到「慎汝內，閉汝外」的返還顛倒之術，自然就可以延長壽命，長生不老了，哪裡還須在外面勞心費力呢？

⑧延景丹也：看了這個名詞才知道，這個紅鉛的真正作用來美容養顏的，可以作用於肉體的保養，而絕對不可能挽回已經虧損的先天之真元。

⑨全其陰陽之氣也：女子生長到初次行經的時候，體內的陰陽水火都已經充足平和了，之所以會行經，就是後天攝取的水穀之氣繼續往先天精血內補充就會滿溢出來了，因此說女子初次排出體外的經血顏色不會變色，是因為其中包含著體內的陰陽平和之氣。

⑩男子陽在外，陰在內：這一說法從古至今都沒有人說清楚，只能用《周易》「離卦」的卦象來比喻，其實從生理角度來看，就會明白了。男子和女子的生殖系統就是內外的區別不同而已。男子的睾丸是在體外的，而女子則相反在體內作為卵巢；男子陰莖則是女子陰蒂和前庭大腺的外延；男子不漏經水但排一次精，體內先天真元就會虧損一些，這就是陰在內，陽在外的真意。陽指在外面的肉眼可見的東西，陰一般指看不見的但確實存在的物質，如男子排出體外的精液就是體內高濃度汽化的精華物質，沒排出體外時，在體內運行是肉眼看不見的氣體。

⑪女子陰在外，陽在內：女子和男子恰好相反，可供生

殖用的卵巢子宮等全在體內，肉眼都可以看到。但是可供生殖用的陰性物質，沒經氣化的水液排出體外，等到汽化完成時早已成為受精卵，孕育成胎兒時又是肉眼可見的陽性物質了。

⑫以坎中之陽補離中之陰：女子首經本是體內平和之氣的多餘物質，排出體外仍是未經氣化的陰性物質，方士們採之用藥物使之氣化，可以補充男子排出體外的虧損。女子為「坎卦」，排出體外的經是水，被男子服食後轉化為體內之水，以補男子的離中之虛。

《紅鉛損益篇》探微

此章探微本來不想再說什麼了，但是為了使讀者能完整理解本篇，還是有必要來說幾句。

首章已自說明，只有窈窈冥冥，昏昏默默，無視無聽，抱神以靜，足可以達長生。《莊子·在宥》篇中廣成子明言，其行此術，千二百歲，其容未嘗衰。豈有傳之黃帝，須御千二百女，便可騎龍升天之說。這裏傳至容成，正道不學，偏要問什麼方士之術，做什麼紅鉛接命，難怪後世一代不如一代，專做邪術，導致真道式微，邪欲橫行。今天一提到中華傳統文化，不是以為儒生庸談，便是做什麼房中術，什麼看風水算命相面，什麼飲食養生……殊不知這些都是當年方術的殘餘，都是方士們未得大道真傳的異端邪說。這也就是為什麼當年西方人提起中國道文化，無不神往；但提起中國道教與道教徒，都以「義和拳匪」視之，在西方人眼裏，現代中國道教徒都是一群江湖騙子，混混之流，一群專行邪術的人渣，一群沒有教養的愚氓。儆醒吧，國人！我們的老祖宗給我們留下多麼寶貴的遺產，為什麼因為我們的不

學無術而使中華民族蒙羞著呢？

當代最值得景仰的當數大陸的陳攖寧，臺灣的蕭天石，他們都是當之無愧的中華赤子，中流砥柱。實修成功的則是獨一無二的吳雲青老壽星。都是黃帝、老子的矯子，讓我們沙裏淘金，古為今用，把中華道學正統真正地傳承下來，弘揚傳統文化的真傳實學，以科學的眼光真實對待老祖宗的寶貝，為振興中華而獻上全人！

詩云：

　　　　紅鉛接命實荒唐，草石延年更左旁。

　　　　千載中華傳大道，自由真術見岐黃！

直譯

容成請問說：「方外之士採取女人的紅鉛來延長壽命，這種做法可以作為慈訓嗎？」

岐伯說：「節制性慾的人，採取和服食紅鉛可以延長壽命；放縱性慾的人，採取和服食紅鉛會喪失生命。」

容成問：「人們能夠節制性慾，壽命自然可以延長，為什麼還要憑藉紅鉛呢？」

岐伯說：「紅鉛是延景丹。」

容成問：「紅鉛是天癸之水，雖然包含有陰陽水火，溢滿到體外，水火之氣就完全消散了，為什麼能延長壽命呢？」

岐伯說：「你所講的用來說明天癸是可以的，但並不是論述女人第一次初潮的紅鉛。經水剛從陰道中流出來顏色就變了，唯獨第一次月經的顏色不會馬上變化，是因為保全了其中的陰陽之氣。男子陽在外，陰在內；女子陰在外，陽在內。首經是坎中之陽，用坎卦中的陽氣補離卦中的陰氣，有

補益還是沒有補益？唯獨補男子有好處，補女子有損傷。補男子，是用陽來濟陰；補女人，是以陽亢陽。

容成說：「好。」

陳遠公說：紅鉛對人有什麼好處呢？將沒有益處說成有益處，無非是辨明其中既濟之理而已。誰說方士非得依靠紅鉛來接續生命呢？

第八章　初生微論篇

原文

容成問曰：人之初生，目不能睹，口不能餐，足不能履，舌不能語，三月而後見，八月而後食，期歲①而後行，三年而後言，其故何也？岐伯曰：人之初生，兩腎水火未旺也。三月而火乃盛，故兩目有光也。八月而水乃充，故兩齦有力也。期歲則髓旺而臍生矣②。三年則精長而囟合矣③。男十六天癸通，女十四天癸化④。容成曰：男以八為數，女以七為數，予知之矣。天師于二八、二七之前，《黃帝內經》何未言也？岐伯曰：《黃帝內經》首論天癸者，歎天癸難生易喪也。男必至十六而天癸滿，年未十六皆未滿之日也。女必至十四而天癸盈，年未十四皆未滿之日也。既滿既盈，又隨年俱耗，示人宜守此天癸也。容成曰：男八八之後猶存，女七七之後仍在，似乎天癸之未盡也。天師何以七七、八八之後不再言之歟？岐伯曰：予論常數耳，常之數可定，變之數不可定也⑤。予所以論常不論變耳。

陳遠公曰：人生以天癸為主，有則生，無則死也。常變之說，惜此天癸也。二七、二八之論，亦可言而言之，非不

卷

一

可言而不言也。

【注釋】

①期歲：一周歲。

②期歲則髓旺而臏生矣：滿了周歲後骨髓旺盛，膝蓋骨就長全了，所以就會行走了。臏，膝蓋上的那塊小骨頭。

③三年則精長而囟合矣：三周歲左右，當孩子的先天精充盈，腦髓豐滿，所以腦囟門的裂縫就會合起來了。囟，囟門，指腦臚骨的前端連接處。

④天癸化：男十六歲天癸才通，精道括約肌長成，可以排精生育；女子到十四歲左右後天水穀精華就可以把先天虧損彌補起來了，初經來潮，具備生育能力了。一個「化」和一個「通」字，絕對不可以同日而語，「化」，指後天完全可以資生先天，所以女子生來就陰陽平衡，適合修道的，可惜悟道能有幾人啊。

⑤常之數可定，變之數不可定也：普遍的現象有一定規律的，而特殊變化的現象是沒有規律可循，是難以判定的。

《初生微論篇》探微

這一章主要強調了腎精在人體的生長發育中的主導作用。岐伯向容成解釋了《黃帝內經》裏面所沒有談到的天地人生常數以外的變數。讓人明白腎中先天之精是男女成熟的標誌和保障。修道的人更應該知道腎精的重要性，它就是人體的動力油，用一點就少一點，主要靠後天脾胃系統給予補充。但是大多數人多處在消耗狀態下，即使脾胃吸收點水穀精華也不夠後天欲望的支出，始終處在入不敷出的情況下。因為他們沒有得到內丹道法的秘傳，沒有人生苦短的危機感，沒有「一失人身萬劫難」的向道之心，所以千百年面對

此狀況束手無策到今天的麻木不仁，他們總認為人生於世，就應該趨向死亡，並且只有這一次，死後也什麼都不存在了，所以他們面對生命的消耗無動於衷，無可奈何。

你要對他們講解大道和逆成仙真的真理，他們不但不會聽從，還會嘲笑你是迷信，是愚昧落後和無知。唉，於是知道為什麼人世間不管法律制度多麼健全，也不能杜絕犯罪的產生和存在了。

其因有二：

一者是因為如今的物慾引誘，人的慾望和貪婪是無止境的，雖然人們知道人為財的結果必然是死，但是自從失去了通往那永恆大道的道路後，人們轉而對物質的追求精神也是大得驚人，真可謂是「鞠躬盡瘁，死而後已」啊！

二者是人們因為失去了對先天大道的傳承，根本就不相信人活著其實主要是內在的「仁」，外在的肉體無論肥瘦壯衰，都跟「仁」無關，只不過是提供了「仁」所寄生的條件而已，當外面的果肉朽爛了，只要有一定的生長環境，那「仁」裏面的生命胚胎就會頑強地以其他生命形式存在著。但是今天的人們都不懂得這些，他們受機械唯物主義世界觀，人生觀的影響，總認為人的生命只有這一世，人死了就什麼都沒有了。

記得著名的動畫片《紅貓藍兔七俠傳》的主題曲就這樣盡情地向孩子們謳歌道：「怎麼過，也就是一輩子，怎麼活，也不過一百年。」然後就是盡情地渲染這一輩子的活法。筆者在這裏不客氣地告訴讀者，這就是人類犯罪心理所孕育的溫床和土壤，為什麼這樣說呢？您請想啊，照他們這樣說的話，我就想去犯罪，因為無論怎麼活，我的壽命都只不過一百年，三萬六千日；無論怎麼樣過得精彩，也只不過

就這一輩子，於是在人們的潛意識裏就產生了這樣的錯覺，我何必讓那所謂的道德法律所束縛而苦了我這一輩子；我又何必拼死拼活去累這一百年，既然人一死一了百了，那我為何不去搶，不去偷，不去盡情地巧取豪奪，去盡情地瀟灑地度過我這三萬六千天。這難道不是法律道德所無法管制住的地方嗎，在他們的心裏，再沒有對人生的留戀和摯愛；再沒有對人生意義的追求和嚮往；再沒有良心道德的產生和對真理的渴慕；再沒有自然生命的探索和對下一世「重來一遭定走好」的憧憬和渴望。於是，人生的美好藍圖變成了現在灰色的一片水泥鋼筋……

回過頭來咱們再說腎精元氣的重要性，中國道家特有的內丹「添油接命」法，在歷史的長河中不斷地被吳雲青老人這樣的智者所印證，按照《黃帝內經》和西方《聖經・舊約》的記載，人自從走上追求後天肉體享受（在《聖經》叫人被蛇引誘而吃了禁果犯罪從而失去樂園）以後，最長的天年壽命是120歲。可是吳雲青，李青雲等人為什麼會打破這一界限呢？雖然再沒有人能達到像古人那樣「壽蔽天地，無有終時」，「長生久視，與天同壽」，但畢竟是人可逆天的活見證，是人類向「天道」的挑戰。追求「永生」的靈修是西方聖經的主旋律，真是「東方聖人，西方聖人，其心同，其理同」啊。只要我們追求，我們的偉大祖先早已用自己的生命為我們開闢了通途。

人身中的腎精元氣，古人用「銖」來作為計量單位。人從一周歲到兩歲零八個月，生有一陽，增長真元十四銖，成為地雷復卦（☷☳）。古代計量單位是：二十四銖為一兩，十六兩為一斤。到五歲零四個月，生有兩個陽爻，又增長元氣六十四銖，成為地澤臨卦（☷☱）。到了八歲，生三個陽爻，

再增元氣六十四銖，成為地天泰卦（☷☰）。到了十歲零八個月，有四個陽爻，又添六十四銖元氣，變成雷天大壯卦（☳☰）。再到十三歲零四個月，生五個陽爻，生六十四銖元氣，成為澤天夬卦（☱☰）。到十六歲，有六個陽爻，添六十四銖元氣，成為純陽乾卦（☰☰）。天發正氣共三百六十銖，再加上先天從父母那裏帶過的二十四銖元氣，銖元氣，總其三百八十四銖先天陽氣，剛好一斤。人能保持住這三百八十四銖元氣不消耗，就保持純陽體，永遠保持，就永遠不會衰亡。

然而，到了十六歲至二十四歲，人就會耗去六十四銖元精，成為天風姤卦（☰☴）；到三十二歲為天山遯卦（☰☶）；四十歲為天地否卦（☰☷）；四十八歲風地觀卦（☴☷）；五十六歲為山地剝卦（☶☷），到了六十四歲再不悟真道，就會變成純陰的坤卦（☷☷）了。但是添油接命的功法，修行一百天就會增長六十四銖元精，依比類推，修煉六百日就是個純陽之體了。一直保持修煉下去，也能達到廣成子所說的「故我修身千二百歲矣，吾形未嘗衰」。多麼豪邁的語言與康壽超凡的理想境地哪，朋友，追求吧！

詩云：

《黃帝內經》闡後天，《黃帝外經》返先天。

老子據著《道德經》，長生久視春常在。

直譯

容成問：「人剛生下來的時候，眼不能視，口不能食，足不能走，舌不能言。三個月才能看見，八個月才能飲食，一歲才能步行，三歲才能講話。其中的原因是什麼呢？」

岐伯說：「人剛生下來的時候，兩個腎臟裏面的水火二氣還沒有旺盛。三個月火氣旺盛，因此雙目才有光明。八個

月水氣充盈，因此兩齦才會有氣力。一歲時腦髓旺盛，臍骨就產生了。三歲時，精氣長成，囟門就癒合了。男子十六歲天癸通暢，女子十四歲天癸出現。」

容成問：「男子以八為數，女子以七為數，我已經知道了。天師對於男子十六歲、女子十四歲之前，《內經》為什麼沒有講到呢？」

岐伯說：「《內經》首先論述天癸，是感歎天癸很難產生卻很容易喪失。男子必須到十六歲天癸才會充滿，沒有到十六歲都是沒有充滿的年齡；女子必須到十四歲天癸才會充盈，沒有到十四歲都是沒有充盈的年齡。既然已經充滿和充盈了，又會隨著年齡的增長而逐漸消耗，這是在指示人們應當謹守天癸。」

容成問：「男子八八六十四歲之後仍然存活，女子七七四十九歲之後也仍然存活，似乎天癸還沒有耗盡啊！天師為什麼在女子七七、男子八八之後就不再論述了呢？」

岐伯說：「我講述的是其中正常的定數而已。正常之數可以論定，變化之數不能論定，我因此講述常數而不講述變數。」

陳遠公說：人的生命以天癸為主，有則生，沒有則死。常規與變化的學說，是為了珍惜天癸。二七、二八的論述，也是可以講述的言論，並不是不能講述的言論。

第九章　骨陰篇

原文

鳥師① 問于岐伯曰：嬰兒初生，無膝蓋骨，何也？岐伯

曰：嬰兒初生，不止無膝蓋骨也，囟骨、耳後完骨皆無之。鳥師曰：何故也？岐伯曰：陰氣不足也。陰氣者，真陰之氣也。嬰兒純陽無陰，食母乳而陰乃生，陰生而囟骨，耳後完骨、膝蓋骨生矣。生則兒壽，不生則夭[2]。鳥師曰：其不生何也？岐伯曰：三骨屬陰[3]，得陰則生，然亦必陽旺而長也。嬰兒陽氣不足，食母乳而三骨不生，其先天之陽氣虧也。陽氣先漓[4]，先天已居於缺陷，食母之乳補後天而無餘，此三骨之所以不生也。三骨不生又焉能延齡乎！

鳥師曰：三骨缺一，亦能生乎？岐伯曰：缺一則不全乎其人矣。鳥師曰：請悉言之。岐伯曰：囟門不合則腦髓空也；完骨不長則腎宮虛也；膝蓋不生則雙足軟也。腦髓空則風易入矣；腎宮虛則聽失聰矣；雙足軟則顛仆多矣。鳥師曰：吾見三骨不全亦有延齡者，又何故歟？岐伯曰：三者之中，惟耳無完骨者亦有延齡，然而疾病不能無也。若囟門不合、膝蓋不生，吾未見有生者。蓋孤陽無陰也[5]。

陳遠公曰：孤陽無陰，人則不生，則陰為陽之天也。無陰者，無陽也。陽生於陰之中，陰長於陽之外。有三骨者，得陰陽之全也。

【注釋】

①鳥師：黃帝大臣，主管飛禽與圖騰。

②生則兒壽，不生則夭：中國道家醫學主要講究陰陽平衡，發展到宋朝的陰陽太極圖就能很好地說明。人的先天生命屬陽，後天身體屬陰，後天在嬰兒階段主要靠母乳成長，陰液由量變到質變使三骨長成，陰陽平秘，壽命長久。

③三骨屬陰：三骨就是指囟骨、耳後完骨和膝蓋骨。屬陰，這三處骨頭都屬於後天陰質，主要靠母乳補充才能長成。

④陽氣先漓：漓，薄弱。是淋漓洩漏的引申意。

⑤蓋孤陽無陰也：蓋，古漢語中語氣助詞。中國道家醫學講事物「孤陽不生，獨陰不長」，如果人後天三骨不能長全，就說明後天陰質不足，如果僅僅是耳後完骨不長，還能成活，只是因為先天腎氣虧虛，體質很差，免疫力低，一生多病。如果三骨全無，人必夭折，因為孤陽不生。

《骨陰篇》探微

本章主要講人的先天與後天陰陽的平衡，萬物生長靠的都是陰陽平秘。而人體陰陽又分先天後天，先天屬陽，後天屬陰。張岫峰老師在淺釋中誤認為「嬰兒純陽無陰」之說不妥，是忘了男女陰陽主要是指後天生理上區分的陰陽，而不是指人的先後天陰陽。

其實，人如果只有先天，只能是個靈魂體，後天身體魂魄卻因為外因的緣故喪失了，如車禍，跌仆，驚嚇，疾病等，導致先天陽魂受損，人就會成為「植物人」。光剩下後天陰質，沒有先天陽氣，這個身體也就沒有了生機。

詩云：

> 道合先天與後天，陰平陽秘壽千年。
> 逢君愛講回春術，只為生來便慕仙！

直譯

鳥師請問岐伯說：「初生的嬰兒沒有膝蓋骨，為什麼？」岐伯說：「初生的嬰兒不僅沒有膝蓋骨，囟骨、耳後的完骨都沒有。」

鳥師問：「這是為什麼呢？」

岐伯說：「這是陰氣不足的緣故。陰氣，是真陰之氣。

卷

一

嬰兒純陽無陰，吮食母乳之後陰氣才得以生起。陰氣生起後，囟骨、耳後完骨、膝蓋骨都會生長出來。生長出來的嬰兒就會長壽，不能生長出來的就會夭折。」

鳥師問：「那些不能生長出來的是什麼原因？」

岐伯說：「三塊骨頭屬陰，得到陰氣就會生長，然而也必然是陽氣旺盛才能生長出來。嬰兒陽氣不足，吮食母乳之後三塊骨頭不能生長，是因為這些嬰兒的先天之陽氣虧虛。由於陽氣已先虧虛，先天的陽氣本身有了缺陷。吮食母乳，僅僅只能彌補後天的不足，因此三塊骨頭就不能生長出來了。這三塊骨頭不能生長出來，又怎麼能夠延長壽命呢？」

鳥師問：「三塊骨頭缺乏其中之一，也能夠生存嗎？」

岐伯說：「缺乏其中一，都不能發育成完整的人。」

鳥師問：「請詳細地解說。」

岐伯說：「囟門不合腦髓就會空虛，完骨不長腎臟就會虧虛，膝蓋不生雙足就會發軟。腦髓空虛邪風就容易吹入，腎宮虧虛聽力就會失聰，雙足發軟就會經常跌倒在地上。」

鳥師問：「我見過三塊骨頭發育不全，也有能夠延續生命的，這又是什麼原因呢？」

岐伯說：「在上述三塊骨頭中，只有耳朵旁邊沒有完骨的人能夠延續生命，然而疾病也不可避免。如果囟門不合，膝蓋不生，我還沒有見過能夠存活的，這是因為孤陽無陰的緣故。」

陳遠公說：孤陽無陰，人就不能生存，可見陰是陽的天命。沒有陰，就沒有陽。陽生於陰之中，陰長於陽之外。有三塊骨頭的，得到了陰陽的全氣。

卷 二

第十章　媾精受妊篇

原文

雷公問曰：男女媾精而受妊者[1]，何也？岐伯曰：腎為作強之官[2]，故受妊而生人也。雷公曰：作強而何以生人也？岐伯曰：生人者，即腎之技巧[3]也。雷公曰：技巧屬腎之水乎，火乎？岐伯曰：水火無技巧也。雷公曰：離水火又何以出技巧乎？岐伯曰：技巧成於水火之氣也[4]。雷公曰：同是水火之氣，何生人有男女之別乎？岐伯曰：水火氣弱則生女，水火氣強則生男。雷公曰：古云：女先泄精則成男，男先泄精則成女。今曰：水火氣弱則生女，水火氣強則生男。何也？岐伯曰：男女俱有水火之氣也，氣同至則技巧出焉，一有先後不成胎矣。男泄精，女洩氣，女子泄精則氣脫矣，男子洩氣則精脫矣，焉能成胎？！雷公曰：女不泄精，男不洩氣，何以受妊乎？岐伯曰：女氣中有精，男精中有氣，女洩氣而交男子之精，男泄精而合女子之氣，此技巧之所以出也[5]。雷公曰：所生男女，有強有弱，自分于父母之氣矣。但有清濁壽夭之異，何也？岐伯曰：氣清則清，氣濁則濁，氣長則壽，氣促則夭。皆本于父母之氣也。

雷公曰：生育本於腎中之氣，余已知之矣。但此氣也，豫於五臟六腑之氣乎[6]？岐伯曰：五臟六腑之氣，一經不至，皆不成胎。雷公曰：媾精者，動腎中之氣也，與五臟六腑何豫乎？岐伯曰：腎藏精，亦藏氣。藏精者，藏五臟六腑之精

也；藏氣者，藏五臟六腑之氣也。藏則俱藏，泄則俱泄⑦。雷公曰：洩氣者，亦泄血乎？岐伯曰：精即血也。氣無形，血有形，無形化有形，有形不能化無形也。雷公曰：精非有形乎？岐伯曰：精雖有形，而精中之氣正無形也。無形隱於有形，故能靜能動。動則化耳，化則技巧出矣。雷公曰：微哉言乎⑧，請傳之奕祀⑨，以彰化育焉⑩。

陳士鐸曰：男女不媾精，斷不成胎。胎成於水火之氣，此氣即男女之氣也。氣藏於精中，精雖有形而實無形也。形非氣乎，故成胎即成氣之謂。

【注釋】

①男女媾精而受妊者：這一條似乎不需要注者畫蛇添足，應該是正常人人人皆知的道理，我在這裏想說的是，這是人體先天作用於後天的順行外交而受妊生凡，假如能知逆返後天之陰交於先天之陽，便可以孕仙胎而生仙。

②腎為作強之官：作強，使之有力，靈巧。《黃帝內經》中已經把各臟腑所司之職分配得很清楚，腎就像保衛宮廷的兩支禁衛軍一樣，是人體的保護力量的象徵。人的腎功能強健，說明人的先天功能很強健，腎為先天之本，是人體免疫力、生殖力的預備隊、生力軍。

③腎之技巧：技巧，其實就是精卵結合而成胎的奇妙現象，因為古代沒有顯微鏡，無法觀察得更加細微，只好以技巧為名。

④技巧成於水火之氣也：其實古人所謂的技巧就是描述今天的精卵子結合的過程，而這個過程用古人的說法就是水火陰陽的交合過程，古人用河圖陰陽魚所推衍出來的數字就是今天用顯微鏡看到的現象。

⑤此技巧之所以出也：古醫道常以男主氣，女主精，氣

為陽，精為陰。但此處怎麼又說「女洩氣而交男子之精，男泄精而合女子之氣」呢？原來這就是所謂的陰陽技巧。男子腎中元氣在體內是精氣，排出體外時時就會凝而成液體；而女子在體內是液體，而所泄出的反倒是液體精的氣化。真是了不起的技巧啊！

⑥豫於五臟六腑之氣乎：豫通預，干預的引申意。就是上述的跟五臟七腑有關聯嗎？有聯繫嗎？

⑦藏則俱藏，泄則俱泄：腎藏精，精是五臟七腑的精華元氣，腎不是現代西醫解剖學上的腎臟，而是兩腎之間的命門。五臟七腑吸收後天水穀精華轉化為命門元氣，元氣在男女媾精化而為生命種子，所以說藏則俱藏，泄則俱泄。

⑧微哉言乎：雖然是寥寥數語，卻包含著如此深奧微妙的意義啊！

⑨請傳之奕祀：奕，連續，累計。意為傳到世世代代。

⑩以彰化育焉：彰，彰顯。來彰顯化生孕育的奇妙。

《媾精受妊篇》探微

這一章的表面文章似乎是專論後天生育的，男女媾精，受妊懷胎。這是多麼奇妙的事情啊，希望讀者朋友們在此事上要多多留心啊。說出這話來，恐怕要惹人笑話了：這事情誰不懂啊，還要留意什麼呀！果然是大道由來笑死人哪。怪不得真道都要失傳了，原來切身事就是大道，正如張三豐祖師用詩歌《無根樹》來闡述大道曰：「順為凡，逆為仙，只在中間顛倒顛。」還記得我們在第一章「探微」時就說過，讀《黃帝外經》的總綱要領全在顛倒、順逆中求，「道在尋常日用間」，百姓尋常日用就是大道，在天為日月，在地為水火，在人為男女，男女媾精，生子育女，這是後天的事，

逆轉過去，以自身先後天夫妻交媾，一樣可以孕育聖胎，化生元嬰，回歸天父地母的懷抱。

詩云：

乾坤一炁化陰陽，生兒育女代代長。

此事誰能顛倒用，自然成真步仙鄉。

直譯

雷公請問說：「男女精血交媾而懷孕，為什麼？」

岐伯說：「腎臟是主管技巧和強壯的器官，因此具有懷孕和繁衍後代的功能。」

雷公問：「技巧和強壯為什麼可以繁殖後代呢？」

岐伯說：「繁衍後代是腎臟的主要功能。」

雷公問：「此功能屬於腎臟的水？還是火？」

岐伯說：「水火本身沒有生育功能。」

雷公問：「離開了水火又怎麼能夠有生育功能呢？」

岐伯說：「水火二氣是形成生育功能的根本。」

雷公問：「同樣是水火之氣，為什麼生下來的人有男女的差別呢？」

岐伯說：「水火二氣衰弱的就生女，水火二氣強壯的就生男。」

雷公問：「古人說『女子先到高潮泄出氣血的生男孩，男子先到高潮泄出精液的生女孩』，現在卻說『水火二氣衰弱的生女孩，水火二氣強壯的生男孩』，為什麼？」

岐伯說：「男女都有水火二氣，二氣同時交媾就可以發揮生育的功能，一旦有先後的差別，就不能形成胎兒。男子泄出精液，女子泄出氣血，如果女子泄出精就會元氣虛脫，男子泄出氣就會精氣虛脫，又怎麼能夠成胎呢？」

雷公問：「女子不排泄精，男子不泄出氣，怎麼可以受孕呢？」岐伯說：「女子的氣血中有精，男子的精液中有氣，女子泄出的氣血與男子之精液交媾，男子泄出精液與女子的氣血相交合，這是能夠生育的原因。」

雷公問：「生下來的男孩和女孩，有強壯的也有衰弱的，都是從父母的氣那裏遺傳下來的，但是有清濁壽夭的不同，為什麼？」岐伯說：「父母之氣輕清的孩子的氣也輕清，父母的氣重濁的孩子的氣也重濁，父母之氣綿長的孩子就會長壽，父母之氣短促的孩子就會夭折，這都取決於孩子父母的元氣。」

雷公問：「生育的根本在於腎中的元氣，我已經知道了。但是這些元氣，與五臟七腑中的氣有關係嗎？」

岐伯說：「五臟七腑之氣，只要有一條經脈的氣運行不到，都不能成胎。」

雷公問：「精血交媾，動用的是腎中的元氣，與五臟七腑有什麼關係呢？」岐伯說：「腎藏精，也藏氣。所藏的精，是五臟七腑之精；所藏的氣，是五臟七腑之氣。精氣同時隱藏，同時泄出。」

雷公問：「泄出氣，也同時泄出血嗎？」

岐伯說：「精相當於血。氣無形，血有形。無形可以變化為有形，有形不能變化為無形。」

雷公問：「精液不是有形的嗎？」

岐伯說：「精液雖然有形，但是精液中的氣正是無形之氣，是無形隱藏在有形之中，因此能靜能動。精氣運動時就會有變化，有變化才有生育能力。」

雷公說：「這些話的道理真微妙啊！請把它傳給子孫後代，以彰顯化育之功吧！」

陳士鐸說：男女的精血不進行交媾，斷然不能成胎。胎兒形成於水火之氣，這些氣就是男女之氣。氣藏於精中，精雖然有形其實是無形的。形不正是氣嗎？因此，成胎就是成氣。

第十一章　社生篇

原文

少師問曰：人生而白頭，何也？岐伯曰：社日生人①，皮毛皆、白，非止鬢髮之白也。少師曰：何故乎？岐伯曰：社日者，金日也。皮毛須鬢皆白者，得金之氣也。少師曰：社日非金也，天師謂之金日，此余之未明也。岐伯曰：社本土也，氣屬金，社日生人犯金之氣。金氣者，殺氣也。少師曰：人犯殺氣，宜夭矣，何又長年乎？岐伯曰：金中有土，土乃生氣也②。人肺屬金，皮毛亦屬金，金之殺氣得土則生，逢金則斗。社之金氣伐人皮毛，不入人臟腑，故得長年耳。少師曰：社日生人皮毛鬢髮不盡白者，又何故歟？岐伯曰：生時不同也。少師曰：何時乎？岐伯曰：非已午時③，必辰戌丑未時也④。少師曰：已午火也，火能制金之氣，宜矣。辰戌丑未土也，不助金之氣乎⑤？岐伯曰：社本土也，喜生惡泄，得土則生，生則不克矣。少師曰：同是日也，何社日之凶如是乎？岐伯曰：歲月日時俱有神司之⑥，社日之神與人最親，其性最喜潔也，生產則穢矣。兩氣相感⑦，兒身受之，非其煞之暴也⑧。少師曰：人生有記⑨，赤如朱，青如靛，黑如鍋，白如雪，終身不散，何也？豈亦社日之故乎？岐伯曰：父母交媾，偶犯遊神⑩，為神所指，誌⑪父母

之過也。少師曰：色不同者，何歟？岐伯曰：隨神之氣異也。少師曰：記無黃色者，何也？岐伯曰：黃乃正色，人犯正神，不相校也⑫，故亦不相指，不相指，故罔所記耳⑬。

陳遠公曰：社日生人，說來有源有委，非孟浪成文者可比。

【注釋】

①社日生日：我國古代祭祀土地神的日子，又分春社秋社，指立春後和立秋後的第一個戌日，五行屬土。用天干地支記日的中國陰陽曆日干。

②金中有土，土乃生氣也：金本由土而生，所以叫金中有土。土乃生氣，五行皆歸於土，五氣皆由土而化。金生於土，木制於土，水被制於土，火生土。從後天講，五臟都是從後天脾土攝取營養，不管先天有多少資本，後天都是靠脾土生化。

③非巳午時：古代用十二地支作為計時的方法，從子時（半夜23～凌晨1點）數起，巳時午時都屬南方離宮火位。下文就有火能制約社土所生的金氣，所以在這兩個時辰出生的人皮毛鬢髮不盡白。

④必辰戌丑未時也：辰時是上午7點～9點；戌時是晚上19～21點；丑時是凌晨1～3點；未時是下午13～15點，在五行配屬中都屬土位。

⑤不助金之氣乎：按五行相生相剋而論，四個土時都應該生長金氣，應該對社土生金有所助益，怎麼在辰、戌、丑、未這四個時辰所生的人皮毛鬢髮也不盡白呢？所以少師有此一問。下文岐伯就給予解釋，兩土相逢，彼此相安，土氣平和，所以不生。

⑥歲月時日俱有神司之：按照中國古代自然觀看，年月

日時都是天地元氣的化分，而古人把這每一個時段所主司的元氣精華都取了名字，視它們如同神靈。

⑦兩氣相感：指男女交媾陰陽兩氣相互交感相合而孕育胚胎，當精卵子相互結合成受精卵時，天地元氣就有一部分進入其中，成為一個完整的生命體。

⑧非其煞之暴也：古人認為不合時而產生的元氣是凶煞之氣，性質暴戾，無意中所犯的人會遭遇疾病，虧損，甚至喪失生命，古時習慣叫凶神，凶星或者煞神。

⑨人生有記：人一出生就會在身體某一部位產生的胎記，色斑。

⑩偶犯遊神：偶然不經意中觸犯了遊動於天地之間的宇宙生命元氣，古人把這些元氣按年月日時劃分不同階段，取了不同的名字，有的對人體有益，就叫做正神，對人體有害的叫做凶神煞神。古人非常重視「天人合一」的原理，人的一舉一動都要慎重對待，要考慮到與天時地利是否相合。而男女交合，生兒育女更是人生大事，一定要按時節慾。現代人則多隨從慾望而不考慮適時與否。

⑪詆：作指責、責備講。

⑫校：讀（ㄐㄧㄠˋ），作計較解。

⑬故罔所記耳：罔，沒有。

《社生篇》探微

結婚生子，人生大事，古人非常講究。男女交合，非時不能，唯恐誤犯神靈，其實是古代的一種樸素的自然科學觀念。因為人生這個天地之間，是和天地間的一切都是息息相關的，千萬不能只逞後天一時之快，為肉體的慾望而誤犯天地和人的聯繫，這樣的後果是可怕的。而現代的人們急功近

利，不顧自然規律的存在，縱慾橫行，破壞人與天地自然界的平衡關係，導致天地災禍的頻繁發生。《黃帝陰符經》中說：「人發殺機，天地翻覆」。

　　內丹功法中，人想逆天而生，鍛鍊後天，復返先天，如此浩大的生命工程更要注意按時行功，不是一天二十四小時都可以練功的，這些按時而行的方法在內丹術語上就叫做「火候」，在「萬古丹經王」《周易參同契》中記載，古時候有一本專門談行功火候的書叫做《火記》，可惜這本書在魏伯陽的時候就已經失傳了。魏伯陽真人就從《周易》中參悟出了日月運行的規律，重新掌握了內丹的行功火候，居功厥偉，所以其所著的《周易參同契》被稱譽為「萬古丹經王」。曠古盛典《周易》本來就是周文王被囚羑里七年裏，苦修內丹功，參悟宇宙日月運行的規律，結合伏羲先天八卦和黃帝《歸藏易》中天八卦而推衍出「後天八卦」與「周易六十四卦」來的。可笑的是從漢儒讖緯學說以來，由於儒道分流，中華《易經》被個別儒生誤解僅僅為占卜術算之學，到東漢雖經魏伯陽真人力挽，可惜狂瀾欲成主流，挽回實難了。直至今日，我們有些自詡為周易學者的人，還津津樂道其預測占卜讖緯，而中國風水中醫等都以周易為綱，而少人知周易的修道養生本來核心。

　　這些現象一方面顯示了周易本身由於以宇宙陰陽運轉為基礎所蘊含的宏大的訊息量場。衷心希望有志之士能夠虛心學習，探究真正的宇宙大自然天人奧秘！

　　詩云：

　　　　伏羲黃帝周文王，創出易經萬古傳。

　　　　道法自然合宇宙，日月同參壽萬年。

　　　　《周易》流傳千百載，要在養生與成才。

天時地利與人和，三者俱全萬事安。

直譯

少師請問說：「有的人生下來頭髮是白色的，為什麼？」岐伯說：「社日生下來的人，皮膚和毛髮都是白色的，並非只有鬢髮是白色的。」

少師問：「這是什麼原因呢？」

岐伯說：「社日當天屬金。皮膚、毛髮、髭鬚、鬚鬢都是白色的，是得到了白色的金氣。」

少師問：「社日不是屬於金，天師卻說是金日，這是我不明白的地方。」岐伯說：「社日本來是土日，但是當天的氣屬於金。社日出生的人，觸犯了金氣。金氣是殺氣。」

少師問：「人觸犯了殺氣，應當夭折啊！為什麼還可以延續生命呢？」岐伯說：「金中有土氣，土氣是生氣。人的肺屬金，皮毛也屬金。金的殺氣，得到土氣就生發，遇到金氣就互相爭鬥。社日的金氣只是克殺人的皮毛，沒有克入人的臟腑，因此可以延續生命。」

少師問：「社日出生的人，皮毛鬢髮不全部變白，這又是什麼原因呢？」

岐伯說：「這是因為出生的時辰不相同。」

少師問：「那是什麼時辰呢？」

岐伯說：「如果不是出生在巳、午二時，就必然出生在辰、戌、丑、未四個時辰了。」

少師問：「巳午二時屬火，火能夠制伏金的殺氣，這很適宜啊！然而，辰戌丑未四時屬於土，豈不是助長金的殺氣嗎？」岐伯說：「社日本來屬土，喜歡生入，厭惡生出，得到土氣的生入，就不會受到克制了。」

少師問：「同樣是日子，為什麼社日的凶性會這樣呢？」岐伯說：「年月日時都有神靈管轄，管轄社日的神靈與人類最親近，它的本性最喜歡清潔，但是婦人生小孩時是污穢之氣。清潔之氣與污穢之氣相互感應，被嬰兒的身體承接了，並不是因為該日的煞氣兇暴。」

少師問：「有的嬰兒出生時身體上印記，紅的像朱砂，青得像靛藍，黑的像鍋底，白的像冰雪，終身都不會消散，為什麼？難道也是因為社日的緣故嗎？」岐伯說：「父母的精血交媾，偶然觸犯到過往的神靈，被神靈指徵，在嬰兒身體上作一個印記，以記錄父母的過錯。」

少師問：「顏色不相同，這是為什麼？」

岐伯說：「隨著神靈的氣不同而有差異。」

少師問：「印記沒有黃色的，為什麼？」岐伯說：「黃色是中央正神的顏色，人觸犯了正神，正神不會計較，因此也不會指徵。不指徵，因此就很少打下印記了。」

陳遠公說：社日出生的人，說起來有源有委，並非草率寫成的文章可以相比。

第十二章　天厭火衰篇

原文

容成問曰：世有天生男子音聲如女子，外勢[①]如嬰兒，此何故歟？岐伯曰：天厭之也[②]。容成曰：天何以厭之乎？岐伯曰：天地有缺陷，安得人盡皆全乎？容成曰：天未嘗厭人，奈何以天厭名之。岐伯曰：天不厭而人必厭也，天人一道，人厭即天厭矣。容成曰：人何不幸成天厭也？岐伯曰：

父母之咎也。人道交感③，先火動而後水濟之，火盛者生子必強，火衰者生子必弱，水盛者生子必肥，水衰者生子必瘦。天厭之人，乃先天之火微也。容成曰：水火衰盛，分強弱肥瘦，宜也，不宜外陽④之細小。岐伯曰：腎中之火，先天之火，無形之火也。腎中之水，先天之水，無形之水也。火得水而生，水得火而長，言腎內之陰陽也。水長火，則水為火之母；火生水，則火為水之母也。人得水火之氣以生身，則水火即人之父母也。天下有形不能生無形也，無形實生有形。外陽之生，實內陽之長也。內陽旺而外陽必伸，內陽旺者得火氣之全也。內陽衰矣，外陽亦何得壯大哉？容成曰：火既不全，何以生身乎？岐伯曰：孤陰不生，孤陽不長。天厭之人，但火不全耳，未嘗無陰陽也；偏于火者，陽有餘而陰不足，偏于水者，陰有餘而陽不足也。陽既不足，即不能生厥陰之宗筋⑤，此外陽之所以屈而不伸也，毋論剛大矣。容成曰：善。

陳遠公曰：外陽之大小，視水火之偏全，不視陰陽之有無耳，說來可聽。

【注釋】

①外勢：男子外生殖器的古代雅稱。

②天厭之也：厭，厭憎，嫌棄。天厭，其實就是先天不足。

③人道交感：天道交感，產生諸多星系星球；地道交感，產生動植萬物；人道交感，生男生女。這些都是先天大道與後天大道的相交融後的妙用。

④外陽：男子外生殖器的另一種雅稱，為什麼稱陽，古人認為一切外向的、突出的東西都叫陽，所以又稱男子外陽而內陰，女子外陰而內陽。

⑤厥陰之宗筋：厥陰，指是厥陰肝筋，它在人體前下部聯絡人體所有經絡會聚成外生殖器的筋絡。《素問·痿論》：「前陰者，宗筋之所聚也。」

《天厭火衰篇》探微

本章首先劃時代的提出並闡明了「天人一道」，即宇宙天地人萬物「一理一體」之道，然後據此而講述人體先天不足的缺陷，有這種生理缺陷的人不僅僅在後天生育方面有所虧損，就是修煉丹道逆轉先天也是很困難的。這就是在道家稱之為資質不夠，佛家叫做缺少慧根。先天條件的虧損，其實也是因為人後天的行為所造成的，因為人的後天陰陽交感之氣是和先天陰陽相互交感，磁場相應才會孕育成胎的，因此人後天的修養是和行事都是非常重要，如果人在男女交媾時行為不端，心存邪惡或者非時行淫，往往會感應天地間的戾氣惡神，所成胚胎不是天厭也多遭煞氣。人修行先天返還大道時，尤其要謹慎戒懼，如履薄冰。

詩云：

宇宙萬物本一體，為人行為合天機。

倘若不重道與德，蒼天有眼必厭之！

直譯

容成請問說：「世上有些男人，聲音像女子一樣，陰莖像嬰兒一樣，這又是為什麼呢？」

岐伯說：「這是上天嫌棄他們。」

容成問：「上天為什麼會嫌棄他們呢？」

岐伯說：「天地尚且存在缺陷，又怎麼希望人類都能夠得到全氣呢？」

容成問：「上天並沒有嫌棄人類呀，為什麼會用『天厭』來命名呢？」

岐伯說：「上天並沒有嫌棄，必然是人類自身嫌棄。上天與人類遵循著相同的道理，人類自身嫌棄就相當於上天嫌棄了。」

容成問：「有的人為什麼不幸成為上天嫌棄的對象呢？」

岐伯說：「這都歸咎於父母。人類性交時，先是火氣發動，然後水氣上濟。火氣旺盛的生下來的嬰兒必然強壯，火氣衰弱的生下來的嬰兒必然柔弱。水氣旺盛的生下來的嬰兒必然肥壯，水衰弱的生下來的嬰兒必然瘦弱。上天嫌棄的人，是因為先天的火氣衰微。」

容成問：「用水火二氣的衰弱與旺盛，來區分強弱肥瘦是很適宜的，但不應當陰莖也細小啊？」

岐伯說：「腎中的火是先天之火，是無形之火；腎中的水是先天之水，是無形之水。火氣得到水氣才能奉生，水氣得到火氣才能成長，這是說明腎臟裏面的陰陽。水生火時水是火的母親，火生水時火是水的母親，人類得到水火二氣形成身體，因此水火二氣是人的父母。上天的規律是：有形的不能產生無形的，無形的可以生出有形的。外陽的生長，其實是基於內部陽氣的生長。內部陽氣旺盛，那麼外部的陰莖就會挺舉。內部陽氣旺盛的，是因為得到完全的火氣。內部陽氣衰弱的，外面的陰莖又怎麼能夠碩大呢？」

容成問：「火氣既然不全，為什麼能夠形成身體呢？」

岐伯說：「單一的陰氣不能生發，單一的陽氣不會成長。上天嫌棄的人，只是火氣不全，並不是沒有陰陽。體質偏向於火氣的，陽氣有餘陰氣就會不足；體質偏向於水氣

的，陰氣有餘陽氣就會不足。陽氣既然不足，就不能產生厥陰的宗筋，這就是陰莖軟弱不挺的原因，更不要說強壯和堅挺了！」

容成說：「好。」

陳遠公曰：陰莖的大小，看水火二氣是偏還是全，不是看陰陽的有無，說起來可聽。

第十三章　經脈相行篇

原文

雷公問曰：帝問脈行①之逆順若何，余無以奏也。願天師明教以聞。岐伯曰：十二經脈有自上行下者，有自下行上者，各不同也。雷公曰：請悉言之。岐伯曰：手之三陰從臟走手②，手之三陽從手走頭③，足之三陽從頭走足④，足之三陰從足走腹⑤，此上下相行之數也。雷公曰：尚未明也。岐伯曰：手之三陰：太陰肺，少陰心，厥陰包絡也。手太陰從中府走大指之少商⑥，手少陰從極泉走小指之少衝⑦，手厥陰從天池走中指之中衝⑧。皆從臟走手也。手之三陽：陽明大腸，太陽小腸，少陽三焦也。手陽明從次指商陽走頭之迎香⑨，手太陽從小指少澤走頭之聽宮⑩，手少陽從四指關衝走頭之絲竹空⑪，皆從手走頭也。足之三陽：太陽膀胱，陽明胃，少陽膽也。足太陽從頭睛明走足小指之至陰⑫，足陽明從頭頭維走足次指之厲兌⑬，足少陽從頭前關走四指之竅陰⑭，皆從頭走足也。足之三陰；太陰脾，少陰腎，厥陰肝也。足太陰從足大指內側隱白走腹之大包⑮，足少陰從足心湧泉走腹之俞府⑯，足厥陰從足大指外側大敦走腹之期

門⑰，皆從足走腹也。雷公曰：逆順若何？岐伯曰：手之陰經，走手為順，走臟為逆也；手之陽經，走頭為順，走手為逆也；足之陰經，走腹為順，走足為逆也；足之陽經，走足為順，走頭為逆也。雷公曰：足之三陰，皆走於腹，獨少陰之脈下行，何也？豈少陰經易逆難順乎？岐伯曰：不然，天衝脈者，五臟六腑之海也。五臟六腑皆稟焉。其上者，出於頏顙⑱，滲諸陽，灌諸精，下注少陰之大絡，出於氣衝，循陰陽內廉⑲入膕中⑳，伏行胻骨㉑內，下至內踝之後，屬而別。其下者，並由少陰經滲三陰，其在前者，伏行出跗屬㉒下循跗，入大指間，滲諸絡而溫肌肉，故別絡邪結則跗上脈不動，不動則厥㉓，厥則足寒矣。此足少陰之脈少異于三陰而走腹則一也。雷公曰：其少異于三陰者為何？岐伯曰：少陰腎經中藏水火，不可不曲折以行，其脈不若肝脾之可直行於腹也。雷公曰：其走腹則一者何？岐伯曰：腎之性喜逆行，故由下而上，蓋以逆為順也。雷公曰：逆行宜病矣。岐伯曰：逆而順故不病，若順走是違其性矣，反生病也㉔。雷公曰：當盡奏之，岐伯曰：帝問何以明之？公可奏曰：以言導之，切而驗之，其髁必動㉕。乃可以驗逆順之行也。雷公曰：謹奉教以聞。

陳遠公曰：十二經脈，有走手、走足、走頭、走腹之異，各講得鑿鑿。其講順逆不同處，何人敢措一詞？

【注釋】

①脈行：脈和下文的十二經脈還有奇經八脈，都是中國道醫學別具特色的科學論證，她是中華民族道學和醫學中的巨大理論實驗成果。現代醫學只能證明她確實存在，古籍所記載的循行路線都是正確的，其餘對經絡學的臨床功用及其本身的真正功用則尚未完全掌握，更難有所突破。

②手之三陰從臟走手：手太陰肺經，手少陰心經，手厥陰心包經都是從臟器發走，往手上循行，這三臟都是在胸部。

③手之三陽從手走頭：接手三陰，手陽明大腸經，手太陽小腸經，手少陽三焦經又從手上發起，往頭部循行。

④足之三陽從頭走足：接手三陽經脈，足陽明胃經，足太陽膀胱經，足少陽膽經又從頭部往足部循行。

⑤足之三陰從足走腹：接足三陽經脈，足太陰脾經，足厥陰肝經，足少陰腎經又從雙足往腹部循行。

⑥手太陰從中府走大指之少商：中府穴在胸部前正中線旁開6寸，平第1肋骨間隙處；少商穴，在手大指橈骨側指甲根角旁開0.1寸。

⑦手少陰從極泉走小指之少衝：極泉，在腋窩正中，腋動脈搏動處；少衝，位於手小指橈側指甲根旁0.1寸。

⑧手厥陰從天池走中指之中衝：天池穴，在胸部乳頭外側1寸處；中衝穴，在手中指尖端的正中央。

⑨手陽明從次指商陽走頭之迎香：次指，指食指；商陽穴，在食指橈側指甲根角旁0.1寸；迎香，在頭面鼻外緣中點旁開0.5寸。

⑩手太陽從小指少澤走頭之聽宮：少澤穴，在手小指尺側指甲根角旁0.1寸；聽宮穴，在頭部耳屏前張口凹外陷處。

⑪手少陽從四指關衝走頭之絲竹空：四指，即無名指。關衝穴，在無名指尺側指甲根角旁0.1寸；絲竹空穴，位於頭部眉梢端凹陷處。

⑫足太陽從頭睛明走足小指之至陰：睛明穴，在頭面部眼內角稍上方凹陷處；至陰穴，位於足小指外側指甲根角旁

0.1寸。

　　⑬足陽明從頭頭維走足次指之厲兌：頭維穴，在頭部額角際上0.5寸，頭前正中線旁開4.5寸；厲兌，在足部第2趾甲旁0.1寸。

　　⑭足少陽從頭前關走足四指之竅陰：前關，即上關穴，位於耳前顴骨弓上緣四陷處；竅陰穴，位於足第4趾外側趾甲根旁約0.1寸。

　　⑮足太陰從足大指內側隱自走腹之大包：隱白穴，在足趾內側趾甲根旁0.1寸；大包穴，在胸側部腋中線，第6肋間處。

　　⑯足少陰從足心湧泉走腹之俞府：湧泉，位於足心底部前方四陷處；俞府穴，在胸部鎖骨下緣，前正中線旁開2寸處。

　　⑰足厥陰從足大趾外側大敦走腹之期門：大敦穴，在足大趾外側趾甲根旁0.1寸；期門穴，在胸部乳頭直線下2根肋骨中間，前正中線旁開6寸處。

　　⑱頏顙：古代解剖部位，在上腭與鼻相通的部位，就是現代的鼻咽腔。

　　⑲陰陽內廉：引申指內側。《醫宗金鑒・刺灸心法要訣・肺經循行經文》：「其支者，從腕後直出次指內廉，出其端。」

　　⑳膕中：為膝後區的菱形凹陷。外上界為股二頭肌腱，內上界主要為半腱肌和半膜肌，下內和下外界分別為腓腸肌內、外側頭。

　　㉑骭骨：古代解剖部位，今脛骨。

　　㉒跗屬：古代解剖部位名，今指腳背。

　　㉓不動則厥：腳背上動脈不跳動就會氣血逆亂，人就會

發昏，屬足陽明胃經病，陽火上逆。今天臨床多見中風腦出血。

㉔反生病也：足少陰腎經氣血是從腰腹部下行湧泉，而不同於肝脾二經經氣從足走腹。因為其性喜逆行，逆而順。逆指經氣逆於肝脾二經。順，腎主水，水性喜下行，所以叫逆而順，順走向上是違背水的特性，逆則病生。

㉕切而驗之，其髁必動：髁，骨頭上的突起，多在骨頭的兩端。足少陰經循行於內髁部，用手切按，必定有脈跳動。

《經脈相行篇》探微

這一章主要講了人體十二經絡的循行，陰陽如環，網路全身。經絡學說，是中國傳統醫學的一朵美麗的奇葩。現代西方醫學注重看得到才是真實存在的，對於中國經絡學說由於透過手術解剖看不到實質的存在，故持懷疑態度。經絡，完全區別於肉眼可見血管神經，甚至不同於細胞，細菌等顯微鏡下可見的微物質。但是，經過無數次的臨床實踐證明，經絡的循行路線是確實存在的，完全正確的，現代醫學又無法否認其醫學價值和人體科學上的巨大貢獻。那麼，她到底是一種什麼樣的存在呢？

拿我們的話來說，她是人體內靈魂體的具體體現。是人體能量體的氣血物質運行通道。是由先天構成的，寄生於後天肉體上的，靠後天水穀之氣濡養著的。這就是中國醫學所區別於現代醫學的不同之處，現代醫學把人體看成是死的獨立體的組合件，而中醫學則把人體看成是能量與物質的整體結合體。是由經脈聯繫於其中的整體，一處好，處處好，一處壞，處處壞。而發現和證明經絡體存在則是靠內修反觀而照察的，李時珍在「內景圖」解上說：「內景隧道，唯返觀

者照察之。」使用的方法是反觀內察的內求法，而不是用解剖觀察的外求法。

其實，做個不恰當的比喻，人體經絡就好比人類發現地球在太陽系黃道中的引力路線一樣，是由人虛擬但的確存在的引力能量通道而構成的經緯圖那樣的。

當然，這個比喻是不太貼切的，但是，人體經絡路線也是由上古聖者內修時根據人體和天體互相作用時的能量循行路線而虛擬劃分出來的經緯線。這一偉大而神奇的發現還有待於有志者共同努力，繼承之、探索之、弘揚之，為人體科學做出更加偉大的貢獻。

詩云：

（一）

十二經循別陰陽，國學神奇源流長。

反觀內照窺奇景，天人合一大道昌。

（二）

夜半神光燭照中，一腔正氣遍身通。

吾心如日歸黃道，水火陰陽處溶溶。

直譯

雷公請問說：「黃帝問經脈循行的逆順怎麼樣，我無法回奏，請天師明白指教以便聽聞。」

岐伯說：「十二經脈，有從上往下循行的，也有從下往上循行的，各有不同。」

雷公說：「請詳細解說。」

岐伯說：「手三陰經從臟腑循行到手，手三陽經從手循行到頭，足三陽經從頭循行到足，足三陰經從足循行到腹，這是上下循行的概況。」

雷公問：「還沒有明白。」

岐伯說：「手三陰經是手太陰肺經、手少陰心經、手厥陰心包經。手太陰肺經從中府穴循行到大指的少商穴，手少陰心經從極泉穴循行到小指的少沖穴，手厥陰心包經從天池穴循行到中指的中衝穴，這都是『從臟走手』。手三陽經是手陽明大腸經、手太陽小腸經、手少陽三焦經。手陽明大腸從第二指的商陽穴循行到頭部的迎香穴，手太陽經從小指的少澤穴循行到頭部的聽宮穴，手少陽三焦經從第四指的關衝穴循行到頭部的絲竹空穴，這都是『從手走頭』。足三陽經是足太陽膀胱經、足陽明胃經和足少陽膽經。足太陽膀胱經從頭部的睛明穴循行到足小指的至陰穴，足陽明胃經從頭部的頭維穴循行到足第二趾的厲兌穴，足少陽膽經從頭部的前關穴循行到足第四指的竅陰穴，這都是『從頭走足』。足三陰經是足太陰脾經、足少陰腎經、足厥陰肝經。足太陰脾經從足大指內側的隱白穴循行到腹部的大包穴，足少陰腎經從足心湧泉穴循行到腹部的俞府穴，足厥陰肝經從足大指外側的大敦穴循行到腹部的期門穴，這都是『從足走腹』。」

雷公問：「逆行和順行會怎麼樣呢？」

岐伯說：「手三陰經，行走到手為順行，行走到臟腑為逆行；手三陽經，行走到頭部為順行，行走到手為逆行；足三陰經，行走到腹部為順行，行走到足部為逆行；足三陽經，行走到足部為順行，行走到頭部為逆行。」

雷公問：「足三陰經都是從足走腹，唯獨足少陰腎經下行，為什麼？難道是足少陰腎經容易逆行難以順行嗎？」

岐伯說：「不是。衝脈是五臟六腑之海，五臟六腑都稟受它的氣。衝脈上行，從頭部的頏顙穴出來，滲透到各條陽經脈，灌溉元精，下注足少陰腎經的大絡，從氣衝穴而出，

271

循陰陽內臁進入䐃中，伏行在骭骨之內，下行到達內踝之後，其絡脈與其他的經脈相通。衝脈下行時，同時由足少陰腎經滲透到足三陰經。衝脈循行於身體前面的，隱伏循行從足跗的絡脈而出，下行循行到足跗部，進入足大指的間隙，使元氣滲入各條經脈、溫養肌肉。因此，邪氣結在足跗的絡脈上，脈就不會跳動，不跳動人就會厥逆，厥逆時足部就會寒冷。因此，足少陰腎經的循行與足三陰經稍有差異，但是它循行到腹部則是一致的。」

雷公問：「足少陰腎經的循行與足三陰經稍有差異，為什麼？」

岐伯說：「足少陰腎經，其中隱藏著水火二氣，不能不通過曲折的路線以循行它的經脈，不像肝經和脾經可以直行到達腹部。」

雷公問：「它循行到腹部則是一致的，為什麼？」

岐伯說：「腎經的特性是喜歡逆行，因此由下向上循行，此時是『以逆為順』。」

雷公問：「經脈逆行，理應得病了。」

岐伯說：「以逆為順，因此不會生病。如果由上往下順行，就會違背其循行的特性，反而會生病了。」

雷公說：「理當全部回奏黃帝。」

岐伯說：「黃帝會問怎麼樣才能證明？你可以回奏說：如上所述，透過切脈就可以驗證，少陰經在足髁部的脈必然會跳動，如此就可以驗證少陰經的逆行和順行。」

雷公說：「理當遵照您的教導。」

陳遠公說：十二經脈，有走手、走足、走頭、走腹的差異，分別講得很有根據。其中所講的順逆不同之處，有誰敢隨便議論一句呢？

第十四章　經脈終始篇

原文

雷公問于岐伯曰：十二經之脈既有終始[1]，《靈》《素》詳言之[2]。而走頭、走腹、走足、走手之義，尚未明也，願畢其辭[3]。岐伯曰：手三陽從手走頭，足三陽從頭走足，乃高之接下也[4]。足三陰從足走腹，手三陰從腹走手，乃卑之趨上也[5]。陰陽無間，故上下相迎，高卑相迓[6]，與晝夜循環同流而不定耳。夫陰陽者，人身之夫婦也；氣血者，人身之陰陽也。夫倡則婦隨，氣行則血赴，氣主煦之[7]，血主濡之[8]。乾作天門[9]，大腸司其事也。坤作地戶[10]，膽持其權也。泰居艮[11]，小腸之昌也[12]。否居坤[13]，胃之殃也[14]。雷公曰；善，請言順逆之別：

岐伯曰：足三陰自足走腹，順也；自腹走足，逆也。足三陽自頭走足，順也；自足走頭，逆也。手三陰自臟走手，順也；自手走臟，逆也。手三陽自手走頭，順也；自頭走手，逆也。夫足之三陰從足走腹，惟足少陰腎脈繞而下行，與肝脾直行者，以衝脈與之並行也，是以逆為順也。

陳遠公曰：十二經，有頭腹手足之殊，有順中之逆，有逆中之順，說得更為明白。

【注釋】

①既有終始：十二經絡的循行既然有開始終結。十二經中陰陽氣血也有開始，也有終了。

②《靈》《素》詳言之：《靈》指《黃帝內經》中的《靈樞篇》，《素》就是《內經》的《素問》篇。

③願畢其辭：畢，完畢，這裏是動詞說完畢。引申為說清楚。辭，這些話。

④高之接下：十二經脈中的六條屬陽的經脈都從上部往下部循行，按「陰升陽降」的規律，屬於「陽降」的規律。手三陽從手走頭，足三陽從頭走足，都是高之接下。

⑤卑之趨上：卑，低處，下部；十二經脈中的六條陰經都是從下往上而行。即是「陰升」的規律。足三陰從足上至胸腹，手三陰從胸腹上行至手，都卑之趨上。循行至手和上條手行至頭都是雙手上舉的姿勢為標準。

⑥高卑相迓：迓，迎迓，相迎、相遇。這裏是說手三陰和足三陽銜接，手三陽和足三陰相接。

⑦氣主煦之：煦，溫暖。這裏作使動詞，使之溫暖。即氣的運行，透過十二經絡的循行人全身溫暖起來。這句話出自《難經·第二十二難》。

⑧血主濡之：濡，浸潤，滋養。經脈系統不同於血液循環系統，但卻主導著氣和血的運行。血在經氣的推動下運行全身，浸潤滋養著全身，同時也滋養著經絡系統《難經·第二十二難》。

⑨乾作天門：乾，在八卦學說中代表人的頭部。天門，按醫學角度講，就是人的頭頂百會穴到囟門穴之間。但是在丹道學中則沒有專指的，而是指腦部的陽氣關竅，即上玄關。

⑩坤作地戶：坤卦，八卦說中指人的腹部。地戶，醫學角度講專指會陰。但在內丹學中講，指意守腹部行功，最後打開的下玄關，與上玄關天門彼此相吸相引，如磁鐵引針，如男女相戀。好像太極圖中的陰陽魚眼一樣。但在梅自強前輩的《黃帝外經解要》中是巽卦為地戶，這樣和下文的「泰

居艮，否居坤」四卦互為隅正，似乎更為合理。

⑪泰居艮：根據六十四卦、十二復卦，和先後天八卦相配十二正經圖解看，泰卦不在艮位。

⑫小腸之昌：小腸經之氣昌盛在這裏，但據現在流行的配屬圖看，小腸應在西南未時位。

⑬否居坤：十二複卦中的否卦是在後天八卦中的坤位。

⑭胃之殃：胃常在這個時刻方位上受到傷害。殃，災殃，禍害，這裏是使動詞，使之受到禍害。

《經脈終始篇》探微

這一章除了十二經循行的「陰升陽降」規律以外，還透露出修真之道中一個重要的術語「天門地戶」。前面我們曾經論述過，大道無非陰陽，陰陽交合是貫徹始終的主幹線。第一次交合為「日月合璧」，真光朗照，化生萬物。第二步為「水火既濟」，乃是心腎相交，當心腎相通，水火停輪，上下玄關出現，黃道開通，陰陽相吸，天門地戶，闔闢乾坤，地天交泰，陰升陽降，如嬰兒就乳，君子好逑。最後「龍虎相鬥」顛倒乾坤，成地天泰卦。到此地步乾坤相交，先天後天陰陽平秘，化成純陽一塊，無極還丹。這就是「天門地戶」的功用。

讀書的朋友一定要注意，黃帝特意差眾大臣不斷地去問道於天師岐伯，岐伯故意把全部內丹功法散藏在各段經文中，需要求道之人耐心尋求當代得道名師求得真道，千萬勿以閒話對待，尤需速拜名師！

詩云：

黃帝岐伯創大道，中華文化永世衍。

《黃帝外經》含丹訣，緣人道成遊雲漢。

直譯

雷公請問岐伯說：「十二經脈的循行有始有終，《靈樞》和《素問》已經詳細論述了。然而，走頭、走腹、走足、走手的含義，還有不夠明白的地方，請明晰地解說吧。」

岐伯說：「手三陽經從手走頭，足三陽經從頭走足，這是從高處迎接低處；足三陰經從足走腹，手三陰經從腹走手，這是從卑下之處直趨向上。陰與陽沒有間隔，因此上與下相迎，高處與低處相接，與晝夜一起循環流行，而不是固定不變的。陰陽是人身的夫婦，氣血是人身的陰陽。丈夫宣導媳婦就會隨著行動，氣運行到得地方血液也會流注到那裏。氣主管溫煦，血主管濡養。乾卦是天門，大腸是事務的主管；坤卦是地戶，膽主持其中的權力；泰卦位於艮位，是小腸之氣昌盛之處；否卦位居坤位，是胃所管轄的地方。」

雷公說：「好啊！請解說順行和逆行的區別。」

岐伯說：「足三陰經從足走腹，是順行；從腹走足，是逆行。足三陽經從頭走足，是順行；從足走頭，是逆行。手三陰經，從臟走手，是順行；自手走臟，是逆行。手三陽經從手走頭，是順行；從頭走手，是逆行。足三陰經從足走腹，只有足少陰腎經環繞並下行，與肝脾一起上下直行，這是由於衝脈與足少陰經合併循行的緣故，是『以逆為順』。」

陳遠公說：十二經有頭、腹、手、足的差別，有順中之逆，也有逆中之順，說得更加明白了。

第十五章 經氣本標篇

原文

雷公問于岐伯曰：十二經氣有標本[①]乎？岐伯曰：有之。雷公曰：請言標本之所在。岐伯曰：足太陽之本在跟以上五寸中[②]，標在兩絡命門[③]。足少陽之本在竅陰之間[④]，標在窗籠之前[⑤]。足少陰之本在內踝下三寸中[⑥]，標在背腧[⑦]。足厥陰之本在行間上五寸所[⑧]，標在背腧[⑨]。足陽明之本在厲兌[⑩]，標在人迎，頰挾頏顙[⑪]。足太陰之本在中封前上四寸中[⑫]，標在舌本[⑬]。手太陽之本在外踝之後[⑭]，標在命門之上一寸[⑮]。手少陽之本在小指次指之間上二寸[⑯]，標在耳後上角下外眥[⑰]。手陽明之本在肘骨中上至別陽[⑱]，標在顏下合鉗上[⑲]。手太陰之本在寸口中[⑳]，標在腋內動脈[㉑]。手少陰之本在銳骨之端[㉒]，標在背腧[㉓]。手心主[㉔]之本在掌後兩筋之間二寸中，標在腋下三寸[㉕]。此標本之所在也。雷公曰：標本皆可刺乎[㉖]？岐伯曰：氣之標本皆不可刺也。雷公曰；其不可刺，何也？岐伯曰；氣各有沖[㉗]，沖不可刺也，雷公曰：請言氣沖。岐伯曰：胃氣有沖，腹氣有沖，頭氣有沖，脛氣有沖，皆不可刺也。雷公曰：頭之沖何所乎？岐伯曰：頭之沖[㉘]，腦也。雷公曰：胸之沖何所乎？岐伯曰：胸之沖，膺與背腧也[㉙]。亦不可刺也。雷公曰：腹之沖何所乎？岐伯曰：腹之沖，背腧與衝脈及左右之動脈也[㉚]。雷公曰：脛之沖何所乎？岐伯曰：脛之沖，即臍之氣街及承山踝上以下[㉛]。此皆不可刺也。雷公曰：不可刺止此乎？岐伯曰：大氣之搏而不行者，積于胸中，藏於氣海，出於肺，循咽喉，呼吸而出入也。是氣海猶氣沖也[㉜]，應天地之大數，

出三入一[33]，皆不可刺也。

陳遠公曰：十二經氣，各有標本，各不可刺。不可刺者，以衝脈之不可刺也。不知衝脈，即不知刺法也。

【注釋】

①標本：標，同梢。本，即根。標本，就是根和枝梢的意思。而不同於現代科學術語中標本是標準模範榜樣的意思。

②跟以上五寸中：足跟以上五寸，就是外踝上三寸的跗陽穴。

③兩絡命門：這裏的命門是指足太陽膀胱經的末梢，兩眼睛的大眥「睛明穴」，在鼻梁的兩旁，左右各一，故曰兩絡。

④竅陰之間：指兩足第四趾端「竅陰穴」處。

⑤窗籠之前：窗籠指耳朵，這裏是說兩耳門前的「聽宮穴」。

⑥內踝下三寸中：張注本是根據明代《黃帝內經靈樞注證發微》為證，認為應當是「內踝下上三寸中」，由內踝之下向上量取三寸的「交信穴」。

⑦背腧：即背部的「腎俞穴」。

⑧行間上五寸所：大約在行間穴上五寸「中封穴」處。

⑨背腧：這個背腧指的是背部的「肝俞穴」。

⑩厲兌：足次趾端「厲兌穴」。

⑪人迎頏顙：頏顙即鼻咽腔部位，這裏是指喉結兩旁的「人迎穴」和鼻咽腔處。

⑫中封前上四寸中：中封前上四寸是「三陰交穴」。

⑬舌本：舌根部位。

⑭外踝之後：踝不應為通假字，應為髁字之誤。指手背

外側尺骨莖突「養老穴」。

⑮命門之上一寸：指「睛明穴」上的一寸處。

⑯小指次指之間上二寸：指手小指和無名指之間上二寸「中渚穴」。

⑰耳後上角下外眥：耳後上「角孫穴」和目外眥端「絲竹空穴」。

⑱肘骨中上至別陽：肘部肱骨處上髃處「曲池穴」。

⑲顃下合鉗上：這裏是指「頰車穴」下，「人迎穴」後，扶突上頸鉗處。根據隋朝楊上善《黃帝內經太素》：「頰下一寸，人迎後，扶突上名為鉗。」

⑳寸口中：指腕後寸口中的「太淵穴」。

㉑腋內動脈：腋下內則動脈處，即「天府穴」。

㉒銳骨之端：指掌後銳骨端的「神門穴」。

㉓背腧：這裏是指背部「心俞穴」。

㉔手心主：即手厥陰心包經。根本在掌後離手腕二寸兩筋之間的「內關穴」。

㉕腋下三寸：腋下三寸是「天池穴」。

㉖皆可刺乎：現代習慣把針刺法和灸法合併起來稱為「針灸學」。其實古人分得很清楚，很嚴格，是因為灸法多補，而針法多泄，兩者絕對不能混淆。

㉗氣各有沖：氣分陰陽，陰陽二氣在各條經脈內都相互交合，這交合之處便為氣沖。和下文中的氣街是兩個概念，氣沖是特性功能，而氣街是指特定部位。

㉘頭之沖，腦也：頭部的陰陽二氣相沖在腦部泥丸宮。也是頭部的氣街所在。

㉙胸之沖，膺與背腧也：胸部的陰陽二氣主要相沖在胸椎之兩旁（膺）和胸膜以上的背俞穴，包括肺俞、心

俞、厥陰俞等，這些是胸部的氣街。

㉚腹之沖，背腧與衝脈及左右之動脈也：腹部衝脈的陰陽二氣主要在胸膈心下的背俞穴和衝脈及左右的動脈，指腹部衝脈和足少陰經與臍旁左右動脈處的腧穴相沖。因為足三陰經皆歸於腹臟，應在肝俞、脾俞、腎俞、內臟和腰腹之間都是前後相應，因此腹氣街也不單指腹部，腹中臍旁以及肝、脾、腎俞均為腹氣街。

㉛脛之沖，即臍之氣街及承山，踝上以下：脛部的氣沖主要在少腹部足陽明胃經的「氣衝」穴和足太陽膀胱經以及足踝上下等處。足陽明胃經是多氣少血的經脈，下肢經脈彙聚在少腹氣衝穴處，因此也是脛部氣街。

㉜氣海猶氣沖也：這裏的氣海應該是指胸部的「膻中」穴。膻中為人體「上氣海」，是後天宗氣產生積聚之處。出於喉以貫心脈而行呼吸，所以膻中為人體氣之會穴，和小腹處的下氣海上下呼應。一個是積聚先天元氣，一個是積累後天宗氣，對應坎離二卦。

㉝出三入一：肺中之氣，出而化為口鼻、皮膚三處之氣，對應天地人三才之數，吸入肺中，則是宗氣而積於胸中，成為混沌一氣。因此叫「出三入一。」

《經氣本標篇》探微

這一章透露了這幾點論點：凡氣機沖合的氣街之穴不可針刺；命門，氣海。這幾點都非常重要！陳士鐸先生在「微言」中強調「氣各有沖，沖不可刺……不知衝脈，即不知刺法也」。中醫界一定要重視研究！

另外的兩個要點是道家秘傳修煉法門，「命門」，在一般人的印象中，命門的概念只有兩腎之間，而這裏的命門卻

是指兩眼之間鼻梁旁的睛明穴，這是怎麼回事呢？前文說過，要朋友們留心細讀散藏在經文中的秘密法門。這裏就是一個秘訣。內丹大道煉的是先後天陰陽交合。而後天第一步就是入手第一步就是「日月合璧」，又叫「日月交光」。合併二目神光到鼻梁山根祖竅穴，意守觀光，等到鼻端生白，神光滿室，玄關竅開，智海初闢。這一功法曾受到智慧尚不足者的質疑，認為守竅法不足為訓。

其實在道家是必須的，因為人體的結構和天體地質是相似的。修道也是有步驟的，也必須明白從何處著手，何處進步，何處歸藏等等一步步都有過程的。

等到命門光凝，反觀內照下丹田氣海，性命雙修，水火交媾，心腎相交，內丹必成。

詩云：

> 真人回光玄關開，命門開闔天地泰。
> 中黃衝脈觀天海，一粒金丹宇宙燦。

直譯

雷公請問岐伯說：「十二經的氣有標本嗎？」

岐伯說：「有啊。」

雷公問：「請說明標氣和本氣所在之處。」

岐伯說：「足太陽經的本氣在足跟以上五寸中，標氣在兩絡的命門穴；足少陽經的本氣在足竅陰穴之間，標氣在窗籠穴之前；足少陰經的本氣在內踝下三寸中，標氣在腎腧穴；足厥陰經的本氣在行間上五寸之處，標氣在腎腧穴；足陽明經的本氣在厲兌穴，標氣在人迎、面頰的頏顙穴；足太陰經的本氣在中封穴前上四寸中，標氣在舌根；足太陽經的本氣在足外踝的後面，標氣在命門穴上一寸；手少陽經的

本氣在小指與第四指之間上二寸，標氣在耳後上角往下的外皆穴；手陽明經的本氣在肘骨中往上的別陽穴，標氣在面部下的合鉗上；手太陰經的本氣在寸口中，標氣在腋窩內的動脈；手少陰經的本氣在掌後銳骨的末端，標氣在腎腧穴；手少陰心經的本氣在掌後兩筋之間二寸中，標氣在腋下三寸，這是標氣和本氣所在之處。」

雷公問：「標氣和本氣都可以使用針刺嗎？」

岐伯說：「標氣和本氣，都不能用針刺。」

雷公問：「為什麼不能用針刺呢？」岐伯說：「標氣和本氣分別存在沖氣，沖氣不能用針刺。」

雷公問：「請說明氣沖。」岐伯說：「胃氣有沖，腹氣有沖，頭氣有沖，脛氣有沖，都不能用針刺。」

雷公問：「頭部的氣沖在什麼地方？」

岐伯說：「頭部的氣沖是腦。」

雷公問：「胸部的氣沖在什麼地方？」岐伯說：「胸部的氣沖，在胸膺和背腧，背腧穴也不能刺。」

雷公問：「腹部的氣沖在什麼地方？」岐伯說：「腹部的氣沖，在背腧、衝脈以及左右的動脈。」

雷公問：「足脛的氣沖在什麼地方？」

岐伯說：「足脛的氣沖，在臍部的氣街以及足踝下面的承山穴，這些部位都不能使用針刺。」

雷公問：「不能針刺的只有這些嗎？」

岐伯說：「空氣可以聚集起來暫時不行走，積累在胸中，隱藏在氣海，從肺部出來，沿著咽喉呼吸而進出，因此氣海正象氣街一樣，對應於天地的大數，出氣三入氣一，都不能用針刺。」

陳遠公說：十二經的氣，分別有標氣和本氣，不能使用

針刺。之所以不能用刺，是因為衝脈不能刺。不知道衝脈，
即是不知道刺法。

第十六章　臟腑闡微篇

原文

　　雷公問于岐伯曰：臟止五乎？腑止六乎？岐伯曰：臟六
腑七也。雷公曰：臟六何以名五也？岐伯曰：心肝脾肺腎五
行之正也，故名五臟。胞胎非五行之正也①，雖臟不以臟名
之。雷公曰：胞胎何以非五臟之正也？岐伯曰：心火也，肝
木也，脾土也，肺金也，腎水也，一臟各屬一行。胞胎處水
火之歧②，非正也，故不可稱六臟也。雷公曰：腎中有火亦
水火之歧也，何腎稱臟乎？岐伯曰：腎中之火先天火也，居
兩腎中而腎專司水也。胞胎上繫心，下連腎，往來心腎，接
續於水火之際，可名為火，亦可名為水，非水火之正也。雷
公曰：然則胞胎何以為臟乎？岐伯曰：胞胎處水火之兩歧，
心腎之交，非胞胎之系不能通達上下，寧獨婦人有之，男子
未嘗無也③。吾因其兩歧，置於五臟之外，非胞胎之不為臟
也。雷公曰：男女各有之，亦有異乎？岐伯曰：系同而口
異也④。男女無此系，則水火不交，受病同也。女系無口，
則不能受妊，是胞胎者，生生之機，屬陰而藏于陽，非臟而
何。雷公曰：胞胎之口又何以異？岐伯曰：胞胎之系，上出
於心之膜膈，下連兩腎，此男女之同也。惟女下大而上細⑤
上無口而下有口⑥，故能納精以受妊。雷公曰：腑七而名六
何也？岐伯曰：大小腸、膀胱、膽、胃、三焦、包絡，此七
腑也。遺包絡不稱腑者，尊帝耳⑦。雷公曰：包絡可遺乎？

岐伯曰：不可遺也。包絡為脾胃之母，土非火不生。五臟六腑之氣咸仰於心君，心火無為，必藉包絡有為，往來宣佈[8]胃氣能入，脾氣能出，各臟腑之氣，始能變化也。雷公曰：包絡既為一腑，奈何尊帝遺之。尊心為君火，稱包絡為相火，可乎？請登之《外經》咸以為則[9]。

陳遠公曰：臟六而言五者，言臟之正也；腑七而言六者，言腑之偏也。舉五而略六，非不知胞胎也；舉六而略七，非不知包絡也。有雷公之問，而胞胎、包絡，昭於古今矣！

【注釋】

①胞胎非五行之正也：胞胎，又名子宮、胞宮。上繫心，下聯腎，合水火陰陽。是女子生發經水和孕育胎兒的重要器官。

②胞胎處水火之岐：「岐」通「歧」，歧路。指胞胎處在心火腎水的分叉路上，水火接續之際。

③寧獨婦人有之，男人未嘗無也：寧，難道；獨，只有，僅有。難道只有婦人有而男人就沒有嗎？這句話是說胞胎不僅僅婦人有，而男人也有。按現在解剖學看，男子前列腺體就是縮小了的胞宮。

④系同而口異也：系，聯繫，男女胞都是聯繫於心腎水火，但是出口卻不同，女子出口在陰道，男子出口通輸精管。

⑤唯女下大而上細：女性胞胎上出胸膈膜聯繫心絡，所以叫做上細，而下端聯絡兩腎兩卵巢，故下大。

⑥上無口而下有口：胞胎上端出胸膈膜入心而無口，下連兩腎而通陰道，所以叫做上無口而下有口。

⑦尊帝也：心是五臟六腑的君主，而被稱為帝。

⑧往來宣佈：來回向外宣發，不停地向四周布散。

⑨咸以為則：咸，都。則，準則。全都以此（指心為君火，包絡為相火）為準則。

《臟腑闡微篇》探微

這一章又著重講了「六臟七腑」和「五臟六腑」的區別，其中突出講了胞胎和包絡。這一臟一腑在內丹中就是「心腎相交，水火既濟」的反應區。降心火，降後天的相火，而不是先天的心君之火。因為下丹田命門中有的是先天真火，如果降心君之火，豈不是火上加油嗎？

以心包絡相火溫煦下丹田胞胎中的先天真水，以沒有排到精管未化為後天精水時的先天真水濟包絡之相火，達先後天水火既濟，陰陽平秘。

詩云：

> 煉丹宛若女懷胎，說出讓人笑開懷。
> 大道源在顛倒顛，陰陽相合萬物衍。

直譯

雷公請問岐伯說：「臟只有五個，腑只有六個嗎？」

岐伯說：「臟有六個，腑有七個。」

雷公問：「臟有六個，為什麼命名為五臟呢？」

岐伯說：「心、肝、脾、肺、腎，是五行的正位，因此命名為五臟。胞胎不是五行的正位，雖然稱為臟，不用『臟』來命名。」

雷公問：「胞胎為什麼不是五臟的正位呢？」

岐伯說：「心是火，肝是木，脾是土，肺是金，腎是水，五臟分別屬於一行。胞胎位於水火交互之處，不是正

位，因此不能稱為六臟。」

雷公問：「腎中有火氣，也是水火相交之處，為什麼腎可以稱為臟呢？」

岐伯說：「腎臟中的火氣，是先天之火，位於兩腎的中間，而腎臟則專門主管水液代謝。胞胎向上聯繫心臟，向下聯繫腎臟，往來於心腎之間，接續於水火相交之處，可以稱為火，也可以稱為水，不是水火的正位。」

雷公問：「然而，胞胎為什麼可以稱為『臟』呢？」

岐伯說：「胞胎位於水火分途之處，心腎相交的地方，沒有胞胎的聯繫，就不能上通下達，並不是只有婦女才有，男子沒有啊。我因為胞胎具有水火二者的特性，因此將它放在五臟之外，並不是胞胎不能成為臟。」

雷公問：「男女分別有胞胎，其中存在差異嗎？」

岐伯說：「聯繫相同，但是開口有差異。男女沒有胞胎的聯繫，就會水火不交，得病也相同。女子除了聯繫之外，如果沒有胞胎口，就不能受精懷孕。因此，胞胎是生生不息的機關，本性屬陰而其中藏有陽氣，這不是『臟』，又是什麼呢？」

雷公問：「胞胎的開口，又為什麼有差異呢？」

岐伯說：「胞胎的聯繫，上端從心臟的膈膜出來，下端聯繫著兩腎，這在男子和女子都是相同的。唯獨女子的聯繫下端大而上端小，上端沒有開口，下端有開口，因此可以受精懷孕。」

雷公問：「腑有七個，但是名稱只有六個，為什麼呢？」岐伯說：「大小腸、膀胱、膽、胃、三焦、包絡，這是七腑。遺漏了包絡不稱為『腑』，這是尊稱它為『皇帝』的緣故。」

雷公問：「包絡可以遺漏嗎？」

岐伯說：「不能遺漏。包絡屬火，是脾胃的母親，土離開了火就不能生發，五臟六腑之氣，都依賴於心火這位君主。心火無為而治，必須憑藉包絡的有為，一出一入，宣精布氣，胃氣才能進入，脾氣才會發生，各臟腑中的氣才會變化無窮。」

雷公問：「包絡既然是一腑，為什麼要尊稱為帝而遺漏它呢？尊稱心為君火，尊稱包絡為相火，可以嗎？」

岐伯說：「可以。請刊登在《外經》，讓大家都遵循這個原則。」

陳遠公說：臟有六個，但是只說五個，是論述臟居於正位；腑有七個，而只說六個，是論述腑處於偏位。列舉五臟而忽略「第六臟」，並不是不知道胞胎；列舉六腑而忽略「第七腑」，也不是不知道心包絡。由於雷公的提問，胞胎和心包絡大白於古今了！

第十七章　考訂經脈篇

原文

（子）手太陰肺經

雷公問于岐伯曰：十二經脈天師詳之，而所以往來相通之故，尚未盡也。幸宣明奧義，傳諸奕祀可乎？岐伯曰：可。肺屬手太陰[①]，太陰者，月之象也[②]，月屬金，肺亦屬金。肺之脈走於手，故曰手太陰也。起於中焦胃脘之上[③]，胃屬土，土能生金，是胃乃肺之母也。下絡大腸者，以大腸亦屬金，為胃之庶子[④]。而肺為大腸之兄，兄能包弟，足以

網羅之也。絡即網羅包舉之義。循於胃口者，以胃為肺之母，自必游熙於母家，省受胃土之氣也。肺脈又上於鬲[5]，胃之氣多，必分氣以給其子，肺得胃母之氣，上歸肺宮，必由鬲而升。肺受胃之氣，肺自成家，於是由中焦而脈乃行，橫出腋下[6]，畏心而不敢犯也。然而肺之系實通於心，以心為肺之君，而肺乃臣也[7]，臣必朝於君，此述職之路也。下循臑內，行少陰、心主之前者，又謁相之門也。心主即心包絡，為心君之相，包絡代君以行事。心剋肺金，必借心主之氣以相刑。呼吸相通，全在此系之相聯也。肺稟天王之尊[8]，必奉宰輔之令[9]，所以行于少陰、心主之前而不敢緩也。自此而下於肘中，乃走於臂內，由臂而走於寸口、魚際[10]，皆肺脈相通之道。循魚際出大指之端，為肺脈之盡。經脈盡，復行，從腕後直出次指內廉，乃旁出之脈也。

【注釋】

①肺屬手太陰：肺，五行屬金，太陰，古稱月亮為太陰，因月亮的引力可以影響海潮，每月月朔後從西方初現，漸漸圓滿。下半月白天漸漸向西方退減。西方屬金，月從海底出現，又稱水中金。內丹學中築基功法就是從呼吸中漸漸在水中提出太陰金象，得到金液還丹。

②太陰者，月之象也：白天屬陽，夜晚屬陰。月亮是夜晚出現，本身又不發光，當屬極陰之象，極，太；極陰，太陰。

③中焦胃脘之上：三焦，指胸、腹和小腹。其中中焦在橫膈心下肚臍以上腸胃部分。包括脾胃等臟腑。這裏的中焦指的胃脘部。

④庶子：古代多妻制，非正妻所生的兒子為庶子。這裏是說大腸是胃土所生之金，和肺相互表裏。肺是脾土所生，

脾土當屬正妻。脾胃所化的水谷精華經大腸最後一道工序吸收後，在肺的氣化作用下化為血液，產生營氣，營養全身。

⑤又上於膈：膈，通膈。今解剖學稱為橫膈膜，為膈膜。另胸腔與腹腔的隔界，作用是遮斷腹腔內濁氣不使上薰心肺。肺經由腹入胸，由橫膈膜穿出。

⑥橫出腋下：手太陰肺至腋下開始淺出體表，循行上肢。經脈在人體左右走向稱為橫。出，經脈從體內走出體表。

⑦以心乃肺之君而肺乃臣也：《黃帝內經·靈蘭秘典論篇第八》中說：「心者，君主之官也，神明出焉。肺者相傳之官，制節出焉。」按古人所說心主神明，為一身之君王。肺作為心臟的左右輔翼，又主管後天衛氣營血的調度，所以叫「制節出焉」，像是君王身邊的左右丞相。

⑧肺稟天王之尊：天王之尊，指心君的地位尊崇，肺得以稟受。

⑨必奉宰輔之令：肺緊靠在心君旁，肺脈走過少陰心經和厥陰心包經前面，毫不停留，好像奉令一樣。

⑩寸口、魚際：寸口，中醫脈診臨床部位，在腕後橈動脈搏動處。明朝張介賓《類經》：「脈出太淵（穴），其長一寸九分，故名寸口」。魚際，即手魚的邊際，手魚，就是手掌內拇指的指掌關節之後的肌肉隆起，狀如魚腹，故稱魚。魚的外側手掌與手背交接處的紅白肉際，稱為魚際。

原文

（丑）足太陰脾經

雷公曰：脾經若何？岐伯曰：脾乃土臟，其性濕，以足太陰名之。太陰之月，夜照於土，月乃陰象，脾屬土，得月之陰氣，故乙太陰名之。其脈起於足之大指端，故又曰足太

陰也。脾脈既起於足下，下必升上，由足大指內側肉際，過橫骨後，上內踝前廉，上踹內，循脛骨後，交出厥陰之前，乃入肝經之路也。夫肝木剋脾，宜為脾之所畏，何故脈反通於肝，不知肝雖剋土，而木亦能成土，土無木氣之通，則土少發生之氣，所以畏肝而又未嘗不喜肝也[1]。交出足厥陰之前，圖合于肝木耳[2]。上膝肢內前廉入腹者，歸於脾經之本臟也。蓋腹，脾之正宮，脾屬土居於中州[3]，中州為天下之腹，脾乃人一身之腹也。脾與胃為表裏，脾內而胃外，脾為胃所包，故絡於胃。脾得胃氣則脾之氣始能上升[4]，故脈亦隨之上鬲，趨喉嚨而至舌本，以舌本為心之苗[5]，而脾為心之子，子母之氣自相通而不隔也。然而舌為心之外竅，非心之內廷也，脾之脈雖至於舌，而終未至於心，故其支又行，借胃之氣從胃中中脘之外上鬲，而脈通於膻中之分，上交于手少陰心經，子親母之象也。

【注釋】

①畏肝而又未嘗不喜肝也：脾屬土，肝屬木，按五行相剋，木是剋土的，但是如果沒有肝木來剋，脾土就沒生發之氣，成了死土，只有肝木來剋的情況下，脾土為了維護自己，就會大量生發，所以說「畏肝而又未嘗不喜肝也」。

②圖合于肝木耳：足太陰脾經在脛部上行時，交出足厥陰肝經的前面，就是為了匯合肝木之氣，圖生發之用。

③居於中州：大禹治水，鑄九鼎，分九州。其中豫州為中州，在今河南省境。人體五臟六腑以脾胃屬土，位屬中州。

④始能上升：脾屬陰土，胃屬陽土，陽氣主升，故脾土必須得胃土陽氣才能上行。

⑤舌本為心之苗：舌本，舌根，有脈管聯絡心臟，是心

臟開竅器官。下文有舌為心之外竅。

原文

（寅）手少陰心經

雷公曰：心經若何？岐伯曰：心為火臟，以手少陰名之者，蓋心火乃後天也。後天者，有形之火也。星應熒惑[1]雖屬火而實屬陰，且脈走於手，故以手少陰名之。他臟腑之脈皆起於手足，心脈獨起於心，不與眾脈同者，以心為君主，總攬權綱，不寄其任於四末也[2]。心之繫[3]，五臟七腑無不相通，尤通者小腸也。小腸為心之表，而心實絡於小腸，下通任脈，故任脈即借小腸之氣以上通於心，為朝君之象也。心之繫又上與肺相通，挾咽喉而入於目[4]，以發其文明之彩也[5]。復從心系上肺，下出腋下，循臑內後廉，行手厥陰經心主之後，下肘，循臂至小指之內出其端，此心脈系之直行也。又由肺曲折而後，並脊直下，與腎相貫串，當命門之中，此心腎既濟之路也。夫心為火臟，懼畏水剋，何故系通於腎，使腎有路以相犯乎？不知心火與命門之火原不可一日不相通也，心得命門之火則心火有根，心非腎水之滋則心火不旺。蓋心火必得腎中水火以相養，是以剋為生也。既有腎火腎水之相生，而後心之系各通臟腑，無扞格之憂矣[6]。由是而左通於肝，肝本屬木，為生心之母也。心火雖生於命門先天之火，而非後天肝木培之，則先天之火氣亦不旺，故心之系通於肝者，亦欲得肝木相生之氣也。肝氣既通，而膽在肝之旁，通肝即通於膽，又勢之甚便者，況膽又為心之父，同本之親尤無阻隔也。由是而通於脾，脾乃心之子也，雖脾土不藉心火之生，然胃為心之愛子，胃土非心火不生，心既生胃，生胃必生脾，此脾胃之系所以相接而無間也。由是而

通於肺，火性炎上，而肺葉當之，得母有傷，然而頑金非火不柔，剋中亦有生之象，倘肺金無火則金寒水冷，胃與膀胱之化源絕矣，何以溫腎而傳化於大腸乎。由是而通於心主，心主即膻中包絡也，為心君之相臣，奉心君以司化⑦，其出入之經，較五臟六腑更近，真有心喜亦喜，心憂亦憂之象，呼吸相通，代君司化以使令夫三焦，俾上中下之氣無不畢達，實心之系通之也。

【注釋】

①星應熒惑：熒惑，就是火星，位在南方，對應人體心臟。

②不寄其任於四末也：四末，即四肢末端。這裏是說人體總綱都繫於心脈，以心為後天之主，有如君王。心自居之，獨攬朝綱，哪裡還能放權於野，寄任於四肢他處。

③心之繫：指心脈所聯繫的部位，上繫肺，下邊肝脾腎胃。所以說五臟七腑無不相通。

④挾咽喉而入於目：作為君主，肯定入於目。心經從眼球後面與它所聯繫的內部組織相關聯。《黃帝・陰符經》講：「機在目」，主宰一身，必須耳目通利，心為君火，後又與腎臟相連，水火既濟也在此；與肝臟連，取木氣長生；與脾臟連，主宰後天之養百姓；與肺臟連，煉化寒金，使金生麗水，潤澤眾生。

⑤文明之彩：當二目交併，迴光返照時，窺見內景，文彩燦然，光明透澈。

⑥無扞格之憂矣：扞，冒犯，衝撞；格，抗拒，抵擋。沒有衝撞抗拒的憂慮。

⑦奉心君以司化：司，主宰；化，化育。尊奉心君的旨命而主宰全身的化育。

原文

（卯）足少陰腎經

雷公曰：腎經若何？岐伯曰：腎屬水，少陰正水之象。海水者，少陰水也，隨月為盈虛，而腎應之[1]。名之為足少陰者，脈起于足少陰之下也，由足心而上，循內踝之後，別入跟中，上腨出膕、上股貫脊[2]，乃河車之路[3]，即任督之路也。然俱屬於腎，有腎水而河車之路通，無腎水而河車之路塞，有腎水而督脈之路行，無腎水而督脈之路斷，是二經之相通相行，全責於腎[4]，故河車之路、督脈之路，即腎經之路也。由是而行於肝，母入於子舍之義也[5]。由是而行于脾，水行於地中之義也。過肝脾二經而絡於膀胱者，以腎為膀胱之裏，而膀胱為腎之表，膀胱得腎氣而始化，正同此路之相通，氣得以往來之耳。其絡於膀胱也，貫脊會督而還出於臍之前，通任脈始得達於膀胱，雖氣化可至，實有經可通而通之也。其直行者，又由肝以入肺，子歸母之家也[6]。由肺而上循喉嚨，挾舌本而終，是欲朝君先通於喉舌也。夫腎與心雖若相剋而實相生，故其系別出而繞於心，又未敢遽朝於心君，注胸之膻中包絡，而後腎經之精上奉，化為心之液矣，此君王下取于民之義，亦草野上貢于國之誼也。各臟止有一而腎有二者，兩儀之象也。兩儀者，日月也。月主陰，日主陽，似腎乃水臟宜應月不宜應日，然而月之中未嘗無陽之氣，日之中未嘗無陰之氣，腎配日月正以其中之有陰陽也。陰藏于陽之中，陽隱于陰之內，疊相為用，不啻日月之照臨也[7]．蓋五臟七腑各有水火，獨腎臟之水火處於無形，乃先天之水火，非若各臟腑之水火俱屬後天也。夫同是水火，腎獨屬之先天，實有主以存乎兩腎之間也。主者，命門也。命門為小心[8]，若太極之象能生先天之水火，因以生後

天之水火也。於是裁成夫五臟七腑，各安于諸宮，享其奠定之福⑨，化生於無窮耳⑩。

【注釋】

①而腎應之：「天應星，地應潮」，潛臺詞是：「人應精」。腎是先天之本，是人後天之體和先天之本相連的唯一通道。是人身的海洋，和地上的海洋，天上的月亮都是相應的。這裏所說的腎水是指腎中先天真水，當然也包括了後天津水。

②貫脊：腎經的脈絡貫穿於脊柱裏面上行。所以修行至內氣上行，夾脊氣動，從貫脊處火發周天，即孟子所說的「發於背」。

③乃河車之路：道家丹經術語，當體內精氣發動，運轉周天之際，元氣運行于督脈時，循脊柱上行，有快慢之分。如水中行船，全仗水流相助。因此古人形象地把它比喻「河車」。在脊柱上分三道關，尾閭關、夾脊關和腦後的玉枕關，稱為後三關，和督脈後三關相對應的有前三關，人體元氣在任督二脈運行的路線稱為小周天，尤以在後關運行為難，所以用三車「羊車、鹿車、牛車」來比喻，因此腎脈貫脊而行叫「河車之路」。

④全責於腎：人的腎是元精元氣的藏室，是人體生命力的倉庫。後天轉化為生育之精，先天作為生命之元精，化為元氣，循行於經脈之中，造化衛氣營血，滋養後天。所以這裏說有腎水而河車路督脈絡行。只要腎中先天真水不枯竭，河車之路就會暢通。

⑤母入於子舍：肝木是腎水所生，腎是肝之母，腎脈由後面行入肝中，就叫母入於子舍。

⑥子歸母之家：腎水又是肺金所生化，因此肝中腎脈又

入於肺，歸入母家之內。

⑦不啻日月之照臨：兩腎如同日月光照大地。啻，不差于，如同。先天腎元滋養全身，不就好像太陽月亮光照大地一樣嗎。

⑧命門為小心：前文說過，心臟是後天之君主。這裏的命門主宰的是人體先天的陰陽水火，是先天的主宰者，所以叫做「小心」，意思就是像心臟一樣的功能。

⑨享其奠定之福：大地的水火化生萬物。人法地，人的水火二氣都在兩腎，就像「太極圖」中的「陰陽魚」一樣，化育全身五臟七腑，順走後天則全身器官各安諸宮；逆返先天，則水火停輪，歸於無極真元境界。先後天都靠命門奠基化育。

⑩化生於無窮耳：物有始終，天地有常，為什麼會化生於無窮呢？這裏的無窮就是逆轉陰陽水火，使人壽蔽天地，無有終時。

原文

（辰）足厥陰肝經

雷公曰：肝經若何？岐伯曰：肝屬足厥陰。厥陰者，逆陰也，上應雷火①，脈起足大指叢毛之際，故以足厥陰名之。雷火皆從地起，騰於天之上，其性急，不可制抑，肝之性亦急，乃陰經中之最逆者，少拂其意，則厥逆而不可止。循跗上上踝，交出太陰脾土之後，上膕內廉，循腹入陰毛中，過陰器②，以抵於小腹，雖趨肝之路，亦趨脾之路也。既趨於脾，必趨於胃矣。肝之系既通於脾胃，凡有所逆，必先犯於脾胃矣，亦其途路之熟也③。雖然肝之系通於脾胃，而肝之氣必歸於本宮，故其系又走于肝葉之中，肝葉之旁有

膽附焉，膽為肝之兄，肝為膽之弟，膽不絡肝而肝反絡膽者，弟強于兄之義也④。上貫膈者，趨心之路也。肝性急，宜直走于心之宮矣，乃不直走於心，反走膜鬲，布於脇肋之間者，母慈之義也。慈母憐子必為子多方曲折，以厚其藏，脇肋正心宮之倉庫也，然而其性正急，不能久安於脇肋之間，循喉嚨之後，上入頏顙，連於目系，上出額間而會督脈于巔項⑤，乃木火升上之路也。其支者，從目系下頰環唇，欲隨口舌之竅以泄肝木之鬱火也。其支者，又從肝別貫膈，上注肺中，畏肺金之剋木，通此經為偵探之途也⑥。

【注釋】

①上應雷火：古人認為雷火是從地上發起的，是因為大地積陰，一陽鬱勃，發而為雷。對應八卦中的震卦，而震卦又在東方，對應甲乙木干，木能生火，火發而化為雷。其實肝氣宜舒不宜抑，類似雷氣，當陰氣有所缺，鬱火始發，所以用厥陰為名。

②過陰器：今天的人們對於性慾冷淡，陽痿不興等疾病的認知和臨床治療，都只知道一味的興陽，濫用補陽壯陽的藥物戕害身體，卻不知道肝經的氣鬱氣滯對於性生理疾病的形成和治療也起著很重要的作用。因為肝經的循行是通過陰器的，因此，往往疏肝理氣對於治療生殖系統疾病會起到立竿見影的作用。

③亦其途路之熟耳：木剋土，非木氣有餘而不剋，所以文中又說，凡有所逆則必犯於脾胃，所以臨床治療肝氣犯脾，膽邪犯胃的疾病時，不但要疏理肝膽木邪，也要加強脾胃的防護功能，用健脾和胃法，所謂「土厚木自安」，就是這個道理，就是把木氣來犯的這條熟路給堵上。

④弟強于兄之義也：古人可能就知道膽汁是由肝分泌

的，但膽經循陽，主宰肝氣，所以稱膽為兄，呼肝為弟。但
肝性喜柔，膽主決斷，因此又稱弟強于兄。

⑤會督脈于巔項：巔項，項字應為頂之誤。巔，山頂，
這裏的意思是人的頭頂肝經從兩側入目系而後出額間上頭頂
和督脈交合。取木氣能助火增陽的意思，助督脈陽氣上行，
通河車之路。

⑥偵探之途：肝木畏金相剋，但是又與肺經常相遇，因
此上注肺中，試探肺金。一旦肺金有邪，畏之相剋，便立刻
縮回自保，所以這條上注肺中之支脈就是偵探之途。

原文

（巳）足陽明胃經

雷公曰：五臟已知其旨矣。請詳言七腑。岐伯曰：胃經
亦稱陽明者，以其脈接大腸手陽明之脈，由鼻額而下走于足
也。然而胃經屬陽明者，又非同大腸之謂。胃乃多氣多血之
腑，實有日月並明之象，乃純陽之腑，主受而又主化也①。
陽主上升，由額而游行於齒口唇吻，循頤頰耳前而會于額
顱，以顯其陽之無不到也②。其支別者，從頤後下人迎，循
喉嚨入缺盆，行足少陰之外，下隔通腎與心包之氣。蓋胃為
腎之關，又為心包之用，得氣於二經，胃始能蒸腐水穀以化
精微也③。胃既得二經之氣，必歸於胃中，故仍屬胃也。胃
之旁絡於脾，胃為脾之夫④，脾為胃之婦，脾聽胃使，以行
其運化者也。其直行者，從缺盆下乳內廉，挾臍而入氣街。
氣街者，氣衝之穴也，乃生氣之源，探源而後，氣充於乳
房，始能散佈各經絡也。其支者，起於胃口，循腹過足少陰
腎經之外，本經之裏下至氣街而合，仍是取氣於腎，以助其
生氣之源也。由是而胃既得氣之本，乃可下行，以達於足。

從氣街而下髀關，抵伏兔，下膝臏，循脛下跗，入中指之內庭而終者，皆胃下達之路也。其支者，從膝之下廉三寸，別入中指之外間，復是旁行之路，正見其多氣多血，無往不周也⑤。其支者，別跗上，入大指間，出足厥陰，交于足太陰，避肝木之剋，近脾土之氣也。

【注釋】

①主受而又主化：受，承受，接受；化，化解。胃經屬於純陽，既納受食物而又主管消化分解水穀精華，是人體後天重要器官。

②以顯其陽之無不到也：胃腐熟消化食物少不了其他臟腑提供營養，而胃所儒化的營養也要回饋到身體的各個部位。

③以化精微：蒸腐水穀，要靠水火二氣。水氣來源於腎，而火則來源於心包絡，二經之氣，歸於胃中，水火平勻，則可以蒸腐水穀，為全身提供養分。

④胃為脾之夫，脾為胃之婦：夫婦在五行學說，一般都是指相剋關係，剋人者為夫，被剋者為婦。此處卻以脾胃為夫婦，新奇說法。

⑤無往不周：周，周遍。無論哪裡沒有不周到的，指胃經的輸出功能無所不到。

原文

（午）手少陽三焦經

雷公曰：請言三焦之經。岐伯曰：三焦屬之手少陽者，以三焦無形①，得膽木少陽之氣，以生其火而脈起于手之小指次指之端，故以手少陽名之。循手腕出臂貫肘，循臑之外，行手太陽之裏，手陽明之外，火氣欲通于大小腸也。上

肩，循臂臑交出足少陽之後，正倚附于膽木以取其木中之火也。下缺盆，由足陽明之外而交會于膻中；之上焦，散佈其氣而絡繞于心包絡；之中焦，又下膈入絡膀胱以約下焦。若胃若心包絡若膀胱，皆三焦之氣往來于上中下之際，故不分屬于三經而仍專屬於三焦也。然而三焦之氣雖往來于上中下之際，使無根以為主，則氣亦時聚時散，不可久矣[②]。詎知三焦雖得膽木之氣以生，而非命門之火則不長。三焦有命門以為根[③]，而後布氣于胃，則胃始有運用之機[④]；布氣于心包絡，則心包絡始有運行之權[⑤]；布氣于膀胱，則膀胱始有運化之柄也[⑥]。其支者，從膻中而上，出缺盆之外，上項系耳後，直上出耳上角至顴[⑦]，無非隨腎之火氣而上行也。其支者，又從耳後入耳中，出耳前，過客主人之穴，交頰至目銳眥，亦火性上炎，隨心包之氣上行。然目銳眥實係膽經之穴，仍欲依附木氣以生火氣耳[⑧]。

【注釋】

①以三焦無形：三焦，是傳統醫道術語，本身是不存在於形狀的，是包括了肺、心、脾、胃、肝、腎、大小腸、膀胱的器官，心身體前面分胸、腹、小腹三部分為上、中、下三焦。古醫經以：「上焦如霧，中焦如漚，下焦如瀆」來形容三焦的存在。

②不可久矣：三焦本無形，氣聚則有，氣散則無，是足少陽膽經之木氣所產生的少陽火氣，集胃、心包絡、膀胱之火始成形。因此文中說「不分屬三經而仍專屬於三焦。往來於上中下之際，使無根以為主，氣亦時聚時散，不可久矣」。

③命門以為根：三焦雖自身屬火，但是仍為後天相火，必須通命門得命門真火才有根。

④運用之機：三焦布氣於胃，胃才得火氣以腐化水穀，故稱運用之機。

⑤運行之權：三焦布命門真火，自身相火的權柄，是由心主之火行使的君命，因此必須聯繫心包絡以獲取心君的命令。

⑥運化之柄：三焦既通命門、心君先後天之火，助胃行腐化之功，所化之水穀精華由心肺傳佈，糟粕則向下經小腸入大腸，進一步提取，水液傳佈下焦之瀆，由膀胱施行運化，傳遞相輔者，還是下焦的功能。

⑦至䪼：眼眶下像。三焦將剩餘火氣隨腎經真火運行，經耳上角到下眼眶。

⑧依附木氣以生火氣耳：三焦經的分支從耳後入耳中，出耳前，經足少陽膽經的「上關穴」旁到眼外角。取膽經木氣以助自身火氣。

原文

（未）手厥陰心包經

雷公曰：請言心主之經[①]。岐伯曰：心主之經即包絡之府也，又名膻中。屬手厥陰者，以其代心君出治，為心君之相臣，臣乃陰象，故屬陰。然奉君令以出治，有不敢少安于頃刻，故其性又急，與肝木之性正相同，亦以厥陰名之，因其難順而易逆也[②]。夫心之脈出于心之本宮，心包絡之脈出于胸中，包絡在心之外，正在胸之中，是脈出于胸中者，正其脈屬于包絡之本宮也。各臟腑脈出于外，心與包絡脈出于中，是二經較各臟腑最尊也。夫腎系交于心包絡，實與腎相接，蓋心主之氣與腎宮命門之氣同氣相合，故相親而不相離也[③]。由是下于膈，歷絡三焦，以三焦之腑氣與命門、心主

之氣彼此實未嘗異，所以籠絡而相合為一，有表裏之名，實無表裏也④。其支者，循胸中出脇抵腋，循臑內行于太陰肺脾、少陰心腎之中，取肺腎之氣以生心液也⑤。入脈下臂，入掌內，又循中指以出其端。其支者，又由掌中循無名指以出其端，與少陽三焦之脈相交會，正顯其同氣相親，表裏如一也⑥。夫心主與三焦兩經也，必統言其相合者，蓋三焦無形。借心主之氣相通於上中下之間，故離心主無以見三焦之用，所以必合而言之也⑦。

【注釋】

①心主之經：就是手厥陰心包經。位置在胸口正中，兩乳頭連線和胸前正中線的交叉點上。《黃帝內經‧靈蘭秘典論》稱這裏為「膻中」，「膻中者，臣使之官，喜樂出焉。」也就是西醫解剖學中的「胸腺」；內丹學稱這裏是中丹田，是練氣化神的地方。是心臟的包裹器官，能代心受過，替心受邪，好比君主的內臣，並能夠傳達君主的旨意。

②其難順而易逆：由於心包絡的職能是保護心臟，因此對外界的邪氣和傷害就特別敏感，因此說它難順而易逆。

③相親而不相離也：心包之氣和腎宮命門之氣同氣相合，同屬火性而屬陰。一是先天之火，一為後天之火，因此說是同氣相親。

④實無表裏也：心包絡名義上和三焦經相互表裏，其實心包經和三焦腑氣以及命門真氣彼此並沒有什麼差異，所以能夠相合一處，因此實際上並沒有什麼表裏之分。

⑤取肺腎之氣以生心液：心本來屬火，但血液卻是心所造，主要是靠心包絡收取肺和腎的精氣到心中產生血液。在逆返修煉中所產生的就是玉液還丹了。

⑥表裏如一：前文說過，心包之火氣和三焦火氣同屬後

天相火，這裏又說其支脈出無名指端和手少陽三焦經相合，不是表裏如一，為表裏如一，名為表裏，實無表裏。

⑦所以必合而言之：三焦無形而借心包經之形以顯其用，因此把三焦和心包絡合而言之，稱為表裏。

原文

（申）足少陽膽經

雷公曰：請言膽經。岐伯曰：膽經屬足少陽者，以膽之脈得春木初陽之氣①，而又下趨于足，故以足少陽名之。然膽之脈雖趨于足，而實起目之銳眥，接手少陽三焦之經也。由目銳眥上抵頭角，下耳循頸，行手少陽之脈前，至肩上，交出手少陽之後，以入缺盆之外，無非助三焦之火氣也。其支者，從耳後入耳中，出走耳前，至目銳眥之後，雖旁出其支，實亦仍顧三焦之脈也。其支者，別自目外而下大迎，合手少陽三焦，抵于頤，下頸後，合缺盆以下胸中，貫膜、膈、心包絡，以絡于肝，蓋心包絡乃膽之子，而肝乃膽之弟，故相親而相近也。弟膽雖肝之兄，而附于肝，實為肝之表，而屬於膽。肝膽兄弟之分，即表裏之別也。膽分肝之氣，則膽之汁始旺，膽之氣始張②，而後可以分氣于兩脅，出氣街，繞毛際而橫入髀厭之中也。其直者，從缺盆下腋，循胸過季脅，與前之入髀厭者相合，乃下循髀外，行太陽、陽明之間，欲竊水土之氣以自養也③。出膝外廉，下骱骨以直抵絕骨之端，下出外踝，循骱上入小指次指之間，乃其直行之路也。其支者，又別骱上，入大指歧骨內出其端，還貫入爪甲，出三毛，以交于足厥陰之脈，親肝木之氣以自旺，蓋陽得陰而生也④。

【注釋】

①春木初陽之氣：陰氣有缺口而少陽氣從此生，肝膽對應春天木氣，當陰液由脾腎到肝，因肝主升發，因此陰氣有缺，成為厥陰，此時肝臟附屬的膽氣開始發生好像春天的開始，萬木初榮，一陽來復。五代陳摶的「九轉內丹術」就是從修煉膽經著手，循行交肝膽陰陽於巔頂，降木火於海窟，必探驪珠，必見月明。

②膽之氣始張：古人不用解剖就知道膽汁的分泌來源於肝，因此文中提出「膽分肝之氣，則膽之汁始旺，膽之氣始張」。

③竊水土之氣以自養：所謂「人法地」，人體也像自然界一樣，草木的繁盛也是有水有土才能苗壯成長，因此膽經在脛部的循行，並行於足太陽膀胱經和足陽明胃經之間，得水土二經之氣滋養。

④蓋陽得陰而生也：前面文中說過，萬物獨陽不生，孤陰不長，要想使膽經氣旺，必須得其表裏陰陽和氣以助力。現在膽經的支脈貫通大腳趾和足厥陰肝經，以取其和氣則旺生膽經之氣。

原文

（酉）足太陽膀胱經

雷公曰：請言膀胱之經。岐伯曰：膀胱之經屬足太陽者，蓋太陽為巨陽，上應於日，膀胱得日之火氣，下走于足，猶太陽火光普照于地也①。其脈起目內眥，交手太陽小腸之經，受其火氣也②。上額交巔，至耳上角，皆火性之炎上也。其直行者，從巔入絡腦，還出別下項，循肩膊內挾脊兩旁下行，抵於腰，入循膂，絡腎，蓋膀胱為腎之表，故繫

連於腎，通腎中命門之氣，取其氣以歸膀胱之中，始能氣化而出小便也③。雖氣出於腎經，而其系要不可不屬之膀胱也。其支者，從腰中下挾脊以貫臀，入膕中而止，亦借腎氣下達之也④。其支者，從膊內別行下貫脾脊，下歷尻臀，化小便通陰之器而下出也。過髀樞，循髀外下合膕中，下貫于兩踹內，出外踝之後，循京骨，至小指外側，交于足少陰之腎經，亦取腎之氣可由下而升，以上化其水也⑤。

【注釋】

①猶太陽之火光普照於地也：膀胱之經走後背，秉腎經命門真火，施於全身水汽蒸化作用，就好像太陽燦爛的光輝普照大地一樣。

②受其火氣也：足太陽膀胱雖行於人體陽面，但本身主行水路，並不生陽，所有陽氣除了秉受先天腎陽外，後天則來源於小腸，小腸經屬手太陽，和後天心火相表裏，其所化之水穀精華剩餘的水液就排到膀胱裏，《黃帝內經·素問篇·湯液醪醴論》中稱為：「開鬼門，潔淨府。」小腸神經叢在現代醫學解剖中稱之為「太陽神經叢」，膀胱的太陽火氣中的後天火就是從此而來。

③氣化而出小便也：僅僅從小腸中得水液，仍無力汽化提取，必須連於腎，得命門先天真火溫煦運化，才能去精取液。

④借腎氣下達之也：既然膀胱經氣象太陽一樣普照大地，那麼往腿部所行的經氣則必須借助下行的足少陰腎經的經氣。與腎經之氣互為表裏，一個是天上的太陽，一個是水中倒映的日影。

⑤以上化其水也：太陽既倒映在水中，最終還是要從海底升起，這升起的力量，膀胱經已經循腿下行，上升無力，

因此還是要靠交於足少陰腎經，靠腎中元氣之力，升日化水。

原文

（戌）手太陽小腸經

雷公曰：請言小腸之經。岐伯曰：小腸之經屬手太陽者，以脈起于手之小指，又得心火之氣而名之也[①]。夫心火屬少陰，得心火之氣，宜稱陰矣。然心火居於內者為陰，發于外者為陽，小腸為心之表也，故稱陽而不稱陰，且其性原屬陽，得太陽之日氣，故亦以太陽名之。其脈上腕出踝，循臂出肘，循臑行手陽明少陽之外，與太陽膽氣相通，欲行金氣自寒，欲得木氣自生也[②]。交肩上，入缺盆，循肩向腋下行，當膻中而絡于心，合君相二火之氣也[③]。循咽下膈以抵於胃，雖火能生胃，而小腸主出不主生[④]，何以抵胃，蓋受胃之氣，運化精微而生糟粕，猶之生胃也。故接胃之氣，下行任脈之外，以自歸于小腸之正宮，非小腸之屬而誰屬乎。其支者，從缺盆循頸頰上至目銳眥，入於耳中，此亦火性炎上，欲趨竅而出也。其支者，別循頰上䪼，抵鼻至目內眥，斜絡於顴，以交足太陽膀胱之經，蓋陽以趨陽之應也[⑤]。

【注釋】

①而名之也：正如文中自言，心火屬陰，小腸得心火之氣，應該稱陰，怎麼能得太陽之名呢？文中又言，心火屬內臟，火在內而未發出來，而小腸是心之表，後天心火秉先天命門真火，火氣正旺，借小腸溫煦水穀，發揮盡用，因此小腸之用一派純陽，所以稱之為太陽經。

②欲得木氣自生：火本剋金，但若入肺剋金自冷，因此與足少陽膽經交接，借木氣以助火。

③合君相二火之氣：為了完成腐化水穀的任務，小腸除上面借木助火外，盡可能集一切火氣，此處當膻中絡心，取君火之正氣，行自身相火之威，堂堂正正，真如太陽之烈。

④小腸主出不主生：「小腸者，受盛之官，化物出焉」（《黃帝內經・素問・靈蘭秘典論》）。現代語言就是小腸盛受胃中降下的腐食之後，馬上蒸化成養分，由心臟的換血功能，肺的汽化功能，大腸的傳導功能，輸送到全身各個後天組織。但這些營養並不是它自己本身生化來的。

⑤陽以趨陽之應也：小腸因要擔任腐化水穀之重任，故不能有力傳導，趨於膀胱經，借足太陽之力傳導，象陽光普照大地。

原文

（亥）手陽明大腸經

雷公曰：請言大腸之經。岐伯曰：大腸之經名為手陽明者，以大腸職司傳化，有顯明昭著之意①，陽之象也。夫大腸屬金，宜為陰象，不屬陰而屬陽者，因其主出而不主藏也②。起于手大指次指之端，故亦以手名之。循指而入于臂，入肘上臑，上肩，下入缺盆而絡於肺，以肺之氣能包舉大腸，而大腸之系亦上絡於肺也。大腸得肺氣而易于傳化，故其氣不能久留于膈中，而系亦下膈，直趨大腸以安其傳化之職。夫大腸之能開能闔③，腎主之，是大腸之氣化宜通于腎，何以大腸之系絕不與腎會乎。不知肺金之氣即腎中水火之氣也，腎之氣必來于肺中，而肺中之氣即降於大腸之內，則腎之氣安有不入於大腸之中者乎。不必更有系通腎，而後得其水火之氣，始能傳化而開合之也。其支者，從缺盆上頸貫頰，入下齒縫中，還出夾兩口吻，交於唇中之左右，上挾

鼻孔，正顯其得肺腎之氣，隨肺腎之脈而上升之徵也④。

陳遠公曰：十二經脈，各說得詳盡，不必逐段論之。

【注釋】

①有顯明昭著之意：大腸是消化功能的最後一道工序，去腐生新，將最後一點養分由肺的氣化作用輸送到全身皮膚，津水外潤，故稱顯明昭著。

②主出而不主藏：大腸是篩檢程式，本身不能收留一點，因為它傳導的都是腐化了的殘渣剩滓。因此出而不藏。

③大腸之能開能闔：闔，合之意，引申為關閉。大腸傳導殘渣，是為開。大腸得肺從腎中傳導過來的元氣，節制津液，調節皮膚，所以又能閉合。

④上升之徵：大腸經交合唇夾行於鼻翼兩旁的「迎香穴」，正是大腸通肺腎之氣，將水液傳佈上升的象徵。

《考訂經脈篇》探微

這一章把十二經絡一口氣考訂完畢，故此我將其分為十二段，用十二地支為次序，其中別有深意，望讀者切勿輕看。天地陰陽分為天干地支，而人體氣血分十二經絡和天干地支相應，所謂「天人合一」，並非是想當其然，而是人與天地息息相關。

當人內修達到前一章的心腎相交，乾坤交泰時，內息形成，靜定之中，元氣內斂，十二經絡始開。靜定屬太陰，元氣通經，一陽初動，少陽膽經漸開，太陰始缺，厥陰氣行，如天地元氣，始則混沌無極，忽然一陽來復，天地有厥，空穴來風，丑時木氣始生，對應如人體肝木青龍之氣。繼而氣行漸粗，勢如猛虎，寅肺脈開。如此周流運轉，元氣通行。後天漸次漸開，先天漸趨圓滿。人體逐漸返還先天，與天地

相融合。術語叫「大周天」，只有全身氣脈開通，才能進入先天胎息再逐步打通奇經八脈，魂魄凝固，元神始現，十二正神依次皈依，達到天人合一的高層次。

因此這一章尤其重要，當元氣行於十二經絡時，修煉者斂息凝神，反觀內照，才能察覺氣行脈絡的陰陽反應，查知氣行路線，探索天人奧秘。正如李時珍所說：「內景隧道，唯返觀者照察之。」

詩云：

> 斂息凝神內照時，周天闓闢始開基。
> 經行十二如雲水，靜看陰陽造化機！

直譯

雷公請問岐伯說：「十二經脈，天師已經詳細地說明了，然而十二經的循行往來、相互溝通的原委，還沒有詳盡地解說，希望能宣明其中的奧義，留傳給子孫後代，可以嗎？」

岐伯說：「可以。肺屬於手太陰經。太陰是月亮的形象，月亮屬於金，肺也屬於金，肺的經脈循行於手上，因此稱為手太陰。手太陰肺經起源於中焦胃脘之上，胃屬土，土能生金，所以將胃作為肺的母親。向下絡屬大腸，因為大腸也屬於金，是胃的旁系子孫。肺是大腸的兄長，兄長可以包容小弟，足以將其網羅在內。絡，就是網羅包舉的意思。循行於胃口，是因為胃是肺的母親，自然必須遊戲於母親的家中，接受胃土的氣。肺脈又上行到達膈部，當胃氣充足時，必然會分氣給它的子孫。肺臟得到胃腑母親的氣，經氣上行歸屬於肺臟，必定由膈膜而上升。肺接受了胃的氣，肺臟自成一家，於是經脈從中焦開始發出，橫向行走到腋下，

這是因為畏懼心火的克制不敢去觸犯心君。然而，肺系其實與心臟是連通的，因為心臟是肺臟的君主，而肺臟是心臟的臣相，臣相必然會朝拜君主，這是任職的必然之路。肺經向下循行到上臂內側，循行於手少陰心經、手厥陰心包經的前面，這是拜謁相府的門第。心包經就是心包絡，是心君的宰相，心包絡代替心君執行政務。心火剋肺金，必然要借助心包的氣才能行使職權，呼吸與心臟相通，全部依賴此處的聯繫與之相聯。肺臟秉承君主的尊嚴，必然會奉宰相的政令，因此循行在少陰心經和厥陰心包經的前面而不敢稍有懈怠。接著由此循行下入肘中，轉而循行於前臂內側，由前臂行走到寸口、魚際，都是肺經連通的道路。再循行到魚際，從大拇指的末端出來，為肺脈的末端。經脈循行到達末端之後，又分出一支，從手腕後面直出第二指的內側，這是從旁邊分出的絡脈。」

雷公問：「脾經的循行怎麼樣？」

岐伯說：「脾是土臟，它的本性是濕氣，用足太陰經來命名。太陰的月光，夜間照在土上，月是陰的形象，脾屬土，得到月亮的陰氣，因此用太陰來命名；脾經起源於足大指的末端，因此稱為足太陰經。脾脈既然起源於足下，必然從下往上循行，由足大指內側的赤白肉際，經過橫骨之後，上行到內踝的前面，上行到小腿內側，循行到脛骨內側緣，與足厥陰肝經相交於前方，接著進入肝經的循行路線。肝木剋脾土，理應是脾土所畏懼的，為什麼經脈的循行反而與肝臟相通？不知肝木雖然剋脾土，然而木也有助於土的形成。土沒有木氣之疏通，土就會缺少發生的氣機。因此，脾土既畏懼肝木的剋殺，又未嘗不喜歡肝木啊！與足厥陰肝經相交於前，其目的是與肝木之氣相合。繼續上行到膝蓋和大腿內

側的前面，進入腹部，這是歸屬於脾經本臟。腹脾是中正之宮，脾屬土，位於中州，中州是天下的腹地，脾是人體一身的腹地。脾與胃相互是表裏關係，脾在裏面，胃包在外面，因此絡屬於胃。脾得到胃的土氣，脾臟的氣才能上升，因此經脈也隨著上行到膈，上行到喉嚨從而到達舌根，因為舌根是心之苗，而脾是心的子女，子母之氣自然相互通貫而不間隔。然而，舌根僅是心的外竅，不是心的內宮，脾脈雖然到達舌根，終究沒有到達心臟，因此脾脈的分支繼續循行，借助胃氣，從胃的中脘穴外面上行到膈，從而使經脈貫通到膻中之處，最終與手少陰心經相交，這是子女親近母親的形象。」

雷公問：「心經的循行怎麼樣？」

岐伯說：「心是火臟，以手少陰來命名，是因為心火是後天之火，後天是有形之火，天上對應熒惑星，雖然屬於火其實本性屬陰，並且經脈循行在手上，因此以手少陰經來命名。其他臟腑的經脈都起源於手足，唯獨心脈發源於心臟，與其他經脈的發源不同，因為心臟是君主，總攬權綱，沒有將它的權力授給四肢。心與其他藏器聯繫的部位，五臟七腑無不與之相通，聯繫尤其緊密的是小腸。小腸是心臟之表，心臟其實絡屬於小腸，下行與任脈相通，因此任脈借助小腸之氣上行與心臟相通，這是臣子朝拜君主的形象。心經的別系還上行與肺相通，沿著咽喉循行到達雙目之中，以顯現心臟文明的光彩。又從心系上行到肺，下行從腋下出來，沿著前臂內側的後面，循行在手厥陰心包經的後面，下行到肘，循行到前臂，到達小指的內側，從末端出來，這是少陰心經的直行部分。又經由肺部曲折向後，並沿著脊椎徑直下行，與腎臟相貫通，到命門之中，就是心腎既濟的道路。

心是火臟，畏懼水剋，為什麼會連通到腎臟，難道讓腎水有侵犯心火的路徑嗎？原來心臟之火與命門之火，不可以一日不相貫通。心臟得到命門之火，心火才有根，心臟沒有腎水之滋潤，心火就不會旺盛，心火必須得到腎臟中水火二氣的滋養，這是「以剋為生」的道理。既然有了腎火和腎水的相生，然後心的聯繫分別貫通到各個臟腑，才不會有阻隔不通的憂患啊！由此，向左與肝臟相通，肝臟本來屬於木，作為生起心火的母親，心火雖然生於命門先天之火，如果沒有後天肝木的培育，先天的火氣也不會旺盛，因此心的脈絡與肝臟貫通，也是想得到肝木相生之氣。肝氣既然已經貫通，膽位於肝的旁邊，貫通了肝臟，就相當於貫通了膽腑，這又是情勢的便捷之處了。何況膽木也是心臟的父親，同時作為本來的父母親，尤其不會阻隔。由此，心臟與脾臟也貫通了，脾土是心臟的子女，雖然脾土不需要憑藉心火之生，然而胃作心臟的愛子，胃土離開了心火就不能發生。心既然生胃，生胃必然生脾，這就是胃的聯繫就可以相接續而沒有間斷的原因。由此，心臟就與肺臟相貫通了。火的性質是炎上，肺葉擋住心火上炎的去路，肺金怎麼不受傷呢？然而，頑金得不到火氣就不會柔軟，相剋之中也有相生的形象，倘若肺金沒有火的溫煦，就會金寒水冷，胃腑與膀胱氣化的源頭就會斷絕，又怎麼能夠溫養腎臟、傳化到大腸呢？由此，心臟與厥陰心包經相連通，心包就是膻中的包絡，是心君的宰相，尊奉心君的命令而主管教化。從心包出入的經絡，與五臟六腑相比更接近心君，真有心喜亦喜、心憂亦憂的形象，呼吸之間也相通不離，代替君主施行教化和政令，使得三焦上中下之氣，沒有不完全通達的，其實就是通過心包的聯繫而貫通。」

雷公問：「腎經的循行怎麼樣？」

岐伯說：「腎屬水，是少陰正水的形象」。海水是少陰水，隨著月象的盈虛，腎臟之水相應盈虛。用足少陰來命名，因為此經起源於足少陰經下面的湧泉穴。由足心開始上行，沿著腳踝內側的後面，扭轉進入足跟中，再上行到小腿，循行到膕中，上行到股，貫通到脊，這是河車之路，也就是任、督二脈循行的路線。然而，任、督二脈都與腎經相通，有腎水河車之路就貫通，沒有腎水河車之路就會閉塞，有腎水督脈之路就能通行，沒有腎水督脈之路就會阻斷，所以任、督二脈是否能夠通行，其原因全在於腎水，因此河車的路徑、督脈的路徑，就是腎經循行的路徑。由此循行到肝經，正像母親進入子女的房屋一樣。由此循行到脾，正像水行走在地中一樣。經過肝、脾二經而與膀胱經相絡屬，因為腎是膀胱之裏，膀胱是腎之表，膀胱得到腎氣才能化生津液，正是由這條相同的路徑，使得氣能夠相互往來。腎經絡屬膀胱，貫通脊椎與督脈相會，回轉從臍前出來，貫通任脈，到達膀胱，雖然氣化可以到達，其實內部有經絡才能貫通。直行的腎經，又從肝臟進入肺部，這是子女回歸到母親的家裏。由肺部上行，沿著喉嚨循行到舌根就終止了，這是想去朝拜心君，因此先通過喉舌的關卡。腎與心雖然貌似相剋，其實是相生的，因此腎經的旁支又分支出來，環繞於心，不敢直接去朝拜心君，而是注入胸中的膻中包絡，然後腎經的精氣上奉，化為心液，這是君王從民眾取得所需的意義，也是山野草民進貢國家的道理。各臟只有一個，腎臟有兩個，這是兩儀的形象。兩儀就是日月，月主陰，日主陽。似乎腎臟是水臟，只是與月對應，而不與日對應，然而月光之中並不是沒有陽氣，日光之中也不是沒有陰氣，腎臟配日

月，正是因為其中有陰有陽，陰藏於陽之中，陽隱於陰之內，相互交疊為用，正如日月的光輝照臨人間。五臟七腑分別有水火，唯獨腎臟的水火是無形的，這是因為腎臟的水火是先天的，不像其餘各臟腑的水火，都屬於後天。同樣是水火，腎臟唯獨屬於先天，其實其中有主宰存在於兩腎之間。這個『主宰』，就是命門。命門是『小心』，正如太極的形象，能生起先天的水火，由此化生出後天的水火，於是形成五臟七腑，分別安居在身體內的每一個宮城，享受心主奠定的福基，生生不息，變化無窮。」

雷公問：「肝經的循行怎麼樣？」

岐伯說：「肝經屬於足厥陰，厥陰是逆冷的陰氣。天上對應於雷火，經脈起源於足大指叢毛之處，因此用足厥陰肝經來命名。雷火都是從地下發起，升騰於九天之上，它的本性急躁，不可抑制。肝的本性也急躁，是陰經中最為逆行的，稍為不合它的本意，動不動就會厥冷逆行，不可抑止。從足的跗骨向上循行，上行到足踝，交接於足太陰脾土的後面，上行到達膕部的內側，再上行到達腹部，進入陰毛中，經過生殖器，抵達小腹部，雖然行走於肝經的路徑，也行走於脾經的路徑。既然循行於脾經，必然也循行於胃經了。肝經的旁系既然貫通脾胃，因此凡是有所逆冷，必然就會先觸犯脾胃了，這是因為路途便熟的緣故。雖然肝經的旁系連通脾胃，肝氣必然歸於本宮，因此它的旁系又行走到肝葉之中。肝葉的旁邊有膽經附著，膽是肝的兄長，肝是膽的小弟，膽不去絡屬肝，而肝反而絡屬膽，這是小弟比兄長強的意思。上行貫通到膈，行走於心經的路線。肝經本性急躁，理應直行到達心君的宮城，而不直行到達心包，反而循行於膜隔，分佈在脇肋之間，這是母親慈祥的意思。慈母憐惜

她的子女，必然會為子女多方曲折，以增加它的收藏，而脅肋正好是心宮的倉庫。然而，肝經的本性急躁，不能長久安居在脅肋之間，因此循行到喉嚨之後，上行進入顀顙，與雙目相聯繫，上行出到額間，與督脈交會於頭頂，這就是木火上升的路徑。肝經的旁支，從雙目的聯繫下行到頰部，環繞口唇，隨著口舌的開竅，以疏泄肝木的鬱火。肝經的分支，又從肝臟分出，貫通膈膜，上行注入肺中，肝經畏懼肺金剋木，由這條經絡作為試探的途徑。」

雷公問：「五臟之經的循行已經知道了，請詳細說明七腑的經絡吧。」

岐伯說：「胃經也稱為陽明，是因為它的經脈連接到手陽明大腸經，由鼻頞下行到達足部。然而，胃經屬於陽明，並非與大腸相同的含義。胃是多氣多血之腑，其實有太陽和月亮交並發光的形象，是純陽之腑，主要功能是受盛水穀，並主消化水穀產生精氣。陽氣主管上升，由額部循行於牙齒口唇吻，循行到頤頰和耳前，而交會於額顱之上，以顯示其中的陽氣無所不到。它的分支，從頤後下行到人迎，沿著喉嚨，進入缺盆，行走於足少陰經的外側，下行到膈膜，貫通腎和心包的氣。因為胃是腎的關門，又是心包的用臣，從少陰腎和厥陰心包經得到氣以後，胃才能腐熟水穀，變化出精微物質。胃既然得到了少陰腎和厥陰心包二經之氣，必然歸屬於胃中，因此仍然屬於胃。胃經的旁支與脾經相連絡，胃是脾的丈夫，脾是胃的媳婦，脾聽從胃的使喚，以便行使它的運化功能。胃經直行向下，從缺盆穴下到乳房內側，挾著肚臍進入氣街。氣街是氣衝的穴位，是生氣的源頭，探明氣的源頭，然後氣才會充滿乳房，才能散佈到各經絡之中。胃經的分支，從胃口發出，沿著腹部，經過足少陰腎經的外側

和本經的裏面，下到氣街，與腎經相合，這仍然是從腎經取得氣源，以助長胃的化生之源。由此，胃經既然已得到氣的本源，便可下行到腿足，從氣街下行到髀關，抵達伏兔穴，再下行到膝蓋的臏骨，沿著脛骨下行到足跗，進入足中指的內庭穴便終止了，這都是胃經下行的路線。胃經的分支，從膝蓋內側下面三寸分出旁系，進入中趾的外間穴，成為旁行的路線，正好顯示胃經多氣多血，無往不周的特性。胃經的分支，從足跗上面分出來，進入足大趾間，再從足厥陰肝經出來，與足太陰脾經相交，以避免肝木的剋殺，而接近脾土的氣。」

雷公問：「請說明手少陽三焦經。」

岐伯說：「三焦屬於手少陽經，因為三焦無形，得到膽木少陽之氣以便生起其中的火，經脈從手的第四指末端發出，因此用手少陽來命名。沿著手腕行走到手臂，上貫肘部，循行於手臂外側，行走在手太陽經的內側、手陽明經的外側，這是火氣有貫通大小腸的趨勢。上行到肩部，沿著手臂與足少陽膽經相交在後面，這正是依附於膽木，以便取得木中的火氣。下行到缺盆，由足陽明經的外側交會於膻中穴。到達上焦，散佈三焦的氣，以環繞心包絡；到達中焦，又下行到膈膜，與膀胱相絡屬，以便約束下焦。正如胃、心包絡和膀胱，都是三焦之氣往來於上、中、下之處，因此不分別屬於三條經絡，而仍然專屬於三焦經。然而三焦的氣，雖然往來於上、中、下三處，假使沒有根氣作主宰，那麼氣就會時聚時散，不可能長久了！不知三焦雖然得到膽木的氣以便生發火氣，然而沒有命門之火也不能生長，三焦之火有命門作為根本，然後才能布氣於胃，胃才有發揮它的功用；布氣於心包絡，心包絡才有運行的權力；布氣於膀胱，膀胱

才有運化的權柄。三焦經的分支，從膻中穴上行，出到缺盆穴的外側，上行到頸項，聯繫耳後，向上直行，從耳的上角出來，到達『頏』部，無不隨著腎臟的火氣而上行。三焦經的分支，又從耳後進入耳中，繞出耳前，經過客主人穴，相交於頰部，到達目銳眥，這也是火性上炎，隨著心包的氣上行。然而，目銳眥其實是膽經的穴位，其本性是想依附木氣以便生起火氣。」

雷公問：「請說明手厥陰心包經。」

岐伯說：「手厥陰心包經，是包絡所在的府第，又稱為膻中。之所以屬於手厥陰經，是因為它代替君主治理國家，是心君的臣相，臣是陰的形象，因此屬陰。然而，臣相是奉行君主的政令治理國家，不敢有一點安逸和懈怠，因此它的性情急躁，與肝木的性情正好相同，也用厥陰經來命名，因為它的氣難以平順而容易上逆。心經的經脈從心臟的本宮發出，心包絡的經脈從胸中的包絡發出，在心臟的外面，正好位於胸腔之內，因此從胸中發出來的經脈，正是從包絡本宮中發出來的經脈。各個臟腑的經脈起源於外面，心經與心包的絡脈從心臟分出，這是因為這兩條經脈比其他各臟腑都要尊貴。腎的聯繫與心包絡相交，其實與腎臟相連接，因為心包經的氣與腎宮命門之氣同氣相合，因此相互親近而不分離。由這裏下行到膈膜，透過絡脈與三焦聯繫，因為三焦的腑氣與命門、心包之氣彼此其實沒有差別，所以籠絡在一起合而為一，雖然有表和裏的名稱，其實沒有表和裏的含義。心包經的分支，循行到胸中，從脅部出來，抵達腋窩，循行於手臂內側，行走到太陰肺經、太陰脾經以及少陰心經、少陰腎經之間，獲取肺和腎的氣以便產生心液。進入脈中，下行到手臂，進入手掌內，又循行到中指，從中指末端出來。

它的分支，從手掌中央沿著無名指循行到末端，與手少陽三焦經相交會，正顯示出它們同氣相親，表裏如一的特性。厥陰心包與少陽三焦兩經，必須合在一起談論它們的交合情況，這是因為三焦沒有形體，需要借助於心包的氣貫通於上中下之間，因此離開了心包經，就無法觀察到三焦的用途了，因此必須合在一起說明。」

雷公問：「請說明足少陽膽經。」

岐伯說：「膽經屬於足少陽，因為膽的經脈得到春天木的初陽之氣，而又向下行走到足，因此以足少陽經來命名。然而，膽的經脈雖然行走到足，其實起源於雙目的銳眥穴，連接手少陽三焦經。由目銳眥上行，抵達頭角，下行到耳，沿著頸部行走到手少陽經的前面，到達肩上，相交於手少陽經的後面，因為進入缺盆穴的外面，無非是助長三焦的火氣。膽經的分支，從耳的後面進入耳中，行走到耳的前面，到達目銳眥之後，雖然從旁邊分出支脈，其實仍然是顧及三焦的經脈。膽經的另一分支，從雙目外面分出來，下行到大迎穴，與手少陽三焦經相合，抵達『頦』下，再下行到頸後，在缺盆穴會合後，下行到胸中，貫通膜膈中的心包絡，與肝臟相連絡。心包絡是膽經之子，而肝是膽的弟弟，因此相親相近。至於膽腑雖然是肝臟的兄長而依附於肝臟，其實是肝臟的表而屬於膽，肝膽兄弟的區分就是表裏的分別。膽腑分出肝的氣，膽汁才會旺盛，膽氣才會舒張，之後才能將氣分佈到兩脇，從氣街出來，繞行陰毛，橫行進入髀厭的中央。膽經直行的經脈，從缺盆下行到腋窩，沿著胸部，經過季脇，與前面進入髀厭的經脈相合後，下行到股骨外側，行走在太陽經和陽明經之間，想盜竊水土的氣以便滋養自身。再從膝的外側臁骨出來，下行到跗骨，直接到達絕骨的

端點，下行從外踝出來，循行於足跗上，進入足小趾和次趾指之間，這是它直行的路徑。它的分支，又循行於足跗上，進入足大趾的歧骨，從它的裏面出來，再進入爪甲，從足大趾的三毛之際出來，與足厥陰經相交，親近肝木的氣以便自旺，這大致上是陽得陰而生的緣故。」

雷公問：「請說明足太陽膀胱經。」

岐伯說：「膀胱的經脈屬於足太陽，是因為太陽是巨陽，對應於天上的太陽，膀胱得到太陽的火氣，向下行走到足，正如太陽的火光普照大地一樣。足太陽膀胱經起於目內眥，與手太陽小腸經相交，接受小腸經的火氣。上行到額部，交於頭頂，到達耳的上角，這都是火性的炎上。足太陽膀胱經直行，從頭頂進入頭部，與腦相連繫，從頸項下分出，循行於肩膊內，沿著脊柱的兩邊，下行抵達腰部，沿著脊柱與腎臟相連絡，這是因為膀胱是腎臟之表，因此與腎臟連通，貫通腎中命門之氣，取得腎臟的氣，注入膀胱之中，才能使膀胱氣化出小便。雖然元氣出於腎經，而它的聯繫則不能不屬於膀胱。足太陽膀胱經的分支，從腰中下行，沿著脊柱貫入臀部，進入膝部後面的委中便停止了，這也是借助腎氣而下行。另一條分支，從腿的內側分出來，向下行走進入脊柱，經過臀部尾椎骨，變化出小便，與陰器相通，並從陰器下麵繼續下行，經過腿部髀樞穴，沿著腿骨的外側下行，在膝部後面會合，再下行貫通到小腿內側，從外踝的後面出來，沿著京骨穴循行到足小趾的外側，與足少陰腎經相交，也是資取腎中之氣，由下面向上升，以便上行氣化膀胱的水液。」

雷公問：「請說明手太陽小腸經。」

岐伯說：「小腸的經脈屬於手太陽，是因為該經脈起源

於手的小指，又得到心火之氣，而加以命名的。心火屬於少
陰，得到心火的氣，應當稱為陰。然而心火居於內的為陰，
發於外的為陽，小腸為心火之表，因此稱為陽而不稱為陰。
並且，手太陽小腸經的性質原本屬於陽，得到太陽之氣，因
此也用太陽來命名它。手太陽小腸經的經脈從手的小指上行
到手腕，從手外踝出來，沿著手臂，從肘部上行，循行於手
臂的手陽明、手少陽的外側，與太陽的膽氣相通，這是想得
到金的寒氣和木氣的生氣。相交於肩上，進入缺盆，沿著肩
胛向腋下行走，在膻中穴與心經相連繫，合併君火與相火之
氣。沿著咽喉下行到膈部，抵達胃中。雖然心火能生胃土，
然而小腸的主要功能是傳出而不是生發，為什麼會抵達胃部
呢？這是因為受納胃氣，從而運化精微而排泄糟粕，正像生
出胃土一樣。因此，接續胃的氣下行到任脈的外面，循行歸
於小腸的正宮，不屬於小腸又屬於什麼呢？手太陽小腸經的
分支，從缺盆分出，沿著頸部和頰部，上行到目銳眥，進入
耳中，這也是火性炎上，想從上竅而出。它的分支，沿著頰
部，上行到『頤』部，抵達鼻子，行走到目內眥，斜行聯
絡顴骨，與足太陽膀胱經相交，這大致是陽經趨向於陽位的
相應關係。」

　　雷公問：「請說明手陽明大腸經。」

　　岐伯說：「大腸經命名為手陽明，是因為大腸的功能是
傳化，有顯明昭著的意思，是陽的形象。」大腸屬金，應當
是陰象，不屬陰而屬陽，因為大腸經主管排泄而不主管收
藏。手陽明大腸經起源於手食指的末端，因此也以手來命
名。沿著食指上行到小臂和肘部，上行到手的大臂，上行到
肩部，下行進入缺盆而聯絡肺，因為肺氣能夠包含大腸，而
大腸的分支也上行聯絡肺臟。大腸得到肺氣而容易傳化，因

此大腸的氣不能長久地停留在膈中，它的分支也下行到膈部，直接行走到大腸，以便發揮它的傳化功能。大腸能夠開合，是腎氣主宰著它，因為大腸的氣化與腎臟相通。那為什麼大腸經的分支卻根本不與腎臟相交會呢？實際上，肺金的氣就是腎中水火之氣，腎氣必然來源於肺中，而肺中之氣既然下降到大腸之內，則腎氣怎麼可能不進入大腸之內呢？因此不必再有聯繫通到腎臟，然後才會得到腎中水火之氣，才能傳化和開合。手陽明大腸經的分支，從缺盆上行到頸部，貫通頰部，進入下齒的縫中，再出來環繞兩嘴唇，交接於嘴唇的左右，上行挾著鼻孔，正是顯示它得到肺腎的氣，隨著肺腎的脈氣而上升的徵象。

陳遠公說：十二經脈，分別解說得很詳細，不必分段來評述了。

第十八章　包絡配腑篇

原文

天老① 問于岐伯曰：天有六氣②，化生地之五行，地有五行，化生人之五臟。有五臟之陰，即宜有五臟之陽矣，何以髒止五，腑有七也？岐伯曰：心包絡，腑也，性屬陰，故與臟氣相同，所以分配六腑也。天老曰：心包絡既分配腑矣，是心包絡即臟也，何不名臟而必別之為腑耶？岐伯曰：心包絡，非臟也。天老曰：非臟列於臟中，毋乃不可乎？岐伯曰：臟稱五不稱六，是不以臟予包絡也。腑稱六，不稱七，是不以腑名包絡也，天老曰：心包絡，非臟非腑何以與三焦相合乎？岐伯曰：包絡與三焦為表裏，二經皆有名無

形，五臟有形與形相合，包絡無形，故與無形相合也。天老曰：三焦為孤臟[3]，既名為臟，豈合于包絡乎？岐伯曰：三焦雖亦稱臟，然孤而寡合，仍是腑非臟也，舍包絡之氣，實無可依，天然配合，非勉強附會也。天老曰：善。雷公曰：肺合大腸，心合小腸，肝合膽，脾合胃，腎合膀胱，此天合也。三焦與心包絡相合，恐非天合矣。岐伯曰：包絡非臟而與三焦合者，包絡裏三焦表也。雷公曰：三焦腑也，何分表裏乎？岐伯曰：三焦之氣，本與腎親，親腎不合腎者，以腎有水氣也。故不合腎而合于包絡耳。雷公曰：包絡之火氣出於腎，三焦取火于腎，不勝取火于包絡乎。岐伯曰：膀胱與腎為表裏，則腎之火氣必親膀胱而疏三焦矣。包絡得腎之火氣，自成其腑，代心宣化，雖腑猶臟也。包絡無他腑之附，得三焦之依而更親，是以三焦樂為表，包絡亦自安于裏，孤者不孤，自合者永合也[4]。雷公曰：善。應龍[5]問曰：包絡腑也，三焦亦自成腑，何以為包絡之使乎？岐伯曰：包絡即膻中也[6]，為心膜鬲，近于心宮，遮護君主，其位最親，其權最重，故三焦奉令不敢後也。應龍曰：包絡代心宣化，宜各臟腑皆奉令矣，何獨使三焦乎？岐伯曰：各腑皆有表裏，故不聽包絡之使，惟三焦無臟為表裏，故包絡可以使之。應龍曰：三焦何樂為包絡使乎？岐伯曰：包絡代心出治腑與臟同三焦，聽使于包絡，猶聽使于心，故包絡為裏，三焦為表，豈勉強附會哉。應龍曰：善。

　　陳士鐸曰：包絡之合三焦，非無因之合也；包絡之使三焦，因其合而使之也。然合者，仍合於心耳，非包絡之司為合也。

【注釋】

①天老：黃帝大臣，著有《雜子陰道》十五卷。

②天有六氣：指自然界中風、寒、暑、濕、燥、火等六種必備的正常生存條件。本來只是清空一氣所化，為了適應萬物物長的需要，才化為六氣，六氣又分陰陽，對應十二月，人體十二經脈。

③三焦為孤臟：三焦是僅有其名，而無其形的唯一臟腑，所以稱孤臟。

④自合者永合也：古人講「道法自然」，心包絡雖主火但屬陰，三焦屬陽，陰陽孤臟自然相合。三焦有名無形，是為孤臟，包絡代心行令，非腑非臟，自然與三焦表裏相配，陰陽相合。二氣相安，自合永合。

⑤應龍：古代神話傳說中的神名，其實應為一部首領名。《山海經・大荒本經》中有記載，大禹治水，應龍氏前面開路。

⑥膻中：提到心包絡，就以膻中為代名詞，丹法名詞中的「中丹田」，保護心臟的外部，《黃帝內經・靈樞・脹論》中說：「膻中者，心主之宮城也」。

《包絡配腑篇》探微

這一章單獨強調心包絡的重要地位。心包絡作為後天氣血之君主心的護衛者，所起的作用是至關重要的，是後天宗氣的集聚所，內丹術中的中丹田。當築基初成，精化為氣以後，體內先天之氣和後天宗氣在膻中部位行地天交泰，心腎相交之功。這時的主要意守部位就以膻中為主，腎中元氣和心中宗氣陰陽匹配，逐漸煉化後天，轉為先天，元神漸顯，煉氣化神，全身經絡漸次打通，陰陽五行之氣聚集凝結，漸入胎息大定。

詩云：

心包輔弼號膻中，氣貫三焦相使功。
臟腑元神自相配，金丹赫赫火光紅。

直譯

天老請問岐伯說：「天有六氣，化生地的五行；地有五行，化生人的五臟。有五臟的陰，就應當有五臟的陽，為什麼臟只有五個，而腑卻有七個呢？」

岐伯說：「心包絡屬於腑，它的性質屬於陰，因此與臟氣相同，所以分配到六腑。」

天老問：「心包絡既然分配到腑，那麼心包絡就是臟了，為什麼不命名為臟，而將它另外稱為腑呢？」

岐伯說：「心包絡不是臟。」

天老問：「不是臟而列於臟中，這不是不可以嗎？」

岐伯說：「臟稱為五，不稱為六，這是不將臟的名稱分配給包絡；腑稱為六，不稱為七，這是不將腑的名稱分配給包絡。」

天老問：「心包絡不是臟，也不是腑，為什麼與三焦相合呢？」

岐伯說：「包絡與三焦是表裏關係，二條經脈都是有名無形。五臟有形，與有形相合；包絡無形，因此與無形相合。」

天老問：「三焦是獨立的臟，既然命名為臟，又怎麼與包絡相合呢？」

岐伯說：「三焦雖然也稱為臟，然而是獨立的臟，而沒有與之相合的，因此仍然是腑，而不是臟。離開了包絡的氣，其實就沒有可以依賴的了。這是天然配合，不是勉強附會。」

天老說：「好。」

雷公問：「肺與大腸相合，心與小腸相合，肝與膽相合，脾與胃相合，腎與膀胱相合，這是天然配合。三焦與心包絡相合，恐怕不是天然配合了吧？」

岐伯說：「包絡不是臟，然而與三焦相合，是因為包絡為裏，三焦為表。」

雷公問：「三焦是腑，怎麼分表裏呢？」

岐伯說：「三焦的氣本來與腎臟相親近，與腎臟相親近而不與腎臟相合，因為腎臟中有水氣，因此不與腎臟相合而與包絡相合。」

雷公問：「包絡的火氣源出於腎，三焦從腎臟中取得火氣，不是更勝於從包絡中取得火氣嗎？」

岐伯說：「膀胱與腎臟相互是表裏關係，腎臟的火氣必然親近膀胱而疏遠三焦了。包絡得到腎臟中的火氣，自然成為腑，代心君宣化政令，雖然是腑，卻好像臟一樣。包絡沒有其他腑的依附，得到三焦的依附而顯得更為親近，這是因為三焦喜歡處於表，而包絡也自然安居於裏，孤單的腑也就不再孤單，相合的臟腑也就永久相合了。」

雷公說：「好。」

應龍問：「包絡是腑，三焦也自然成為腑，為什麼三焦會成為包絡的使者呢？」

岐伯說：「包絡就是膻中，是心臟的膜膈，在心宮附近，遮護著心君，它的位置最親近，它的權力最重大，因此三焦奉行包絡的命令，不敢稍有懈怠。」

應龍說：「包絡代替心君宣化政令，各個臟腑都應當奉行它的命令，為什麼只有三焦是使臣呢？」

岐伯說：「各臟腑都有表裏，因此不聽包絡的使喚，只

有三焦沒有臟與它構成表裏關係，因此包絡可以使喚它。」

應龍說：「三焦為什麼喜歡成為包絡的使臣呢？」

岐伯說：「包絡代替心君治理，腑與臟與三焦一起聽令於包絡，正如臣相聽令於心君一樣，因此包絡為裏，三焦為表，怎麼會是勉強附會呢？」

應龍說：「好。」

陳士鐸說：包絡與三焦相合，並不是沒有原因的配合。包絡使喚三焦，因為兩者相合而使喚它。然而相合的，仍然是與心相合，不是與包絡這位「有司」相合。

卷 三

第十九章　膽腑命名篇

原文

胡孔甲①問于岐伯曰：大腸者，白腸也②，小腸者，赤腸也③，膽非腸，何謂青腸乎？岐伯曰：膽貯青汁，有入無出，然非腸何能通而貯之乎，故亦以腸名之。青者，木之色，膽屬木，其色青，故又名青腸④也。胡孔甲曰：十一臟取決于膽，是腑亦有臟名矣，何臟分五而腑分七也？岐伯曰：十一臟取決于膽⑤，乃省文耳，非腑可名臟也。孔甲曰：膽既名為臟，而十一臟取決之，固何所取之乎？岐天師曰：膽司滲⑥，凡十一臟之氣得膽氣滲之，則分清化濁，有奇功焉。孔甲曰：膽有入無出，是滲主入而不主出也，何能化濁乎？岐伯曰：清滲入則濁自化，濁自化而清亦化矣。孔甲曰：清滲入而能化，是滲入而仍滲出矣。岐伯曰：膽為清淨之府⑦。滲入者，清氣也，遇清氣之臟腑亦以清氣應之，應即滲之機矣，然終非滲也。孔甲曰：臟腑皆取決于膽，何臟腑受膽之滲乎？岐伯曰：大小腸膀胱皆受之，而膀胱獨多焉。雖然，膀胱分膽之滲，而膽之氣虛矣。膽虛則膽得滲之禍矣。故膽旺則滲益，膽虛則滲損⑧。孔甲曰：膽滲何氣則受損乎？岐伯曰：酒熱之氣，膽之所畏也⑨，過多則滲失所司，膽受損矣，非毒結于腦則涕流于鼻也⑩。孔甲曰：何以治之？岐伯曰：刺膽絡之穴⑪，則病可已也。孔甲曰：善。

陳士鐸曰：膽主滲，十二臟皆取決於膽者，正決于滲

也。膽不能滲，又何取決乎？

【注釋】

①胡孔甲：黃帝的史官，撰有《孔甲》二十六篇（據陳士鐸「外經微言」注）。

②大腸者，白腸也：大腸與肺相表裏，生津化氣，五行屬金，色主白，故稱白腸。

③小腸者，赤腸也：小腸，和心相表裏，生火腐食，五行屬火，色主赤，故稱赤腸。

④青腸：膽肝相表裏，五行屬木，色主青腸。因為其狀如空囊，又主司化，故稱為腸。

⑤十一臟取決於膽：膽主滲化，十一臟的氣血，得到膽氣的滲透就都可以分清化濁，因此十一臟取決於膽。但這都是從後天器質上說起的，實際上從先天角度講，當腎中元氣充足時，分化為後天的第一步就是從膽經少陽之氣開始的。這是個奧秘，希望讀者不要忽略，速訪名師，為之剖析！

⑥膽司滲：司，主宰、主管。膽的作用是主管全身的滲化。膽不僅滲出膽汁，使各器官分清化濁，更能分泌膽氣，化生全身營血衛氣。

⑦膽為清淨之腑：膽內貯藏後天淨濾出來的精汁，更喜清淨而忌邪氣。凡氣血中一切污穢之物，都不能膽汁所容納，能分解氣分中的穢氣，也能分化血液中的雜質。《黃庭內景經》中描寫膽臟之神為「膽神龍曜字威明。」

⑧膽旺則滲益，膽虛則滲損：膽氣旺盛時，滲入之膽汁更加清純，滲出之膽汁更使膽腑清利強健；膽氣若是虛弱時，強行滲出膽汁，會損害膽腑括約肌，使囊體鬆弛，不利排泄，導致結石囊腫的產生。

⑨酒熱之氣，膽之所畏：膽的滲發功能和人體元氣運行的節奏是一樣的速度。而酒性的升發作用，會在第一時間打破這個平衡，影響膽的滲化功能，因此，作為養生之人，千萬要注意這一點，膽畏懼酒性，人何不畏之？

⑩非毒結於腦，則涕流於鼻也：有一種非常厲害的疾病，古稱「腦漏」，是因為熱毒鬱結於腦，現代臨床醫學稱為「日本腦炎」，證見鼻流黃白濁涕，黏稠腥臭。這裏說的涕流於鼻乃是因為酒熱太過，使膽滲太過，逆反經脈沿厥陰肝脈循環交會於巔頂入腦，使腦中熱毒薰液為涕，和毒結於腦相似而不盡相同。

⑪膽絡之穴：指膽經的「承靈穴」，在頭前髮際上4寸，頭部正中線旁開2.5寸處；「風池穴」在頸部枕骨下，中為「風府穴」，兩旁凹陷處就是「風池穴」。

《膽腑命名篇》探微

這一章主要講膽腑的命名及其意義，膽囊的作用和在臟腑中的重要地位。膽又叫「青腸」、「膽臟」以及「清淨之腑」。所謂「青腸」，主要是因其屬木，表肝，其色主青；「膽腑」是因其有囊能貯，但所貯之陰液不是自身所產生，而是肝中所分泌的，因此不入臟屬；「清淨之腑」，是因為膽性辟邪，膽汁除汗，是人體的洗滌劑。膽在人身的地位至關重要不僅僅是因為在後天肉體上的「滲化」作用，更是體現在內修煉丹上的重要。著名的道家「全真七子」之一的「清淨散人」孫不二仙師在其丹訣中就寫道：「斂息凝神處，東方生氣來。萬緣皆不著，一炁復歸台」。

這裏的「東方」就是指東方甲乙木中的足少陽膽經，當人在恍惚杳冥的高度靜定狀態下，十二經的經氣開始自動循

環，第一下動起來的便是膽經之氣，「東方生氣來」，當十二經運行周遍，修行者仍能保持昏昏默默，無視無聽的狀態，抱神以靜，使萬緣不著，這一縷元氣便逐漸壯大起來最後復歸靈台紫府，煉氣化神。

詩云：

> 一截青腸紫氣生，辟邪除穢令威明。
>
> 勸君靈府宜清淨，嚴戒酒肉食腹中。

直譯

胡孔甲請問岐伯說：「大腸是白腸，小腸是赤腸。膽不是腸，為什麼稱為青腸呢？」

岐伯說：「膽囊貯藏青色的膽汁，有滲入而沒有排出，如果不是腸，又怎麼能夠同時連通和貯藏膽汁呢？因此，也用腸來命名。青色是木的顏色，膽屬木，它的顏色是青色，因此又稱為青腸。」

胡孔甲問：「十一臟取決於膽，這麼說膽腑也有臟的名義了，為什麼臟有五個而腑卻有七個呢？」

岐伯說：「十一臟取決於膽，這是省文，不是腑可以命名為臟。」

胡孔甲問：「膽腑既然稱為臟，而十一臟取決於它，為什麼非要取決於膽呢？」

岐伯說：「膽主管滲入，十一臟的氣，得到膽氣的滲入，才能分清別濁，其中有奇特的功能。」

胡孔甲問：「膽汁有滲入而沒有排出，因此滲入是注入膽汁而不是排出，為什麼能夠傳化濁氣呢？」

岐伯說：「清氣滲入則濁氣自然能夠傳化，濁氣傳化清氣也就自然轉化了。」

《黃帝外經》丹道修真長壽學

胡孔甲問：「清氣滲入而能升清化濁，那麼滲入仍然是滲出了。」

岐伯說：「膽是清淨的府第。滲入的是清氣，遇到清氣的臟腑，也就以清氣與它相應。相應就是滲入的機理，然而終究不是滲出。」

胡孔甲問：「臟腑都取決於膽，為什麼臟腑會受納膽汁的滲入呢？」岐伯說：「大腸、小腸、膀胱都受納膽汁，然而膀胱受納的唯獨比較多。既然膀胱分解了膽腑滲出的膽汁，膽氣就隨之而虛了。膽氣虛，那麼膽就會出現滲漏的禍害了。因此，膽氣旺盛滲入的膽汁就多，膽氣虛弱滲入的膽汁就少。」

胡孔甲問：「膽汁裏面滲入了什麼氣會使膽汁的分泌減少？」

岐伯說：「酒精的熱氣，是膽腑所畏懼的。飲酒過多，就會影響到膽腑分泌膽汁的功能，膽腑就會受到損害了。這與毒氣結聚在腦部，則鼻涕從鼻孔流出不同。」

胡孔甲問：「用什麼方法來治療？」岐伯說：「用針刺膽絡的穴位，病就可以痊癒。」孔甲曰：「好。」

陳士鐸說：膽腑主管分泌膽汁，十二臟都取決於膽，正是取決於膽汁的滲入。如果膽汁不能滲入，又怎麼能夠取決呢？

第二十章　任督死生篇

原文

雷公問曰：十二經脈之外，有任督二脈[①]，何略而不言

也？岐伯曰：二經之脈不可略也。以二經散見于各經，故言十二經脈而二經已統會于中矣[2]。雷公曰：試分言之。岐伯曰：任脈行胸之前，督脈行背之後也。任脈起于中極[3]之下，以上毛際，循腹里，上關元[4]，至咽嚨上頤，循面入目內眥，此任脈之經絡也。督脈起于少腹，以下骨中央，女子入系廷孔，在溺孔之際，其絡循陰器，合纂間，統纂[5]後，即前後二陰之間也，別繞臀，至少陰與巨陽[6]中絡者，合少陰，上股內後廉，貫脊屬腎與太陽[7]。起于目內眥[8]，上額交巔上，入絡腦，至鼻柱，還出別下項，循肩膊挾脊抵腰中，入循膂，絡腎。其男子循莖下[9]至纂，與女子等，其少腹直上者，貫臍中央，上貫心，入喉上頤環唇，上繫兩目之下中央，此督脈之經絡也。雖督脈止于齦交，任脈止于承漿，其實二脈同起于會陰。止于齦交者未嘗不過承漿，止于承漿者未嘗不過齦交，行於前者亦行于後，行於後者亦行于前，循環周流彼此無間，故任督分之為二，合之仍一也。夫會陰者，至陰之所也。任脈由陽行于陰，故脈名陰海[10]。督脈由陰行于陽，故脈名陽海[11]。非齦交穴為陽海，承漿穴為陰海也。陰交陽而陰氣生，陽交陰而陽氣生，任督交而陰陽自長，不如海之難量乎，故以海名之。雷公曰：二經之脈絡予已知之矣。請問其受病何如？岐伯曰：二經氣行則十二經之氣通，二經氣閉則十二經之氣塞，男則成疝，女則成瘕，非遺溺即脊強也。雷公曰：病止此乎？岐伯曰：腎之氣必假道、于任督、二經氣閉，則腎氣塞矣。女不受妊，男不射精，人道絕矣。然則任督二經之脈絡，即人死生之道路也[12]。雷公曰：神哉論也。請載《外經》，以補《內經》未備。

　　陳士鐸曰：任督之路，實人生死之途，說得精妙入神。

　　【注釋】

①任督二脈：任脈督脈，屬人體經脈系統中的奇經八脈。任脈行於腹面正中線，總任一身陰脈的聯繫，所以叫陰脈之海；督脈循行於背面的正中線；總督全身陽經，因此又叫陽脈海。在人體修真中，任督二脈尤其重要，當人能在後天之體上聚焦起已經散漫的先天精氣神循行於任督二脈中，則人修命功的根基便已築就。以後便是全身的陰陽氣脈自行交會，陰陽自長的過程，因此修真的術語稱通任督二脈為小周天。從此，人身的陰陽二氣便如天上的太陽和月亮循行在人身上。

②統會于中：十二經脈的六陰六陽都交會於任督二脈，因此說：「言十二經脈而二經已統會于中矣」。

③中極：「中極穴」，是任脈的穴位，在臍下四寸處，毛際往裏，人體後天生精之所。顧名思義，是人體中線的極處，相當於地球的北極圈。

④關元：任脈穴位，乃人體元氣的開關，在臍下三寸處，是下丹田的火釜。往爐中添火料的重要部位。

⑤篡：在前後二陰中間，即會陰部，是人體的海窟龍宮，《西遊記》中孫悟空收取「金箍棒」的地方。

⑥巨陽：巨、大，即太陽。

⑦貫脊屬腎：督脈從會陰部繞過而向後上循行，除了脈一路上彙集陽經外，其絡卻合少陰入脊貫腎，得命門先天元氣，集一身陽經真火，上行崑崙巔頂。

⑧起於目內眥：此處再次點明目內眥，足太陽膀胱經的穴位「睛明穴」，是內修的起手，可見太陽出現於後天性海，現出先天一點真陽，以此陽光普照四海，煉取海底真金。因此讀者千萬不可，忽略這個至關重要的部位。

⑨莖下：莖，又叫玉莖，指男性外生殖器。督脈循莖

下直至會陰，對生殖能力有很大關係，因此下文有「二經氣閉，則腎氣塞矣。女不受妊，男不射精，人道絕矣」的說法。

⑩陰海：任脈雖在面前，卻是由陽經之氣注入而下行直到至陰之所的會陰部。總會陰經而生陽於海底，由陽行於陰，故名陰海。

⑪陽海：督脈雖行在人體背後陰面，但卻是從面前下降的陰氣總會在會陰而上升的。由陰行陽，故叫陽海。

⑫即人死生之道路也：「這裏的說法還是站在後天角度上說的，任督氣閉，女不受妊，男不射精，人道絕矣。」後天生育功能斷絕還是表面文章。其實最重要的是修煉先天大道，如果任督不通，則命功無基，不管悟道多少，終落一場空亡。

《任督死生篇》探微

這一章是繼十二經脈之後至關重要的一篇。十二正經通後，經心包、膽腑木火吹噓，元氣更旺，繼通奇經八脈。任督二脈是生死之路，河車之路。任督二脈不通，則前面所說的水火相交，天地相合等陰陽顛倒之術都是一句空話。督脈是陽經之海，任脈是陰經之海，南海合北溟，陰陽相交，二脈陰經行陽氣，陽經行陰氣，相互顛倒交媾。才能百脈暢通，元神顯現。只有奇經八脈打通，才能了斷生死，進入胎息，孕育元嬰。

這裏的任督二脈不僅僅是表面文章只寫後天脈絡，而是涉及到關聯各臟腑的元氣聚集之海──髓路。順則生人，逆則成仙。所以又稱為死生之路也。督脈聯繫生殖系統，腰腎元氣，心中宗氣，入腦聯眼竅入手處；任脈接督脈氣於承

漿，下行接各臟腑元氣，歸於生殖系統與督脈在會陰海底。行此丹道周天之路，逆天返道，煉體成真。

詩云：

任督周行定死生，南溟北海向天升。

江河逆轉崑崙頂，精氣神滿步天庭。

直譯

雷公請問說：「除了十二正經之外，還有任脈和督脈這兩條經脈，為什麼忽略不談呢？」

岐伯說：「任脈和督脈不能忽略。因為這兩條經脈散見在其他各條經脈之中，當談到十二經脈時，任、督二脈已經包括在其中了。」

雷公請問說：「請分別解說。」

岐伯說：「任脈循行在胸腹的前面，督脈循行在背部的後面。任脈起源於中極穴的下面，向上循行到毛際，沿著腹部的中央，上行到關元穴，上行到咽喉，上行到頤部，沿著面部，進入目內眥，這是任脈的經絡。督脈起源於小腹，向下循行到骨盆中央，女子與裏面的陰道口相連，在尿道開口的附近，它的絡脈循行於性器官，在會陰部會合後，合併到會陰的後面，即前後二陰之間；它的分支環繞臀部，循行到少陰與太陽之間的絡脈，與少陰經相合，上行到大腿內側後面，上行貫通脊柱，聯繫腎臟，與起源於目內眥的太陽經一起，上行到達額頭，相交於頭頂上，進入腦內，聯繫腦，到達鼻柱。它的分支，環繞頸項後下行，沿著肩膀，從兩側挾脊，抵達腰中，進入股部，從臀部聯繫腎臟。男子的經脈，沿著陰莖，下行到會陰部，與女子相同。從少腹直上的分支，貫通到臍的中央，上行貫通到心臟，進入喉嚨，上行到

頤部，環繞口唇，上行聯繫兩目之下的中央，這是督脈的經絡。雖然督脈停止於齦交穴，任脈停止於承漿穴，實際上二條經脈同時起源於會陰。停止在齦交的督脈，未嘗不經過承漿穴；停止在承漿穴的任脈，未嘗不經過齦交穴；行走在身體前面的，也行走於身體後面；行走在身體後面的，也行走於身體前面，循環周流，彼此沒有間斷。因此任脈與督脈分開是二，合併起來則仍然是一。會陰穴是極陰之處。任脈由陽行走到陰，因此任脈稱為陰海；督脈由陰行走到陽，因此督脈稱為陽海。不是齦交穴為陽海，承漿穴為陰海。陰與陽相交而陰氣生，陽與陰相交而陽氣生，任脈和督脈相交，陰陽二氣自然生長，這不正如大海難以測量嗎？因此用海來命名。」

雷公請問說：「任督二脈的循行，我已經知道了，請問它們發病會怎麼樣？」

岐伯說：「這兩條經脈的氣通行，十二經的氣就通暢無阻；這兩條經脈的氣閉塞，十二經的氣也會閉塞。男子就會則得疝病，女子就會得瘕症，不是遺尿，就是脊柱強直。」

雷公請問說：「只會得這些病嗎？」

岐伯說：「腎臟的氣必須借助於任、督二脈的通道，當這兩條二經脈的氣閉塞後，腎氣就隨著閉塞了！女人不能受孕，男子不能射精，就不能生育了。因此，任督二經的脈絡，是主宰人類死生的道路。」

雷公說：「這些論述真神妙啊！請記載在《外經》中，以補充《內經》尚未完備之處。」

陳士鐸說：任督二脈循行的路線，關係著人類生死的途徑，說得精妙入神！

第二十一章　陰陽二蹻篇

原文

司馬問曰：奇經八脈[1]中有陰蹻陽蹻[2]之脈，可得聞乎？岐伯曰：《內經》言之矣。司馬曰：《內經》言之，治病未驗或有未全歟。岐伯曰：《內經》約言之，實未全也。陰蹻脈，足少陰腎經之別脈也，起於然骨之照海穴，出內踝上，又直上之，循陰股以入于陰，上循胸裏，入于缺盆，上出人迎之前，入于目下鳩，屬於目眥之睛明穴，合足太陽膀胱之陽蹻而上行，此陰蹻之脈也。陽蹻脈足太陽膀胱之別脈也，亦起于然骨之下申脈穴，出外踝下，循僕參，郄于附陽，與足少陽會于居髎，又與手陽明會于肩髃及巨骨，又與手太陽陽維會于臑俞，與手足陽明會于地倉及巨髎，與任脈、足陽明會于承泣，合足少陰腎經之陰蹻下行，此陽蹻之脈也。然而蹻脈之起止，陽始于膀胱而止于腎，陰始于腎而止于膀胱，此男子同然也，若女子微有異。男之陰蹻起于然骨，女之陰蹻起于陰股；男之陽蹻起于申脈，女之陽蹻起于僕參。知同而治同，知異而療異，則陽蹻之病不至陰緩陽急[3]，陰蹻之病不至陽緩陰急[4]，何不驗乎。司馬公曰：今而後，陰陽二蹻之脈昭然矣。

陳士鐸曰：二蹻之脈，分諸男女，《內經》微別，人宜知之，不可草草看過。

【注釋】

①奇經八脈：奇，讀（ㄐㄧ）。因為十二正經都有陰陽臟腑的配屬關係，而奇經八脈卻沒有配對臟腑，都是相對獨立的。讀（ㄑㄧˊ），是說明這八條脈的奇異特殊之處，十

二經脈開通後，後天陰陽二氣周流全身，但是仍限於後天作用。當奇經八脈暢通後，可謂百脈齊開，脫胎換骨，先天氣佈滿周身，使人百邪不侵，所謂「天根月窟閒來往，三十六宮都是是春」，就是奇經八脈開通後，築基功成，玉液還丹的景象。

②陰蹻、陽蹻之脈：指奇經八脈中的陰蹻脈和陽蹻脈，陰蹻為足少陰腎經的分支脈絡，起於足後跟中，沿內踝大腿內側上行，入咽喉，交貫於衝脈，主管先天陰氣，衝脈在後天為女子的血海，在修煉學上為哺育元嬰的中黃正脈，因此陰蹻脈交會貫通以提供先天陰氣。陽蹻脈是足太陽膀胱經的支脈，起於足根，循足外踝順大腿外側上行，入頸部風池穴，為先天陽氣的倉庫。從風池穴入玉枕關進入腦部，助先天元嬰掃除後天陰霾。其循行路線上一路交會足陽明胃經，足太陽膀胱經，足少陽膽經，手陽明大腸經，手太陽小腸經，陽維脈等陽經要穴，一派陽光，直入先天。

③陰緩陽急：指的是陽蹻脈的特點，後天主要是表現在臨床病症上。陰緩，是說大腿內側的足少陰腎經會鬆弛疲緩；而外側筋脈拘攣急抽。在先天丹道學中，通經脈的元氣都是陰陽和合後產生的混元氣，而如果出現陰緩陽急的狀況時，就是識神干擾，導致陰陽不平衡，無法打通八脈，進入先天。

④陽緩陰急：指的是陰蹻脈的病態特點，其後果和陰緩陽急相似，都是由於陰陽失調，元神不能主事所引起的。

《陰陽二蹻篇》探微

這一章談了對陰陽二蹻的探討，陰陽蹻脈在修煉命功上很為重要，任督二脈通關，小周天暢通後，由後天入先天的

標誌就是奇經八脈的暢通。而奇經八脈除了任督二脈外，就是陰陽蹻脈的暢通，先天陰陽深層度交合。改換先天，脫胎換骨。二蹻一通，陰陽維，衝脈和帶脈依次開通，百脈舒暢，一通百通。斷絕生死，開天門，絕地戶，真假立判，後天一切隱疾全部治好，功境一日千里，向胎息大定推進，滅九蟲，斬三屍，爐火正紅。希望讀者多多留意，外經的宗旨，外談後天醫理，內涵先天內丹大道，把每一章的重點向內逆轉，可窺全真妙境。

詩云：

> 洪爐化雪丹熟了，取坎填離身心樂。
> 笑把後天返先天，身似鯤鵬游銀河！

直譯

司馬請問說：「奇經八脈之中，有陰蹻和陽蹻這兩條經脈，可以聽聞到您的解說嗎？」

岐伯說：「《內經》已經講過了。」

司馬請問說：「《內經》雖然已經講過了，但用來治病有的不應驗，是不是有的地方講得不全呢？」

岐伯說：「《內經》約略地談到了這個問題，其實沒有全面解說。陰蹻脈，是從足少陰腎經分出來的經脈。起源於足然骨的照海穴，從足內踝上出來，又向上直行，沿著大腿內側進入陰部。向上循行到胸部的內側，進入缺盆穴，上行從人迎穴的前面出來，進入雙目下面的下鳩穴，聯繫目內眥的睛明穴，合併足太陽膀胱經之後，與陽蹻脈一起上行，這是陰蹻脈。陽蹻脈是足太陽膀胱經的分支，也起於然骨下面的申脈穴，從足外踝的下面出來，循行到僕參穴，以附陽穴為郄穴，與足少陽膽經交會於居髎穴，又與手陽明大腸經交

會於肩髃穴和巨骨穴，又與手太陽小腸經的陽維穴交會於臑
俞穴，又與足陽明胃經交會於地倉穴和巨髎穴，又與任脈、
足陽明胃經交會於承泣穴，合併足少陰腎經的陰蹻脈向下循
行，這是陽蹻脈。然而，蹻脈的起源和停止，陽蹻脈起源於
膀胱而停止於腎臟，陰蹻起源腎臟而停止於膀胱。男子的循
行都是如此，如果是女子則稍微有一些差別。男子的陰蹻脈
起源於然骨，而女子的陰蹻脈起源於陰股；男子的陽蹻起源
於申脈穴，而女子的陽蹻起源於僕參穴。男女經脈相同，治
療也相同；男女經脈有差別，治療也有差異。這樣，陽蹻脈
的病不至於發展到陰緩陽急，陰蹻脈的病也不至於發展到陽
緩陰急，哪有不應驗的呢？」

司馬說：「從今以後，陰蹻脈和陽蹻脈，就昭然若揭
了！」

陳士鐸說：陰蹻和陽蹻這兩條經脈，有男子和女子的區
別，《內經》作了一些分辨，學者應當知道，不能草率地讀
過。

第二十二章　奇恒篇

原文

奢龍[①]問于岐伯曰：奇恒之腑[②]，與五臟並主藏精，皆
可名臟乎？岐伯曰：然。奢龍曰：腦、髓、骨、脈、膽、女
子胞，既謂奇恒之腑，不宜又名臟矣。岐伯曰：腑謂臟者，
以其能藏陰也。陰者，即腎中之真水也。真水者，腎精也。
精中有氣，而腦、髓、骨、脈、膽、女子胞皆能藏之，故
可名腑，亦可名臟也。奢龍曰：修真之士[③]，何必留心于此

乎？岐伯曰：人欲長生，必知斯六義，而後可以養精氣，結聖胎④者也。

奢龍曰：女子有胞以結胎，男子無胞何以結之？岐伯曰：女孕男不妊，故胞屬之女子，而男子未嘗無胞也，男子有胞而後可以養胎息⑤，故修真之士必知斯六者。至要者則胞與腦也，腦為泥丸⑥，即上丹田⑦也；胞為神室⑧即下丹田也。骨藏髓，脈藏血，髓藏氣，腦藏精，氣血精髓盡升泥丸⑨，下降於舌，由舌下華池⑩，華池下廉泉玉英⑪，通于膽，下貫神室⑫。世人多欲，故血耗氣散，髓竭精亡也。苟知藏而不瀉，即返還之道也。

奢龍曰：六者宜藏，何道而使之藏乎？岐伯曰：廣成子有言，毋搖精，毋勞形，毋思慮營營，非不瀉之謂乎。奢龍曰：命之矣。

陳士鐸曰：腦、髓、骨、脈、膽、女子胞，非臟也，非臟而以臟名之，以其能藏也，能藏故以臟名之，人可失諸藏乎？

【注釋】

①奢龍：黃帝大臣，《管子・水池篇》有記載。

②奇恒之腑：奇，奇特；恒，平常。奇恒之腑，就是異乎尋常的奇特之腑。主要有「腦、髓、骨、脈、膽和女子胞」六者。平常的腑器多為中空囊狀，內貯新陳代謝所產生的排泄濁物，泄而不藏。但奇恒之腑雖然也是中空如囊，像是腑器，但內中卻貯藏陰精，藏而不泄。因此像臟非臟，似腑非腑，所以稱為奇恒之腑。

③修真之士：真，指修煉先天真精真性。在中國道教尚未形成宗教團體之初，中國就有修煉養生的方法和理論的系統專業人士的存在。他們和方士不同是專門從事修煉自

身。後世的修道士、修仙、修武道修方術者在東漢張道陵的「五斗米道」的旗中足下，合併了這幾種修煉方法，統稱修道。而在先前專門修煉人體自身先天元精真性的人就叫做修真之士。

④結聖胎：內修之士認為，人用自身先天陰陽自行交合，便可以產生一種高能量的精微物質，這一物質就叫做聖胎、元嬰。和跟異性匹配後天陰陽，以後天濁精陰陽交合產生的凡胎截然相反。

⑤養胎息：當修煉的人進入「昏昏默默，杳杳冥冥」的狀態中，將平時外耗的精氣神逆返回歸，養蓄擔純，在這種狀態下，元精中的陰陽自行交媾匹配，最後產生大量的元氣，在流動運行中打通全身後天所有關竅穴道，人就會進入閉合後天口鼻呼吸，而打開先天內息系統的狀態中，這種狀態很相似於人在母親胞胎中的呼吸狀態，修真之土就把這種呼吸狀態稱為「胎息」。

⑥泥丸：修真專用術語，在腦部正中心，大約位置在眉間往裏約三寸左右，在玉枕穴往裏，兩耳尖往裏，舌頂上腭的舌尖上位置。鼻內腔上，腦垂體下。因人而異，但大體位置都差不多。在修真術中，為人體真陽真陰所在，故又稱「洞房夫人」，「窈窕淑女」「嫦娥的廣寒宮」，「天心」等若干術語隱喻，無非是指此人的真性所在，元神所居。

⑦上丹田：修真之術中的性命雙修之術自東漢魏伯陽的《周易參同契》問世以後，被稱為內丹術，把人自身的精氣神當作煉丹的藥物和爐火，比喻內修過程是煉丹，把人體看是煉丹爐，腦部泥丸為上丹田。

⑧神室：這裏的胞特指的是男子胞，在臍下三寸的「關元穴」往裏，即男子前列腺，是修真者將上丹田修成的

真性之種植入其中，陰陽相合，激起基因異變的神異之處，故稱神室，也就是下丹田。也是六腑中和泥丸腦部最重要的兩部分。

⑨盡升泥丸：氣血精髓，加上腦部元神，應該氣血精髓神，五者齊聚於泥丸宮，術語稱為「五炁朝元」。

⑩華池：指舌根兩旁系帶處的軟窩；是經外奇穴，左稱「金津」，右為「玉液」，合稱為「華池」，是人後天陰津產生之處。

⑪廉泉、玉英：都是任脈穴位，在舌根往下，喉結以上。

⑫下貫神室：把齊聚在泥丸的氣血精髓神；用秘傳的方法將之經過「華池」「廉泉」「玉英」，挾膽經少陽精氣清汁，送往下丹田神室，達到性命雙修，返本還元。

《奇恒篇》探微

這一章天機盡泄，教人如何進行修真，如何達到性命雙修。而「奇恒六腑」在其中至關重要。無論後天生育，還是先天修真，都是跟這六腑息息相關。而六腑中的腦和胞更為重要。

著名修真大成的呂純陽祖師在其著作《敲爻歌》中說：「修命不修性，此是修行第一病；只修祖性不修丹，萬劫陰靈難入聖」。是說修真必須性命雙修才能夠功成圓滿。

其他如「上、下丹田」都是在文中洩露盡淨，似乎沒有注者贅言的必要了。

詩云：

　　　奇恒六腑說奇恒，刻苦修道始成真。
　　　只是丹田現藥物，還丹一味妙通神！

直譯

奢龍請問岐伯說：「奇恒之腑與五臟，同樣主管藏精，都可以用『臟』來命名嗎？」岐伯說：「可以。」

奢龍問：「腦、髓、骨、脈、膽和女子的胞宮，既然稱為奇恒之腑，就不宜又命名為臟了？」

岐伯說：「將腑稱為臟，因為它能夠貯藏陰精。陰精，就是腎臟中的真水。真水就是腎精。精中有氣的存在，而腦、髓、骨、脈、膽與女子的胞宮都能夠貯藏陰精，因此既可以命名為腑，也可以命名為臟。」

奢龍問：「修真的人士，為什麼必須留意於這些位置呢？」岐伯說：「人想要長生，必須知道這六種器官的含義，然後才能培養精氣，結成聖胎。」

奢龍問：「女子有胞宮以形成胎兒，男子沒有胞胎，為什麼也能結胎？」岐伯說：「女子可以懷孕，男子不能懷孕，因此胞宮屬於女性器官，然而男子並不是沒有胞宮。男子有胞宮，然後才能夠養胎息，因此修真的人士，必須知道這六種器官，其中最重要的，是腦與胞。腦為泥丸宮，就是上丹田；胞為神室，就是下丹田。骨藏髓，脈藏血，髓藏氣，腦藏精，氣血精髓，都上升到泥丸宮，下降到舌，由舌下降到華池，由華池下降到廉泉、玉英，與膽相通，向下貫通神室。世俗的人多淫多慾，因此血耗氣散，髓竭精亡。假如知道了藏而不泄的道理，就知道返還的大道了。」

奢龍問：「六個器官的陰精都應當閉藏，用什麼方法使它藏而不泄呢？」

岐伯說：「廣成子說過，不要勞動形體，不要搖動精氣，不要有思慮的雜念，這不是藏而不泄的道理嗎？」

奢龍說：「謹遵命諭！」

陳士鐸說：腦、髓、骨、脈、膽、女子胞，並不是臟器。不是臟而用「臟」來命名，因為它們能夠貯藏，能夠貯藏因此用「臟」來命名，人能夠失去這些貯藏嗎？

第二十三章　小絡篇

原文

應龍問于岐伯曰：膜原[①]與肌腠[②]有分乎？岐伯曰：二者不同也。應龍曰：請問不同？岐伯曰：肌腠在膜原之外也。應龍曰；肌腠有脈乎？岐伯曰：肌腠膜原皆有脈也，其所以分者，正分於其脈耳。肌腠之脈，外連于膜原，膜原之脈，內連於肌腠。應龍曰：二脈乃表裏也，有病何以分之？岐伯曰：外引小絡[③]痛者，邪在肌腠也。內引小絡痛者，邪在膜原也。應龍曰：小絡又在何所？岐伯曰：小絡在膜原之間也。

陳士鐸曰：小絡一篇，本無深文，備載諸此，以小絡異于膜原耳。知膜原之異，即知肌腠之異也。

【注釋】

①膜原：指隔膜和隔肌之間的空位。唐代王冰說過：「膜，謂膈間之膜；原，謂膈肓之原。」

②肌腠：肌肉的紋理。

③小絡：根據文義，指肌腠和膜原之間相連的脈絡。

《小絡篇》探微

從表面上看，功至奇經八脈開，已入先天，全身無處不開，一派純陽。小絡孫絡處處皆通，這一篇就是寫的小絡。

功到肌腠膜原，可以使全身瘢痕盡消，皮膚變嫩，返老還童。《周易參同契》講：「老嫗成姹女，老翁復丁壯」，並非是一句空話，而是實實在在的駐顏長春。並且功到肌腠，全身純陽，金剛不壞身立地可期，因此切不可輕視小絡的作用。

詩云：

　　莫把修身當等閒，金剛不壞駐春顏。

　　全憑小絡通肌腠，遍體生光死可還！

直譯

應龍請問岐伯說：「膜原與肌腠有差別嗎？」

岐伯說：「兩者不相同。」

應龍問：「請問有什麼不同？」

岐伯說：「肌腠位於膜原的外面。」

應龍問：「肌腠有經脈嗎？」

岐伯說：「肌腠、膜原都有經脈，它們之所以分開，正是由於兩者的經脈有區別，肌腠的經脈從外面聯繫著膜原，膜原的經脈從裏面聯繫著肌腠。」

應龍問：「二脈是表裏關係，得病後怎麼區別？」

岐伯說：「外面引起小絡疼痛的，病邪在肌腠；裏面引起小絡疼痛的，病邪在膜原。」

應龍問：「小絡又在什麼地方？」

岐伯說：「小絡位於膜原之間。」

陳士鐸說：小絡這一篇，本來沒有深奧的文字，記載於此，只是因為小絡與膜原有區別而已。知道膜原的不同，也就知道了肌腠的差別了。

第二十四章　肺金篇

原文

少師問曰：肺金也，脾胃土也，土宜生金，有時不能生金者謂何了？岐伯曰：脾胃土旺而肺金強，脾胃土衰而肺金弱，又何疑乎。然而脾胃之氣太旺，反非肺金所喜者，由於土中火氣之過盛也。土為肺金之母，火為肺金之賊①，生變為剋，烏乎宜乎②。少師曰：金畏火剋，宜避火矣，何又親火乎？岐伯曰：肺近火，則金氣之柔者必銷矣。然肺離火，則金氣之頑者必折矣。所貴微火③以通薰肺也。故土中無火，不能生肺金之氣。而土中多火，亦不能生肺金之氣也。所以烈火④為肺之所畏，微火為肺之所喜。少師公曰：善。請問金木之生剋？岐伯曰：肺金制肝木之旺，理也。而肝中火盛，則金受火炎，肺失清肅之令矣⑤。避火不暇，敢制肝木乎？即木氣空虛，已不畏肺金之刑，況金受火制，則肺金之氣必衰，肝木之火愈旺，勢必橫行無忌，侵伐脾胃之土，所謂欺子弱而凌母強也。肺之母家受敵，禦木賊之強橫，奚能顧金子之困窮，肺失化源，益加弱矣。肺弱欲其下生腎水難矣，水無金生則水不能制火，毋論上焦之火焚燒，而中焦之火亦隨之更熾甚，且下焦之火亦挾水沸騰矣。少師曰：何肺金之召火⑥也？岐伯曰：肺金，嬌臟也，位居各臟腑之上，火性上炎，不發則已，發則諸火應之。此肺金之所以獨受厥害也。

少師曰：肺為嬌臟，曷禁諸火之威逼乎，金破不鳴斷難免矣。何以自免於禍乎？岐伯曰：仍賴腎子之水以救之。是以肺腎相親更倍于土金之相愛。以土生金，而金難生土。肺

生腎，而腎能生肺，晝夜之間，肺腎之氣實彼此往來，兩相通而兩相益也。少師曰：金得水以解火，敬聞命矣。然金有時而不畏火者，何謂乎？岐伯曰：此論其變也。少師曰：請盡言之。岐伯曰：火爍金者，烈火也。火氣自微何以爍金。非惟不畏火，且侮火矣。火難制金，則金氣日旺。肺成頑金，過剛而不可犯，於是肅殺之氣必來伐木。肝受金刑力難生火，火勢轉衰，變為寒，火奚足畏乎？然而火過寒無溫氣以生土，土又何以生金。久之火寒而金亦寒矣。少師曰：善。請問金化為水，而水不生木者，又何謂乎？岐伯曰：水不生木，豈金反生木乎。水不生木者，金受火融之水也。真水生木而融化之，水剋木矣[7]。少師曰：善。

陳士鐸曰：肺不燥不成頑金，肺過濕不成柔金，以肺中有火也。肺得火則金益，肺失火則金損。故金中不可無火，亦不可有火也。水火不旺，金反得其宜也。總不可使金之過旺耳。

【注釋】

①火為肺金之賊：賊，這裏是劫奪的意思。心火或他臟生邪化火，刑剋肺金劫肺金正氣。故稱火為肺金之賊。

②烏乎宜乎：語氣詞，意為本來相生，卻變成相剋，哎呀怎麼會變成這樣呢？

③所貴微火：指微微和煦之火，和亢盛烈旺的相火相對較而言的。所謂「真金不怕火煉」，如能微微溫煦，肺中太陰寒氣也能受到減弱而清肅肺陰，所以肺喜微火。

④烈火：指亢烈之相火，屬病理之火，對臟腑多有損害。前文的「火為肺之所畏」。畏的就是這樣的火。若是正常的命門真火，心君之火，肺臟又何必畏懼。

⑤肺失清肅之令矣：清肅，清理整肅。所謂肺金剋肝

木，這個正常的相剋，不是傷害之剋損，而是制約整肅，是防止肝中生邪生相火而損傷臟腑，從而制約之。但如果木邪過旺，既生邪火以傷肺金，又剋土而不生金，因此肺金無土源所生，而失去對肝木制約的力量，所以叫「肺失清肅之令」。

⑥召火：召，同招。這裏是說，為什麼肺既怕火，卻容易招惹火氣來剋呢？所以有下文的「肺為嬌臟」的說法。

⑦水剋木矣：學過五行知識的人都知道水生木的說法，但這裏卻說水剋木，是何緣故呢？原來金生水，水才能生木，但這裏的木中有邪，生邪火剋金，金所生之水中有火氣，金火亢盛，不能生水，水自然不能生木，水既為邪金所化，水也帶邪金之力以剋木，所以又叫水剋木。

《肺金篇》探微

這一章繼先天「五炁朝元」之後，即前章所說的「精髓氣血神」上貫泥丸結成陰丹之後，真液逐步改變後天臟腑氣血，由初步的化血換氣換髓而達到換臟腑。

第一步，借後天呼吸漸達先天胎息，在先天息中提煉出水中真金，又因為是嬌臟，易為相火煉傷。因此煉海底真金，一定要保證在先天大定胎息狀態下煉腎生金液，而不能在後天識神的意念摻雜中煉取，否則會有爐崩火壞的危險。只有在進入恍惚杳冥的狀態，在元神的作用下煉取水中真金，才會有金液還丹之分。

詩云：

> 爐火溫溫化濁陰，玄潭煉取海中金。
> 雪花飛上崑崙頂，返老還童得長生。

直譯

少師請問說：「肺屬於金，脾胃屬於土，土應當生金，有時卻不能生金，為什麼？」

岐伯說：「這是因為脾胃的土氣旺盛而肺的金氣強大，脾胃的土氣衰弱而肺的金氣衰弱，又有什麼疑問呢？然而，脾胃的氣太旺，反而不是肺金所喜歡的，這是由於土中的火氣過於旺盛。胃土是肺金的母親，火為肺金的盜賊，相生變為相剋，又怎麼會適宜呢？」

少師問：「金畏懼火剋，應當避開火，為什麼又會親近火呢？」

岐伯說：「肺親近火，金氣的柔弱部分必然會銷熔。然而，肺離開了火，金氣的愚頑部分必然會折斷，貴在得微火以通薰肺金。因此土中沒有火，不能生肺金的氣；而土中多火，也不能生肺金的氣。所以，烈火是肺金所畏懼的，微火是肺金所喜好的。」

少師說：「妙啊！請問金木的生剋如何？」

岐伯說：「肺金剋制肝木的旺氣，這是正理。然而肝中的火氣旺盛，則金受到炎火的剋制，肺金就會失去清肅的政令。肺金避火唯恐不及，哪還敢剋制肝木呢？即使木氣已經空虛，已不畏懼肺金的刑剋，況且金受到火的剋制，則肺金的氣必然衰弱，肝木之火越來越旺盛，必然會橫行無忌，剋伐脾胃的土氣，所謂「欺負衰弱的子氣，並且凌侮強盛的母氣」。肺的母家受到敵人的攻擊，忙著抵禦木賊的強橫，又怎麼能夠顧及金的兒子的困窮呢？肺金失去了化生的源頭，就會越來越衰弱了。肺金衰弱，再想它向下生出腎水就困難了！水沒有金生，就會水不制火，更不要說上焦的火熱焚燒，中焦的火也隨著更加熾熱，並且下焦的火也伴隨著水氣

而沸騰了！

少師問：「為什麼肺金會召受火的剋制呢？」岐伯說：「肺金是嬌嫩的臟器，位於各個臟腑的上面。火的性質是向上燃燒，不發動就罷了，一旦發動所有的火就會一呼而起。這就是肺金之所以唯獨受到火的克害的原因所在。」

少師問：「肺是嬌嫩的臟器，難道還能夠遏制多種火的威逼嗎？看來金破不能鳴響，斷然是難以避免了！為什麼還可以自免於禍害呢？」

岐伯說：「這仍然依賴於腎子之水挽救它。因此，肺腎兩臟相互親近，比土金的相親相愛更加親切。因為土能生金，而金難生土。肺生腎，而腎能生肺。白晝和黑夜之間，肺腎之氣其實彼此往來，兩兩相通，因此互相受益。」

少師問：「關於金得到水的求助從而解除火的剋制，已經恭敬地受教了！然而，金有時卻不畏懼火的剋制，這是為什麼呢？」岐伯說：「這是論述其中的變化。」

少師說：「請詳細說明。」

岐伯說：「能灼燒金的火是烈火。如果火氣本身微小，又怎麼能夠灼燒金呢？此時不僅不畏懼火的剋制，並且會欺侮火了。火難以剋制金，那麼金氣就會日益旺盛。肺就會變成頑金，過於剛硬而不可侵犯，於是強金的肅殺之氣必然來剋伐肝木。肝受到金的刑剋，難以生火，火勢轉衰，變為寒火，還有什麼可以畏懼的呢？然而，火過於寒，沒有溫暖的氣以生起土，土又怎麼能生金？久而久之，火氣寒，金氣也隨之而寒了！」

少師說：「妙啊。請問金化為水，水卻不能生木，這又是為什麼呢？」

岐伯說：「水不能生木，難道金反而能生木嗎？水不能

生木，是因為這個水是金被火剋而融化出來的水。真水生木，但是融化的水，反而會剋木了。」

少師說：「妙啊！」

陳士鐸說：肺不燥不會成為頑金，肺過濕不能成為柔金，因為肺中有火。肺得到火則金受益，肺失去火則金受損，因此金中不可以沒有火，也不可以多火。水火不過旺，金才能得到它適宜的條件。總之，不能使金氣太旺。

第二十五章　肝木篇

原文

少師曰：肝屬木，木非水不養，故腎為肝之母也。腎衰則木不旺矣，是肝木之虛，皆腎水之涸也。然而肝木之虛，不全責腎水之衰者何故？岐伯曰：此肝木自鬱也。木喜疏泄①，遇風寒之邪，拂抑②之事，肝輒氣鬱不舒。肝鬱必下剋脾胃，制土有力，則木氣自傷，勢必求濟腎水，水生木而鬱氣未解，反助剋土之橫。土怒水助轉來剋水。肝不受腎之益，腎且得土之損，未有不受病者也。腎既病矣，自難滋肝木之枯，肝無水養，其鬱更甚。鬱甚而剋土愈力。脾胃受傷氣難轉輸，必求救於心火，心火因肝木之鬱全不顧心，心失化源，何能生脾胃之土乎。於是憐土子之受傷，不敢咎肝母之過逆，反瞋③肺金不制肝木，乃出其火而剋肺，肺無土氣之生，復有心火之剋則肺金難以自存。聽肝木之逆，無能相制矣。少師曰：木無金制宜木氣之舒矣，何以仍鬱也？岐伯曰：木性曲直，必得金制有成。今金弱木強，則肝寡于畏，任鬱之性以自肆，土無可剋，水無可養，火無可助，于是木

空受焚矣。此木無金制而愈鬱也。所以治肝必解鬱為先，鬱解而肝氣自平，何至剋土。土無木剋則脾胃之氣自易升騰，自必忘剋腎水轉生肺金矣。肺金得脾胃二土之氣，則金氣自旺，令行清肅。腎水無匱乏之憂，且金強制木，木無過旺，肝氣平矣。少師曰：肝氣不平可以直折之乎④？岐伯曰：肝氣最惡者鬱也。其次則惡不平，不平之極即鬱之極也。故平肝尤尚解鬱。少師曰：其故何也？岐伯曰：肝氣不平，肝中之火過旺也。肝火過旺，由肝木之塞也。外閉內焚⑤，非爍土之氣，即耗心之血矣。夫火旺宜為心之所喜，然溫火生心，烈火逼心，所以火盛之極，可暫用寒涼以瀉。肝火鬱之極，宜兼用舒泄以平肝也。少師曰：善。

陳士鐸曰：木不鬱則不損肝、木之鬱，即逆之之謂也。人能解鬱，則木得其平矣，何鬱之有？

【注釋】

①木喜疏泄：肝木之氣最怕抑鬱，喜愛疏通和排泄。疏通則膽汁排泄正常，幫助消化，使脾胃不受其克，此是剋中有生之法。排泄則為腎水開通道路，使腎氣堅固。

②拂抑：拂，反對，頂撞；抑，抑，抑制，壓抑。這裏是說肝氣最怕遭到直接的攔阻和過分的壓制。

③反瞋：反過來責怪，瞋，瞋怒，責怪，生氣的意思。

④肝氣不平，可以直折：這一句我反覆揣摩張注，卻發現張先生把這句話的意思弄反了。少師聽了岐伯對肝氣的抑鬱致虛的一系列分析後仍覺不解，於是就問岐伯肝氣如果不平，可不可以直接把肝氣折服，使肝火不生？而岐伯雖然沒有直接回答，但卻分析了肝尚解鬱。既云解鬱，等於拉架，假如兩者撕扯在一起不可開交，勸架人如果不分青紅皂

白，強拉硬拽（直折之），打架的人往往會受到損傷。而會勸架的人卻會在旁邊勸說，使打架雙方消氣熄火，自然就會分開。或者搶走他們視為貴重的物品，或者假意欺騙，或者為難他們所在乎的人或物，這樣既能使憤怒的雙方分開，又避免了勉強分開會帶來的意外傷害。由此推之，臨床上所用的「柔肝緩急」、「疏肝理氣」的治療方法的確是針對肝性曲直性烈如火的性格而採取的最有效的辦法。所以說張注認為「肝氣不平，可以直折」是有臨床指導價值，其實是誤解了原文的意思。

　　⑤外閉內焚：肝為木臟，木能生火。今肝木條達，則化為無限生發之機。而如果肝氣鬱閉，木氣不得舒暢，則鬱而化火，邪火熾盛，必須相關臟腑，這個焚字用得就恰當了。

《肝木篇》探微

　　這一章專門談了肝木的性質和後天疾病的因素，以及其相關臟腑五行生剋的妙用。

　　肝木之氣，性喜條達，憎鬱惡抑。疏則流通暢快，鬱則閉塞生火以自焚。而致爐崩火壞，丹藥飛騰。因此修真煉道之人必須先修身養性，以期肝木條達，意志暢快，不至鬱勃不舒，積氣累惡，而內火一起，魔焰疃疃，導致走火焚鼎，身死道消，功虧一簣。是以知修真術語中降龍一詞，實在是形象無匹。

　　肝木應東方甲乙之氣，色主青，性好走而不守。修煉人先抑其性，如潛龍守窟，等到爐火候足，少陽初動，如龍見於田。真陽借火焰顯形，必須小心養護，如君子終日乾乾，方免焚鼎之患。待到水火停輪，璇璣定位，先天純陽真火借風木之勢騰飛，烈烈轟轟，如飛龍在天，亢龍有悔之勢，修

者必具降龍之威，施其伏虎之力，使丹成火水，此火候與風木息息相關，修者不可不知。因此這一篇肝木之性，讀者務需意，修身養性至關重要，養成降龍之神通，鑄成斬魔之利劍，馭青龍跨白虎，直登通天大道，快樂逍遙，永無肝氣拂鬱之患。

詩云：

> 吹噓爐火乘東風，欲上重霄駕玉龍。
> 天壞雷霆消震怒，性命雙修見真功！

直譯

少師說：「肝屬木，木沒有水不能涵養，因此腎水是肝木的母親，腎氣衰木氣就不會旺盛了！肝木的虛弱，都是因為腎水的乾涸。但是，肝木的虛弱，不能全部責怪腎水的衰竭，為什麼？」

岐伯說：「這是肝木自身鬱閉。木喜歡疏泄，遇到風寒邪氣以及抑鬱的事情，肝木動輒就會氣機鬱閉而不舒暢。肝木抑鬱，必然向下剋制脾胃，剋制脾土有力，木氣自身就會受傷，勢必向腎水求助。水生木，木的鬱氣沒有解除，反而幫助木氣橫剋脾土。土氣怒發，得到水的幫助，轉過來剋制水。肝木不能接納腎水的好處，腎水反而受到了土氣的損害，腎水沒有不病的。腎水既然有病了，自然難以滋生枯竭的肝木，肝沒有水的涵養，被抑鬱就更加厲害。抑鬱得厲害，剋制土就會更加有力。脾胃受傷之後，土氣難以轉輸，必然求救於心火，心火因為肝木的抑鬱，完全不能顧及心臟，心火失去化生的源頭，又怎麼能生起脾胃的土呢？於是，憐惜土子受到傷害，不敢歸咎於肝母過於逆剋，反而瞋怒肺金不能剋制肝木，於是發動火去剋制肺金，肺缺乏土

氣之生，又有心火的剋制，那麼肺金難以自保，聽任肝木上逆，沒有能力去剋制它了！」

少師問：「木缺乏金的剋制，木氣應當會舒張了，為什麼仍然會鬱閉呢？」岐伯說：「木的本性是曲直，必須得到金的砍伐才能成器。如今金弱木強，肝木勢單力薄，鬱閉的特性就會更加明顯。土不能剋制，水不能涵養，火沒有幫助，於是木氣虛空，被火焚燒，這就是木缺乏金的剋制反而會更加鬱閉的道理。因此，治肝病，必然以解鬱為先，抑鬱解除，肝氣自然平和，又何至於剋制脾土呢？土缺乏木氣的剋制，那麼脾胃之氣自然容易升騰，必然忘了剋制腎水，轉而去生肺金。肺金得到脾胃二土的氣，金氣自然旺盛，金令順行清肅，腎水就沒有匱乏的憂慮，並且強金剋制木氣，木氣不會過於旺盛，肝氣就會平和了。」

少師問：「肝氣不平和，可以直接平折它嗎？」岐伯說：「肝氣最厭惡的是鬱閉，其次厭惡的是不平和。不平的極點，就是鬱閉的極點，因此平肝是解鬱的妙法。」

少師說：「其中的原因是什麼呢？」岐伯說：「肝氣不平和，是肝中的火氣過於旺盛。肝火過於旺盛，是由於肝木的滯塞。外面鬱閉，裏面焚燒，不是灼燒脾胃的土氣，就是耗散心火的血氣。火旺本來應當是心君所喜歡的，然而溫暖的火生心，猛烈的火逼心，所以火熾盛到極點，可以暫時用寒涼的藥物來瀉下。肝火鬱閉到了極致，就應當同時採用舒散和泄下兩種方法，使肝木之氣平和。」

少師說：「好。」

陳士鐸說：木不鬱閉就不會損毀。肝木的鬱閉，即是木氣逆行的稱謂。如果能夠解除鬱閉，木氣就會平和了，還會有什麼鬱閉呢？

第二十六章　腎水篇

原文

少師曰；請問腎水之義。岐伯曰：腎屬水，先天真水[①]也。水生於金，故肺金為腎母。然而肺不能竟生腎水也，必得脾土之氣薰蒸，肺始有生化之源[②]，少師曰：土剋水者也，何以生水？岐伯曰：土貪生金，全忘剋水矣。少師曰：金生水而水養于金，何也？岐伯曰：腎水非肺金不生，肺金非腎水不潤。蓋肺居上焦，諸臟腑之火，咸來相逼，苟非腎水灌注，則肺金立化矣。所以二經子母最為關切。無時不交相生，亦無時不交相養也[③]。是以補腎者必須益肺，補肺者必須潤腎，始既濟[④]而成功也。少師曰：腎得肺之生即得肺之損，又何以養各臟腑乎？岐伯曰：腎交肺而肺益生腎，則腎有生化之源。山下[⑤]出泉涓涓正不竭也。腎既優渥[⑥]，乃分其水以生肝。肝木之中本自藏火，有水則木且生心，無水則火且焚木，木得水之濟，則木能自養矣。木養于水，木有和平之氣，自不剋土。而脾胃得遂其升發之性，則心火何至躁動乎。自然水不畏火之炎，乃上潤而濟心矣。少師曰：水潤心固是水火之既濟，但恐火炎而水不來濟也。岐伯曰：水不潤心，故木無水養也。木無水養肝必乾燥，火發木焚，爍盡脾胃之液，肺金救土之不能，何暇生腎中之水。水涸而肝益加燥，腎無瀝以養肝，安得餘波以灌心乎！肝木愈橫，心火愈炎，腎水畏焚，因不上濟于心，此腎衰之故，非所謂腎旺之時也。

少師曰：腎衰不能濟心，獨心受其損乎？岐伯曰：心無

水養，則心君不安，乃遷其怒于肺金，遂移其心火以逼肺矣。肺金最畏火炎，隨移其熱於腎，而腎因水竭，水中之火正無所依，得心火之相會，翕然升木變出龍雷[7]，由下焦而騰中焦，由中焦而騰上焦，有不可止遏之機矣。是五臟七腑均受其害，寧獨心受損乎！少師曰：何火禍之酷乎？岐伯曰：非火多為害，乃水少為炎也。五臟有臟火，七腑有腑火，火到之所，同氣相親[8]，故其勢易旺，所異者，水以濟之也。而水止腎臟之獨有，且水中又有火也。水之不足，安敵火之有餘。此腎臟所以有補無瀉也[9]。少師曰：各臟腑皆取資于水，宜愛水而畏火矣。何以多助火以增焰乎？岐伯曰：水少火多，一見火發，唯恐火之耗水，竟來顧水，誰知反害水乎。此禍生於愛，非惡水而愛火也。少師曰：火多水少，瀉南方之火，非即補北方之水乎？岐伯曰：水火又相根也。無水則火烈，無火則水寒，火烈則陰虧也，水寒則陽消也。陰陽兩平，必水火既濟矣。少師曰：火水既濟獨不畏土之侵犯乎？岐伯曰：土能剋水，而土亦能生水也。水得土以相生，則土中出水，始足以養肝木而潤各臟腑也。第不宜過於生之，則水勢汪洋亦能沖決堤岸，水無土制，變成洪水之逆流，故水不畏土之剋也。少師曰：善。

陳士鐸曰：五行得水則潤，失水則損。況取資多而分散少乎。故水為五行之所竊，不可不多也。說得水之有益，有此可悟水矣！

【注釋】

①先天真水：人在母腹內由受精卵和來自宇宙中的生命密碼結合成胚胎之時，在胞胎中孕育成胎，先生兩腎府命門，後漸生雙瞳，元神養成，精神合一，才成胎嬰。所以稱未成胎嬰之時的腎中元精為先天真水。

②生化之源：先有先天腎元，後生後天脾土，一方水土，孕化後天萬象。太陰肺經為後天諸經之首，卻是從脾土化出，才知這一點後土才是生化的源頭。

③亦無時不交相養也：腎中先天真水化生後天肺金，才有肺金生腎水，原為先天後天之分，因此雖稱肺為腎之母，卻是指後天，先天水生金，金生後天水，兩者互為子母，交相養也。

④既濟：《周易》六十四卦象之一，是上坎下離，水火既濟之卦。這是的水火是心腎兩臟。若腎水上滋心火，心火能降，就是水火既濟。

⑤山下：山指肺，內修術語叫「雪山背後」。修煉之初，欲取已虧竭之腎水，必須凝元神之性光，光照雪山背後，必得化雪流泉涓涓。位置在夾脊以下，臍後腎上。

⑥腎既優渥：優，優厚；渥（ㄨㄛ）沾潤，濡澤。這裏說由於金水相生，腎府得到先後天水液的浸濡，潤澤而顯得水氣充盈。

⑦變出龍雷：古稱肝木為青龍，從震卦起，為東方龍雷。

⑧同氣相親：親，親近，相通。這裏是說五臟七腑的火氣因為是同類而互相感到親近相通。

⑨腎臟所以有補無瀉：腎為人先天之本，不但在後天臨床醫療上有補無瀉，並且在先天大道的修行上也是蓄精積氣，不能清瀉。

《腎水篇》探微

這一章借腎水篇寫了修煉的最終目的——水火既濟。修煉就是修真，修的是腎中天一先天真水，修的是陰平陽秘，

水火既濟，心腎相交，後天返還先天。這裏岐伯天師再三強調了先天腎水的作用，水是萬物生化的源頭，天地一氣生成所化生的第一物質便是水，沒有水就沒有萬物化生的條件。

腎水與肺金互通互感，金水相生，子母連心，金自海底土所凝而出，生後天津水，返還先天又為真金。腎水流而起龍雷，生初陽之膽肝木榮。木華茂盛，發而為南方真火，水火相感，陰陽通氣；火盡凝而為土，土得水氣滋潤，長土生金，金又生水，水不厭多，有補無瀉。因為無論何物，無不在耗用水源，就是心燈之火也靠燃燒腎中元精，以油助火，無此真水元氣，則火無源頭之力。

離別母腹墮次身，多經風雨多煩心；積累日久元精損，再有波折起疾病。都市氣濁欲望多，哪里還有健康身？何談長壽百年春？羅浮山水清靜地，可有內丹長壽功。——長壽仙翁吳雲青，羅浮山軒轅庵道長蘇華仁，發願度化有緣人，有功德之眾生！

網址：www.cctv.com（發現之旅欄目—肉身不腐之謎）郵箱；su13138387676@126. com 密碼：510315 聯繫電話；13138387676 QQ；996903125；380847801

老子《道德經》云：「上善若水，水善利萬物而不爭」。先天真一之水是一切後天之物的生化源頭，但卻默默無聞地深藏在身體的最下層，悄悄地滋潤著五臟七腑皮毛骨髓，直到消耗殆盡。修真者，斷除後天一切嗜欲，立返先天，補虧堵漏，添油續命，固精全神，長生可期。

詩云：

先天一炁宇宙生，萬物皆從此物成。

養得大鯤去北海，鵬飛萬里步仙程。

直譯

少師問：「請問腎水的含義？」

岐伯說：「腎屬於水，是先天的真水。水從金中生出，因此肺金是腎水的母親。然而，肺不能單獨生出腎水，必須得到脾土之氣的薰蒸，肺才能有生化的源泉。」

少師問：「土剋水，為什麼能夠生水呢？」

岐伯說：「土貪圖生出金，全然忘了剋制水。」

少師問：「金生水，然而為什麼水可以涵養肺金呢？」

岐伯說：「腎水缺乏肺金不能生出，肺金離開了腎水不能滋潤。因為肺位居上焦，各臟腑中的火氣都來剋制它，如果不是腎水的灌注，那麼肺金頃刻之間就會熔化了！所以，肺金與腎經的子母關係最為密切，無時無刻不互相生起，亦無時無刻不互相涵養。因此，補腎時必須考慮補肺，補肺時必須考慮滋潤腎水，才能形成既濟之功。」

少師問：「腎水得到肺金的生起，既然得到了肺金的捐助，又怎麼能夠養育各個臟腑呢？」岐伯說：「腎水與肺金相交，肺金就更能生起腎水，那麼腎水就有了生化的源泉，山下流出涓涓泉水，正好取用不竭。腎水既然充沛了，於是分出它的水以滋生肝木。肝木之中，本來自然隱藏有火，得到水的滋生，木就會去生心火，沒有水的滋生，火就會焚燒肝木，木得到水的相濟，就能夠自養了。木得到水的養育，才有和平之氣，自然不會剋土，脾胃於是得以順應它升發的特性，那麼心火又怎麼會躁動呢？自然水不畏懼火的炎性，於是向上滋潤而與心火相濟了。」

少師說：「腎水滋潤心火，固然是水火既濟，但是恐怕火性上炎，而腎水不來相濟。」

岐伯說：「腎水不滋潤心火，因此木就會缺乏水的養

涵。木缺乏水的涵養，肝木必然枯燥，火生發而木焚燒，爍乾脾胃的津液，肺金救援土氣不及，哪有時間去生腎水。腎水乾涸而肝木更加枯燥，腎沒有多餘的水去涵養肝木，又怎麼會有多餘的水去灌溉心火呢？於是肝木更加橫逆，心火更加上炎，腎水畏懼火的焚燒，因此不向上相濟心火，這就是出現腎水衰竭的原因，不是所謂的腎水旺盛的時節。」

少師問：「腎水衰竭不能上濟心火，只有心火受到損害嗎？」岐伯說：「心火缺乏水的涵養，則心君不能安寧，因此遷怒於肺金，於是心火轉移去剋制肺金。肺金最怕火剋，於是將心火的熱氣轉移到腎臟，腎水因此枯竭。腎水中的火氣正好缺乏依賴，得到心火來交會，立刻升發到肝木，變化出龍雷之火，由下焦升騰到中焦，由中焦升騰到上焦，有不可遏止的趨勢。因此，五臟七腑均受到它的危害，又怎麼會只有心臟受到損害呢？」

少師問：「為什麼火的禍害會如此嚴重呢？」

岐伯說：「這不是火多的禍害，而是由於水少火炎。五臟有臟火，七腑有腑火，火到之處，同氣相親，因此火勢容易旺盛。不同之處在於，水可以相濟於火。然而，只有腎臟之中有水，而且水中又有火。水的不足，又怎麼敢得過火的有餘呢？這就是腎臟有補無瀉的原因。」

少師問：「各臟腑都取資於腎水，應當喜愛水而畏懼火了，為什麼反而多數會助長火勢以增加它的氣焰呢？」

岐伯說：「身中水少火多，一見到火的生發，唯恐火消耗水，竟然一齊來顧及水，誰知這反而會害了水呢？這是禍害生於恩愛，並不是厭惡水而喜愛火。」

少師問：「火多水少，瀉去南方的火，不正是補北方的水嗎？」岐伯說：「水火相互是對方的根本。沒有水，火勢

就會猛烈；沒有火，水性就會寒冷。火勢猛烈陰精就會虧損，水性寒冷陽氣就會消散。陰陽兩相平衡，必然會水火既濟了。」

少師問：「火水既濟，唯獨不畏懼土的侵犯嗎？」

岐伯說：「土能剋水，然而土也能生水。水得到土的相生，那麼土中生出水來，才能夠涵養肝木，並且滋潤各個臟腑。只是不宜過於生水，導致水勢汪洋，也能沖決堤岸，水無土制，變成洪水和逆流，因此水不畏懼土的剋制。」

少師說：「好。」

陳士鐸說：五行得到水會就滋潤，失去水就會受到損害，何況取資多而分散少呢？因此，水是五行所竊取的物件，不能不多一些。講述得到水的好處，由此可以領悟水了。

第二十七章　心火篇

原文

少師曰：心火，君火也。何故宜靜不宜動①？岐伯曰：君主無為②，心為君火，安可有為乎!君主有為③，非生民之福也。所以心靜則火息，心動則火炎。息則脾胃之土受其益，炎則脾胃之土受其災。少師曰：何謂也？岐伯曰：脾胃之土喜溫火之養，惡烈火之逼也。溫火養則土有生氣而成活土，烈火逼則土有死氣而成焦土矣。焦火何以生金，肺金乾燥，必求濟于腎水，而水不足以濟之也。

少師曰：腎水本濟心火者也，何以救之無裨乎④？岐伯曰：人身之腎水，原非有餘。況見心火之太旺，雖濟火甚

切，獨不畏火氣之爍乎。故避火之炎，不敢上升於心中也。心無水濟則心火更烈，其剋肺益甚。肺畏火刑，必求援於腎子，而腎子欲救援而無水，又不忍肺母之凌爍，不得不出其腎中所有，傾國以相助。於是水火兩騰，升于上焦，而與心相戰。心因無水以剋肺，今見水不濟心火來助肺，欲取其水而轉與火相合，則火勢更旺。於是肺不受腎水之益，反得腎火之虐矣。斯時肝經之木，見肺金太弱，亦出火以焚心，明助腎母以稱，於實報肺仇而加刃也。少師曰：何以解氛乎？岐伯曰：心火動極矣，安其心而火可息也⑤。少師曰：可用寒涼直折其火乎？岐伯曰：寒涼可暫用，不可久用也。暫用則火化為水，久用則水變為火也。少師曰：斯又何故歟？岐伯曰：心火必得腎水以濟之也。滋腎安心則心火永靜，舍腎安心則心火仍動矣。

少師曰：凡水火未有不相剋也，而心腎水火何相交而相濟乎？岐伯曰：水不同耳。腎中邪水最剋心火，腎中真水最養心火，心中之液即腎內真水也。腎之真水旺，而心火安。腎之真水衰，而心火沸。是以心腎交而水火既濟，心腎開而水火未濟也。少師曰：心在上，腎在下，地位懸殊，何彼此樂交無間乎？岐伯曰：心腎之交，雖胞胎導之，實肝木介之也。肝木氣通，腎無阻隔，肝木氣鬱，心腎即閉塞也。少師曰：然則肝木又何以養之？岐伯曰；腎水為肝木之母，補腎即所以通肝。木非水不旺，火非木不生，欲心液之不枯，必肝血之常足；欲肝血之不乏，必腎水之常盈。補肝木，要不外補腎水也。少師曰：善。

陳士鐸曰：心火者，君火也。君心為有形之火，可以水折。不若腎中之火，為無形之火也。無形之火，可以水養。知火之有形、無形，而虛火、實火可明矣。

【注釋】

①宜靜不宜動：後天心動慾望太大，便全引發心火亢盛，今人多心臟病可見一斑，生活節奏的快，人心中事務太多，心火能不上炎嗎，再加上縱慾則損耗腎中真水，心火不得腎水上濟，尤其旺盛。

②君主無為：中國古代以道家為首，特別提倡無為，無為不是無所作為，而是清心寡慾，以恬靜內養為主。人能治，國君以無為治天下，不貪圖奢慾享受，不侵犯鄰國，待臣下寬厚，待庶民親善，則上下相安，永無盜賊凌犯。因此，無為無不為是我國古代為人治國的最高追求。

③君主有為：與無為恰恰相反，所謂有為，先是有慾，慾念熾盛，相火亢焚。火既不安於本位，則腎水欲救無力，因為所有後天之體物都依賴於腎中先天真水以滋養，根本不及救此亢盛之火，因此火愈盛而水愈少，水愈少而火愈盛，以此惡性之循環，致使爐崩火焚，灰飛煙滅。國君有慾，窮奢極慾，好大喜功，窮兵黷武，勞民傷財，虐臣欺民，敗壞國體，最後國力耗盡，朝政衰敗，導致國亡命傾。這些都是有為的害處，《金剛經》謁云：「一切有為法，如夢幻泡影，如露亦如電，應作如是觀！」

④何以救之以無裨乎：裨，補益；無裨，沒有補益。為什麼腎水來救心火卻沒有什麼幫助呢？

⑤安其心而火可息也：此為治本之法，欲息火必須安心。安心可有法門，自古修真之士口口相傳，安心之法就是煉性之法。修身養性為道家第一秘要，就是第一章，廣成子所傳的昏昏默默，杳杳冥冥之法，功必至此，然後心可安而火可息。

《心火篇》探微

這一章又回頭說起，因為談到心君之火。修真之道，水火二事，腎水為修真第一要素，無先天真水為藥物，先天根本盡失，則無修先天大道之說；然提煉靈藥，則非火不能，何物為火，後天心君，一從先天落入後天，一切諸事切賴心君為主，生之化之，心君如日，目光到處，萬象崢嶸。因此，心君之火為修真煉丹之必不可缺之條件。然而心者君體，所謂伴君如伴虎，心火如果溫和，則明君位，國泰民安；心火如果昏暴，則禍國殃民，天下大亂。因此修真必以修心為首先之事，必須修得心頭火寧，心中生液，如和風麗日，寧靜祥和，然後光彩燦然，天下大治，萬物化淳。

修身養性，修得國體安泰，心主安其位，清明為治，無為當政，然後君安臣順。心如麗日東升，肺似皓月當空，腎似東海波翻；肝如青龍起淵，脾似泰山厚重，五炁朝元，三花聚頂，大道可成，金丹得熟，此身不壞，命超日月，壽蔽天地，無有終時，種種功績，皆從心君安泰起。此章要旨，諸君能知否？

詩云：

> 心君安泰性恬然，水火既濟壽萬年。
> 日月相逢輕一笑，瑤池王母倚長天！

直譯

少師問：「心火是君火，為什麼宜靜不宜動？」

岐伯說：「君主無為，心為君火，怎麼可以有為呢？君主有為，並不是萬民的福澤。所以，心君安靜火就安息，心君躁動火就上炎。安息則脾胃之土能夠得到心火的好處，上

炎則脾胃土遭受心火的危害。」

少師問：「這怎麼說呢？」

岐伯說：「脾胃之土喜歡溫暖的火來溫養，厭惡猛烈的火相逼迫。溫火養育則土有生氣，從而成為活土；烈火逼迫則土變為死氣，從而成為焦土了。焦土怎麼能生金呢？肺金乾燥，必然求助於腎水，然而腎水卻不足以相濟它。」

少師問：「腎水本來是上濟心火的，為什麼救濟心火反而沒有裨益呢？」

岐伯說：「人身的腎水，原本沒有多餘。何況見到心火太旺。雖然濟火相當緊要，難道不畏懼火氣的灼燒嗎？因此避開火性的上炎，不敢上升於心中。心火沒有水的上濟，會變得更加猛烈，剋制肺金就更加厲害。肺畏懼火的刑剋，必然向腎子求援，然而腎子想要去救援，卻沒有水，又不忍心肺母受到凌爍，不得不捐出腎中所有的水，如同傾國相助，於是水與火兩者同時上升，升騰於上焦，與心火相戰鬥。心火因為沒水去剋制肺金，如今見到腎水不能上濟心火，反來助肺，想要取得腎水，轉而與火相合，因此火勢更加旺盛。於是，肺得不到腎水的益處，反而受到腎火的肆虐了！此時，肝經的木見肺金太弱，也生出火以焚燒心君，表面上是幫助腎母並肩作戰，其實是報肺金的仇而加上血刃。」

少師問：「如何解除這種危機呢？」

岐伯說：「心火動到極點了，使心君安靜，心火才能安息。」

少師問：「可以使用寒涼法折斷心火之勢嗎？」

岐伯說：「寒涼可以暫時使用，不能長期使用。暫時使用，則火化為水；長期使用，則水變為火。」

少師問：「這又是什麼原因呢？」

岐伯說：「心火必須得到腎水才能相濟。滋腎水安心火，則心火永久安靜；捨腎水安心火，則心火仍然會妄動啊！」

　　少師問：「凡是水火沒有不相克的，然而心腎中的水火為什麼相交而成相濟之功呢？」

　　岐伯說：「其中的水不相同。腎中的邪水，最能剋制心火，腎中的真水，最能涵養心火。心中的靈液，就是腎內的真水。腎中的真水旺盛，從而心火安息；腎中的真水衰弱，那麼心火就會沸騰。因此，心腎相交，從而水火既濟；心腎相離，那麼水火就會未濟。」

　　少師問：「心在上，腎在下，地位相差懸殊，為什麼彼此樂於相交而沒有間隔呢？」

　　岐伯說：「心腎相交，雖然有胞胎作為媒介，其實是因為有肝木的介入。肝木的氣貫通，腎水就沒有阻隔；肝木的氣鬱閉，心腎就會閉塞。」

　　少師問：「然而肝木靠什麼來涵養呢？」

　　岐伯說：「腎水是肝木的母親，補腎就可以疏通肝木。木離開了水不能旺盛，火離開了木不能生發。要想心液不枯竭，必須肝血經常充足；要想肝血不匱乏，必須腎水經常充盈。補肝木，其要點離不開補腎水。」

　　少師曰：「好啊！」

　　陳士鐸說：心火是君火。心君是有形的火，可以用水折之。不像腎中之火，是無形之火。無形之火，可以用水來涵養。知道火的有形和無形，就可以明白虛火和實火了。

卷 四

第二十八章　脾土篇

原文

少師問曰：脾為濕土[1]，土生於火，是火為脾土之父母乎？岐伯曰：脾土之父母，不止一火也。心經之君火，包絡、三焦、命門之相火，皆生之[2]。然而君火之生，脾土甚疏[3]；相火之生，脾土甚切[4]，而相火之中命門之火，尤為最親[5]。少師曰：其故何歟？岐伯曰：命門盛衰，即脾土盛衰。命門生絕即脾土生絕也。蓋命門為脾土之父母，實關死生[6]。非若他火之可旺、可微、可有、可無也。少師曰：命門火過旺，多非脾土之宜，又何故乎？岐伯曰：火少則土濕，無發生之機；火多則土乾，有燥裂之害。蓋脾為濕土，土中有水。命門者，水中之火也[7]。火藏水中則火為既濟之火。自無亢焚之禍，與脾土相宜，故火盛亦盛，火衰亦衰，火生則生，火絕則絕也。若火過於旺，是火勝於水矣。水不足以濟火，乃未濟之火也。火似旺，而實衰，假旺而非真旺也。與脾土不相宜耳[8]。非唯不能生脾，轉能耗土之生氣，脾土無生氣則赤地乾枯[9]，欲化精微以潤各臟腑難矣。且火氣上炎與三焦包絡之火直沖而上與心火相合。火愈旺而土愈耗，不成為焦火得乎？少師曰：焦土能生肺金乎？岐伯曰：肺金非土不生。今土成焦土，中鮮潤澤之氣，何以生金哉。且不特不生金也，更且嫁禍於肺矣，蓋肺乏土氣之生，又多火氣之逼，金弱木強[10]，必至之勢也。木強凌土而土敗更難生金，肺金絕而腎水亦絕也，水絕則木無以養，

木枯自焚益添火焰，土愈加燥矣。少師曰：治何經以救之？岐伯曰：火之有餘水之不足也，補水則火自息[11]。然而徒補水則水不易生，補肺金火氣則水有化源，不患乎無本也[12]。腎得水以制火，則水火相濟，火無偏旺之害。此治法之必先補水也。少師曰：善。

陳士鐸曰：脾土與胃土不同。生脾土與生胃土不同，雖生土在于火也，然火各異。生脾土必須于心，生胃土必須于包絡。心為君火，包絡為相火也。二火斷須補腎，以水能生火耳。

【注釋】

①脾為濕土：《黃帝內經·素問·陰陽應象大論》中說：「在天為濕，在地為土，在體內為肉，在臟為脾。」《素問·至真要大論》中說：「諸濕腫滿皆屬於脾。」脾屬土主濕，故說脾為濕土。

②皆生之：心君，包絡三焦和命門的相火都能生化脾土，因此脾土為後天之倉庫，天下豐收，皆歸國庫，國庫富餘，才能無饑寒之疾，才能天下大治。腎為先天之原，脾為後天之原。在修煉中，五氣歸元，四象合土。後天諸氣皆歸於脾土中元，中氣充盈，後天生化之原充足，才能返還於先天，補足先天虧損，才能煉成混元。

③甚疏：疏，稀少。心君之火拼不直接化生脾陽之土，心君之火只是統率相火，生土只是做個表率，正如世上萬事並非君王躬親，具體事務都是由宰輔相臣而為。

④甚切：切，密切，這裏引申為多的意思。除了心君之火生脾土稀少外，其他心包絡、三焦和命門相火生脾土就密切起來，多多益善了。

⑤尤為最親：在生脾陽的諸火中，以命門之火生發的脾

土最多，和脾土的關係最為密切。

⑥實關死生：文中所說，命門之火與脾土的關係最為密切，密切到此盛則彼盛，此衰則彼衰，命火生則脾土也生，命門絕則脾土也絕，命門為先天之門，脾土為後天之根，命門真元消耗淨盡，則後天脾陽也就徹底失去生化之源。

⑦命門者水中之火也：命門是由腎組成，腎主水，是水臟，但是由腎所組成的命門卻能生發出旺盛的生命之火，命門通先天，達後天，所發出的火氣是真正的生命之火，所以又叫「真火」。

⑧不相宜耳：指腎水偏枯的未濟之亢焚之火，好比秋冬乾旱的不合時令之火，不但不能生脾，反而消耗土中的生氣，當然與脾土不相宜了。

⑨赤地乾枯：赤，紅色，這裏比喻乾旱的土地上火氣很旺，把土地上的精微物質燒焦，想要化生精微物質來滋潤其他臟腑就很難了。

⑩金弱木強：金指肺；木指肝。前文因為未濟之邪火燒脾土成為焦土，焦土不能化生肺金，因為焦土中火氣旺盛，不但不能化金，反而剋金，金氣就弱了，金弱不能制木，肝木就會因生火而變得強盛，反侮肺金。

⑪補水則火自息：發生這麼多災劫病變，究其根本原因是因為腎水枯韻，無水濟火造成的。普通人一落後天，每時每刻都在消耗腎中天一真水，消耗到一定程度後，就會相火亢盛，熬焦精液，百病叢生，因此，要得火熄，必須補水，增添水源，精水充足，邪火自息，水火既濟，萬物化生。

⑫不患乎無本也：本，根本。要想到補水，不是光一味補腎就可以生水，因為水是由金所化，所以必須補肺，使金生麗水，讓水有根本，才能源源不斷，細水長流。這些不僅

僅是在後天醫學上可用，即修先天返還顛倒之術也是如此，補腎固精固然是第一要素，但必須配合呼吸吐納，養肺為根本，才能培本固元。所以凡修真之道，沒有不練呼吸之功。

《脾土篇》探微

這一章著重以大量筆墨寫了人的後天之本脾土，不管在後天生存，還是在先天修真上，脾土的生化之資都是至關重要的環節。

脾土不旺，則肉身不能得水谷精華之滋養；脾土不固，則真元不能得後天中氣之資助。因此脾土於人，不管先天後天，是凡是聖，都是不可或缺的。在修真未達先天之前，人先天消耗的視聽思慮所虧損的真元，主要靠脾土升發提供後天水穀精華來補充和修復。當進入先天後，後天五氣能否歸元，主要靠脾土搏抱歸一，得以五氣朝元，抱一守中。

所以脾土是否康健，對人非常重要。如果一旦脾土不能生發，則先天全無所歸。就如一個人無論你求生的願望有多強烈，但如果肉體損壞嚴重，虧耗太過，脾失所養，那麼人的願望也就無從實現，靈魂附在死人身上，有什麼作用呢？所以修真之士注重健脾，講究服食，聖人云：「食不厭精」，誠為至言。

但是文中最後提出，脾土是否強健，其關鍵的原因卻又責成於先天腎水。如果腎中天一真水衰竭乾枯，命門無既濟之真火，則脾土不惟失去生化之根本，更為甚者，因此而受到相火邪焰的損害而導致後天五臟失養，諸氣失調。這樣，後天肉體不得水穀精華的滋養，中氣不能如期歸聚脾土以合先天，如此百病叢生，死期不遠。

所以，要想強脾，還當固腎水，強命門。命門真火旺

盛，後天脾土源源化生，先後天相合，水土相安，萬物茂盛。

在這裏，借岐伯之口隱約示人以修真之要，不但要強腎固精使命門火旺。還要補肺以生腎水，補肺法無他，鍛鍊呼吸吐納為主，呼吸順暢，永無壅塞之患，金水相生，金花出鼎，正本清源。生水源頭既清，真水永固。所以脾土篇而結尾卻言肺與腎了。讀者朋友，切切重視，勿可迷誤！

詩云：

> 真元一點透中黃，鼎內花開五色光。
>
> 脾土分明凝赤子，先天腎水凝丹香。

直譯

少師問：「脾是濕土，土生於火，那麼火是脾土的父母嗎？」岐伯回答說：「脾土的父母，不止一種火。心經的君火，包絡、三焦、命門的相火，都可以生脾土。然而，君火生脾土比較疏遠，相火生脾土比較親切，在相火之中，命門之火尤其親切。」

少師問：「其中的原因是什麼呢？」

岐伯說：「命門旺盛與衰微，脾土隨著它旺盛與衰微；命門生發與絕滅，脾土隨著它生發與絕滅。因為命門是脾土的父母，從根本上影響著脾土的生死，因此不像其他的火，可以旺盛可以衰微、可以有可以無。」

少師問：「命門之火過旺，大多數情況下並不適宜於脾土，又是什麼原因呢？」岐伯說：「火少則土濕，火就不能生土；火多則土乾，就會出現乾燥開裂的危害。因為脾是濕土，土中有水。命門是水中之火，火藏水中，則火為既濟之火，自然沒有亢焚的禍害，並且與脾土相互適應。因此火旺

盛土也旺盛，火衰弱土也衰弱，火生長土也生長，火絕滅土也絕滅。如果火過於旺盛，這是火比水強勝，水不足以濟火，是未濟之火，火似乎旺盛，其實衰弱，是假旺而不是真旺，就與脾土不相適應了。不僅不能生起脾土，反而轉為消耗脾土的生氣。脾土沒有生氣則赤地乾枯，想要轉化水穀的精微以便滋潤各藏腑就難了！並且火氣上炎，與三焦、包絡之火直沖而上，再與心火相合，火氣更加旺盛而土氣更加耗散，還能不成為焦土嗎？」

少師問：「焦土能生肺金嗎？」

岐伯說：「肺金離開了土就不能生發，如今脾土變成了焦土，其中缺少潤澤的水氣，怎麼能夠生金呢？不僅不能生金，更且會轉嫁火的禍害給肺。因為肺金缺乏土氣的生助，又多火氣的逼迫，肺金衰弱，肝木強盛，這是必然出現的趨勢。肝木強盛欺凌脾土，脾土衰敗更難生金，肺金絕滅，腎水也隨著絕滅了。腎水絕滅，肝木沒有水源來涵養，肝木乾枯自焚，更加增添了火的氣焰，脾土就更加乾燥了。」

少師問：「治療哪一條經脈才能救助它？」

岐伯說：「火氣的有餘，是因為水氣的不足，補益腎水，火氣自然安息。然而，只是補水，那麼水也不容易生髮，補益肺金和火氣，則腎水有化生的源頭，就不怕沒有水源了。腎臟得到水氣來制伏火氣，就會水火相濟，火氣沒有偏旺的禍害，因此在治法上必須先補腎水。」

少師說：「好。」

陳士鐸說：脾土與胃土不同。生脾土與生胃土不同，雖然生土在於火，然而火存在著差異。生脾土必須是心君之火，生胃土必須是包絡之火。心為君火，包絡為相火。二火必須補腎，因為水能生火。

第二十九章　胃土篇

原文

少師問曰：脾胃皆土也，有所分乎①？岐伯曰：脾，陰土也；胃，陽土也。陰土逢火則生②，陽土必生於君火③。君火者，心火也。少師曰：土生於火，火來生土，兩相親也，豈胃土遇三焦命門之相火，辭之不受乎④？岐伯曰：相火與胃不相合也，故相火得之而燔⑤，不若君火得之而樂也⑥。少師曰：心包亦是相火，何與胃親乎？岐伯曰：心包絡代君火以司令者也，故心包相火即與君火無異⑦，此胃土之所以相親也。少師曰：心包代心之職，胃土取資心包，無異取資心火矣。但二火生胃，土則受益；二火助胃，火則受禍者，何也？岐伯曰：胃土衰則喜火之生⑧，胃火盛則惡火之助也⑨。少師曰：此又何故歟？岐伯曰：胃陽土宜弱不宜強⑩。少師曰：何以不宜強也？岐伯曰：胃多氣多血之府⑪，其火易動，動則燎原而不可制⑫，不特爍肺以殺子⑬，且焚心以害母矣⑭，且火之盛者，水之涸也。火沸上騰必至有焚林竭澤之虞⑮，爍腎水燒肝木，其能免乎？少師曰：治之奈何？岐伯曰：火盛必濟之水，然水非外水也⑯，外水可暫救以止炎，非常治之法也。必大滋其內水之匱⑰。內水者，腎水也。然而火盛之時，滋腎之水不能瀉胃之火，以火旺不易滅，水衰難驟生也⑱。少師曰：又將奈何？岐伯曰：救焚之法，先瀉胃火，後以水濟之。

少師曰：五臟六腑皆藉胃氣為生⑲，瀉胃火不損各臟腑乎？吾恐水未生，腎先絕矣。岐伯曰：火不息則土不安，先

息火後濟水，則甘霖優渥^⑳，土氣升騰，自易發生萬物。此瀉胃正所以救胃，是瀉火非瀉土也。胃土有生機，各臟腑豈有死法乎。此救胃又所以救腎，並救各臟腑也^㉑。少師曰：胃氣安寧，肝木來剋奈何？岐伯曰：肝來剋胃，亦因肝木之燥也，木燥則肝氣不平矣，不平則木鬱不伸，上剋胃土，土氣自無生發之機，故調胃之法以平肝為重^㉒。肝氣平矣又以補水為急，水旺而木不再鬱也，惟是水不易旺仍須補肺，金旺則生水，水可養木，金旺則制木，木不剋土，胃有不得其生發之性者乎。少師曰：善。

陳士鐸曰：胃土以養水為主，養水者助胃也。胃中有水則胃火不沸。故補腎正所以益胃也。可見胃火之盛由於腎水之衰，補腎水正補胃土也。故胃火可殺，胃土宜培，不可紊也。

【注釋】

①有所分乎：脾也屬，胃也屬土，兩者有什麼區分嗎？

②陰土逢火則生：指脾土，脾屬陰，而火皆屬陽，陰陽相互吸引，所以脾土逢火則生，只要是火，都會因為陰陽相互吸引的原因而感到親近。接受它的火力生化。

③陽土必生於君火：君火，心火。只有心火才是堂堂正正的純陽真火，像天上的太陽一樣，萬物都受其生化發育。胃如國庫只有君王才能支配。脾如公倉，萬物都依賴其給養，因此地方官員也能夠靠他。

④辭之不受乎：推辭不接受，因為地方收入不入皇倉，相火如生胃，胃土必定會感到枯燥，因此推辭而不接受。

⑤相火得之而燔：燔，火力旺盛。這裏意為太過旺盛。胃土本身就是喜燥惡濕的陽土，如果再受到意外之火襲擊，肯定會感到太過旺盛而難以接受。如咳嗽燒心感。

⑥不若心火得之而樂也：心火為堂堂正正的君王之火，施之於胃土，絕對不會有太過不及的疏漏，因此樂於接受。

⑦與君火無異：心包絡是心君的近臣親信，因此從心包絡所生發之火其實就是心君委託其所行，所以和君火無異。

⑧喜火之生：前提是胃土衰，胃土屬陽，若衰就是陽虛生寒，火來生土，溫中散寒，能不喜嗎？

⑨惡火之助：原因是胃火盛，如果貪生太過，飲食不節，胃火偏亢，自然不能再助以火力。

⑩胃陽土宜弱不宜強：因為胃是陽土，火氣適宜柔弱而不適宜剛強躁動。

⑪胃多氣多血之府：因為胃要擔任受納和消化食物的使命，所以蠕動功能和血液循環最豐富。

⑫動則燎原而不可制：胃本身屬陽，陽盛火旺，火旺，火旺傷陰。一旦火氣躁動而助陽，則火氣就會特別旺盛而無法控制。

⑬爍肺以殺子：胃火熾盛，土邪過旺，肺屬金，土能生金，但邪土則火氣太旺，火能剋金，因此爍肺金而殺其子，導致邪氣壅塞肺部，生熱性哮喘、痰逆、咳嗽，甚至咯血。

⑭焚心以害母：心屬火，火生土，所以心為胃土之母，胃火太旺，不但爍肺，而且焚心，有燒灼感可以驗證。

⑮焚林竭澤：林，肝木之喻；澤，腎水之比。胃火太旺，不但爍肺金，助心火，焚肝木，並且火旺則水必乾涸，必將導致腎水乾枯，無力制火，邪火更盛。

⑯水非外水也：病在人身，水也是自身的內臟津液，下文有外水只能暫救以止炎焰，卻不能從根本上清除邪火之源頭。

⑰必大滋其內水之匱：匱，匱乏，缺少。要治療胃火熾

盛，必須大量地使用滋陰補水之法，以補充體內消耗而匱乏
的陰津。內水，就是腎水。

⑱火旺不易滅，水衰難驟生：但是救火之法，僅僅靠運
水貯水肯定是不行的，必須用釜底抽薪之法來解決火患，然
後才可以灌水滋潤。所以下文才有「救焚之法，先瀉胃火，
後以水濟之」。

⑲五臟六腑皆借胃氣為生：五臟六腑的營養都來源於
胃，因此胃中邪火熾盛才會導致各臟腑受其火邪之傷害。

⑳甘霖優渥：文中所說「火不息則土不安，先熄火後
濟水」。才會像乾旱已久的土地得到雨露充沛的澆灌一樣滋
潤。

㉑救胃又所以救腎並救各臟腑也：先瀉胃火，再滋腎
水，火息則各臟腑皆安，滋腎則各臟腑得到灌溉滋潤。

㉒調胃之法，以平肝為重：肝木為什麼會剋胃土，主要
還是因為腎水偏枯，水不涵木，肝木枯燥，易生邪火。因此
調胃必須平肝，平肝必須滋腎，滋腎必先潤肺，肺金得潤，
多生腎水以涵肝木，又可以制約肝中燥氣。

《胃土篇》探微

這一章是前一章的附篇，脾胃本為一體，一主納受，一
主運化。脾和胃本身就是一個太極圖，一陰一陽，生化無
窮。沒有胃的納受，則無脾的運化，沒有脾的運化，胃納而
不消，無力再納。因此兩者相依，各不可少。

等到修至先天，才可以不通過胃的受納而提供滋養。辟
穀功成的前提是水火停輪，陰陽平秘，直到那時，胃才可以
退休了。胃屬陽土，氣多液多，喜燥惡濕，但過燥則陽明火
旺，脈洪氣壅，口臭心煩，消渴善饑。

以上種種都是後天病症的臨床表現。涉及到先天修真之術，胃土的功能是很重要的，後天水穀精華經胃腐熟消化，才會轉變為精微物質。反之，心火在溫煦水穀的同時，溫暖中焦，助胃生精。在肺氣的吹噓下，真火旺，土氣平，助脾生陽。

胃土在後天的作用舉足輕重，又最容易生病。因為各臟腑都是依賴其提供水穀精華以滋養，所以各臟腑反匱回來的病邪也會影響胃腑。腎為先天，腎水虛耗，火邪四起，則胃必受損，胃受損傷則邪火更旺，各臟腑都受傷。所以先天賴腎，後天靠胃，兩者關係密切而不可分，所以調胃必先滋腎平肝宣肺降火為要。修真之道中力求由胃中水穀精華修煉入腎先天，超越後天水穀之養煉成精氣神滿後的辟穀，使胃永享安息。不飲不食，生命長存。

詩云：

（一）

胃如新月翹彎彎，烈火東風若等閒。

生得黃芽開紫府，瑤台種出玉一壇。

（二）

一輪新月映蟠桃，接命長生夢未消。

火氣溫溫無炙患，先天來復路非遙。

直譯

少師請問說：「脾和胃都是土，它們有分別嗎？」

岐伯說：「脾屬於陰土，胃屬於陽土。陰土遇到火就會發生，陽土必須由君火生起。君火就是心火。」

少師問：「土從火中生出，火來生土，兩者相互親近，為什麼胃土遇到命門、三焦的相火會拒絕不受納呢？」

岐伯說：「相火與胃土不能互相配合，因此相火見到胃土就會熾熱，不像心火見到胃土而樂於生土。」

少師問：「心包絡也是相火，為什麼與胃土相互親近呢？」

岐伯說：「心包絡代替君火行使政令。因此，心包絡的相火與君火沒有差別，這就是胃土與心包之火相互親近的原因。」

少師問：「心包代替心君的職能，胃土從心包獲取所需要的資源，這與取資於心火沒有差別。但是，這兩種火生起胃土就會有益，二火如果助長胃中之火則反而會產生禍害，為什麼呢？」

岐伯說：「胃土衰弱，就喜歡火的生起；胃火熾盛，則厭惡火的助長。」

少師問：「這又是什麼原因呢？」

岐伯說：「胃屬於陽土，宜弱不宜強。」

少師問：「為什麼不宜強旺？」

岐伯說：「胃是多氣多血之府，其中的火容易竄動，竄動之後就呈現不可遏制的燎原之勢，不僅灼燒肺金，殺害土的兒子，而且焚燒心火，危害土的母親。並且，當火勢旺盛時，水勢就會乾涸。火焰向上沸騰，必然會有焚燒樹林、乾涸水澤的危害，灼爍腎水，燃燒肝木，又怎麼能夠避免呢？」

少師問：「怎麼治療呢？」

岐伯說：「火勢熾盛，必須用水來相濟。然而，水不是外水，外水可以暫時救援，以抑止上炎的火勢，不是經常採用的治療方法。必須大力滋潤體內水源的匱乏；內水，就是腎水。然而，當火勢旺盛的時候，滋潤腎中之水，不能瀉下

胃中之火，因為火勢旺盛不容易滅掉，水勢衰弱則難以立刻發生。」

少師問：「這又將怎麼辦呢？」岐伯說：「救助火焚的辦法，首先瀉下胃火，然後再用水來相濟。」

少師問：「五臟六腑都借助于胃氣作為生氣，瀉下胃火不是會損害各臟腑的氣嗎？我擔心水還沒生起，腎氣就先斷絕了。」

岐伯說：「火勢不能平息，那麼土氣就不會安和，先熄火後濟水，那麼甘霖就會充沛，土氣升騰，自然容易發生萬物，此時瀉下胃火正是為了救助胃火，這是瀉下火氣而不是瀉下土氣。胃土有生機，各臟腑又怎麼會有死法呢？因此，救胃就相當於救腎，同時救助各臟腑。」

少師問：「胃氣安寧了，肝木來剋會怎麼樣？」

岐伯說：「肝木來剋胃土，也是因為肝木枯燥，木燥肝氣就會不平和。不平和木氣就會鬱閉，不能伸張，剋制胃土，土氣自然就不會生發了。因此，調胃的方法，首先要重視平抑肝木橫逆之氣。肝氣平和後，又必須以補水為急務，腎水旺肝木就不再鬱閉了；只是水不容易旺盛，仍然必須補肺。金旺則生水，水旺可以涵養木，金旺則剋制木，於是木不再剋土，胃豈能不回歸它生發的本性呢？」

少師說：「好。」

陳士鐸說：胃土以涵養水源為主，養水就是助胃。胃中有水，則胃火不再沸騰。因此，補腎水正是補益胃土。可見，胃火的熾盛是由於腎水的衰弱，補益腎水正是為了補益胃土。因此，胃火可以瀉下，而胃土應當培育，兩者不能紊亂。

第三十章 包絡火篇

原文

少師曰：心包之火無異心火，其生剋同乎？岐伯曰：言同則同，言異則異。心火生胃，心包之火不止生胃也[1]。心火剋肺，心包之火不止剋肺也[2]。少師曰：何謂也？岐伯曰：心包之火生胃，亦能死胃。胃土衰得心包之火而土生，胃火盛得心包之火而土敗。土母既敗，肺金之子何能生乎！少師曰：同一火也，何生剋之異[3]？岐伯曰：心火，陽火也。其勢急而可避，心包之火，陰火也。其勢緩而可親[4]。故心火之剋肺一時之刑，心包之剋肺，實久遠之害。害生於刑者，勢急而患未大，害生於恩者，勢緩而患漸深也。少師曰：可救乎？岐伯曰：亦在制火之有餘而已。少師曰：制之奈何？岐伯曰：心包陰火，竊心之陽火以自養之，必得腎之陰氣以自存[5]。心火溫腎陽，腎水潤心陰，皆先交心包以通之，使腎水少衰，心又分其水氣，腎且供心火之不足，安能分餘惠以慰心包[6]。心包乾涸，毋怪其害胃土也。補腎水之枯，則水足灌心而化液，即足注心包而化津，此不救胃，正所以救胃也[7]。

少師曰：包絡之火可瀉乎？岐伯曰：胃土過旺，必瀉心包之火。然心包之火可暫瀉而不可久瀉也。心包逼近于心，瀉包絡則心火不寧矣[8]。少師曰：然則奈何？岐天師曰：肝經之木，包絡之母也。瀉肝則心包絡之火必衰矣[9]。少師曰：肝亦心之母也，瀉肝而心火不寒乎？岐天師曰：暫瀉肝則包絡損其焰，而不至于害心。即久瀉肝則心君減其炎，亦不至于害包絡，猶勝於直瀉包絡也。

　　少師曰：誠若師言，瀉肝經之木，可救急而不可圖緩，請問善後之法⑩？岐伯曰：水旺則火衰，既濟之道也。安能舍補腎水別求瀉火哉。少師曰：善。

　　陳士鐸曰：包絡之火為相火，相火宜補不宜瀉也。宜補而用瀉，必害心包矣！

　　【注釋】

　　①心包之火不止生胃也：心包之火不僅能生發胃中陽氣，過則會傷損胃陰，所以說不止生胃也，其實也能害胃。

　　②心包之火不止剋肺也：心包之火不但能剋損肺金，同時還會損心陽而爍腎陰，所以說不僅剋肺。

　　③同一火也，何生剋之異：心火和心包之火都是火，為什麼在相生相剋上會有所不同呢？下文說心君之火是陽火，勢頭來得急，但卻可以趨避；心包之火是陰火，勢頭緩和貌似可以親近，等到不知不覺中深受其害，卻已經欲罷不能了。這就如同溫水煮青蛙一樣的道理，這裏是指肺金如果心火亢盛，肺則會馬上收斂精氣以自保；但如果是心包的相火亢盛，肺卻往往不知不覺中反受其害，出現乾咳少痰，胸痛甚至咯血等肺陰損傷之症。

　　④勢緩而患漸深也：黃帝《陰符經》云：「害生於恩」，就是說壞處大多發生在看似有好處的事物中發生的。

　　⑤亦必得腎之陰氣以自存：心包經的陰火，靠心陽火養成，必須得到腎陰潤澤才能存在。心腎相交主要靠心包絡的作用，因此說必得腎之陰氣以自存。

　　⑥安能分餘惠以慰心包：心火溫煦腎陽，腎水滋潤心陰，都靠心包來溝通。但是一旦腎水偏衰，滋潤心火尚且不足，哪裡還能有多餘的好處分給心包呢？於是下文就說，難怪心包會生邪火去損害胃土啊。

⑦不救胃之所以救胃也：心包相火損傷胃陰，不能久用降火之法，而採用補腎水之法，腎水充足，自然會上注心包生化津液，胃不再受心包多餘的邪火傷害，不是不救之所以救胃嗎。

⑧瀉心包絡則心火不寧矣：心包是心臟的保護屏藩，如果用瀉火法大量泄瀉心包之火，等於把君王身邊的輔佐力量全部撤走，君王的行政能力肯定會受到嚴重的影響。臨床上心包火過旺，傷胃爍肝，導致的神昏譫語，四肢抽搐，角弓反張，肝風內動等證，治療用「白虎湯」、「安宮牛黃丸」或者「羚羊鉤藤湯」等大瀉心包邪熱。但這些方藥都是只可暫用，不宜久服，久服損傷心君真陰，輕則失眠、怔忡，煩躁不安，重則神志全失，昏厥休克甚或神喪死亡。

⑨瀉肝則心包絡之火必衰矣：上文說瀉心包邪火方法，其實主要是瀉肝火，因為肝木是心火的母親，木能生火，要想瀉火先祛肝木中的邪焰，也是釜底抽薪的妙法。但是肝木生心火主要是靠心包傳輸的，就好像古時候臣下上貢必透過帝王身邊近臣轉交，但如果不納貢品，損失的也是帝王，而對近臣幾乎沒什麼損失。所以文中說「暫瀉肝則包絡損其焰，而不至於害心，久瀉肝則心君減其炎，亦不至於害包絡」。

⑩請問善後之法：一句話，造成種種虧損傷害都是因為先天腎元的虧損，所以欲滅心包相火，唯有滋補腎陰真水，以全既濟之道捨此別無他法。

《包絡火篇》探微

修真之始，修身養性，以降心熄火，使火就水下，用既濟之法，平秘陰陽。然而補腎水之法，不靠後天，草木竹

石,黃丹朱砂,房中女陰,皆非自身所虧者,不是同類,焉能補之?所以再次請讀者朋友回顧首篇,昏默杳冥之道,即顛倒返還之妙法也。先天大道,捨此而別無他求!

詩云:

> 一點心包即水銀,欲成丹母腎中陰。
>
> 真鉛真汞廝交好,虎嘯龍吟結赤金!

直譯

少師問:「心包中的火與心臟的火沒有差別,它們的生剋相同嗎?」

岐伯說:「說相同則相同,說不同則不同。心火生胃,心包之火不只是生胃;心火剋肺,心包之火不只是剋肺。」

少師問:「這怎麼說呢?」

岐伯說:「心包之火既可以生胃,也可以導致胃土的死亡;胃土衰,得到心包之火,土氣就會發生;胃火旺盛,得到心包之火,土氣就會衰敗。脾土之母既然衰敗了,肺金之子又怎麼能夠發生呢?」

少師問:「同樣是火,為什麼生剋會存在差異呢?」

岐伯說:「心火是陽火,它的氣勢急切而不可避開;心包之火是陰火,它的氣勢緩和而親切。因此,心火剋肺,是一時的刑剋;心包之火剋肺,實際上是久遠的危害。由刑剋中產生的禍害,氣勢急切但是禍患還不算大;由恩愛中出現的禍害,氣勢緩慢但是禍患大而且深遠!」

少師問:「有治療的辦法嗎?」

岐伯說:「也是在於制伏有餘的火氣而已。」

少師問:「如何制伏有餘的火氣?」

岐伯說:「心包屬於陰火,盜取心君的陽火以養育自

身，同時必須得到腎臟的陰氣才能自存。心火溫暖腎陽，腎水滋潤心陰，這都是首先聯通了心包，才能通行無阻。假如腎水衰少，心臟又分散腎的水氣，腎臟供給心火的氣不足，又怎麼能夠分出多餘的資源給心包呢？心包之水乾涸，難怪它會去危害胃土了。補益腎水的枯竭，那麼腎水足以灌溉心田而化為陰液，就足以灌注心包而化生津液，這看起來沒有救援胃土，實際上正是在救援胃土。」

少師問：「包絡的火可以瀉下嗎？」

岐伯說：「胃土過於旺盛，必然要瀉去心包的火。然而，心包之火可以暫時瀉下，但是不能長期瀉下。心包逼近心臟，如果瀉下包絡之火，那麼心火就會不安寧了！」

少師問：「這種情況應當怎麼辦呢？」

岐伯說：「肝經的木，是包絡之火的母親。瀉肝木，心包絡之火必然會衰弱了。」

少師問：「肝木也是心火的母親，瀉肝木之氣，心火不會變寒嗎？」

岐伯說：「短暫瀉肝，可以折損包絡的火焰，而不至於對心火產生危害；即使長期瀉肝，心君減少了它的火焰，也不至於危害到包絡，這比直接瀉下包絡之火更好。」

少師問：「正像師尊所說的，瀉下肝經的木氣，可以救急但是不可以緩圖，那麼請問如何善後呢？」

岐伯說：「水旺則火衰，這是水火既濟之道，又怎麼能夠捨棄補腎水，而求助於別的瀉火方法呢？」

少師說：「妙啊！」

陳士鐸說：包絡之火是相火，相火宜補不宜瀉。本來應當使用補益的方法，反而使用了瀉下的方法，必然會對心包產生危害。

第三十一章　三焦火篇

原文

少師曰：三焦無形，其火安生乎^①？岐伯曰：三焦稱腑，虛腑也^②。無腑而稱腑，有隨寓為家之義^③。故逢木則生、逢火則旺。即逢金，逢土亦不相仇而相得。總欲竊各臟腑之氣以自旺也^④。少師曰：三焦耗臟腑之氣，宜為各臟腑之所絕矣，何以反親之也^⑤？岐伯曰，各臟腑之氣非三焦不能通達上下^⑥，故樂其來親而益之以氣，即有偷竊亦安焉而不問也。

少師曰：各臟腑樂與三焦相親，然三焦樂與何臟腑為更親乎？岐伯曰：最親者，膽木也。膽與肝為表裏，是肝膽為三焦之母，即三焦之家也^⑦。無家而寄生於母家，不無府而有府乎。然而三焦之性喜動惡靜，上下同流^⑧，不樂安居於母宅，又不可謂肝膽之宮竟是三焦之府也。少師曰：三焦火也，火必畏水，何故與水親乎？岐伯曰：三焦之火最善制水，非親水而喜入于水也，蓋水無火氣之溫則水成寒水矣。寒水何以化物^⑨。故腎中之水，得三焦之火而生；膀胱之水，得三焦之火而化。火與水合實有既濟之歡也^⑩。但恐火過于熱，制水太甚，水不得益而得損，必有乾燥之苦也^⑪。少師曰：然則何以治之？岐伯曰：瀉火而水自流也。少師曰：三焦無腑，瀉三焦之火，何從而瀉之？岐伯曰：視助火之臟腑以瀉之，即所以瀉三焦也^⑫。少師曰；善。

陳士鐸曰：三焦之火附於臟腑，臟腑旺而三焦旺，臟腑衰而三焦衰，故助三焦在於助各臟腑也，瀉三焦火可置臟腑

於不問乎？然則三焦盛衰，全在各臟腑也。

【注釋】

①三焦無形，其火安生乎：三焦是沒有實質形體的，它的火又是從何而生呢？

②虛腑也：三焦是虛設的無形之腑。

③隨寓而為家之義：三焦無腑而稱腑，是虛設之腑，其到處為家，隨遇而安，全身都是它的公寓。

④總欲竊各臟之氣以自旺也：三焦逢木則生，逢火則旺就是遇到肺金、胃土也不會相互為仇反而相得益彰，是因為它主要靠竊取其他臟腑的氣血自旺。

⑤何以反親之也：三焦既竊取各大臟腑氣血以自旺，那麼其他臟腑應該拒絕它，為什麼反倒和它親近呢？

⑥非三焦不能通達上下：各臟腑的津液氣血，不通過三焦的輸送傳導就不能夠上下通達，三焦的作用就是輸送聯絡，使全身上下各個臟腑相互溝通的，所以各臟腑都與它相親。

⑦即三焦之家也：三焦因為屬於火臟，所以與膽本肝木最親，因為木能生火，所以膽肝為三焦之母，三焦無家而寄居母家，不是無家也有家，「無府而有府乎」。

⑧上下周流：因為三焦屬火，又不同於心臟的君火，火性躁動，好動不喜靜，於全身五臟六腑上下流動，疏通潤澤。因此，它又不會安居於母腑，所以，又不能說膽腑就是三焦的家。

⑨寒水何以化物：雖然說腎中天一真水是人的生命之源，但如果沒有後天心火陽氣的溫煦，卻等於寒水一潭，無法生化生命的動力，而心君之火、心包相火、命門真火等都必須通過三焦之火以貫通先後天，使水火既濟，日月停輪。

所以說「三焦之火最善制水」。

⑩實有既濟之歡也：「火與水合」，即是既濟，腎水得三焦火而生，膀胱水得三焦火而化。因為三焦之火是集後天各臟腑的精微物質，後天各臟腑的精微物質又是靠三焦之腑相互傳輸，因此三焦就好比先後天的聯絡員，當先天真水與後天諸火相互交合，水火既濟，陰陽交歡。

⑪必有乾燥之苦也：火制水溫熱即可，切不可太甚，太甚則火焚釜乾，水不但不得益處，反而會有乾燥之苦。

⑫即所以瀉三焦也：陳士鐸說：「三焦的盛衰，全在於各臟腑。」臟腑旺盛，三焦火也盛，臟腑衰弱，三焦火也衰弱。所以要瀉三焦火，只需找到助長其火盛的臟腑，瀉這個臟腑偏亢的火氣，三焦之火自然就會瀉去了。

《三焦火篇》探微

不管是在先天修真之道上還是在後天生長之路上，三焦的作用不容忽視，三焦通利，氣機通暢，火道條達。在後天「上焦如霧，中焦如漚，下焦如瀆」，水火平調，上下舒通。先天大道上，三焦附在任脈、衝脈附近。因此，修真的初步，調勻呼吸，打通任脈，降氣於下丹田，養精蓄氣。在先天元神的指導下，將先天真陰下嫁到後天真陽家，使夫妻和合，水火既濟，三焦是傳遞元神真火之通道，靠三焦巡按各臟腑，將各臟腑之精氣同聚於丹田命海，所使者元神也。所用度數稱為「火候」，火候掌握得好，則心君陽火，命門真火，心包相火相搏相抱，法度嚴謹，使爐火溫溫，遍體長春，所謂「天根月窟閑來住，三十六宮都是春」。來往的通道，就是三焦火道。當遍體回春，四相合一時，就要注意火候的掌握，該進火就進火，該退符時就退符，如果只知猛

進，不懂止火退符，勢必爐鼎焚崩，金飛水耗，汞揚鉛漏，一場虛空也。所以對於三焦聯絡和平衡各臟腑的精氣火力，必須學明掌握，不管在後天臨床治療上還是在先天修煉內養上，都是意義重大的，愛惜生命者豈可等閒而視之。

詩云：

（一）

雙手擎天理三焦，三焦通達鵲飛橋。

爐中火候溫溫足，全在經書細細瞧。

（二）

三焦火力漫吹噓，不可虧偏不可餘。

待到爐中丹藥熟，一聲龍吟飛天際。

直譯

少師問：「三焦無形，它的火是怎麼發生的呢？」岐伯說：「三焦稱為腑，是虛腑。沒有腑而稱為腑，有隨著所在的地方作為居家的含義，因此遇到木就會發生，遇到火就會旺盛，即使遇到金和土，也不至於相互仇視，反而會相互增益，總是想要竊取各個臟腑的氣以便生旺它自身。」

少師問：「三焦耗散各臟腑之氣，應當被各個臟腑所排斥，為什麼各臟腑反而親近它呢？」

岐伯說：「各臟腑之氣，離開了三焦就不能上下通達，因此喜歡三焦來親近，給它補給需要的氣，即便偷竊其中之氣，也安於現狀，而不予以追究。」

少師問：「各臟腑樂於與三焦相親近，然而三焦喜歡與哪一個臟腑更親近呢？」

岐伯說：「三焦最喜歡親近的是膽木。膽與肝為表裏，肝膽是三焦的母親，也就是三焦的家。三焦沒有家，寄生在

母親家中，這不是沒有府宅、也相當於有了府宅嗎？然而，三焦的特性是喜歡動而厭惡靜，上下流通，不樂於安居在母親的家中，因此，不能認為肝膽之宮是三焦的府宅。」

少師問：「三焦屬於火，火必然畏懼水，是什麼原因導致它與水相親近呢？」岐伯說：「三焦之火最善於制水，與水不親近，卻喜歡進入水中。因為水沒有火氣的溫暖，就會變成寒水了，寒水又怎麼能夠變化身中的精微物質呢？因此，腎中之水得到三焦之火而發生，膀胱之水得到三焦之火而氣化，火與水合，其實存在著水火既濟的喜悅。但又恐怕火過於熱，制伏水太厲害，水得不到好處，反而會有損害，必然出現乾燥的結果。」

少師問：「然而，怎麼治療呢？」

岐伯說：「瀉下火氣，水氣自然會流通。」

少師說：「三焦沒有腑，瀉下三焦的火，從哪裡瀉下呢？」岐伯說：「觀察哪些是助長火氣的臟腑，瀉去他們的火，就可以瀉下三焦之火了。」

少師說：「好。」

陳士鐸說：三焦之火附著在各個臟腑，臟腑旺盛三焦的火也旺盛，臟腑衰弱三焦的火也衰弱。因此，助長三焦的根本，在於助長各臟腑；瀉下三焦的火，難道可以置臟腑於不顧嗎？所以說三焦的盛衰，全在於各個臟腑。

第三十二章　膽木篇

原文

少師曰：膽寄於肝，而木必生於水。腎水之生肝即是生

膽矣，豈另來生膽乎[①]？岐伯曰：腎水生木必先生肝，肝即分其水以生膽。然肝與膽皆腎子也，腎豈有疏于膽者乎。惟膽與肝為表裏，實手足相親，無彼此之分也。故腎水旺而肝膽同旺，腎水衰而肝膽同衰[②]。非僅肝血旺而膽汁盈，肝血衰而膽汁衰也。少師曰：然亦有腎水不衰，膽氣自病者何也[③]？岐伯曰：膽之汁主藏，膽之氣主泄，故喜通不喜塞也。而膽氣又最易塞，一遇外寒，膽氣不通矣；一遇內鬱，膽氣不通矣。單補腎水不舒膽木，則木中之火不能外泄，勢必下剋脾胃之土，木土交戰多致膽氣不平，非助火以刑肺，必耗水以虧肝，於是膽鬱肝亦鬱矣。肝膽交鬱，其塞益甚。故必以解鬱為先，不可徒補腎水也。少師曰：肝膽同鬱，將獨解膽木之塞乎？岐伯曰：鬱同，而解鬱烏可異哉。膽鬱而肝亦鬱，膽舒而肝亦舒。舒膽之後濟之補水，則水蔭木以敷榮，木得水而調達[④]，既不絕肝之血，有不生心之液者乎。自此三焦得木氣以為根，即包絡亦得膽氣以為助，十二經無不取決於膽也。何憂匱乏哉[⑤]！少師曰：善。

　　陳士鐸曰：肝膽同為表裏，肝盛則膽盛，肝衰則膽衰，所以治膽以治肝為先。肝易於鬱，而膽之易鬱，又寧與肝殊乎，故治膽必治肝也。

　　【注釋】

　　①豈另來生膽乎：膽附寄於肝，和肝同屬木，腎水生肝就是生膽，何必另外生膽呢？

　　②腎水衰而肝膽同衰：肝與膽互為表裏，親如手足。腎水旺而肝膽同旺，腎水衰則肝膽同衰。並非是肝血旺膽汁就旺，肝血衰膽汁就衰。

　　③腎水不衰，膽氣自病者，何也：腎水不衰，膽卻生病，是鬱氣所致。膽汁主藏，膽氣主泄，膽氣喜通不喜塞。

但膽氣又非常容易塞，外寒內鬱都可以導致膽氣鬱而不通。寒屬外六淫之一，鬱是內七情之一，都可以致病。膽氣自病，助火傷肺。耗水虧肝，肝虧膽更甚。治宜解鬱為先，不宜徒補腎水。

④木得水而調達：舒膽之後，再濟之腎水，「水蔭木以敷榮，木得水而條達」。腎水潤生肝木茂盛，肝膽得到腎水而變得調和暢達。肝血既然生化不絕，能不生心中真陰之液嗎？

⑤何憂匱乏哉：膽木舒通不鬱，三焦就會在母家繫根，包絡之火也能得膽氣的幫助，一身十二經絡沒有不取決於膽經的暢通與否，膽氣通暢，十二經通暢，還愁一身何處有氣血缺乏的憂患嗎？

《膽木篇》探微

前文已經說過，一身後天陽氣的生髮取決於膽經，在氣主少陽初生，在血為膽汁清通。一身氣血得足少陽膽經的升發和調達才能按正軌運轉。喝酒則氣血紊亂，膽氣亂張，生病之源也。受六淫之寒氣，塞七情之拂鬱，都是導致氣血失調而致病的因素，修真惜命之人豈可輕視膽腑之功能呢？

詩云：

　　一點清陽甲乙方，英雄膽氣正賁張。

　　青衣龍曜真神在，立斬邪魔莫使狂！

直譯

少師問：「膽寄居在肝臟部位，木必然從水中生出，腎水生肝，就是生膽了，怎麼會另外來生膽呢？」

岐伯說：「腎水生木，必然先生肝，肝臟隨即分出一部

分水去生膽。然而，肝與膽都是腎臟的兒子，腎臟怎麼會疏遠膽呢？只是膽與肝互為表裏，其實是手足相親，沒有彼此的分別。因此，腎水旺盛，肝膽同時旺盛；腎水衰弱，肝膽同時衰弱。不僅僅是肝血旺膽汁就充盈，肝血衰膽汁就衰竭。」

少師問：「然而，也有腎水不衰，膽氣自然發病的人，為什麼？」

岐伯說：「膽汁主收藏，膽氣主疏泄，因此膽腑喜歡疏通，不喜閉塞。然而，膽氣又最容易閉塞，一旦遇到外寒膽氣就不通了，一旦遇到內鬱膽氣也不通了。單純補益腎水，不舒張膽木，那麼木中之火不能外泄，勢必向下剋制脾胃之土。木與土交戰，多數會導致膽氣不平和，不是助長心火去刑剋肺金，也必然消耗腎水致使肝臟虧損，於是膽腑鬱閉，肝臟也隨著鬱閉了。肝膽同時鬱閉了，其中的鬱閉就會更為嚴重。因此，必須首先解除鬱閉，不能單純補益腎水。」

少師問：「肝膽同時鬱閉了，與膽木單獨的鬱閉有區別嗎？」

岐伯說：「鬱閉相同，所採用的解鬱方法，又有什麼差異呢？膽木鬱閉肝木也鬱閉，肝木舒張膽木也舒張；舒張膽木之後，再用補水的方法加以調濟，那麼腎水蔭養膽木，木氣就會敷榮，木得水而條達。既然肝血不絕，哪有不生發心中靈液的？從此以後，三焦得到木氣作為它的根本，相當於包絡也得到了膽氣作為協助，十二經就沒有不取決於膽的了，還用擔心匱乏嗎？」

少師說：「好。」

陳士鐸說：肝膽互為表裏，肝木旺盛，膽木就旺盛，肝木衰弱，膽木也隨著衰弱，所以要治療膽腑的病，必須首先

治療肝臟的病。肝木容易鬱閉，膽木也容易鬱閉，肝膽兩者並沒有特別的差異，因此，治療膽腑的病，必須首先治療肝臟的病。

第三十三章　膀胱水篇

原文

少師曰：水屬陰，膀胱之水謂之陽水[①]，何也？岐伯曰：膀胱之水，水中藏火也。膀胱無火水不化，故以陽水名之。膀胱腑中本無火也[②]。恃心腎二臟之火相通化水，水始可藏而亦可泄。夫火屬陽，膀胱既通火氣，則陰變為陽矣[③]。少師曰：膀胱通心腎之火，然親於腎而疏於心也[④]。心火屬陽，膀胱亦屬陽，陽不與陽親，何也？岐伯曰：膀胱與腎為表裏最為關切，故腎親於膀胱。而膀胱亦不能疏於腎也。心不與膀胱相合，毋怪膀胱之疏心矣。然心雖不合於膀胱，而心實與小腸為表裏，小腸與膀胱正相通也。心合小腸，不得不合膀胱矣。是心與膀胱其跡若遠而實近也。少師曰：然則膀胱親於心而疏於腎乎？岐伯曰：膀胱陽水也，喜通陰火而不喜通陽火[⑤]，似心火來親未必得之化水。然而腎火不通心火，則陰陽不交，膀胱之陽火正難化也[⑥]。少師曰：此又何故歟？岐伯曰：心火下交於腎，則心包三焦之火齊來相濟，助胃以化膀胱之水。倘心不交腎，心包三焦之火各奉心火以上炎，何敢下降以私通於腎。既不下降，敢代君以化水乎[⑦]。

少師曰：君火無為，相火有為，君火不下降，包絡相火正可代君出治。何以心火不交，相火亦不降乎？岐伯曰：君

臣一德而天下治。君火交而相火降，則膀胱得火而水化。君火離而相火降[8]，則膀胱得火而水乾。雖君火恃相火而行，亦相火必藉君火而治。腎得心火之交，又得包絡之降，陰陽合為一性，竟不能分腎為陰、心為陽矣[9]。少師曰：心腎之離合，膀胱之得失如此乎？岐伯曰：膀胱，可寒而不可過寒，可熱而不可過熱。過寒則遺，過熱則閉，皆心腎不交之故也。此水火所以重既濟耳[10]。少師曰：善。

陳士鐸曰：膀胱本為水腑。然水中藏火，無水不交，無火亦不交也。故心腎二臟皆通於膀胱之腑。膀胱不通，又何交乎？交心腎，正藏水火也。

【注釋】

①膀胱之水謂之陽水，何也：膀胱通腎而通於心，為水中藏火之象，因為膀胱之水無火不化，故名陽水，就像天上的太陽倒映在水中一樣。

②膀胱腑中本無火也：膀胱是水腑，本來無火，是依賴於心腎相交而後所化之水，因此膀胱之水才能可藏可泄。

③夫火屬陽，膀胱既通火氣，則陰變為陽矣：膀胱貯水，本來屬陰，現在靠心腎之火氣而開通氣化，火屬陽，因此膀胱就由陰變為陽了。

④然親於腎而疏於心也：雖然心腎之火都通於膀胱，但由於腎主水，膀胱主排水，和腎相表裏，同屬性，因此與腎更親。然而膀胱之水又需要心陽之火的溫化，所以也與心親，不過因為彼此屬性不同，所以親於腎而疏於心也。

⑤喜通陰火而不喜通陽火：前面說膀胱之水需要心火來溫化，但由於膀胱之水又屬陽水，不喜歡直接接受心陽之火，必須是心和腎相交之火才適合。否則心陽火盛，受者必有心煩口渴，口舌生瘡等心火燔盛之症狀；或移熱於小腸，

患小便赤澀，排尿刺痛，舌紅脈數等火熱之症。而心腎相交之後的既濟之火溫化膀胱之水，則如春水涓涓，寒熱適度也。

⑥膀胱之陽火正難化也：上面說過，膀胱之水就像太陽映照在水裏，但此水必須是活水，所謂活水，就是心腎陰陽相交之既濟之水。否則，若是一潭死水，日曬而必乾涸，所以必須是活水潺潺，陽光映照，始能溫煦而灌溉周身。

⑦敢代君以化水乎：心火不下交腎，心包之火，三焦之火都遵守心君的命令向上焚燒，又有哪一個敢私自向下與腎相通呢？

⑧君火交而相火降：少師問岐伯說「君火無為，相火有為」，為什麼心包相火不能代替心君下交於腎呢？岐伯說「君臣一德而天下治」，相火雖然有為，但不得君命，雖勤勞如丞相又豈敢擅專而私通於腎呢？所以必須君火下交於腎，做個表率，群臣才能爭先恐後。否則，君火不降，相火自降，等於私通盜賊，竊國庫而國幣耗盡，膀胱得此相火必有乾涸之危險。如果「君火離而相火降，則膀胱得火而水乾」；反之「君火交相火降，則膀胱得火而水化」。所以說「君臣一德而天下治」。

⑨竟不能分腎為陰，心為陽矣：君火仗著相火行事，相火憑著君火治政，陰陽相互交合，是為平氣。兩者相合，君臣一體，已經密不可分，只有既濟之火，以溫寒水，水火一體，寒水映日，無分腎陽、心陽，總稱陽水，是膀胱之水。

⑩此水火所以重既濟耳：膀胱既不過寒，因為水中有日。也不過熱，因為日在水中，過寒則會出現遺尿，清長等寒證，過熱則會發生癃閉、尿石等症。都是心腎不交引起的，所以說水火著重在於是否能夠既濟啊。

《膀胱水篇》探微

修真之道，在於水火既濟，陰陽平秘；養生之道，在於心腎相交，陰陽平衡。膀胱之陽水借心腎相交之力遍佈全身，通利下焦，蓄元培精，能使人整個後背都暖哄哄的，這就是奇妙的修真秘法，非過來人不能語其妙。太陽原來是熱水，只要元精真氣不洩漏，心腎相交，真火就會把寒水燒熱，蒸煦全身，如同太陽光輝普照大地。修真者多多留意！

詩云：

> 九曲黃河映日光，滿川寒碧暖堂堂。
> 只因心腎相交合，我共伊人水一方！

直譯

少師問：「水屬於陰，膀胱之水稱為陽水，為什麼？」

岐伯說：「膀胱的水，水中藏有火。膀胱沒有火水不能氣化，因此用陽水來命名。膀胱腑中本來沒有火，依靠心腎二臟的火相通，以便氣化行水，水才能貯藏，也才能排泄。火屬於陽，膀胱既然與火氣貫通，那麼陰就變為陽了。」

少師問：「膀胱貫通心腎的火氣，然而親近腎火而疏遠心火。心火屬於陽，膀胱也屬於陽，陽不與陽相親，為什麼？」

岐伯說：「膀胱與腎臟互為表裏，關係最為密切，因此腎臟親近膀胱，膀胱也就不能疏遠腎臟了。心臟不與膀胱相合，不要責怪膀胱疏遠心臟。然而，心臟雖然不與膀胱相合，其實心臟與小腸互為表裏，小腸正好與膀胱相通。心臟與小腸相合，就不得不與膀胱相合了，因此心臟與膀胱，看起來似乎疏遠，其實很親近。」

少師問：「然而，膀胱是親近心而疏遠腎嗎？」

岐伯說：「膀胱屬於陽水，喜歡貫通陰火而不喜歡貫通陽火，像心火來親，未必得到它就化水。然而，腎火不與心火貫通，則陰陽不交，膀胱的陽火正好難以氣化。」

少師問：「這又是什麼原因呢？」

岐伯說：「心火向下與腎水相交，那麼心包和三焦之火都來相濟，說明胃土以氣化膀胱的水。如果心火不與腎水相交，心包和三焦的火分別隨著心火上炎，又怎麼敢下降私下與腎水貫通呢？既然不能下降，難道竟敢代替君火氣化膀胱的水嗎？」

少師問：「君火無為，相火有為，君火不下降，包絡相火正可以代替心君出治，那麼為什麼心火不交，相火也不能下降呢？」岐伯說：「君臣同心同德，天下就會大治。君火相交，相火下降，那麼膀胱得到火，水就可以氣化；君火分離，只是相火下降，那麼膀胱得到火，水就會乾。雖然君火依靠相火行使政令，相火也必須借助於君火才能治理天下。腎水得到心火相交，又得到包絡之火下降，陰陽合為一性，就不能簡單地區分腎為陰、心為陽了。」

少師問：「心腎的分離與相合，膀胱之得與失會像這樣嗎？」岐伯說：「膀胱可以寒，但是不能太寒；可以熱，但是不能太熱。過於寒則遺精，過於熱則癃閉，這都是心腎不交的緣故，所以水火重在既濟。」

少師說：「好。」

陳士鐸說：膀胱本來是水腑。然而，水中藏有火，沒有水心腎不交，沒有火心腎也不交。因此心、腎二臟都與膀胱之腑相通。膀胱不通，又怎麼能相交呢？心腎相交，正因為其中藏有水火。

第三十四章　大腸金篇

原文

少師曰：金能生水，大腸屬金，亦能生水乎[①]？岐伯曰：大腸之金，陽金也。不能生水，且藉水以相生[②]。少師曰：水何能生金哉？岐伯曰：水不生金而能養金，養即生也[③]。少師曰：人身火多於水，安得水以養大腸乎[④]？岐伯曰：大腸離水實無以養，而水苦無多[⑤]。所冀者，脾土生金，轉輸津液庶無乾燥之虞[⑥]。而後以腎水潤之，便慶濡澤耳[⑦]。是水土俱為大腸之父母也。少師曰：土生金，而大腸益燥何也？岐伯曰：土柔而大腸潤，土剛而大腸燥矣。少師曰：土剛何以燥也？岐伯曰：土剛者，因火旺而剛也。土剛而生金更甚，然未免同火俱生[⑧]，金喜土而畏火，雖生而實剋矣。安得不燥哉。少師曰：水潤金也，又善蕩金者，何故歟？岐伯曰：大腸得真水而養，得邪水而蕩也。邪正不兩立，勢必相遇而相爭。邪旺而正不能敵，則衝激澎湃傾腸而瀉矣。故大腸尤宜防水[⑨]。防水者，防外來之水非防記憶體之水也。少師曰：人非水火不生，人日飲水，何以防之？岐伯曰：防水何若培土乎[⑩]。土旺足以制水，土旺自能生金。制水，不患邪水之侵。生金，無愁真水之涸，自必火靜而金安，可傳導而變化也。

少師曰：大腸無火，往往有傳導變化而不能者，又何故歟？岐伯曰：大腸惡火又最喜火也。惡火者，惡陽火也。喜火者，喜陰火也。陰火不同，而腎中之陰火尤其所喜。喜火者，喜其火中之有水也[⑪]。少師曰：腎火雖水中之火，然而

剋金，何以喜之？岐伯曰：肺腎子母也。氣無時不通，肺與大腸為表裏，腎氣生肺，即生大腸矣。大腸得腎中水火之氣，始得司其開闔也⑫。倘水火不入於大腸，開闔無權，何以傳導變化乎！少師曰：善。

陳士鐸曰：大腸無水火，何以開闔？開闔既難，何以傳導變化乎？可悟大腸必須於水火也。大腸無水火之真，即邪來犯之，故防邪仍宜潤正耳。

【注釋】

①大腸屬金，亦能生水乎：按五行生剋之論，金能生水，大腸也屬金，能否生水呢？

②且借水以相生：大腸金屬於陽金，陽金是不能生水，而是借腎水、三焦之水以相生。

③水不能生金而能養金，養即生也：水當然不能生金，但能滋潤而養肺，肺屬金，潤肺不就是生金嗎？

④人身火多於水，安得水養大腸乎：人身火多而水不足，哪裡得到多餘的水濡養大腸呢？這就是後世醫家關於「陽常有餘，陰常不足」的論據的出處了。

⑤大腸離水實無以養，而水苦無多：大腸離開了水的滋潤實在沒有什麼可以濡養的來源了，只是可惜它能夠得到的水卻並不多啊。

⑥庶無乾燥之虞：由於大腸所能夠獲得的水分並不多，只是指望從脾土生肺金，再從肺金生水那裏得到的津液而已，就這樣便解決了乾燥的憂慮了。

⑦而後以腎水潤之，便慶濡澤耳：脾土強健能生肺金，肺金豐富能滋生大量的腎水，這些水豐潤了，因此大腸就感到很慶幸地受到濡養和潤澤了。

⑧然未免同火俱生：少師問「為什麼土生金大腸反而更

加乾燥」，岐伯說是因為土氣太剛的緣故，因為剛土是由於生土的火氣太旺，火氣旺所生的土就是剛土，土剛生金就更厲害了，但這樣就連同火氣一起生金了。所以下文就是說金喜土畏火，雖然生金實際上等於剋金了，剋金而不生水怎能不乾燥呢？

⑨故大腸尤宜防水：前面說大腸之陽金賴水以養，這裏又說大腸尤宜防水是什麼原因呢？少師問「水潤金也，又善蕩金者何故歟？」就是這個問題，岐伯回答，真水才能養金，邪水不但不能養金，反而滌蕩金氣，邪正不兩立，勢必相遇相爭。一旦正不能敵邪，肯定會因為邪氣旺盛而出現腹痛泄瀉，如同衝激的水勢一樣洶湧澎湃，傾腸而出！所以所謂大腸防水，就是防備外來侵犯的邪水了。

⑩防水何若培土乎：少師所問正是我們的疑問，前面說大腸宜防水，但人每天都要喝許多水，怎麼才能防止邪水入侵呢？岐伯回答，防水哪裡還有比培土更好的方法呢？「土旺足能制水，土旺自能生金」，既可以制水不生邪水之侵，又可以生金而不愁真水乾涸不能養金。金能生水，水又能制邪火，因此「火靜而金安」，肺氣肅降，大腸可以盡傳導變化的職責了。

⑪喜火者，喜其火中之有水也：少師問，大腸沒有火氣相助，往往會有不能傳導變化的現象原因是什麼。在臨床上，多有受寒而引起的肚腹膨脹，大便寒結的現象，這又是為什麼呢？岐伯解答，大腸既厭惡火卻又最喜歡火，厭惡火，是指厭惡陽火；喜火，是指喜歡陰火，而所有心包等陰火中，更喜歡腎中陰火。因為腎中火主動，腎中水主潤，大腸既得水之潤，又得火之溫煦蠕動，更有有助於自身傳導變化之功啊。

⑫始得司其開闔也：少師追問：腎火雖然是水中之火，但畢竟是剋金的，大腸為什麼反倒喜歡呢？岐伯解釋，肺和腎是子母關係，它們的元氣無時不相通，關係密切。肺與大腸又是表裏同屬關係，腎水養肺金就是養大腸金。大肺得到腎中的水火二氣，才能有能力主宰它的開合功能。倘若水火不入大腸，沒有開合的力量，還怎麼能傳導變化呢？

《大腸金篇》探微

本章明寫大腸的傳導變化之功，還有喜水愛火之性，實質上又從反面再次論證了腎中水火對於後天消化系統的巨大影響作用，以及健脾強土的好處。總之，大腸也是靠先天腎中水火陰陽的作用才能具有變化傳導功能的。

大腸屬於陽明經，主宰陽金，掌管開合功能，開合運動除了排濁濾清外，就是皮膚的呼吸作用了。現代臨床醫學也似乎明白了大腸跟皮膚的關係，提出要想皮膚祛斑滋潤，必須先清理腸道宿便積毒，加強排毒清腸，人的皮膚才能年輕起來。因此古代修真之士修煉到辟穀清腸，滅蟲排毒的先天狀態，才能容顏不老，青春長駐。如黃帝的丹道高師廣成子講的那樣：「吾行此道千二百歲矣，吾形尚未衰」，有此一道，長生可期。

詩云：

（一）

修真便是欲長生，修到還丹始可成。
水火氤氳金出鼎，陽光萬道海中升！

（二）

陽光普照暖如春，不老千秋壽在身。
只為無邊施雨露，金輝瑩碧是真人。

直譯

少師問：「金能生水，大腸屬於金，也能生水嗎？」

岐伯說：「大腸的金是陽金，不能生水，暫且借助水來生金。」

少師問：「水怎麼能生金呢？」

岐伯說：「水不能生金，但能養金，養就是生。」

少師問：「人身中火比水多，怎麼能獲得水來養育大腸呢？」岐伯說：「大腸離開了水，其實就無法養育了；然而苦於水不多，所希望的是脾土生金，轉輸津液，這樣才沒有乾燥的危害，然後用腎水來滋潤它，就可以獲得濡澤的效果，因此水土都是大腸的父母。」

少師問：「土生金，但是大腸日益乾燥，為什麼？」岐伯說：「土柔軟大腸就會濕潤，土剛燥大腸也隨著乾燥。」

少師問：「土剛，為什麼會燥呢？」

岐伯說：「土剛，是因為火旺而剛。土剛更能生起金，然而未免與火一起生出，金喜歡土來生起，但畏懼火來剋制，雖然生出，其實卻是剋制，怎麼會不乾燥呢？」

少師問：「水滋潤金，卻又善於漂蕩金，這是什麼原因呢？」

岐伯說：「大腸得到真水才能養育，如果得到邪水就會漂蕩，邪氣與正氣勢不兩立，相遇時必然相爭。邪氣旺盛，正氣不能相敵，就會衝激澎湃，傾腸而下。因此大腸尤其應當預防水。預防水，是指預防外來之水，並不是預防身記憶體在的水。」

少師問：「人離開了水火就不能生存，但是人每天都要飲水，怎麼預防呢？」岐伯說：「預防水怎麼比得上培土呢？土旺足以制伏水，土旺自然能夠生金。制伏水，不怕水

邪的侵害，生起金，不用為真水枯竭而發愁，自然會火靜金安，才能正常傳導糟粕和變化水穀。」

少師問：「大腸沒有火，往往不能傳導糟粕和變化水穀，這又是什麼原因呢？」

岐伯說：「大腸厭惡火，又最喜歡火。厭惡火，是厭惡陽火；喜歡火，是喜歡陰火。陰火也有不同，而腎中的陰火尤其是它所喜歡的。喜歡火，是喜歡火中有水。」

少師問：「腎火雖然是水中之火，但是卻會剋制金，為什麼會喜歡它呢？」岐伯說：「肺和腎是子母關係，其中的氣無時不貫通。肺與大腸也是表裏關係，腎氣生肺，就相當於生起大腸。大腸得到腎中的水火之氣，才能發揮它的開合功能。如果水火不進入大腸，就會失去開合的權力，又怎麼能夠傳導和變化呢？」

少師說：「好。」

陳士鐸說：大腸沒水火，又怎麼能夠開合呢？開合既然困難，又怎麼能夠傳導和變化呢？由此可以領悟：大腸必須有水火。大腸沒有水火的真氣，那麼邪氣就會來侵犯，因此預防邪氣最適宜滋潤正氣。

第三十五章　小腸火篇

原文

少師曰：小腸屬火乎？屬水乎？岐伯曰：小腸與心為表裏，與心同氣，屬火無疑。其體則為水之路，故小腸又屬水也[1]。少師曰：然則小腸居水火之間，乃不陰不陽之腑乎[2]。岐伯曰：小腸屬陽，不屬陰也。兼屬之水者，以其能導水

也[3]。水無火不化，小腸有火，故能化水。水不化火，而火且化水，是小腸屬火明矣[4]。惟小腸之火代心君以變化[5]，心即分其火氣以與小腸，始得導水以滲入于膀胱[6]。然有心之火氣、無腎之水氣則心腎不交水火不合，水不能遽滲于膀胱矣[7]。少師曰：斯又何故乎？岐伯曰：膀胱，水腑也，得火而化，亦必得水而親。小腸之火欲通膀胱，必得腎中真水之氣以相引，而後心腎會而水火濟，可滲入亦可傳出也。少師曰：腸為受盛之官，既容水穀，安在腸內無水，必藉腎水之通膀胱乎？岐伯曰：真水則存而不泄，邪水則走而不守也[8]。小腸得腎之真水，故能化水穀而分清濁，不隨水穀俱出也。此小腸所以必資于腎氣耳[9]。少師曰：善。

陳士鐸曰：小腸之火，有水以濟之，故火不上焚，而水始下降也。火不上焚者，有水以引之也；水不下降者，有火以升之也。有升有引，皆既濟之道也。

【注釋】

①小腸又屬水也：小腸本來和心相表裏，屬火腑，但其本身又盛化水穀，後天水穀消化後的漿液糟粕都在其中，所以從這一點說，小腸又是水腑了。

②乃不陰不陽腑乎：少師不解問，小腸既屬火又盛水，難道小腸是不陰不陽之腑嗎？

③以其能導水也：小腸當然屬陽不屬陰，它之所以兼屬水的原因，主要是它能夠吸收後天水穀的精微物質，並能將多餘的水液糟粕傳導而出。

④小腸屬火明矣：後天水穀沒有火氣的溫煦不能分化，小腸中有從心君傳來的火，所以能夠溫化水穀，水不能化火但是火卻能化水，所以說小腸還是屬火這不是很明確了嗎？

⑤代心君以變化：心君之火來消化後天水穀，能不可能

事必躬親，就委託小腸全權代理了。小腸直接接受從心君來的變化之火，在自己的崗位盡職盡力，心君則因為小腸之忠心，也須全力相助其火力。使小腸處溫暖得像個太陽一樣，助其消化吸納、傳盛之能力。

⑥始得導水以滲入膀胱：心分火氣給小腸以導水的權力，小腸才能有能力將水滲入膀胱之中。

⑦水不能遽滲於膀胱：前面說小腸得心之火氣賦予的權力，可以導水滲入膀胱；這裏又說不能遽滲於膀胱，遽，突然，這裏引申為直接的意思。原來小腸得心之火氣之權，才只是得到導水之力的一部分，而要真正得到導水的能力，還要得腎水的助力，使原先得到心君之火力和腎水動陰陽相濟，才能以既濟後的水火動和膀胱水腑相親，得以順利導水到膀胱，前面也說過膀胱只接受水火既濟之水。

⑧真水則存而不泄，邪水則走而不守：只有真氣所化成的真水才能存留在體內濡養臟腑，那些邪濁的水只能排出體外，豈能在體內停留呢？

⑨此小腸所以必資於腎氣耳：上面說真水存而邪水走，但要完成這一工程則必須建立在真水充盈的基礎上，因為只有腎中的天一真水才能具備水火既濟、陰陽平衡的條件，才有力量供水腸分清化濁，不隨水穀糟粕排出體外。

《小腸火篇》探微

這一章已經是五臟六腑分屬水火五行的最後一章，再一次闡明五臟六腑和命門先天真元的密切關係，以及先天後天功能相屬的重要性，使讀者既明白臟腑陰陽五行的屬性以及後天的保健養生，更明確地提出先天修真，逆反陰陽，顛倒生死的道路和方法。切望讀者諸君留意，不可以尋常文字等

閒視之，忽略先賢的良苦用心。

就拿本章小腸之火來講，在後天，小腸是受盛之官，承受從胃中傳送來的五穀精華和糟粕並存的糨糊物質，在心火和腎水的相互作用下分清化濁，一面提取水穀精華以傳輸全身，一面傳導糟粕於大腸和膀胱。

在先天，小腸為中焦胃脘部位，在修真內養上具有重要地位，一面提供後天營養精華，一面蓄養先天水火既濟之元氣。這一部位，在西方解剖學上叫做「太陽神經叢」有大量的毛細血管充斥其間，喜暖畏寒，修煉之士意注其中，真火溫養，元胎得其中氣血之濡養，可以進入胎息狀態中。

小腸的分清化濁作用在內修中至關重要，後天混元宗氣也在此分別，先天真氣助人入定，後天宗氣導入丹田氣海，爆發武力。

詩云：

> 分清化濁戰千場，此地波涵小太陽。
>
> 一滴真元無窮盡，丹道仙果我先嘗。

直譯

少師問：「小腸屬於火呢？還是屬於水呢？」

岐伯說：「小腸與心臟為表裏，與心火的氣相同，無疑屬於火。小腸是水通行的道路，因此小腸又屬於水。」

少師問：「然而小腸位於水火之間，是不陰不陽的腑嗎？」

岐伯說：「小腸屬於陽，不屬於陰。兼屬於水，是因小腸能夠疏導水分。水無火不能化生，小腸中有火，因此能夠化水。水不化火，火卻能夠化水，小腸屬火已經是明證了。只是小腸之火，代替心君以行使變化的職能，心臟即分出一

部分火氣給予小腸，才能引導水分滲透進入於膀胱。然而，如果只有心的火氣，而沒有腎的水氣，那麼心腎不交，水火不合，水就不能很快地滲透進入膀胱了。」

少師問：「這又是什麼原因呢？」

岐伯說：「膀胱是水腑，得到火才能氣化，也必須得到水才顯得親密。小腸的火想要通達膀胱，必須得到腎中真水之氣來引導，然後心腎會合，水火既濟，既可以滲入，也可以傳出。」

少師問：「小腸作為受盛水穀的器官，既然可以受納水分和食物，為什麼在腸內沒有水，必須借助於腎水才能通達到膀胱呢？」

岐伯說：「真水貯存而不會走泄，邪水走泄而不能保留。小腸得到腎臟的真水，因此可以運化水分和食穀，從而分清別濁，不會隨著水分和食物一起排出，所以小腸必須由腎氣資生。」

少師說：「好。」

陳士鐸說：小腸的火，有水來相濟它，因此火不會上焚，而水才能下降。火不上焚，是因為有水從下面牽引著它；水不下降，是因為有火使它升騰。有升騰有牽引，這都是既濟的道理。

第三十六章　命門真火篇

原文

少師曰：命門居水火中[①]，屬水乎？屬火乎？岐伯曰：命門，火也。無形有氣[②]，居兩腎之間，能生水而亦藏于水

也。少師曰：藏于水以生水，何也？岐伯曰：火非水不藏，無水則火沸矣。水非火不生，無火則水絕矣。水與火蓋兩相生而兩相藏也③。少師曰：命門之火，既與兩腎相親宜與各臟腑疏矣。岐伯曰：命門為十二經之主。不止腎恃之為根，各臟腑無不相合也④。少師曰：十二經皆有火也，何藉命門之生乎？岐伯曰：十二經之火，皆後天之火也。後天之火非先天之火不化。十二經之火得命門先天之火則生生不息，而後可轉輸運動變化於無窮，此十二經所以皆仰望於命門，各倚之為根也⑤。少師曰：命門之火氣甚微，十二經皆來取資，盡為分給，不虞匱乏乎？岐伯曰：命門居水火中，水火相濟，取之正無窮也⑥。少師曰：水火非出於腎乎？岐伯曰：命門水火雖不全屬於腎，亦不全離乎腎也。蓋各經之水火均屬後天，獨腎中水火則屬先天也。後天火易旺，先天火易衰。故命門火微，必須補火，而補火必須補腎，又必兼水火補之。正以命門之火可旺，而不可過旺也。火之過旺，水之過衰也。水衰不能濟火，則火無所制，必焚沸於十二經，不受益而受損矣。故補火必須于水中補之⑦。水中補火則命門與兩腎有既濟之歡，分佈於十二經亦無未濟之害也。少師曰：命門之繫人生死甚重，《內經》何以遺之⑧？岐伯曰：未嘗遺也。「主不明則十二官危」，所謂主者，正指命門也。「七節之旁有小心」，小心者，亦指命門也。人特未悟耳。少師曰：命門為主，前人未言，何也？岐伯曰：廣成子云：「竊窈冥冥，其中有神。恍恍惚惚，其中有氣」，亦指命門也。誰謂前人未道哉⑨。且命門居于腎，通于任督，更與丹田神室相接。存神于丹田，所以溫命門也。守氣于神室，所以養命門也。修仙之道無非溫養命門耳⑩。命門旺而十二經皆旺，命門衰而十二經皆衰也。命門生而氣生，命門

絕而氣絕矣。少師曰：善。

陳士鐸曰：命門為十二經之主。《素問》不明言者，以主之難識耳。然不明言者，未嘗不顯言之也。無知世人不悟耳。經天師指示，而命門絕而不絕矣。秦火未焚之前，何故修命門者少，總由於不善讀《內經》也。

【注釋】

①命門居水火中：命門屬於腎，兩腎各分陰陽，左腎屬陽，右腎屬陰，陰為水，陽為火，命門居兩腎之中，所以說命門居水火之中。

②命門，火也，無形有氣：命門既居兩腎水火之間，那它到底屬水還是屬火呢？實際上命門還是屬火。命門並無形狀，只是一個氣穴。在兩腎水府的中間，藏於水府又能生水。

③水與火蓋兩相生而兩相藏也：火氣沒有水無法藏匿，水沒有火氣則不生化，沒有水相濟，火氣虛而上炎，為鼎沸之火；水沒有火相遇，就會死而不生。所以說水與火是兩者相互生化又相互收藏的。

④各臟腑無不相合也：少師問命門之火既來自於腎中，應該與腎親近而與其他臟腑疏遠了？岐伯卻回答說不是這樣的，命門是十二經的主宰，不僅僅腎以命門為根據地，其他各臟腑和命門沒有不相合的。

⑤各倚之為根也：少師問各臟腑都有火，為什麼又都要借助命門生火呢？岐伯回答十二經的火都是後天之火，後天之火沒有先天之火為根本就沒有生命力，不能化物，十二經的火必須得到命門先天之火，才能生生不息，然後才轉輸運動，變化無窮，所以十二經都仰望於命門，倚靠命門為根本。

⑥水火相濟取之正無窮也：少師擔心命門先天真火只有很少的一點點，十二經都以其為根本，來取資給，如果都分給各經，難道就不怕造成先天真火的匱乏嗎？岐伯說命門居於水火之中，水火相濟生生不息，取之無窮無盡。

⑦故補火必須于水中補之：雖說命門火取之不盡，但與後天各經水火相比較而言，「先天火易衰」，因此命門火微，必須補命門真火而要補火就必須補腎，補腎就必須水火兼補，因為命門之火既要旺又不能過旺，火過旺水就會過衰，水如果衰弱了，就不能濟火，火沒有水的調劑，就會在十二經中焚燒沸騰，損傷十二經。所以補命門之火必須在水中補之，這樣的既濟之火才是「真火」。

⑧內經何以遺之：既然命門關係到人的生死如此重要，為什麼在《黃帝內經》中會遺漏而不談呢？其實《內經》中並沒有遺漏，「主不明則十二官危」，就是說十二經都以命門為主。又有「七節之旁有小心」，小心者命門也，人特未悟耳，從尾椎上數第七節，兩旁有類似心房的宮室—小心，就是命門所在啊，只是後人沒有理解而已。

⑨誰謂前人未道哉：少師問既然命門為主，為什麼以前人們都沒有提到呢？

⑩修仙之道，無非溫養命門耳：命門位置在腎，通於任督二脈，又與下丹田神室相接，把真陰元神種子種於下丹田，守住下丹田中氤氳萌發的元氣，就是溫養命門「小心主」了。

《命門真火篇》探微

這一章接十二經、五臟六腑陰陽五行屬性之後的又一次天機洩漏，明言直接告訴後人，「修仙之道，無非溫養命門

耳」。「命門」，顧名思義，就是生命的門戶，為十二經各臟腑的主宰，是人體的「小心主」。「命門旺而十二經旺，命門衰而十二經皆衰也」。「命門生而氣生，命門絕而氣絕」。直透底蘊，再明白不過了。下丹田為什麼又叫「神室」呢？神指腦部泥丸宮中的元神真性，下嫁於下丹田神室洞房之中，與元精交媾合歡，結為夫婦孕而產生陰陽真氣，真精從命門生，真氣從命門入十二經，五臟六腑潤養，再返回到命門時，已是水火既濟的真元，是還丹之真液；再透過「奇經八脈」的蘊涵，就會變成大丹之金液，可以顛倒陰陽，脫離生死，沾一滴就可以使「雞餐成鳳，犬食成龍」，收入鼎中，立脫生死，入真人之位，今人不悟也！

後世丹經，每多隱語譬喻，使修道者如入五里霧中，不知所云。而黃帝《外經》則揭開神秘面紗，直抒真境，注者在此懇望諸讀者朋友千萬留心，勿辜負中華聖祖軒轅黃帝度世苦心，更不要僅僅把「外經」當做一般的醫書古籍，走馬觀花。

詩云：

（一）

黃帝聖祖著外經，道法自然萬事成。

煉精化氣氣化神，天人合一得長生。

（二）

冥冥默默又昏昏，一點真機守命門。

東海波翻元氣湧，無邊美景轉金輪。

直譯

少師問：「命門位於水火之中，是屬於水呢？還是屬於火呢？」

岐伯說：「命門屬於火，沒有形狀，只有真氣，位於兩腎之間，能生水，也能伏藏在水中。」

　　少師問：「伏藏在水中而生起水，為什麼？」

　　岐伯說：「火離開了水，就不能伏藏。沒有水，火就沸騰了！水離開了火就不能生發，沒有火，水就絕滅了！水與火這兩者，互相生發，互相隱藏。」

　　少師問：「命門之火既然與兩腎相親近，就應當與各臟腑疏遠了？」

　　岐伯說：「命門是十二經的主宰，不只是腎依靠它作為根本，各臟腑也沒有不與它相合的。」

　　少師問：「十二經都有火，為什麼要借助命門來生起呢？」

　　岐伯說：「十二經之火都是後天之火，後天之火離開了先天之火，就不能變化。十二經之火得到命門先天之火，就會生生不息，然後才能轉輸和運動，變化無窮。因此，十二經皆仰望於命門，分別依靠它作為根本。」

　　少師問：「命門的火氣甚是微小，十二經都靠它來資生，如果全部分配給它們，沒有匱乏的憂慮嗎？」

　　岐伯說：「命門位於水火之中，水火相濟，正好可以提供無窮的資取之源。」

　　少師問：「水火不是從腎臟中發生的嗎？」

　　岐伯說：「命門的水火雖然不全部屬於腎，也不能全離開腎。因為各經的水火都屬於後天，唯獨腎臟中的水火屬於先天。後天的火容易熾旺，先天的火容易衰弱。因此命門的火微小，必須補火，而補火就必須補腎，又必須同時用水火來補它。這正因為命門之火可以旺盛，然而不可以過於旺盛。如果火過旺，水就會過衰。水衰不能上濟心火，那麼

火得不到剋制，必然在十二經中焚燒和沸騰，不僅不會有好處，反而會受到損害了！因此補火必須從水中來補它。從水中補火，那麼命門與兩腎就有了既濟的喜悅，水火分佈到十二經，也就不會有未濟的危害了。」

少師問：「命門關係人的生死如此重要，《內經》為什麼會遺漏呢？」

岐伯說：「沒有遺漏啊！『主不明則十二官危』，所說的『主』，正是指命門。『七節之旁有小心』，小心也是指命門，人們沒有領悟而已！」

少師問：「命門為主，前人沒有講到，為什麼？」

岐伯說：「廣成子說『竊窈冥冥，其中有神，恍恍惚惚，其中有氣』，也是指命門，誰說前人沒有講呢？而且命門位於腎臟之間，在下與任督二脈相通，更是與丹田神室相連接。存神於丹田，就可以溫暖命門。守氣於神室，也可以養育命門。修仙的道理，無非就是溫養命門而已。命門旺則十二經都旺，命門衰則十二經都衰。命門生，氣就生；命門絕，氣也就隨著斷絕了！」

少師說：「好。」

陳士鐸曰：命門是十二經的主宰，《素問》沒有明講，因為主宰的難以識別。然而，不明言，並不是沒有顯言，只是世人不能領悟而已！經過天師的指示，命門似乎失傳，卻沒有失傳呀！秦火沒有焚書之前，為什麼修命門的人比較少，總的來講是由於不善於讀《內經》的緣故。

卷　五

第三十七章　命門經主篇

原文

雷公問于岐伯曰：十二經各有一主，主在何經？岐伯曰：腎中之命門為十二經之主也①。雷公曰：十二經最神者，心也。宜心為主，不宜以腎中之命門為主也。岐伯曰：以心為主，此主之所以不明也②。主在腎之中，不在心之內。然而離心非主，離腎亦非主也。命門殆通心腎以為主乎。豈惟通心腎哉。五臟六腑無不共相貫通也③。雷公曰：其共相貫通者，何也？岐伯曰：人非火不生，命門屬火，先天之火也。十二經得命門之火始能生化，雖十二經未通于命門，亦命門之火原能通之也④。

雷公曰：命門屬火，宜與火相親，何偏居於腎以親水氣耶？岐伯曰：腎火，無形之火也；腎水，無形之水也。有形之火，水能剋之，無形之火，水能生之。火剋于水者，有形之水也・火生於水者，無形之水也。然而無形之火偏能生無形之水，故火不藏於火，轉藏于水。所謂一陽陷於二陰之間也⑤。人身先生命門而後生心。心生肺，肺生脾，脾生肝，肝生腎，相合而相生，亦相剋而相生也。十二經非命門不生，正不可以生剋而拘視之也⑥。故心得命門，而神明應物也；肝得命門，而謀慮也；膽得命門，而決斷也；胃得命門，而受納也；脾得命門，而轉輸也；肺得命門，而治節也；大腸得命門，而傳導也；小腸得命門，而布化也；腎得

命門，而作強也；三焦得命門，而決瀆也；膀胱得命門，而畜泄也。是十二經為主之官，而命門為十二官之主。有此主則十二官治。無此主則十二官亡矣。命門為主，供十二官之取資。其火易衰，其火亦易旺，然衰乃真衰，旺乃假旺。先天之火非先天之水不生⑦，水中補火，則真衰者不衰矣。火中補水，則假旺者不旺矣。見其衰，補火而不濟之以水則火益微；見其旺，瀉火而不濟之以水則火益熾。雷公曰：何道之渺乎⑧，非天師又孰能知之。

陳士鐸曰：命門在心腎之中，又何說之有，無如世人未知也。此篇講得暢快，非無主之文。

【注釋】

①腎中之命門，為十二經之主也：此處再一次強調，命門是十二經的主宰，是人體聯繫先後天的必經門戶，是人後天命根，先天性室。無命門，後天之命無根系；無命門，先天之性無歸著。只有命門平秘水火陰陽，才能將先天一點真元與後天十二經氣血通融。

②此主之所以不明也：這就是心主神志的不明確之處啊。真正的明君是善於用人，而不是事必躬親，心主將掌握生死的權柄委託於手下忠心的將軍，自身居於無為之地，才能神志清明。主宰萬物。所以心雖然是十二經中最神者，但卻將貫通十二經氣血的重任委於命門，自處無為，不做主而仍是主宰。

③五臟六腑無不共相貫通也：命門雖位腎中，不在心內，但卻離開心神不是主，離開腎精也不是主，命門原來是貫通於心腎之間的，是心和腎共同構成的能量場。其實何止是心和腎，其他五臟七腑無不和命門場息息相關。

④亦命門之火原能通之也：雷公問為什麼各臟腑必須

和命門息息相通呢？岐伯解釋道：人沒有火氣就不能生長，而命門正是提供先天火氣的。十二經的生機得到命門真火溫養就會生化不息，所以雖然十二經的經氣沒有直接與命門相通，但是命門的火氣原本就能相通的。

⑤所謂一陽陷於二陰之間也：一陽陷於二陰之間是八卦中的「坎」（☵）卦符號，腎主水，又藏人體真陰，而命門居中主火屬陽，腎水和腎火都屬於先天無形水火，後天有形之水剋制後天有形之火。而先天無形之火卻能生無形之水，因此先天命門真火不藏於後天心火而藏於先天水府腎中，正是「坎卦」之象。

⑥正不可以生剋而拘視之也：人在母腹成胎時，是先生兩腎後才生心臟的，然後心生肺，肺生脾，脾生肝，肝又生腎的，它們彼此相合相生，也相剋又相生。十二經都從兩腎間命門生出，怎麼能拘泥於相生相剋，來看待呢？

⑦先天之火非先天之水不生：由於命門提供十二經的真火，因此命門之火既容易衰也容易旺。衰是真衰，旺卻是假旺，如果能從水中補火，導致命門之火真衰的也就不衰了；再能從火中補水，其中導致虛火上炎的假旺也就不會再假旺了。如果見火力衰微，而光補火不知補水濟火，那麼因為陰液虧損導致的真火衰微反而會變得更加衰微；見到虛火假旺，只知道一味瀉火，不懂得補水滋陰，火反而會更加熾盛。這就是命門水火陰陽互根互補的調劑功能。

⑧何道之渺乎：渺，渺小，渺茫，這裏引申為深奧幽遠的意思。雷公聽了岐伯對命門之道的分析，由衷讚歎：為什麼命門之道是這樣的高深幽遠莫測啊，不是天師您為我講解又怎麼夠明白呢！

《命門經主篇》探微

本章繼上一章「命門火篇」之後，意猶未盡，更進一步地探討命門這一聯繫先後天，關乎人生死的人身重要部位。顧名思義，命門就是「生命之門」，是人養生修真的關鍵所在。不知命門，光修真性，無論真性如何活潑靈動，也是萬劫陰靈，鬼氣森然。而且沒有命門內添注真元，靈性陰神最終會像沒有油的燈焰，不得不熄滅。所以呂洞賓祖師會說：「萬劫陰靈難入聖。」而命門就是「添油續命」的關鍵所在，所以岐伯在「外經」中一再強調。只要尚有一絲真元，謹守命門，調劑水火，長生可期。大而化之，不斷地加添命門水火真元，最終積油成海，點火如山，真水火可成燎原之勢，永遠無熄滅之時了，「壽蔽天地，無有終時」，何等豪情；「暢遊於無極之野，逍遙於無何有之鄉」，何等高尚，惜於如今之世不多矣！滾滾紅塵，湮沒人向道之心；無邊欲海，耗盡人命門真元。芸芸眾生，有幾個真知吾憂世之情；歷歷人生，有幾人能助我補天之志！願讀者諸君讀完此篇，能奮起自強之志，頓生惜命之心。念父母之生我不易，想天地育我不枉，忍一時放蕩之慾望，叛一回墮落之舒心。把先天大道賦予我之性靈，注守於命門之神室，待小心生發跳躍之活力，氣海翻騰水底之金輪，金華閃爍，皓月臨空，飛六出於廣寒宮院，顯三花於九樽鼎上。於是，元嬰出現，真我顯形。我不朽於天地之間，長存于日月光中。

詩云：

（一）

再指滄瀛說命門，洪爐鼎沸顯金輪。

何當摘取蓮花蕊，笑看嫦娥向月奔。

（二）

真陽踴躍抱真陰，海窟光輝覓小心。

待到爐中香氣鬱，花開月朗任修真。

直譯

雷公請問岐伯說：「十二經各自有它的主宰，主宰在哪一經？」岐伯說：「腎中的命門，是十二經的主宰。」

雷公說：「十二經中最有神的是心經，應當以心作為主宰，不應當以腎中的命門作為主宰。」

岐伯說：「以心為主宰，沒有清晰認識到主在何處。主宰在腎之中，不在心之內。然而，離開了心就不能成為主宰，離開了腎也不能成為主宰。命門貫通心腎，所以才能成為主宰呀！豈止是僅僅貫通心腎呢？五臟七腑，沒有一個不相貫通啊。」

雷公說：「命門貫通五臟七腑的原因是什麼呢？」

岐伯說：「人離開了火就不能生存。命門屬於火，是先天之火。十二經得到命門之火，才能夠生化。雖然十二經未必都與命門相通，但是命門之火原本可以貫通它們。」

雷公說：「命門屬火，應當與火親近，為什麼卻偏偏位居腎而與水氣相親呢？」

岐伯說：「腎火是無形之火，腎水是無形之水。有形之火，水可以剋它；無形之火，水能夠生它。火受到水的剋制，是有形之水；火從水中生出來，是無形之水。然而，無形之火偏偏能夠生無形之水，因此火不隱藏在火裏面，轉而隱藏在水裏面，這就是所說的『坎水中的一陽沉陷在二個陰爻之間』。在人體的形成過程中，首先生成命門，然後才形成心臟。心生肺，肺生脾，脾生肝，肝生腎，相合而相

生，也是相剋而相生。十二經離開了命門就不能生成，這正是不能夠拘泥於五行生剋來審視的地方。因此，心得命門，才能神明應物；肝得命門，才能謀劃思慮；膽得命門，才能決斷事物；胃得命門，才能受納水穀；脾得命門，才能輸布水穀；肺得命門，才能調節水道；大腸得命門，才能傳導糟粕；小腸得命門，才能吸收精華；腎得命門，才能成為作強之官；三焦得命門，才能決瀆水道；膀胱得命門，才能蓄泄水液。這就使得十二經好比君主統治下的官員，而命門則作為十二官的主宰。有了這個主宰，十二官才能各司其職；沒有這個主宰，十二官的功能就會喪失了！命門作為主宰，提供給十二官取之不盡的資源。命門的火容易衰微，也容易旺盛。衰微是真正的衰微，而旺盛卻是虛假的旺盛。先天之火，不是先天之水就不能生發。水中補火，則真正會衰微的火就不會衰微了；火中補水，則虛假的旺盛也不會旺盛了。見到火的衰竭，只是補火而不用水來相濟，則火就會變得越來越衰微；見到虛火旺盛，只是瀉火而不用水來相濟，那麼火就會越來越旺盛。」

雷公說：「其中的道理真是微妙啊！除了天師，還有誰能夠知曉呢？」

陳士鐸說：命門在心腎之中，如何解說它的存在呢？無奈世人不知道啊！這一篇講得暢快，不是沒有主題的文章。

第三十八章　五行生剋篇

原文

雷公問于岐伯曰：余讀《內經》載五行甚詳，其旨盡之

《黃帝外經》丹道修真長壽學

乎？岐伯曰：五行之理，又何易窮哉[①]。雷公曰：盍不盡言之？岐伯曰；談天乎，談地乎，談人乎。雷公曰，請言人之五行。岐伯曰：心、肝。脾，肺、腎配火、木，土、金、水，非人身之五行乎。雷公曰；請言其變。岐伯曰：變則又何能盡哉。試言其生剋。生剋之變者，生中剋也，剋中生也。生不全生也，剋不全剋也，生畏剋而不敢生也，剋畏生而不敢克也。雷公曰：何以見生中之剋乎？岐伯曰：腎生肝，腎中無水，水涸而火騰矣，肝木受焚，腎何生乎？肝生心，肝中無水，水燥而木焦矣，心火無煙，肝何生乎？心君火也，包絡相火也，二火無水將自炎也，土不得火之生，反得火之害矣。脾生肺金也，土中無水，乾土何以生物，鑠石流金[②]，不生金反剋金矣。肺生腎水也，金中無水，死金何以出泉[③]。崩爐飛汞[④]，不生水反剋水矣。蓋五行多水則不生，五行無水亦不生也[⑤]。雷公曰：何以見剋中之生乎？岐伯曰：肝剋土，土得木以疏通則土有生氣矣。脾剋水，水得土而蓄積則土有生基矣。腎剋火，火得水以相濟，則火有神光矣。心剋金，然肺金必得心火以鍛鍊也。肺剋木，然肝木必得肺金以斫削也[⑥]。非皆剋以生之乎。

雷公曰：請言生不全生。岐伯曰；生不全生者，專言腎水也·各臟腑無不取資於腎。心得腎水而神明煥發也；脾得腎水而精微化導也；肺得腎水而清肅下行也；肝得腎水而謀慮決斷也。七腑亦無不得腎水而布化也。然而取資多者分給必少矣。親于此者疏於彼，厚于上者薄於下。此生之所以難全也。雷公曰：請言剋不全剋。岐伯曰：剋不全剋者，專言腎火也。腎火易動難靜，易逆難順，易上難下，故一動則無不動矣，一逆則無不逆矣，一上則無不上矣。騰於心躁煩矣。入於脾乾涸矣，升於肺喘嗽矣，流於肝焚燒矣，衝擊於

七腑燥渴矣。雖然腎火乃雷火也，亦龍火也。龍雷之火其性雖猛，然聚則力專，分則勢散⑦，無乎不剋反無乎全剋矣。雷公曰：生畏剋而不敢生者若何？岐伯曰；肝木生心火也，而肺金太旺，肝畏肺剋不敢生心則心氣轉弱，金剋肝木矣。心火生胃土也，而腎火太旺不敢生胃則胃氣更虛，水侵胃土矣。心包之火生脾土也，而腎水過泛不敢生脾，則脾氣加困，水欺脾土矣。脾胃之土生肺金也，而肝木過剛，脾胃畏肝不敢生肺，則肺氣愈損，木侮脾胃矣。肺金生腎水也，而心火過炎，肺畏心剋，不敢生腎，則腎氣益枯，火刑肺金矣。腎水生肝木也，而脾胃過燥，腎畏脾胃之土，不敢生肝，則肝氣更凋，土制腎水矣。雷公曰：何法以制之乎？岐伯曰：制剋以遂其生，則生不畏剋。助生而忘其剋，則剋即為生⑧。

雷公曰：善。剋畏生而不敢剋者，又若何？岐伯曰：肝木之盛由於腎水之旺也，木旺而肺氣自衰，柔金安能剋剛木于乎。脾胃土盛由於心火之旺也，土旺而肝氣自弱，僵木能剋焦土乎⑨。腎水之盛由肺金之旺也，水旺而脾土自微，淺土能剋湍水乎⑩。心火之盛由於肝木之旺也，火旺而腎氣必虛，弱水能剋烈火乎。肺金之盛由於脾土之旺也，金盛而心氣自怯，寒火能剋頑金乎。雷公曰：何法以制之？岐伯曰：救其生不必制其剋，則弱多為強。因其剋反更培其生，則衰轉為盛。雷公曰：善。

陳士鐸曰：五行生剋，本不可顛倒。不可顛倒而顛倒者，言生剋之變也。篇中專言其變，而變不可窮矣。當細細觀之。

【注釋】

①五行之理又何易窮哉：天地五行之道，理深道遠，窮

畢生之力都難以盡其奧，有天之五行、地之五行、人身之五行。無論外經、內經都僅就人身對應天地五行的五臟七腑，略談五行生剋變化，還是難以深究。天有五運六氣，地有水火風雷，和人身五臟七腑應對。其中陰陽消長，變幻無窮，人的語言都無法細述。

②流石爍金：爍，銷毀；流，化金為水。土乾是因為火氣太旺，烈火焚金，金石都會銷毀融化。

③死金何以出泉：一潭死水全無生機，這樣的金源又怎麼能流出清冽的泉水呢？

④崩爐飛汞：汞，水銀；水銀性好流動飛走，如果火氣太旺，燒毀爐鼎，水銀必然流溢飛走。沒有腎水（鉛）潤澤，心火（汞）肯定煙消雲散。

⑤五行多水則不生，五行無水亦不生也：水是萬物的源頭，世間萬物的產生都是從水而來，水數是一，天一生水，「一生二，二生三，三生萬物」。但是水多則氾濫成災，無水則源頭枯竭。

⑥斫削：斫，用斧頭砍；削，用刀子削，刀斧齊用，砍伐修理。

⑦然聚則力專，分則勢散：形容腎中龍雷之火，龍，潛深淵而藏深谷，養精蓄銳，等待陽氣蓄足，時機到來，則騰空萬里，飛龍在天，行雲布雨，見首不見尾了。雷霆潛一陽於九陰之下，等待大地陽回，萬木崢嶸，春風疏雨，化土開天，一陽始發，霹靂開天。龍雷之火譬喻腎中真陽之火，必待久蓄聚元，始煥發生命力，分津化氣，化布全身，滋潤五臟六腑，經絡骨骼。

⑧則剋即為生：這裏用「制剋」和「助生」兩種方法來對治和解決「生畏剋而不敢生者」的難題，「制剋」是指把

剋制自身的對象剋制約住，使剋人者無力剋人；「助生」是幫助生其者有力生化。如肝氣虛，但腎因畏脾胃土氣盛而不敢生肝，用「制剋」法制約脾胃土邪，瀉土氣而制剋；用助生法說明腎氣以生肝，滋補腎水以助肝木之生。

⑨僵木能剋焦土乎：僵，僵化，僵化和枯死不同，枯死之木尚能復活，僵化之木已全無生機，自然不能剋制住焦枯的強土了。由於肝木已死，脾胃的土氣肯定更加旺盛，必成焦土。

⑩淺土能剋湍水乎：淺，貧瘠而沒有生長力量。湍，急速流淌的水。由於脾胃功能的嚴重破壞，土氣消退，已經無力剋制旺盛的腎水生發了。其實腎水的旺盛只是相對於淺土而言的。

《五行生剋篇》探微

前面探討了十二經與命門的關係，這裏又單獨探討五臟與五行的關係。五行學說，是我因古代自然生命的樸素辯證法的又一大特色。金、木、水、火、土。五大元素上應天運時氣，下應地利物產，中應人體五臟，心肝脾肺腎，因五行的相生相剋關係而相互制約和補充。無論後天養生還是先天修真都是不可忽視的重要條件。

功在後天時，聚其他四臟木火金水歸於脾土，五行歸元；化為先天之炁後，五氣升於丹鼎，術語為「五炁朝元」。只是在修煉中必須明白五行的相生相剋而調節五臟元氣的聚散平衡。讀者難道不想尋求明白之人共同探索嗎？

詩云：

悟空被壓五行山，生剋相融九轉丹。

水火爐中烹紫色，螢光已透萬重關！

直譯

雷公請問岐伯說：「我讀《內經》，裏面對於五行記載得很詳細，它的旨意講完了嗎？」

岐伯說：「五行的道理，不是那麼容易窮盡啊！」

雷公說：「為什麼不全部講清楚呢？」

岐伯說：「從天談論，從地談論，還是從人談論？」

雷公說：「請說明人身的五行。」

岐伯說：「心肝脾肺腎，配火木土金水，這不是人身的五行嗎？」

雷公說：「請說明其中的變化。」

岐伯說：「其中的變化又怎麼能夠說得完呢？那就試說五行的生剋。生剋的變化，生中有剋，剋中有生。生不全生，剋不全剋。生怕剋而不敢生，剋怕生而不敢剋。」

雷公說：「怎樣才能見到生中之剋呢？」

岐伯說：「腎生肝，腎中沒有水就會乾涸，火就會升騰，肝木就會被焚毀，腎又怎麼能夠生肝呢？肝生心，肝中沒有水就會枯燥，肝木就會枯焦。心火中沒有煙，肝又從哪裡生出來呢？心是君火，包絡是相火，二火沒有水，就會自行上炎。土得不到火的生發，反而會受到火的危害。脾生肺金，土中沒有水，乾土又怎麼能夠生發萬物呢？熔化了石頭和金屬，就會不生金反而剋金了。肺金生腎水，金中沒有水，死金又怎麼能夠生出泉水呢？丹爐崩壞、砂汞飛走，就會不生水反而剋水。因此，五行多水則不生，五行無水也不生。」

雷公說：「怎麼理解剋中之生？」

岐伯說：「肝剋土，土得到木才能疏通，土就會有生氣了。脾剋水，水得到土才會有積蓄，土才會有生發的基礎。

腎剋火，火得到水才能成相濟之功，火才會有神光。心剋金，然而肺金必須得到心火，才能煆煉成器。肺剋木，然而肝木必須得到肺金，才能砍削成材。這不都是以剋為生嗎？」

雷公說：「請解說生不全生。」

岐伯說：「生不全生，是專門講腎水。各個臟腑沒有一個不是取資於腎水的。心得腎水，神明才會煥發；脾得腎水，精微才會輸布；肺得腎水，才能清肅下行；肝得腎水，才會產生謀慮和決斷。七腑也沒有一個不是因為得到腎水才能夠輸布和傳化的。但是，獲取者多，給予的必然就會少；與此處親近的，就會與彼處疏遠；給予上面比較優厚的，給予下面就會比較薄弱。這就是生發很難顧全的緣故。」

雷公說：「請解說剋不全剋。」

岐伯說：「剋不全剋者，是專門講述腎中之火。腎火容易竄動難以安靜，容易逆行難以平順，容易上逆難以下行，因此一動全身沒有不動，一逆全身沒有不逆，一上全身沒有不上得了！火升騰於心則煩躁，進入脾則乾涸，進入肺則咳喘，流進肝則焚燒，衝擊七腑則燥渴。然而，腎火是雷火，也是龍火。龍雷之火，它的性質雖然猛烈，但是聚集的時候力量就會比較專一，分開則氣勢渙散，沒有火不能剋制的物件，反而也沒有什麼被火完全剋制了。」

雷公說：「生發懼怕剋制而不敢生發，會怎麼樣？」

岐伯說：「肝木生心火，如果肺金太旺，肝木懼怕肺金的剋制，不敢生心，那麼心氣就會轉弱，肺金就會剋制肝木。心火生胃土，如果腎水太旺，不敢生胃，那麼胃氣就會更虛，腎水就會上侵胃土。心包之火生脾土，如果腎水過於氾濫，不敢生脾，那麼脾氣就會受困，腎水就會欺凌脾土。

脾胃之土生肺金，如果肝木過剛，脾胃畏懼肝剋，不敢生肺，那麼肺氣就會更加受到損害，這樣肝木就會侮剋脾胃。肺金生腎水，如果心火過炎，肺金畏懼心火的剋制，不敢生腎，那麼腎氣就會日益枯竭，心火就會刑剋肺金。腎水生肝木，如果脾胃過於乾燥，腎水畏懼脾胃之土，不敢生肝，那麼肝氣就會更加凋零，脾土就會剋制腎水。」

雷公說：「有什麼方法可以制伏它呢？」岐伯說：「制伏剋制才能使它生發，那麼生發就不怕剋制；幫助生發，使它忘了剋制，那麼剋制就可以轉化為生發。」

雷公說：「好啊！剋制畏懼生發而不敢剋制，又會怎麼樣？」岐伯說：「肝木旺盛是因為腎水旺盛，木氣旺盛，肺氣自然就會衰弱，柔弱的金又怎麼能剋制堅硬的木呢？脾胃土旺盛是因為心火旺盛，土氣旺盛，肝氣自然會衰弱，僵硬的木又怎麼能剋制焦土呢？腎水旺盛是因為肺金旺盛，水氣旺盛，脾土自然淺薄，淺薄的土又怎麼能剋制湍急的水呢？心火旺盛是因為肝木旺盛，火氣旺盛，腎氣必然衰弱，衰弱的水又怎麼能剋制猛烈的火呢？肺金旺盛是因為脾土旺盛，金氣旺盛，那麼心氣自然就會怯弱，寒冷的火又怎麼能剋制頑硬的金呢？」

雷公說：「用什麼方法來制約它呢？」

岐伯說：「助長生發，不去剋制制約，那麼衰弱就會轉為旺盛。由於剋制的力量，反而會更加增強生發的力量，這樣衰弱就可以轉化為旺盛。」

雷公說：「好。」

陳士鐸說：五行生剋，本來是不能顛倒的。不能顛倒而又顛倒，這是講述生剋的變化。篇中專門談論五行生剋的變化，而變化則不可窮盡。應當仔細閱讀。

第三十九章　小心真主篇

原文

　　為當[1]問于岐伯曰：物之生也，生於陽。物之成也，成于陰。陽，火也；陰，水也。二者在身藏幹何物乎？岐伯曰：大哉問也[2]。陰陽有先後天之殊也，後天之陰陽藏於各臟腑。先天之陰陽藏於命門。為當曰：命門何物也？岐伯曰：命門者，水火之源[3]。水者，陰中之水也；火者，陰中之火也。為當曰：水火均屬陰，是命門藏陰不藏陽也。其藏陽又何所乎？岐伯曰：命門，藏陰即藏陽也。為當曰：其藏陰即藏陽之義何居？岐伯曰：陰中之水者，真水也；陰中之火者，真火也。真火者，真水之所生；真水者，真火之所生也。水生於火者，火中有陽也。火生於水者，水中有陽也。故命門之火，謂之原氣。命門之水，謂之原精。精旺則體強，氣旺則形壯。命門水火實藏陰陽，所以為十二經之主也。主者，即十二官之化源也。命門之精氣盡，則水火兩亡，陰陽間隔，真息不調[4]，人病輒死矣。為當曰：陰陽有偏勝，何也？岐伯曰：陰勝者，非陰盛也，命門火微也。陽勝者，非陽盛也，命門水竭也。為當曰：陰勝在下陽勝在上者，何也？岐伯曰：陰勝于下者，水竭其源則陰不歸陽矣。陽勝於上者，火衰其本則陽不歸陰矣。陽不歸陰，則火炎于上而不降。陰不歸陽，則水沉于下而不升。可見命門為水火之府也，陰陽之宅也，精氣之根也，死生之竇也[5]。為當曰：命門為十二官之主寄于何臟？岐伯曰：七節之旁中有小心，小心即命門也。為當曰：鬲肓[6]之上，中有父母，非小心之謂歟。岐伯曰：鬲肓之上，中有父母者，言三焦包絡

也，非言小心也。小心在心之下，腎之中。

陳士鐸曰：小心在心腎之中，乃陰陽之中也。陰無陽氣則火不生，陽無陰氣則水不長。世人錯認小心在膈肓之上，此命門真主不明也。誰知小心即命門哉？

【注釋】

①為當：黃帝的大臣。

②大哉問也：這個問題了不起啊。

③命門者，水火之源：命門是先天的門戶，先天真氣通過命門到後天經脈臟腑中視需要而化火或化水，或為陽或為陰。所以說命門是水火的源頭。

④真息不調：命門為後天水火的源頭，真火真水都是從命門先天元精化出，如果命門內先天元精一旦衰竭，後天水火陰陽就都消亡斷絕，真氣不調和，人就會生病直至死亡了。

⑤死生之竇也：竇，孔洞，這裏指門戶。命門既然是後天通達先天的門戶，陰陽水火都靠命門元精的調節。陰盛就是因為命門火氣衰微；陽勝則是因為命門真水虧竭。如果火氣衰微，就會導致陽不歸陰則火炎於上而不下降；水源枯竭，就會導致陰不歸陽水沉於下而不升。而這些現象都是取決於命門這個精氣之根，死生之門戶。

⑥膈肓：膈，就是膈膜。肓，膏肓，人體深層部位。膈膜之上的膏肓就是心臟；膈膜之下的膏肓就是命門小心。兩個心是相通相交的通道就是這樣形成的。

《小心真主篇》探微

為當的問題似乎故意地提問以道出命門小心的作用及其藏陰藏陽的功能。命門的作用和地位如此重要，實在值得我

們重視。「外經」再三重申命門的重要性，我們必須要理解命門的作用及其特性，認識命門小心的實質，維護自己的生命，讓我們的生命之花常開不謝，做自己生命的主人。

一點先天元精化成後天水火，在不斷的調節下平衡陰陽，貫通十二經脈，循環五臟七腑，化生無窮無盡的生機。如果這一點元精一衰竭，則化生無源，疾病叢生，死期將矣！

詩云：

> 小心真主可通神，內蘊元和即是真。
> 化出陰陽分水火，人生不朽總長春。

直譯

為當請問岐伯說：「萬物的發生，由陽氣發生；萬物的形成，由陰氣形成。陽是火，陰是水。這二者在身體中隱藏在什麼地方呢？」

岐伯說：「這個問題大啊！陰陽有先天和後天的分別。後天的陰陽隱藏在各個臟腑之中，先天的陰陽隱藏在命門之中。」

為當問：「命門是什麼呢？」

岐伯曰：「命門，是水火的源頭。水，是陰中之水；火，是陰中之火。」

為當問：「水火都屬陰，命門就藏陰不藏陽了。那麼，陽又隱藏在什麼地方呢？」

岐伯說：「命門藏陰，也同時藏陽。」

為當問：「命門藏陰也藏陽的含義在哪裡？」

岐伯說：「陰中之水是真水，陰中之火是真火。真火，由真水生出；真水，是真火的主宰。水從火中生出，火中有

陽；火從水中生出，水中有陽。因此，命門之火，稱為原氣；命門之水，稱為原精。原精旺盛，身體就會強健；原氣旺盛，身形就會強壯。命門中的水火，其實藏有陰陽，因此成為十二經的主宰。主，是十二官化生的源頭。如果命門的精氣衰竭，那麼水火二者都會消亡，陰陽相互間隔，真息不調勻，人就會得病死亡了。」

為當問：「陰陽有時偏於陽，有時偏於陰，為什麼呢？」

岐伯說：「陰勝，並不是陰盛，而是命門的火氣衰微；陽勝，並不是陽盛，而是命門的水氣衰弱。」

為當問：「陰勝在下與陽勝在上，會怎麼樣呢？」

岐伯說：「陰勝在下的，水生發的源泉就會衰竭，那麼陰精就不能歸屬於陽氣；陽勝在上的，火生化的源頭也會衰竭，那麼陽氣也不能歸於陰精。陽不歸陰，火炎於上就不能下降；陰不歸陽，水就會沉降於下而不能上升。可見，命門是水火的府第，陰陽的家宅，精氣的根本，死生的門戶。」

為當問：「命門是十二官的主宰，寄居在哪一臟？」

岐伯說：「七節的旁邊，其中有一個小心，小心就是命門。」

為當問：「膈肓之上，其中有父母，這不是小心嗎？」

岐伯說：「膈肓之上，其中有父母，是說三焦包絡，不是說小心。小心在心臟之下，腎臟之中。」

陳士鐸說：小心在心腎之中，即陰陽之中。陰無陽，火就不會發生；陽無陰，水就不會生長。世俗之人錯認小心在膈肓之上，這是不明白命門這一真主的緣故。有誰知道小心就是命門呢？

第四十章　水不剋火篇

原文

　　大封司馬①問于岐伯曰；水剋火者也，人有飲水而火不解者，豈水不能制火乎？岐伯曰：人生于火，養于水。水養火者，先天之真水也。水剋火者，後天之邪水也。飲水而火熱不解者，外水不能救內火也。大封司馬曰：余終不解其意，幸明示之。岐伯曰：天開於子②，地闢于丑③，人生于寅④，寅實有火也。天地以陽氣為生，以陰氣為殺。陽即火，陰即水也。然而火不同，有形之火，離火也。無形之火，乾火也。有形之火，水之所剋。無形之火，水之所生。飲水而火不解者，無形之火得有形之水而不相入也。豈唯不能解，且有激之而火熾者⑤。大封司馬曰：然則水不可飲乎？岐伯曰：水可少飲以解燥，不可暢飲以解氛⑥。大封司馬曰：此何故乎？岐伯曰：無形之火旺，則有形之火微。無形之火衰則有形之火盛。火得水反熾，必多飲水也，水多則無形之火因之益微矣。無形之火微，而有形之火愈增酷烈之勢，此外水之所以不能救內火，非水之不剋火也。大封司馬曰：何以治之？岐伯曰：補先天無形之水，則無形之火自息矣⑦，不可見其火熱飲水不解，勸多飲以速亡也。

　　陳士鐸曰：水分有形無形，何疑于水哉？水剋有形之火，難剋無形之火，故水不可飲也。說得端然實理，非泛然而論也。

【注釋】

　　①大封司馬：司馬，古官名。大封，人名。見《管子·五行》：昔日黃帝得蚩尤而明於天道……得大封而辯於西

方，得後……使大封辯於西方，故使為司馬。

　　②天開于子：子，原意是種子，當種子胚芽生發，生命初始，混沌方開。如夜半靜定，忽有鼠鑽穴，始出活動，闢破鴻蒙，在人體混混沌沌，杳杳冥冥之時，忽命蒂處一陽生發，真炁萌動，先天精元激越，活子時來到，水火靈動，天地頓開。這是人身小天地中天開於子的道理。「冬至子時半，天心無改移，一陽初動處，萬物未生時」。

　　③地闢于丑：天有靈種成熟，急於播種，便需下手耕種，耘田闢荒，在修真術語中叫做「安爐立鼎」「鐵牛耕地」。其實就是一些隱喻而已，當命門先天真陽發動，下一步該往哪裡走，而正常情況下是膽肝二經，在炁行過程中，會有耕耘開闢的感覺。

　　④人生于寅：子時一陽初生，丑時二陽升發，寅時三陽開泰，萬物生長，日出東方，天清地朗，人生於卯時。此時陽氣大放，如虎生風，元炁升到夾脊，肺金宣發，欣欣向榮。但是由於此時太陽已從東方升起，寅時已有火氣了。

　　⑤且有激之而火熾者：文中大封司馬問岐伯，人飲水為什麼不能除滅體內的火氣，人因為腎中真水耗損，導致邪火熾盛，腎水虧虛，不能制火，僅靠飲後天外水當然不能排解。真能滅火的水當然也不是真水，真水只能濟火，養火，只有後天邪水才能用來滅火，真水相當於人體的油是用來點燈助火的，所以滅火必須是後天邪水。但此處之火，卻不是後天之水所能滅掉的凡火，而是先天之水中所含有的真火，如同現代工業中的汽油、柴油一樣內含火源的液體，無論怎麼摻水，都是可以點燃的。因此，當汽油燃燒時，是不能用水澆滅的，而如果用油去潑火豈不是「激之而火熾者」嗎？

　　⑥水可以少飲以解燥，不可暢飲以解氛：人生病發燒，

卷

五

飲水只能解渴，卻不能退燒。防火只能用灑水來緩解天乾物燥，當然不能靠澆灌大量的水來解除失火的隱患。氛，氛圍，氣氛。這裏是發火的條件。

⑦補先天無形之水，則無形之火自息矣：欲滅無名火，須補先天腎水，先天腎水充足時，相當於造出來是不能點燃的油，內含的燃點升高了，不容易起火了。後天火自然也就熄滅了。不從根本上杜絕火種，只是見到火起，就一味地澆水，導致水火兩敗俱傷，速速死亡。

《水不剋火篇》探微

水本來就是剋火的，為什麼這一章卻說水不剋火呢？於是岐伯給大封司馬析先天無形之水火和後天有形之水火的區別。先天無形之火如同油中火源，水不可滅，只有濟以先天無形之水，其火自熄。可以剋火的水是後天有形之水，而可滅之火也只能是後天之凡火了。

然而以上所講如同霧裏看花，反不易明白。這一篇的要旨就隱藏在這些並無多大意義的話中。「天開于子、地闢于丑，人生於寅」才是關鍵的東西，注者在此再一次提醒讀者朋友耐心讀經，降心火以得明心見性之效，養腎水以結真元固命之果，尋找經中真諦，沙裏淘金，去蕪存菁，講習經過程就是修煉過程，火候一足，雜質煉盡而真金顯現，三花聚頂，五炁朝元，立地可期！有志者可與我同行焉！

詩云：

（一）

水火原為既濟生，爐中煉得內丹成。

道心收足精氣神，黃帝外經引天音！

（二）

勸君立定道德心，經裏真詮細細尋。

子丑寅生天地人，煉成內丹步仙雲！

直譯

大封司馬請問岐伯說：「水能剋火，病人飲水後，火熱不能解除的，這豈不是水不能剋制火嗎？」

岐伯說：「人生於火，養於水。水養火，是先天的真水；水剋火，是後天的邪氣之水。飲水後火熱不能解除的，這是外水不能救內火。」

大封司馬說：「我還是沒有明白其中的義理，請明白指示。」

岐伯說：「天開於子時，地闢於丑時，人生於寅時，寅中其實包含有火氣。天地以陽氣為生，以陰氣為殺。陽就是火，陰就是水。然而，有不同的火存在：有形之火，是離火；無形之火，是乾火。有形之火，水可以剋制它。無形之火，水可以生起它。飲水後火熱不能解除的，是因為無形之火與有形之水不相融合。不僅不能解除口渴，而且還會激發火性，使它更為熾熱。」

大封司馬問：「這麼說，就不能飲水了嗎？」

岐伯說：「可以飲少量水以解除燥渴，不能多飲水來解除火熱。」

大封司馬問：「這是什麼緣故呢？」

岐伯說：「無形的火旺盛，那麼有形的火就會衰微；無形的火衰微，那麼有形的火就會旺盛。火得到水，反而更加熾熱，必然會多飲水。飲水過多，無形之火就會更加衰微了。無形之火衰微，那麼有形之火就會越來越增加它的酷烈之勢，這就是外水不能救內火的原因，不是水不能剋火。」

大封司馬問：「用什麼方法來治療呢？」

岐伯說：「補益先天無形之水，無形之火就會自然熄滅了。不能見到體內的火熱，飲水不能解除，勸病人多飲水，以致加速他的死亡。」

陳士鐸說：水可以分為有形之水與無形之水，為什麼要懷疑水呢？水可以剋有形之火，難以剋制無形之火，因此不能多飲水。說得清楚有理，不是泛泛而論。

第四十一章　三關升降篇

原文

巫咸問曰：人身三關^①在何經乎？岐伯曰：三關者，河車之關也。上玉枕^②，中腎脊^③，下尾閭^④。巫咸曰：三關何故關人生死乎？岐伯曰：關人生死，故名曰關。巫咸曰：請問生死之義。岐伯曰：命門者，水中火也。水火之中實藏先天之氣，脾胃之氣後天之氣也。先天之氣不交于後天，則先天之氣不長。後天之氣不交于先天，則後天之氣不化。二氣必晝夜交，而後生生不息也^⑤。然而後天之氣必得先天之氣先交而後生。而先天之氣必由下而上，升降諸脾胃，以分散於各臟腑。三關者，先天之氣所行之徑道也。氣旺則升降無礙，氣衰則阻，阻則人病矣。巫咸曰：氣衰安旺乎？岐伯曰：助命門之火，益腎陰之水，則氣自旺矣^⑥。巫咸曰：善。

陳士鐸曰：人有三關，故可生可死。然生死實在先天，不在後天也。篇中講後天者返死而生，非愛生而惡死。人能長守先天，何惡先天之能死乎？

【注釋】

①人身三關：按道家修真理論，黃帝老子一脈真傳，在人督脈河車有三處關乎人生死的要穴，術語叫「後三關、前三田」。後三關為上「玉枕、中夾脊、下尾閭」三關為先天元氣上升的運行通道上的主要關口。只有打開這三道關口，先天元氣才能與後天之氣相交，才能生生不息。

②玉枕：頭部枕骨隆起處。在八卦方位對應西北方，在地理上是甘肅玉門關。是後三關的上關，先天元氣由此入腦，也是通後三關難度最大，反應最強烈的一個關口。

③腎脊：其實是夾脊，肚臍對直的命門上數五椎節，也就是後頸下大椎骨節下數第八個胸椎節，兩個肩骨相對處。這裏是黃河龍門峽，是後三關的中關。是通後關最為容易的一關，稱為鹿車，也是小周天後轉大周天的入口處。

④尾閭：從尾椎末節上數第三、四椎之間，腰椎和骶骨對接處，它的前面則正是毛際往裏的胞宮神室下丹田。尾閭是黃河入海口，是煉精炁的第一道門，也是牛車之路。

⑤二氣必晝夜交，而後生生不息也：其實人體內營血元氣一晝一夜自動循環五十周，五十之數是河圖大衍之數。而運行過程產生的能量則由命門分分佈到十二經脈和五臟七腑以供後天養生的消耗。以上所說的都是後天順行的內容，而修真之士所行的顛倒陰陽，逆轉先天之路，就是將自身原有的元神從上述的消耗運行之路中獨立出來，與元精結合，來指導所產生的元氣走河車之路，逆行周天，把先天元氣從下行化精的路上逆轉回來，化神育神，返還生死，從黃河之路，逆返崑崙，沿任脈長江下行和脾胃後天之氣相交合，然後晝夜相交，始能生生不息。

⑥助命門之火，益腎陰之水，則氣自旺矣：岐伯天師回

答巫咸所問的都是修真大道的無上秘訣，無奈今人只知後天養生，不知先天修真。助火益水，今人所講，不是飲講，不是飲食，便是服藥，豈不知此水火都是先天無形之水火，後天飲食藥物豈能融合，徒補後天有形水火，強身健體尚可，無望逆轉轉生死，顛倒陰陽，修得不死長存的真身了。無形之水火，只能在元神的指導下，於杳冥昏默之中效大宇宙的日月水火，晝夜相交，按火候度數抽添水火，直至交無可交，可脫生死輪迴。

《三關升降篇》探微

此章繼命門小心養生主後又曝一絕密。直抒胸臆，揭秘三關。前文所說的命門真元，化生水火後，就順逆兩條路以供選擇，一是順行後天，真元化水火循十二經，養五臟七腑，滋潤後天肉體，以供日常所消耗，一是逆轉河車，炁透三關，經天門下與後天精氣相交合，孕育先天混元靈胎，以破生死玄竅。岐黃苦心怎能報答矣！惜乎今人只知順行後天，不求逆返先天，修真路上，何等寂寞，芸芸眾生，悠悠雲路，誰與我同行？

詩云：

（一）

黃河九曲逆三關，萬道艱難怎轉還。

一笑漕溪來訪客，明朝我欲掛雲帆。

（二）

河車滾滾上崑崙，炁透三關九轉輪。

王母瑤池新浴後，垂簾待我叩雲門！

直譯

巫咸問：「人身的三關在哪條經脈？」

岐伯說：「三關，是指河車的三關，上面是玉枕關，中間是腎脊關，下面是尾閭關。」

巫咸問：「三關為什麼會關係到人的生死呢？」

岐伯說：「正因為三關與人的生死攸關，所以才稱為關。」

巫咸說：「請問生死的含義？」

岐伯說：「命門是水中之火。水火之中，其實隱藏著先天的元氣。脾胃中的氣，是後天之氣。先天之氣不與後天之氣相交，那麼先天之氣就不會生長；後天之氣不與先天之氣相交，那麼後天之氣也不會變化。二氣必須晝夜相交，才能生生不息。然而後天之氣，必須得到先天之氣相交後才能生發。並且，先天之氣必然是由下往上升，再下降到脾胃，才能分散到各個臟腑。三關，是先天之氣運行經過的捷徑。體內氣旺，升降就沒有障礙，氣衰就會受阻，受阻後人就會生病了。」

巫咸問：「體內的元氣衰弱，如何才能使它旺盛起來？」

岐伯說：「助長命門之火，補益腎陰之水，元氣自然會旺盛。」

巫咸說：「好。」

陳士鐸說：人有三關，因此可以生可以死。然而，生死其實在於先天，不在後天。本篇中講述從後天返死而生，不是愛生惡死。如果人們能夠長期持守先天，又怎麼需要擔心先天會死呢？

第四十二章　表微篇

原文

奚仲[1]問于岐伯曰：天師《陰陽別論》中有陰結，陽結[2]之言。結在臟乎？抑結在腑乎？岐伯曰：合臟腑言之也。奚仲曰：臟陰腑陽，陰結在臟，陽結在腑乎？岐伯曰：陰結陽結者，言陰陽之氣結也。合臟腑言之，非陽結而陰不結，陰結而陽不結也。陰陽之道，彼此相根，獨陽不結，獨陰亦不結也。奚仲曰：《陰陽別論》中，又有剛[3]與剛之言。言臟乎？言腑乎？岐伯曰：專言臟腑也，陰陽氣不和，臟腑有過剛之失，兩剛相遇，陽過旺陰不相接也。奚仲曰：臟之剛乎？抑腑之剛乎？岐伯曰：臟剛傳腑，則剛在臟也。腑剛傳臟，則剛在腑也．奚仲曰：《陰陽別論》中又有陰搏陽搏[4]之言，亦言臟腑乎？岐伯曰：陰搏陽搏者言十二經之脈，非言臟腑也。雖然十二臟腑之陰陽不和，而後十二經脈始現陰陽之搏，否則搏之象不現于脈也。然則陰搏陽搏言脈而即言臟腑也。奚仲曰：善。

陳士鐸曰：陰結、陽結、陰搏、陽搏，俱講得微妙。

【注釋】

①奚仲：是黃帝的大臣之一，傳說中車輛的創造者。

②陰結、陽結：後天臨床上是說脾胃虛寒所導致的大便寒性秘結；還有因邪熱入胃腑，導致的腑氣不通，大便燥結的陽明腑實證。

③剛：臟腑之氣血太過旺盛的偏勝現象。

④陰搏、陽搏：在中醫臨床上陰搏和陽搏都是指切診中脈搏跳動的現象。一般陰搏指的是尺脈搏動，正常情形下尺

部脈都是較寸關兩部脈為沉弱，一旦尺脈搏動比其他兩部明顯的話，大多為女子妊娠脈象。搏，搏動，這裏是動而明顯觸手的感覺。陽搏指的是臨床以寸口脈為主的浮數之脈，表示體內陰虛陽元，陽熱過盛，熱氣趨下，損傷衝脈血海，崩血、尿血等熱盛現象，就會出現陽搏。

《表微篇》探微

篇名表微，就是表達、表述微妙的意思。而不是張岫峰先生注釋中的表解釋為外表，體表，因為篇中所論都是有關臟腑經絡中事，何嘗有一言涉及體表的呢？

那麼本章所要表述的微妙之言是什麼呢？前文中講到命門火發，直透三關，下面要注意的是什麼呢？就是本文所說的陰陽。「一陰一陽之謂道」《周易‧繫辭》。離了陰陽道不成，命門元氣透三關與後天氣相交，這其中最需要注意的就是調節水火，平秘陰陽，勿使陰陽偏盛偏衰。這是何等精經微妙之事，古稱「火候」，語言尚且道不得，不是過來之說不明白。絕非文中所說的後天臨床病理，而是「專氣致柔」的細緻，是一絲一毫馬虎不得的，否則必有陰結陽結過剛和相搏的種種偏差，術語稱為「走火」。

而調節這些偏差全在於臟腑和經脈，如先後天相交時，識神用事，火力衰微，出現寒象困倦或者昏沉。修者須立振精神，重整火候，內照陽火結在肝膽，因火力不夠而鬱結，只要在呼吸上用吹噓之功，發動真火，噓開肝鬱，麻煩可立解。

如果是因為注意力過於集中，導致火候過旺，武火偏盛，出現煩躁，難以入靜之象，就是臟腑氣剛的毛病，如心火過旺，出現急躁等幻象，須要立定心志，專氣致柔，用

「呵」字訣排泄心火，則剛者變柔，陰陽調和了。

再如十二經脈的陰陽氣血失調，同時走上兩根以上的脈絡，就會產生陰陽相搏，只有元神主事，靜心歸元，採用沐浴法才能解決問題。所表述者，是以上陰陽互根互化，水火調節的精微之處。

詩云：

　　陰陽水火轉周天，表此精微體自然。

　　調節剛柔三百度，金花出鼎壽千年。

直譯

奚仲請問岐伯說：「天師在《陰陽別論》中，有陰結、陽結的說法，是結在臟呢？還是結在腑呢？」

岐伯說：「這是綜合臟腑來說的。」

奚仲說：「臟屬於陰，腑屬於陽，陰結在臟，陽結在腑嗎？」岐伯說：「陰結與陽結，是說陰陽二氣同時交結，是結合臟腑來講，不是陽結而陰不結，或者陰結而陽不結。陰陽的道理，彼此以對方作為根源，因此獨陽不結，獨陰也不結。」

奚仲說：《陰陽別論》中又有「剛與剛」的說法，是說臟呢，還是說腑呢？岐伯說：「是專門說臟腑。陰陽二氣不調和，臟腑就會有過剛的過失。兩剛相遇時，陽氣過旺，陰氣就不能接續。」

奚仲說：「是臟的剛，還是腑的剛？」

岐伯說：「臟的剛傳給腑，那麼剛就在臟；腑的剛傳給臟，那麼剛就在腑。」

奚仲說：「《陰陽別論》中又有陰搏、陽搏的說法，也是說臟腑嗎？」岐伯說：「陰搏陽搏，是說十二經脈，不是

說臟腑。只不過先有十二臟腑的陰陽不和，然後十二經脈才會出現陰陽的搏結。否則，搏結的形象就不會顯現在脈象上。因此，陰搏陽搏的說法，既是說脈，也是說臟腑。」

奚仲說：「好。」

陳士鐸曰：陰結、陽結、陰搏、陽搏，都講得很微妙。

第四十三章　呼吸篇

原文

雷公問于岐伯曰：人氣之呼吸應天地之呼吸[①]乎？岐伯曰：天地人同之[②]。雷公曰：心肺主呼，腎肝主吸，是呼出乃心肺也，吸入乃腎肝也。何有時呼出不屬心肺而屬腎肝，吸入不屬腎肝而屬心肺乎？岐伯曰：一呼不再呼，一吸不再吸，故呼中有吸，吸中有呼也。

雷公曰：請悉言之。岐伯曰：呼出者，陽氣之出也。吸入者，陰氣之入也。故呼應天，而吸應地。呼不再呼，呼中有吸也。吸不再吸，吸中有呼也。故呼應天而亦應地，吸應地而亦應天。所以呼出心也、肺也，從天言之也；吸入腎也、肝也，從地言之也。呼出腎也、肝也，從地言之也；吸入心也、肺也，從天言之也。蓋獨陽不生，呼中有吸者，陽中有陰也；獨陰不長[③]，吸中有呼者，陰中有陽也。天之氣不降則地之氣不升。地之氣不升則天之氣不降。天之氣下降者，即天之氣呼出也。地之氣上升者，即地之氣吸入也。故呼出心肺，陽氣也，而腎肝陰氣輒隨陽而俱出矣。吸入腎肝，陰氣也，而心肺陽氣輒隨陰而俱入矣。所以陰陽之氣，雖有呼吸而陰陽之根無間隔也。呼吸之間雖有出入而陰陽之

本無兩歧也④。雷公曰：善。

陳士鐸曰：呼中有吸，吸中有呼，是一是二，人可參天地也。

【注釋】

①人氣之呼吸：呼吸又叫吐納，吐故納新。呼時由口鼻吐出體內濁氣二氧化碳，吸時吞納入自然中清新氧氣。

②天地人同之：天和地也在不斷地吐納呼吸，其節奏本和人相同，但今人不懂修真，漸漸與天地呼吸脫節，因此夭折。天有五運六氣，一年四季二十四節氣，都是呼吸的規律，呼出時春夏來臨，陽氣氤氳；吸入時秋冬肅殺，陰風凜冽。地有水火風雷，吸時潮退火消，呼時海漲雷奔。人與天地同息，出玄入牝，一呼心肺出，一吸肝腎歸。所謂修煉成真，與日月同光輝，和天地共呼吸，就是這個道理。

③獨陽不生……獨陰不長：呼吸也是呼中有吸，吸中有呼，如同春夏陽氣升發中孕育秋冬之歸藏；秋冬收藏中蓄含春夏之真陽。天地元氣也是陰陽互根的。

④陰陽之本無兩歧也：呼出雖是心肺陽氣，但內中卻含有肝腎的陰氣。古人不說氧氣和碳氣，但都是一氣分解轉化的。陰陽二氣雖有呼出和吸入的區別，但陰陽之根本無間隔。

《呼吸篇》探微

本章緊接前章說事，氣發命門，透三關，調陰陽水火之火候，靠什麼調呢？當然離不開呼吸，因此修真下手便是調心調息，心是火，息是風，所以修真後世又叫「煉丹」，煉丹自然離不開風火，風箱鼓風吹火，可大可小。呼吸伴隨心神，可緊可慢。

雙目攝取元神性光下照爐釜為火，調勻呼吸，分文武之息，先調後天粗息，後開先天胎息。下手果效便是心息相依，沒修煉的普通人呼吸都是被動的，為了不缺氧不憋氣而呼吸。而修真之人的呼吸則是為了配合心神火候而行的，兩者效果，天差地別。

　　人能主動呼吸，起碼可以達到後天養生，吐故納新，加以熊經鳥伸，也可以祛病延年，健康長壽。更何況逆返先天，神氣打成一片，抱住真元，與天地同存，當然可以不朽長存。讀者朋友，當立志於一呼一吸之間啊！

　　詩云：

（一）

夜深爐火正溫溫，鼻孔撩天叩玉門。

春夏秋冬爭一刻，陰陽升降轉金輪。

（二）

吐故納新春氣回，一呼一吸總開懷。

時人莫問神仙壽，笑指朝天玄關來。

直譯

　　雷公請問岐伯說：「人的呼吸與天地的呼吸相對應嗎？」

　　岐伯說：「天、地、人都是相同的。」

　　雷公說：「心肺主管呼，腎肝主管吸，因此呼出由心肺主管，吸入由腎肝主管。為什麼呼出有時不屬於心肺，反而屬於腎肝；吸入有時不屬於腎肝，反而屬於心肺呢？」

　　岐伯說：「一次呼出之後不能再呼出，一次吸入之後也不能再吸入，因此呼中有吸，吸中有呼。」

　　雷公說：「請詳細解說。」

岐伯說：「呼出的是陽氣，吸入的是陰氣，因此呼出對應於天，而吸入對應於地。一次呼出之後不能再呼出，是因為呼中有吸；一次吸入之後也不能再吸入，是因為吸中有呼。因此呼出既對應於天，也對應於地；吸入既對應於地，也對應於天。所以，呼出屬於心與肺，是從天來說的；吸入屬於腎與肝，是從地來說的。呼出屬於腎與肝，是從地來說的；吸入屬於心與肺，是從天來說的。因為孤獨的陽氣不生發，呼出之中有吸入，是陽中有陰；孤獨的陰氣不生長，吸入之中有呼出，是陰中有陽。天氣不降，那麼地氣就不能上升；地氣不升，那麼天氣也不能下降。天陽之氣下降，就是天呼出的陽氣；地陰之氣上升，就是地吸入的陰氣。因此，心肺呼出陽氣時，肝腎中陰氣也隨著陽氣一起出去了；肝腎吸入陰氣時，心肺中的陽氣也隨著陰氣一起進入了。所以，陰陽之氣雖然有呼有吸，然而陰陽的根本是沒有間隔的；呼吸之間雖有出有入，然而陰陽的根本是不能分為兩端的。」

雷公說：「好。」

陳士鐸曰：呼中有吸，吸中有呼，既是一也是二，人可以與天地相參了。

第四十四章　脈動篇

原文

雷公問于岐伯曰：手太陰肺、足陽明胃、足少陰腎，三經之脈常動不休者何也[1]？岐伯曰：脈之常動[2]不休者，不止肺、胃、腎也。雷公曰：何以見之？岐伯曰：四末[3]陰陽之會者[4]，氣之大絡也。四街者[5]，氣之曲徑也。周流一

身，晝夜環轉，氣無一息之止，脈無一晷⑥之停也。肺、胃、腎脈獨動者，勝于各臟腑耳。非三經之氣獨動不休也。夫氣之在脈也，邪氣中之也，有清氣中之，有濁氣中之。邪氣中之也，清氣中在上，濁氣中在下，此皆客氣也。見于脈中，決于氣口⑦。氣口虛，補而實之，氣口盛，瀉而泄之。雷公曰：十二經動脈之穴可悉舉之乎？岐伯曰：手厥陰心包經，動脈在手之勞宮也。手太陰肺經，動脈在手之太淵也。手少陰心經，動脈在手之陰郄也。足太陰脾經，動脈在腹衝門也。足厥陰肝經，動脈在足之太衝也。足少陰腎經，動脈在足之太谿也。手少陽三焦經，動脈在面之和髎也。手太陽小腸經，動脈在項之天窗也。手陽明大腸經，動脈在手之陽谿也。足太陽膀胱經，動脈在足之委中也。足少陽膽經，動脈在足之懸鐘也。足陽明胃經，動脈在足之衝陽也。各經時動時止，不若胃為六腑之原，肺為五臟之主，腎為十二經之海，各常動不休也⑧。

陳士鐸曰：講脈之動處，俱有條理，非無因之文也。

【注釋】

①三經之脈，常動不休者何也：脈，指氣脈，《黃帝內經·靈樞·五十營》篇中講：「故人一呼，脈再動，氣行三寸，一吸，脈亦在動。」這裏雷公問岐伯：為什麼手太陰肺、足陽明胃、足少陰腎之三脈會常常搏動不停呢？

②脈之常動：經脈的動脈處會有能用手感覺到的跳動。

③四末：四肢末梢。

④陰陽之會：陰經和陽經的會合相聚的地方。

⑤四街：指頭、胸、腹、脛各部的經氣運行的通道。《黃帝內經·靈樞·衛氣》「頭氣有街、胸氣有街、脛氣有街」。

⑥晷：古代用日影移動定時刻的器具，如今之鐘錶的計時器。這裏是說人的經脈運行氣血沒有一時一刻是停止的。

⑦決於氣口：人體經脈運行的現象取決於氣口，而氣口就是指人手腕處的「寸口脈處」。

⑧各常動不休也：其實人體各經脈都有動脈處，只不過因為足陽明胃經是六腑之原，手太陰肺經是五臟之主，足少陰腎經是十二經之海，因此這三條經脈搏動最明顯。

《脈動篇》探微

無論是修真還是養生，都離不開對自身經脈的認識和理解，因此繼前文先天天氣通三關接後天，息調而後脈順，觀察脈順否則有三處明顯外徵，而其他各脈之動脈也在本篇一一說明，不是有內息能內照返觀者，怎能知道呢？所以讀者有志修養者，當為驗證。

氣息有數，脈行有軌，人身氣血運行是有度的。一呼，脈行三寸，一吸脈行三寸，一息（一呼一吸）共行六寸，一日夜中，共息一萬三千五百次，脈行五十周，環繞周身。

詩云：

> 一吸開關又一呼，周天大衍合河圖。
>
> 遍行真氣三千度，笑飲長生酒一壺。

直譯

雷公請問岐伯說：「手太陰肺經、足陽明胃經、足少陰腎經，這三條經脈經常跳動不停，為什麼？」

岐伯說：「經常跳動不停的經脈，不止肺、胃、腎三條。」

雷公說：「怎樣才能見識到呢？」

岐伯說：「四肢末節陰陽二氣交會，是元氣接續的地方。頭、胸、腹、脛四個氣街，是元氣運行的路徑。周流一身，白天與夜晚環轉不窮，氣沒有一息的停止，脈沒有片刻的停息。唯獨肺、胃、腎的脈跳動不止，比各個臟腑的脈象要明顯，並不是只有這三條經脈中的元氣獨自運動不停息。氣在脈中運行，邪氣侵害它，有清氣侵害，也有濁氣侵害。邪氣侵害經脈，清邪侵害身體的上面，濁邪侵害身體的下面，這都是外來的客邪之氣。傷害的情況呈現在經脈中，決斷於氣口。氣口脈虛弱，由補益來充實；氣口脈旺盛，由瀉泄來減少。」

　　雷公說：「十二經動脈的穴位，可以列舉出來嗎？」

　　岐伯說：「手厥陰心包經，動脈在手心的勞宮穴。手太陰肺經，動脈在手腕的太淵穴。手少陰心經，動脈在手的陰郄穴。足太陰脾經，動脈在腹部的衝門穴。足厥陰肝經，動脈在足部的太衝穴。足少陰腎經，動脈在足部的太谿穴。手少陽三焦經，動脈在面部的和髎穴。手太陽小腸經，動脈在頸部的天窗穴。手陽明大腸經，動脈在手的陽谿穴。足太陽膀胱經，動脈在足部的委中穴。足少陽膽經，動脈在足部的懸鐘穴。足陽明胃經，動脈在足部的衝陽穴。各條經脈有時跳動有時停息，不像陽明胃經作為六腑的源泉、太陰肺經作為五臟的主宰、少陰腎經作為十二經的海洋那樣，經常跳動而不停息。」

　　陳士鐸曰：講脈跳動之處，都很有條理，不是沒有原因的文章。

第四十五章　瞳子散大篇

原文

雲師問于岐伯曰：目病，瞳子①散大者何也？岐伯曰：必得之內熱多飲也。雲師曰：世人好飲亦常耳，未見瞳子皆散大也。岐伯曰：內熱者，氣血之虛也。氣血虛，則精耗矣。五臟六腑之精皆上注于目，瞳子尤精之所注也。精注瞳子，而目明，精不注瞳子，而目暗。今瞳子散大則視物必無準矣。雲師曰：然往往視小為大也。岐伯曰：瞳子之系通于腦。腦熱則瞳子亦熱，熱極而瞳子散大矣。夫瞳子之精，神水也。得腦氣之熱，則水中無非火氣，火欲爆而光不收，安得不散大乎。雲師曰：何火之虐乎②？岐伯曰：必飲火酒兼食辛熱之味也。火酒大熱，得辛熱之味以助之則益熱矣。且辛之氣散，而火酒者，氣酒也，亦主散。況火酒至陽之味，陽之味必升于頭面，火熱之毒直歸于腦中矣。腦中之精，最惡散而最易散也。得火酒辛熱之氣，有隨入隨散者。腦氣既散于中，而瞳子散大應于外矣。彼氣血未虛者，腦氣尚不至盡散也，故瞳子亦無散大之象。然目則未有不昏者也。雲師曰：善。

陳士鐸曰：瞳子散大，不止于酒。大約腎水不足，亦能散大。然水之不足，乃火之有餘也。益其陰而火降，火降而散大者不散大也。不可悟火之虐乎？必認作火酒之一者，尚非至理。

【注釋】

①瞳子：指瞳孔，腎主之。人在母腹成胎時，就是先長兩腎，再接著就是一對瞳仁。所以腎精充足，瞳仁就亮，所

以本文中說「瞳子尤精之所注也」。

②何火之虐乎：岐伯說瞳子散大呢？雲師就問，是什麼火氣這樣暴虐呢？下文岐伯就解說為「火酒」（白酒）兼食辛熱之味導致的。因此修真養生之士一定要戒除飲酒這一不良嗜好。

《瞳子散大篇》探微

後世修道之士往往不管修法有無得到真傳，在戒律規條上都謹守不喝酒這一條。對於養生也是很有益處的，所以不管怎樣，清規戒律都是必須持守的。

我們有志修真的人，一定要先弄明白持守戒律的原因和意義才能去守戒，而不是稀里糊塗就去守戒，如修法不得真傳，一輩子死守清規戒律，只到老死仍一無所得。也不能聽後世所傳說的呂祖張三豐祖師等都是一些酒鬼，什麼花酒腥葷都不忌諱，這只是無知之人的謬解，其實所謂「花」，是人真性之光；所謂「酒」，是人真命之精，長生酒，火中蓮，豈是世俗濁物。

張三豐祖師詩云：「無花無酒不神仙，花酒神仙古到今……酒肉穿腸道在心。」花不是淫，「犯淫喪失長生寶」，酒肉是穿腸毒藥，而不是世人起哄的什麼「酒肉穿腸過，佛祖心中留」，穿腸入喉，恐怕不是想穿腸而過就能過去的。作為修真之士，當守的清規還是要謹慎持守的，切不可貪一時之快而自毀道基。

詩云：

（一）

一杯渾酒眼昏花，疑是遊魂到此涯。

言語荒唐精耗盡，駕雲飛渡泛星槎。

（二）

大道難持守戒規，無花無酒總相違。
何當修到瑤池去，王母蟠桃酒千杯！

直譯

雲師請問岐伯說：「眼睛病後，瞳子就會散大，這是為什麼？」

岐伯說：「這必然是因為體內有熱，又多飲水的緣故。」

雲師說：「世人喜歡飲水也是平常的事，沒有見到瞳子都散大啊！」

岐伯說：「體內發熱，氣血就會虛弱。氣血虛弱，精氣就會被消耗掉。五臟六腑的精氣都上行貫注於雙目，瞳子尤其是精氣貫注的地方。精氣上注於瞳子，雙目就明亮；精氣不能上注於瞳子，眼睛的視力就會變得模糊。現在瞳子散大了，那麼觀察物體的時候必然就會不清晰了。」

雲師說：「然而往往把小的物體看成大的。」

岐伯說：「瞳子與大腦相連繫。大腦發熱，那麼瞳子也會發熱，熱到極點瞳子就散大了。瞳子裏面的精華是神水。感受到腦中的熱氣，水中無一不是火氣，火勢爆發目光就不能收斂，怎麼會不散大呢？」

雲師說：「為什麼火會如此肆虐呢？」

岐伯說：「必然是飲了火酒，並且吃了辛熱的食物。火酒熱性很大，又得到辛熱的食物助長它，就會更加熱了！並且，辛味會使氣發散。火酒是氣酒，也是主發散的。況且火酒屬於陽氣很大的食物。陽性的食物必然會上升到頭部和面部，火熱的毒氣，就直接進入腦中了。腦中的精氣，最怕發

散也最容易發散，感受到火酒辛熱之氣，就會一邊進入一邊發散。精氣既然發散在腦中，那麼在外的瞳子就會與之相應而散大。那些氣血沒有虛弱的人，腦中的精氣還不至於全部發散，因此瞳子也沒有散大的症狀。然而，雙目沒有不昏暗的。」

雲師說：「好。」

陳士鐸說：導致瞳子散大的，不僅僅是火酒。大致腎水不足，也能導致瞳子散大。然而，腎水的不足，表示火氣有餘。補益腎陰的水使火氣下降，火氣下降後，瞳子也就不散大了。由此不是可以領悟到火的肆虐嗎？一定認為是火酒引起的，還不是最明確的道理。

卷 六

第四十六章　診原篇

原文

雷公問于岐伯曰：五臟六腑各有原穴[1]，診之可以知病，何也？岐伯曰：診脈不若診原也。雷公曰：何謂也？岐伯曰：原者，脈氣之所注也。切脈之法繁而難知，切腧之法約而易識[2]。雷公曰：請言切腧之法。岐伯曰：切腧之法，不外陰陽。氣來清者，陽也。氣來濁者，陰也[3]。氣來浮者，陽也。氣來沉者，陰也，浮而無者，陽將絕也。沉而無者，陰將絕也。浮而清者，陽氣之生也。沉而清者，陰氣之生也。浮而濁者，陰血之長也。浮而清者，陽血之長也。以此診腧，則生死淺深如見矣。

陳士鐸曰：診原法不傳久矣！天師之論，真得其要也。

【注釋】

①五臟六腑各有原穴：五臟六腑的原氣在十二經脈運行過程停留整蓄的地方，相當於運輸中的中途車站一樣。在這些部位探查，可以診知五臟六腑原氣的強弱與否，不僅可以用來診病，還可以作為修真的參考。

②切腧之法約而易識：臨床一般多使用切寸口脈法以診知人體氣血運行情況，從而判斷康健與疾病。但是正如岐伯所言的切脈之法繁瑣複雜，是很難掌握的，不比切腧法簡單易學。因為脈中所行的氣血，多是摻雜著後天臟腑所生化出來的後天宗氣，而不是像原穴中所聚集的都是先天元氣，所

以切膚診法簡單易學。但是，診原穴有個前提，文中沒提，也就是為什麼這麼好的方法後世為什麼會失傳的原因。這個前提條件就是用切膚法探查原穴而診斷脈氣運行的操作者，自身必須是一個修真者，具備對脈中元氣的感應能力，這一點至關重要，可能古時視修真為平常，所以不需要提出來的，但在今人卻很難理解。

③氣來清者陽也，氣來濁得陰也：今人診脈，對於脈氣的沉浮還能掌握，卻從未有人提及脈象的清濁，這就是今人不修煉，不能用真息感應他人脈氣的清濁，只能用手指觸及脈象的浮沉了。

《診原篇》探微

「五臟六腑各有原穴」，而原穴又是反應原氣強弱的最佳部位，有志修身者不可不知也。

十二經脈在四肢的腕、踝關節附近各有一個原穴，又稱十二原。在六陽經中原穴排列在五輸穴（即井、滎、輸、經、合）的輸穴之後，在六陰經中則輸穴就是原穴。

元氣又叫原氣，本原之氣，是人體來自先天的生命本錢，消耗完了，生命就宣告結束，這個生命過程中所產生的一切意識精神全部停止，即使意識再強，但因為沒有原氣提供能量，所以這一點意識就叫陰神，投胎奪舍，就叫往生極樂嗎？「再來已不是此身」。遠不如我道家玄門，將此一點先天真原與天地真原相合，煉而壯大，改造後天身體，使與天地同存。惜此道如今不多矣，近五百年來，只有張三豐達此境界，其他一概不知了。其餘如廣成子，千二百歲而此身不朽，許旌陽白日飛升等則後所未聞，當此末劫，讀者諸君有立志者乎？

詩云：

　　一炁氤氳溯本原，雲龍風虎上崑崙。

　　他年十二花開放，笑指蓬萊玉滿盆。

直譯

雷公請問岐伯說：「五臟六腑分別有各自的原穴，診斷原穴可以知道病情，為什麼？」

岐伯說：「切脈不如切診原穴。」

雷公問：「怎麼說呢？」

岐伯說：「原穴，是脈氣貫注的地方。切脈的方法繁瑣難知，切診腧穴的方法簡單易學。」

雷公問：「請解說切診腧穴的方法。」

岐伯說：「切診腧穴的方法，離不開陰陽。氣來清的屬於陽，氣來濁的屬於陰。氣來浮的屬於陽，氣來沉的屬於陰。浮取無脈的，是陽氣將要離絕了；沉取無脈的，是陰氣將要離絕了。浮而清的，是陽氣發生；沉而清的，是陰氣發生。浮而濁的，是陰血生長；浮而清的，是陽血生長。用這種方法來切診腧穴，生死的遲早，疾病的深淺，就像是親眼所見了。」

陳士鐸說：切診原穴的方法不傳於世很久了！天師的論述，真是得到其中的要領了。

第四十七章　精氣引血篇

原文

力牧[①] 問于岐伯曰：九竅出血何也[②]？岐伯曰：血不歸

經耳。力牧曰：病可療乎？岐伯曰：療非難也，引其血之歸經，則瘥③矣。力牧曰：九竅出血，臟腑之血皆出矣。難療而曰易療者，何也？岐伯曰：血失一經者重，血失眾經者輕。失一經者，傷臟腑也。失眾經者，傷經絡也。力牧曰：血已出矣，何引而歸之？岐伯曰：補氣以引之，補精以引之也。力牧曰：氣虛則血難攝，補氣攝血則餘已知之矣。補精引血餘實未知也。岐伯曰：血之妄行，由腎火之亂動也④。腎火亂動，由腎水之大衰也。血得腎火而有所歸，亦必得腎水以濟之也。夫腎水、腎火如夫婦之不可離也。腎水旺而腎火自歸。腎火安，而各經之血自息。猶婦在家而招其夫，夫既歸宅，外侮輒散。此補精之能引血也⑤。力牧曰：兼治之乎抑單治之乎？岐伯曰：先補氣後補精。氣虛不能攝血，血攝而精可生也。精虛不能藏血，血藏而氣益旺也。故補氣必須補精耳。力牧曰：善。雖然血之妄出，疑火之祟耳。不清火而補氣，毋乃助火乎。岐伯曰：血至九竅之出：是火盡外泄矣，熱變為寒，烏可再瀉火乎。清火則血愈多矣。力牧曰：善。

　　陳士鐸曰：失血補氣，本是妙理。誰知補精即補氣乎？補氣寓於補精之中，補精寓於補血之內，豈是泛然作論者？寒變熱，熱變寒，參得個中趣，才是大羅仙。

　　【注釋】

　　①力牧：黃帝臣子。黃帝曾夢人執千鈞之弩，驅羊數萬群，後占卜尋找，得力牧於大澤之中，遂拜以為將。因為看到有修真出偏，致九竅出血的現象，請問岐伯以糾偏之法，岐伯教以保精惜氣，引血歸經之法，就是本篇內容。

　　②九竅出血何也：後人不明修真之道為《黃帝外經》的主旨，總是從字面上理解為後天疾病。這裏的九竅出血，恐

為後天臨床上很少見到的吧？當為修煉不得其法，導致崩爐毀鼎，精氣走失。注者也曾見過這樣的出偏者，只是沒有達到九竅出血這樣的危重程度，自是一面外用引血歸經法以大劑量補氣攝血的藥物，內修性功，以靜心沐浴法調節，等到腎氣一穩定，就慢慢地恢復了。

③瘥：讀（ㄔㄞ）指疾病痊癒。

④由腎火之亂動也：後人修真，不以恬淡虛無為主，急功近利，妄想長生不死，心魔橫生，引動腎氣，不明火候，空鼎焚爐，耗喪腎氣，外加煉己不純，難守清靜，嗜慾不禁，喪失精元命寶，貪圖口腹之利，眼目之色，導致元氣虧耗，腎火怎得不亂動呢？腎火亂動，腎水難濟，熱血妄行，難以歸經。

⑤此補精之能引血也：岐伯用了一個形象的比喻，「夫腎水腎火如夫婦之不可離也，腎水旺而腎火自歸，腎火安而各經之血自息」。血不歸經是因為相火妄動，相火妄動是因為腎水乾涸，所以要想熄火，必須補足腎水。腎水是先天一氣所生，所謂「天一生水」。因此修命出偏主要是修性不純，慾火邪焰周身亂竄，導致熱血妄行。要想滅火，還要繼續抱元守一，熄滅心頭慾火，守得一輪明月海中升，自然明心見性，腎水滋生，邪火自消。自如淑婦在家恪守婦道，只等夫君，不招外侮。

《精氣引血篇》探微

本來修真一道，體天心地軌人倫，不應出偏生病患，但今人道德淪喪，慾望太大，修真本為悟道，而不是貪生戀物，怕死愛慾。更不是像今日流行的網路修真小說中描寫的那樣，修道是為獲得那些縱橫宇宙三界，無敵天上人間的

「力量」，好讓自己盡情享受長壽富貴之福，得到世間美人至寶，這樣的利慾薰心，重利忘義而不擇手段的魔王怎能做到「杳杳冥冥，昏昏默默，無搖汝精，無勞汝形」呢？這樣的慾火燒心之徒能不九竅乃至全身浴血嗎？淪入無邊血河慾海嗎？

詩云：

> 慾火焚身浴血時，心中自有月華池。
> 一心歸到波圓境，便是邪魔盡伏之。

直譯

力牧請問岐伯說：「九竅為什麼會出血？」

岐伯說：「因為血不歸經。」

力牧問：「這種病可以治療嗎？」

岐伯說：「治療並不困難，引導血液回歸到經脈，就會痊癒。」

力牧問：「九竅出血，臟腑中的血液都出來了，本來難以治療，現在反而說容易治療，為什麼？」

岐伯說：「一條經脈失血病情嚴重，多條經脈失血病情較輕。一條經脈失血會傷及臟腑，多條經脈失血只傷及經絡。」

力牧問：「血液已經流出來了，如何引導它歸經呢？」

岐伯說：「補氣來引導它，補精來引導它。」

力牧問：「氣虛使得血液難以收攝，補氣攝血我已經知道了。補益陰精，以便引導血液來歸，我還不知道。」

岐伯說：「血液的妄行，是因為腎火亂動引起的。腎火亂動，是因為腎水大衰引起的。血液得到了腎火就會歸經，然而也必須得到腎水的相濟。腎水與腎火，正像夫婦不可分

離。腎水旺盛，腎火自然會歸來；腎火安息，各經脈的血液自然安息。正像婦女在家招贅夫婿一樣，丈夫既然已經回家了，外來的欺侮就一下解散了，這就是補益陰精能夠引血歸經的原因。」

力牧問：「採用兼治的方法，還是採用單治的方法？」

岐伯說：「先補氣後補精，就會導致氣虛不能攝血，只有收攝血液陰精才能發生，陰精虛弱不能貯藏血液，只有血液歸藏，元氣才會更加旺盛，因此補氣必須先補精。」

力牧問：「好！雖然血液從經脈中妄行而出，懷疑是火氣在作祟，不清理火氣而補氣，這不是在助長火氣嗎？」

岐伯說：「血液從九竅流出，是火氣全部向外泄出。熱變為寒，怎麼可以再泄火氣呢？清肅火氣，那麼血液妄行之症就會痊癒。」

力牧說：「好。」

陳士鐸說：大出血之後補氣，本來是奧妙的道理。有誰知道補精就是補氣呢？補氣存在於補精之中，補精存在於補血之內，怎麼是泛泛而論呢？寒變為熱，熱變為寒，參透其中的旨趣，才是大羅金仙。

第四十八章　天人一氣篇

原文

大撓[①]問于岐伯曰：天有轉移，人氣隨天而轉移，其故何也？岐伯曰：天之轉移，陰陽之氣也。人之氣亦陰陽之氣也。安得不隨天氣為轉移乎。

大撓曰：天之氣分春夏秋冬，人之氣惡能分四序[②]哉？

天之氣配日月支干③，人之氣惡能配兩曜④一旬⑤十二時⑥哉？

岐伯曰：公泥於甲子以論天也。天不可測，而可測。人亦不可測，而可測也。天之氣有春、夏、秋、冬，人之氣有喜、怒、哀、樂，未嘗無四序也。天之氣有日、月，人之氣有水、火，未嘗無兩曜也。天之氣，有甲、乙、丙、丁、戊、己、庚、辛、壬、癸。人之氣，有陽蹻、陰蹻、帶、衝、任、督、陽維、陰維、命門、胞絡，未嘗無一旬也。天之氣有子、丑、寅、卯、辰、巳、午、未、申、酉、戌、亥。人之氣，有心、肝、脾、肺、腎、心包、膽、胃、膀胱、三焦、大小腸，未嘗無十二時也。天有氣，人即有氣以應之。天人何殊乎。

大撓曰：天之氣萬古如斯，人之氣何故多變動乎？

岐伯曰：人氣之變動，因乎人，亦因乎天也。春宜溫而寒，則春行冬令矣。春宜溫而熱，則春行夏令矣。春宜溫而涼，則春行秋令矣。夏宜熱而溫，則夏行春令也。夏宜熱而涼，則夏行秋令也。夏宜熱而寒，則夏行冬令也。秋宜涼而熱，非秋行夏令乎？秋宜涼而溫，非秋行春令乎？秋宜涼而寒，非秋行冬令乎？冬宜寒而溫，是冬行春令矣。冬宜寒而熱，是冬行夏令矣。冬宜寒而涼，是冬行秋令矣。倒行逆施，在天既變動若此，欲人臟腑中不隨天變動必不得之數矣⑦。

大撓曰：天氣變動人氣隨天而轉移，宜盡人皆如是矣。何以有變，有不變也？

岐伯曰：人氣隨天而變者，常也。人氣不隨天而變者，非常也⑧。

大撓曰：人氣不隨天氣而變，此正人守其常也。天師謂

非常者，予不得其旨，請言其變。

岐伯曰：宜變而不變，常也。而余謂非常者，以其異于常人也。斯人也必平日固守元陽，未喪其真陰者也。陰陽不調，隨天氣之變動，彼自行其陰陽之正令⑨，故能不變耳。

大撓曰：彼變動者何以治之？岐伯曰：有餘者瀉之，不足者補之，鬱則達之，熱則寒之，寒則溫之，如此而已。

陳士鐸曰：天人合一，安能變乎？說得合一之旨。

【注釋】

①大撓：黃帝的史官，甲子紀日法自他始，以天干地支相配曆法。

②四序：春夏秋冬四季相遞的次序。

③支干：支，是十二地支（子、丑、寅、卯、辰、巳、午、未、申、酉、戌、亥）；干，就是（甲、乙、丙、丁、戊、己、庚、辛、壬、癸）十天干。

④兩曜：曜，星辰，兩曜，指太陽和月亮，古人就知道太陽和月亮就是兩顆星球。

⑤一旬：十天為一旬。

⑥十二時：古人用十二地支將一晝夜的時間分為十二個時辰，一個時辰相當於現在的兩個小時。

⑦必不得之數矣：天的氣候變動是因為陰陽二氣的運行達到一定的量以後再產生質的變化，人的氣血也受天體陰陽的變化而隨之變動，如果不能夠隨之變動，就是倒行逆施，會導致人體陰陽的數的不足。

⑧非常也：前面說人體氣血必隨天之陰陽變化為一般的正常情況，但假如真的有能夠不隨天變而獨立存在的人，這相人肯定是那些不同尋常的人，也就是修真得道，將自身小宇宙穩定下來，獨立於大宇宙環境而存在的人體小天地。

《黃帝外經》丹道修真長壽學

⑨彼自行其陰陽之正令：這種人的身體和普通沒修煉的人不一樣。他們元陽未破，真陰未損，陰陽平秘，自成天地，外天地陰陽變動，他們自行隨之而變化調節，所以能不變。

《天人一氣篇》探微

這一章又爆一冷門，講述修真者之異於常人，陰陽不凋，獨立守神，不因天地之變而改其轍。所以能如此者，固守元陽，未喪真陰是也。知古人之所謂「天人合一」，非今人之想當然耳，而是實實在在的和天道相對應，天是大宇宙，人體小宇宙。《黃帝內經》「上古天真論」所說的「真人、至人」都是能夠達到「天人合一」境界的人。真人能夠「提挈天地，把握陰陽，呼吸精氣，獨立守神肌肉若一，故能壽蔽天地，無有終時。」

至人也能夠「和於陰陽，調於四時」，這才是真正意義上的「天人合一」。至於其他什麼「支干、兩曜，一旬十二時」等不過是數的巧合罷了。

從這一章內容，更可以明白《黃帝外經》的宗旨，望讀者留心用意，勿負聖祖黃帝度人之苦心。

詩云：

（一）

天人合一古今論，寓意玄深度世人，
讀罷外經心會了，原來此處是真門。

（二）

一炁混元不換金，天人相合可通靈。
經書奧秘為君指，不負黃帝度世心！

直譯

大撓請問岐伯說：「天時有轉移，人的氣隨著天時而轉移，其中的原因是什麼呢？」

岐伯說：「天時的轉移，是陰陽之氣的轉移。人的氣也是陰陽之氣，怎麼會不隨著天氣而轉移呢？」

大撓問：「天時的氣可分為春、夏、秋、冬，人的氣又怎麼能分為四種次序呢？天時的氣配合日月和支干，人的氣又怎麼能配合日月、一旬和十二個時辰呢？」

岐伯說：「您這是拘泥於六十甲子來論述天時。天時不能測量，但有它可以測量的地方；人也不可測量，但也有它可以測量的地方。天時的氣分為春、夏、秋、冬，人的氣有喜、怒、哀、樂，並不是沒有四時的次序；天的氣有日月，人的氣有水火，並不是沒有兩曜；天的氣有甲、乙、丙、丁、戊、己、庚、辛、壬、癸，人的氣有陽蹻、陰蹻、帶脈、衝脈、任脈、督脈、陽維、陰維、命門、胞絡；天的氣有子、丑、寅、卯、辰、巳、午、未、申、酉、戌、亥，人的氣有心、肝、脾、肺、腎、心包、膽、胃、膀胱、三焦、大小腸，並不是沒有十二時。天有氣，人即有氣與它相應，天與人又有什麼差別呢？」

大撓問：「天的氣千萬年以來都是如此，人的氣是因為什麼原因才產生那麼多的變動呢？」

岐伯說：「人氣的變動是因為人的原因，也有天的原因。春天應當溫暖，反而寒冷，是春天行使冬令；春天應當溫暖，反而炎熱，是春天行使夏令；春天應當溫暖，反而涼爽，是春天行使秋令。夏天應當炎熱，反而溫暖，是夏天行使春令；夏天應當炎熱，反而涼爽，是夏天行使秋令；夏天應當炎熱，反而寒冷，是夏天行使冬令。秋天應當涼爽，

反而炎熱，這不是秋天行使夏令嗎？秋天應當涼爽，反而溫暖，這不是秋天行使春令嗎？秋天應當涼爽，反而寒冷，這不是秋天行使冬令嗎？冬天應當寒冷，反而溫暖，是冬天行使春令；冬天應當寒冷，反而炎熱，是冬天行使夏令；冬天應當寒冷，反而涼爽，是冬天行使秋令。倒行逆施在於天，天既然如此變動，想要人的臟腑不隨著天時變動，必然不可能了！」

大撓問：「天時的氣變化了，人的氣也應當隨著天時之氣而變化，應當每個人都如此啊，為什麼有的人變動，有的人不變呢？」

岐伯說：「人的氣隨著天時的氣變化，這是正常的；人的氣不隨天時之氣變化，是不正常的。」

大撓問：「人的氣不隨天時之氣變化，這正是人遵循著正常的規律，天師說不正常，我不明白其中的要旨，請說明其中的變化。」

岐伯說：「應當變化卻沒有變化，是正常的；而我所說的不正常，是因為與正常的人存在著差異。這類人必然是平時固守身中的元陽，沒有喪失其中的真陰，陰陽之氣沒有凋謝，隨著天氣的變化，他們自己可以遵循陰陽的正令，因此可以不變。」

大撓問：「那些變動的人，怎麼治療呢？」

岐伯說：「有餘的人瀉下，不足的人補益，木鬱則使它升達，火熱的使用寒涼之藥，寒冷則使用溫熱之藥，不過如此而已。」

陳士鐸說：天人合一，怎麼會變化呢？這裏說盡了「天人合一」的道理。

第四十九章　地氣合人篇

原文

大撓問曰：天人同氣，不識地氣亦同于人乎？岐伯曰：地氣之合于人氣，《素問》、《靈樞》已詳哉言之。何公又問也？大撓曰：《內經》言地氣統天氣而並論也，未嘗分言地氣。岐伯曰：三才並立①，天氣即合於地氣，地氣即合於人氣，原不必分言之也，大撓曰：地氣有獨合於人氣之時，請言其所以合也？岐伯曰：言其合則合，言其分則分。大撓曰：請言人之獨合于地氣。岐伯曰：地有九州②，人有九竅③，此人之獨合于地也。

大撓曰：《內經》言之矣。岐伯曰：雖言之未嘗分析之也。大撓曰：請言其分。岐伯曰：左目合冀，右目合雍，鼻合豫，左耳合揚，右耳合兗，口合徐，臍合荊，前陰合營，後陰合幽也。

大撓曰：其病何以應之？岐伯曰：冀之地氣逆④，而人之左目病焉。雍之地氣逆，而人之右目病焉。豫之地氣逆，而人之鼻病焉。揚之地氣逆，而人之左耳病焉。兗之地氣逆，而人之右耳病焉。徐之地氣逆，而人之口病焉。荊之地氣逆，而人之臍病焉。營之地氣逆，而人之前陰病焉。幽之地氣逆，而人之後陰病焉。此地氣之合病氣也。

大撓曰：有驗，有不驗何也？岐伯曰：驗者，人氣之漓也⑤。不驗者，人氣之固也⑥。固者多，漓者少，故驗者亦少。似地氣之不盡合人氣也，然而合者理也。大撓曰：既有不驗，恐非定理。岐伯曰：醫統天地人以言道⑦，焉可缺而不全乎。寧言地氣聽其驗不驗也。大撓曰：善。

陳士鐸曰：地氣實合于天，何分于人乎？地氣有驗不驗者，非分於地氣已。說其合，胡必求其合哉？

【注釋】

①三才並立：《周易・說卦》：「是以立天之道，曰陰與陽；立地之道，曰柔與剛；立人之道，曰仁與義；兼三才而兩之，故《易》六畫而成卦。」我國古人認為上天下地中間是人，三才並立。

②地有九州：傳說中大禹治水，將中國內陸版圖重新劃分，鑄九鼎分鎮各地，名為九州。九州也有不同的說法，本文的九州是以《詩經・爾雅・釋地》的劃分法為準的，即冀、豫、雍、揚、兗、徐、幽、營、荊九州。後來泛指中國。

③人有九竅：本文中所講的九竅，是指後天人體眼目可見的九竅，即左右目、鼻、左右耳、口、臍和前後陰。但丹經（修真書籍）上講，人還有別人不可見的九大真竅，先天九竅。

④氣逆：只有後天才有疾病，先天是本元，沒有疾病可言。這裏的氣逆，指的是九州各地的後天氣運的不調和，對應人體後天九竅的疾患。

⑤漓也：薄弱不濃厚，這裏意為真氣虛弱。

⑥固也：真氣堅固充盈。

⑦醫統天地人以言道：道本來是先天之物，難以言表，只有在後天應用上體現。而後天應用上最為詳盡者，唯有醫術。《黃帝內經》詳言人與天地三才相應相合的關係，也是中國醫學整體學說的特色體現。後人所謂「醫道同源」，還是說得含糊，道本來就是源頭，醫是流，醫所行的都是從後天應用上來彰顯道之本義，道為體，醫為用怎麼說同源呢？

《地氣合人篇》探微

天與人合，地也與人相合，三才一統，理氣一體。《內經》言醫病與養生，《外經》說修真與長生，都是從後天復歸先天應用上說事，正如老子《道德經》開篇講的，不是如個別老師所說為了隱藏什麼，而是因為「道可道，非常道」，語言無法說清道體，只能印證道在後天的用。

如本篇所言「地氣合人」，地有九州，人有九竅，九竅者，分明竅與暗竅，明竅人人皆知，不是修真人也可明白，暗竅則非親身體修者不可知會也。語言能說清楚嗎？所以修真傳道授法必須口傳心授，當面明指，一步一驗，一段一訣，而不是後世偽道故矜其法，故作神秘，只為了抬高身價，自售其利。有志者，讀經明道，靜心煉性之餘，仍要虛心努力尋訪真師，以求真訣，與師同修同證，大道可期。

詩云：

> 炎禹開疆闢九州，道心慈勇導洪流。
>
> 原來地母生人後，萬代兒孫幾個修？

直譯

大撓請問岐伯說：「天氣與人氣相同，不知道地氣也與人的氣相同嗎？」

岐伯說：「地氣與人氣相合，《素問》、《靈樞》已經詳細說明了，為什麼您又會問呢？」

大撓說：「《內經》說地氣，是與天氣一起來論述的，並沒有分開來說明地氣。」

岐伯說：「天、地、人三才並立，天氣既然與地氣相合，地氣即與人氣相合，原來沒有必要分開來討論。」

大撓說：「地氣存在著單獨與人氣相合的時候，請說明它們相合的原因。」

岐伯說：「說它們相合則相合，說它們分離則分離。」

大撓說：「請說明人氣單獨與地氣相合。」岐伯說：「地有九州，人有九竅，因此人的氣單獨與地氣相合。」

大撓說：「《內經》已經講了。」

岐伯說：「雖然講了，並沒有詳細分析。」

大撓問：「請說明人與地分別配合。」

岐伯說：「左目合冀州，右目合雍州，鼻子合豫州，左耳合揚州，右耳合兗州，口合徐州，肚臍合荊州，前陰合營州，後陰合幽州。」

大撓問：「發病怎麼相應呢？」

岐伯說：「冀州的地氣逆行則人的左目發病，雍州的地氣逆行則人的右目發病，豫州的地氣逆行則人的鼻子發病，揚州的地氣逆行則人的左耳發病，兗州的地氣逆行則人的右耳發病，徐州的地氣逆行則人的口發病，荊州的地氣逆行則人的肚臍發病，營州的地氣逆行則人的前陰發病，幽州的地氣逆行則人的後陰發病，這是地氣配合病氣。」

大撓問：「有的應驗有的不應驗，為什麼呢？」

岐伯說：「應驗的是人氣與地氣相互滲透，不應驗的是人氣固定不變。固定多而滲透少，那麼應驗也少，似乎地氣不能全部與人氣相應，然而兩者相應，才符合道理。」

大撓問：「既然有不應驗的，恐怕不是明確的道理？」岐伯說：「醫家綜合天、地、人來談論醫道，怎麼可以缺少而不周全呢？寧願講述地氣，聽任它應驗或者不應驗。」

大撓說：「好。」

陳士鐸說：地氣實際上與天氣相互配合，為什麼還要分

配給人呢？地氣有應驗的也有不應驗的，不單是分配給地氣而已。雖說人與地相合，為什麼一定要求他們相合呢？

第五十章　三才並論篇

原文

鬼臾區①問曰：五運之會，以司六氣②。六氣之變，以害五臟。是五運之陰陽，即萬物之綱紀，變化之父母，生殺之本始也。夫子何以教區乎？岐伯曰：子言是也。臾區退而作《天元紀》各論③，以廣五運六氣之義。岐伯曰：臾區之言大而肆乎，雖然執臾區之論，概治五臟之病，是得一而矣一也。臾區曰：何謂乎？岐伯曰：五運者，五行也。談五運即闡五行也。然五行止有五，五運變成六，明者④視六猶五也。昧者⑤眩⑥六為千矣。臾區曰：弟子之言非歟？岐伯曰：子言是也。

臾區曰：弟子言是夫子有後言⑦，請亟焚之。岐伯曰：醫道之大也，得子言大乃顯然。而醫道又微也，執子言微乃隱⑧。余所以有後言也。雖然余之後言，正顯子言之大也。臾區曰：請悉言之。岐伯曰：五運乘陰陽而變遷⑨，五臟因陰陽而變動。執五運以治病未必有合也，舍五運以治病未必相離也。遺五運以立言，則醫理缺其半⑩。統五運以立言，則醫道該其全⑪。予故稱子言之大而肆也。鬼臾區曰：請言缺半之理。岐伯曰：陰陽之氣，有盈有虛。男女之形，有強有弱，盈者，虛之兆；虛者，盈之機。蓋兩相伏也⑫。強者弱之媒，弱者強之福。蓋兩相倚也⑬。合天地人以治邪，不可止執五運以治邪也。合天地人以扶正，不可止執五運以扶

正也。鬼臾區曰：醫道合天地人者，始無弊乎？岐伯曰：人之陰陽與天地相合也。陽極生陰，陰極生陽，未嘗異也。世疑陰多於陽，陰有群陰，陽無二陽。誰知陽有二陽乎。有陽之陽，有陰之陽，君火為陽之陽，相火為陰之陽，人有君火、相火而天地亦有之，始成其為天，成其為地也，使天地無君火萬物何以昭蘇[14]，天地無相火萬物何以震動。天地之君火，日之氣也。天地之相火，雷之氣也。雷出於地而轟於天，日臨於天而照於地。蓋上下相合，人亦何獨不然。合天地人以治病則得其全，執五運以治病則缺其半矣。鬼臾區稽首而歎曰：大哉！聖人之言乎，區無以測師矣。

陳士鐸曰：六氣即五行之論，知五行即知六氣矣。世不知五運，即不知五行也；不知五行，即不知六氣矣。

【注釋】

①鬼臾區：黃帝的大臣，在《內經》論述「五運六氣」，擅天文、明醫道，知兵法，會占卜，是個很有智慧的人。

②五運之會以司六氣：五運，指金、木、水、火、土五種元素在宇宙五方的運動變化，來說明在地面上形成氣候的條件因素，用十天干來推演其變化規律。會，交會，會合，指五運周轉的週期。六氣，指空間中存在的風、寒、暑、濕、燥、火六種氣候變化因素，以十二地支來推演其變化，五運和六氣相互影響、制約，形成氣候的變化條件。

③《天元紀》各論：指《內經》中專門論述五運六氣的《天元紀大論》、《五運行大論》、《六微旨大論》、《氣交變大論》、《五常政大論》、《六元正紀大論》，以及《至真要大論》等篇文章，都是鬼臾區所作。

④明者：明白了悟的人。

⑤昧者：昧，愚昧，這裏指沒有領悟，被蒙昧的人。

⑥眩：迷惑，難以捉摸。

⑦後言：意指還沒有表達清楚的內容。

⑧微乃隱：如果過於執著於你的話，其中的微妙精深的含義又會隱藏而難以發現。

⑨五運乘陰陽而變遷：五運之氣憑藉著陰陽轉化而運轉變換。

⑩缺其半：離開五運的原則講醫道，在醫理上就會缺少一半的根據。

⑪該其全：該，通概，包攬，概括的意思，統屬五運氣數的原理來印證醫理就能概括得全面了。

⑫蓋兩相伏也：伏，包含，盈和虛兩者相互包含的。

⑬蓋兩倚也：倚，扶持，依靠。強和弱兩者是相互依扶的。

⑭昭蘇：彰顯和復蘇。這裏是使動詞，使萬物得以啟動在光明普照下茁壯成長。

《三才並論篇》探微

前兩章分言天地與人的關係，本篇合論天地人三才一統的相互關係，明言醫而實講道，合五運六氣的天地之道，實講人修真時內丹火候的轉變，君火相火的生化收藏關係，其中真意仍為本章所難盡言，希望讀者朋友能在實踐中尋訪名師以驗證，親身體驗天地人三才一統的無窮奧妙。

道無非陰陽，五行各具陰陽，在陰陽二氣的流轉變化過程中，五氣周轉運化合天地五運六氣，在君火相火的火候抽添過程中一一印證，才能真正地讀懂本篇的主旨。

詩云：

闢破鴻蒙一竅開，三才定位始昭來。

陰陽五運風雲轉，六氣相符結聖胎。

直譯

鬼臾區請問岐伯說：「五運相會以管轄六氣，六氣的變化會損害五臟，因此五運的陰陽，是萬物的綱紀，變化的父母，生殺的本源。老師用什麼來教導我呢？」

岐伯說：「你先論述這個問題吧。」

於是，鬼臾區退下，寫出了《天元紀》等大論，以推廣五運六氣學說。

岐伯說：「鬼臾區的言論廣大而肆意！儘管如此，按照鬼臾區的論述來指導五臟之病的治療，得一而失一。」

鬼臾區問：「為什麼這樣說呢？」

岐伯說：「五運就是五行，談論五運就是闡明五行。然而，五行只有五，五運變成六氣，明白的人看到六氣就像看到五行一樣，蒙昧的人眩目惑心，看到六便以為是千了！」

鬼臾區問：「弟子所說的不對嗎？」岐伯說：「你說的也對。」

鬼臾區問：「雖然弟子講得正確，但有了老師後面的教導，請趕快把我所講的燒掉吧！」

岐伯說：「醫學的道理，得到你的論述而大為彰顯。然而醫道又是細微的，執著於你的言論，細微之處就隱晦了，這就是我講後面的話的道理所在。儘管如此，我後面的話，正是為了彰顯你所講述的大道理！」

鬼臾區問：「請詳細說明。」

岐伯說：「五運隨著陰陽而變遷，五臟因為陰陽而變動。執著於五運治病，並不會必然相合；捨棄五運治病，也

未必會相離。遺漏了五運來說明醫道，醫理就缺少了一半；用五運概括地論述醫道，道理才能論述得比較全面。因此，我說你的言論大而肆意！」

鬼臾區問：「請說明缺少一半的道理。」

岐伯說：「陰陽之氣有盈餘有虛虧，男女之形有強盛有衰弱。盈餘是虛虧的前兆，虛虧是盈餘的先機，這兩者是相互依賴的；強盛是衰弱的媒介，衰弱是強盛的福音，這兩者也是相互依賴的。要配合天、地、人來治療病邪，不能只執著於五運來治療病邪；要配合天、地、人來匡扶正氣，不能只執著五運來扶持正氣。」

鬼臾區問：「醫道配合天、地、人三者，才能夠沒有弊端嗎？」

岐伯說：「人身的陰陽與天地相合。陽極生陰，陰極生陽，並沒有什麼差異。世人懷疑陰多於陽，陰有群陰，陽無二陽，又有誰知道陽也有二陽呢？有陽中之陽，有陰中之陽。君火為陽中之陽，相火為陰中之陽。人身中有君火和相火，而天地也有君火和相火，才能成為天，才能成為地。假如天地沒有君火，萬物又怎麼會蘇醒呢？天地沒有相火，萬物怎麼會震動呢？天地的君火，是太陽之氣；天地的相火，是龍雷之氣。雷從地中發出，在天上轟鳴，太陽高懸在天上，而陽光普照大地，這是上下相合的道理。人又何嘗不是這樣呢？配合天、地、人來治病，就是全面的理論；固守五運來治病，就缺少一半的道理了。」

鬼臾區說：「偉大啊，聖人的言論！我無法測度老師了！」

陳士鐸說：六氣就是五行的說法，知道五行，就知道六氣了。世人不知道五運，就是不知道五行；不知道五行，也

就不知道六氣了。

第五十一章　五運六氣離合篇

原文

鬼臾區問曰：五運與六氣並講，人以為異，奈何？岐伯曰：五運非六氣，則陰陽難化[1]。六氣非五運，則疾病不成[2]。二者合而不離也，夫寒、暑、濕、燥、風、火，此六氣也。金、木、水、火、土，此五運也。六氣分為六、五運分為五，何不可者，詎知六氣可分，而五運不可分也。蓋病成於六氣，可指為寒、暑、濕、燥、風、火，病成於五運，不可指為金、木、水、火、土。以金病必兼水，水病必兼木，木病必兼火，火病必兼土，土病必兼金也。且有金病而木亦病，木病而土亦病，土病而水亦病，水病而火亦病，火病而金亦病也。故六氣可分門以論證，五運終難拘歲以分門[3]。誠以六氣隨五運以為轉移，五臟因六氣為變亂[4]，此分之不可分也。鬼臾區曰：然則何以治六氣乎？岐伯曰：五運之盛衰隨五臟之盛衰為強弱，五臟盛而六氣不能衰[5]，五臟強而六氣不能弱。逢司天[6]、在泉[7]之年寒、暑，濕、燥、風、火有病、有不病者，正五臟強而不弱也。所以五臟盛者，何畏運氣之侵哉。鬼臾區曰：善。

陳士鐸曰：六氣之病，因五臟之不調也。五臟之不調，即五行之不正也，調五行即調六氣矣。

【注釋】

①五運非六氣則陰陽難化：「金、木、水、火、土」五種氣運中各含陰陽，但如果不是用「風、寒、暑、濕、燥、

火」的六氣來衝突推動，五運中的陰陽難以自行流轉和分化。如肺金中的陽氣只有在燥火的作用下才能以病態顯現出來。

②六氣非五運則疾病不成：本來風、寒、暑、濕、燥、火本身都只是天地間六種正常的氣候因素，只有結合到五行氣運中才會產生疾病現象。如濕氣，本來只是長夏季的一種正常氣候條件，但是與太陰脾土相合，就會造成中暑濕阻的疾病現象。

③五運終難拘歲以分門：五運雖然逐年變換主運，如今年是水運之年，但卻不可拘泥於年運定今年屬水，因為今年仍然有四季和六氣的變化，六氣的轉變而導致水運不及，在上半年厥陰風木司天，水因為要生木而顯出不足之象。

④五臟因六氣為變亂：人體五臟因為六氣的轉換跟不上步驟導致疾病的產生。

⑤五臟盛而六氣不能衰：衰，衰這裏是使動詞，五臟元氣旺盛六氣就不能使五臟產生疾病。

⑥司天：指六氣中的客氣位於主氣三之氣的部位，它是由該年的地支所變而來，主司三之氣所主的時令，而且主司該年上半年一、二、三之氣的氣候變化。

⑦在泉：六氣的客氣位於主氣終之氣的部位，它與司天相對，不僅主司終之氣所主的時令，而且司該年下半年四、五、六（終氣）的氣和氣候變化。

《五運六氣離合篇》探微

本章專門論述五運六氣與人體相互作用，反證了天人合一的真理。五運對應人體五臟五行，基本固定不變，但在氣候六氣的作用下，就會產生各種或好或壞的變化，也就是疾

病的由來。但只有一點是不變的，那就是當五臟氣盛時，不隨氣候變化而變化。這一特點還是由《黃帝內經》中的「正氣存內，邪不可干」延伸而來的。

其實，風、寒、暑、濕、燥、火六氣本來也都是正常的天地之氣，因著季節陰陽的轉變而產生並存在的，本來並不是致病因素，真正的致病因素還是因為人本身落入後天以後，元氣損耗虧虛，不能跟上氣候轉變的緣故。說明，落入後天的人已經談不到「天人合一」了。

只有修真煉氣，逆反先天，本元堅固的得道之人才能守住本體五行真氣，一任六氣之變化無常，而我自寒暑不侵，即後也所說的「金剛不壞」之軀也。

詩云：

　　爐火溫溫遍體春，任他風雪襲真人。
　　一身道氣合天地，我自金剛不壞身！

直譯

鬼臾區問：「五運與六氣一起講解，人們以為有差異，怎麼辦？」

岐伯說：「五運離開了六氣則陰陽難以變化，六氣離開了五運則疾病不能形成，二者合為一體，不能分離。寒、暑、濕、燥、風、火，這是六氣；金、木、水、火、土，這是五運。六氣分為六，五運分為五，為什麼不可以呢？誰知六氣可以分開，而五運不能分開。因為由六氣引起的疾病，可以指明為寒、暑、濕、燥、風、火；由五運引起的疾病，不能指明為金、木、水、火、土。因為金病必然兼水，水病必然兼木，木病必然兼火，火病必然兼土，土病必然兼金；而且金病木也病，木病土也病，土病水也病，水病火也病，

火病金也病。因此六氣可以分門來論斷疾病，五運終究難以拘定年份來分門，這是因為六氣隨著五運而轉移，五臟隨著六氣而變亂，這是既可分，又不可分的道理。」

鬼臾區問：「那麼，怎麼治療六氣的病呢？」

岐伯說：「五運的盛衰伴隨著五臟的盛衰而出現強弱不同的情況，五臟盛六氣就不會衰，五臟強六氣也不會弱。遇到司天、在泉的年份，寒、暑、濕、燥、風、火有的表現疾病，有的不表現疾病，正是五臟強而不弱的表現，所以五臟旺盛的人，又怎麼會畏懼運氣的入侵呢？」

鬼臾區說：「好。」

陳士鐸說：六氣引起疾病，是因為五臟不協調。五臟不協調，就是五行之氣不正，調整五行就相當於調整六氣了。

第五十二章　六氣分門篇

原文

雷公問于岐伯曰：五運六氣合而不離，統言之可也。何鬼臾區分言之多乎？岐伯曰：五運不可分，六氣不可合。雷公曰：其不可合者，何也？岐伯曰：六氣之中有暑火之異也。雷公曰：暑火皆火也，何分乎？岐伯曰：火，不一也。暑外火，火內火也。雷公曰：等火耳[1]。火與火相合，而相應也。奈何異視之？岐伯曰：內火之動，必得外火之引。外火之侵，必得內火之召也[2]。似可合以立論，而終不可合以分門者，內火與外火異也。蓋外火，君火也。內火，相火也。君火即暑，相火即火，暑乃陽火，火乃陰火[3]。火性不同焉可不區而別乎。六氣分陰陽，分三陰三陽也[4]，三陰三

陽中分陽火陰火者，分君相之二火也。五行概言火，而不分
君相。六氣分言火，而各配支干。二火分配，而暑與火各司
其權，各成其病矣。故必宜分言之也。與區之說，非私言⑤
也。實聞予論，而推廣之。雷公曰：予昧矣，請示世之不知
二火者。

　　陳士鐸曰：五行止有一火，六氣乃有二火，有二火乃分
配支干矣。支干雖分，而君相二火實因六氣而異。言之於不
可異而異者，異之於陰陽之二火也。

　　【注釋】

　　①等火耳：等，同等，同樣，同樣是火。

　　②外火之候必得內火之召也：召，感召。外因作用於
人，必須有內因的條件，外火侵犯人體必定是人的內火感召
才內外交感的。

　　③暑乃陽火，火乃陰火：暑氣是外在的火氣，是天地之
火，所以稱為陽火。

　　④分三陰、三陽也：指六氣在人身上十二經脈中分化為
太陰，厥陰、少陰、太陽、陽明、少陽三陰三陽。

　　⑤私言：個人的說法。

《六氣分門篇》探微

　　風、寒、暑、濕、燥、火六種自然界的元氣，分別對應
人體五臟元氣，作用於人，若人內元虧損，不能和六氣相互
調節轉化，就會成為人的致病因素。本篇從暑氣（外火）相
火（內火）相互作用，對人的影響因素，論證「五運不可
分，六氣不可合」的觀點。

　　修真人元神內照，反觀逆運，丹火內焚，當元陽被採歸
鼎內，會有採煉過程剩餘的相火殘留爐內，故有「內外交武

火」「沐浴」等以外火引召內火散出體外的秘法，以清除火毒，洗涮丹灶，免除多餘的火氣對人體的傷害。

具體功法或有見諸丹經中，但總不如尋訪真師，口傳心授來得穩妥安全，因為修真之學乃是經驗科學，還是親身經歷過的人能說得明白透徹，讀者理解否？

詩云：

天雷地火動陰陽，風虎雲龍戰一場。

今日寧心清內外，丹爐寶鼎亮堂堂。

直譯

雷公請問岐伯說：「五運六氣相合而不相離，概括起來講是可以的。為什麼鬼臾區分開來講，這不是多餘嗎？」

岐伯說：「五運不能分，六氣不能合。」

雷公說：「它們不能相合，為什麼？」

岐伯說：「六氣之中，存在著暑與火的差異。」

雷公問：「暑與火都是火，怎麼區分呢？」

岐伯說：「火不一樣，暑是外火，火是內火。」

雷公問：「同樣是火啊，火與火相合而相應，為什麼要分別來看待呢？」

岐伯說：「內火的發動必須得到外火的引導，外火的入侵必須得到內火的召喚，似乎可以合併一起來論述，然而兩者終究不能相合，僅是為了便於分門別類。這是因為內火與外火存在著差異。外火是君火，內火是相火。君火是暑，相火是火。暑是陽火，火是陰火。火的性質不同，怎麼能不加以區別呢？六氣分為陰陽，即三陰和三陽，三陰和三陽中分別有陽火和陰火，分別稱為君火和相火。五行是概括地論述火而沒有分別君火和相火，六氣分別論述火，並分別配合支

干，在分配二火時暑與火各自有它的職權，分別形成不同的
疾病。因此，必須分開來論述。鬼臾區的說法不是自己私下
悟到的，其實是聽了我的論述後再進行推廣。」

雷公說：「我真的是無知呀！請用這個道理來指示世上
不知道君火和相火的人。」

陳士鐸說：五行中只有一個火，六氣中卻有兩個火，有
兩個火才能分配支干。支干雖然分配了，君、相二火其實隨
著六氣的不同仍然存在著差異。論述其中幾乎沒有差異的差
異，就在於陰陽二火。

第五十三章　六氣獨勝篇

原文

雍父[1]問曰：天地之氣，陰陽盡之乎？岐伯曰：陰陽足
以包天地之氣也。雖然，陰陽之中，變化錯雜，未可以一言
盡也。雍父曰：請言其變。岐伯曰：六氣盡之矣。雍父曰：
六氣是公之已言也，請言所未言．岐伯曰：六氣之中有餘不
足，勝復去留[2]，鬼臾區言之矣。尚有一端未言也。遇司天
在泉之年，不隨天地之氣轉移，實有其故，不可不論也．雍
父曰：請悉論之。岐伯曰：辰戌之歲，太陽司天而天柱[3]不
能窒抑之，此肝氣之勝也。己亥之歲，厥陰司天而天蓬[4]不
能窒抑之，此心氣之勝也。丑未之歲，太陰司天而天蓬不能
窒抑之，此包絡之氣勝也。子午之歲，少陰司天而天沖[5]不
能窒抑之，此脾氣之勝也。寅申之歲，少陽司天而天英[6]不
能窒抑之，此肺氣之勝也。卯酉之歲，陽明司天而天芮[7]不
能窒抑之，此腎氣之勝也。雍父曰：司天之勝，予知之矣。

《黃帝外經》丹道修真長壽學

請言在泉之勝。岐伯曰：丑未之歲，太陽在泉而地晶[8]不能窒抑之，此肝膽之氣勝也。寅申之歲，厥陰在泉而地玄[9]不能窒抑之，此心與小腸之氣勝也。辰戌之歲，太陰在泉而地玄不能窒抑之，此包絡三焦之氣勝也。卯酉之歲，少陰在泉而地蒼[10]不能窒抑之，此脾胃之氣勝也。己亥之歲，少陽在泉而地彤[11]不能窒抑之，此肺與大腸之氣勝也。子午之歲，陽明在泉而地阜[12]不能窒抑之，此腎與膀胱之氣勝也。雍父曰：予聞順天地之氣者昌，逆天地之氣者亡。今不為天地所窒抑，是逆天地矣，不夭而獨存何也？岐伯曰：順之昌者，順天地之正氣也。逆之亡者，逆天地之邪氣也。順可逆而逆可順乎。雍父曰：同是人也，何以能獨勝乎？岐伯曰：人之強弱不同，縱欲與節欲異也[13]。雍父曰：善。

陳士鐸曰：天蓬、地玄獨有二者，正分其陰陽也。陰陽同而神亦同者，正顯其順逆也，可見宜順不宜逆矣！

【注釋】

①雍父：黃帝之臣，發明石臼工具舂糧。

②有餘不足、勝、復、去、留：都是運氣學說中的術語。當令之氣過強為有餘；當令之氣過弱為不足；當令遇剋己之氣為勝氣；當令被剋，本令之氣復剋剋己之氣，猶如復仇，因稱復氣，如水氣當令，遇土氣受剋，後本令水氣所生木氣再去剋土，猶子復母仇，是為復氣；去為當令之氣隨時令同過，時過氣消；但時過而當令之氣仍未消退的為留。

③天柱：奇門九星之一，位於西方，金正之宮，為天之金氣。

④天蓬：九星之一，位於北方水正之宮，為天之水氣。

⑤天沖：九星之一，位於東方木正之宮，為天之木氣。

⑥天英：九星之一，位於南方火正之宮，為天之火氣。

⑦天芮：九星之一，位於中央土正之宮，為天之土氣。

⑧地晶：奇門九宮神之一，位於西方在泉金司，代表地之金氣。

⑨地玄：九宮神之一，位於北方水司，代表地之水氣。

⑩地蒼：九宮神之一，位於東方木司，代表地之木氣。

⑪地彤：九宮神之一，位於南方火司，代表地之火氣。

⑫地阜：九宮神之一，位於中央地司代表地之土氣。

⑬人之強弱不同，縱欲與節欲異也：人本來都是由天地一元真氣所化而來，本無差別，為什麼會有強弱之分，這裏一個答案就是——縱欲與節欲的人有所不同。

《六氣獨勝篇》探微

這一章鴻篇巨著從宏觀上統論人與天地的五運相合，天之九星，地之九宮處處與人相合，六氣的有餘、不足、勝、復、去、留等現象產生都是因為人體自身五氣的強弱之故，而造成人後天強弱的因素只有一個，那就是縱慾與節慾也。人為什麼會有生、老、病、死的現象，無論是《黃帝內經》，還是佛法上，都說得非常明白，就因為人的慾望產生的惡果，所謂苦海無邊，慾壑難填，幾人能翻然覺醒，斷除慾念，復返先天，往來時的路上回頭攀登，逆轉崑崙，挽得黃河水倒流，何愁不得長生呢？

詩云：

　　　茫茫苦海渡無舟，只要凡人肯掉頭。
　　　了得癡心修丹道，丹成自然仙鄉遊！

直譯

雍父問：「天地之氣，用陰陽可以說清楚嗎？」

483

岐伯說：「陰陽足以包括天地之氣，然而陰陽之中的變化錯綜複雜，不能用一句話說清楚。」

雍父問：「請說明其中的變化。」

岐伯說：「六氣已經講清楚了。」

雍父問：「六氣您已經講過了，請說一說沒有講過的。」

岐伯說：「六氣之中的有餘和不足，勝復與去留，鬼臾區已經講過了。還有一處沒有講到，遇到司天、在泉的年份不隨天地之氣轉移，其中是有原因的，這不能不加以論述。」

雍父問：「請詳細論述。」

岐伯說：「辰戌之年太陽司天，天柱星不能抑制它，肝氣就會勝復；巳亥之年厥陰司天，天蓬星不能抑制它，心氣就會勝復；丑未之年太陰司天，天蓬星不能抑制它，包絡之氣就會勝復；子午之年少陰司天，天沖星不能抑制它，脾氣就會勝復；寅申之年少陽司天，天英星不能抑制它，肺氣就會勝復；卯酉之年陽明司天，天芮星不能抑制它，腎氣就會勝復。」

雍父問：「司天的勝復，我已經知道了，請說明在泉的勝復。」

岐伯說：「丑未之年太陽在泉，地晶不能抑制它，肝膽之氣就會勝復；寅申之年厥陰在泉，地玄不能抑制它，心與小腸之氣就會勝復；辰戌之年太陰在泉，地玄不能抑制它，包絡三焦之氣就會勝復；卯酉之年少陰在泉，地蒼不能抑制它，脾胃之氣就會勝復；巳亥之年少陽在泉，地彤不能抑制它，肺與大腸之氣就會勝復；子午之年陽明在泉，地阜不能抑制它，腎與膀胱之氣就會勝復。」

雍父問：「我聽說順天地之氣的人昌盛，逆天地之氣的人夭亡。如今不能被天地所節制，這是逆天地而行了，反而不夭亡而獨存，為什麼？」

岐伯說：「順之者昌，是順天地的正氣；逆之者亡，是逆天地的邪氣。這不是順可以變為逆、逆也可以變為順嗎？」

雍父問：「同樣是人，為什麼有的人唯獨能夠勝任呢？」

岐伯說：「人的體質強弱不同，放縱性慾與節制性慾存在著差異。」

雍父說：「好。」

陳士鐸說：天蓬與地玄，唯獨分為兩個，正是為了分別它們的陰陽。陰陽相同，神也相同，正顯示出它們順逆不同的特性，可見應當順行而不應當逆行。

第五十四章　三合篇

原文

雷公問曰：寒暑燥濕風火，此六氣也。天地之運化何合於人而生病？岐伯曰：五行之生化也。雷公曰：人之五臟，分金木水火土，彼此有勝負而人病，此臟腑之自病也，何關於六氣乎？岐伯曰：臟腑之五行，即天之五行，地之五行也。天地人三合而生化出矣。雷公曰：請問三合之生化。岐伯曰：東方生風，風生木，木生酸，酸生肝，肝生筋，筋生心，在天為風，在地為木，在體為筋，在氣為柔[①]，在臟為肝，其性為暄[②]，其德為和[③]，其用為動[④]，其色為蒼[⑤]，

其化為榮⑥其蟲毛⑦，其政為散，其令宣發⑧其變摧拉⑨，其眚隕落⑩，其味為酸，其志為怒，怒傷肝，悲勝怒，風傷肝，燥勝風，酸傷筋，辛勝酸，此天地之合人肝也。南方生熱，熱生火，火生苦，苦生心，心生血，血生脾，在天為熱，在地為火，在體為脈，在氣為炎，在臟為心，其性為暑，其德為顯，其用為燥，其色為赤，其化為茂，其蟲羽，其政為明，其令鬱蒸⑪，其變炎爍，其眚燔炳⑫，其味為苦，其志為喜，喜傷心，恐勝喜，熱傷氣，寒勝熱，苦傷氣，鹹勝苦，此天地之合人心也。中央生濕，濕生土，土生甘，甘生脾，脾生肉，肉生肺，在天為濕，在地為土，在體為肉，在氣為充，在臟為脾，其性靜堅，其德為濡，其用為化，其色為黃，其化為盈，其蟲倮⑬，其政為謐⑭，其令雲雨⑮，其變動注⑯，其眚淫潰⑰，其味為甘，其志為思，思傷脾，怒勝思，濕傷肉，風勝濕，甘傷脾，酸勝甘，此天地之合人脾也。西方生燥，燥生金，金生辛，辛生肺，肺生皮毛，在天為燥，在地金，在體為皮毛，在氣為成，在臟為肺，其性為涼，其德為清，其用為固，其色為白，其化為斂，其蟲介，其政為勁，其令霧露，其變肅殺，其眚蒼落，其味為辛，其志為憂，憂傷肺，喜勝憂，熱傷皮毛，寒勝熱，辛傷皮毛，苦勝辛，此天地之合人肺也。北方生寒，寒生水，水生鹹，鹹生腎，腎生骨髓，髓生肝，在天為寒，在地為水，在體為骨，在氣為堅，在臟為腎，其性為凜，其德為寒，其用為藏，其色為黑，其化為肅，其蟲為鱗，其政為靜，其令為寒，其變凝冽，其眚冰雹，其味為鹹，其志為恐，恐傷腎，思勝恐，寒傷血，燥勝寒，鹹傷血，甘勝鹹，此天地之合人腎也。五臟合金木水火土，斯化生之所以出也，天地不外五行，安得不合哉。雷公曰：五行止五，不應

與六氣合也。岐伯曰：六氣即五行也。雷公曰：五行五而六氣六，何以相合乎？岐伯曰：使五行止五則五行不奇矣，五行得六氣則五行之變化無窮。余所以授六氣之論，而舁區乃肆言⑱之也。雷公曰：六氣之中，各配五行，獨火有二，此又何故？岐伯曰：火有君相之分耳，人身火多於水，五臟之中，無臟非火也，是以天地之火亦多於金木水土也，正顯天地之合於人耳。雷公曰：大哉言乎！釋蒙解惑，非天師之謂歟。請載登六氣之篇。

陳士鐸曰：五行不外五臟，五臟即六氣之論也。因五行止有五，唯火為二，故六氣合二火而論之，其實合五臟而言之也。

【注釋】

①在氣為柔：陰陽二氣，在天為日月，在地曰剛柔，在人為男女。在地生化金玉土石的氣性屬剛性，化為草木水火者為柔性。風行氣動，生經草木，物體柔軟，所以知風性主柔。

②其性為暄：暄，溫暖的氣息。性，指天地元氣的寒涼溫熱的變化。天地之氣也和前面所說的一樣，本來在天產生元氣，只是清空一炁，無分寒涼溫熱，只是和地氣相合時，產生陰陽的變化，才有四季性質的不同。

③其德為和：德，指各種具體事物本身的特定性質以及道作用於其時所產生的特殊規律體現。這裏的德就是指天地之氣作用於東方生風化木所體現出來的性質就是平和緩舒。

④其用為動：道為體，德為用。用指道體在事物身上的具體體現，在這裏，道體所體現出來的就是運動，無論是風、木、筋、肝都跟運動有關。

⑤其色為蒼：天地元氣本無色，但落入後天具體產生事

物，就會有特定的顏色。這裏的風木肝等氣質所產生的顏色就是蒼色，蒼色，是介於青碧色和黛綠色之間一種清空曠遠的色彩，是肝木的正色。

⑥其化為榮：化，指天地元氣生成事物的具體作用，後世常用生化一詞，表示事物的生長發展。榮，這裏是形容事物發展得繁榮昌盛。

⑦其蟲毛：蟲，泛指動物，古代有五蟲分類說。《大戴禮》記載：「有羽之蟲，三百六十而鳳凰為之長；有毛之蟲，三百六十而麒麟為之長；有甲之蟲，三百六十而神龜為之長；有鱗之蟲，三百六十而蛟龍為之長；有倮之蟲，三百六十而人為之長。」這裏指東方風木東方之氣主毛蟲類的化生。

⑧其政為散，其令宣發：政，事物既已產生並存在，就會自發地選擇它自己的職能，這裏風木東方之氣所承擔的職能就是分佈發散天地元氣的功能。令，本意是時令，節氣，這裏是指事物所產生的時機以及其自發主司的時節。後人把政和令合併而稱，叫做政令，因為令的作用是宣發，也是散佈的意思，所以風木的特性可以用政令來行使體現。

⑨其變摧拉：變，變數，事物因為是氣化陰陽而產生的，因此當陰陽相互轉變時，所謂物極必反，東方風木之氣的變數就會一反前面所說的正面特性的溫和榮發，而一變成為摧枯拉朽了。和風一變而為颶風狂飆自然所到之處斷藤折樹，摧土拉須，成為災變了。

⑩其眚隕落：眚，災變的結果，反面的事物，也是天地元氣在變化過程中消耗了正面的能量而轉變為反面的物質能量。這裏厥陰風木這一天地元氣在極盡其暄和動榮，宣發柔散的正面變化後，經過其變摧拉的過渡階段後，一變而為反

面的主司事物隕落的黑眚之氣了。

⑪鬱蒸：鬱，空氣凝聚不流通。蒸，像蒸汽籠罩一樣的悶熱，這裏指南方丙火氣所主司的夏天的火氣。

⑫燔炳：燔，燒烤；炳，焚燒易燃之物。這裏是指南方火氣的變化成反面的災害，將一切可以燃燒的物體都能焚燒淨盡。

⑬倮：通裸，指猿人，沒有羽毛也沒有皮毛鱗甲的動物系。

⑭謐：安寧，祥和。意為中央土氣應人脾氣，所行政事以安寧，平靜為主。在丹經上「四肢不動其意歸於脾」，意土黃婆的作用能調和五行五方之氣。從天道來說，方位居中，四方不犯；以地道而言，六氣為濕，濕性凝滯，以靜止為主。

⑮其令雲雨：脾土應節令在長夏伏天，長夏雨水氾濫，氣候潮濕。

⑯動注：大雨如注，好像天地把水傾注在這個季節。

⑰淫潰：作為天地正氣之一，濕氣也是必不可少的，但如果轉變為反面成災害，就叫淫了，淫雨氾濫，萬物潰敗。

⑱肆言：任意而言，肆，放肆，任意，隨便。

《三合篇》探微

這一篇從宏觀的角度廣泛地論述了天地人三才合一的整體世界觀。從五方、六氣、五行、五味、五色、五臟、五體、五志、五蟲等大範圍地闡明中國道醫學的天地人合一相應的宇宙論思想。

不管是天道、地利、人生都離不開五行為基本因素，陰陽為總綱。在陰陽的相互轉化過程中，五行五方之氣發生了

一系列天地氣運的巨大變化，使自然界生命系統誕生了五種動物類別，各自進化，就產生了人類，鳳、麟、龜、龍、猿分別代表羽、毛、甲、鱗、倮五大靈長，各有五臟五志對應天地五行五運，最終倮蟲類由於其形體結構的優勢最合乎於天地氣數，從而進化成了人類，並能以自身為參照物，感應並靈司出天地相合相應的天地大道，以修真守氣為法論，主動合乎歸化於天地自然，從而「提挈天地，把握陰陽」成為真人。

朋友們讀經至此，是否能逐漸理清頭緒，明白黃帝聖祖的一片仁德慈心呢？更為大道之宏偉浩渺而目眩神迷，頓生嚮往之心呢？誰還敢說《黃帝外經》是偽書，古人都是愚昧落後，修真都是荒謬迷信呢？

詩云：

（一）

龍龜靈鳳漫天遊，更有媧皇造化猷。
黃帝聖祖修大道，滄桑變幻譜春秋。

（二）

而今人已倍驕狂，任意施為甚荒唐。
五氣橫流天已壞，勸君回首步仙鄉！

直譯

雷公問：「寒、暑、燥、濕、風、火，這是六氣。天地的運氣為什麼會與人身相合而導致人生病呢？」

岐伯說：「是因為五行的生剋變化。」

雷公問：「人的五臟分為金、木、水、火、土，彼此存在著生剋關係。然而，人得病，是臟腑自行發病，為什麼會與六氣有關呢？」

岐伯說：「臟腑的五行就是天的五行和地的五行，天、地、人三者相合，然後變化就出現了。」

雷公問：「請問天、地、人三合的生化。」

岐伯說：「東方生風，風生木，木生酸，酸生肝，肝生筋，筋生心；在天為風，在地為木，在體為筋，在氣為柔，在臟為肝；它的性質是溫暖，它的德行是和氣，它的作用是運動，它的顏色是青色，它的變化是營血，它的昆蟲是毛蟲，它的政令是發散，它的號令是宣發，它的化生是摧拉，它的過錯是隕落，它的味道是酸味，它的情志是憤怒；憤怒傷害肝臟，悲傷勝過憤怒；風氣傷害肝臟，乾燥勝過風氣；酸味傷害筋絡，辛味勝過酸味，這是天地與人的肝臟相合。」

岐伯說：「南方生熱，熱生火，火生苦，苦生心，心生血，血生脾；在天為熱，在地為火，在體為脈，在氣為炎，在臟為心；它的性質是暑熱，它的德行是顯明，它的作用是燥熱，它的顏色是紅色，它的化生是繁茂，它的昆蟲是羽蟲，它的政令是明顯，它的號令是鬱蒸，它的變化是炎熱，它的過錯是悶熱，它的味道是苦味，它的情志是喜悅；喜悅傷害心氣，恐懼勝過喜悅；炎熱傷害元氣，寒氣勝過熱氣；苦味損傷元氣，鹹味勝過苦味。這是天地與人的心臟相合。」

岐伯說：「中央生濕氣，濕氣生土，土生甘味，甘味生脾，脾生肉，肉生肺；在天為濕，在地為土，在體為肉，在氣為充，在臟為脾；它的性情是堅實，它的德行是濡養，它的作用是變化，它的顏色是黃色，它的化生是充盈，它的昆蟲是倮蟲，它的政令是寧靜，它的號令是雲雨，它的變動是注入，它的過錯是淫潰，它的味道是甘味，它的情志是思

慮；思慮傷害脾臟，憤怒勝過思慮；濕氣傷害肌肉，風氣勝過濕氣；甘味損傷脾胃，酸味勝過甘味。這是天地與人的脾臟相合。」

岐伯說：「西方產生燥氣，燥生金，金生辛味，辛味生肺，肺生皮毛；在天為燥，在地為金，在體為皮毛，在氣為成熟，在臟為肺；它的性質是清涼，它的德行是清肅，它的作用是固持，它的顏色是白色，它的化生是收斂，它的昆蟲是介蟲，它的政令是勁急，它的號令是霧露，它的變化是肅殺，它的過錯是蒼落，它的味道是辛味，它的情志是憂慮；憂慮傷害肺，喜悅勝過憂慮；炎熱傷害皮毛，寒冷勝過炎熱；辛味損傷皮毛，苦味勝過辛味。這是天地與人的肺臟相合。」

岐伯說：「北方生寒氣，寒生水，水生鹹味，鹹生腎，腎生骨髓，髓生肝；在天為寒，在地為水，在體為骨，在氣為堅硬，在臟為腎；它的性質是凜冽，它的德行是寒冷，它的作用是收藏，它的顏色是黑色，它的化生是肅靜，它的昆蟲是鱗蟲，它的政令是靜穆，它的號令是寒冷，它的變化是凝冽，它的過失是冰雹，它的味道是鹹味，它的情志是恐懼；恐懼傷害腎臟，思慮勝過恐懼；寒冷傷害血液，乾燥勝過寒冷；鹹味損傷血液，甘味勝過鹹味。這是天地與人的腎臟相合。五臟分別與金木水火土相合，這是變化產生的原因。天地無非就是五行，怎麼會不相合呢？」

雷公問：「五行只有五氣，不應當與六氣相合啊！」

岐伯說：「六氣就是五行。」

雷公問：「五行只有五而六氣有六，怎麼相合呢？」

岐伯說：「假如五行只有五，那麼五行也就不神奇了！五行得到六氣的配合，五行才能變化無窮。這就是我之所以

傳授六氣的原因，而鬼臾區則肆意擴大了。」

　　雷公問：「六氣分別配合一種五行，唯獨火有兩個，這又是什麼原因呢？」

　　岐伯說：「火有君火和相火的分別，人身中火多於水，五臟之中沒有哪一個臟中沒有火，因此天地之火比金木水土多，這正顯示了天地與人相合的道理。」

　　雷公說：「這些話的道理真大啊！解釋蒙昧與疑惑，除了天師還有誰呢？請登載在《六氣篇》。」

　　陳士鐸說：「五行只不過是五臟，五臟就是六氣。因為五行只有五種，唯獨火有兩個，因此六氣配合兩個火來論述，其實是配合五臟來論述。」

卷 七

第五十五章　四時六氣異同篇

原文

天老問曰：五臟合五時[①]，六經應六氣[②]，然《診要經絡篇》[③]以六氣應五臟[④]而終于六經，《四時刺逆從論》以六經應四時[⑤]而終于五臟，《診要篇》以經脈之生于五臟而外合于六經，《四時刺逆從論》以經脈本于六氣而外連于五臟，何也？岐伯曰：人身之脈氣，上通天，下合地，未可一言盡也，故彼此錯言[⑥]之耳。天老曰：章句同而意旨異，不善讀之，吾恐執而不通也。

岐伯曰：醫統天地人以立論，不知天何知地，不知地何知人。脈氣循于皮肉筋骨之間，內合五行，外合六氣，安得一言而盡乎。不得不分之以歸於一也。天老曰：請問歸一之旨[⑦]。岐伯曰：五時之合五臟也，即六氣之合五臟也。六氣之應六經也即五時之應六經也。知其同何難知異[⑧]哉。天老曰：善。

陳士鐸曰：何嘗異，何必求同；何嘗同，不妨言異。人惟善求之可耳！

【注釋】

①五臟合五時：肝、心、脾、肺、腎五臟配合春、夏、長夏、秋、冬五時。

②六經應六氣：太陽、少陽、陽明、太陰、少陰、厥陰六經，配合風、寒、暑、濕、燥、火六氣。

③《診要經絡篇》：以及下文的《四時刺逆從論》都是《黃帝內經·素問篇》中的內容。

④六氣應五臟：見《內經素問·診要經絡篇》內容。

⑤六經應四時：據《四時刺逆論篇》中寫後天疾病中的六經經氣有餘不足的症狀，配合逆時而刺的諸種病變。在先天修真中六經經氣在四時中各有不同的反應。

⑥錯言：錯不是錯誤，而是交錯，錯綜複雜的各種說法。

⑦歸一之旨：一，指未發生變化的清空一炁。不管後天分化的什麼六氣五行四時，究其根源只是太一真氣在後天分陰陽的變化。所以，這裏的「歸一之旨」，就是逆反先天的意旨。

⑧何難知異：掌握了歸一之旨，找到變化的根源，哪裡還愁不知道變化的不同呢？

《四時六氣異同篇》探微

本章明言四時六氣的異同，實際是為透露一句修真秘旨「歸一之旨」。其實，如果著重於後天疾病診療結果，就會看到四時六氣五行的許多繁複龐雜的現象。但歸於先天修真之道，只不過是清空太一真氣，在後天陰陽作用下在不同時間，不同季節，不同環境裏所發生許多變化。修真者在內修過程中，身體從後天往先天逆轉變化的過程中，會因為陰陽二氣的作用而產生許許多多難以言表的，或重或輕的反應，但如果修真者讀過此經，明暸四時六氣五行的來源，明白歸一之旨，不管後天肉體如何變化，只管抱元守一，無視無聽，昏昏默默，慎守汝身。這樣就會從被動轉為主動，元神細察元氣的陰陽變化，那時對經文的理解可以說是聖祖黃帝

的知音了，直可以與岐伯軒轅論道矣！

詩云：

> 四時六氣不相同，歸一還元靜守中。
>
> 若是君知天地始，萬千玄妙總如空。

直譯

天老問：「五臟配合五時，六經對應六氣，然而《診要經絡論》以六氣對應五臟而終結於六經，《四時刺逆從論》以六經對應四時而終結於五臟，《診要篇》以經脈生於五臟而在外與六經相合，《四時刺逆從論》以經脈的根本在六氣而在外聯結到五臟，為什麼？」

岐伯說：「人身的脈氣，在上與天相合，在下與地相合，難以用一句話說清楚，因此彼此錯雜加以論述。」

天老說：「章句相同，但是旨意有差異，不善於閱讀的人，恐怕會固執不通。」

岐伯說：「醫道概括天、地、人立論。不知道天，怎麼知道地？不知道地，怎麼知道人？經脈的氣循行在皮肉筋骨之間，在內與五行相合，在外與六氣相合，一句話怎麼能夠講得完呢？因此，不得不將它們分別加以論述，最後仍然合而為一。」

天老說：「請問合而為一的道理。」

岐伯說：「五時與五臟相合，也就是六氣與五臟相合；六氣對應於六經，也就是五時對應於六經。知道它們相同，也就不難知道它們的差異了！」

天老說：「好。」

陳士鐸曰：何嘗有差異，何必要求它們相同；何嘗相同，不妨說明它們的差異。只在於人們善於推求才行啊！

第五十六章　司天在泉分合篇

原文

天老問曰：司天在泉，二氣相合，主歲[①]何分？岐伯曰：歲半以上[②]，天氣主之。歲半以下，地氣主之。天老曰：司天之氣主上半歲乎？在泉之氣主下半歲乎？岐伯曰：然。天老曰：司天之氣何以主上半歲也？岐伯曰：春夏者，天之陰陽也，陽生陰長[③]，天之氣也，故上半歲主之。天老曰：在泉之氣何以主下歲也？岐伯曰：秋冬者，地之陰陽也。陰殺陽藏[④]，地之氣也，故下半歲主之。天老曰：一歲之中，天地之氣截然分乎？岐伯曰：天地之氣，無日不交[⑤]。司天之氣始于地之左，在泉之氣本乎天之右。一歲之中，互相感召[⑥]，雖分而實不分也。天老曰：然則司天在泉，何必分之乎？岐伯曰：不分言之則陰陽不明，奚以得陰中有陽，陽中有陰之義乎。司天之氣始於地而終于天，在泉之氣始於天而終于地。天地升降，環轉不息，實有如此，所以可合而亦可分之也。天老曰：司天之氣何以始于地？在泉之氣何以始于天乎？岐伯曰：司天之氣始于地之左[⑦]，地中有天也；在泉之氣始于天之右，天中有地也。天老曰：善。

陳士鐸曰：司天在泉，合天地以論之，才是善言天地者。

【注釋】

①主歲：歲，就是年，周朝以前只稱歲不稱年，歲星一年環行一次。

②歲半：半年，上半年是歲半以上，歲半以下就是下半年。

③陽生陰長：陰陽二氣互根互化，而上半年陽氣生發的周時，陰氣也同時生發，直到夏至，陽氣漸退。

④陽殺陰藏：過了夏至以後，陽氣退而陰氣逐漸顯得充盈了。但陰氣是主收藏的，所以秋冬天氣由於陽氣歸藏入陰氣中而顯得蕭條肅殺。

⑤天地之氣，無日不交：清輕陽氣為天，濁陰之氣為地，地陰氣上升為雲斷產生。修道人也效法天地，將性光元神和命水元精不斷交融，元氣上下流行，才能讓體內生機不息。

⑥感召：陰陽二氣互相感應召喚，兩不分離，合一則化物。陽氣聚則生陰血，陰血化而成陽氣。

⑦司天之氣始于地之左：司天的陽氣左旋上升，右旋下降則成為陰氣在泉。天中有地，地中有天。

《司天在泉分合篇》探微

本章借探討天地陰陽二氣一年中隨歲星運轉的規律而司天、在泉，從而來暗喻比擬修道過程中人體陰陽二氣乾坤交泰的內果。

其實人體修真煉內丹的過程，和天地萬物的化生過程是一模一樣的。這也就是聖祖軒轅黃帝借岐伯和眾大臣論道的過程再三述說天地陰陽的變化，從後天事物來暗喻先天逆返大道的陰陽變化規律，引導人讀經煉性，參詳悟道。早日把性海養得波澄月明，然後，順應天陽下降，地陰上升的力量，調光下照命府，和地闕陽精相交合，這樣，地陰中真陽上升，天陽中真陰下降，陰陽交合於心腎之間，元氣氤氳，生生不息，火候足時，金丹結就，元嬰成形，大道可期也。

詩云：

司天進火暖融融，陰氣在泉升碧空。

陰陽合和天地泰，人間處處熱流通。

直譯

天老問：「司天與在泉，二氣相互配合主管一年，怎麼區別呢？」

岐伯說：「上半年，由司天的天氣主管；下半年，由在泉的地氣主管。」

天老問：「司天之氣主管上半年嗎？在泉之氣主管下半年嗎？」

岐伯說：「是的。」

天老問：「司天之氣為什麼主管上半年呢？」

岐伯說：「春天和夏天，是天氣的陰陽，陽氣發生，陰氣滋長，屬於天氣，因此司天之氣主管上半年。」

天老問：「在泉之氣為什麼主管下半年呢？」

岐伯說：「秋天和冬天，是地氣的陰陽，陰氣肅殺，陽氣收藏，屬於地氣，因此在泉之氣主管下半年。」

天老問：「一年之中，天氣與地氣截然分開嗎？」

岐伯說：「天氣與地氣，沒有一天不相交。司天之氣起始於地氣的左邊，在泉之氣起始於天氣的右邊，一年之中互相感召，形式上雖然分開，其實是不能分的。」

天老說：「那麼，司天與在泉又何必分開呢？」

岐伯說：「不分開來論述，就會陰陽不明，怎麼能夠明白陰中有陽，陽中有陰的道理呢？司天之氣起始於地而終止於天，在泉之氣起始於天而終止於地，天氣與地氣上下升降，環轉不停，其實正是如此，因此既可以合也可以分。」

天老問：「司天之氣為什麼會起始於地？在泉之氣為什

麼會起始於天？」

岐伯說：「司天之氣起始於地氣的左邊，這是地中有天；在泉之氣起始於天氣的右邊，這是天中有地。」

天老說：「好。」

陳士鐸說：司天與在泉，配合天地來論述，才是善於論述天地啊！

第五十七章　從化篇①

原文

天老問曰：燥從熱發，風從燥起，埃從風生，雨從濕注，熱從寒來，其故何歟②？

岐伯曰：五行各有勝，亦各有制也③。制之太過，則受制者應之，反從其化也④。所以熱之極者，燥必隨之，此金之從火也；燥之極者，風必隨之，此木之從金也；風之極者，塵霾隨之，此土之從木也；濕蒸之極者，霖雨隨之，此水之從土也；陰寒之極者，雷電隨之，此火之從水也。乃承制相從之理，何足異乎⑤？

天老曰：何道而使之不從乎⑥？

岐伯曰：從火者潤其金乎，從金者抒其木乎，從木者培其土乎，從土者導其水乎，從水者助其火乎⑦，毋不足、毋有餘，得其平而不從矣⑧！

天老曰：潤其金而金仍從火，抒其木而木仍從金，培其土而土仍從木，導其水而水仍從土，助其火而火仍從水，奈何？

岐伯曰：此陰陽之已變，水火之已漓，非藥石針灸之可

療也⑨。

陳士鐸曰：言淺而論深。

【注釋】

①此篇主要論述風、寒、暑、濕、燥、熱化氣的主要原因及其治療方法。

②燥從熱發，風從燥起，埃從風生，雨從濕注，熱從寒來：熱氣過多就會化燥，燥氣過盛就會化風，風氣到達極點就會刮起塵埃，濕氣蒸發太過就會導致下雨，發熱到了極點就會寒化。

③五行各有勝，亦各有制也：五行分別存在它能夠克制的五行，也分別存在被其他五行所剋制的情況。例如，木能剋土，金能剋木。

④制之太過，則受制者應之，反從其化也：剋制的力量太強，那麼被剋制的一方，反而會跟隨剋制的一方出現「化氣」的情況。

⑤乃承制相從之理，何足異乎：「承受」與「制約」是矛盾的雙方，彼此相互依承，因此不足為異。

⑥何道而使之不從乎：有什麼方法使它不跟隨化氣呢？

⑦從火者潤其金乎，從金者抒其木乎，從木者培其土乎，從土者導其水乎，從水者助其火乎：這是五行從化的治則。

⑧毋不足、毋有餘，得其平而不從矣：不要不足，也不要有餘，調整到五行之間得其平氣，就不會再出現從化的情況了。

⑨此陰陽之已變，水火之已漓，非藥石針灸之可療也：陰陽已經變化，性命即將竭絕，人之將死，藥石針灸還有什麼作用呢？

《從化篇》探微

篇名從化，從正化，抑或是從邪化呢？夫物極必反，寧可不足，毋可太過，不足尚可補足之，太過則無可挽回矣。後天陰陽偏勝，太過則致病。本來金可以制木，但金氣太過則燥，乾燥到極點，就會生狂風，所以無論先天修真還是後天養生，注重陰陽平秘非常重要，平氣才可以化生，以自身陰陽調合天地陰陽，與天地陰陽處於平氣，才能使生命長青，生生不息。

涉及到先天修真，就必然講到修煉內丹的火候，講究陰陽平氣尤其重要，如果火候太過，則有爐崩火壞的危險。修者切切在意，因此說丹道是一門經驗科學，不是過來人，親身體驗者不足以語道矣！

詩云：

> 茫茫修道險征途，誰掌陰陽造化爐？
> 男女同心看火候，乾坤萬象變精粗。

直譯

天老問：「燥從熱發，風從燥起，埃從風生，雨從濕注，熱從寒來，其中的原因是什麼呢？」

岐伯說：「五行分別有它的優勝之處，也分別有制約它的因素。制約太過，那麼被制約者就會出現適應，反而隨著制約者產生變化。因此，熱勢到了極點，燥氣必然相隨，這是金隨著火而變化；乾燥到了極點，風必然相隨，這是木隨著金而變化；狂風到了極點，塵埃就會產生，這是土隨著木變化；濕熱薰蒸到了極點，大雨必然相隨，這是水隨著土而變化；陰寒到極點，雷電必然相隨，這是火隨著水變化。這

是承接與制約相互跟隨的道理，有什麼值得怪異的呢？」

　　天老問：「有什麼方法可以使它不跟隨呢？」

　　岐伯說：「跟隨火的滋潤它的金氣，跟隨金的抒發它的木氣，跟隨木的培植它的土氣，跟隨土的疏導它的水氣，跟隨水的助長它的火氣，不要不足，不要有餘，得到平氣就不會跟隨了。」

　　天老問：「滋潤金氣而金仍然跟隨火，抒發木氣而木仍然跟隨金，培植土氣而土仍然跟隨木，疏導水氣而水仍然跟隨土，助長火氣而火仍然跟隨水，怎麼辦呢？」

　　岐伯說：「這是陰陽已經產生了變化，水火已經分離，並非藥物、砭石、針灸可以治療了。」

　　陳士鐸曰：語言雖然淺近，道理卻很深奧。

第五十八章　冬夏火熱篇①

原文

　　胡孔甲問于岐伯曰：冬令嚴冷凜冽之氣逼人肌膚，人宜畏寒，反生熱症，何也？岐伯曰：外寒則內益熱也。

　　胡孔甲曰：外寒內熱，人宜同病，何故獨熱？岐伯曰：腎中水虛，不能制火，因外寒相激而火發也②。人身無臟非火，無腑非火也，無不藉腎水相養③。腎水盛則火藏，腎水涸則火動④。內無水養則內熱已極，又得外寒束之，則火之郁氣一發，多不可救。

　　胡孔甲曰：火必有所助而後盛，火于於外，外無火助，宜火之少衰，乃熱病發于夏轉輕，發于冬反重⑤，何也？岐伯曰：此正顯火鬱之氣也。暑日氣散而火難居，冬日氣藏而

火難泄。難泄而泄之,則鬱怒之氣所以難犯而轉重也。

胡孔甲曰:可以治夏者治冬乎?岐伯曰:辨其火熱之真假耳,毋論冬夏也⑥。

胡孔甲曰:善。

陳士鐸曰:治鬱無他治之法,人亦治鬱而已矣。

【注釋】

①此篇重在辨識冬夏二時火熱之病機,在於腎水之盛衰。其治則在於明辨火之真假,而不在於冬夏也。

②腎中水虛,不能制火,因外寒相激而火發也:如果腎水虛弱,則不能制約腎中之火,更因外寒的激惹,從而導致外寒內熱病的產生。

③人身無臟非火,無腑非火也,無不藉腎水相養:人身的臟腑中都藏有火,而這些火,全憑腎水相養,才能藏之於內。

④腎水盛則火藏,腎水涸則火動:腎臟中之水旺盛,則真火隱藏於內;如果腎臟中的水衰弱,那麼相火就會動於內。這樣,就會出現內熱的病症。

⑤熱病發于夏轉輕,發于冬反重:內熱的疾病發生在夏天比較輕,發生在冬天反而比較重,這是因為夏天陽氣發散於外,而冬天的陽氣鬱閉於內的原因。

⑥辨其火熱之真假耳,毋論冬夏也:治療火熱鬱於內的病,關鍵在於辨別火熱的真假,即辨別是虛火、還是實火,不需要區分冬天和夏天。

《冬夏火熱篇》探微

夏日主火,冬天為什麼會起火呢?在後天臨床上,冬令往往是瘡瘍疔癰的高發期。正如文中所言,人身五臟六腑處

處皆火，使腎中真水相濟一身，才能永保陰陽平秘；水火既濟，讓身心經常處平氣狀態，才能生生不息。所以腎水的保養尤其重要，不能因滿足慾火竭澤而漁。

在先天修真大道中，修士常把心腎水火比作鉛和汞，我曾在道觀中見過古人練習內功用的大鉛球，外面的鉛好比腎水之澤潤周身，內裏的汞，好比人一身中的五臟六腑的內火，無處不周。老子《道德經》中講：「人法地，地法天，天法道，道法自然。」人的身體構造其實和地球何其相似，地面上的海洋河流包裹著地心的烈火，水火既濟，萬物化生。

詩云：

> 水火均平煉汞鉛，鼎中初現月纖纖。
> 逢君懸圃搖頭笑，如此而今不避嫌。

直譯

胡孔甲請問岐伯說：「冬天嚴冷凜冽的寒氣侵逼人體的肌膚，應當出現懼怕寒冷的症狀，反而出現發熱的症狀，為什麼？」

岐伯說：「外面天氣寒冷，裏面反而熱氣更加嚴重。」

胡孔甲問：「外界寒冷，體內發熱，人們應當同時發病，為什麼只有一些人發熱？」

岐伯說：「腎中的水虛弱，不能制伏火熱之氣，因為外來寒氣的激發，從而使內熱發生。人身的五臟無非是火，六腑無非也是火，無一不是憑藉腎水來滋養。腎水旺盛火氣就隱藏在體中，腎水乾涸火氣就會妄動。體內沒有水的滋養，內熱已達到極點，又遇到外寒來束縛，那麼火的鬱氣一發動，多數人就不能挽救了。」

胡孔甲問：「火必然有所助長然後才會旺盛，火發生在外面，外面沒有火助，應當是火衰少，然而內熱病發生在夏天時比較輕，而發生在冬天時反而比較嚴重，為什麼？」

岐伯說：「這是顯示火的鬱氣。暑熱的夏季真氣容易發散，火氣難以留在身中，冬天真氣內藏，火氣難以發洩。難以發洩而勉強發洩，那麼鬱怒之氣因為難以制伏，轉而加重。」

胡孔甲問：「可以用治療夏天火熱的方法來治療冬天的火熱嗎？」岐伯說：「只需辨別火熱的真與假，不必論冬天和夏天。」

胡孔甲說：「好。」

陳士鐸說：治療鬱熱並沒有其他特殊的方法，也只是解除鬱熱而已！

第五十九章　暑火二氣篇①

原文

祝融問于岐伯曰：暑與火皆熱症也，何六氣分為二乎？岐伯曰：暑病成于夏，火病四時皆有，故分為二也②。

祝融問曰：火病雖四時有之，然多成于夏，熱蘊于夏而發於四時，宜暑包之矣。岐伯曰：火不止成于夏，四時可成也。火宜藏不宜發，火發于夏日者，火以引火也。其在四時雖無火之可發，而火蘊結于臟腑之中，每能自發，其酷烈之勢較外火引之者更橫，安可談暑而不談火乎？

祝融曰：火不可發也，發則多不可救，與暑熱之相犯有異乎？岐伯曰：暑與火，熱同而實異也③。惟其不同，故夏

日之火，不可與春秋冬之火共論；惟其各異，即夏日之暑，不可與夏日之火並舉也。蓋火病乃臟腑自生之熱，非夏令暑熱所成之火④，故火症生於夏，仍是火症⑤，不可謂火是暑，暑即是火也。

祝融曰：暑、火非一也，分二氣宜矣。

陳士鐸曰：暑與火不可並論⑥，獨吐至理。

【注釋】

①此篇分別論述暑、火二氣的病因病機。

②暑病成于夏，火病四時皆有，故分為二也：暑熱之病，只形成於夏天；火熱之病，春夏秋冬四時都會發生，因此分為兩種病。

③暑與火，熱同而實異也：暑熱之氣與火熱之氣，熱氣相同，實際上還是有區別的。

④火病乃臟腑自生之熱，非夏令暑熱所成之火：火熱的病症，臟腑自行發生的熱氣，與夏天出現的中暑的火病，是不相同。

⑤故火症生于夏，仍是火症：火熱的病症發生在夏天，仍然是熱症，而不是中暑。

⑥暑與火不可並論：暑熱之氣引發的病症，與火熱之氣引發的病症，不能相提並論。

《暑火二氣篇》探微

暑與火自然不同，火是內火，暑是外火。暑只發於夏季，而火則分於四時。

以上兩篇專門談火，外行人只知看後天火氣致病，卻不知供人生命之能量即火也，沒有火，腎中真水所產生的能量沒有使用的地方，沒有水，光有火，火即成了無根之火，如

風中之燭，堪堪將熄。後天之火，冬夏四時各有分屬而成一年四季。先天火，二六時中溫溫烹煉，熬出水中金液，大丹可成，生死了斷。

在先天修真大道中，利用身中之火，提煉身中之金，有火候細微之說也。文武火，冬至夏至進火之時，各有陰陽剛柔文武粗細之說；退陰符，春分秋分沐浴之際，各有真假溫寒生死晦明之分。這等細微之說，實關生死之學，須尋名師高人，細細探討研究。古人有云：「差之毫釐不結丹」，又說「性靠悟，命要傳」，性命之學，事關生死，絲毫不得兒戲。尤其本篇所言之火，古人有《火記》，今已失傳，後有「萬古丹經王」《周易參同契》是鴻篇偉著，天書也，讀者可參考之！

詩云：

　　明燈一盞照幽冥，火候精粗定死生。
　　差卻毫釐丹不結，須同大德細商成。

直譯

祝融請問岐伯說：「暑與火都是熱症，為什麼在六氣中要分為兩種呢？」

岐伯說：「暑熱的病發生在夏天，火熱的病四季都有發生，因此分為兩種。」

祝融問：「火熱的病雖然四時都有，然而多數是發生在夏天，火熱蘊藏在夏天而發生在四季，應當包括暑熱了。」

岐伯說：「火熱病不只在夏天發生，一年四季都可以發生。火應當收藏不應當發洩，火熱發生在夏天，是火來引火。在四季，雖然沒有火來引發，然而火熱蘊結於臟腑之中，經常能夠自動發生，它的酷烈之勢，與外來之火引起的

相比更為猛烈，怎麼可以只談論暑熱而不談論火熱呢？」

祝融問：「火熱不能發動，發動後多數不能救治，這與暑熱的侵犯有差異嗎？」

岐伯說：「暑熱與火熱似乎相同，其實是有差異的。正是因為它們不同，因此夏天的火，不能與春、秋、冬的火一起來論述；正是因為它們分別存在差異，夏天的暑熱就不能與夏天的火熱一起論述。這是因為，火熱病是臟腑自己出現的熱氣，不是夏天暑熱所形成的火氣，因此火症發生在夏天仍然是火症，不能說火就是暑、暑就是火。」

祝融說：「暑與火不是一種，應當分為兩種氣了。」

陳士鐸說：暑與火不能相提並論，這裏唯獨說出了關鍵的道理。

第六十章　陰陽上下篇①

原文

常伯問于岐伯曰：陽在上，陰在下，陽氣亦下行乎？岐伯曰：陰陽之氣上下相同，陽之氣未嘗不行于下也。

常伯曰：寒厥到膝不到巔，頭痛到巔不到膝②，非陰氣在下，陽氣在上之明驗乎？

岐伯曰：陰氣生于陽，陽氣生于陰，蓋上下相通，無彼此之離也。陽氣從陰出于經脈之外，陰氣從陽入于經脈之中③，始得氣血貫通，而五臟六腑無不周遍也④。寒厥到膝，陽不能達也，非陽氣專在上而不在下也⑤；頭痛到巔，陰不能降也，非陰氣專在下而不在上也⑥。天地不外陰陽，天地之陰陽不交，則寒暑往來，生長收藏咸無準實⑦，人何

獨異哉？

陳士鐸曰：陽宜達，陰宜降也。二者相反，則達者不達，降者不降矣。論理陽之達有降之勢，陰之降有達之機，總貴陰陽之不可反也。

【注釋】

①本篇以天地陰陽上下升降之理，論述人體陰陽中陰陽二氣必需上下升降，才能使氣血正常流通的道理，並闡明了厥逆和頭痛的病機。

②寒厥到膝不到巔，頭痛到巔不到膝，非陰氣在下，陽氣在上之明驗乎：由寒極引發的厥逆只到膝蓋不到頭部，由陰氣不降引發的頭痛只發生在頭部不會下降到膝蓋，這不是陰氣在下、陽氣在上的明證嗎？

③陽氣從陰出于經脈之外，陰氣從陽入于經脈之中：陽氣發源於營血之中流通到經脈之外，陰氣生成於陽部注入經脈之中。

④始得氣血貫通，而五臟六腑無不周遍也：陰陽二氣上下升降，內外流通，使得氣血貫通，周流五臟六腑。

⑤寒厥到膝，陽不能達也，非陽氣專在上而不在下也：由寒極引發的厥逆只到膝蓋，是因為陽氣不能到達膝蓋以下的部位，並不是陽氣專門在上，而不在下。

⑥頭痛到巔，陰不能降也，非陰氣專在下而不在上也：由陰氣不降引發的頭痛，是因為陰氣不能正常下降，並不是陰氣專門在下，而不在上。

⑦天地之陰陽不交，則寒暑往來，收藏生長，咸無準實：天地的陰陽二氣不相交，那麼寒來暑往、生長收藏，就沒有了憑據。推而方之，三才皆由陰陽之生化，豈止上下哉？

《陰陽上下篇》探微

世俗之流，都以為陽上陰下是為定例，不也可笑。陰陽本是互根互化，相互交融，我中有你，你中有我，才會生生不息，源源不斷，豈有分而化之之理。陽生於陰，陰生於陽，氣生於血，血成於氣，氣血營衛，晝夜通行而大衍之數成，天地間無處不陰陽矣！

後天之所以有寒暑往來，四季時令之變化，人之所以會有生老病死，只有一個原因，本章給出一個驚天答案，可以說是人的生死之謎，那就是──「陰陽不交」。「天地之陰陽不交，則寒暑往來。收藏生長咸無準實，人何獨異哉？」如有異者，是逆天而行者，先天修真之人逆轉先天，使陰陽相交，則立脫生死，寒暑不侵，四時不分，則陰陽復歸於無極之境，進入無何有之鄉，豈有陰陽上下之說呢？

詩云：

本來一氣產陰陽，陰陽互生萬物長。

今日擒來歸始處，自然寒暑定時光！

直譯

常伯請問岐伯說：「陽氣在上，陰氣在下，陽氣也能夠向下行走嗎？」

岐伯說：「陰陽之氣上下相同，陽氣並不是不向下行走。」

常伯問：「寒厥的症狀發展到膝蓋不上行到頭頂，頭痛到頭頂不下到膝蓋，這不是陰氣在下，陽氣在上的明證嗎？」

岐伯說：「陰氣生於陽，陽氣生於陰，上下相通，彼此

不相分離。陽氣跟隨陰氣運行到經脈之外，陰氣跟隨陽氣進入經脈之中，才能氣血貫通，使得五臟七腑沒有不周遍的。寒厥到膝蓋，是陽氣不能到達，並不是陽氣專在上而不在下；頭痛在頭頂，是陰氣不能下降，並不是陰氣專在下而不在上。天地不外乎陰陽二氣，天地的陰陽不交，那麼寒暑往來，收藏生長都沒有準則了，人又怎麼會唯獨有差異呢？」

陳士鐸說：陽氣應當上達，陰氣應當下降。如果二者相反，那麼應當上達的不上達，應當下降的就不下降了。從道理上來講，陽氣的上達也有著下降的趨勢，陰氣的下降也有著上達的動機，總之貴在陰陽的運行不能相反。

第六十一章　營衛交重篇①

原文

雷公曰：陽氣出于衛氣，陰氣出于營氣。陰主死，陽主生。陽氣重于陰氣，宜衛氣重于營氣矣②。岐伯曰：營衛交重也。

雷公曰：請問交重之旨。岐伯曰：宗氣積于上焦，營氣出於中焦，衛氣出于下焦。蓋有天地③，有陽氣，有陰氣。人稟天地之二氣，亦有陰陽。衛氣即陽也，由下焦至中焦，以升于上焦，從陰出陽也④；營氣即陰也，由中焦至上焦，以降于下焦，從陽入陰也⑤。二氣並重，交相上下，交相出入，交相升降，而後能生氣于無窮也。

雷公曰：陰陽不可離，予既已知之矣，但陰氣難升者謂何？岐伯曰：陰氣精專，必隨宗氣以同行于經隧之中。始于手太陰肺經太淵穴，而行于手陽明大腸經、足陽明胃經、足

太陰脾經、手少陰心經、手太陽小腸經、足太陽膀胱經、足少陰腎經、手厥陰心包經、手少陽三焦經、足少陽膽經、足厥陰肝經⑥，而又始于手太陰肺經。蓋陰在內不在外，陰主守內不主衛外，紆折而若難升，實無晷之不升也⑦。故營衛二氣，人身並重，未可重衛輕營也。

雷公曰：善。

陳士鐸曰：營衛原並重也。世重衛而輕營者，不知營衛也。

【注釋】

①本篇論述衛氣與營血並重的道理。雷公並非不知營衛交重之理，明知故問，以醒世之學者。

②陽氣重于陰氣，宜衛氣重于營氣矣：強調陰陽平衡，又謂孤陰不生，獨陽不長，亦含交重之義。

③蓋有天地：原文為「蓋有天」，文義不通，故改為「蓋有天地」。

④衛氣即陽也，由下焦至中焦，以升于上焦，從陰出陽也：陽氣（衛氣）由下焦上升到中焦，再到中焦，從陰位上升到陽位。下焦，即臍下的下丹田以及位於督脈線上的尾閭關等關竅和組織結構。

⑤營氣即陰也，由中焦至上焦，以降于下焦，從陽入陰也：營氣即營血，由中焦化生，上達於上焦，下降於下焦，從陽位進入陰位，形成全身的血液循環。

⑥始于手太陰肺經……足厥陰肝經：十二經之循行，如環而無端，川流不息。

⑦紆折而苦難升，實無晷之不升也：陰氣的運行曲折，似乎難以上升，其實卻像天星按照影響運行一樣，無時無刻不在上升之中。

《營衛交重篇》探微

陰陽二氣分化人體後天，就成為營血衛氣。營陰衛陽，互重互化，生氣無窮。命門元氣轉入膻中宗氣，宗氣分化成營血衛氣，衛氣屬陽，卻屈居於下，便於上行運化。營血性陰，卻從上往下，流行於十二經隧之中。二者相互轉化，陰陽一體，豈世人偏重於衛而輕視於營呢？

今觀世間無知俗人，為滿足後天無邊奢慾，稍有不諧，便責之為陽虛，便濫用補氣壯陽之藥，竭澤而漁，搜骨剔髓。實令知者寒心矣！

吾等修真逆天之人，自當明白營衛並重，陰陽互根，絕對不會偏重於一隅而致陰陽失調，氣血失和，道不成反而致病矣。觀今天世俗之人，不明白修真之大道，乃自身陰陽調和，氣血龍虎交合之道，妄講養生，或排毒，或壯陽，或補氣，等等外道不一而足，讀者朋友還記得第一章所說的逆轉之道嗎？

詩云：

> 晝夜河圖大衍輪，本來營衛是同根。
>
> 陰陽一炁分流後，便有人間素女門。

直譯

雷公問：「陽氣表現為衛氣，陰氣表現為營氣。陰氣主管死亡，陽氣主管發生。陽氣與陰氣重疊，應當衛氣與營氣重疊了。」

岐伯說：「這是營氣與衛氣相互重疊。」

雷公問：「請問相互重疊的含義。」

岐伯說：「宗氣積聚在上焦，營氣從中焦發出，衛氣從

下焦發起。因為有天地，有陽氣，有陰氣。人稟受天地的二氣，也有陰陽二氣。衛氣就是陽氣，由下焦到達中焦，上升到上焦，這是從陰出陽；營氣就是陰氣，由中焦到達上焦，再下降到下焦，從陽入陰。二氣相互重疊，相互上下，相互出入，相互升降，然後才能產生無窮的生氣。」

雷公問：「陰陽不能分離，我已經知道了，但是陰氣難以上升，為什麼？」岐伯說：「陰氣精凝專一，必須隨著宗氣一起運行在經絡之中，從手太陰肺經的太淵穴開始，行走于手陽明大腸經、足陽明胃經、足太陰脾經、手少陰心經、手太陽小腸經、足太陽膀胱經、足少陰腎經、手厥陰心包經、手少陽三焦經、足少陽膽經、足厥陰肝經，再從手太陰肺經開始。因為陰氣在內不在外，陰氣主管持守裏面，不負責防衛表面，運行曲折似乎難以上升，其實無時刻不在上升。因此營氣和衛氣，對於人身都是很重要的，不能只重視衛氣而輕視營氣。」

雷公說：「好。」

陳士鐸說：營氣和衛氣原來是同等重要的。有的人重視衛氣而輕視營氣，這是沒有認識營氣和衛氣啊！

第六十二章　五臟互根篇①

原文

雷公問于岐伯曰：陽中有陰，陰中有陽，余既知之矣。然論陰陽之變遷也，未知陰中有陽，陽中有陰，亦有定位乎？

岐伯曰：陰陽互根也，原無定位，然求其位亦有定也。

肺開竅于鼻，心開竅于舌，脾開竅于口，肝開竅于目，腎開竅于耳[2]，厥陰與督脈會于巔[3]，此陽中有陰，陰居陽位也；肝與膽為表裏，心與小腸為表裏，腎與膀胱為表裏，脾與胃為表裏，肺與大腸為表裏，包絡與三焦為表裏，此陰中有陽，陽居陰位也。

雷公曰：請言互根之位。

岐伯曰：耳屬腎而聽聲，聲屬金，是耳中有肺之陰也[4]。鼻屬肺而聞臭，臭屬火，是鼻中有心之陰也[5]。舌屬心而知味，味屬土，是舌中有脾之陰也[6]。目有五輪，通貫五臟[7]，腦屬腎，各會諸體[8]，是目與腦有五臟之陰也。大腸俞在脊十六椎旁[9]，胃俞在脊十二椎旁，小腸俞在脊第十八椎旁，膽俞在脊十椎旁，膀胱俞在中膂第二十椎，三焦俞在腎俞之上脊第十三椎之旁，包絡無俞，寄于膈俞，在上七椎之旁[10]，是七腑陽中有陰之位也。惟各有位，故其根生生不息也，否則虛器耳，何根之有哉？

雷公曰：善。

陳士鐸曰：陰中有陽，陽中有陰，無位而有位者，以陰陽之有根也。

【注釋】

①本篇對於五臟互根，即臟腑陰陽之互根，表現為視、聽、言、動、思，作了細緻入微的論述。揭示了養生修真的路徑，暗示了至關重要的玄關一竅的位置，具有重要價值！

②肺開竅于鼻，心開竅于舌，脾開竅于口，肝開竅于目，腎開竅于耳：肺開竅於鼻，藏魄，發則為言；心開竅於舌，藏神，發則為動；脾開竅於口，藏意，發則為識；肝開竅於目，藏魂，發則為視；腎開竅於耳，藏精，發則為聽。精神魂魄意，修真之藥物也。目視、心動、意思、口言、耳

聽，順則生人，逆則生仙，為養生修真之路徑也。

③厥陰與督脈會于巔：厥陰肝經與督脈在頭頂交會之處為百會穴。百會穴為全身「陽極」之穴。

④耳屬腎而聽聲，聲屬金，是耳中有肺之陰也：腎開竅於耳，功用為聽聲，聲屬肺金，故耳中藏有肺金之陰。

⑤鼻屬肺而聞臭，臭屬火，是鼻中有心之陰也：鼻開竅於皮毛，功用為聞臭，臭屬心火，故鼻中藏有心火之陰。

⑥舌屬心而知味，味屬土，是舌中有脾之陰也：舌開竅於口，功用為嘗味，味屬脾土，故舌有藏有脾土之陰。

⑦目有五輪，貫通五臟：目之五輪：木輪，火輪，土輪，金輪，水輪。木輪通於肝臟，火輪通於心臟，土輪通於脾臟，金輪通於肺臟，水輪能於腎臟。因為雙目可貫通五臟，聯結七腑，所以在養生修真中極其重要！《陰符經》曰：「機在目。」即暗示雙目的重要作用。

⑧腦屬腎，各會諸體：腦之所以屬腎，以其藏精也。「各會諸體」，蘊藏奧秘，必結合《奇恒篇》「腦為泥丸，即上丹田也」進行研究，才能從中得到真知。

⑨大腸俞在脊十六椎：即夾脊關（腎脊關）的竅位所在。此處配東方卯位，屬木，為生氣之所在。在小周天向大周天突破時，攢簇五行的紫氣東來、三陽開泰即在此處。

⑩包絡無俞，寄于膈俞，在上七椎之旁：《內經》曰：「七節之旁，中有小心。」即此。

《五臟互根篇》探微

丹經中常言的名詞：「五炁朝元」，在本章中得到了根本性的解釋，為什麼修真者逆返陰陽，反觀內守，就會引起五臟元氣的團聚和升發呢？究其原因，原來五臟元氣中也分

陰陽，而修真者將後天外放的「視、聽、言、動」功能內收，促使五臟元氣陰陽自配，自然能將以往外放的能量重新向內釋放，從而像後天在母體內由腎精分化成五臟六腑那樣成長出人的元命來，這個元就是「仁」、「真」、「道」是人的第二條生命──元嬰。

而腎在後天開竅於耳，肺開竅於鼻，心開竅於舌，而五臟元氣全聚於眼睛，眼睛內觀又匯於腦海泥丸宮。歸五氣於元府，養元嬰於真宮，養元嬰就是在泥丸宮內，慢慢地使元嬰也具備了「視、聽、言、動」的能力，陽神可成了。

詩云：

　　五炁朝元產玉真，也能言笑也能聾。

　　先天後土同根造，顛倒陰陽是真人。

直譯

雷公請問岐伯說：「陽中有陰，陰中有陽，我已經知道了，然而論述陰陽的變遷，不知陰中有陽，陽中有陰，也有定位嗎？」

岐伯說：「陰陽互相以對方為根本，本來沒有固定的位置，然而尋求它們的位置也可以是固定的。肺開竅於鼻，心開竅於舌，脾開竅於口，肝開竅於目，腎開竅於耳，厥陰與督脈會合於頭頂，這是陽中有陰，陰氣居於陽位；肝與膽為表裏，心與小腸為表裏，腎與膀胱為表裏，脾與胃為表裏，肺與大腸為表裏，包絡與三焦為表裏，這是陰中有陽，陽氣居於陰位。」

雷公問：「請說明五臟互相作為根源的位置。」

岐伯說：「耳屬於腎，主聽聲音，聲屬於金，這是耳中有肺的陰氣。鼻屬於肺，主聞香嗅之氣，嗅屬於火，這是鼻

中有心的陰氣。舌屬於心，主管味道，味道屬於土，是舌中
有脾的陰氣。眼睛內有五輪，貫通五臟，腦屬於腎，會合身
體的各個部分，這是耳與腦中有五臟的陰氣。大腸腧在脊柱
的第十六椎旁邊，胃腧在脊柱的第十二椎旁邊，小腸腧在脊
柱的第十八椎旁邊，膽腧在脊柱的第十椎旁邊，膀胱腧在中
臀的第二十椎，三焦腧在腎腧之上脊柱的第十三椎旁邊，包
絡沒有腧，寄居在膈腧，在脊柱的第七椎的旁邊，這是七腑
陽中有陰的位置。只有分清楚它們的位置，才能生生不息，
否則就成為虛無的臟器了，還有什麼根呢？」

　　雷公說：「好。」

　　陳士鐸說：陰中有陽，陽中有陰，沒有位置其實又有位
置，因為陰陽分別有根本。

第六十三章　八風固本篇①

原文

　　雷公問于岐伯曰：八風出于天乎？出于地乎？抑出于人
乎？岐伯曰：八風出于天地，人身之五風合而成病。人無五
風，天地之風不能犯也。

　　雷公曰：請問八風之分天地也。岐伯曰：八風者，春夏
秋冬東西南北之風也。春夏秋冬之風，時令之風也，屬于
天；東西南北之風，方隅之風也②，屬于地。然而地得天之
氣，風乃長；天得地之氣，風乃大。是八風屬於天地，可合
而不可分也③。

　　雷公曰：人之五風，何以合天地乎？岐伯曰：五風者，
心肝脾肺腎之風也，五臟虛而風生矣④。以內風召外風，

天地之風始翕然相合。五臟不虛，內既無風，外風何能入乎⑤？

雷公曰：風既入矣，祛外風乎？抑消內風乎？岐伯曰：風由內召，不治內將何治乎？

雷公曰：治內風而外風不散奈何？岐伯曰：內風不治，外風益入，安得散乎⑥？治臟固其本，治風衛其標，善治八風者也⑦。

雷公曰：何言之善乎！請志之，傳示來者。

陳士鐸曰：小風之來，皆外感也，外感因于內召。故單治內不可也，單治外亦不可也。要在分之中宜合，合之中宜分也⑧。

【注釋】

①此篇對八風及其本始進行辨析，闡明了八風及其致病的病機，並提出了「治臟固其本，治風衛其標」的標本兼治原則。

②方隅：即東、南、西、北四方，以及東南、西南、西北、東北四隅也。

③八風屬於天地：分別言八風之名而不可分其體也。故原文為「可分而不可分也」，據文義改之。

④五臟虛而風生矣：五臟空虛，虛邪之風趁虛而入，成為中風的病因。因此，應當及時預防。

⑤五臟不虛，內既無風，外風何能入乎：五臟內的正氣充實，就不會有內風的存在，虛邪賊風就難以乘虛而入。

⑥內風不治，外風益入，安得散乎：內因尚未鞏固，外風乘虛而入，如此，風氣如何才能驅散呢？

⑦治臟固其本，治風衛其標，善治八風者也：指出「內強臟腑以固其本、外治風氣以治其標」的治風原則。

⑧要在分之中宜合，合之中宜分也：宜分宜合之法，即標本兼治也。

《八風固本篇》探微

佛教有偈語「八風吹不動，端坐紫金蓮」，形容得非常形象。但是區別的是，佛家說的八風吹不動者，乃是心性靈識之把握不動，八風也不單是指自然天地之風，也包含七情六慾中之風氣也；而我道家所言之八風乃「春、夏、秋、冬、東、南、西、北」之風，吹不動者，先天地所生元氣根本也。

後天疾病之因和臨床治則，本篇中已盡言。然《外經》的宗旨在於論道，讀者宜省，不要忘了，我們在前面所說的內外逆轉之道，看到本篇中最關鍵的話：「治臟固其本，治風衛其標」這才是真正的核心宗旨所在，固其本自然八風吹之不動，衛其標自然外邪不入。先固其本，內不為七情六慾所傷；再衛其標，外不被邪氣所中，要經過認真修煉成丹道，自然而然成真人矣。

詩云：

先明真性拒情迷，再固金身命不離。

千劫八風安可壞，笑越生死上天梯！

直譯

雷公請問岐伯說：「八風來源於天呢？來源於地呢？還是來源於人呢？」

岐伯說：「八風來源於天、地，與人身的五風相合而發病。如果人體中沒有五風，則天地的邪風不能侵犯。」

雷公問：「請問如何將八風分配給天地？」

岐伯說：「八風，指春、夏、秋、冬、東、西、南、北之風。春、夏、秋、冬之風，是時令之風，屬於天；東、西、南、北之風，是方位之風，屬於地。然而，地得到天的氣，風才能長；天得到地的氣，風才能大。因此八風雖然分別屬於天地，形式上可分、實際上不可分。」

　　雷公問：「人的五風，如何與天地相合呢？」

　　岐伯說：「五風，是心、肝、脾、肺、腎的風，五臟虛弱內風就會產生了。因為內風召感外風，天地之風才會開始與它相合。五臟不虛弱，身內既然沒有風，外風又怎麼能夠進入呢？」

　　雷公問：「外風既然進入了，是祛除外風呢？還是抑制和消除內風呢？」

　　岐伯說：「外風由身內召感而來的，不治內風，又將怎麼治呢？」

　　雷公問：「治療內風，但是外風不消散，怎麼辦呢？」岐伯說：「內風得不到治療，外風的進入就會更加厲害，又怎麼能夠消散呢？治療五臟以便堅固內在的本，治療風氣以防衛外來的標，這才是善於治療八風啊！」

　　雷公說：「說得真好啊！請記載下來，傳給後來的學者。」

　　陳士鐸說：外來的小風，都是外感。外感的原因在於內召，因此僅僅治療身內是不行的，僅僅治外面也是不行的。要點在於分別之中有相合，相合之中有分別。

卷 八

第六十四章　八風命名篇①

原文

少俞問于岐伯曰：八風分春夏秋冬、東西南北乎？岐伯曰：然。

少俞曰：東西南北不止四風，合之四時，則八風不足以概之也。岐伯曰：風不止八，而八風實足概之。

少俞曰：何謂也？岐伯曰：風從東方來，得春氣也；風從東南來，得春氣而兼夏氣矣②；風從南方來，得夏氣也；風從西南來，得夏氣而兼秋氣矣③；風從西方來，得秋氣也；風從西北來，得秋氣而兼冬氣矣④；風從北方來，得冬氣也；風從東北來，得冬氣而兼春氣矣⑤。此方隅、時令合而成八也。

少俞曰：八風有名乎？岐伯曰：東風名和風也，東南風名薰風也，南風名熱風也，西南風名溫風也，西風名商風也，西北風名涼風也，北風名寒風也，東北風名陰風也⑥，又方隅時令合而名之也。

少俞曰：其應病何如乎？岐伯曰：和風傷在肝也，外病在筋⑦；薰風傷在胃也，外病在肌⑧；熱風傷在心也，外病在脈⑨；溫風傷在脾也，外病在腹⑩；商風傷在肺也，外病在皮⑪；涼風傷在膀胱也，外病在營衛⑫；寒風傷在腎也，外病在骨⑬；陰風傷在大腸也，外病在胸脇⑭。此方隅時令與臟腑相合而相感也。然而臟腑內虛，八風因得而中之⑮，

邪之所湊，其氣必虛，非空言也[16]。

少俞曰：人有臟腑不虛而八風中之者，又是何謂？岐伯曰：此暴風猝中，不治而自癒也。

陳士鐸曰：八風之來皆外感也，外感因於內召。故治內而外邪自散；若自外病者，不必治之。

【注釋】

①此篇論述八風的命名及其病因、病機、治則，強調了「邪之所湊，其氣必虛」的病機，提示「正氣記憶體，邪不易干」的養生原則。

②風從東南來，得春氣而兼夏氣矣：東方為春氣，南方為夏氣，風從東南來，故得春氣兼夏氣。

③風從西南來，得夏氣而兼秋氣矣：南方為夏氣，西方為秋氣，風從西南來，故得夏氣兼秋氣。

④風從西北來，得秋氣而兼冬氣矣：西方為秋氣，北方為冬氣，風從西北來，故得秋氣兼冬氣。

⑤風從東北來，得冬氣而兼春氣矣：北方為冬氣，東方為春氣，風從東北來，故得冬氣兼春氣。

⑥東風名和風也，東南風名薰風也，南風名熱風也，西南風名溫風也，西風名商風也，西北風名涼風也，北風名寒風也，東北風名陰風也：這是八風的命名，也是本篇的篇名。

⑦和風傷在肝也，外病在筋：和風發於東方，內應肝臟，肝主筋，故外部在筋絡。

⑧薰風傷在胃也，外病在肌：薰風發於東南，內應胃腑，胃主肌肉，故外病在肌肉。

⑨熱風傷在心也，外病在脈：熱風發於南方，內應心臟，心主脈，故外病在血脈。

⑩溫風傷在脾也，外病在腹：溫風發於西南，內應脾臟，脾主腹，故外病在腹部。

⑪商風傷在肺也，外病在皮：商風發於西方，內應肺臟，肺主皮毛，故外病在皮毛。

⑫涼風傷在膀胱也，外病在營衛：涼風發於西北，內應膀胱，膀胱通調營衛，故外病在營衛。

⑬寒風傷在腎也，外病在骨：寒風發於北方，內應腎藏，故外病在骨髓。

⑭陰風傷在大腸也，外病在胸脇：陰風傷在大腸也，外病在胸脇。

⑮臟腑內虛，八風因得而中之：風為陽邪，其性善行而數變。其臟腑內虛，八風便會乘虛而入，使人得筋、肉、脈、腹、皮、骨、營衛之病。

⑯邪之所湊，其氣必虛，非空言也：正氣內虛，則邪氣容易集中侵襲其處。例如，太陽衛外之氣虛衰，則外邪較易侵入，引發傷寒一類病證。

《八風命名篇》探微

這一篇緊接上篇，所言之八風之名，正如佛家所言：皆皮毛之外相也。但論人與天地相感相合相召之言，豈佛學之所能並論呢？不管外風何名，我只內固真元，抱一守本，管他外邪何風，概難入內也。「邪之所湊，其氣不虛，非空言也」。果有臟腑不虛，偶入邪氣，豈可懼哉！

老子《道德經》曰：「有物混成，先天地生。寂兮寥兮，獨立而不改，周行而不殆」「聖人抱一為天下式」，「天得一以清，地得一以寧，神得一以靈，穀得一以盈，萬物得一以生」，老子所言豈虛妄乎，我在此言，我守其一，

八風不動。

詩云：

抱元歸一道藏懷，一任八風千劫來。

種種名稱皆假幻，修真精氣神要滿。

直譯

少俞請問岐伯說：「八風分為春、夏、秋、冬、東、西、南、北嗎？」岐伯說：「是的。」

少俞問：「東、西、南、北不只四風，配合四時，八風不足以概括啊！」岐伯說：「雖然不只八種風，但是八風實際上足以概括了。」

少俞問：「怎麼說呢？」岐伯說：「風從東方來，得到的是春天的氣；風從東南來，得到的是春天的氣並兼有夏天的氣；風從南方來，得到的是夏天的氣；風從西南來，得到的是夏天的氣並兼有秋天的氣；風從西方來，得到的是秋天的氣；風從西北來，得到的是秋天的氣並兼有冬天的氣；風從北方來，得到的是冬天的氣；風從東北來，得到的是冬天的氣並兼有春天的氣。這是方隅與時令配合形成八風。」

少俞問：「八種風有名稱嗎？」岐伯說：「東風稱為和風，東南風稱為薰風，南風稱為熱風，西南風稱為溫風，西風稱為商風，西北風稱為涼風，北風稱為寒風，東北風稱為陰風。這也是用方位與時令配合來命名。」

少俞問：「它們對應的病怎麼樣？」

岐伯說：「和風在內傷害肝，在外病在筋；薰風在內傷害胃，在外病在肌肉；熱風在內傷害心，在外病在脈；溫風在內傷害脾，在外病在腹；商風在內傷害肺，在外病在皮膚；涼風在內傷害膀胱，在外病在營衛；寒風在內傷害腎，

在外病在骨；陰風在內傷害大腸，在外病在胸脇。這是方位、時令與臟腑配合而相互感應。然而，臟腑內在的虛弱，八風因此才得以侵入，邪氣所湊集的地方，正氣必然虛弱，這不是空泛的言論。」

少俞問：「有的人臟腑不虛弱，但是八風也可以傷害他，又是怎麼說呢？」岐伯說：「這是猛烈的暴風突然傷害他，不治療也會自然痊癒。」

陳士鐸說：八風來入侵都是外感，外感的原因在於內召。因此，治療裏面外邪就會自然消散；如果起源於外來的病，不必治它。

第六十五章　太乙篇①

原文

風後②問于岐伯曰：八風可以占疾病之吉凶乎？岐伯曰：天人一理也，可預占以斷之③。

風後曰：占之不驗何也？岐伯曰：有驗有不驗者，人事之不同耳，天未嘗不可占也④。

風後曰：請悉言之。岐伯曰：八風休咎，無日無時不可占也。如風從東方來，寅卯辰時則順⑤，否則逆矣，逆則病；風從西方來，申酉戌時則順⑥，否則逆矣，逆則病；風從南方來，巳午未時則順⑦，否則逆矣，逆則病；風從北方來，亥子丑時則順⑧，否則逆矣，逆則病。

風後曰：予聞古之占風也，多乙太乙之日為主⑨。岐伯曰：無日無時不可占也，恐不可為訓乎？占風乙太乙日決病，所以驗不驗也⑩。

風後曰：舍太乙以占吉凶，恐不驗更多耳。岐伯曰：公何以信太乙之深也？

風後曰：太乙移日，天必應之風雨，風雨和則民安而病少，風雨暴則民勞而病多。太乙在冬至日有變，占在君；太乙在春分日有變，占在相；太乙在中宮日有變，占在相吏；太乙在秋分日有變，占在將；太乙在夏至日有變，占在民。所謂有變者，太乙居五宮之日，得非常之風也。各以其所主占之，生吉克凶，多不爽也。岐伯曰：請言風雨之暴⑪。

風後曰：暴風南方來，其傷人也，內舍于心，外在脈，其氣主熱⑫。暴風西南方來，其傷人也，內舍于脾，外在肌，其氣主弱⑬。暴風西方來，其傷人也，內舍于肺，外在皮膚，其氣主燥⑭。暴風西北方來，其傷人也，內舍于小腸，外在手太陽脈，脈絕則溢，脈閉則結不通，善暴死，其氣主清⑮。暴風從北方來，其傷人也，內舍于腎，外在骨與肩背之膂筋，其氣主寒⑯。暴風東北方來，其傷人也，內舍于大腸，外在兩脇腋骨下及肢節，其氣主溫⑰。暴風東方來，其傷人也，內舍于肝，外在筋紐，其氣主濕⑱。暴風東南方來，其傷人也，內舍于胃，外在肌肉，其氣主重著⑲。言風而雨概之矣。岐伯曰：人見風輒病者，豈皆太乙之移日乎⑳？執太乙以占風，執八風以治病，是拘泥于論風也㉑。夫百病皆始于風㉒，人之氣血虛餒，風乘虛輒入矣㉓，何待太乙居宮哉？

陳士鐸曰：人病全不在太乙，說得澹而有味。

【注釋】

①此篇辨析太乙占風之術，以及執著於太乙占風術以治病的弊端。

②風後：黃帝管風的大臣。《史記》記載：「帝夢而得

其人。」故名。

③天人一理也，可預占以斷之：河圖陳列的天象與洛書排列的地理，其理一致，可以作為占風的依據。例如，河圖為三八，天時為春令，地理為東方，八風為和風。

④天未嘗不可占也：聖人開闢易道，上算天文，下算地理，中算人事。故曰「天未嘗不可占也」。

⑤如風從東方來，寅卯辰時則順，否則逆矣，逆則病；東方春令，四時為寅卯辰，故寅卯辰時為順。逆者，不當令、不得位的虛邪賊風，最易使人發病。例如，春令寅卯辰時，風從西方來，為商風，即為虛邪賊風，應及時避開。其餘仿此。

⑥風從西方來，申酉戌時則順：原文誤作「風從北方來，申酉戌時則順」，故改之。西方秋令，四時為申酉戌，故申酉戌時為順。

⑦風從南方來，巳午未時則順：南方夏令，四時為巳午未，故巳午未時為順。

⑧風從北方來，亥子丑時則順：北方冬令，四時為亥子醜，故亥子丑時為順。

⑨予聞古之占風也，多乙太乙之日為主：這是以風後為代表的「太乙占風術」的觀點。

⑩占風乙太乙日決病，所以驗不驗也：正因為乙太乙占風術來確定疾病，才導致了有時準驗、有時不準驗的情況。顯然，太乙占風術用於診斷疾病存在著明顯的缺陷。

⑪請言風雨之暴：天師明知風後拘泥於太乙占風之術，故意讓其言之。

⑫暴風南方來，其傷人也，內舍於心，外在脈，其氣主熱：南方屬火，對應於心臟和血脈，其病為熱氣。

⑬暴風西南方來，其傷人也，內舍於脾，外在肌，其氣主弱：西南屬土，對應於脾臟和肌肉，其病為萎弱。

⑭暴風西方來，其傷人也，內舍於肺，外在皮膚，其氣主燥。西方屬金，對應於肺臟和皮毛，其病為乾燥。

⑮暴風西北方來，其傷人也，內舍於小腸，外在手太陽脈，脈絕則溢，脈閉則結不通，善暴死，其氣主清：西北屬金，對應於小腸和手太陽小腸經，其病主因熱暴死。

⑯暴風從北方來，其傷人也，內舍於腎，外在骨與肩背之脊筋，其氣主寒：北方屬水，對應於腎臟和骨髓，其病為寒凝。

⑰暴風東北方來，其傷人也，內舍於大腸，外在兩脇腋骨下及肢節，其氣主溫：東北屬土，對應於大腸和肢脇，其病為風溫。

⑱暴風東方來，其傷人也，內舍於肝，外在筋經，其氣主濕：東方屬木，對應於肝臟和筋經，其病為風濕。

⑲暴風東南方來，其傷人也，內舍於胃，外在肌肉，其氣主重著：東南屬木，對應於胃和肌肉，其病為重著。重著之病，全身自覺沉重，或腰間如帶五千錢。

⑳人見風輒病者，豈皆太乙之移日乎：人們往往有見風就病的，難道都是因為太乙移日嗎？此問，風後無言以答。

㉑執八風以治病，是拘泥於論風也：婉言駁斥風後的謬誤。

㉒夫百病皆始於風：風為陽邪，為百病之長，是導致人體致病的首要原因。

㉓人之氣血虛餒，風乘虛輒入矣：引發人體風病的主要原因是內因虛餒，邪風乘虛而入。如果正氣記憶體，虛邪賊風豈能侵入？

《太乙篇》探微

太乙又叫太一，本是天地元氣的名稱，屬先天之氣，八風屬於後天之氣，太乙遷移而生八風，這是最原始的說法，但如果像本篇中風後拘泥於這種說法，就是不懂得後天氣的變化了。人之所以會感八風以致病，都是因為人裏面的太乙元氣虛弱消耗了的緣故。天有太乙，人裏面也有太乙，人如果太乙元氣不虛，後天八風之邪根本無從可入，豈能置人於病呢？

所以無論太乙如何變化，產生的八風如何之烈，只要人的太乙元氣堅固，都不可能生病的，這裏所講的都是從後天疾病的機理來講太乙之用的。

在先天修真中，太乙之氣相當於天地活子時，人如果從採活子時過渡到採正子時的階段，那麼，不管天地太乙如何變化，則無時無刻不是活子時了。

詩云：

> 太乙東皇活子時，八風吹動盪天池。
> 真人守定中黃窟，一任陰陽造化之。

直譯

風後請問岐伯說：「從八風可以占卜疾病的吉凶嗎？」岐伯說：「天與人是一樣的道理，可以由預測來決斷。」

風後問：「占卜不應驗，為什麼？」

岐伯說：「有的應驗也有的不驗，這是因為人事的不同，並不是天時不可占卜。」

風後說：「請詳細說明。」岐伯說：「八風的休咎，沒有哪一天哪一個時辰不能占卜。例如，風從東方來，寅卯辰

時為順，否則就是逆了，逆就會得病。風從西方來，申酉戌時為順，否則就是逆了，逆就會得病。風從南方來，巳午未時為順，否則就是逆了，逆就會得病。風從北方來，亥子丑時為順，否則就是逆了，逆就會得病。」

風後說：「我聽說古代對於風的占卜，多數是用太乙之日為主。」岐伯說：「其實沒有哪一天哪一個時辰不能占卜，這種說法恐怕不能作為訓導？乙太乙日的風向占卜疾病，有應驗的，也有不應驗的。」

風後說：「捨棄太乙日而占卜吉凶，恐怕不應驗的會更多啊？」

岐伯說：「你為什麼會那麼深信太乙占卜之術呢？」

風後說：「太乙每天遷移，天必然相應出現風雨，風雨和順民眾就平安而病少，風雨狂暴民眾就勞苦而多病。太乙在冬至之日有變化，占卜會應驗在君主；太乙在春分之日有變化，占卜會應驗在臣相；太乙在中宮之日有變，占卜會應驗在官吏；太乙在秋分之日有變化，占卜會應驗在大將；太乙在夏至之日有變化，占卜會應驗在民眾。所謂有變化，是指太乙位於五宮的日子，遇到不正常的風。分別以它所主宰的日子進行占卜，相生則吉，相剋則凶，多數都會應驗。」

岐伯說：「請說明風雨的狂暴。」

風後問：「暴風從南方來，它傷害人，在內位於心，在外位於脈，它的氣是熱氣。暴風從西南方來，它傷害人，在內位於脾，在外位於肌肉，它的氣是弱氣。暴風從西方來，它傷害人，在內位於肺，在外位於皮膚，它的氣是燥氣。暴風從西北方來，它傷害人，在內位於小腸，在外位於手太陽經，脈象斷絕則溢滿，脈象閉結則不通，往往會暴死，它的氣是清氣。暴風從北方來，它傷害人，在內位於腎，在外位

於骨與肩背的大筋，它的氣是寒氣。暴風從東北方來，它傷害人，在內位於大腸，在外位於兩脇腋骨下和四肢關節，它的氣是溫氣。暴風從東方來，它傷害人，在內位於肝，在外位於筋節，它的氣是濕氣。暴風從東南方來，它傷害人，在內位於胃，在外位於肌肉，它的氣是重著之氣。談論風，雨也包括在其中了。」

岐伯說：「人遇到風往往都會得病，這怎麼都是太乙日的遷移呢？執著於太乙來占卜風，執著於八風來治病，這是拘泥地論風。百病都是從風開始，人的氣血虛衰，風氣就會乘虛而入，為什麼要等待太乙位於某宮呢？」

陳士鐸曰：人體發病與太乙的遷移毫無關係，說得淡而有味。

第六十六章　親陽親陰篇[①]

原文

風後問于岐伯曰：風與寒異乎？岐伯曰：異也。風後曰：何異乎？岐伯曰：風者，八風也；寒者，寒氣也[②]。雖風未有不寒者，要之風寒各異也。

風後曰：風與寒有異，入人臟腑，亦有異乎？岐伯曰：風入風府，寒不入風府也。

風後曰：其義何居？岐伯曰：風陽邪，寒陰邪[③]。陽邪主降，陰邪主升[④]。主降者由風府之穴而入，自上而下也[⑤]；主升者不由風府，由臍之穴而入，自下而上也[⑥]。

風後曰：陰邪不從風府入，從何穴而入乎？岐伯曰：風府之穴，陽經之穴也；臍之穴，陰經之穴也[⑦]。陽邪從陽而

入，故風入風門也⑧；陰邪從陰而入，故寒入臍也⑨。陽親陽，陰親陰，此天地自然之道也⑩。

風後曰：風穴招風，寒穴招寒。風門，風穴也，宜風之入矣。臍非寒穴也，何寒從臍入乎⑪？岐伯曰：臍非寒穴，通於命門，命門火旺則寒不能入，命門火衰則腹內陰寒，臍有不寒者乎⑫？陰寒之邪遂乘虛寒之隙，奪臍而入矣，奚論寒穴哉⑬？

風後曰：善。

陳士鐸曰：陽邪入風府，陰邪入臍，各有道路也。

【注釋】

①本篇論述風寒之差異以及「陽邪入風府，陰邪入臍，各有道路」的機理。

②風者，八風也；寒者，寒氣也：風，為東、南、西、北等八方之風；寒，指冬令、北方之氣。

③風陽邪，寒陰邪：風氣，合於春時，東方，為河圖少陽之氣，故為陽邪；寒氣，合於冬時，北方，為河圖太陰之氣，故為陰邪。

④陽邪主降，陰邪主升：陽邪來源於天，故主降；陰邪出於地，故主升。

⑤主降者由風府之穴而入，自上而下也：邪風由風府之穴進入人體，沿著三陽經往下降，到達足趾。

⑥主升者不由風府，由臍之穴而入，自下而上也：寒邪由臍進入人體，沿著三陰經向上升，到達胸部和頭部。

⑦風府之穴，陽經之穴也；臍之穴，陰經之穴也：風府穴位於玉枕下方的督脈線上，是陽經的穴位；神闕穴（臍）位於是任脈線上，是陰經的穴位。

⑧陽邪從陽而入，故風入風門也：風為陽邪，風府穴為

風門，故風邪由風府進入。

⑨陰邪從陰而入，故寒入臍也：寒為陰邪，臍為陰穴，故寒氣由臍進入。

⑩陽親陽，陰親陰，此天地自然之道也：陽邪親合於陽穴，故風穴招風；陰邪親合於陰穴，故寒穴招寒。這是天地自然的客觀規律，並非人力可以左右。

⑪臍非寒穴也，何寒從臍入乎：神闕穴（臍）雖然是陰穴，但是陰中有陽，對應於後天八卦的乾卦（☰），因此不是寒穴。那麼，為什麼寒氣還會從肚臍進入人體呢？

⑫命門火旺則寒不能入，命門火衰則腹內陰寒，臍有不寒者乎：當命門之火旺盛時，寒氣不能侵入；當命門之火衰弱時，腹內就會有陰寒之氣，便容易遭受寒氣的侵襲。

⑬陰寒之邪遂乘虛寒之際，奪臍而入矣，奚論寒穴哉：陰寒之邪便會乘虛寒之際，從神闕穴（臍）進入。因此，不論神闕穴（臍）是否為寒穴，都會感受寒氣的侵襲。

《親陽親陰篇》探微

當內修達到內息大定之時，人就會自動招採外氣，陰招陰，陽採陽，各歸其道。在後天，外邪風寒入體，即可致病。風入風府之穴，寒入臍內；肝陽內亢，則風入經脈，是後天的內外招引。

修真之人則反其道而行之，用其外氣之入，而運行於內景隧道，陽不足則採陽，陰不足則聚陰，聖胎可成矣！

詩云：

　　　　陰歸寒府養元胎，陽入風門化炁來。

　　　　本是天然分一氣，衝開紫府聚靈台。

直譯

風後請問岐伯說：「風與寒有差別嗎？」

岐伯說：「有差別。」

風後問：「有什麼差別呢？」

岐伯說：「風，是指八風；寒，是指寒氣。雖然風沒有不寒冷的，然而關鍵是它與風有差別。」

風後問：「風與寒有差別，侵入人的臟腑，也有差別嗎？」岐伯說：「風氣進入風府，寒氣不進入風府。」

風後問：「它的含義是什麼？」岐伯說：「風為陽邪，寒為陰邪。陽邪主管下降，陰邪主管上升。主管下降的由風府穴進入，從上面往下面行走；主管上升的不從風府穴進入，由肚臍的穴位進入，從下面向上面行走。」

風後問：「陰邪不從風府穴侵入，從什麼穴位侵入呢？」岐伯說：「風府穴，是陽經的穴位；肚臍的神闕穴，是陰經的穴位。陽邪從陽位侵入，因此風氣進入風門；陰邪從陰位侵入，因此寒氣進肚臍。陽氣與陽氣相親，陰氣與陰氣相親，這是天地自然運行的道理。」

風後問：「風穴招來風氣，寒穴招來寒氣。風門是風穴，風氣應當進入；肚臍並不是寒穴，為什麼寒氣會從肚臍進入呢？」

岐伯說：「肚臍不是寒穴，但它連通命門，命門火旺時寒氣就不能侵入，命門火衰時腹內就會陰寒，肚臍哪會不寒呢？陰寒的邪氣於是乘著肚臍虛寒的空隙，從肚臍進入，又怎麼需要論述寒穴呢？」

風後說：「好。」

陳士鐸說：陽邪侵入風府穴，陰邪侵入肚臍，分別有它們的道路。

第六十七章　異傳篇①

原文

雷公問曰：各臟腑之病皆有死期，有一日即死者，有二三日死者，有四五日死者，有五六日至十餘日死者，可晰言之乎？岐伯曰：病有傳經不傳經之異，故死有先後也。

雷公曰：請問傳經。岐伯曰：邪自外來，內入臟腑，必傳經也②。

雷公曰：請問不傳經。岐伯曰：正氣虛自病，則不傳經也。

雷公曰：移寒移熱，即傳經之謂乎？岐伯曰：移即傳之義，然移緩傳急③。

雷公曰：何謂乎？岐伯曰：移者，臟腑自移；傳者，邪不欲在此腑而傳之彼臟也④。故移之勢緩而凶，傳之勢急而暴，其能殺人則一也。

雷公曰：其傳經殺人若何？岐伯曰：邪入于心，一日死。邪入于肺，三日傳于肝，四日傳于脾，五日傳于胃，十日死。邪入于肝，三日傳于脾，五日傳于胃，十日傳于腎，又三日邪散而癒，否則死。邪入于脾，一日傳于胃，二日傳于腎，三日傳于膀胱，十四日邪散而癒，否則死。邪入于胃，五日傳于腎，八日傳于膀胱，又五日傳于小腸，又二日傳于心則死。邪入于腎，三日傳于膀胱，又三日傳于小腸，又三日傳于心則死。邪入于膀胱，五日傳于腎，又一日傳于小腸，又一日傳于心則死。邪入于膽，五日傳于肺，又五日傳于腎，又五日傳于心則死。邪入于三焦，一日傳于肝，三日傳于心則死。邪入于胞絡，一日傳于胃，二日傳于膽，

三日傳于脾，四日傳于腎，五日傳于肝，不癒則再傳，再傳不癒則死。邪入于小腸，一日傳于膀胱，二日傳于腎，三日傳于包絡，四日傳于胃，五日傳于脾，六日傳于肺，七日傳于肝，八日傳于膽，九日傳于三焦，十日傳于大腸，十一日復傳于腎，如此再傳，不已則死。邪入于大腸，一日傳于小腸，二日傳于三焦，三日傳于肺，四日傳于脾，五日傳于肝，六日傳于腎，七日傳于心則死。不傳于仍傳小腸，則生也。邪入于膽，往往不傳，故無死期可定⑤。然邪入于膽，往往如見鬼神，有三四日即死者，此熱極自焚也⑥。

雷公曰：善。

陳士鐸曰：移緩傳急，確有死期可定，最說得妙。

【注釋】

①此篇主要論述五臟六腑的病邪傳變規律以及預定死期。異傳，指五臟六腑感受不同的邪氣後出現的特異性傳經現象。

②邪自外來，內入臟腑，必傳經也：外邪，即虛邪賊風之屬，但多由內虛招來。

③移即傳之義，然移緩傳急：轉移與傳變，含義大致相同，但是轉移病情變化比較緩慢，而傳變病情變化急重。

④移者，臟腑自移；傳者，邪不欲在此腑而傳之彼臟也：轉移，是在同一個臟腑中自行移動；傳變，邪氣不是在同一臟腑而是傳到其他的臟腑。

⑤邪入于膽，往往不傳，故無死期可定：《內經》曰：「凡此十一臟，皆取決于膽。」邪氣進入膽腑，往往不發生傳變，故無法預定死亡日期。

⑥然邪入于膽，往往如見鬼神，有三四日即死者，此熱極自焚也：邪氣進入膽腑，病情危重，往往出現幻聽幻視，

好像見到鬼神一樣。出現這種情況，有的病人三四天就死亡了，這是熱到極點自焚而亡。

《異傳篇》探微

這一章寫得驚心動魄，直言邪氣之異傳臟腑病變不癒則死，甚至連死期都定下來了。難怪梅自強前輩在「解要」中對此說法抱懷疑態度，強調現代醫學的先進，可以快速救治，阻止傳移。

其實我讀此篇，卻有會於心，知此說乃後天順行之說，如果跳越此層，依外經之宗旨來看，逆轉生死，顛倒陰陽，把「必死」之說變成必生之道，將傳變之邪氣換而成內修之真氣元神，再看傳經之期日，原來是真元運行之火候。古人誠不我欺，原來有「五日一候，一年合七十二候」之說，卻是過來人經驗之語。就是說如果修得真元傳經的速度也是這樣的話，正好符合內丹火候之說了。

詩云：

　　　生死原來一念間，真元邪氣透玄關。

　　　修成正果全無病，笑得長生靠內丹！

直譯

雷公問：「各臟腑的病都有死期，有一天就死亡的，有二三天死亡的，有四五天死亡的，有五六天至十多天死亡的，可以詳細解析嗎？」岐伯說：「疾病有傳經和不傳經的差異，因此死亡的日期有先後的差別。」

雷公說：「請問傳經？」岐伯說：「邪氣從外面進來，進入臟腑，必然會傳經。」

雷公問：「請問不傳經。」岐伯說：「正氣虛損，病人

自己發病，就不會傳經。」

雷公問：「寒氣遷移和熱氣遷移，就是所謂的『傳經』嗎？」岐伯曰：「遷移也有傳變的意思，但是轉移緩慢，而傳變迅速。」

雷公問：「怎麼說呢？」岐伯說：「轉移，是病氣在同一個臟腑中遷移；傳變，是邪氣從某個臟腑傳到別的臟腑。因此，轉移的氣勢緩慢而兇險，傳變的氣勢迅速而兇暴，而能夠導致人死亡的結果卻是一樣的。」

雷公問：「傳經導致人死亡會怎麼樣？」岐伯說：「邪氣進入心，一天死亡。邪氣進入肺，三天傳到肝，四天傳到脾，五天傳到胃，十天就會死亡。邪氣進入肝，三天傳到脾，五天傳到胃，十天傳到腎，又經過三天，邪氣解散病就會痊癒，否則就會死亡。邪氣進入脾，一天傳到胃，兩天傳到腎，三天傳到膀胱，十四天邪氣解散就會痊癒，否則就會死亡。邪氣進入胃，五天傳到腎，八天傳到膀胱，又經過五天傳到小腸，又經過兩天傳到心就會死亡。邪氣進入腎，三天傳到膀胱，又經過三天傳到小腸，又經過三天傳到心就會死亡。邪氣進入膀胱，五天傳到腎，又經過一天傳到小腸，又經過一天傳到心就會死亡。邪氣進入膽，五天傳到肺，又經過五天傳到腎，又經過五天傳到心就會死亡。邪氣進入三焦，一天傳到肝，三天傳到心就會死亡。邪氣進入心包絡，一天傳到胃，二天傳到膽，三天傳到脾，四天傳到腎，五天傳到肝，不痊癒就會再次傳變，再次傳變不痊癒就會死亡。邪氣進入小腸，一天傳到膀胱，二天傳到腎，三天傳到包絡，四天傳到胃，五天傳到脾，六天傳到肺，七天傳到肝，八天傳到膽，九天傳到三焦，十天傳到大腸，十一天又傳到腎，如此再次傳變，不痊癒就會死亡。邪氣進入大腸，一

天傳到小腸，二天傳到三焦，三天傳到肺，四天傳到脾，五天傳到肝，六天傳到腎，七天傳到心就會死亡。如果不傳給心，仍然傳到小腸，就可以存活。邪氣進入膽，往往不傳，因此沒有死期可預定。然而邪氣進入膽，往往像見到鬼神一樣，也有人三四天就死亡了，這是熱到極點自焚而亡。」

雷公說：「好。」

陳士鐸說：轉移緩慢，而傳變迅速，的確有死期可以預定，說得妙極了！

第六十八章　傷寒知變篇[①]

原文

雷公問曰：傷寒一日，巨陽受之，何以頭頸痛，腰脊強也？岐伯曰：巨陽者，足太陽也。其脈起于目內眥[②]，上額交巔，入絡腦[③]，還出別下項，循肩膊內，挾脊抵腰中[④]。寒邪必先入于足太陽之經，邪入足太陽，則太陽之經脈不通，為寒邪所據，故頭頸痛，腰脊強也[⑤]。

雷公曰：二日陽明受之，宜身熱、目疼、鼻乾、不得臥矣；而頭頸痛、腰脊強，又何故歟[⑥]？岐伯曰：此巨陽之餘邪未散也。

雷公曰：太陽之邪未散，宜不入陽明矣。岐伯曰：二日則陽明受之矣。因邪留戀太陽，未全入陽明，故頭頸尚痛，腰脊尚強，非二日陽明之邪全不受也。

雷公曰：三日少陽受之，宜胸脅痛、耳聾矣，邪宜出陽明矣。既不入少陽，而頭頸腰脊之痛與強，仍未除者，又何故歟[⑦]？岐伯曰：此邪不欲傳少陽，轉回於太陽也。

雷公曰：邪傳少陽矣，宜傳入于三陰之經，何以三日之後太陽之證仍未除也？岐伯曰：陽經善變，且太陽之邪與各經之邪不同，各經之邪循經而入，太陽之邪出入自如，有入有不盡入也[8]。惟不盡入，故雖六七日，而其症未除耳。甚至七日之後，猶然頭頸痛，腰脊強，此太陽之邪乃原留之邪，非從厥陰復出而傳之足太陽也。

雷公曰：四日太陰受之，腹滿嗌乾；五日少陰受之，口乾舌燥；六日厥陰受之，煩滿囊縮[9]。亦有不盡驗者，何也？岐伯曰：陰經不變，不變而變者，邪過盛也[10]。

雷公曰：然則三陽三陰之經皆善變也，變則不可以日數拘矣。岐伯曰：日數者，言其常也；公問者，言其變也[11]。變而不失其常，變則可生，否則死矣。

雷公曰：兩感于寒者變乎？岐伯曰：兩感者，越經之傳也，非變也[12]。

陳士鐸曰：傷寒之文，世人不知。讀此論，人能悟否？無奈治傷寒者不能悟也。

【注釋】

①本篇名為「傷寒知變」，是針對《內經》「一日太陽，二日陽明，三日少陽，四日太陰，五日少陰，六日厥陰」的正常情況，而論述其變化情況。知常達變，方可以言大醫也。

②其脈起于目內眥：足太陽膀胱經稱為巨陽，其脈起於目內眥，並與督脈交會於此。此竅即莊子「緣督以為經」之經，是傳統養生修真的入手竅位，其中大有玄機！

③上額交巔，入絡腦：巔，即督脈與厥陰交會之百會。「入於腦」，即《奇恒篇》中「腦為泥丸，即上丹田也。」

④挾脊抵腰中：挾脊，即夾脊關，又名「腎脊關」。

《黃帝外經》丹道修真長壽學

⑤腰脊強也：腰脊強直，活動不自如，與現代的強直性脊髓炎、腰椎間盤突出等證類似。

⑥二日陽明受之，宜身熱、目疼、鼻乾、不得臥矣，而頭頸痛、腰脊強：傷寒二日，陽明受之，應當出現「身熱、目疼、鼻乾、不得臥」的陽明病症，反而出現「頭頸痛、腰脊強」的太陽病症。

⑦三日少陽受之，宜胸脇痛、耳聾矣，邪宜出陽明矣。既不入少陽，而頭頸腰脊之痛與強，仍未除者：傷寒三日，少陽受之，應當出現「胸脇痛、耳聾」的少陽病症，這就表明邪氣已離開陽明，進入少陽；如果不進入少陽經，反而出現「頭頸腰脊之痛」的太陽病症，表明太陽的邪氣沒有解除。

⑧各經之邪循經而入，太陽之邪出入自如，有入有不盡入也：其他各經的邪氣都是循經而入，只有太陽經的邪氣出入自如，有時傳入其他經，有時不完全傳入。

⑨四日太陰受之，腹滿嗌乾；五日少陰受之，口乾舌燥；六日厥陰受之，煩滿囊縮：這是傷寒傳入三陰經的主要症狀。

⑩陰經不變，不變而變者，邪過盛也：三陰的症狀一般不會變化，如果出現了變化，就是邪氣過於旺盛的原因了。

⑪日數者，言其常也；公問者，言其變也：「一日太陽，二日陽明，三日少陽，四日太陰，五日少陰，六日厥陰」是傷寒傳變的正常情況；而您所問的，旨在闡述傷寒傳經的變化情況。顯然，「言其變」，旨在補《內經》之不足。

⑫兩感者，越經之傳也，非變也：兩條經同時感受寒氣，這是越經的傳變，不是普通的傳變。

《傷寒知變篇》探微

還是以顛倒之法來理解,將後天致病之寒氣轉看成為修真之元氣,「順生凡,逆生仙,只在中間顛倒顛」,修真之法,不過從目內眥入手,將元神從腦內調出,沿脊抵腰中,與命門元精相交合,化而生元氣,所行之路線與病理現象吻合,一正一邪,一先天一後天而已。由太陽而至陽明,由少陽而太陰,後少陰再厥陰,周行之,則周天通達,內丹可成矣。

其中多有透露秘傳者,豈古人之不欲泄天機者焉?唯恐後學得之太易而不重此天人之寶也。此等良苦用心,讀者豈知否?

詩云:

> 朝陽丹鳳合雙睛,先天玄關顯大明。
>
> 宇宙天道否泰來,顛倒陰陽死復生!

直譯

雷公問:「傷寒第一天,太陽受病,為什麼會出現頭頸痛,腰脊強呢?」岐伯說:「太陽,是足太陽膀胱經。它的經脈起源於目內眥,上行到額頭,與督脈交會於頭頂,絡脈進入腦中,回轉出來下行到頸項部,循行到肩膀內,從兩旁挾著脊柱抵達後腰中。寒邪必然先侵入足太陽的經脈,邪氣進入足太陽,那麼太陽的經脈不通,被寒邪所拘束,因此出現頭頸痛,腰脊強的症狀。」

雷公問:「第二天陽明受病,應當身熱、目疼、鼻乾、不得臥,反而出現頭頸痛,腰脊強,這又是為什麼呢?」

岐伯說:「這是太陽的餘邪沒有散去。」

雷公問：「太陽的餘邪沒有散去，應當不傳入陽明啊？」岐伯說：「第二天就是陽明受氣了。因為邪氣留戀於太陽，沒有全部進入陽明，因此頭頸仍痛，腰脊仍強，並不是第二天陽明全部不受邪氣。」

雷公問：「第三天少陽受氣，應當胸脅痛、耳聾，邪氣應當從陽明出來了。邪氣既然沒有傳入少陽，但是頭頸痛、腰脊強的症狀仍然沒有解除，這又是什麼原因呢？」岐伯說：「這是邪氣沒有傳入少陽，又轉回到太陽了。」

雷公問：「邪氣傳入少陽，理應繼續傳入三陰經，為什麼三天之後太陽的症狀仍然沒有消失？」

岐伯說：「陽經善於變化，並且太陽的邪氣與各經的邪氣不同，各經的邪氣沿著經脈進入，太陽的邪氣出入自如，有的進入有的不完全進入。唯有不完全進入，因此雖然過了六七天，太陽的症狀仍然沒有解除；甚至七天以後，仍然會頭頸痛，腰脊強，這是因為太陽的邪氣是原來的邪氣，不是從厥陰出來再傳到足太陽。」

雷公問：「第四天太陰受病，腹部脹滿，咽喉乾燥；第五天少陰受病，口乾舌燥；第六天厥陰受病，少腹硬滿，陰囊收縮。也有不全部應驗的，為什麼？」

岐伯說：「陰經一般不傳變，不應傳變而又傳變的，是邪氣過於旺盛。」

雷公說：「然而，三陽三陰的經脈都善於傳變，傳變後就不能拘定天數了。」岐伯說：「天數，是說明傳變的規律；你所問的，是說明傳變的情況。傳變而又不違背其中的規律，這種傳變就可以生存，否則就會死亡。」

雷公問：「如果兩條經絡同時感受了寒氣，會發生傳變嗎？」岐伯說：「兩條經絡同時感受了寒氣，這是越過兩經

的傳變，並不是變化。」

陳士鐸說：傷寒的文章，世人不明白。讀過本篇論文，人們能領悟得到嗎？無奈治傷寒的人不能領悟啊！

第六十九章　傷寒異同篇①

原文

雷公問于岐伯曰：傷寒之病多矣，可悉言之乎？岐伯曰：傷寒有六，非冬傷於寒者，舉不得謂傷寒也。

雷公曰：請言其異。岐伯曰：有中風，有中暑，有中熱，有中寒，有中濕，有中疫，其病皆與傷寒異②。傷寒者，冬月感寒邪，入營衛，由腑而傳於臟也③。

雷公曰：暑熱之症感于夏，不感于三時，似非傷寒矣④，風寒濕疫多感于冬日也，何以非傷寒乎？岐伯曰：百病皆起于風⑤。四時之風，每直中于臟腑，非若傳經之寒，由淺而深入也。寒之中人，自在嚴寒，不由營衛直入臟腑，是不從皮膚漸進，非傳經之傷寒也。水旺于冬，而冬日之濕反不深入，以冬令收藏也，他時則易感矣⑥。疫來無方，四時均能中疫，而冬疫常少。二症俱不傳經，皆非傷寒也⑦。

雷公曰：寒熱之不同也，何熱病亦謂之傷寒乎？岐伯曰：寒感于冬，則寒必變熱；熱變于冬，則熱即為寒⑧。故三時之熱病不可謂寒，冬日之熱病不可謂熱，是以三時之熱病不傳經，冬日之熱病必傳經也。

雷公曰：熱病傳經，乃傷寒之類也，非正傷寒也⑨。何天師著《素問》有熱病傳經之文，而傷寒反無之，何也？岐伯曰：類宜辯而正不必辯也，知類即知正矣⑩。

雷公曰：善。

陳士鐸曰：傷寒必傳經，斷在嚴寒之時，非冬日傷寒，舉不可謂傷寒也。辯得明說得出。

【注釋】

①此篇重在闡述正傷寒（即傷寒）與非傷寒（即類傷寒）的區別。冬令得之者為傷寒，其餘三時則非傷寒（即類傷寒）。傷寒的特點在於傳經，類傷寒的特點在於不傳經。

②有中風，有中暑，有中熱，有中寒，有中濕，有中疫，其病皆與傷寒異：有中風，有中暑，有中熱，有中寒，有中濕，有中疫，這五種病合稱為「類傷寒」，發病與正傷寒不同。

③傷寒者，冬月感寒邪，入營衛，由腑而傳於臟也：正傷寒，是人體在冬月感受寒邪，侵入營衛，由在外的腑傳入在裏的臟。

④暑熱之症感于夏，不感于三時：中暑的病症常見於夏月，通常不會發生在春、秋、冬三時。

⑤百病皆起于風：風為陽邪，其性變化無常，成為人體致病的首要外因。然而，起決定作用的仍然是內在的正氣。如果正氣記憶體，則風亦無隙可入。養生首重預防。

⑥水旺于冬，而冬日之濕反不深入，以冬令收藏也，他時則易感矣：水旺於冬月，但是冬月水濕之氣不容易侵入人體，這是因為冬令為閉藏，外來的水邪不容易進入；如果是其他季節，那麼水邪就比較容易侵入人體。

⑦二症均不傳經，皆非傷寒也：傷寒與類傷寒的區別在於是否傳經。傷寒必然傳經；類傷寒非傷寒，即冬令以外三時感受一般寒邪也。

⑧寒感于冬，則寒必變熱；熱變于冬，則熱即為寒：寒

邪在冬月侵害人體，因為體表有太陽的衛外作用，人體必然會出現發熱的症狀；如果發熱的症狀出現在冬月，這種熱氣也是由寒氣引發的。

⑨熱病傳經，乃傷寒之類也，非正傷寒也：發熱之類的病症出現傳經的情況，屬於「類傷寒」，而不是正傷寒。

⑩類宜辯而正不必辯也，知類即知正矣：類傷寒應當分辨清楚，而正傷寒不必分辨，因為知道了類傷寒，正傷寒也就清楚了。

《傷寒異同篇》探微

外經的微言大義就是外言醫而內言道，正看治病，逆看修真，這一篇固然可以作為醫學之標範以觀病，更可以作為道學以言丹。

後世傳丹道之學者，既要嚴守但又不能太死板，前面傳經的時間限制，按火候講正子時，活子時，子、午、卯、酉，進火退符，沐浴封爐，採藥入鼎，凡是講得太死板的人，大多不是實修者，只是在丹經上轉字眼。而實修有成者，大多數人都知道，以上名詞只是表像的，而實際煉過程中，往往沒有分得那麼清楚，規定得那麼死的。一切「道法自然」規律，「天人合一」生活為根本之法。

這一章傷寒異同，外講四時之傷寒，唯冬令為正，只唯風為使。其實逆轉來看，風即是內修之呼吸，寒即是所得之真元。不須三年並九載，一時辰內結丹成。活子時無時不在，四季只在一時辰內。知此修煉，方不迷矣！

詩云：

人言病理論傷寒，我道顛倒是煉丹。

再拜岐黃心感念，聖祖黃帝用心遠。

直譯

雷公請問岐伯說：「傷寒的病症很多，可以詳細論述嗎？」岐伯說：「傷寒有六種，除非冬天受到寒氣的傷害，都不能稱為傷寒。」

雷公問：「請說明其中的差異。」

岐伯說：「有中風，有中暑，有中熱，有中寒，有中濕，有中疫，這些病都與傷寒有差別。傷寒，是指在冬天的月份感受了寒邪，侵入營衛，由腑傳到臟。」

雷公問：「暑熱的病症在夏天發生，不會在其他三個季節發生，似乎不是傷寒了。風、寒、濕、疫大多數在冬天發生，為什麼不是傷寒呢？」岐伯說：「百病的起因都是風。四時之風，經常直接侵入臟腑，不像傳經的寒氣，由淺深入。寒氣傷害人體，自然發生在嚴寒的季節，不是由營血和衛氣直接進入臟腑。不從皮膚逐漸進入，就不是傳經的傷寒。水旺於冬天，然而冬天的濕氣反而不會深入，因為冬天是收藏的季節，其他季節就容易感染了。疫病的傳播不受地方的限制，一年四季都可能被疫病感染，而冬天疫病常常比較少。這兩種病症都不會傳經，都不是傷寒。」

雷公問：「寒熱的性質不相同，為什麼熱病也稱為傷寒呢？」岐伯說：「寒氣在冬天感染，那麼寒氣必然會變成熱症；熱症發生在冬天，熱症也是寒氣引發的。因此，春、夏、秋三時的熱病不能稱為寒，冬天的熱病不能稱為熱，所以春、夏、秋三時的熱病不傳經，而冬天的熱病必然會傳經。」

雷公問：「熱病傳經，屬於傷寒之類，不是正傷寒。然而，天師在寫作《素問》時，有熱病傳經的篇章，而傷寒反而沒有，為什麼？」岐伯說：「類傷寒應當分辨清楚，而正

卷

八

傷寒不必分辨，知道了類傷寒，正傷寒也就清楚了。」

雷公說：「好。」

陳士鐸說：傷寒必然會傳經，而且必定在嚴寒的時節。不是冬天的傷寒，都不能稱為傷寒。辯得明確，說得清楚。

第七十章　風寒殊異篇①

原文

風後問于岐伯曰：冬傷于寒與春傷于寒，有異乎？岐伯曰：春傷于寒者，風也，非寒也。

風後曰：風即寒也，何異乎？岐伯曰：冬日之風則寒，春日之風則溫②。寒傷深，溫傷淺。傷深者入少陽而傳裏，傷淺者入少陽而出表③，故異也。

風後曰：傳經乎？岐伯曰：傷冬日之風則傳，傷春日之風則不傳也。

風後曰：其不傳何也？岐伯曰：傷淺者，傷在皮毛也。皮毛屬肺，故肺受之。不若傷深者，入于營衛也④。

風後曰：春傷于風，頭痛鼻塞，身亦發熱，與冬傷于寒者何無異也？岐伯曰：風入于肺，鼻為之不利，以鼻主肺也。肺既受邪，肺氣不宣，失清肅之令，必移邪而入于太陽矣。膀胱畏邪，堅閉其經，水道失行，水不下泄，火乃炎上，頭即痛矣。夫頭乃陽之首也⑤，既為邪火所據，則一身之真氣皆與邪爭，而身乃熱矣。

風後曰：肺為胃之子，肺受邪，宜胃來援，何以邪入肺而惡熱、口渴之症生，豈生肺者轉來刑肺乎？岐伯曰：胃為肺之母，見肺子之寒，必以熱救之。夫胃之熱，心火生之

也。胃得心火之生，則胃土過旺，然助胃必剋肺矣。火能刑金，故因益而反損也。

風後曰：嘔吐者何也？岐伯曰：此風傷于太陰也[6]。風在地中，土必震動，水泉上溢則嘔吐矣。散風，而土自安也。

風後曰：風邪入太陽頭痛，何以有痛不痛之殊也。岐伯曰：肺不移風于太陽，則不痛耳。

風後曰：風不入于太陽，頭即不痛乎？岐伯曰：肺通于鼻，鼻通于腦[7]，風入于肺，自能引風入腦而作頭痛[8]。肺氣旺，則風入于肺而不上走于腦，故不痛也。

風後曰：春傷于風，往來寒熱，熱結于裏，何也？岐伯曰：冬寒入于太陽，久則變寒；春風入于太陽，久則變熱。寒則動傳于臟，熱則靜結于腑[9]。寒在臟，則陰與陽戰而發熱；熱在腑，則陽與陰戰而發寒[10]。隨臟腑之衰旺，分寒熱之往來也。

風後曰：傷風自汗何也？岐伯曰：傷寒之邪，寒邪也；傷風之邪，風邪也[11]。寒邪入胃，胃惡寒而變熱；風邪入胃，胃喜風而變溫[12]。溫則不大熱也，得風以揚之，火必外泄，故汗出矣[13]。

風後曰：春傷於風，下血譫語，一似冬傷于寒之病，何也？岐伯曰：此熱入血室，非狂也。傷于寒者，熱自入于血室之中，其熱重[14]；傷于風者，風祛熱入于血室之內，其熱輕也。

風後曰：譫語而潮熱者，何也？岐伯曰：其脈必滑者也。

風後曰：何也？岐伯曰：風邪入胃，胃中無痰，則發大熱，而譫語之聲高；胃中有痰，則發潮熱，而譫語之聲

低[15]。潮熱發譫語，此痰也。滑者，痰之應也[16]。

風後曰：春傷于風，發厥，心下悸，何也？岐伯曰：傷於寒者邪下行，傷于風者邪上沖也。寒乃陰邪，陰則走下；風乃陽邪，陽則升上[17]。治寒邪，先定厥，後定悸；治風邪，先定悸，後定厥[18]。不可誤也！

風後曰：傷于風而發熱，如見鬼者，非狂乎？岐伯曰：狂乃實邪，此乃虛邪也[19]。實邪從太陽來也，邪熾而難遏；虛邪從少陰來也，邪旺而將衰。實邪，火逼心君而外出，神不守于心也[20]；虛邪，火引肝魂而外遊，魄不守於肺也[21]。

風後曰：何論之神乎？吾無測師矣！

陳士鐸曰：風與寒殊，故論亦殊，人當細觀之。

【注釋】

①此篇主要分辨風與寒的異同及其致病的病因、病機和病症，特別指出了「頭乃陽之首」以及虛火對於「神」的干擾作用，提示了保養精水在養生修真中的重要作用。

②冬日之風則寒，春日之風則溫：冬月寒氣當令，故冬日之風為寒風；春月溫氣當令，故春日之風為溫風。

③傷深者入少陽而傳裏，傷淺者入少陽而出表：少陽為半表半裏，可入可出。傳裏深入陽明則病重，出表到達太陽而病輕向癒。

④不若傷深者，入于營衛也：深入衛氣營血，病邪轉深矣！

⑤夫頭乃陽之首也：頭部先天為乾卦，為諸陽之首。故岐伯天師曰：「腦為泥丸，即上丹田也。」本經《奇恒篇》則曰：「氣血精髓，盡升泥丸。」可見，頭在養生修真中的重要作用！

⑥此風傷于太陰也：厥陰風木，傷太陰濕土，風在地

中，土必震動，故水泉上溢而嘔吐。

⑦肺通于鼻，鼻通于腦：肺通於鼻端，鼻端通於大腦泥丸。真知丹道養生內修之秘者，對此必拈花微笑，會意鼻與腦之機要矣！

⑧風入于肺，自能引風入腦而作頭痛：因肺與腦相通，因此風入肺中，自能引風入腦，發為頭痛之症。

⑨寒則動傳于臟，熱則靜結于腑：寒氣發動傳於臟，其病深；熱氣專靜結於腑，其病淺。

⑩寒在臟則陰與陽戰而發熱，熱在腑則陽與陰戰而發寒：寒氣在臟，陰寒之氣與臟中之陽相戰，發為少陰熱化之症；熱氣在腑，則陰寒之氣與腑中之陽相戰，發為惡寒之症。

⑪傷寒之邪，寒邪也；傷風之邪，風邪也：寒為陰邪，風為陽邪。

⑫寒邪入胃，胃惡寒而變熱；風邪入胃，胃喜風而變溫：寒邪為陰，胃氣屬陽。胃喜溫惡寒，寒邪入胃，發為胃熱之症。風邪為陽，胃氣屬陽，兩陽相並，變為溫症。

⑬溫則不大熱也，得風以揚之，火必外泄，故汗出矣：春溫之氣，其性不大熱。溫氣得風揚之，火氣外泄，陰血隨之，故汗出。

⑭傷於寒者，熱自入於血室之中，其熱重：傷於寒氣，發為熱症，自行進入血室之中，熱勢較重。

⑮風邪入胃，胃中無痰則發大熱，而譫語之聲高；胃中有痰，則發潮熱，而譫語之聲低：胃中無痰，風邪與熱氣並，故譫語之聲高；胃中有痰，潮熱為痰氣所阻，故譫語之聲低。

⑯潮熱發譫語，此痰也。滑者，痰之應也：潮熱、譫

語，是胃中有痰的主症。滑脈，為痰脈。《瀕湖脈學》曰：「滑脈為陽元氣衰，痰生百病食生災。」

⑰寒乃陰邪，陰則走下；風乃陽邪，陽則升上：寒為陰邪，陰則主降，其性下行；風為陽邪，陽則主升，其性上行。

⑱治寒邪，先定厥，後定悸；治風邪，先定悸，後定厥：這是治療寒邪引發的厥逆、悸動與治療風邪引發的悸動、厥逆的治則。

⑲狂乃實邪，此乃虛邪也：登高狂言，不避親疏，為陽邪引發的狂症；傷風發熱，如見鬼狀，為虛邪引發的少陰證。

⑳實邪，火逼心君而外出，神不守於心也：神即元神，先天為性命之性也。神不守於心，即不守於「心之機」也。

㉑虛邪，火引肝魂而外遊，魄不守於肺也：肝藏魂，為陽；肺藏魄，為陰。陰陽相須，原不相離。魂不守舍，則魄也飛散。故天師在本經《命根養生篇》中說：「魂魄皆神也。」

《風寒殊異篇》探微

無論先天後天，正氣邪風，皆與少陽密切相關，風有寒溫而氣有淺深，功有先天後天之分，用先天元精元氣元神採之則入道而修丹，用後天識神運之則練氣而神武，這是道與武的區別。在後天，順則外邪風寒入侵為表裏之症，修一口真氣則有虛實真假之分，邪可侵臟侵腑分寒熱表裏之臟，氣可入臟腑結剛柔真假之果。

邪入裏化熱，熱入血分而神昏譫語，是為狂症。有修者入魔現有此症，皆為慾念熾盛而化火，如果能牢記首章「窈

卷

八

冥之旨」，用「顛倒之術」，則永無此患，學者可會心否？
修真之人只要善葆其真，不管寒熱往來，八觸諸覺，恍如一
夢而已也。

詩云：

> 元精虛虧風寒侵，修道貴返精氣神。
> 一旦還丹成功後，身心萬世皆為春。

直譯

風後請問岐伯說：「冬天受到寒氣傷害與春天受到寒氣
傷害，有差異嗎？」岐伯回答說：「春天受到寒氣傷害的，
是風氣，不是寒氣。」

風後問：「風氣就是寒氣，有什麼差異呢？」

岐伯說：「冬天的風寒冷，春天的風溫暖。寒氣傷害
深，風氣傷害淺。傷害深的進入少陽後會傳入裏面，傷害淺
的進入少陽後卻出到表面，因此有差異。」

風後問：「會傳經嗎？」岐伯說：「受冬天的風寒傷害
就會傳經，受到春天的風氣傷害就不會傳經。」

風後問：「為什麼不傳經？」

岐伯說：「傷害淺的，傷在皮毛。皮毛屬於肺，因此由
肺臟承受。不像傷害深的，會進入營衛。」

風後問：「春天受到風氣的傷害，會頭痛鼻塞，身體發
熱，這與冬天受到寒氣的傷害相比，有什麼差異？」

岐伯說：「寒風進入肺中，鼻子就會不通暢，因為鼻主
肺。肺既然感受了邪氣，肺氣不能宣佈，失去了清肅的政
令，必然會將邪氣轉移進入太陽。膀胱畏懼邪氣，緊閉它的
經絡，水道就不能通行，水液不能向下排泄，於是火性上
炎，頭就會疼痛。頭是陽氣的首領，既然被火邪佔據，那麼

一身的真氣都會與邪氣抗爭，於是身體發熱。」

風後問：「肺金是胃土的兒子，肺感受了邪氣，胃理應來救援，為什麼邪氣進入肺後會出現惡熱、口渴的症狀，這豈不是生出肺金的，轉過來刑剋肺金嗎？」

岐伯說：「胃土是肺金的母親，見到肺子的寒氣，必然會用熱來救援它。胃中的熱氣，是由心火生出來的，胃得到心火的生起，胃土就會過旺，雖然能夠扶助肺金，必然也會剋傷肺金，火可以剋金，因此由於助益反而造成損害了。」

風後問：「為什麼會嘔吐呢？」

岐伯說：「這是風氣損傷了太陰。風在地中，土必然震動，水泉向上溢出，於是就嘔吐了。驅散風邪，土氣自然就會安定。」

風後問：「風邪侵入太陽就會頭痛，為什麼會出現痛與不痛的差別呢？」岐伯說：「如果肺不將風氣轉移到太陽，就不會頭痛。」

風後問：「風氣不進入太陽，頭就不痛嗎？」

岐伯說：「肺氣上通於鼻，鼻上通於腦，風氣進入肺中，自然能夠將風氣引入腦中，變成頭痛。肺氣旺盛，風進入於肺中，但是不上行到腦中，因此不痛。」

風後問：「春天受到風氣的傷害，會寒熱往來，熱氣結在裏面，為什麼？」

岐伯說：「冬天寒氣侵入太陽，久後變成寒症；春天風氣侵於太陽，久後變成熱症。寒症會變化傳入臟，熱症則靜止結於腑。寒氣在臟，陰氣與陽氣相爭鬥，表現出發熱；熱結在腑，陽氣與陰氣相爭鬥，表現出寒症。根據臟腑的衰弱和旺盛，分別表現出寒和熱的往來。」

風後問：「傷風後身體會出汗，為什麼？」

岐伯說：「傷寒的邪氣，是寒邪；傷風的邪氣，是風邪。寒邪侵入胃，胃厭惡寒氣而出現發熱；風邪侵入胃，胃喜歡風氣而變成溫暖，溫暖表現為不太熱。得到風氣來揚起土氣，火氣必然外泄，因此就會出汗。」

　　風後問：「春天受到風氣的傷害，會出現下血、譫語的症狀，很像冬天受到寒氣傷害的病症，為什麼？」

　　岐伯說：「這是熱氣進入血室，不是狂症。受到寒氣傷害的，熱氣就會進入血室之中，它的熱勢重；受到風氣傷害的，風邪已散去，但是熱氣進入血室之內，它的熱勢輕。」

　　風後問：「譫語並且身體潮熱的，會怎麼樣？」

　　岐伯說：「病人的脈象必然是滑脈。」

　　風後問：「為什麼？」

　　岐伯說：「風邪侵入胃，胃中沒有痰就會產生大熱，那麼譫語的聲音高；胃中如果有痰，發潮熱的，譫語的聲音低。潮熱、發譫語，是因為有痰。滑脈，是胃中有痰對應的脈象。」

　　風後問：「春天受到風氣的傷害，就會手足逆冷，心下悸動，為什麼？」

　　岐伯說：「受到寒氣傷害邪氣會向下行走，受到風氣傷害邪氣會向上逆沖。寒是陰邪，陰就會向下行走；風是陽邪，陽就會向上升起。治療寒邪先要祛除逆冷，然後平息悸動；治療風邪先要平息悸動，然後祛除逆冷，不能有失誤。」

　　風後問：「受到風邪的傷害，身體發熱，像見到鬼一樣，這不是發狂症嗎？」

　　岐伯說：「狂症是實邪，而這是虛邪。實邪從太陽而來，邪氣熾盛，難以遏止；虛邪從少陰而來，邪氣由旺轉

衰。實邪，是火氣逼迫心君外出，精神不能持守在心中；虛邪，是火氣引動肝魂外遊，魄不能持守於肺臟。」

風後說：「為什麼會論述得如此神妙呢？我沒有辦法測度老師了！」

陳士鐸說：風與寒不同，因此論述也有差異，讀者應當仔細觀察。

第七十一章　陰寒格陽篇①

原文

盤盂②問于岐伯曰：大小便閉結不通，飲食輒吐，面赭唇焦，飲水亦嘔，脈又沉伏，此何症也？岐伯曰：腎虛寒盛，陰格陽也③。

盤盂曰：陰何以格陽乎？岐伯曰：腎少陰經也，惡寒喜溫④。腎寒則陽無所附，升而不降矣。

盤盂曰：其故何也？岐伯曰：腎中有水火存焉，火藏水中，水生火內，兩相根而兩相制也⑤。邪入則水火相離而病生矣。

盤盂曰：何邪而使之離乎？岐伯曰：寒熱之邪皆能離之，而寒邪為甚。寒感之輕，則腎中之虛陽上浮，不至格拒之至也。寒邪太盛，拒絕過堅，陽格陰而力衰，陰格陽而氣旺，陽不敢居于下焦，沖逆于上焦矣。上焦沖逆，水穀入喉，安能下入于胃乎？

盤盂曰：何以治之？岐伯曰：以熱治之。

盤盂曰：陽宜陰折，熱宜寒折。今陽在上而作熱，不用寒反用熱，不治陰反治陽，豈別有義乎？岐伯曰：上熱者，

下逼之使熱也；陽升者，陰祛之使升也。故上熱者下正寒也⑥，以陰寒折之轉害之矣，故不若以陽熱之品，順其性而從治之，則陽回而陰且交散也。

　　盤盂曰：善。

　　陳士鐸曰：陰勝必須陽折，陽勝必須陰折，皆從治之法也。

【注釋】

　　①此篇論述陰寒格陽的病因和病機，並提出以熱治寒、熱因熱用的治則。

　　②盤盂：黃帝的大臣。

　　③腎虛寒盛，陰格陽也：腎虛寒盛是主因，則不難找到治則。

　　④腎少陰經也，惡寒喜溫：少陰腎雖為水臟，但其氣為君火，故惡寒喜溫。

　　⑤腎中有水火存焉，火藏水中，水生火內，兩相根而兩相制也：腎屬水，其中真火藏焉，故曰「火藏水中，水生火內」。水與火，互為根源，並相互制約，而成水火既濟之象。

　　⑥陽升者陰祛之使升也，故上熱者下正寒也：針對「上熱下寒」的病機，提出「以熱治寒、熱因熱用」的治則。

《陰寒格陽篇》探微

　　本章再次強調腎火的重要性，命門真火虛衰，寒氣旺盛，陽氣就會被格拒在外而無所依附了。陽氣只能上升為虛陽浮越在上面，如同燈頭殘焰，堪堪將滅。

　　這都是因為邪氣入侵腎臟，導致腎中水火分離，火不能藏於水中，難以既濟。寒邪內蘊於中，陽氣格拒在外，陰陽

失去互根互化的作用，病深難治了。

治療的方法是不能被外表虛陽上越的假象所迷惑，反而要補陽助火，驅散下焦積聚的內寒，回復腎中真陽。當然，除了要用後天的藥物輔佐外，最好的方法是逆轉陰陽，行顛倒之術，借風火之力，運真元於下田元海，發動真陽，百病全消！

詩云：

　　　　一點真陽出海門，衝開水府上崑崙。

　　　　黃河逆轉扶搖力，萬里鯤鵬展翅奔。

直譯

盤盂請問岐伯說：「大小便閉結不通，吃了食物之後就吐出來，臉色呈現赭色，唇口乾焦，飲水後也嘔吐，脈象沉伏，這是什麼病症？」岐伯說：「這是腎火虛衰，寒氣旺盛，陰氣格拒陽氣。」

盤盂問：「陰為什麼會格拒陽呢？」

岐伯說：「腎是少陰經，厭惡寒冷，喜歡溫暖。腎中寒冷，陽氣沒有依附之處，就只能上升而不能下降了。」

盤盂問：「其中的原因是什麼？」

岐伯說：「腎臟中有水火存在，火藏在水中，水生於火內，兩者互為其根，又互相制約。邪氣侵入，導致水火二氣分離，於是疾病就產生了。」

盤盂問：「是什麼邪氣使它們分離呢？」

岐伯說：「寒熱的邪氣都能造成水火二氣分離，寒邪更為嚴重。寒邪感染較輕的，腎中的虛陽上浮，不至於造成格拒；寒邪過於旺盛，就會極力格拒陽氣，陽氣因為格拒陰邪而力量衰弱，陰氣因為格拒陽氣而旺盛，陽氣不敢處於下焦

的位置，向上逆沖到上焦。上焦受到沖逆，水分和食物進入咽喉，怎麼能夠下行到胃呢？」

盤盂問：「怎麼治療呢？」

岐伯說：「用溫熱藥來治療。」

盤盂問：「陽病應當用陰性的藥物來折其鋒，熱性病應當用寒涼藥來折其鋒，現在陽氣在上焦形成熱症，不用寒涼藥反而用溫熱藥，不治陰反而治陽，難道還有別的意義嗎？」

岐伯說：「上焦的熱症，是因為下焦的逼迫使它發熱；陽氣上升，是因為陰氣的驅趕使它上升。因此，上焦發熱，正是由於下焦的虛寒，用寒涼的藥物折其鋒，反而會產生傷害，所以不如用溫熱的藥物，順從陽氣上升的趨勢給予治療，不僅可以回復陽氣，而且陰寒也可以解散了。」

盤盂說：「好。」

陳士鐸曰：陰勝必須用陽來折其鋒，陽勝必須用陰來折其鋒，這都是「從治」的方法。

第七十二章　春溫似疫篇①

原文

風後問于岐伯曰：春日之疫，非感風邪成之乎？岐伯曰：疫非獨風也。春日之疫，非風而何？

風後曰：然則春溫即春疫乎？岐伯曰：春疫非春溫也。春溫有方，而春疫無方也。

風後曰：春疫無方，何其疾之一似春溫也？岐伯曰：春溫有方，而時氣亂之，則有方者變而無方②，故與疫氣正相

同也。

風後曰：同中有異乎？岐伯曰：疫氣熱中藏殺，時氣熱中藏生③。

風後曰：熱中藏生，何多死亡乎？岐伯曰：時氣者，不正之氣也。臟腑聞正氣而陰陽和，聞邪氣而陰陽亂。不正之氣即邪氣也，故聞之而輒病，轉相傳染也④。

風後曰：聞邪氣而不病者，又何歟？岐伯曰：臟腑自和，邪不得而亂之也⑤。春溫傳染，亦臟腑之虛也⑥。

風後曰：臟腑實而邪遠，臟腑空而邪中，不洵然乎？

陳士鐸曰：溫似疫症，不可謂溫即是疫，辯得明爽。

【注釋】

①此篇論述春溫與疫病（傳染病）病因、病機的不同，揭示了春溫由方隅之風邪引起，熱中藏生；疫病則無方而藏殺，且轉相傳染，甚至死亡！提出了「正氣記憶體，邪不易干」的養生預防原則。

②春溫有方，而時氣亂之，則有方者變而無方：春月溫氣當令，其方為東方，故曰「春溫有方」。如果時氣（即邪氣）擾亂了春天溫和之氣，則有方者就會變為無方。例如，春天吹西風，為金剋木，即為時氣擾亂春溫之氣，此時極易出現疫病。

③疫氣熱中藏殺，時氣熱中藏生：由時疫之氣引起的發熱，熱勢重，其中暗藏殺機；而由時氣引起的發熱，熱勢較輕，其中藏有生機。

④故聞之而輒病，轉相傳染也：時疫之病（今之傳染病），最大的特點為傳染性極強，聞之輒病，如現代的流行性腦膜炎（日本腦炎）、非典型肺炎（SAS）之類。

⑤臟腑自和，邪不得而亂之也：正氣記憶體，臟腑自然

安和，外來的邪氣就不能侵害自身。揭示了養生預防的極端重要性！

⑥春溫傳染，亦臟腑之虛也：春溫之病傳染性強，主要原因在於臟腑虛弱。故《內經》曰：「虛邪賊風，避之以時；恬淡虛無，真氣從之；精神內守，病安從來？」

《春溫似疫篇》探微

溫和疫乃兩種氣也，春溫是時令之氣，疫氣是外邪之因。春溫雖可致病卻屬應時而至，故熱中有生；疫氣卻是不時之邪，熱中藏殺。相互傳染，虛者立應。

然而無論時風外疫，「聞之輒病」者，元氣中虛也。「臟腑實而邪遠，臟腑空而邪中，不泇然乎」？古今一理，「正氣存內，邪不可干。」

得道者可轉化時風為元氣，辟除疫氣而無病。因其內中無虛也。一腔正氣充盈，何邪可犯？臟腑調和，陰陽有序，何邪可入？故修真之士，只不過首章之善於昏默，甘於昏默者，窈冥之地即無何有之鄉，大明之上即無極之野，精氣神生，精氣神滿，長抱入懷，一任它春溫時疫，無奈我何。

詩云：

　　春來疫氣縱橫中，勿使真人臟腑空。

　　煉成內丹歸五內，笑看時溫對東風。

直譯

風後請問岐伯說：「春天的疫氣，不是感染了風邪嗎？」

岐伯說：「疫氣不單是風氣。春天的疫氣，不是風氣又是什麼？」

風後問：「然而，春天的溫氣就是春疫嗎？」岐伯說：「春疫不是春溫。春溫有方位，春疫沒有方位。」

風後問：「春疫沒有方位，為什麼它的疾病像春溫一樣呢？」

岐伯說：「春溫有方位，但是時令的氣會干擾它，有方位也會變得沒有方位了，因此與疫氣正好相同。」

風後問：「相同之中存在著差異嗎？」

岐伯說：「疫氣在溫熱中隱藏著殺機，時令之氣溫熱中隱藏有生機。」

風後問：「溫熱中隱藏有生機，為什麼病人多數會死亡呢？」

岐伯說：「時氣，指四時不正之氣。臟腑感受到正氣，陰陽就會調和，感染了邪氣，陰陽就會紊亂。不正之氣就是邪氣，因此感染了邪氣就會很快得病，轉而互相傳染。」

風後問：「感染了邪氣但是不發病的，又是什麼原因呢？」

岐伯說：「臟腑自然調和，邪氣不能擾亂它。春天的瘟疫傳染，也是由於臟腑空虛的原因。」

風後說：「臟腑充實邪氣就會遠離，臟腑空虛邪氣就會感染，這不是理所當然嗎？」

陳士鐸說：春溫像疫症，不能說春溫就是疫病，分辨得明確。

卷　九

第七十三章　補瀉陰陽篇①

原文

雷公問于岐伯曰：人身陰陽分于氣血，《內經》詳之矣，請問其餘。岐伯曰：氣血之要，在氣血有餘不足而已。氣有餘則陽旺陰消，血不足則陰旺陽消②。

雷公曰：治之奈何？岐伯曰：陽旺陰消者，當補其血；陰旺陽消者，當補其氣。陽旺陰消者，宜瀉其氣；陰旺陽消者，宜瀉其血③。無不足，無有餘，則陰陽平矣④。

雷公曰：補血則陰旺陽消，不必再瀉其氣；補氣則陽旺陰消，不必重瀉其血也。岐伯曰：補血以生陰者，言其常補陰也；瀉氣以益陰者，言其暫瀉陽也。補氣以助陽者，言其常補陽也；瀉血以救陽者，言其暫瀉陰也。故新病可瀉，久病不可輕瀉也；久病宜補，新病不可純補也⑤。

雷公曰：治血必當理氣乎？岐伯曰：治氣亦宜理血也。氣無形，血有形。無形生有形者，變也；有形生無形者，常也⑥。

雷公曰：何謂也？岐伯曰：變治急，常治緩。勢急不可緩，亟補氣以生血；勢緩不可急，徐補血以生氣。

雷公曰：其故何也？岐伯曰：氣血兩相生長，非氣能生血，血不能生氣也。第氣生血者其效速，血生氣者其功遲。宜急而亟者，治失血之驟也；宜緩而徐者，治失血之後也。氣生血，則血得氣而安，無憂其沸騰也；血生氣，則氣得血

而潤，無虞其乾燥也。苟血失補血，則氣且脫矣；血安補氣，則血反動矣⑦。

雷公曰：善。

陳士鐸曰：氣血俱可補也，當於補中尋其原，不可一味呆補為妙。

【注釋】

①本篇名為補瀉陰陽，即補氣補血，為治療血症之專論。

②陽旺陰消者，當補其血；陰旺陽消者，當補其氣：陽氣旺盛而陰血虛衰的，應當補血；陰血旺盛而陽氣衰弱的，應當補氣。

③陽旺陰消者，宜瀉其氣；陰旺陽消者，宜瀉其血：陽氣旺盛陰血虛衰的，適宜瀉其陽氣；陰血旺盛而陽氣衰弱的，適宜瀉其陰血。

④無不足，無有餘，則陰陽平矣：無不足，無有餘，則陰陽平和，其人無病矣！故《內經》曰：「陰平陽秘，精神乃至。」

⑤故新病可瀉，久病不可輕瀉也；久病宜補，新病不可純補也：新病之人，其體尚健，可瀉其偏旺之方，不可純補；久病之人，其體已衰，不可輕瀉，宜以補為主。

⑥無形生有形者，變也，有形生無形者，常也。無形之氣生有形之血，這是變化之道；有形之血生無形之氣，這是正常之道。無形與有形的相互促進，至於變化莫測矣！

⑦苟血失補血，則氣且脫矣；血安補氣，則血反動矣：如果對於失血的病人，僅僅考慮到補血，那麼陰血旺盛，就會導致陽氣虛脫而亡；陰血平和，妄為補氣，就會導致血液沸鬱之病。

《補瀉陰陽篇》探微

這一章主要講究陰陽平衡之道，責之後天氣血而已。元氣充盈，自然血海充盈。一失偏頗，疾病叢生，此病之所由來者，陰陽失調也。

人的陰陽平衡一旦打破，漸漸地陰盛陽衰，抑或陽旺陰虛，氣血之中，百病紛擾，人豈能安，壽豈能長哉。今有後天臨床借助藥物而補瀉之，高者抑之，低者舉之。然而正如周易《參同契》中魏伯陽祖師所云：「雜性不相類，安肯合體居？」草木竹石，作為一時調氣血輔助可用，豈有長期巨量可能平抑人體逐日虛耗之氣血者。因此，欲得氣血調和，陰陽平秘，必須「竹破還須竹補宜」，哪裡虧了，還從哪裡補起來。

人本來就因為落入後天，每日因「視、聽、言、動」而漸次消耗其腎精元氣，導致氣血虧損，陰陽衰敗，才會百病叢生的。今用顛倒逆轉法，將外耗之神魂意志收歸體內，自然虛受實補，陰陽平衡自然回春矣，何須借助於藥物呢？

詩云：

當年錯念入塵埃，致使身軀老病衰。

懸崖勒馬修大道，內丹煉成春復來！

直譯

雷公請問岐伯說：「人身的陰陽分為氣和血，《內經》已經詳細說了，請問其他相關的知識。」

岐伯說：「氣血的關鍵，在於氣血的有餘與不足。氣有餘時，則陽亢陰虛；血不足時，則陰盛陽虛。」

雷公問：「那該如何治療呢？」

岐伯說：「陽旺陰虛的，應當補血；陰旺陽消的，就要補氣。陽旺陰虛的，應當瀉氣；陰旺陽消的，應當瀉血。沒有不足，也沒有多餘，那麼陰陽就平衡了。」

雷公問：「補血就可以陰旺陽消，不需要再瀉他的氣；補氣就可以陽旺陰消，不需要再瀉他的血。」

岐伯說：「透過補血生起陰精的，是指經常補益陰精；透過瀉氣來補益陰精的，是所謂的暫時性瀉陽。透過補氣來回復陽的，是指經常補陽氣；透過瀉血來救陽的，是所謂的暫時性瀉陰。因此，剛發生的病可以採用瀉法來治，慢性病就不能輕易採用瀉法；慢性病應當採用補法，剛出現的病則不能一味地進補。」

雷公問：「治血一定要理氣嗎？」岐伯說：「治氣也應該理血。氣無形，血有形，無形之氣生有形之血，就是所謂的變法；有形之血生無形之氣，就是所謂的常法。」

雷公問：「怎麼說呢？」

岐伯說：「以變法治療急症，以常法治療緩症。病勢危急的不能採用緩慢的療法，要趕快補氣以生血；病勢緩慢的不能用快速的方法，要緩慢地補血以生氣。」

雷公問：「其中的原因是什麼呢？」

岐伯說：「這是因為氣與血相互滋生，而不是氣能生血、血不能生氣。氣生血的功效快速，而血生氣的功效則遲緩。應當急治的就要採用急救的方法，這是治療大出血的關鍵措施；應當緩慢的就要採用進補的方法，以便失血之後身體的恢復。氣生血，血得到氣的相助而安寧，就不用擔憂血會出現擾動的現象；血生氣，氣得到血的濡養而滋潤，就不用擔憂會出現氣枯的現象。如果因失血而單純補充血液，就會造成氣的虛脫；血液安和卻要補氣，就會導致血動妄

行。」

雷公說：「好。」

陳士鐸說：氣和血都是可以補的，應該在補法中尋求補的依據，而不能簡單呆板地進補，這才妙啊！

第七十四章　善養篇①

原文

雷公問于岐伯曰：春三月謂之發陳②，夏三月謂之蕃秀③，秋三月謂之容平④，冬三月謂之閉藏⑤，天師詳載《四氣調神大論》中，然調四時則病不生，不調四時則病必作⑥。所謂調四時者，調陰陽之時令乎？抑調人身陰陽之氣乎？願晰言之。岐伯曰：明乎哉問也！調陰陽之氣，在人不在時也。春三月，調木氣也；調木氣者，順肝氣也⑦。夏三月，調火氣也；調火氣者，順心氣也⑧。秋三月，調金氣也；調金氣者，順肺氣也⑨。冬三月，調水氣也；調水氣者，順腎氣也⑩。肝氣不順，逆春氣矣，少陽之病應之。心氣不順，逆夏氣矣，太陽之病應之。肺氣不順，逆秋氣矣，太陰之病應之。腎氣不順，逆冬氣矣，少陰之病應之。四時之氣可不調乎？調之實難，以陰陽之氣不易調也，故人多病耳。

雷公曰：人既病矣，何法療之？岐伯曰：人以胃氣為本，四時失調，致生疾病，仍調其胃氣而已⑪。胃調脾自調矣，脾調而肝心肺腎無不順矣！

雷公曰：先時以養陰陽，又何可不講乎？岐伯曰：陽根于陰，陰根于陽。養陽則取之陰也，養陰則取之陽也。以陽

養陰，以陰養陽[12]，貴養之于豫也，何邪能干乎[13]？閉目塞兌[14]，內觀心腎[15]，養陽則漱津送入心也，養陰則漱津送入腎也，無他異法也[16]。

雷公曰：善。

天老問曰：陰陽不違背而人無病，養陽養陰之法，止調心腎乎？岐伯曰：《內經》一書，皆養陽養陰之法也。

天老曰：陰陽之變遷不常，養陰養陽之法，又焉可執哉？岐伯曰：公言何善乎！奇恒之病，必用奇恒之法療之。豫調心腎，養陰陽于無病時也[17]。然而病急不可緩，病緩不可急，亦視病如何耳。故不宜汗而不汗，所以養陽也；宜汗而急汗之，亦所以養陽也。不宜下而不下，所以養陰也；宜下而大下之，亦所以養陰也。豈養陽養陰，專尚補而不尚攻乎？用攻于補之中，正善于攻也；用補于攻之內，正善于補也。攻補兼施，養陽而不損于陰，養陰而不損于陽，庶幾善于養陰陽者乎[18]！

天老曰：善。

陳士鐸曰：善養一篇，俱非泛然之論，不可輕用攻補也。

【注釋】

①本篇專論善養，即善養陰陽、善調四時也。何為陰陽？一陰一陽，即一性一命，亦即養生修真之道也。如何養法？先「調四時」，以達於養生之域；後進行「閉目塞兌，內觀心腎」之內修。對於久病之人，則首重調胃為主，土旺然後才能發生萬物也。

②春三月謂之發陳：春三月，草木萌發，敷陳於大地，稱為發陳。

③夏三月謂之蕃秀：夏三月，萬物繁衍，茂盛榮秀，稱

為蓄秀。

④秋三月謂之容平：秋三月，其氣舒緩，從容平定，稱
為容平。

⑤冬三月謂之閉藏：冬三月，其氣閉塞，伏藏於地，稱
為閉藏。

⑥調四時則病不生，不調四時則病必作：調，調養、調
度之義。

⑦調木氣者，順肝氣也：調養木氣，在於調順肝氣。肝
通於目，貴在垂簾閉目，回光內照也。

⑧調火氣者，順心氣也：調養火氣，在於調順心氣。心
之機在目，故仍在垂簾閉目，回光內照也。

⑨調金氣者，順肺氣也：調養金氣，在於調順肺氣。肺
之氣在於口，更在於息。故調肺之氣，一在「塞兌」，二在
「調」綿綿若存之胎息。

⑩調水氣者，順腎氣也：調養水氣，在於調順腎氣。腎
之氣在於耳，更在於命宮。故調腎氣，煉精化氣。

⑪人以胃氣為本，四時失調，致生疾病，仍調其胃氣而
已：胃屬土，旺於四季，而為五臟後天之本，胃氣旺則有康
復再生之機矣。

⑫以陽養陰，以陰養陽：性屬陰，命屬陽。養陽則取之
陰也，養陰則取之陽也。故善養性者，以陽養陰也；善養陰
者，以陰養陽也。

⑬貴養之于豫也，何邪能干乎：豫同預。未病之時預防
為主，使精力充沛，正氣旺盛，則邪不能干矣。

⑭閉目塞兌：兌，即口。閉目塞兌，閉上口目，使精神
集中向內，使向外的順行消耗變為向內的積累再生。

⑮內觀心腎：內觀心腎的「心腎」，並不是指心腎之器

卷

九

571

官實體,而是指「心之機在目」的目內眥以及腎之機在「命宮」的從尾閭至兩腎的全部位置。二者是神氣(性命)之源頭。

⑯養陽則漱津送入心也,養陰則漱津送入腎也,無它異法也:保養陽氣的訣竅,是將甘津(元精)咽下,送入心中;保養陰氣的訣竅,是將甘津(元精)咽下,送入腎中。

⑰豫調心腎,養陰陽于無病時也:無病之時,內觀心腎,修煉丹道,則「精神內守,病安從來?」

⑱庶幾善于養陰陽者乎:只有這樣,才是真正的善於調養陰陽啊!

《善養篇》探微

讀經就像海灘撿寶一樣,只要用心就會在一望無垠的沙灘上發現閃光的珠貝。

像前面幾篇中似乎看不到真正講述先天大道的內容,忽然這一章別開生面,直示中心,再次將修真秘寶直接展示在我們面前,使我們在懵懂中為之精神一振,於是活子時現,心花怒放,急按文中所示秘法,逆轉心神,內視心腎,陰歸陰,陽歸陽,不採而自採,小藥得焉!

「閉目塞兌,內觀心腎,養陽則漱津送入心也,養陰則漱津送入腎也,無他異法也。」「《黃帝內經》一書,皆養陽之法也」。「豫(預)調心腎,養陰陽于無病時也。」此善養之大道也,論在《黃帝內經》而示在《黃帝外經》,讀者諸君,可能明白乎?可能實行否?

閉目含光,內觀心腎則陰陽自調,四時自順。調四氣而歸於脾胃,意土中正,則五行自安,五氣歸元,大丹必成!

詩云:

善養吾真不老人，黃帝外經可通神。

顛倒術德傳千載，佑我中華永世春。

直譯

雷公問：「春天的三個月稱為發陳，夏天的三個月稱為蕃秀，秋天的三個月稱為容平，冬天的三個月稱為閉藏，天師已經詳細地記載於《四氣調神大論》中了。調和四時，疾病就不會發生；不調四時，疾病必然會發生。所謂調四時，是調節四時的陰陽之氣，還是調節人體的陰陽之氣？請詳細論述。」

岐伯說：「這真是明哲的提問啊！調節陰陽之氣，在於人體而不在於四時。春天的三個月，要調節木氣；調節木氣，以順應肝氣；夏天的三個月，要調節火氣；調節火氣，以順應心氣；秋天的三個月，要調節金氣；調節金氣，以順應肺氣；冬天的三個月，要調節水氣；調節水氣，以順應腎氣。肝氣不順，悖逆了春天的木氣，少陽病就會相應發生；心氣不順，悖逆了夏天的火氣，太陽病就會相應發生；肺氣不順，悖逆了秋天的金氣，太陰病就會相應發生；腎氣不順，悖逆了冬天的水氣，少陰病就會相應發生。四時陰陽之氣豈能不調節呢？調節它們其實很難，因為四時陰陽之氣不容易調節，因此人們才容易得病。」

雷公問：「人們既然病了，用什麼方法來治療呢？」

岐伯說：「人以胃氣為根本，因為悖逆了四時陰陽之氣而產生的疾病，仍然是調理胃氣而已。胃氣調理好了，脾氣也就自然好了；脾氣得到了調節，那麼肝、心、肺和腎，就沒有不順暢的了！」

雷公問：「在每個時令之前調養陰陽，又怎麼可以不講

呢？」

岐伯說：「陽以陰為根，陰以陽為根。養陽需要從陰中求陽，養陰需要從陽中取陰。以陽養陰，以陰養陽，貴在預先調養，還會有什麼邪氣能夠入侵呢？閉上雙目，合上嘴唇，向內觀照心腎，養陽就含漱津液送入胃脘中，養陰就含漱津液送入腎中，沒有其他特別的方法了。」

雷公說：「好。」

天老問：「陰陽不相背離，人就沒有疾病，養陽養陰的方法，只是調養心腎嗎？」岐伯說：「《內經》一書，講的都是養陽和養陰的方法。」

天老問：「陰陽的變化複雜多端，養陰養陽的方法，又怎麼可以一成不變呢？」

岐伯說：「你問得真好啊！奇恒的疾病，必須採用適應奇恒的方法來治療。預先調養心腎，是在沒有發病之前調養陰陽。當然，病情急重的不能緩慢地調養，病情緩慢的不需要急治，也需要根據疾病的情況來決定。因此，不適宜發汗就不使用汗法，這是為了養陽；適宜發汗就趕快使用汗法，這也是為了養陽；不適宜攻下就不使用下法，這是為了養陰；適宜攻下就趕快使用下法，這也是為了養陰。養陰養陽，怎麼能夠一味地強調補而不強調攻呢？把攻法融入補法之中，正是善於運用攻法；把補法融入攻法之中，正是善於運用補法。攻法和補法兼顧使用，養陽而不損傷陰，養陰而不損傷陽，這才是善於調養陰陽啊！」

天老說：「好。」

陳士鐸評述：《善養》這一篇，都不是泛泛而談，不能輕率地使用攻法和補法。

第七十五章　亡陰亡陽篇①

原文

鳥師問于岐伯曰：人汗出不已，皆亡陽也？岐伯曰：汗出不已，非盡亡陽也。

鳥師曰：汗症未有非熱也，熱病即陽病矣，天師謂非陽，何也？岐伯曰：熱極則陽氣難固，故汗泄亡陽。溺屬陰，汗屬陽②。陽之外泄，非亡陽而何？謂非盡亡陽者，以陽根于陰也。陽之外泄，由於陰之不守也③。陰守其職，則陽根于陰，陽不能外泄也。陰失其職，則陰欲自顧不能，又何能攝陽氣之散亡乎？故陽亡本于陰之先亡也。

鳥師曰：陰亡則陰且先脫，何待陽亡而死乎？岐伯曰：陰陽相根，無寸晷之離也④。陰亡而陽隨之即亡，故陽亡即陰亡也，何分先後乎？

鳥師曰：陰陽同亡，宜陰陽之共救矣！乃救陽則汗收而可生，救陰則汗止而難活，又何故乎？岐伯曰：陰生陽則緩，陽生陰則速。救陰而陽之絕不能遽回，救陽而陰之絕可以驟復，故救陰不若救陽也。雖然，陰陽何可離也？救陽之中附以救陰之法，則陽回而陰亦自復也。

鳥師曰：陰陽之亡，非旦夕之故也，曷不於未亡之前先治之？岐伯天師曰：大哉言乎！亡陰亡陽之症，皆腎中水火之虛也⑤。陽虛，補火以生水，陰虛，補水以制火⑥，可免兩亡矣！

鳥師曰：善。

陳士鐸曰：陰陽之亡，由於陰陽之兩不可守也，陽攝于陰，陰攝于陽。本於水火之虛，虛則亡，又何疑哉？

【注釋】

①此篇論述大汗亡陽的機理及其治則，指出「腎中水火之虛」是亡陰亡陽的病機，並提出了「回陽救逆」的治則。

②溺屬陰，汗屬陽：溺，通「尿」。尿液下泄，故屬陰；汗液達於體表，故屬陽。

③陽之外泄，由於陰之不守也：陽氣之所以外泄，是由於陰氣不能內守。

④陰陽相根，無寸晷之離也：晷，音（ㄍㄨㄟˇ），即日晷，是古代用來測量日影以確定時辰的工具。陰與陽，兩者互為其根，不可須臾離也。故《內經》曰：「陰陽離決，精氣乃絕。」

⑤亡陰亡陽之症，皆腎中水火之虛也：亡陰亡陽之症，其病機在於腎中水火二氣的虛衰。

⑥陽虛，補火以生水；陰虛，補水以制火：對於陽虛的病人，可以採用補火生水的治法；而對於陰虛的病人，則應當採用補水以制火的治法。

《亡陰亡陽篇》探微

這一章又用隱晦之法，強調保陰保陽的唯一法門，就是保持腎中水火不虛，自然可以調劑陰陽，永遠不會出現亡陰脫陽之患。

「陰陽之亡，非旦夕之故也，曷不於未亡之前先治之？」這一句才是我國道醫的宗旨，「治未病」，不待有病而後治之。預防一直是黃帝、老子等傳道之心法，「亡羊補牢」豈如「防患於未然」為高明哉！

而作為修真之人，則完全顛倒後天生死之規則，打破陰陽順行的軌道，以腎中一點先天水火烹煉長生不死之金丹，

雖冬天臘月，仍汗飛如雨，卻無脫陽亡陰之慮，不也神乎！

詩云：

水火混元匯命門，陰陽同體又同根。

他年相遇崑崙頂，笑指江河濁浪奔。

直譯

鳥師問：「人不停地出汗，都是亡陽嗎？」

岐伯說：「汗出不停，不都是亡陽。」

鳥師問：「汗症沒有不發熱的，熱病就是陽證啊，天師說不全是陽證，為什麼？」岐伯說：「熱到極點則陽氣難以穩固，因此出汗過多就會亡陽。尿屬陰，汗屬陽。陽氣外泄，不是亡陽又是什麼？說不全是亡陽，是因為陽以陰為根。陽氣外泄，是因為陰氣不能固守。如果陰氣恪守它的職能，陽氣得到陰氣的根本，陽氣就不能外泄；陰氣失職，陰氣難以自保，又怎麼能夠固攝陽氣使之不亡呢？因此，亡陽證的根源是陰氣先亡。」

鳥師問：「陰亡應該是陰液先脫，為什麼要等到陽亡了才死呢？」岐伯說：「陰陽相互是對方的根本，沒有片刻的分離。陰液亡了，陽氣就會隨之而亡，因此陽亡就是陰亡，還分什麼先後呢？」

鳥師問：「既然陰陽同時消亡，那麼就應該同時救護陽氣和陰氣啊！救陽則出汗停止而人能轉生，救陰出汗也停止但人卻難於存活，這又是什麼原因呢？」岐伯說：「陰生陽比較緩慢，陽生陰就很迅速。救陰不能立即挽回陽氣的消亡，救陽則可以立即使陰液恢復，因此救陰不如救陽。儘管如此，陰陽又怎麼可以分離呢？救陽之中應當附加採用救陰的方法，那麼在陽氣回復的同時，陰氣也就自行恢復了。」

鳥師問：「亡陰和亡陽不是一朝一夕的原因引起的，為什麼不在沒有出現症狀之前就先進行治療呢？」

岐伯天師說：「說得很對啊！亡陰亡陽的病症，都是因為腎中水火虛衰。陽虛，補火來生水，陰虛，補水來生火，就可以避免亡陰和亡陽了！」

鳥師說：「好。」

陳士鐸說：亡陰亡陽，是由於陰和陽兩者互相不能持守，陽氣受陰氣的攝受，陰氣受陽氣的持守。發病的原因是腎中水火的虧虛，虧虛就會亡失，這還有什麼疑問呢？

第七十六章　晝夜輕重篇①

原文

雷公問于岐伯曰：晝夜可辨病之輕重乎？岐伯曰：病有重輕，宜從晝夜辨之。

雷公曰：辨之維何？岐伯曰：陽病晝重，陰病晝輕，陽病夜輕，陰病夜重②。

雷公曰：何謂也？岐伯曰：晝重夜輕，陽氣旺于晝，衰于夜也；晝輕夜重，陰氣旺于夜，衰于晝也。

雷公曰：陽病晝輕，陰病夜輕，何故乎？岐伯曰：此陰陽之氣虛也。

雷公曰：請顯言之。岐伯曰：陽病晝重夜輕，此陽氣與病氣交旺，陽氣未衰也，正與邪鬥，尚有力也，故晝反重耳；夜則陽衰矣，陽衰不與邪鬥，邪亦不與正鬥，故夜反輕耳。陰病晝輕夜重，此陰氣與病氣交旺，陰氣未衰也，正與邪爭，尚有力也，故夜反重耳；晝則陰衰矣，陰衰不敢與邪

爭，邪亦不與陰爭，故晝反輕耳。

雷公曰：邪既不與正相戰，宜邪之退舍矣，病猶不瘥，何也？岐伯曰：重乃真重，輕乃假輕。假輕者，視之輕而實重，邪且重入矣，烏可退哉？且輕重無常，或晝重夜亦重，或晝輕夜亦輕，或時重時輕，此陰陽之無定，晝夜之難拘也。

雷公曰：然則，何以施療乎？岐伯曰：晝重夜輕者，助陽氣以祛邪[3]；晝輕夜重者，助陰氣以祛邪[4]，皆不可專祛其邪也。晝夜俱重，晝夜俱輕，與時重時輕，峻于補陰，佐以補陽，又不可泥于補陽而專于祛邪也。

陳士鐸曰：晝夜之間，輕重自別。

【注釋】

①本篇根據疾病的晝夜輕重或時輕時重，闡述其病機，並確立了治則。

②陽病晝重，陰病晝輕，陽病夜輕，陰病夜重：白天陽氣旺，夜晚陰氣盛。陽病，白天陽氣與病邪相爭，故白晝重，夜晚輕；陰病，夜晚陰氣與病邪爭，故夜晚重，白天輕。

③晝重夜輕者，助陽氣以祛邪：對於晝重夜輕的陽性病，宜助其陽氣，以祛除病邪。

④晝輕夜重者，助陰氣以祛邪：對於晝輕夜重的陰性病，宜助其陰氣，以祛除病邪。

《晝夜輕重篇》探微

此處講晝夜陰陽的差別，修真是講二六時陰陽火候的差別的。晝夜分六陽時，六陰時，初修者陽氣虛而陰氣盛，多用六陽時修煉，後元陽漸足，多用六陰時靜養沐浴，子午卯

酉不是定數。

後天疾病因偏陰偏陽而有晝夜輕重之分，先天修真也看陰陽火候，晝夜用功，唯勤不怠。然勤並不是多煉就可，而是在二六時，用心體察陰陽氣血之變化，日夜用心，才能不使事倍而功半也。

不管是後天治病還是先天修真，都不能一味地喜陽惡陰，一味地祛邪，今人有專攻排毒祛邪者，是不知陰陽也，老子「專氣致柔」，「我處其和」。把握陰陽平衡，正氣滋生，自然邪不可干。

詩云：

> 爐火熊熊晝夜紅，修真本屬鬼神工。
> 時分二六陰陽合，老子道德正反通。

直譯

雷公請問岐伯說：「可以辨別疾病在白天和晚上的輕重嗎？」岐伯說：「病情有重有輕，正應當從白天和晚上加以辨別。」

雷公問：「辨別的標準是什麼？」岐伯說：「陽病白天重，陰病白天輕；陽病晚上輕，陰病晚上重。」

雷公問：「怎麼說呢？」岐伯說：「陽證白天重夜間輕，是因為陽氣在白天旺盛而夜晚則衰微；陰證白天輕而夜間重，是因為陰氣在夜晚旺而在白天衰。」

雷公問：「陽證白天輕，陰證夜間輕，這是什麼原因呢？」岐伯說：「這是陰陽之氣虛的緣故。」

雷公說：「請給予明確解釋。」

岐伯說：「陽病白天重而夜間輕，這是白天陽氣和病氣都旺盛，陽氣沒有衰微，在與邪氣的交鋒中正氣還有力量，

所以白天症狀反而較重；夜間陽氣衰微，陽氣衰微就不會與
邪氣爭鬥，而邪氣也不與正氣爭鬥，所以夜間病症反而較
輕。陰病白天輕而夜間重，這是夜間陰氣和病氣都旺盛，陰
氣沒有衰微，在與邪氣的交鋒中正氣還有力量，所以夜間症
狀反而較重；白天陰氣衰微，陰氣衰微就無力與邪氣爭鬥，
而邪氣也不與陰氣爭鬥，所以白天病症反而較輕。」

雷公問：「病邪既然不與正氣相爭鬥，邪氣應當退避三
舍了，可是疾病仍然不癒，為什麼？」

岐伯說：「症狀重是真的重，症狀輕是假的輕。假輕
的，是看起來輕而實際上重，邪氣侵入更為深重，怎麼會退
去呢？至於那些輕重無常，有的白天症狀重夜間也重，有的
白天症狀輕夜間也輕，有的時重時輕，這是因為陰陽不穩
定，難以受制於晝夜變化的規律。」

雷公問：「既然如此，那該如何治療呢？」

岐伯說：「白天重而夜間輕的，助長陽氣以便袪除邪
氣；白天輕夜間重的，助長陰氣以便袪除邪氣，都不能單純
地攻伐邪氣。白天夜間都重的，或者白天夜間都輕的，或者
症狀時重時輕的，關鍵在於補陰，輔以補陽，不可拘泥於補
陽而專一袪邪。」

陳士鐸說：晝夜之間，病情的輕重自然有區別。

第七十七章　解陽解陰篇①

原文

奢龍問于岐伯曰：陽病解于戌，陰病解于寅，何也？岐
伯曰：陽病解于戌者，解于陰也；陰病解于寅者，解于陽

也。然解于戌者，不始于戌；解于寅者，不始于寅。不始于
戌者，由寅始之也；不始于寅者，由亥始之也。解于戌而始
于寅，非解于陰乃解于陽也；解于寅而始于亥，非解于陽乃
解于陰也。

奢龍曰：陽解于陽，陰解于陰，其義何也？岐伯曰：十
二經均有氣旺之時，氣旺則解也。

奢龍曰：十二經之旺氣，可得聞乎？岐伯曰：少陽之
氣，旺寅卯辰；太陽之氣，旺巳午未；陽明之氣，旺申酉
戌；太陰之氣，旺亥子丑；少陰之氣，旺子丑寅；厥陰之
氣，旺丑寅卯也。

奢龍曰：少陰之旺何與各經殊乎？岐伯曰：少陰者，腎
水也。水中藏火，火者陽也。子時一陽生，丑時二陽生，寅
時三陽生②，陽進則陰退，故陰病遇子丑寅而解者，解于陽
也。

奢龍曰：少陰解于陽，非解于陰矣！岐伯曰：天一生
水，子時水生，即是旺地，故少陰遇子而漸解也。

奢龍曰：少陽之解，始於寅卯，少陰、厥陰之解，終于
寅卯，又何也？岐伯曰：寅為生人之首，卯為天地門戶③。
始于寅卯者，陽得初之氣也；終于寅卯者，陰得終之氣也。

奢龍曰：三陽之時旺，各旺三時，三陰之時旺，連旺三
時，又何也？岐伯曰：陽行健，其道長，故各旺其時；陰行
鈍，其道促，故連旺其時也。

奢龍曰：陽病解于夜半，陰病解于日中，豈陽解于陽，
陰解于陰乎？岐伯曰：夜半以前者，陰也；夜半以後者，陽
也；日中以後者，陰也；日中以前者，陽也。陽病必于陽旺
之時先現解之機，至夜半而盡解也。陰病必于陰旺之時先現
解之兆，至日中而盡解也。雖陽解于陽，實陽得陰之氣也；

雖陰解于陰，實陰得陽之氣也。此陽根陰，陰根陽之義耳。

奢龍曰：善。

陳士鐸曰：陽解于陰，陰解于陽，自有至義，非泛說也。

【注釋】

①本篇論述陽病解於陰時以及陰病解於陽時之理，並指示了人體氣機升降的時辰。

②子時一陽生，丑時二陽生，寅時三陽生：子時一陽生，為地雷復卦；丑時二陽生，為地澤臨卦；寅時三陽生，為地天泰卦……坤為地卦。此十二消息卦，為丹道養生修真的「火候」秘機。

③寅為生人之首，卯為天地門戶：道家認為：「天開於子，地闢於丑，人生於寅。」「日升於卯，月降於酉。」故曰：寅為生人之首，卯為天地門戶。

《解陽解陰篇》探微

不理解的人，一定會說筆者似乎在牽強附會，明明講的是醫學臨床治病之說，為什麼非要每篇都勉強解為修真內煉之義呢？其實，這就是筆者將此贅文命名為「探微」的原因。其實，《外經》也好，《內經》也罷，都離不開修真之學，並非只是開頭的幾章論道，後來的就是醫學了。要知丹道為體而醫為用，一貫的宗旨。岐黃論道，寓道於醫，便於人們從後天臨床去感悟。《內經》講天地中的道在人身上的用，《外經》講人體的真道與天地道體的相合相證。每一篇都有其內涵，微言大義，有待我們去探索。

就如本篇，就是在前一篇的晝夜輕重陰陽盛衰的基礎上更進一步闡述了寅戌二時在修真中的重要性，在《周易參同

《黃帝外經》丹道修真長壽學

契》中講屯、蒙二卦在陰陽火候的運用，朝屯暮蒙，進火退符，別有真傳，學道者豈有心或！

修真之術，後世稱為煉丹，由外丹爐火而參悟內修丹法是一段彎路，其實上古有《火記》傳世時，火候盡人皆知也。後秦宮劫火，《火記》失傳，幸有魏伯陽祖師參同易理，作「萬古丹經王」，使後世修真者又知火候之秘旨，司陰陽之規律。

本章所言陰陽病解之時，正是先天運火之際，借後以喻先天，讀者宜悟也。解於寅者始於亥，亥本陰時，然極陰之中一陽孕生，古人講亥子之交是陽生之時，得道之人身心如小孩，這個「孩」字就是子亥交合而成字，可知古人造字用心良苦。陽病解於戌時，陰病解於寅，此寅戌便朝屯暮蒙，陰陽輪轉之機也。

另外十二經雖各有衰旺之時，但不可拘泥，每個時辰都有子午卯酉，都有其朝屯暮蒙，學者不可不知。又突出「子時一陽生」，「天一生水，子時水生，即是旺地」，「卯為天地門戶」。「陽行健，其道長，故各旺其時；陰行鈍，其道促，故連旺其時也。」這些關鍵，讀者切不可等閒視之而忽略。陳遠公也說：「必有至意，非泛說也」。

梅老解要說：「寅卯大天光」，又說「小周天至大周天，質的飛躍，由此門戶也」。

詩云：

> 屯蒙二卦說分明，朝暮殷勤道可成。
>
> 解得陰陽真火候，光同日月享長生！

直譯

奢龍請問岐伯說：「陽病緩解於戌時，陰病緩解於寅

時，為什麼？」岐伯說：「陽病緩解於戌時，是緩解於陰時；陰病緩解於寅時，是緩解於陽時。然而，緩解於戌時的，不是從戌時開始的；緩解於寅時的，也不是從寅時開始。不開始於戌時的，從寅時開始；不開始於寅時的，從亥時開始。緩解於戌時而開始於寅時，不是緩解於陰時而是緩解於陽時；緩解於寅時而開始於亥時，不是緩解於陽時而是緩解於陰時。」

奢龍問：「陽病緩解於陽時，陰病緩解於陰時，其中有什麼含義？」岐伯說：「十二經都有氣旺的時辰，經氣旺盛疾病就緩解了。」

奢龍問：「十二經的旺氣，可以聽聞到嗎？」

岐伯說：「少陽經的氣，旺於寅卯辰三個時辰；太陽經的氣，旺於巳午未三個時辰；陽明經的氣，旺於申酉戌三個時辰；太陰經的氣，旺於亥子丑三個時辰；少陰經的氣，旺於子丑寅三個時辰，厥陰經的氣，旺於丑寅卯三個時辰。」

奢龍問：「少陰經氣的旺相為什麼與其他各條經絡有差異呢？」岐伯說：「少陰經屬腎水，水中藏有火，火就是陽，子時一陽生，丑時二陽生，寅時三陽生，陽進則陰退，因此陰病在子丑寅三個時辰得到緩解的，是緩解於陽時。」

奢龍說：「少陰病緩解於陽時，不是緩解在陰時。」

岐伯說：「天一生水，水生於子時，就是水旺之地，因此少陰證遇到子時逐漸緩解。」

奢龍問：「少陽病的緩解從寅卯二時開始，少陰、厥陰病的緩解則在寅卯二時結束，為什麼呢？」岐伯說：「寅是生人的開始，卯是天地的門戶。開始於寅卯二時的，是陽得到初生之氣；終止於寅卯二時的，是陰遇到終結之氣。」

奢龍問：「三陽經氣的生旺分別在三個不同的時辰，三

陰經氣的生旺，則連續生旺在三個時辰，這又是什麼呢？」

岐伯說：「陽氣的運行剛健，它的路徑比較長，因此三陽經氣的生旺分別在三個不同的時辰；陰氣的運行遲緩，它的路徑比較短，因此連續生旺在三個時辰。」

奢龍問：「陽病緩解於夜半子時，陰病緩解於日中午時，豈不是陽病緩解於陽時，陰病緩解於陰時嗎？」

岐伯說：「夜半之前的時辰屬陰，夜半之後的時辰屬陽；正午之後的時辰屬陰，正午之前的時辰屬陽。陽病必然會在陽氣生旺的時辰先出現緩解的苗頭，到夜半時分則全部解除；陰病必然在陰氣生旺的時辰先出現緩解的徵兆，到正午時刻就會全部解除。雖然陽病緩解於陽時，實際上是陽得陰氣；雖然陰病緩解於陰時，實際上是陰得陽氣。這是陽以陰為根、陰以陽為根的根本含義。」

奢龍說：「好。」

陳士鐸說：陽病緩解於陰時，陰病緩解於陽時，有其特定的含義，並不是泛泛而論。

第七十八章　真假疑似篇①

原文

雷公問曰：病有真假，公言之矣。真中之假，假中之真，未言也。岐伯曰：寒熱虛實盡之。

雷公曰：寒熱若何？岐伯曰：寒乃假寒，熱乃真熱。內熱之極，外現假寒之象，此心火之亢也。火極似水，治以寒則解矣②。熱乃假熱，寒乃真寒，下寒之至，上發假熱之形，此腎火之微也。水極似火，治以熱則解矣③。

雷公曰：虛實若何？岐伯曰：虛乃真虛，實乃假實，清肅之令不行，飲食難化，上越中滿，此脾胃假實，肺氣真虛也，補虛則實消矣[④]。實乃真實，虛乃假虛，疏泄之氣不通，風邪相侵，外發寒熱，此肺氣假虛，肝氣真實也，治實則虛失矣[⑤]。

雷公曰：盡此乎？岐伯曰：未也。有時即時虛，時寒時熱，狀真非真，狀假非假，此陰陽之變，水火之絕也[⑥]。

雷公曰：然則，何以治之？岐伯曰：治之早則生，治之遲則死。

雷公曰：將何法早治之？岐伯曰：救胃腎之氣，則絕者不絕，變者不變也。

雷公曰：水火各有其假，而火尤難辨，奈何？岐伯曰：真火每現假寒，假火每現真熱，然辨之有法也。真熱者，陽證也。真熱現假寒者，陽證似陰也，此外寒內熱耳。真寒者，陰證也。真寒現假熱者，陰證似陽也，此外熱內寒耳。

雷公曰：外寒內熱，外熱內寒，水火終何以辨之？岐伯曰：外寒內熱者，真水之虧，邪氣之勝也[⑦]；外熱內寒者，真火之虧，正氣之虛也[⑧]。真水真火，腎中水火也。腎火得腎水以相資，則火為真火，熱為真熱；腎火離腎水以相制，則火為假火，熱成假熱矣！辨真辨假，以外水試之，真熱得水則解，假熱得水則逆也[⑨]。

雷公曰：治法若何？岐伯曰：補其水則假火自解矣[⑩]。

雷公曰：假熱之症，用熱劑而瘥者，何也？岐伯曰：腎中之火，喜陰水相濟，亦喜陰火相引，滋其水矣。用火引之，則假火易藏，非舍水竟用火也[⑪]。

雷公曰：請言治火之法。岐伯曰：補真水則真火亦解也。雖然，治火又不可純補水也，祛熱于補水之中[⑫]，則假

破真現矣。

雷公曰：善。

陳士鐸曰：不悟真，何知假？不悟假，何知真？真假之間，亦水火之分也。識破水火之真假，則真假何難辨哉？

【注釋】

①本篇主要論述寒熱虛實真假，以及真熱假寒、真寒假熱的辨證及其治則。

②火極似水，治以寒則解矣：對於心火亢奮引起的真熱假寒症，應治以寒涼。

③水極似火，治以熱則解矣：對於腎水衰微引起的真寒假熱症，應治以溫熱。

④上越中滿，此脾胃假實，肺氣真虛也，補虛則實消矣：對於肺胃假實、肺氣真虛的上虛下實症，宜補肺氣之虛，則假實可消。

⑤此肺氣假虛，肝氣真實也，治實則虛失矣：對於肺氣假虛、肝氣真實的金虛木實之症，治宜平肝息風，則肺虛之症可除。

⑥此陰陽之變，水火之絕也：對於因為水火極度衰弱形成的時虛時實、時寒時熱、狀真非真、狀假非假等危症，治宜補胃氣與腎氣，並且治之宜早。

⑦外寒內熱者，真水之虧，邪氣之勝也：外寒內熱的病症，是因為腎中的真水虧虛，內在的邪氣旺盛。

⑧外熱內寒者，真火之虧，正氣之虛也：外熱內寒的病症，是因為腎中的真火虛虧，內在的正氣虛弱。

⑨以外水試之，真熱得水則解，假熱得水則逆也：試驗真熱和假熱方法，可以將涼水給病人喝。如果是真熱，喝水後就會得到緩解；如果是假熱，喝水後就會嘔逆。

《黃帝外經》丹道修真長壽學

⑩補其水則假火自解矣：如果是虛火，意味著病人體內真水虧虛。此時，補益體內的真水，虛火之病症就會自然解除。

⑪用火引之，則假火易藏，非舍水竟用火也：治療假熱之症，可以用陰火來引導，則假火容易伏藏，不能只顧用火，而不顧及腎中的真水。

⑫治火又不可純補水也，袪熱于補水之中：戒治火純補水，應袪熱於補水之中。

《真假疑似篇》探微

「病有真假」而「寒熱虛實盡之」，由心腎水火而辨其真假虛實。據臨床實踐證明，凡腎中水火真虛者，由於命門真火不能溫煦運化脾胃中的後天水穀之氣，因此會導致「虛乃真虛，實乃假實」，「清肅之令不行，飲難化，上越中滿」的脾胃假實現象。

普通人悉以為腎虛可以用後天飲食來彌補，其實難副，因為上述之火不暖土，飲食難化，不管吃的什麼都不能補足先天的虧耗，徒以增加後天脾胃的負擔而已。

因此，請讀者切切留意首章所傳之真意，用顛倒之法逆轉陰陽，超脫生死只在此間。

另外，此篇又透露了修真煉丹中的火候之真假，至關重要。如不能明辨火候，誤採假藥，必結幻丹。而辨之有方，「真火每現假寒，假火每現真熱」，此在後天為寒熱之病症，在先天則為得藥之明驗。凡火候真炎，採得真丹頭，黃芽吐蕊，有骨散寒瓊之假寒之象，修者全身如生月光中，似乎是寒，卻寒而不冷；而採得假藥，結幻丹者，卻全身如坐冷水，但五內俱焚，熱極煩躁。此真假之分，與真修者語。

請諸細讀陳運公語，則真假可明矣！

詩云：

> 骨散寒瓊夜半時，一陽初動兆丹基。
>
> 憑君仔細分真假，著相無真莫信之。

直譯

雷公問：「病有真假，您已經說了。但真病中的假象，假病中的真象，您還沒有說到。」

岐伯說：「寒熱虛實可以說盡。」

雷公問：「寒熱怎麼樣？」岐伯說：「寒是假寒，熱是真熱。體內熱到極點，外表則出現假寒的症狀，這是心火上亢的緣故。火旺到極點就像水，用寒涼的方法來治療就會痊癒。熱是假熱，寒是真寒，下面的寒氣到了極點，上面就會出現假熱的症狀，這是因為腎火衰微的緣故。水旺到極點就會像火，用溫熱的方法來治療就會痊癒。」

雷公問：「虛實怎麼樣？」

岐伯說：「虛是真虛，實是假實，清肅的功能失調，飲食難以消化，在上嘔吐，中脘脹滿，這是脾胃假實、肺氣真虛，補益虛症，實症就會消除。實是真實，虛是假虛，疏泄之氣不通，風邪之氣侵入，體表出現時寒時熱的症狀，這是肺氣假虛、肝氣真實，治療實症，虛症就會消除。」

雷公問：「就這些內容了嗎？」

岐伯說：「還沒完呢！有時實有時虛，有時寒有時熱，症狀似乎是真的，其實並不是真的，症狀似乎是假的其實不是假的，這是陰陽的變化、水火二氣將要斷絕了。」

雷公問：「那麼，如何治療呢？」

岐伯說：「治療及時可以生存，治療晚了就會死亡。」

雷公問：「應當用什麼方法及時治療呢？」

岐伯說：「挽救胃氣和腎氣，那麼斷絕之氣得以恢復，已經變化的就不再變化。」

雷公問：「水火有各自的假症，特別是火的假症更難辨別，怎麼辦？」岐伯說：「真火經常表現假寒，假火經常表現真熱，然而還是有辦法辨別的。真熱是陽證。真熱症而表現假寒的，是陽證似陰，這是外寒內熱。真寒是陰證。真寒症而表現假熱的，是陰症似陽，這是外熱內寒。」

雷公問：「外寒內熱，外熱內寒，究竟怎樣透過水火來辨別呢？」岐伯說：「外寒內熱，是真水虧虛，邪氣旺盛；外熱內寒，是真火虧虛，正氣不足。真水真火，是腎中的水火。腎火得到腎水的資助，這火就是真火，熱也是真熱；腎火離開了腎水的制約，那火就成了假火，發熱的也就變成假熱了！辨別真熱假熱，可以用冷水來試驗，真熱遇到冷水就會緩解，假熱遇到冷水就會加劇。」

雷公問：「治療的方法怎麼樣？」

岐伯說：「補益腎水，假火就會自行熄滅。」

雷公問：「假熱的病症，用溫熱的方劑也可以治癒，為什麼？」岐伯說：「腎中的火，喜歡陰水來相濟，也喜歡陰火的引導，因此都可以滋養腎水。用陰火引導腎水，假火就容易伏藏，這不是捨棄腎水而直接用火。」

雷公問：「請講述治療火熱的方法。」

岐伯說：「補益真水，真火也就解除了。儘管這樣，治火又不能單純補水，在補水之中兼用祛熱的方法，那麼假的被攻破，真的就會顯露了。」

雷公說：「好。」

陳士鐸說：不領悟真的本義，怎麼會知道假象？不領悟

假的本義，怎麼會知道真象？真假之間，也就是水火的區別。看透了水火的真假，那麼真象和假象又怎麼難辨別呢？

第七十九章　從逆窺源篇[1]

原文

應龍問曰：病有真假，症有從逆，予知之矣，但何以辨其真假也？岐伯曰：寒熱之症，氣順者多真，氣逆者多假。凡氣逆者，皆假寒假熱也。知其假，無難治真矣！

應龍曰：請問氣逆者，何症也？岐伯曰：真陰之虛也[2]。

應龍曰：真陰之虛，何遂成氣逆乎？岐伯曰：真陰者，腎水也。腎水之中有火存焉[3]，火得水而伏，火失水而飛。凡氣逆之症，皆陰水不能制陰火也[4]。

應龍曰：予聞陰陽則兩相配也，未聞陰與陰而亦合也。岐伯曰：人身之火不同，有陰火陽火。陽火得陰水而制者，陰陽之順也；陰火得陰水而伏者，陰陽之逆也。

應龍曰：陰陽逆矣，何以伏之？岐伯曰：此五行之顛倒也。逆而伏者，正順而制之也[5]。

應龍曰：此則龍之所不識也。岐伯曰：腎有兩岐，水火藏其內。無火而水不生，無水而火不長，不可離也。火在水中，故稱陰火[6]。其實水火自分陰陽也。

應龍曰：陰火善逆，陰水亦易逆，何故？岐伯曰：此正顯水火之不可離也。火離水而逆，水離火亦逆也。

應龍曰：水火相離者，又何故歟？岐伯曰：人節慾少而縱恣多，過泄其精，則陰水虧矣。水虧則火旺，水不能制火

而火逆矣⑦。

應龍曰：泄精損水，宜火旺不宜火衰也，何火有時而寒乎？岐伯曰：火在水中，水泄而火亦泄也。泄久則陰火虧矣，火虧則水寒，火不能生水而水逆也。故治氣逆者，皆以補腎為主⑧。水虧致火逆者，補腎則逆氣自安⑨；火虧致水逆者，補腎而逆氣亦安⑩。

應龍曰：不足宜補，有餘宜瀉，亦其常也。何治腎水之火，不尚瀉尚補乎？岐伯曰：腎中水火，各臟腑之所取資也，故可補不可瀉，而水尤不可瀉也。各臟腑有火無水，皆腎水滋之，一瀉水則各臟腑立槁矣。氣逆之症，雖有水火之分，而水虧者多也。故水虧者補水，而火虧者亦必補水，蓋水旺則火衰，水生則火長也。

應龍曰：補水而火不衰，補水而火不長，又奈何？岐伯曰：補水以衰火者，益水之藥宜重；補水以長火者，益水之藥宜輕也⑪。

應龍曰：善。

陳士鐸曰：人身之逆，全在腎水之不足。故補逆必須補水，水足，而逆者不逆也。

【注釋】

①此篇從病人喘急氣逆之症，窺測腎家水火之盛衰，揭示氣逆的病機在於縱慾多，從而提出了補益腎之水火的治則。

②真陰之虛也：真陰虛，此處指腎水虛。

③腎水之中有火存焉：腎水中之真火，即八卦的坎卦。

④凡氣逆之症，皆陰水不能制陰火也：腎中之水，不能制約上逆的火氣，就會引發上氣咳逆之症。

⑤逆而伏者，正順而制之也：若要制伏火逆上氣之症，

宜補益腎中之真水，水旺剋火，剋中帶生，即相當於「順而制之」也。

⑥火在水中，故稱陰火：真火在真水之中，即一陽陷於二陰之內，為八卦之坎卦。

⑦水虧則火旺，水不能制火而火逆矣：腎水虧虛，水不能制火，虛火上炎，則為上氣咳逆之症。

⑧故治氣逆者，皆以補腎為主：治療氣逆的病症，以補益腎中之水火為主。腎水充，則足以制火，咳逆之症可除。

⑨水虧致火逆者，補腎則逆氣自安：由於腎水虧虛導致的火逆症，由補益腎水，水旺可以制火，則逆氣自安。

⑩火虧至水逆者，補腎而逆氣亦安：由於腎火虧虛導致的水逆症，由補益腎中之火，火旺則氣順，逆氣亦自安。

⑪補水以衰火者，益水之藥宜重；補水以長火者，益水之藥宜輕也：由補水之法以使火氣變衰的，補益腎水的藥物用量要大；反之，由補水以助長火氣的，補益腎水的藥物要輕，並且應加入二味熱性藥。前者如六味地黃丸，後者如金匱腎氣丸。

《從逆窺源篇》探微

從後天氣逆之病而窺其源，知源頭仍屬腎中水火也。五行顛倒，順而治之是逆而伏之者。

這一章再次呼應首章之順逆顛倒之說，窺源者，腎中水火是根本。不管後天疾患之由來是因腎中水火虛衰而致，還是先天修真之真種也孕之於腎中水火之中。雖有水火之分，而水虧者多也。「故水虧者補水，而火虧者亦必補水，水旺則火衰，水生則火長也。」此水當然不是後天之水液，而是先天真一之水──腎中元精也。

「問渠哪得清如許，為有源頭活水來」，此過來人語也，修真者修天一真水，必保持「天光雲影共徘徊」的真境，才能逆轉水火，顛倒陰陽，把握生死。從逆也！

詩云：

生死拘人不自由，誰知顛倒逆中求。

潛心煉得丹道成，返老還童信天遊。

直譯

應龍問：「病有真假之別，症有順逆之分，我已經知道了，但是如何辨別其中的真假呢？」岐伯說：「熱症和寒症，氣順的多數是真，氣逆的多數是假。凡是氣逆的，都是假寒假熱。知道了其中的假症，就不難治療真症了。」

應龍問：「請問氣上逆的，是什麼症？」

岐伯說：「是真陰虛弱症。」

應龍問：「真陰虛弱，怎麼會很快造成氣上逆呢？」

岐伯說：「真陰就是腎水。腎水之中蘊含有真火，火得到水的制約而伏藏，火失去腎水的相濟就會飛走。凡是氣逆的症狀，都是因為陰水不能制約陰火。」

應龍說：「我聽說陰和陽兩者相配，沒聽說陰和陰也能相合。」岐伯說：「人身的火有陰火和陽火的區別。陽火得到陰水的制約，陰陽就會和順；陰火受到陰水的壓制，陰陽就會悖逆。」

應龍問：「陰陽相悖逆了，如何調伏它們？」

岐伯說：「這就要使五行顛倒了。上逆是五行相侮而陰火藏伏，這正好順著它的特性來治療。」

應龍問：「這是我所不知道的。」岐伯說：「腎臟分為兩路，水火隱藏在其中。沒有火的資養水就不能發生，沒有

水的相濟火也難以生發，兩者不能分離。火在腎水之中的，因此稱為陰火。實際上，水火已經自行分為陰陽了。」

應龍問：「陰火容易上逆，陰水也容易上逆，是什麼原因呢？」岐伯說：「這正是顯示腎中的水火不能分離。火離開了水的節制就會上逆，水離開了火的資養也會上逆。」

應龍問：「水火互相分離，又是什麼原因呢？」

岐伯說：「人們節制慾望少而放縱慾望多，過多地外泄精氣，就會造成陰水虧虛。陰水虧虛火就會熾旺，水不能制約火，火就會上逆了。」

應龍問：「走泄精氣損傷了水，應當是火旺而不是火衰，為什麼有時會出現火氣虛寒呢？」

岐伯說：「火藏伏在水中，水走泄了，火也會走泄，水長期走泄就導致火虧虛了！火虧虛，水就會寒冷，火不能資養水，於是水就上逆了。因此，治療氣逆症，都以補腎為主。因此，水虧虛而導致火上逆的，補腎就可以使逆氣自行安寧；火虧虛導致水上逆的，補腎也可以使逆氣安寧。」

應龍問：「不足的應當補，有餘的應當瀉，這是常規療法。為什麼治療腎水不足引起的火逆，不用瀉法而只強調補腎呢？」岐伯說：「腎中的水火二氣，是各個臟腑資取的來源，所以只能補而不能泄，特別是水更不能瀉。各臟腑都是有火無水，他們全靠腎水來滋養，一旦瀉水，這些臟腑馬上就會乾枯。氣逆之症，儘管有水火的區別，但更多的是陰水虧虛。所以，陰水虧的要補水，而火虧的也一定要補水，水旺火就會衰微，陰水滋生火就會生發。

應龍問：「補益腎水而火不衰減，補益腎水而火不生髮，該怎麼辦？」

岐伯說：「由補水來削弱火勢的，補益腎水的藥物應當

重用；由補水來助長火勢的，補益腎水的藥物應當少用。」

應龍說：「好。」

陳士鐸說：人身水火二氣上逆，都是因為是腎水不足的緣故。因此，治療上逆之症必須補水，腎水充足，上逆的也就不再上逆了。

第八十章　移寒篇[①]

原文

應龍問曰：腎移寒于脾，脾移寒于肝，肝移寒于心，心移寒于肺，肺移寒于腎，此五臟之移寒也[②]。脾移熱于肝，肝移熱于心，心移熱于肺，肺移熱于腎，腎移熱于脾，此五臟之移熱也[③]。五臟有寒熱之移，六腑有移熱無移寒，何也？

岐伯曰：五臟之五行正也，六腑之五行副也。五臟受邪，獨當其勝；六腑受邪，分受其殃。且臟腑之病，熱居十之八，寒居十之二也。寒易回陽，熱難生陰，故熱非一傳而可止。臟傳未已，又傳諸腑，腑又相傳。寒則得溫而解，在臟有不再傳者，臟不遍傳，何至再傳於腑乎？此六腑所以無移寒之證也。

應龍曰：寒不移于腑，獨不移于臟乎？

岐伯曰：寒入于腑而傳於腑，甚則傳於臟，此邪之自傳也，非移寒之謂也[④]。

應龍曰：移之義若何？

岐伯曰：本經受寒，虛不能受，移之於他臟腑[⑤]，此邪不欲去而去之，嫁其禍也。

應龍曰：善。

陳士鐸曰：六腑有移熱，而無移寒，以寒之不移也，獨說得妙，非無徵之文。

【注釋】

①此篇論述寒熱在五臟和六腑中的轉移規律及其與傳經的區別。

②此五臟之移寒也：這是寒氣在五臟中轉移。

③此五臟之移熱也：這是熱氣在五臟中轉移。

④寒入于腑而傳于腑，甚則傳于臟，此邪之自傳也，非移寒之謂也：寒氣進入腑中，並在腑中傳遞，這是寒氣的傳經（自傳），不是寒氣的轉移。

⑤本經受寒，虛不能受，移之於他臟腑：本經感受了寒氣，但是本臟比較虛弱，因為臟虛不能承受寒邪的侵襲，於是轉移到其他的臟腑。

《移寒篇》探微

寒屬陰，熱為陽，本篇所言移寒是後天的疾病寒邪，但所傳移的路線卻是先天後天正邪所共行。如果所傳的不是寒邪而是修煉所得的真氣，那麼會怎樣呢？

臟腑堅固，正氣充盈，邪不可干，而且寒症容易回陽而無病邪之變，只要修得假熱為真火，何愁只占十分之二的陰寒不能盡驅而成純陽之體呢？

此處所說的「腎傳脾，脾傳肝，肝傳心，心傳肺，肺又傳腎」的規律，卻是與後世所傳的五行順逆轉都沒有關係，有志者不妨實踐一回，便知古人不欺人也。

詩云：

移來寒熱小窗前，五氣周流聚入田。

修得純陽無冷骨，才知此訣可通天。

直譯

應龍問：「腎把寒邪轉移給脾，脾把寒邪轉移給肝，肝把寒邪轉移給心，心把寒邪轉移給肺，肺把寒邪轉移給腎，這是五臟轉移寒邪的規律。脾把熱邪轉移給肝，肝把熱邪轉移給心，心把熱邪轉移給肺，肺把熱邪轉移給腎，腎把熱邪轉移給脾，這是五臟轉移熱邪的規律。五臟有寒熱的轉移，六腑沒有寒熱的轉移，為什麼？」

岐伯說：「五臟的五行處於正位，六腑的五行處於附屬的地位。五臟受到邪氣的侵犯，單獨依靠自身的力量抵禦邪氣；六腑受到邪氣的侵犯，則分別承受邪氣而遭殃。而且臟腑的疾病，熱症佔據十分之八，寒症佔據十分之二。寒症容易回復陽氣，熱症難以滋生陰液，因此熱症不是一傳經就會停止，而是在五臟間的轉移還沒有停止，就又轉移給相關的六腑，六腑之間又相互轉移。寒症得到陽氣的溫煦就可以解除，在五臟間就不再傳經。五臟之間不再轉移，怎麼還會再轉移給六腑呢？這就是六腑不再出現寒症轉移的原因。」

應龍問：「寒邪不轉移到六腑，難道也不轉移到五臟嗎？」

岐伯說：「寒邪入侵六腑，從而傳導到六腑，甚至會轉移給五臟，這是邪氣自身的傳變，不能稱為寒症轉移。」

應龍問：「轉移的含義是什麼？」

岐伯說：「本經感受寒邪，因為髒虛不能承受寒邪的侵襲，從而轉移給其他臟腑，這是寒邪不想退卻從而出現轉移，是寒邪轉嫁它的禍害。」

應龍說：「好。」

《黃帝外經》丹道修真長壽學

陳士鐸說：六腑只有熱邪轉移現象，而沒有寒邪轉移現象，因為寒邪不能轉移，說得很獨到，並不是沒有徵驗的文章。

第八十一章　寒熱舒肝篇①

原文

雷公問曰：病有寒熱，皆成於外邪乎？岐伯曰：寒熱不盡由於外邪也。

雷公曰：斯何故歟？岐伯曰：其故在肝。肝喜疏泄，不喜閉藏。肝氣鬱而不宣，則膽氣亦隨之而鬱，膽木氣鬱，何以生心火乎？故心之氣亦鬱也。心氣鬱則火不遂，其炎上之性，何以生脾胃之土乎？土無火養則土為寒土，無發生之氣矣。肺金無土氣之生，則其金不剛，安有清肅之氣乎？木寡于畏，反剋脾胃之土，土欲發舒而不能，土木相刑，彼此相角，作寒作熱之病成矣。正未嘗有外邪之干，乃五臟之鬱氣自病。徒攻其寒而熱益盛，徒解其熱而寒益猛也②。

雷公曰：合五臟以治之，何如？岐伯曰：舒肝木之鬱，諸鬱盡舒矣③！

陳士鐸曰：五鬱發寒熱，不止木鬱也。而解鬱之法，獨責於木，以木鬱解而金土水火之鬱盡解，故解五鬱，惟尚解木鬱也，不必逐經解之。

嘉慶貳拾年靜樂堂書

【注釋】

①本篇論述寒熱的病因在於肝鬱而累及五臟。在治則上，以疏發肝鬱為主，而不必遍治五臟。

②徒攻其寒而熱益盛，徒解其熱而寒益猛也：寒為陰，熱為陽，陰陽互根。若只攻其寒，則熱氣就會更重；只解其熱，寒氣也會更加猛烈。

③舒肝木之鬱，諸鬱盡舒矣：木為五行之首，肝氣鬱其餘五氣皆鬱，肝氣平其餘五氣皆平，故舒張肝木之鬱，其餘諸鬱盡除矣。

《寒熱舒肝篇》探微

修真之法既為逆反顛倒，不外泄元氣，然其操作不慎而致病者，鬱也。由於人後天習慣於外泄消耗，乍一逆轉返回，一心內藏，最容易致病者，內鬱傷肝是也，所以為什麼修真者首要修心煉己，將一團性光修得通明透徹，一顆心修得水波不興，才能永無鬱火之患。

後天治病多以「柴胡飲」舒肝以解寒熱，是也。先天修真起火也從少陽經起，一點真陽必左旋而升，從龍顯化。青龍吐火，生機發育。訣云：「斂息寧神處，東方生氣來，萬緣皆不著，一炁復歸台」。紫氣東來，水生木榮，主要責之於膽肝二經矣。子時一陽生，丑時龍起淵，寅卯時東方生氣蓬勃，飛龍在天矣！所以，八十一章末篇，竟以此章為結，不也視生之忱乎！

詩云：

> 潛龍待到化飛龍，黃帝慈心孕此中。
> 紫氣東來紅日出，生機無限鬱蔥蔥！

直譯

雷公問：「寒熱並作的病症，都是由外來的邪氣引起的嗎？」

岐伯說：「寒熱並作，不全是由外來的邪氣引起的。」

雷公問：「那是什麼原因呢？」

岐伯說：「其中的原因在肝。肝喜歡疏泄，不喜歡閉藏。肝氣鬱閉，得不到宣發，那麼膽氣也隨著鬱閉，膽木之氣鬱閉，怎麼能生起心火呢？因此，心氣也就隨著鬱閉了。心氣鬱閉，火氣不能上達，火具有炎上的特性，又怎麼能夠生起脾胃土呢？土失去了火的生養，土變為寒土，就會缺乏發生之氣了。肺金缺乏土氣的生起，那麼它的金性不剛，怎麼會有清肅之氣呢？木少又畏懼金，反過來剋傷脾胃的土氣，土氣想疏發而不能疏發，土與木相互刑剋，彼此相互爭鬥，時寒時熱的病就形成了。這正是沒有外來的邪氣干擾，只是五臟的鬱氣自己引發的病。只攻伐其中的寒症，發熱就會更加嚴重；只解除其中的發熱，寒症也會更加猛烈。」

雷公問：「怎樣配合五臟來治療？」

岐伯說：「舒散肝木的鬱氣，各種鬱氣都可以舒散了。」

陳士鐸說：五種鬱閉都可以引發寒熱並作的病症，不只是木鬱。解除鬱閉的方法唯獨從木入手，因為木鬱解除，金土水火的鬱閉就全部舒散。因此解除五種鬱閉，只需善於解散木鬱，沒有必要逐經來解除。

卷 十

學習《黃帝外經》必讀經典
《黃帝陰符經》

（中國八仙之一張果老注）

《陰符》自黃帝有之，蓋聖人體天用道之機也。《經》曰：得機者萬變而愈盛，以至于王；失機者萬變而愈衰，以至于亡。厥後伊呂得其末分，猶足以拯生靈，況聖人乎？其文簡，其義玄。凡有先聖數家注解，互相隱顯。後學難精，雖有所主者，若登天無階耳。近代李筌，假託妖巫，妄為注述，徒參人事，殊紊至源。不慚窺管之微，輒呈酌海之見。使小人窺窺，自謂得天機也。悲哉！臣固愚昧，嘗謂不然。朝願聞道，夕死無悔。偶于道經藏中得《陰符傳》，不知何代人制也。詞理玄邈，如契自然。臣遂編之，附而入注。冀將來之君子，不失道旨。

上篇（神仙抱一演道章）

經曰：觀天之道，執天之行，盡矣（觀自然之道，無所觀也。不觀之以目，而觀之以心。心深微而無所不見，故能照自然之性。性惟深微而能照，其斯謂之陰。執自然之行，無所執也。故不執之以手，而執之以機。機變通而無所繫，故能契自然之理。夫惟變通而能契，斯謂之「符」。照之以心，契之以機，而「陰符」之義矣。李筌以「陰」為「暗」，「符」為「合」，以此文為序首，何昧之至也）。

故天有五賊，見之者昌。（五賊者，命、物、時、功、神也。傳曰：聖人之理，圖大而不顧其細，體瑜而不掩其瑕。故居夷則遵道布德以化之，履險則用權發機以拯之。務在匡天地，謀在濟人倫。於是用大義除天下之害，用大仁興天下之利，用至正措天下之枉，用至公平天下之私，故反經合道之謀，其名有五，聖人禪之，乃謂之賊；天下賴之，則謂之德。故賊天之命，人知其天而不知其賊，黃帝所以代炎帝也。賊天之物，人知其天而不知其賊，帝堯所以代帝摯也。賊天之時，人知其天而不知其賊，帝舜所以代帝堯也．賊天之功，人知其天而不知其賊，大禹所以代帝舜也。賊天之神，人知其天而不知其賊，殷湯所以革夏命也。周武所以革殷命也。故見之者昌，自然而昌也。太公以賊命為用味，以取其喻也。李筌不悟，以黃帝賊少女之命，白日上騰為非也）。

五賊在乎心，施行在乎天；宇宙在乎手，萬化生乎身。（《傳》曰：其立德明，其用機妙，發之於內，見之於外而已矣。豈稱兵革以作寇亂哉？見其機而執之，雖宇宙之大，不離乎掌握，況其小者乎？知其神而體之，雖萬物之眾，不能出其胸臆，況其寡者乎？自然造化之力而我有之，不亦盛乎？不亦大乎？李筌等以五賊為五味，順之可以神仙不死。誣道之甚也。）

天性，人也；人心，機也。立天之道以定人也。（《傳》曰：人謂天性，機謂人心。人性本自玄合，故聖人能體五賊也）。

天發殺機，龍蛇起陸；人發殺機，天地反覆（《傳》曰：天機張而不生，天機弛而不死。天有弛張，用有否臧。張則殺威行，馳則殺威亡。人之機亦然。天以氣為威，人以

德為機。秋冬陰氣嚴凝，天之張殺機也，故龍蛇畏而蟄伏。冬謝春來，陰退陽長，天之馳殺機也，故龍蛇悅而振起。天有寒暄，德亦有寒暄。德刑整肅，君之張殺機也，故以下畏而服從。德失刑偏，君之馳殺機也，故奸雄悅而馳騁。位有尊卑，象乎天地，故曰；天發殺機，龍蛇起陸，寇亂所由作；人發殺機，天地反覆，尊卑由是革也。姜太公、諸葛亮等以殺人過萬，大風暴起，晝若暝。以為天地反覆，其失甚矣。）

天人合德，萬變定基（《傳》曰：天以禍福之機運於上，君以利害之機動於下，故有德者萬變而愈盛，以至於王；無德者萬化而愈衰，以至於亡。故曰：天人合德，萬變定基，自然而然也）。

性有巧拙，可以伏藏（《傳》曰：聖人之性，巧于用智，拙于用力。居窮行險，則謀道以濟之；對強與明，則伏義以退避之。理國必以是，用師亦以是）。

九竅之邪，在乎三要，可以動靜（《傳》曰：九竅之用，三要為機。三要者，機、情、性也。機之則無不安，情之則無邪；性之則無不正。故聖人動以伏其情，靜以常其性，樂以定其機·小人反此，故下文云：太公為三要，為耳、目、口。李筌為心、神、志，皆忘機也。俱失《陰符》之正意）。

火生於木，禍發必剋，奸生於國，時動必潰。知之修煉，謂之聖人（《傳》曰：夫木性靜，動而生火，不覺火盛，而焚其質。由人之性靜，動而生奸，不覺奸成而亂其國。夫明者見彼之際以設其機，智者知彼之病以圓其利，則天下之人，彼愚而我聖。是以生者自謂得其生，死者自謂得其死，無為無不為，得道之理也。）

中篇（富國按民演法章）

（天生天殺，道之理也）。天地，萬物主盜，萬物，人之盜；人，萬物之盜。三盜既宜，三才既安（《傳》曰：天地以陰陽之氣化為萬物，萬物不知其盜。萬物以美惡之味饗人，人不知其盜。人以利害之漠制萬物，萬物不知其盜。三盜玄合于人心，三才靜順于天理。有若時然後食，終身無不癒；機然後動，庶類無不安。食不得其時，動不得其機，殆至滅亡）

故曰：食其時，百骸治，動其機，萬化安。人知其神而神，不知其神所以神也。（《傳》：時人不知其盜之為盜，只謂神之能神。《鬼谷子》曰：彼此不覺謂之神。蓋用微之功著矣。李筌不知此文意通三盜，別以聖人、愚人為喻，何甚謬也）。

日月有數，大小有定，聖功生焉，神明出焉。（《傳》曰：日月有准，運數也，大小有定，君臣也。觀天之時，家人之事，執人之機，如是則聖得以功，神得以明。心冥理合，安之善也。李筌以度數為日月，以餘分為大小，以神氣能生聖功神明，錯謬之甚也）。

其盜機也，天下莫能見，莫能知也。君子得之固躬，小人得之輕命（《傳》曰：其盜微而動，所施甚明博，所行極玄妙。君子用之，達則兼濟天下，太公其人也。窮則獨善一身，夫子其人也。豈非擇利之能審乎？小人用之，則惑名而失其身，大夫種之謂歟？得利而亡義，李斯之謂也？豈非通道之不篤焉。）

下篇（強兵戰勝演術章）

瞽者善聽，聾者善視。絕利一源，用師十倍。三返晝夜，用師萬倍（《傳》曰：瞽者善於聽，忘色審聲，所以致其聰。聾者善於視，遺耳專目，所以致其明。故能十眾之功。一晝之中三而行之，所以至也。一夜之中三而思之，所以精也。故能用萬眾之人。李筌不知師是眾，以為兵師，誤也）。

心生於物，死於物，機在於目。（《傳》曰·心有愛惡之情，物有否臧之用，目視而察之，心應而度之於內。善則從而行之，否則違而止之，所以勸善而懲惡也。李筌以項羽昧機，心生於物；以符堅見機，心死於物。殊不知有否臧之用）。

天之無恩而大恩生，迅雷烈風莫不蠢然（《傳》曰：天以凶象咎徵見人，人能做儆戒以修德。地以迅雷烈風動人，人能恐懼以致福。其無恩而生大恩之謂也。李筌以天地不仁為大恩，以萬物歸於天為蠢然。與《陰符》本意殊背）。

至樂性餘，至靜性廉（《傳》曰：情未發謂之中，守中謂之常，則樂得其志而性有餘矣。性安常謂之自足，則靜得其志而廉常足矣。李筌以奢為樂性，以廉為靜，殊乖至道之意）。

天之至私，用之至公（《傳》曰：自然之理，微而不可知，私之至也。自然之功，明而不可違，公之至也。聖人體之亦然。李筌引《孫子》云：視卒如愛子，可以之俱死，何也。）

擒之制在氣（《傳》曰：擒物以氣，制之以機，豈用小

大之力乎？姜太公曰：豈以小大而相制哉？李筌不知擒之義
①，誤以禽獸。注解引云玄龜食蛇，黃腰啖虎之類，為是悲
哉）

生者死之根，死者生之根。恩生於害，害生於恩（生
者，人之所愛，以其厚於身。太過則道喪，而死自來矣。死
者，人之所惡，以其損於事。至明則道存。而生自固矣。福
理所及謂之恩，禍亂所及謂之害，損己則為物之所益，害之
生恩也。李筌引《孫子》用兵為生死，丁公、管仲為恩害。
異哉）

愚人以天地文理聖，我以時物文理哲。人以虞愚，我以
不虞聖②。人以期其聖，我以不期其聖（《傳》曰：觀天之
運四時，察地之化萬物，無所不知，而蔽之以無知，小恩於
人，以蒙自養之謂也。知四時之行，知萬物之生，皆自然
也。故聖人於我以中自居之謂也。故曰死生在我而已矣。人
之死亡，比如沉水自溺，投火自焚，自取滅亡。理國以道，
在於損其事而已。理軍以權，在於亡其兵而已。故無死機則
不死矣，鬼神其如我何？聖人修身以安其家，理國以平天
下，在乎立生機。以自去其死性者，生之機也。除死機以取
其生情者，死之機也。筌不瞭天道，以愚人、聖人、體道愚
昧之人而驗天道，失之甚也）。

故曰沉水入火，自取滅亡（注在上矣）。

自然之道靜，故天地萬無物生。（《傳》曰：自然之
道，無為而無不為。動靜皆得其性，靜之至也。靜故能立天
地。生萬物，自然而然也。伊尹曰：靜之至，不知所以生
也）。

天地之道浸，故陰陽勝（《傳》曰：浸，微也。天地之
道，體著而用微，變通莫不歸於正，微之漸也。微漸故能分

陰陽，成四時。至剛至順之謂也）。

陰陽相推，而變化順矣（《傳》曰：聖人變化順陰陽之機。天地之位自然，故因自然而冥之，利自然而用之，莫不得自然之道也）。

是故聖人知自然之道不可違，因而制之（注在文上）。至靜之道，律曆所不能契（《傳》曰：道之至靜也，律曆因而制之，不能葉其中鳥獸之謂也）。

爰有奇器，是生萬象；八卦甲子，神機鬼藏（《傳》曰：八卦囊異之伎，從是而生。上則萬象，下則萬機。用八卦而體天，用九疇而法地。參之以氣候，貫之以甲子，達之以神機，閉之以詭藏，奇謫之蕩自然也）。

陰陽相勝之術，昭昭乎進乎象矣。（《傳》曰：陰陽相勝之術，恒微再不違乎本，明之信可明，故能通乎精曜象矣）。

【注釋】

①《黃帝陰符經》：簡稱《陰符經》。成書時間不可確考，大抵為唐以前著作。本卷所錄為唐‧張果注本，此為現存《陰符經》，注本中最早者。亦收入三家影印本《道藏》第2冊。

②李筌：唐代道教思想家。自少好神仙之道，後出仕，因受丞相李林甫捧擠，辭官入山訪道，不知所終。李筌首注《陰符經》，與張果注並行於世。

補釋①擒之義：原誤作擒義之。據輯要本改正。②人以虞愚，我以不虞聖，通行本作。人以愚虞聖，我以不愚虞聖，底本義勝。期其。通行本作。奇期。下同。

卷十一

老子傳承《黃帝外經》內含
丹道修真長壽學著作

第一節　老子《道德經》第一、六、七、十、十六、二十、二十一、二十八、四十、四十一、五十四、五十九、八十一關於丹道的論述

（呂祖注）

道可道章第一

道，可道，非常道。名，可名，非常名。無名，天地之始；有名，萬物之母，故常無欲以觀其妙，常有欲以觀其竅，此兩者，同出而異名，同謂之玄，玄之又玄，眾妙之門。

道，乃混元未剖之際，陰陽未分之時，無天地以合象，無日月以合明，無陰陽以合氣，無造化以合其道。這是個「道」字，可道，心可道其妙，而口難道其微。謂之「可道」，道不可須臾離，而瞻之在前，忽焉在後。這是可道底，仰之彌高，鑽之彌堅。如此之玄，非空於玄，而實有玄之之妙。如此光景，豈是口可道，只可心領會，而心可道。非常道，是心可道之道，非尋常日用五倫之道。非治國安民

之道，非天地化生之道，非陰陽順逆之道。這個道，豈是有作有為尋常之道？故曰非常道。名，何謂是名？無動無形，無機無化，無極無虛，無空無相者，這就是名。名不知其為名，故名也。可名，是心名其名，難謂口可名其名。心領神會，可名其名，謂之可名，非常名，是心之名，非有形有相之名。虛中虛，空中空。虛中有實，空中有相，只可意取，不可聲名。非口名其名，非一切有影有響之常名也，連有影有響，算得此名，而況有實具者乎？只在先天中求先天，這就是可道之道，可名之名了。連先天中之先天，還算不得「道名」字，就是強為道為名，只是不開口，這就是道之可道，名之可名。此二句，方是道經老子之意。方說得其奧旨，這才是非常道。非常名，無名天地之始，天地之始，是混元純一不雜，一團底性中之性為之始。連天地也在後生。連陰陽也在後剖，那時節才是無為之始，天地二字都合不上，這是太上老子恐後人不知所以然，強安天地二字在此句之中，既無名之始，何嘗有天地之形，既無天地，又何為無名之始，此天地二字，要另看。

那時節，有天地之性存於中，而無天地之形，這就是無名天地之始，有名萬物之母。這個萬物，在外講，就是天地化生之道。夫妻、父子、君臣、朋友化育之理。在內講，體道，乃得此中之根本，現如意之光，珊瑚、瑪瑙、珍珠、寶石之相，要在一個母字之上求，方有萬物，這是個性中有為萬物之母，這是個實中求虛，而虛中返實的景象。也說不出有為萬物之母妙處。要體此道，體此名，方知母之奧妙，此正是有為萬物之母了。俱是個虛靈中景象，是個有名的萬物。從混元之母而生，故曰有名萬物之母，故常無欲以觀其妙。因有母而化生出萬物，才道一個故字，因故，而

實中才生出一個虛無的境界。故吾常無欲以觀其妙。不從萬
物中來，安得從萬物中而觀妙。這就是慮而後能得。那個莫
顯乎微，又得那個莫見乎隱。這才是個天命之謂性，率性之
謂道，到此率性底地步，吾故能常常無欲以觀吾道之妙。故
曰，故常無欲以觀其妙，常有欲以觀其竅，竅，非耳目口鼻
之竅，乃生死存亡出入必遊之竅，所關甚重，所繫非輕，此
其竅也，吾若有欲，而身不得道之妙，從世俗中出入，此亦
之竅門也。吾若無欲，而心領神會，得道之妙，皆從此道之
妙，而求其道妙之竅，任其出入關閉，皆由於我。而不由於
竅之督令。自專之權柄，這就是在明明德。而止於至善之
道。吾方能常常去有欲之心，以觀吾道之竅。此竅字從母字
中來。上妙字從始字中出。總是元始之母。而生妙於竅，皆
從心可道之道，從心可名之名，而合於始生之母，方得到一
個妙字。知其之竅自然之竅，非造作有欲之竅，體道之妙，
知道之竅，此兩者豈不是同出之門戶者也，妙於心，而竅於
意，同其玄之又玄的境界，在那個囫圇之時，溶化之際而不
可道其道之妙，而不可名其名之玄，都玄而又玄，到無為之
始，無聲無臭的時節，唯精唯一，言那個能體道之士，慎篤
之輩，除此，安得入眾妙之門？篤信謹守抱一無為之始，以
心道其道，以心名其名，方得入其門，知其妙，以悟混元之
母而得其至妙之竅，此之謂其道也。嗟乎，道之義大矣哉，
而復無其言。

谷神章第六

谷神不死，是謂玄牝。玄牝之門是謂天地根，綿綿若
存，用之不勤。

此章是體道之實，知道之微，用道之妙，登道之岸，從

虛而入，跟上章而來，虛而不屈，動而愈出，是者谷神之源，譬如山，四面皆是聳嶺，中是深谷，落葉聞聲人身上下皆實，惟中常虛，將谷譬言之，山谷聞聲，乃山之虛神耳，山有虛神，故千萬年無更變之端，目今如此，千載之後亦如此，人之修身，當推此理，一個幻身只有中之內一點靈氣，四肢百骸，皆是無用，若有嗜欲，虛靈就被他埋沒，終日用心，勞碌於外，神從耳目口鼻舌身意散盡，安得不死。

　　若求不死，須問靈神，靈神所居，上不在天，下不在地，中不在人，在虛靈不昧，一點真性之中，近學者不知說出多少落地，上降下升，用性光會合，黃嫗牽引，為坎離交參，一點金液發於玄牝，玄牝生芽，方得性命歸宗，樂於冥忘之間，從吾性中見出，是不昧之性，非氣質之性，要點下落，須遇高人，高人指點，如夢初覺，如醉方醒，得來不費半文錢，若求庫藏無處覓，非他言難易相生，不可求輕，得玄牝之門，在空谷之中，視之不見，聽之不聞，瞻之在前，忽焉在後，在無聲無臭之間，鉛汞合一，方知下著，此理深淵，似日月運行，東出滄海，西沒窮谷，晝夜反覆，無息而往，此理即是身中下落，水中取金，火中取木，金木相並，譬如月感日精而光生，日返月華而晦出，俱是造化之氣所感，身中豈無真一之氣而生。

　　上不上，下不下，中不中，在杳杳之中，而生真一之氣，引上接下而歸黃庭，此庭之名亦是多了，才叫做天地之根，要歸甲子周流，去而復返，返而復去，身中要金木降升，離而合，合而離，離合之妙在於真一之中，真一之源，在於一點性光之內，性光之居，在於虛靈之中，虛靈之神，在於空谷之間，空谷之處，在於幻身之中，幻身常無，神乃得一，神一，而性命方來朝宗，性命合，而魂魄潛跡，收來

入神，方能雪光，雪光一出，便是慧照，慧照無間，才是綿綿若存，使之不窮，用之不竭，才如山谷，常靜而存神，是謂綿綿，若用心存，就不是了，要似若聞耳，勤字，莫作勤苦上看，此勤是綿綿不絕之意，用之不勤，是無窮無盡之妙，而無刻暇，是體我之道，樂我之妙，豈不綿綿而用之不窮，人生在天地間，返天地之化工而成真，抱真以合天地，人之玄牝，是天地之根，天地之根，亦是人之玄牝，總不過要人明天地之理以修道，返道以合天地，方是谷神不死章之旨。

天長地久章第七

天長地久。天地所以能長且久者，以其不自生，故能長生，是以聖人後其身而身先，外其身而身存。非以其無私耶，故能成其私。

此章因秉公而無私存，聽其物之消長，隨其生也，殺也，無容心於物，以靜治之，天之職蓋，地之職載，以無聲而生，故能長且久，在於不自生，以聽萬物生育，隨天地之氣感之，隨其萌敗，故不耗天地之元精，方能長生，是以聖人體天地而修吾身，先以靜禦氣，後以精養身，無身不成道，有身不歸真，先以靜而抱真，後以後天而養身，才是後其身，而身外之身方得，先外我之假身，而存我之真形，無他，乃一靜而存，無私於物耶？

天地以無私而開，人以無私而合，天地不容心以感萬物，聖人效天地，亦無容心而抱全真，總不過要人心合天地，天地以清虛之氣而轉周，聖人以清虛之氣而運動，天地能長久，聖人法天地，不能長存，無是理也，故能成我無私之私，以靜而守我真形，待天地反覆之時，而我之真形

無壞，此所以天長地久，聖人合天地而長存，只是無私心於物，存無聲無臭於身，其真乃成。

載營魄章第十

載營魄抱一，能無離。專氣致柔，能嬰兒。滌除玄覽，能無疵。愛民治國，能無為，天門開合，能為雌。明白四達，能無知。生之，蓄之，生而不有，為而不恃，長而不宰，是謂玄德。

此章體道之實，周遍內外，使魄成真，一團性光內照，無中尋有，以樂天真，抱真一道，而永住黃房，如嬰兒，無知無識田地，返其太無之始，以滌除瘴魔，保我無極大道，以合天地，方得愛我真一之元，治復我身心，並一切凡想，無放於外，才能開其天門，閉其地戶，以養我一團太和之氣，上合天之清浮，下合地之重濁，中澄我之身心，不空我本來面目，方得自明其明，自復其復，一點陽神，周遍六合，通天達地，無所不照，無處不普，才為真人。

於是生之氣，蓄之神，生氣於無為之中，冥冥忘忘，為之而不恃，其可道之道，可名之名，故長生，而天地神明，所以玄之又玄，無處主宰於我，是謂玄德，不由天，不由命，而由我一點道心，誰能似此全德全玄，而不改初心，豈非神也，仙也。

致虛極章第十六

致虛極，守靜篤，萬物並作，吾以觀其復。夫物芸芸，各歸其根。歸根曰靜，靜曰復命，復命曰常，知常曰明。不知常，妄作凶。知常容，容乃公，公乃王，王乃天，天乃道，道乃久，沒身不殆。

此章是逐徑之妙，一層深一層，一節玄一節，要人層層通透，節節光明，致虛極，何也？虛從何來？從空裏來，何謂極？徹底清為極，何謂致虛極？身心放下，為致身心窈忘，為致虛極，何謂靜？絲毫不掛，為靜，何謂篤？純粹精一，為篤，何謂守？專一不雜為守，何謂萬物？虛中實，無中有，為萬物。何謂並作？皆歸於一，為並作，何謂吾？靈中一點是吾也，何謂觀其復？內照本來，何謂以？得其神而返當來，何謂物芸芸？諸氣朝宗，物來朝宗暖烘烘，蒸就一點神光，何謂各歸其根，是從無而生，虛而育，打成一塊純陽，常住於中，何謂歸根？曰靜，是有中復無，實內從虛，靜者太和之氣，天地之靈是靜也，何謂復命？返其元始，是命也。覺其本來，是命也，虛空霹靂，就是嬰兒落地一聲，是命也。人得此生，仙得此道，何謂常？得之曰常，何謂知常曰明，明得這個，是明，明此理，通此妙，參此玄，得此道，何謂不知常？不明這個是不知，何謂凶？不知其靜，不知靜裏求玄，動中求生，有裏著手，故凶也。既不知靜，又得知動，知有此動，此有，從靜生者吉，從動裏尋有，有中取動，安得不凶。

　　何謂知常曰容，知常靜之妙，知靜裏常動之微，靜中動，無所不通，無物不容，言其博也，厚也，高也，明也，悠也，久也，微也，妙也，巍巍乎，煥乎其有道也。就如儒經云，靜而後能安，安而後能慮，慮而後能得。又如子思云，道也者，不可須臾離也，致中和，天地位焉，萬物育焉。又如顏子有云，仰之彌高，鑽而彌堅，瞻之在前，忽焉在後。又如孟子有云，盡其心者知其性也。又如釋典云，無無明，亦無無明盡。又如大法云，不出不入，此皆容也。何謂公，無人無我，無聲無臭，普照萬方，唯澄而已，何謂

王，一澄乃公，公得其旨，統領謂虛，歸於密室，湛寂無為，是為王也。何謂天？金木交並，湛寂真神，無微妄無微無，無虛中之物，合陰陽之炁，按五行之虛，得天地之和，體清虛之妙，得無極之真，是一天也，何謂道？靜如清虛，徹底澄澄，是謂玄，玄之為玄，是為道也。道本無名，借道言真，返之混沌之初，無言可言，無道可道，是為道也。何謂久？無言無道，是久也，何謂沒身不殆，既無言無道，身何有也，無有何殆也，是以為殆，妙哉斯明矣。

絕學無憂章第二十

絕學無憂，唯之與阿，相去幾何？善之與惡，相去何若？人之所畏，不可不畏。荒兮，其未央哉！眾人熙熙，如享太牢，如登春台。我獨泊兮其未兆，若嬰兒之未孩，乘乘兮，若無所歸。眾人皆有餘我獨若遺。我愚人之心也哉！俗人昭昭，我獨若昏；俗人察察，我獨悶悶。澹兮其若海，漂兮似無所止。眾人皆有以，我獨頑且鄙。我獨異於人，而求貴食於母。

此章自知玄玄，獨落根本，只知有靈，不知有身，又何況人可得而知也。絕學無憂絕無有之學，抱中而已，豈有憂哉。唯之與何，惟靈內之根，守純陽之氣，寧無憂之神，與人隔障，可得易聞，欲知之人，而人不知，靈神能去幾何。有無相通，呼吸相應，善惡不分，有靈必有神，有神必生靈，善者靈也，惡者神也，相去有何若哉，言其神靜生靈，靈徹通神，人之畏，畏性不生，畏命不靈，無虛也，無靜也，虛靜不極，豈不畏哉。我若虛也，虛之極，我若靜也，靜之極，我若極也，極之至，又何畏性命之畏哉。上畏字之，我有驚醒，終日惕惕，下畏字之，是性命，是虛靜，荒

兮其未央哉，荒非荒也，一物不著，一絲不掛，無天無地，日月暗明，惟混而已，謂之荒也，其未央，恍惚未生，不知有冥，不識有空，如此境界，有何中央，是未央哉。

眾人熙熙，若有所得而自快，盈其心，滿其志，止於此而已矣，如享太牢，如登春台，因盈也，因滿也，不知盈滿而自害，我獨泊兮，我到未央時，不敢苟且，愈堅其志，愈恒其心，只執於中，連中也不知，是為泊然其未兆，我到未央時，若嬰兒之未孩，知識不生，聞見不開，嬰不知其嬰也，乘乘兮若無所歸，嬰不知為嬰，此時候有何歸著到寂然之境？靜到寂寞之鄉，眾人皆有餘，為勝心二字，自滿自貪，謂之有餘，我獨若遺，到一境，減一境，入一步，殺一步，得一趣，忘一趣，知一妙，去一妙，自己危微精一，謂之若遺，人到玄玄處，秋毫不貪，飛灰不染，方為若遺，我若遺，愚人之心也，寂然不動，輝輝兮，燦爛於中，冥冥兮，性升於空，沌沌兮，返之混始，歸之混沌，俗人昭昭，盈心滿志，自以洞然為昭昭也，我歸元始之初，神不知為神，氣不知為氣，虛不知為虛，入與混然，惟昏昏然不識，若未胎嬰一樣，我獨頑且鄙，此頑非頑也，五行自運，天地自交，陰陽自混，乾坤自一，謂之頑也，鄙非鄙也，精粹純一，謂之鄙也，我獨異於人，默默無為，著中不著，異於人而合於天也，混沌合於我，我還歸於混沌，謂之異於人，而混沌同也，混沌之內，唯知有中，母乃中也，昏默之中，採先天精華，含養於內，謂之求食於母。

孔德之容章第二十一

孔德之容，惟道是從。道之為物，惟恍惟惚。惚兮恍兮，其中有象；恍兮惚兮，其中有物。窈兮冥兮，其中有

精；其精甚真，其中有信。自古及今，其名不去，以閱眾甫。吾何以知眾甫之然哉？以此。

請問此章大旨，此章虛中著實，空中生有，自知自覺，涵容養中是謂孔德之容，心不虛，不能容，心不空，不能量，虛空方得應物，道為何物？是先天生的炁。炁生道，從道凝為物，人何能使物凝中，初然下手，下手處在太虛立基，去心意，住基，合恍合惚，謂之初進，此一講也。

凡人修道，必先由此，後至恍惚，復為熔金，熔化養體，如坐大火中，周天雲霧，如入冰山，方為恍然，崑崙鎮頂，不能力支方為忽然，恍惚之中，中若有象，見如不見，知如不知，方為真象，恍中生惚，惚內返恍，內若物存，覺如不覺，存如不存，方為真物，既惚中返恍，恍中生惚如影一樣，為何有名，吾不改之，因存因有，著定於中，是其名也，名乃害也，其害不去，焉有眾甫，不存他，不有他，不著定於中，是去名也，去名亦是去害，害去氣熔，名去神化甫字，當作父字看，亦當主字，亦當神字，目不觀，目神入矣，耳不聞，耳神收矣，鼻不息，鼻神凝矣，口不言，諸神聚矣，謂之眾甫，諸神聚其舍有主，諸神化，其氣有父，諸神存，其名不去，是為眾甫，為眾甫，方得若窈若冥，到了窈冥時，才得神化，氣結，精凝，而成道如此。

知其雄章第二十八

知其雄，守其雌，為天下溪。為天下溪，常德不離，復歸於嬰兒。知其白，守其黑，為天下式。為天下式，常德不忒，復歸於無極。知其榮，守其辱，為天下谷。為天下谷，常德乃足，復歸於樸。樸散則為器，聖人用之，則為官長，故大制不割。

此章何意，要人守道，分理陰陽。何為知其雄，守其雌？雄是陰中陽生，雌乃先天一氣，知而不採，謂之知其雄。守而自來，謂之守其雌。何為為天下溪，分理陰陽，則天下柔和。溪乃淳也，天下淳，陰陽自然分理。天下，指一身而言，一身無為，常德不離，德者，道也。人本清虛，清虛陰升，清虛陽降，陰升陽降，其德乃長。真常不離，反與嬰兒同體。嬰者，氣未定，五臟未全，皆虛空也。人能無五臟者，方能知其白而守其黑也，以嬰兒為天下抱道之式。人能如嬰兒，觸物不著，見境無情。為天下式者，真常之德，無差忒矣。

道得淳化，反歸於無極，而合太虛之無為。知其白，不若守黑，白能易染，而黑無著，靜到白時，如月返晦，到晦時，收斂之象也。知其榮，榮則有害，不如常守其辱，辱心一存，萬事無不可作，無為存辱。為天下谷，谷者，虛其中，一身常能虛中；為天下谷，此之謂也。常德乃足，中能常白，其道常存。道存，而反歸於樸。樸者，全完之器，樸散而成器，散者分其樸，而聖人用之，聖人能守中精一，則純一而不雜，為天下管轄，統天下之民，歸於一國。聚萬成一淳化無為之國，分理陰陽，五行之造化歸於一統。則大之而不割也，一身純陽，分理陰陽，其煉而成體，豈能割乎，知雄守雌，以柔治剛之意也，太上教人無為化淳，聽生化之自然，不假勉強也。

反者道之動章第四十

反者，道之動。弱者，道之用。天下萬物生於有，有生於無。

此章動靜，知宗祖。動則散而耗，靜則聚而見。言語舉

動則耗，心意馳動則耗，耗則外散。外散神不寧，氣不結。神氣寧結無他，心安意定也。安定，中宮見，神室開。此時才為真動，本於靜也。靜者，氣反而通。反者，反心之不明，反性之不識。反口之不知味，反目之不知色，反鼻之不聞香臭。反耳之不辨聲之高低，反手不能取，足不能履。反五臟化而不生，反不知嬉笑言談，反不識父母，唯有活活潑潑，一團和氣，靈性存於中。如此方為反也。如嬰兒在腹，不知天日。

真陰真陽，聽他循環於虛無之中。八萬四千，三百六十，五官六腑，無不通徹。皆因靜中動也。動亦不知動之所以然。恍恍惚惚之間耳，謂之反者，道之動。心泯意絕，含光於內，謂之柔，柔和於我，神寧氣定若似乎無作，又若屍同，弱之無間，時時如是，久則合大道之用，天之真性結於虛空，人之真性，凝於虛無，道之真性，入於無無，存於空空，合於玄玄，此為道之用。天不言不動，從空中而生真動，此天之反也。人神安氣和，從虛中而生真動，此人之反也。能反者弱成，造化循環於中。五行周流於內，陰陽凝結而成一。則天下萬物，無不感陰陽之氣而生。言其竅竅通徹，處處空靈，諸氣朝宗，而環抱於中。此有也，此生也，有生必有化，從生而反化，從有而入無。

世人只知有生有。偏見於一生二，二生三，三生萬物之說也。殊不知萬物，生於土，而反化於土。歸土者有二，枯朽而歸者，潤澤而歸者。枯朽者，入於無何有之鄉，為鬼耳。潤澤者，歸於虛靈不昧之地，為仙耳。學道無他，無中下手有中得，得後不知有形跡，唯有空中成大竅。清虛天半懸月窟。此是有中無也。無合於天，而性光同月，虛合於氣而命蒂同日。日月環抱而為太極，此人之無中有也。道凝虛

中之象也。命盡而性存，光華燭於周身，輝於內外，打成一片，虛光而入於無極，此有中無也，學道豈易哉。

上士聞道章第四十一

上士聞道，勤而行之；中士聞道，若亡若存；下士聞道，大笑之，不笑不足以為道。故建言有之：明道若昧，夷道若纇，進道若退，上德若谷，大白若辱，廣德若不足，建德若偷，質直如渝。大方無隅，大器晚成，大音希聲，大象無形，道隱無名。夫唯道，善貸且成。

此章教人知止知退，無道為道的意思。無道，上士聞之，體無為而勤修之。無道，中士聞之，無處著腳，故生疑。若亡若存，兩可之心，故不能行。無道，下士聞之，付之一笑。何也？言其無影無形，無有把柄，但笑而不言，不笑不足為無為之大道。

故建言有之。建者；設也，設言有道。以明無為之妙。上士明道，幽處靜修，若昧然。中士雖明道，不以無為為實。心疑之，故不昧。下士明道，一聞之而生謗心，安能昧之？夷，道者，精心於道，於天地同類而修之；與無極同體而暗付焉。進道者，進清虛之氣，周流太虛而不知有為，故若退然。上德乃無為之士，性命歸於虛空，精氣神合於靈動，與天地合其德，與日月合其明，與陰陽合其體，與四時合其序；空空洞洞，窈窈冥冥，一氣於中，若空穀焉。空谷之後，靈光朗耀，內有虛白生焉，若辱焉。辱者，打動於心，真心發現，沛然見於面，紅光四布，瑞氣蒸揚，形身無影，靈光獨現。神隱於中，飄飄蕩蕩，照徹乾坤，故大白若辱。廣德者，若天地之德。上德不見德，其德廣矣。故若不足，與人修道同。至道不見道，道乃何物？而若無道。無道

者，方見道之至矣。故若不足建德者，設言有德，不知德何居。偷者，引而伸之，如道無道，故以道名。不過設言，曰道德者，即道也。你看天地間，萬物生育，豈非天之德乎，地之德乎。天地合其德，而萬物感之而生，不見其德，而德更大。如人之氣生，乃道也。性命合道，而炁（氣）方生，不見其道，而道至矣。謂之建德若偷。質直者，真心也；真心見，而先天足。充滿天地，流貫萬川，總歸於一。浩浩蕩蕩，溢溢盈盈，此渝也。真心者，信也。性現而命存，唯精唯一者，是「質直」二字。精一而氣足，故如渝。大方者，空洞天地，無絲毫障蔽，明明朗照，無處不燭，東西南北，前後左右，上上下下，皆是空洞，成一大竅，唯氣流行，光明萬國照徹諸天，謂之大方無隅。大器者，先天見而虛空成器，即神室也。不要以有尋，不要以無覓，靜極氣生，氣生神室見，出於自然而然，不待勉強而成大器也。如水泡一樣，有形無質的東西。晚成者，炁（氣）生而後見，謂之晚成。大音希聲音者；潮信也。時候到，而潮不失信。如靜極而炁（氣）生，呼呼若有聲然。又若火然，大音希聲者，故耳大象者，神凝也。神凝而不見其形，神凝即道也。道原無名，唯自知其妙，難於口言，難於目見，故大象無形，道隱無名，此也：夫惟者個道。中士聞而怠心生，下士聞而怪無形。惟上士者：善守善靜，收拾身形，撇去心意。一點虛靈，常常內固。善貸而且成；且字最妙：稍有絲毫心意就不成。如身居土內，即成之。且字活，不一定也。夫惟道，善空、善靜、善採、善有、復善於無謂之善貸且成。

善建不拔章第五十四

善建者不拔，善抱者不脫，子孫祭祀不輟。修之身，其

德乃真；修之家，其德乃餘；修之鄉，其德乃長；修之國，其德乃豐；修之天下，其德乃普。故以身觀身，以家觀家。以鄉觀鄉，以國觀國，以天下觀天下。吾何以知天下之然哉以此。

此章教人知一生二，二生三，三生萬物的意思。建者，樹立直上之謂也。善性則氣生，純一莫能拔。靜定則生。生動，直上而不移，抱一而定，忘人忘我的境界.時時如是而不脫。性，母也。氣，子也。母靜子定，常守母子規模而呼吸自如.動靜天然不待勉強，時時不輟，稍有心中心，意中意，則忘母之規模，而不自然，常常定靜安慮，而得真道。以此真道不掇而修之，而我之身外身真矣。純一不雜，一團天然之趣者是我修身之德，如此，其德乃真。得天然之氣，時時不輟而修我之家。身者；神也。家者，虛室也；其家空洞中而現，以我純和之德修之，其德乃餘，使我天然之氣，時時不輟，養純一之體。修之於鄉，鄉者，性也，虛室之外宅也。常常純和其氣，而德乃長。得真性而不昧，使我天然之氣，時時不輟，而修之於國，則國有淳化之風，常常清靜，無毫髮之餘。以性還空，內若有所得，沖盈而豐之，使我天然之機，時時不輟，而修之於天下，則通身透徹，無絲毫隔障，光明於萬國，無不普照。此身外之身，慧光朗映，一貫乾坤，而天地悉歸於我，我還天地。

故以我之身，觀身外之身，我之虛含，觀虛空之室；我之性，觀虛白之性；我之神，觀湛寂之神；我之慧，觀混沌天然之慧。吾何以知天下之道然哉？不過一性者，此也，靜者，此也，靜而後動者，此也，動而返靜者，此也；湛寂而歸於虛白，此也；混沌而返於太清，亦此也；無他盡性以俟命也。返命而復歸於性，此乃常真常存之道也。以此懷真人

曰：靜性靜性真靜性，先天一炁起太清，寂然常繞虛無竅，一氣流通萬氣朝，渾然一身雲外客，不知身外有金身。太極爐中常錘煉，混元鼎內現真形，以空還空隨覺悟，無無有有此章神，心灰意滅歸大道，靈靈虛室現陽神，頂上一聲雷霹靂，天地晴和放光明。算來都是無著處，一身之外始為真。真真真到了妙處，道有靈，我身不做主，任他自己行，得了天然味，才得做真人。

治人事天章第五十九

治人事天，莫如嗇。夫唯嗇，是謂早復。早復謂之重積德，重積德則無不克，無不克則莫知其極，莫知其極可以有國。有國之母，可以長久。是謂深根固蒂、長生久視之道。

此章盡性以俟命的工夫。治人者，治己之神。純一不雜，念念歸真。絕妄遠思，清其內而心死，靜其衰而意亡。神魂守舍，鉛汞交加，聽其天然。周旋於內，身與天同，氣合日月，運用亦是周天之度，身形皆同湛寂之體，此乃治人也。事天者，清虛窮極之謂也。輕清而上浮，虛之至也；包羅萬象，無不含容，窮之極也，謂之事天。人能治人事天，無他，莫如嗇足矣。嗇者：儉也；一儉則易於虛，易於空，易於無。儉則妄念不生，妄念絕而心死，則不耗其氣也。「夫惟嗇」，是謂早復其元，習靜而氣足。

德者，道也。早能回其心意，靜內潛修，反覆元陽，不耗真一，謂之「重積德」。若能如此重積，乃德則金水流通，先天到而無處不克，百脈萬竅無不通連，而成一個空空洞洞的大光明竅矣。到了無不克時節，就入了湛寂之鄉，無人無物的田地。反不知其道之所以然者，空之至矣。則莫知其極，空之極，我不能知，極中又生有矣。「莫知其極，

可以有國」者，就是靜極方見無影無形底虛無矣。不靜不能知，不靜極不能見，靜極見者，是「有國」矣。有了此個，則真一自投，不待意為者也。意至覆滅，意盡復現，真一來投，則有母矣。其中生化之機，口不能言，唯有覺照。有母方能生化。生化不絕，我用就無窮，常生常化，內有天機。中合道機，我明玄理。聽其自生自滅，不耗於外，常固於中，可以長久矣。長久者，只要深靜其性，固生其命。

性根命蒂，從虛而入，從有而生，從空而成。生生化化，其用無窮。如此可以視長久之道也哉。治人事天，豈外此乎？總不過著而不著，不著而著，虛虛實實，生化之機，玄妙無窮，而道久矣。

信言不美章第八十一

信言不美，美言不信；善者不辨，辨者不善；知者不博，博者不知。聖人不積，既以為人，己愈有。既以與人，己愈多。天之道，利而不害；聖人之道，為而不爭。

此章言聖道無聲無臭，不睹不聞，極矣至矣。信者誠也，信於言而不為美，美者鮮也，美於言而不為信。至道少言，至玄寡語，少言寡語，至道立基。辨者，分剖也。善者，存道也。有道之士，不分人我，謂之「善者不辨」，能辨別明白者，務於外，聰明外用，日耗元精，不能默默自守，為無道之不善者也。知者聰明過人，博覽世事，而不為知道之善者，精神全用於外，不能篤慎固守，與道相離，謂之「博者不知」，言其善道者，不睹不聞，無言無動，那善道的聖人，何常存觀之心？雖不睹而實內睹矣。何常存聞之心？雖不聞，而實內聞矣，何常存多言之心？雖不言而實有言矣。何常存不動之心？雖不動，而實內動矣。

聖人之心空空洞洞，無毫髮掛慮，心地光明，內外貞白，謂之「聖人不積」，故「既以為人，己愈有，既以與人，己愈多」，言其聖人之心，於天平等，濟人利物而無害。聖人之為道也，中和而不爭，言其不博不辨不信，固己，不博，不辨，不信，故心地不積；心地不積，故聖人善為道者，故不爭；不爭才與天平等，平等才不分人己，濟利而不害。籲，聖人之心，美矣，善矣，知矣，中和而合道矣。

第二節 《道藏・太上老君內丹經》

老子曰：夫學長生久視。不死之道，先須理心正行，然後習氣。道則有三：上有還丹金液。中有神水華池，下有五金八石；術亦有三：上有神仙抱一，中有富國安民，下有強兵戰勝。若得其一，萬事畢矣。神仙抱一者，玉爐煊赫，姹女端嚴，嬰兒含嬌。深根固蒂，五行匹配。八卦相連：此之謂上也。富國安民者，龍盤金鼎，虎繞丹田。黑白真金。鉛汞至寶，水火既濟。日月騰輝，一片火輪，九年丹灶：此之謂中也。強兵戰勝者，一殿恢張，三峰蒼翠。表夫妻之心意，放龍虎以往來，兩湊玄關。一泥丸道：此之謂下也。

老子曰：夫煉大丹者，精勤功行，清靜身心，僻靜深山，幽玄石洞・絕於雞犬。斷卻是非。不睹外物，不聽外聲，一心內守。無勞外求。大凡修道，必先修心。修心者，令心不動。心不動者，內景不出，外景不入，內外安靜，神定氣和。元氣自降：此乃真仙之道也。

老子曰：聖人以身為國，以心為君，心正則萬法皆從。心亂則萬法皆廢；復以精氣為民。民安則國霸。民散則國

廢。

老子曰：修生之法，保身之道。因氣安精，因精養神，神不離身，身乃長健。凡修大道，利於生靈之性。發人智見。使人達道，得天沖虛之氣也。

老子曰：心有所愛‧不用深愛，心有所憎，不用深憎。如覺偏頗。即隨改正。處富者勿謂長富。居貧者勿謂長貧。貧富之中，常當奉道。道不在煩，心不可亂。勿思衣食，勿思嗜欲。勿思名利。勿思榮辱。抱一守中，自然之道也。

老子曰：夫煉大丹者，固守爐灶，返老還童。功成行滿。氣化為血。血化為精。精化為體。一年益氣。二年益精，三年益脈，四年益肉，五年益髓，六年益筋。七年益發，八年益骨。九年益變形神，身中有三萬六千精光。神居身不散。身化為仙，足下雲生，頂中鶴舞，號曰長生。修功不怠，關節相連。五臟堅固。內氣不出，外氣不入，寒暑不侵，兵刃不傷。升騰變化，壽齊天地。玉女侍衛，玉童相隨，上佐玉皇，下度黎庶，號曰真人。

老子曰：玄中有玄是我命，命中有命是我形，形中有形是我精，精中有精是我氣，氣中有氣是我神，神中有神是我自然之道也。

老子曰：長生之體，久視之門。洗心易行，乃成正真，然除想化物，要淨六根，邪魔遠離，眾病和因，通幽顯聖，無不成真，須明恍惚，輔弼帝君。太上老子曰：自己三清，何勞上望；自己老子，何勞外覓。知之修煉。謂之聖人矣。

〔按〕此經由《黃帝陰符經》的思想推演而來。將道與術分為三等；以神仙抱一之術配還丹金液之道為上。富國安民之術配神水華池之道為中，強兵戰勝之術配五金八石之道為下，指出「修生之法，保身之道，因氣安精，因精安神，

神不離身。身乃長健」並認為修煉內丹的藥物均在自身，不必外求，對後世的中國內丹養生學說有重要影響。

第三節　老子親傳丹道弟子尹喜真人著《尹真人東華正脈皇極闔闢證道仙經》

序

原夫大道寶筏，莫不應運而出。蓋由太上老子好生，憫世忘善，乃授純修弟子以度眾生，俾各會歸於極，以合皇極永保昇平於無極，無如學者，心性不明，日汙日下，所示秘文寶筏，輾轉流傳，始惟魚魯，繼且私心塗改，以至旨昧宗淆，是以得書，貴慎校訂，然傳本訛誤。未有如近日所見本二書，一名《呂祖師先天虛無太一金華宗旨》。一名《尹真人東華正脈皇極闔闢證道仙經》。實皆太上老子心傳，玄門寶筏，是二書也。吾山遺有初傳梓本，取以印證，正合原序所云。至道隱而不宣，必遭魔障。（一得）何敢稍懈，故為仔細訂正，遂成全璧，原序曰：太上老子心傳，無非命寶，應昌明之元會，兒萬劫而一傳，皆天魔深忌之文，每乘學者，心念一偏，魔便趁機而入。改參魔說，以敗正道。故古哲一得秘書，立即諸金石，垂作砥柱，邪說亂宗，得取以證，又曰：今值真道流行，時不可失，毋庸秘而不泄什襲收藏，不壽諸梨佈諸都邑。無緣者忽視之傳而不傳。有志者鑽研之，秘而非秘，中有循環守護者。二書原序所載已如此。今幸闔闢經訛本，未纂入《道藏》金華宗旨本。雖入藏，而板存姑蘇，取證重梓，亦自易易，且其所誤，不過支派混淆。取登失真，明眼人見之，自然立辨。況書自山出，梓本久已傳世，而此《東華正脈皇極闔闢證道仙經》。梓本流傳

未廣，世故罕見，其所摻雜偽本，又相傳來自青羊宮，乃為此經發源之地，混淆內潰，最足誤人。不早為辨正，貽誤必烈，本山書版，雖已殘缺，幸有印刷原本，原可照本翻刻，然本流傳已廣，必須補其缺，正其誤，一一標而出之，庶以本為枕中秘者，不為所惑，知所適從矣。不敢以原書具在，無煩筆削，可登梨棗，遂惜筆墨偷安也，故撰即為付梓，廣為流布，謹述訂正顛末，以弁其首。蓋以是經，於道宗旨，大有關係云爾，時維道光辛卯仲夏望日，浙湖蓋山龍門正宗第十一代，閔一得沐手謹序。

> 青羊宮傳抄本
> 浙湖金蓋山人閔一得訂正

尹真人東華正脈皇極
闔闢證道仙經卷之上

一、添油接命章

尹真人曰：原人生受氣之初，在胞胎內，隨母呼吸，受氣而成。此縷與母相連，漸推漸開，中空如管，氣通往來，前通於臍，後通於腎。上通夾脊，由明堂至山根而生雙竅，由雙竅下至準頭而成鼻之兩孔，是以名曰鼻祖，斯時我之氣通母之氣，母之氣通天地之氣，天地之氣通太虛之氣，竅竅相通，無有關隔。及乎數足，裂胞而出，剪斷臍帶，「啊」的一聲，一點元陽落於臍輪之後，號曰天心虛靈一點是也。自此後天用事，雖有呼吸往來，不得于元始祖氣相通，人生自幼至老，斷未有一息注於其中。塵生塵滅，萬死萬生，皆為尋不著舊路耳。所乙太上立法，教人修煉，由其能奪先天之正氣。所以能奪者，由其有兩孔之呼吸也，所呼者自己之

元氣從中而出，所吸者天地之正氣從外而入，人若使根源牢固，呼吸之間，亦可奪天地之正氣而壽命綿長。

　　若根源不固，所吸天地之正氣，恒隨呼吸而出，元氣不為己有，反為天地所得，亦只為不得其門而入耳。蓋常人呼吸，皆從咽喉而下，至中脘而回，不能與祖氣相通，所謂眾人之息以喉也。若至人呼吸直貫明堂而上，（此惟息息自先天，息息由黃道）。蓋切切然以意守夾脊雙關。（其間即黃中，即神室？又名黃堂，位在關前，心後非後天呼吸，所得經也）。自然通於天心一竅。得與元始祖氣相連，如磁吸鐵，而同類相親。即莊子所謂「真人之息以踵也」。踵者；深也。即「真人潛深淵，浮游守規中」之義。即潛深淵，則我命在我，而不復為大冶所陶矣。此竅初凝，即生兩腎，次而生心，其腎如藕，其心如蓮，其梗中空外直。柱地撐天。心腎相去八寸四分，中餘一寸二分。謂之腔子裏。乃心腎往來之路，水火即濟之鄉。（是皆胎始結時，氣與母一所成之，一縷乃先天真氣結成。漸推漸開而然也。原其得結之由，由於未孩不有思慮。故氣不雜而純。初無朕兆得見。繼因往來久，久乃現。然屬有形而無質也。既而未孩而孩，始有臍帶，得憑以通而尚無心，故得與同呼吸。及既出胎，啊的一聲氣落下極，則已自成一物，故惟自行呼吸。然與天地終始相通而其與祖不接者，氣浮不沉之。故欲與祖接，絕不費功，但自放下一切，吾心自靜。心靜氣自靜，氣靜則自下沉，下沉自與祖接，自得通流一體，久久氣淳，不但周流一體，自與天地太虛同一呼吸，那有不得長生之理。）欲通此竅，先要窮想山根，（曰：窮想者，猶言想到，無可想，想念則自無。）則呼吸之氣，方漸次而通夾脊，透泥丸以達于天心祖竅而子母會合，破鏡重圓。漸漸擴充則根本完固，救

住命寶，始可言修煉功夫。

行之既久，一呼一吸入於氣穴，乃自然而然之妙也。（此千古不傳之秘而妙用只是無念而已。是純由黃道升降故能自然如此。）按了真子曰「欲點長明燈，須用添油法。」一息尚存，皆可復命。人若知添油之法，續盡燈而復明，即如返魂香點枯荄而重茂也。油乾燈絕，氣盡身亡。若非此竅則必不能添油，必不能接命，無常到來，懵懵而去矣。故呂祖曰：「塞精宜急早，接命莫教遲。」接則長生，不接則夭死也。人生氣數有限而盛不知保，衰不知救。如劉海蟾云：「朝傷暮損迷不知，喪亂精神無所據。」細細消磨，漸漸衰耗，元陽斯去，闔闢之機一停，呼吸之氣立斷。噫！生死機關，迅何如也。而世人不肯回心向道者，將謂繁耶，抑畏難耶，然於此著功法，最是簡易，但行、住、坐、臥，常操此心藏於夾脊之竅，則天地真氣隨鼻呼吸，以扯而進自與己之混元真精凝結丹田，而為吾養生之益，蓋此竅之氣，上通天谷，下達尾閭，周流百節之處，以天地無涯之元氣續我有限之形軀，自是容易，學者誠能凝神夾脊之竅，守而不離，久久純熟，則裏面皎皎明明如月在水相似，自然散其邪火，消其雜慮，降其動心，止其妄念，妄念止，則真息自現，真息現而真念無念，真息無息，息無則命根永固。念無則性體常存，性存命固，息念俱消，即性命雙修之第一步功也。張崇烈云：「先天氣從兩竅中來，西江水要一口吸盡。」即此義也。嗟夫！人生如無根之樹，全憑氣息以為根株，一息不來，即命非我有，故修長生者，首節專以保固真精為本，精旺自然精化為氣，氣旺自然充滿四肢。四肢充滿，則身中之元氣不隨呼而出，天地之正氣恒隨吸而入，久之胎息安，鄞鄂固，斯長生有路矣。此段工夫自始至終捨他不得，起

手時，有添油接命之功。坤爐藥生時有助火開關載金之功，嬰兒成形時有溫養乳哺之功，只待嬰兒既長。脫穴而升，移居內院之時，則是到岸不須船。而此添油接命之功，方才無用，夫添油入竅。種種玄況不一，總以造有熱湯傾注之驗，覺極通暢。卻並不是將無作用的話頭，學者細心行持，自有天然妙處。

南樵子曰：此夾脊雙關一竅，在人背脊二十四節上下之正中，真可以奪神功。改天命。易曰：黃中通理。正位居體，美在其中，和之至也。

閔小艮曰：按此竅在脊前脘後而有形無形，未開謂之玄關。既開謂之玄竅。學者行到虛極靜篤時。此竅乃現，胎息息於此也。我身元神。於此升降。乃謂得道道路也。謂得徹天徹地也。故此元神一入。自覺此中大無外，細無內也。丹書一名神室，又曰黃房，其名不一。總之結胎養胎，造至脫胎，皆基於此處。第非後天三寶，所得闖入也。蓋以此處是黃中。先天休養之所，主君之堂，臣輔得入須憑宣召者。若夫任督，乃為赤黑道，後天精血所由之徑。為之導者，亦藉神氣。世人未知分別。每有後天鬧黃之弊。歷古丹經。不敢逕示由中升降。而但示以由任而降。由督而升。職此故也。是經慈示。實為萬古未嘗少洩之秘。而為登道捷徑，是故諄諄導以自然。自然則無後天升降，升降純是先天矣。唯恐學者妄用心意。不從自然，致遭不測，識此數行，以告同學云。

二、凝神入竅章

尹真人曰：太上老子云：「吾從無量劫來，觀心得道，乃至虛無。夫觀心者，非觀肉團之血心。若觀止心，則有血

熱火旺之患，不可不慎。

（閔小艮曰：謹按太上觀心，核屬三觀，蓋即內觀外觀遠觀也。人心雖妄。嘗於此心之後，而退藏之，妙用無竅，皆基於此。其法蓋以觀虛觀無且觀靜寂耳。如是觀若勿觀，個中玄竅始開。若一難有意念其弊亦莫測，故有不可不慎之戒。）人有三心曰：人心，道心，天心。人心者，妄心也。道心者，照心也。天心者，元關祖竅，氣穴是也。太上觀心者，以道心而普照天心也。」又曰：「入竅觀心之法，凝神定息清虛自然。六根大定。百脈平和，將向來夾脊雙關所凝潛入命府，謂送歸大冶牢封固。命門一竅。即臍後一寸二分，天心是也。一名神爐，又名坤爐，而息之起息之止，在此一穴。按自氣穴起息。狀如爐燈隨吾呼吸，仍不外乎黃庭為之主張者，蓋有元神在也。調處之法，乃以道心而照天心，則此靈谷之中。氣機雖繁，有神以主。亦仍如不動，本體常存，神與氣合，緊緊不離，是名外煉而不失。夫胎息。蓋如凝神於氣穴，（是神室也）時時收視返聽，照顧不已。則此氣穴（是坤爐也）亦自寂寂惺惺，永無昏沉，而睡魔自遣。且能應抽應添，運用自如矣。」愣嚴經云：「一根既返元，六根自解脫。」

蓋無六根，則無六識，無六識則無輪迴種子。既無種子，則我一點真心，獨立無倚，空空蕩蕩，光光淨淨，斯萬劫而常存也。每見專務頂門之性為宗者，是不知命也，專務坤爐修命為宗者，是不知性也。純陽曰「修命不修性，此是修行第一病。只修祖性不修丹，萬劫陰靈難入聖。」若此凝神入竅之法，乃性命雙修之訣。蓋得中央黃暈所結之神以宰之耳。人若識於此處而迎吾一點元神入于元始祖竅。天心氣穴之中。綿綿續續，勿助勿忘，引而親之，一若升于無何有

之鄉，則少焉呼吸相含，神氣相抱，結為丹母，鎮在下田。待時至時。則攝吾身先天靈物。上引三才真一，油然下入，合我身中鉛汞即成無上英華，融而化之，有如北辰居所，眾星皆拱之驗。是皆元神潛入氣穴所致，故而諸氣歸根，萬神聽令。然而古哲謂是黃葉，非真金也。必須久久行之，先天性命，真正合一。如汞投鉛而相制伏。而大丹真孕其中矣。蓋以此段功夫，神既入竅，則呼吸一在竅內。而吾鼻中呼吸，只有一點，而微若無，方為入竅之驗。試驗不失，乃得真金焉。

南樵子曰：此一章工夫，妙在運雙關所凝之神。藏于氣穴，守而不離，則天地元始祖氣，得以相通而入也。凡修持者，每日以子、午、卯、酉四時為則，每時或坐一香三香，斯時毛竅已開，必須再坐一二香，將神一斂下坐，方可出戶，否則恐干外邪，故亦不可不慎。閔小艮曰：此章玄論皆屬丹經所未泄。了道成真。密旨備矣，中被魔學節改，幸道不終隱。得准山本，——訂正夫豈人力也哉。

三、神息相依章

尹真人曰：天谷之神，湛然寂然，真性也。神爐之中，真氣氤氳。而不息者，真命也。他兩個總是真水火，真烏兔，真夫婦，真性命，使二者紐結一團，混合一處，煉在一爐，二六時中，神不離氣，氣不離神，性不離命，命不離性。二者則二而一，一而二者也。其功與前章之功，一貫而下。每日子前午後，定息靜坐，開天門以採先天，閉地戶以守胎息。納四時之正氣，以歸正室，以養胎真，漸採漸煉，以完乾體，以全親之所生，天之所賦。真汞八兩，真鉛半斤，氣若嬰兒，陰陽吻合，混沌不分，出息微微，入息綿

綿，內氣不出，外氣反入，久之神爐藥生。丹田火熾，兩腎湯煎，此胎息還元之初，眾妙歸根之始也；則一刻工夫可奪天地一年之節候，璇璣停輪，日月合璧。真是：「萬里陰沉春氣到，九霄清澈露華凝，」妙矣哉。真陽交感之候乎，蓋神入氣中，猶天氣之降于地，氣與神合。猶地道之承于天。《易》曰：大哉乾元，萬物資始也。蓋一陽不生於復而生于坤，坤雖至陰然陰裏藏陽，大藥之生，實根柢于此，藥將產時，就與孕婦保胎一般，一切飲食起居，俱要小心謹慎，詩云：「潮來水面侵堤岸，風定江心絕浪波，性寂情空心不動，坐無昏憒睡無魔。」此惟凝神氣穴，定心覺海，元神與真氣相依相戀。自然神滿不思睡，而真精自凝，鉛汞自投，胎嬰自棲，三屍自滅，九蟲自出。其身自覺安而輕，其神自覺圓而明。若此便是長生路，休問道之成不成，此境必待神爐藥生，丹田火滅。兩腎湯煎，方見此效，方可行開關之功。

又曰：（青羊抄本訣作南樵子曰茲準梓本訂歸經文錄之）修真之士，果能將來脊雙關所凝之神。藏於氣穴。守而不離，則一呼一吸，奪先天元始祖氣，蓋入氣穴之中。久而真氣充滿暢于四肢，散於百骸，無有阻滯，則自然兩腎湯煎丹田火熱，而開關也。

南樵子曰：此一段工夫，妙在照之一字，照者，慧日也，慧日照破昏衢，能見本來面目。心經云，照見五蘊皆空。空者，光明之象也，五蘊皆空，則六識無倚，九竅玲瓏，百關透徹，空空蕩蕩，光光淨淨，惟到此地。方為復我本來之天真，還我無極之造化，明心見性，汞去金存，再行添油入竅之功，神息永不相離，只待嬰兒成形，移居內院，方遏止。閔小艮曰：按此內院，即是泥丸，又為玉清宮，元

神坐以待詔飛升之地也。

四、聚火開關章

尹真人曰：開關乃修真首務，胎息即證道根基。未有不守胎息，而望開關。不待開關，而能得長生住世者。許旌陽真人曰：「關未開，休打坐，如無麥子空挨磨。開得關，透得鎖，六道輪迴可躲過。」此確論也。

（閔小艮曰：此關是元關，乃即尾閭關，故可聚火以開。上而夾脊雙關亦然，皆可以運行開者，鎖則無縫鎖。大造用以封鎖玄竅者也。法惟虛寂之極，先天匙現。豁然洞開，此竅一開，九竅齊開而胎息得行，大道乃有路焉矣。然按章旨，真人蓋為元關未開者而發，乃從色身上攻去積陰。則行無病阻，是亦一法也。余更進而寂體，真人另有玄意，乃補首章所末示，恐人專事中透捷法，而置任督於勿理。則於生生妙用。未免功缺，亦非至庸至正功法，此功行後則於色身固大利。而於法身得培，更無欠缺，後學遵循中透。亦無混入鬧黃之誤，玄意蓋如此。）

開關之法，擇黃道吉日，入室靜定，開天門以採先天，閉地戶以守胎息。謹候神爐藥生，丹田火熾，兩腎湯煎見此功效，上閉竅塞兌垂簾，神息歸根，以意引氣，沉于尾閭，自與水中真火紐作一股，直撞三關，當此之時，切勿散漫，倒提金鎖鎖，以心役神，以神馭氣，以氣沖火，火熾金熔，默默相沖，自一息至數百息，必要撞開尾閭，火逼金過太元關，而閭口內覺刺痛，此乃尾閭關開之驗。一意後沖，緊撮穀道，以鼻息在閭，抽吸內提上去。如推車上高坡陡處，似撐船到急水灘頭，不得停篙住手，猛烹急煉，直逼上升，再經夾脊雙關，仍然刺痛，此又二關開通之驗，以神合氣，以

氣凝神，舌拄上腭，目視頂門，運過玉枕，直達泥丸頂上，融融溫暖，息數周天數足。以目左旋三十六轉，鉛與汞合真氣入腦而化為髓，再候藥生，仍行前功，每日晝夜或行五七九次。

行之百日，任督自然交會，一元上下旋轉如輪，前降後升，絡繹不絕，內有一股氤氳之氣，如雲如霧騰騰上升，沖透三關，直達紫府，漸採漸凝，久則金氣佈滿九宮，補腦之餘，化而為甘露，異香異美，降入口中，以意送入黃庭土府，散於百絡，否則送爐。如是三關透徹，百脈調和，一身暢快，上下流通。所謂：「醍醐灌頂得清涼，同入混爐大道場者。此也。」百日之功，無問時刻，關竅大開，方可行採藥歸壺之事，不然縱遇大藥而關竅不開，徒費神機，採亦全無應驗。張三豐云：「不煉還丹先煉性，未修大道且修心，修心自然丹性至，性至然後藥材生。」還虛子曰：開關之法，妙在神守雙關一竅。此竅能通十二經絡，善透八萬四千毛竅，神凝于此，閉息行持久之。精滿氣化，氣滿自然衝開三關，流通百脈，暢於四肢，竅竅光明，此為上根利器也。然於中下之士，或又行功怠緩，則關竅難開。必得丹田火熾，兩腎湯煎，依法運行，方能開通。故經云：「天之神棲于日。人之神棲于目。古人謂目之所致神亦至焉。神之所至氣亦至焉。又云神行則氣行，神住則氣住。」開關功夫，不外乎此。

南樵子曰：此章功夫，始而妙在神氣紐作一股，默默透後上沖，次而直如推車至上半山，似渡江臨急流水。必要登峰巔達岸而後已，學者專心致志，努力行持自有此效。

閔小艮曰：先師太虛翁云「呂祖師醫世功法入手，亦以開關為第一義，大可即此章以治身，即可準此功以醫世，細

體以行。身無有不治。世無有不安泰也,其效乃在流通百脈,暢於四肢,而難在通透關竅也,關開乃有用,竅透用始得當,治身其然,治世亦爾也。」

尹真人東華正脈皇極
闔闢證道仙經卷之中

五、採藥歸壺章

尹真人曰:採藥必用夜半子時,一陽初動者,其時太陽正在北方。而人身之氣在尾閭,正與天地相應,乃可以盜天地之機,奪陰陽之妙,煉魂魄而為一,合性命以雙修。蓋此時乃坤復之際,天地開闢。于此時,日月合璧於此時,草木萌蘗于此時。人身陰陽交會于此時,至人于此時而採藥,則內徵外應,若合符節,乃天人合發之機,至元而至妙者也。《黃帝陰符經》經云:「食其時,百骸理,盜其機,萬化安。」又云:「每當天地交合時,盜取陰陽造化機。」于亥末子初之時,清心靜坐,凝神定息,收視返聽,一念不生,萬緣盡息,渾淪如太極之未分,溟滓如兩儀之未兆,湛然如秋江之映月,寂然如止水之無波。內不知乎吾身,外則忘乎宇宙。虛極靜篤,心與天通。先天大藥隨我呼吸而入于黃庭。周天數足,鉛汞交結。天然真火薰蒸百脈,周流六虛,沖和八表。一霎時,雷轟巽戶,電發坤門,五蘊空明,九宮透徹,玉鼎湯煎,金爐火熾,黃芽遍地,白雪漫天,鉛汞髓凝,結如黍珠。三十六宮花似錦,乾坤無處不春風。訣曰:「存神唯在腎,水火養潛龍,含光須默默,調息順鴻蒙」。此乃封閉之要訣也。

南樵子曰修真煉至明心見性,歸真已得其半,學者果能

九竅玲瓏，五蘊空寂，百節透徹，則採藥亦易得，邱長春曰：「深耕則易耨，布種為鉤玄，識得玄中奧，人元遍大千，在人遇師不遇師耳。」

閔小艮曰：聞諸駐世神人，泥丸李翁。諭我先師太虛翁云，成道多門，而採取非一，律宗所事為最高，蓋謂得自虛空也，得之之時，學者倘有遍體統熾之患。此情動於中之故，法惟退心於密，能感致太極真陽，陰焰自滅，夫此真陽，歸自坤位，市，升得乾護歸休太極，故能降熄燎原之焰，然非涼德所能感降吾身者，是以學貴壘行名曰深耕，次唯大隱朝不勞布種，自有人元虛集，而已則寂靜虛無以俟，此則律宗之所受援也。夫太極真陽，學者德能感此，必自頂門而下，且必滴頂應闕霎時清涼，驗乃如此，所謂乾元得自頂三界立清涼是也，南樵所述，玄乎玄乎，而青羊鈔本，削而不錄，故準梓本訂增之。

又曰（一得）參究遇師語意，輾轉不成寐，久之，忽入一境，見我師太虛翁，燕坐如生平。手執一卷，青紙金書曰：此是瓊琯先生所遺，鶴林彭君，篡人天仙枕中秘，世間尚有之，訪可得者，（一得）跪而閱之記其大旨乃即太上宗旨所載，須置活虎生龍，備為勾引，感太玄于虛際，是乃清淨道侶，以元引元，以一引一。

此自然通感之妙用，書內有八十一偈，其七言曰：活虎生龍習靜時，虛空交感不相知，無中生有還歸彼，有裏還無我得之，得此況同巫峽雨，全憑目力慎維持。蓋言以目後透而升，斯無逐情外漏之弊，其殿偈四言，蓋釋師字之義。按爾雅師眾也，玉篇像他人也，是籍男女眾人，以引元之義。如釋氏之無遮大會，即此妙用也，《禮記》曰：師也者，教之以事而喻諸德者也。教以事，如集清淨道侶，以引太玄之

事，論諸德。則兼有積德之旨，師字之義所該如此。偈云太玄真一，極休如雌，感而遂通，行行合師。五五不圓，勿克應之，得之則榮，失之則枯，道無予奪，德孤乃孤。太虛翁曰，斯貴自勉，勿辜負，爾自知。又曰後世必有誤會者，豈僅作功行條數已哉！二千五百人為師，五五，是解師中眾字之義，孤者眾之反。曰德孤乃孤者言無德，雖遇眾如不遇也，南樵子所述師字隱含如許妙義也，南樵子述而不之釋，感師慈示，爰謹識之，道光辛卯季夏朔日謹志于金陵甘露園。

六、卯酉周天章

尹真人曰：前章先天大藥。入于黃庭採藥也。此章卯酉周天，左右旋轉，收功也。張三豐一鉛火秘訣云：「大藥之生有時節，亥末子初正二刻，精神交媾含光華，恍恍惚惚生明月，媾畢流下噴泡然，一陽來復休輕泄，急需閉住太元關，火逼金過尾閭穴，採時用目守泥丸，垂于左上且凝歇，謂之專理腦生玄。右邊放下復旋折，六爻數畢藥升乾，陽極陰生往右邊，須開關門以退火，目光下矚守坤田，右上左下六凝住，三八數了一周天，此是天然真火候，自然升降自抽添，也無弦望與晦朔，也無沐浴達長篇，異名剪除譬喻掃，只斯數語是真詮。」

此於採藥歸壺後行之，則所結金丹，不致耗散，大藥採來歸鼎。若不行卯酉周天之功，如有車無輪，有舟無舵，欲求運載，其可得乎。

其法先以法器頂住太玄關口。次以行氣主宰。下照坤臍良久，徐徐從左上照乾頂少停，從右下降坤臍為一度。如此三＋六轉為進陽火。三＋六度畢，去了法器。開關退火。亦

用行氣主宰。下照坤臍良久，徐徐從右上照乾頂少停，從左下降坤臍，為一度，如此二十四。為退陰符。純陽曰：「有人問我修行法。遙指天邊月一輪。」此即行氣主宰之義也。

此功與採藥歸壺之功。共是一連。採取藥物歸於曲江之下。聚火載金於乾頂之上。乾坤交媾于九宮，周天運轉而凝結。故清者凝結於乾頂。濁者流歸于坤爐，逐日如此抽添，如此交媾，汞漸多而鉛漸少，久而鉛枯汞乾，陰剝陽純結成牟尼寶珠，是為金液大還丹也。蓋坎中之鉛原是九天之真精。離中之汞。原是九天之真氣。始因乾體一破。二物遂分兩弦，常人日離日分。分盡而死。而至人法乾坤之體效坎離之用。奪神功改天命，而求坎中之鉛，制離中之汞。取坎中之陽制離中之陰，蓋陽純而復成乾元之體也。張紫陽祖師曰：取將坎位中心實，點化離宮腹內陰，自此變成乾健體，潛藏飛躍盡由心。

南樵子曰（抄本以下誤篡入經）後升前降，採外藥也，左旋三十六，以進陽火。右轉二十四，以退陰符。皆收內藥而使來歸壺，不致耗散也，日積月久煉成一黍米之珠，以成真人者即此也。

偈曰：

移來北斗過南辰，

兩手雙擎日月輪，

飛趁崑崙山頂上，

須臾化作紫霄雲。

閔小艮曰：

謹按此章乃就一身中，採取坎一以為種子，與上章經義不一。

上章得自虛空，此章成自神功者也。

尹真人東華正脈皇極
閭闔證道仙經卷之下

七、長養聖胎章

尹真人曰：始初那點金精，渾然在礦，因火相逼，遂上乾宮，漸採漸積，日烹日熔，損之又損，煉之又煉，直至煙消火滅，方才成－粒龍虎金丹。圓陀陀。活潑潑，輝煌閃爍，光耀崑崙。放則迸開天地窮。歸復隱于翠微宮。此時樂也不生，輪也不轉，液也不降，火也不炎，五氣俱朝于上陽，三花皆聚于乾頂陽純陰剝，丹熟珠靈，此其候也。然鼎中有寶非真寶，欲重結靈胎。而此珠尚在崑崙。何由得下而結耶，必假我靈，申透真陽之氣以催之，太陽真火以逼之，催逼久，則靈丹自應時而脫落。降入口中，化為金液，而直射於丹局之內。霎時雲騰雨施，雷轟電掣，鏖戰片晌之間，而消盡一身陰滓。則百靈遂如車之輳轂，七寶直如水之朝宗矣。許宣平曰：「神居竅而千智生，丹入鼎而萬種化。」然我既得靈丹入鼎，內外交修，煉之又煉至與天地合德，則太虛中，自有一點真陽，從鼻竅而入于中宮，與我之靈丹合而為一。蓋吾身之靈，感天地之靈，內征外應，渾然混合老子云：「人能常清淨，天地悉皆歸。」當此兩陽乍合，聖胎初凝，必須時常照覺，謹慎護持，如小龍之初養珠，如幼女之初懷孕，牢關聖室不可使之滲漏，更于一切時中，四威儀內，時時照顧，念念在茲，混混沌沌，如子在抱，終日如愚，不可須臾間斷也。葛仙翁曰：「息息歸中無間斷，天真胎裹自堅凝。」陳虛白曰：念不可起，念起則火炎，意不可散。意散則火冷。惟要不起不散，含光默默，真息綿綿，此長養聖胎之火候也。

南樵子曰：道之所以長養聖胎者，不獨玄門為然。釋氏亦有形成出胎之語，修真之士，于靜定之中，入三摩地者謂道之元神元氣元精，三者合一而歸于天心一竅也，釋氏謂之正定正中正受，三昧真定，而入于真空大定也，人定之時，慧日憑心空朗大千。大道分明體自然，十月聖胎完就了。一聲霹靂出丹田，照天心一竅者，以耳內聽此竅，以眼內觀此竅，如如不動，寂寂惺惺，身如琉璃，為外明徹，包含十方諸佛剎土。靜定自如，虛空淡然，渾無一物，此為三昧真定法門。

偈曰：

男兒懷孕是胎仙，

只為蟾光夜夜圓，

奪得天機真造化，

身中自有玉清天。

閔小艮曰：謹按此章雙承前兩章得藥歸壺，示以長養聖功也。蓋前兩章得法不同，而皆有未盡善處，一由性功未純，而感外擾，至有燎原之患，幸知疊行積功。上感大造，降至真陽，色身賴以拯救。然經此患，玉石俱傷，欲保功成，必須得法，以撫以安也，其次章之失，乃時命理未精，所採所得，盡屬後天。丹盡所謂黃世，不是真金，何以故以道而論，尚屬後天，至人知之故，故必先事身中胎息，致開先天玄關。摸著大造鼻孔。同出同入，始得於中招引人元。出神入坤，按兩坤字，上坤指坤方。西南是也。下坤指人身。坤腹是也。如是呼吸，自得一一收歸坤爐。朝烹夕煉，與夫平日，所引所致，種種真元，煉而成珠者，引歸神室，溶成一粒，乃為胎成。先師太虛翁謂工至此。方可從事長養，倘或所聚有難，必重加工力，以容以化，蓋以往昔，所

結。尚屬幻化之胎。法惟伇神逼出內院，容成金液，重下坤爐。招致玄竅感降之一。與吾神爐煉物，融成一粒，引歸神室中，以休以養。始得謂真種，今按是章所言。若合符節，則知是章所章所言鼻竅。不可忍作人身鼻孔，此竅必是玄竅，而鼻則祖義焉耳，南樵子，隱而未泄，恐誤後人，不敢不自云。

八、乳哺嬰兒章

尹真人曰：前面火候已足，聖胎已圓，若果之必熟，兒之必生，彌歷十月，脫出其胎。釋迦牟尼以此謂之法身，老子以此謂之嬰兒，蓋氣穴原是神仙長胎住息之鄉，赤子安身立命之處，嬰兒既宴坐靜室，安處道場，須藏之以玄玄，守之以默默，始借坤母黃芽以育之，繼聚天地生氣以哺之。此感彼應，其中自呼自吸，自開自閉，自動自靜，自由自在，若神仙逍遙于無何有之鄉，若如來禪定於寂滅威海之場。雖到此大安樂處，仍須關元，勿令外緣六塵魔賊所侵，內結煩惱奸回所亂。若坐若臥，常施瑩淨之功，時行時止，廣運維持之，力方得六門不漏，一道常存，真體如如，丹基永固。朝夕如此護持，如此保固，如龍之養珠，如鶴之抱卵，而不敢頃刻之偶忘，方謂真人潛深淵，浮游守規中也；其法以眼觀內竅，以耳聽內竅，潛藏飛躍，總是一心，則外無聲色臭味之牽，內無意必固我之累，方寸虛明，萬緣澄寂。而我本來之赤子，遂怡怡然安處其中矣。

老子云：「外其身而身修，忘其形而形存。」如心空無礙則神愈煉而愈靈，身空無礙，則神愈煉而愈精，煉到形與神而相涵，身與心而為一，才是形神俱妙與道合真者。古仙云：此際嬰兒，漸露其形，與人無異，愈要含華隱曜，鎮靜

心田者，若起歡心，即為著魔。嬰兒既長，自然脫竅，時而上升，乾頂，時而出升虛際，時而頓超三界外，不在五行中，出沒隱現，人莫能測，修道必經之境。古哲處之，惟循清虛湛寂焉。是為潛養聖嬰之至道。

南樵子曰：火候已定，聖胎已完，全賴靈父聖母，陰陽凝結以成之，雖然嬰兒顯像尚未老成，須六根大定，萬慮全消，而同太虛之至靜，則嬰兒宴居靜室，安處道場，始能得靈父聖母，虛無之祖氣。以養育之。養育之法，神歸大定，一毫不染，開天門以採先天，閉地戶以守坤室，無晝無夜，刻刻提防，勿令外緣六塵所侵，內賊五陰瞋魔擾亂，心心謹篤，三年嬰兒老成，自得超升，天谷直與太虛不二矣。

偈曰：

含養胞胎須十月，

嬰兒乳哺要千朝，

胎離欲界升內院，

乘時直上紫雲霄。

閔小艮曰：青羊宮抄本，摻入門外漢語，如此章中，既云嬰兒既長，穴不能居。又於注末。摻入嬰兒老成，自尾閭而升天谷，既長而穴不能居，是內身耶，嬰兒乃由尾閭鑽上耶，且焉有玄竅嫌窄者，翻能透尾閭而上，自相矛盾乃爾，茲准山本訂正之。

九、移神內院章

尹真人曰：「始而有作有為者，採藥結丹以了命也。終而無作無為者，抱一冥心，以了性也。」施肩吾曰：達摩面壁九年，方超內院。世尊冥心六載，始脫藩籠。夫冥心者，深居靜室，端拱默默，一塵不染，萬慮潛消，無思無為，任

運自如，無視無聽，抱神以靜。體含虛極，常覺常明，此心常明，則萬法歸一，嬰兒常居於清淨之境，棲止於不動之場，則色不得而縛之。體若虛空斯安然自在矣。陰長生曰：「無位真人居上界，空寂更無塵可礙，有為功就又無為。無為也有功夫在。」所謂居上界者，蓋即嬰兒之棲天谷也；空寂明心者，蓋即呂祖向晦宴息，冥心合道之法也。無為也有功夫在者，蓋即太上即身即世，即世即心，遙相固濟之宗旨，其次蓋即譚長真所云：「嬰兒移居上丹田，端拱冥心合自然。修道三千功行滿，憑他作佛與升仙也。」謂必移居天谷者，非必以地峻極於天，實以其純一不雜，嬰兒居此，自無一毫情念得起。但起希仙作佛之心，便墮生死窟中，不能得出。夫此清淨體中，空空蕩蕩，晃晃朗朗，一無所有，一無所住，心體能知，知即是心，心本虛寂，至虛至靈，由空寂虛靈而知者，先知也。由空寂寂靈而覺者，先覺也。不慮而覺者，謂之正覺。不思而知者，謂之真知。雖修空不以空為證，不作空想，即是真空，雖修定不以定為證，不作定想，即為真定，空定真極，通達無礙，一旦天機透露慧性靈通，乍似蓮花開，恍如睡夢覺，突然現乾元之境，充滿於上天下地而無盡藏。此正心性常明，炯炯不昧，晃朗宇宙，照徹古今，變化莫測，神妙無方，雖具肉眼，而開慧眼之光明，匪易凡心，而同佛心之覺照，此由見性見到徹處，修行修到密處，故得一性圓明，六根頓定。

何謂六通？玉陽太師曰：坐到靜時陡然心光發現，內則自見肺肝，外則自見鬚眉，知神踴躍。日賦萬言，說法談玄，無窮無極，此是心境通也。不出房舍，預知未來，身處室中，隔牆見物。此是神境通也。正坐之間，霎時迷悶混沌不分，少頃心竅豁然大開，天地山河，猶如掌上觀紋，此是

天眼通也，能開十方之語，如耳邊音，能憶前生之事，如眼前境，此是天耳通也，或晝或夜，能入大定，上見天堂，下見地獄，觀透無數來劫，及宿命所根，此是宿性通也。神通變化，出入自如，洞見眾生心內隱微之事，意念未起，了然先知，此是他心通也。

若是者何也？子思曰：心之精神謂之聖，故心定而能慧，心寂而能感，心靜而能知，心空而能靈。心誠而能明，心虛而能覺。功夫至此，凡一切善惡境界，樓臺殿閣，諸佛眾仙，不可染著，此時須用虛空之道，而擴而充之，則我天谷之神，升入太虛，合而為一也，再加精進，將天谷元神，煉到至極致妙之地，證成道果。太上老子曰：「將此身世身心歸融入竅，外則混俗和光，出處塵凡，而同流俗。往來行藏，不露圭角。而暗積陰功，開誠普度。以修以證，是正性命雙修之妙用。究其旨歸，不外皇極闓闢之玄功。」易曰：「先天而天弗違者。」蓋言機發于心，兩大之氣機，合發而弗違也。此即人能宏道之旨，而功法不外神棲天谷，世人不識不知，惟深惟寂。陽光不漏，故能愈擴愈大，彌運彌光，自然變化生神，生之又生，生之無盡，化之又化，化之無窮，東華帝君曰：「法身剛大通天地，心性圓明貫古今，不識三才原一個，空教心性獨圓明。」是言當以普濟為事，是即行滿三千，功圓八百之旨。又曰：世間也有修元者，先後渾凝類聖嬰，若未頂門開巨眼，莫教散影與分形。是言雜有後天，後天有形，一紙能隔，況骨肉乎。若夫先天，金玉能透，何勞生開巨眼哉？惟其雜有後天，開眼而出。雖可變化無窮，未能與天合德，故須加以九年面壁之功，淘洗淨盡，乃與天合，自然跳出五行之外，返於無極之鄉，證實相，玄之又玄；得真功，全之又全。成金剛不壞之體，作萬年不死

之人。自覺覺他，紹隆道種，三千功滿，而白鶴來迎，八百行圓，而丹書來詔。飛升金闕，拱揖帝鄉。中和集云：「成就頂門開一竅，個中別有一乾坤。」然此頂門豈易開哉？先發三昧火以透不通，次聚太陽火以沖之，二火騰騰攻擊不已，霎時紅光遍界，紫焰彌天，霹靂一聲天門開也。呂祖亦云：「九年火候真經過，忽而天門頂中破，真神出現大神通，從此天仙可稱賀。」此言後天未淨，破頂而出也。至於積功累行，全在神棲內院之時。余（三豐真人自稱）昔有句云：「功圓才許上瑤京，無限神通在色身，行滿便成超脫法，飄然跨鶴見三清。」見今金闕正需材，邱氏功高為救災，止殺何如消殺劫，三千世界盡春台。

南樵子曰：吾師運心，何等之普，今之人得有一訣一法，秘密深藏，唯恐洩漏，豈與吾師自較，豈不愧死，噫！度人即是度己，纍行即是修仙，蓋以普度即性天耳。

閔小艮曰：按抄本此一章，大有改削，注不勝注，茲一準山本增改之，細體經文，直是醫世入手功法，其間圓證宗旨，亦備示焉，第末說破醫世之旨耳，駐世神人泥丸李祖，謂是書與本山所降金華宗旨，皆為醫世而出。蓋必上承元始法旨者，然章中不露應運而說。遞謂旨歸不外云云，是後太上老子所示，體會而得。按真人在世以法顯，未聞倡行醫世之道，此經蓋升證後宣示之文，亦運會使然也。故神人李祖，有欲說未說，今將說之偈，見於是經下章。

十、煉虛合道章

尹真人曰：水邱子云：「打破虛空息億劫，既登彼岸舍舟楫，閱盡丹書萬萬篇，末後一句無人說。」李真人曰：「欲說未說今將說，即外即內還虛寂，氣穴為爐理自然，行

滿功圓返無極。」高真人曰：「此秘藏心印，皆佛佛相授，祖祖相承，迄今六祖衣鉢，止而不傳，諸佛秘藏於斯已矣。今值元會，樵陽再生，真道當大行，世所傳煉神還虛而止者，猶落第二義，非無上至真之道也。」

樵陽者，古真人之號，姓王不知何代。王昆陽律祖山西潞洲人。相傳生叶時，有仙人過其門曰：樵陽再生矣，太上老子律宗從此復振矣，載在三山館錄。律祖于順治康熙年間五開演鉢堂，付授太上老子三大戒，弟子三千餘人。傳戒衣鉢，有呂祖醫世說述，則得受者有三千餘部，豈非真道之大行乎，況律祖戒堂，開在京郊白雲觀，爾時佛道兩宗傳戒。非奉旨，不得私開，其所傳，有律有書有手卷。卷中載歷祖支派，自太上老子而下，所傳戒偈，或五言，或七言，或四言，累代相承，無缺。無所承者，則必屬冒人。律必究送勿貸。卷上律有諭旨，冠其卷端，而玄律亦極嚴。所以杜假冒耳，所傳之書義理本無所禁。然戒律鄭重，恐人褻玩，故輕泄之律最嚴，是以律裔一概襲藏。而凡無人可授之裔，則必聚而焚之。此食古不化之流弊。律祖三傳而道遂絕。今嘉慶間所開演鉢，邱祖戒本失傳，近所傳訪諸淨明宗教錄，與邱祖所傳，小同而大異也。我山先輩，亦守戒焚之，書則錄本倖存，而卷律亡矣。先師太虛翁道及，必撫膺流涕。蓋為先此耳，真人此書，直與醫世妙用，一貫相通，循以修人太上老子宗旨，如示諸掌，不為注而出之。何以對我師。且任情不改何以對真人，此（一得）不得已之苦衷，非好為饒舌也，龍門後學閔（一得）謹志。

禪關一竅，息心體之，（此一句為開玄竅之枕中秘）一旦參透，打開三家寶藏，消釋萬法千門，還丹至理。豁然貫通。而千佛之秘藏，復開於今世。蓋釋曰禪關，道曰玄竅，

儒曰黃中，事之事之，方能煉虛合道。乃為聖諦第一義，即
釋氏最上一乘之法也，此法無他，只是復煉陽神以還我毗盧
性海。以烹以煉，濁盡清純，送歸天谷。又將天谷之神，退
藏於密，如龍養頷下之珠，似鶴抱巢中之卵，即內即外，即
氣即心。凝成一粒，謹慎護持，無出無入，眼前即是無量壽
國，而此三千大千世界，咸各默受其益。無有圭角可露，虛
寂之極，變化之至，則其所謂造化者，自然而復性命，自然
而復空虛，到此則已五變矣，變不盡變，化不盡化，此通靈
變化之至神者也。故神百煉而愈靈，金百煉而愈精，煉之又
煉，則爐火焰消，虛空現若微塵，塵塵蘊具萬頃冰壺世界，
少焉，神光滿穴，陽焰騰空，自內竅達於外竅，外大竅九，
以應九州。大竅之中，竅竅皆大神光也。小竅八萬四千以應
郡邑，小竅之中，竅竅皆大神光也，徹內徹外，透頂透足，
在皆大神光。

　　（光之所注，其處利益。故當在在照注，注以透徹為
度，無有絲毫作用於其間，唯以恒定為妙。定則周遍，恒則
透徹，醫世秘訣，盡于此章矣。蓋照則一到，光則元至能
透能足，施有虛施乎哉，是有實理實驗，然在行者，不費
一文，不勞絲力，坐而致之，得間即行，日計不足，月計有
餘，況有三年九載乎，第當切戒者，于光照之時，慎勿妄加
作用。按瓊琯詩文集，詳載白祖本是先天北斗祿存星君，唐
堯時大旱。玉帝付以瓶水拂塵，命星君馭龍施雨，旨曰：某
地某地幾點，勿缺勿多，既行，見地皆赤，禾苗枯，溪澗
涸。乃不遵旨。傾瓶罄水而回，致有九年之水，星君乃下謫
為人，此可見天工人代，不可作意於其間，畸輕畸重也。醫
世功法，無如是書光照兩字，而教養亦自兩全，即如用清用
和，我輩性功未徹，性理未精，用或不當，得罪非細，不如

迎光普照，不加意念為得，鄙見如是，筆以質諸高明。）

再又攝歸祖竅之中，一塵不染，寂滅而靜定，靜定而寂滅，靜定之久，則紅光如奔雲，發電從中竅而貫於上竅，則更無論大小之竅，而神光動耀，照徹十方，上天下地中人，無處不照耀矣。

醫世至此，所得益地，不獨震旦南贍可周，西牛東勝北狄中赤。皆受益焉，而功用全在一塵不染，並無作用於其間也。下交所行所言，亦如此。是有涵育薰陶，俟其自化之義。

如是則更加斂攝，消歸祖竅之中一塵不染，寂滅而靜定，靜定而寂滅，靜定之久，則六龍之變化已全，而神更變為舍利之光。如赫赫日輪，從祖竅之內一湧而出，化為萬萬毫光，直上於九霄之上，普照大千世界。一如大覺禪師所說偈言：方知太上所云，天地有壞，這個不壞，這個總是先天主人翁，這個總是真性本體，這個總是金剛不變不換之全真，這個總是無始以來，不生不滅之元神，這個大神通，大性光，覺照閻浮提普度一切，才是不可稱，不可量，不可思議之無量功德也，故其偈曰。

　　一顆舍利光烈烈，

　　照盡億萬無窮劫，

　　大千世界總皈依，

　　三十三天咸統攝。

北宗龍門十一代閔一得讀是經畢，歡喜踴躍，百拜稽首謹獻一偈。

偈曰：至真妙道隱西天，東土重聞賴師述，是名皇極闓闢經，道宗玄旨該儒釋，即修即證道並行。功用默申醫世說，忘年忘月一心持，有效無效敢休歇，自從無始到如今，

生生世世空勞力，生年月日時現存，一寸光陰皆可惜，一朝
圓滿返大羅，大羅天本為人立，大千志士莫灰心，佛也凡夫
修乃及，如是如非杜撰，皇皇經語堪重繹。

　　青陽宮原本，輾轉傳寫，道皈輩證諸律宗。律宗驚其輕
泄。節去其要。道皈輩又從而增損之。故而強半失真，奉天
李蓬頭，名一氣曾論及此世傳偽本之由，有夙根者，具慧
眼。覺其參錯不純，委余校訂，幸有本山梓本，刊自康熙
間者，取以整理，去偽存真，遂成完璧，吾宗丹書，皆為世
珍，先師太虛翁，於是書有跋，惜為同人攜去，憶其大旨，
謂此經上承正脈，是通天徹地之道，長生久視，乃其餘事，
又言真人生於東漢。隱現不可測，駐世神仙泥丸李翁，謂當
會于青羊宮之寥陽殿，自云於嶺南脫化，生平以有為法炫
世，大厄隨至，乃跨鐵鶴以遺世，茲述虛無大道，以勉同志
焉，觀於此，則是經煉虛合道章所引李詩。即為我祖泥丸真
人無疑矣。尹真人于元明時姓尹，世所稱尹蓬頭是也，于東
漢時姓屈諱禎，道號無我，閱千數百年，蓋屢易姓名。以隱
于塵世者，余生也晚，何幸得處其山，又得其書。今更得其
偽本而訂正之，個中奇緣，蓋有不可思議者，故謹志之龍門
後學閔（一得）謹跋。

卷十二

吳雲青傳承《黃帝外經》
內含的道家內丹養生
《九轉還丹功》真傳

第一節 築 基

　　今日傳築基之真傳，吾欣喜諸子，道家內丹功做得廣大，善事亦作得甚多，對家事亦安置好，妥當修道四要素：法財侶地，亦有齊備，對於煉心性功夫，平常亦做得純正能忍，在靜中以無雜念，坐到身中有千變萬化之景，絲毫都無害怕，雖化泰山崩落，壓在吾身，而亦不懼，又化刀槍之險，而都不驚，心意永無亂動，一心守玄竅，所以在靜中，死活不管他，任其自然，此初步煉心性之功體，以得到自然健全之效果，須知修真學道，還丹最容易，而煉心性之功最難，煉心性之功，譬喻人生之造屋，築地基一樣，初初造屋，若無先築地基，以後如何疊璧上樑柱乎，所以築地基得堅固，後日資力積滿，材料備足，欲建平階，或是建三層，五層，則可由人願力之希望，資料若豐富，建到中途，自無停工，或欠料之失敗，亦免有困難之處，所以煉心性者，謂之築道基也。心性者，還丹之基礎，做仙佛之來源也。心性之功夫，若得健全，在修學途中，雖遇千魔萬難，而心性亦不遷移，已入真靜，所以在鬧動之中，受世事件件刺激，又逢萬般考懲，而能心無亂，性無變，又能忍受，看淡俗事虛

景，人人若能抱此心志，而進行修道，此為道之資力，道基之資料，如此還丹，則容易貫通也。所以外功，惟善德多作，自然數據豐富，欲證初乘人仙，中乘地仙，大乘神仙，上乘天仙，最上一乘金仙，此五乘亦謂五等，證此五位仙果，亦是由人信願行而證，亦由人功德而分也。登此五等仙果者，是以煉心性之功夫健全，遇事能看破忍耐，不使心性妄動，而發無明火，可說基礎堅固，對渡己渡人之事，或善事亦有廣積，善根深固，乃有大德之人，可能得此至道也。為何仙有分五乘五等乎。因初乘煉精血化氣，使精血無走漏，得長生不老，但外功未足，謂之人仙也。中乘煉氣養神，但本性養未真明，所以不得變化，謂之地仙也。大乘煉氣成神，本性朗明，而有神通變化之境也。上乘煉神化形，千百化身，經十數年之熱氣燒過，全身筋骨皮膚臟腑，已無半點陰氣，乃在大溫養之功，而得此果也。最上一乘，煉神還虛，煉虛還無，以道合真，一性圓明，萬古長存，無去無來，佛之大覺金仙者，即此果也。總要內果外功具備，方能證此果也。

佛亦有五乘之分別，一人乘，乃持守五戒，殺盜淫妄酒不犯，而生人道者，二天乘，乃修上品十善，即一不殺生，二不偷盜，三不邪淫，四不妄語，五不兩舌，六不惡口，七不綺語，八不貪欲，九不瞋恚，十不愚癡，不犯此十條者，順于正理，故曰十善，此十善之相反，即為十惡也。所以持守此十善，而不錯亂，則生在天上，為天神也。三聲聞乘，聞聽經理之修法，而獨善其身，自悟四諦理，乃徹明苦集滅道，而斷生死輪迴，得阿羅漢果，知世間是苦惱，而集成煩惱，萬境總不實，有生必有滅，能悟此大道真理，修煉本性圓明是實也。四緣覺乘，乃自觀十二因緣，而生智慧，以斷

煩惱，修煉精氣神皈元，以避輪迴，而證辟支佛果者，此十二因緣，是眾生生死輪迴之次等，乃由此而緣起也。

一無明，乃過去，現在，未來，有種種之煩惱也。二行，乃依此煩惱中，而作善惡自當其果報也。三識，即依過去世之業，而受現在世，投胎之一念也。四名色，謂投胎之中，知心身漸發育，已成有形色相之喻也。第五，六處，乃在胎中，六根，眼耳鼻舌身意俱足，要將出胎也。六觸，到出胎二三歲之時，但不知事物之苦樂香臭，只欲觸物入口食也。七受，至六七歲時候，已知事物之真假苦樂香臭，而感受愛欲也。八愛，到十四五歲之青春年期，男人清陽足，女子月癸行，由此而生種種，強盛之愛欲，而染情感也。九取，由成人之後，氣血漸定，雖不多欲以色欲，但爭權奪利之欲愈盛，即貪求所欲，而詐取欺騙也。十有，即依貪求妄取，求不得苦，而生煩惱，將所作之善惡，而定當來，即來世之果報也。十一生，乃由現在世所造之業，而定來世貧富貴賤，智愚高壽，或夭折之受生也。十二老死，謂來世所受之果報，能得高壽，而不艱苦，或壽不高而夭折，乃定苦樂，老死之位，此為十二因緣也。五菩薩乘，謂廣修六度萬行，即佈施，持戒，忍辱，精進，禪定，智慧，而證最上乘佛果，雖然有此乘別，總要煉己修功，方能得此證位，若無功無果，九品蓮台，不容易坐也。

◎欲進築基者，須要從前，煉心性之法純熟，無妄動情境，坐到變化之景，無有害怕者，則可以築基也。築基之法，乃在靜中，用一點真意，裁決判定，看自己心性，煉到今日，已得到純然之地步否。須抱定沖天之志，死活不管，明白心性一理，思自己現在，已進入築基之階段，凡必定要死，性情方得純正，切不可行至中途，受著財利美色，心再

妄動，或受著刺激魔考，而亦移去道心志念，如此之時，乃心性無主之故，就難免無雜想心，由此而惡疾魔病上身，亦不只染病受苦，亦連累大道之不成，反墜六道輪迴之苦矣。所以初步煉心性之功夫，定要坐到觀景，而能忘形，如視而不見，聽而不聞，心意注意，在於玄關丹田中間，此功夫，亦要由煉靜煉坐而得，所以初步之煉靜坐，總不分任何場所，鬧處亦可，靜室宜妙，心若能靜，意無散亂，能在鬧動求靜者，最上之功夫也。

以上所說，乃初步之自由煉法，但已到築基之日，有不同之處，何為築基，乃自無中，要煉成有，故須選定適當場所，以立基礎，可使煉丹，有著落穩當之地點也。

為何築基，要如此之重視乎。因大道之成功失敗，乃在此築基第一節，所以進入築基，須要嚴禁幾項，即眼不觀雜色，耳不聽雜言，身如枯木，不亂行動，心意要鎖閉，不生雜念，亦不隨便接近人，口言亦要減少，男女不混雜，另名謂閉關，食欲睡欲，須知制止，此築基者，與建築家屋，築地基相同，若地基之水泥未乾，或地面未實，則要緊急迭壁上樑，如此決定倒落，即建不成家屋，所以築此道基，若未煉到，溫暖之氣上升，全身如火爐之熱，不論寒天暑期，汗都流得滿衣服，又精血未閉者，即未得到築基，極點之功夫，此為築基之證明，乃成功失敗，進退之證據也。

◎靜坐之人，在蒲團上，心意抱定至誠，眼露一線之光，守玄關，統一六神，滅除雜念，不可埋頭仰面，埋頭即任脈不通，不可昏沉太重，仰面即督脈不貫，尾閭關不開，故要端身正坐，令上下相通，子午相對，方可調勻氣息，一呼一吸，緩而長，成一勻，而玄關丹田，自然一氣，身中無半點雜念，此時，伸出兩腳，雙手搭膝，輕放在腿上，此

時兩手按太極之法免用,應知腳伸直,則精道自閉,而腎中曰丹田,亦謂海底,所聚之至精,亦名干金,就不能逃遁,兩手搭膝,則身要正,自然餓鬼所出入之穴遣,餓鬼乃指精血,即永遠閉塞,亦名閉地戶斷死門,然後用先天虛無之火,乃是一點真意而已,即用此火,當時同甘露玉津,降下丹田,心意齊守丹田,一心無亂,此時玄關免守,一絲不掛,雜念全消,守至虛極靜篤,無人我之時,正氣復發,丹田溫暖,久久修煉自然功成,精血自化矣。

◎因人身背脊中,大腎內,有根管帶,名為橐籥(音「陀月」),接腎脈之旁,男女交媾時,男子真精,由此橐籥而出,女子至寶,由此橐籥而飛,二物凝結,長為胞胎,所以世人,不知存歸真金,至久而久之,真精至寶,泄走完了,就做了枯體乾殼,死期至矣。今修行之人,則用逆行之術,塞斷管竅,不使真精至寶飛走,即是築基也。

按男子十六歲滿,而陽精至,到此時期,若無修煉者,就開始走漏矣。又女子十四歲滿,而天癸行,到此時期,若知修煉靜坐者,是名曰坐斷血河,若是築基功成,男子無夢遺漏精之患,女子無經水月行之理,由此而可延年,而得長生,為仙為佛,觀世人之中,只知飲食,可能維特生命,全不知,呼吸比飲食,更加重要,人若斷食,可到七天尚不死,但閉塞口鼻,斷了呼吸,恐怕不到半小時,就要死也。

所以普通無學玄功之人,只知飲食重要,全不知呼吸重要之原因,前面章中,已有說過,教示學坐功之人,呼吸之一呼一吸,定要深而長,用腹部調息而成,一勻,須知人之性命本源,下手功夫,由呼吸入門,呼吸初不可短而淺,若短淺者,身體就不能健康爽快,亦不能達到循環之優良,又不能延年益壽,故靜坐之呼吸,謂之調息,學者,應該注

意，呼吸絲毫不可用力，使鼻息出入，極輕極細，漸漸深長，使肺中，及腹部之濁氣，儘量能外散，所以靜坐之功夫，到年深月久，呼吸深細，一出一入，自己不覺不知，可比無呼吸一樣，勤練到此處，可達到調息之極功，若是呼吸不調和，心就不能達成真靜，性命亦不得延長也。呼吸若能吸透天地根，即玄關透丹田，此即築基功夫已成，基若築穩，則佛仙之道就不遠矣。

◎調息之法，決定用腹部凸凹，雖免用鼻呼吸，亦得自然，順腹部凸凹，而呼吸也。若不知用腹部調息之人，不但性命不長，亦難得健康，恐多患肺病艱苦，何也。因五臟六腑，就是肺臟極軟弱，因肺臟極不易展大，若用肺臟呼吸，肺臟時時大起來，致肺尾同胸骨相爭，久之定發生肺癆病，若知用腹部調息，由新陳代謝，吸新鮮空氣，換出腹部穢氣，不只腹部肺部輕鬆，亦可幫助消化食物之極功也。初築基之人，若口中玉津未生，感覺口渴，體中火盛之時，可以用後天水，乃清水滾水，多飲之，使身中雜邪之火能散，若至先天真水生出，玉津如蜜之甜，又吞不完之時，口就不

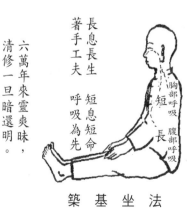

先天至道男同女，
八寶七珠血合精，

長息長生
著手工夫　短息短命
清修一旦暗還明。　呼吸為先
六萬年來靈爽昧，

胸部呼吸
腹部呼吸
短
長

築 基 坐 法

渴,此時免再飲後天水,故菩薩,有甘露水,能救活群生,亦名大悲咒水,又曰先天真水,若能飲此水,而得長生,就是學道人之玉津甘露也。

(第一節:築基,古傳為莊子講授)

第二節 煉 己

夫煉己者,則孔門克己之功也。煉者,將凡心俗氣煉死,及身中脾氣魔病,一切煉退,看境色而不動心,此煉己之要訣也。前第一節之築基,若只用空殼名字,雖曰築穩,其實未煉至極功,則心意,亦不穩定,恐怕心猿意馬,六賊眼耳鼻舌身意制未死,而依然能妄動,故必須用煉己之功,以制伏心性,加添補充,築基堅固,須知自古千聖萬真之修道,先須煉己,使神全氣盛也。

學者在未築基,未煉己之時者,每被萬事情欲之所勞,而為日用識神之當權,牽連眼耳鼻舌身意之同用,而染色聲香味觸法之塵境,所以若不先為勤練,使基礎堅固,遇境則亦難安,神馳氣散,焉能奪造化之玄機哉。所以未煉還丹,須先煉性,未修大藥,要緊修心,在煉己能遇境無形,則六賊不擾,而神自凝矣。須明六賊者,即眼耳鼻舌身意,為人身之六賊也,色聲香味觸法為塵世之六賊也。愛惡欲貪瞋癡為心內之六賊也。人身之六賊,若不謹慎引入內,則內心之六賊蜂起,而塵世之六賊亦牽引染纏,既然人身之六賊不鎖閉,由此而作怪耗精,則眼見色,就愛起而賊精,耳聽聲音,則欲情起而搖精,鼻吸香味,則貪起而耗精,口嘗滋味,則瞋起而走精,身意遇觸法,則癡起而損精,此六者,日夜盜賊于身,道基之精液,能有幾多,精走去則神氣亦隨之,由此而喪生損命矣。

◎須知後天濁精，本是先天佛性，修行之人，以身為國，以精為民，精不動搖，謂之民安，神氣充足，謂之國富，所以煉己之功，若無煉至純熟，欲煉精者，不得其精住，欲煉氣者，不得其氣來，精氣不得連和，藥當生之時，即不辨其時候，須煉至終，不知其為終，基雖築成，猶如無築，或遇喜懼，而隨之喜懼，遇疑信，而隨之疑信，此皆煉己無純熟之故也。且煉己，若不煉到虛無，萬緣入眼皆空，亦不為百事，而阻礙，若不能煉到如此，則仙佛不得，能到虛無，可以煉丹，即此義也。

然對此煉己，若能煉到還虛之功純然者，乃由氣化神，而神有朗明，即還虛之功得，而神意有主宰，所以煉己之法，即觀照本心，而心不為識神，物欲之牽纏，比如水桶，桶如身，水如心，身若不動時，桶自然定定，桶定水自定，由此而汙物沉底，若身定心不定，桶水搖動，如心妄想，即汙物塵垢浮上，須知光明本性，如清浮水印月，心動如水有汙物，汙物既浮，就難印月之光，所以煉心性功夫，須萬緣不掛，一塵不染，時時保得，七情未發之中，刻刻全得，六識未染之體，外棄諸緣，內絕諸妄，一念不起，使眼耳鼻舌身意，各返其位，在煉之內，耳雖聞聲，而元神不受音聲之謎感，故在煉之時，不起思想心，身雖在塵，而在煉之時，不受著塵之染，所謂煉己者，逢景無妄，見天地人我，而無天地人我之相也。見山川草木，而無山川草木之景也。見一切諸物，而無一切諸物之體也。萬象俱空，虛無正照，一念全無，則漸入大定矣。故金丹之道，若不先煉己，而能成道者，謬矣。老母云，聲色不止神不清，思慮不止心不寧，心不寧兮神不靈，神不靈兮道不成，即此意也。所以煉己，則不論時刻，勤而煉之，待至日久，修道則能成全功矣。若煉

己放蕩，煉丹則有走失之患，養性之時，則有妄出之險，若不煉己而進道，道遙遠矣。

煉己即用漸法，以修煉之，漸法者，見美色愛欲，亦不起邪念，而心總不動，若見富貴榮華，提起正念，而心不惑，自然功深，靜中一切境界，現於目前，就不得起心生愛，先知修行之人，靜中境界，多般皆是，自己身中之三屍識神所化，有時化神佛來言禍福，到此境界，若無鎮定心意，謹慎提防，恐誤性命大事，若希望靈通，或望想做仙做佛，則大差之魔病也。因識神靜而現，引誘君心，劫奪塵緣，若能用道心主專一，見境如不見，視如不視，聞如不聞，體與太虛空相合，自然識神消散，煉己煉到七情不動，六賊不亂，六根自然大定，一念不起，一塵不染，萬緣皆絕，此即本來性體，持心苦練至今，方可行此一時半刻之功，而入恍恍惚惚，杳杳冥冥之內，求此先天真一之氣也。

◎古云，辛勤二三年，快活千萬劫，可見煉己之貴重，超生了死，乃在此處做出者，故煉己到純熟，築基基自固，最尊重者，即煉己之功，不可輕視也。昔吾師正陽師試十魔於吾，吾心正念而不疑，任師百般磨難，不生疑心，獨立正念，後得到煉己，築基之安全處，能成正覺，體天渡世，方得今日之果位也。首先應知煉己，魔障極多極強，亦要慎重注意，因恐怕心意受諸魔之考，若再妄動，則照第一節之坐法，兩足伸直，手免搭膝合掌拱手求老母，以及默念佛號，須愈至誠求念，如有眼落，身化之懼，即天譴雷誅之威，乃陰魔已經降復，到此則私心，識神自滅，道心本性自現，其心純一，心意既純，則元精元氣元神，皆聚于丹田，而恍惚杳冥，藥物已現，只待時而採也。

到築基煉己之節，最忌少年人，恐功行半途，再動春

心，而再走精血，墮落者多矣。總要提防，拿定主意方可成功也。但是老年之人，雖無此弊病，但恨精氣已枯，修煉而採無藥，凡人六十歲已過，卦數已周，骨脈乾枯，所以老年修行，水火已寒，而在年少之時，不識修行路，耗散元陽，到老來反悔已經遲矣。今將老年之人，比作一根枯木，葉敗枝枯，那還能開花結果乎。但若知修煉，棄末求本之法，可將陰中，苦求真陽，培補早日，所耗散去之至寶，就好如逢春風微拂，日暖氣溫和，能得時刻不怠續煉，不日間，吹得青枝綠葉，紛紛生出茂盛，即是枯樹逢春，死而復生，由此而返老還童，收歸所失去之真陽復位，須知為人，定可以勝天也。乃從此抽坎填離，煉命歸根，做返本還原工夫，雖壽有八十之老翁，亦不為晚也。若能修成純陽，煉就萬劫不壞金身，自得返老還童，須知人生在天地間，雖然受天地好生之德，上有天之所蓋，下有地之所載，亦要明天地二氣，亦能損害人身，天為陽，地為陰，所謂陰陽相混者人身，不可不知天地能化育人，亦能劫奪人，何謂劫奪人乎。

當知世人，自離母腹之後，男人至十六歲，女人到十四歲之青春年期，多是奪天地間之真陽，補充而長成者，故男子十六清陽足，女子十四濁陰降，則經水行，只有此幾年間，能奪得天地之真陽而已，若至此青春年過，人欲增盛，識神用事，由此而上天，要奪回人身之清陽，且大地亦助人成陰，是使早日能陰氣相混，日月亦是推人死，至死期既到，四大假合，地水火風之肉體分散，即永失真道，所以修煉大道，實無他事，只要將自身，在先天所帶來之至寶，又被天地所奪去之真陽，再重新收歸本位，此乃奪天地之造化，乃煉清陽之童體，故謂壽八十之老翁，若知正法而修持，至真陽補滿，其髮雖白，但其顏如童，乃煉白髮童顏之

活神仙也。能得此法，而有相信者，定永超塵世，不受沉淪之若，所以煉己之功夫，若煉到全身如火熱，精血閉斷者，則延年益壽而得到人仙，佛曰阿羅漢果之位矣。

◎煉己之功，最忌色欲瞋恚，雖然對色欲有斷除，但男女之間，若相見妄想色欲，致動心機者，亦是同真淫欲一樣，所以心機既動，真精化而為淫精，在不知不覺，或大小便之時，定走出精液，又瞋恚心，若無提防忍耐，遇事刺激，則發怒氣生邪火，而阻道前程，對此二點，宜要注意也。

（第二節：煉己，古傳為呂洞賓祖師講授）

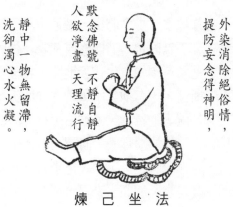

人欲淨盡　天理流行
默念佛號　不靜自靜
靜中一物無留滯，
洗卻濁心水火凝。

外染消除絕俗情，
提防妄念得神明，

煉 己 坐 法

第三節　採　藥

採藥第三節，學者要知，採藥不是上山採青草也。乃待真機發動，而採先天至精，使其皈原，亦是由無念慮之中，所生之精液，方為真藥也。若有妄念而動者，即屬濁精，須知採藥，甚有困難之處，昔云，大藥修之易亦難，要知由己亦由天，若非種功修陰德，動有群魔作祟緣，所以採藥，雖然靠重自己，有至誠不怠，但亦要靠上天仙佛之暗護，方能

順序而得，若無仙佛之救助，倘受魔之擾亂，心則動搖，如真金變成泥土，所以要陰德培補扶助，方能順手而可採也。何為陰德，施與不求報，陰德也。積善無人知，暗中作方便，亦陰德也。

須知修行人，若陰德未充，必定被內外魔所擾，若知回思內省，發大忍辱以精進，即魔障化為陰德，自然採藥，藥能自得，故採藥之功，在煉己純熟後，由身不動，萬塵不染，而元精自凝，由心不動，清濁自分，而元炁方聚，由意不動，三昧大定，而元神混合，此際三家相會，打成一片，結成一團，遇此景象，而大丹藥苗漸現，已成真種，自此真陽發動，另名為活子時，或一陽初動者也。

故藥苗既現，則候時採取，切莫錯過，今比如天邊之月，每逢初三日，出於西方之上，此乃如修煉大道之人，初築基煉己之功夫純熟，久無走漏，由此溫暖之氣，而生出真種之藥苗，另曰金丹真鉛，所知初初之生，如初三日之月，形如刀圭，乃形容甚少之意，此亦謂之三陽開泰，即是身中三家，精氣神合一，由此而有真藥可採，總要求中和之氣，使三昧身心意大定，亦是三寶連和，然後由杳冥虛無之中，自有藥物可採，都是採取精液所化之物也。

◎學者，須知採藥無他，乃吸先天虛無之氣，而採精氣神三寶，所結之藥苗，既然三寶已現，必奪造化之權，運採取之功，降心火于丹田，化開丹田之陰氣，以真意為主，意者靜則為性，動則為意，妙用則為神，神屬火，火能生土，土能生金，金自玄關，落于坤，丹田就變為坎，由坎中陽爻，在人身為精，在五行為金，此精是人吃五穀，所生化之物，若知煉則為佛為仙，不知煉則為鬼矣。此精明說真藥，乃屬在陰精，故此陰精，若無用風火鍛鍊，則此精必定在裏

面作怪，思想淫欲，攪亂君心矣。鍛鍊之法，務要凝神，入丹田炁海，又加調息之功，而使橐籥鼓風，則風吹火，烹煉淫精，化而為炁，其炁混入一身之炁，再合先天之炁，再從竅內發出，而為藥苗，如世人之鎔鐵，起初用風筒吹風，使爐火猛烈，然後則鐵可鎔，若火不暖亦不及，火強則太過，總要取中和，而不失敗，此採藥之法，乃靜入虛無，而待元精生，以神火而化，以息風而吹，以靜而取，以動而應，以虛而養，以無而存，則調藥之法，得之矣。

所謂神則為火，息則為風，別名謂之風火煉精，精得火則化，學者，當知採藥之方法，其時心守丹田，只用真意，分而引出兩腿，一推出，一降下，此時兩腳照原伸直，兩手搭膝，佛號免念，玄關免守，抱心如大虛，忘身如枯木，自靜中求出甘露，意順甘露，而降下丹田，即時用真意，推引出兩腿，引到腳尖拇指上面，一寸三分之高，對臍下一寸三分之處，有一條直線之形，其時真意，引到腳尖拇指上面，一寸三分高之處，要隨時，吸先天虛無之氣，到玄關，要吸當時，眼要一開，鼻息要一吸，初次吸後，舌尖再搭天橋，虔誠求出甘露，然後將此甘露，再降下丹田，專用真意引出兩腿，照初次之法，到腳尖上兩，一寸三分高，二次再吸先天虛無之氣，到玄關，吸時照原，眼一開，息一吸，連用三回，勿錯勿亂，時令為冬月建子，在太陰為初三日，月出庚方，此為第一次採藥也。第二次採藥，時在十二月建丑，在太陰為初八日，月之上弦也。第三次採藥，時在正月建寅，在太陰為十五滿光瑩也。上說乃借比喻而已，須知初次之採藥，如初三日之月，現刀圭之形，在第二次之採藥，則如初八日之月，已成半面，若至第三次之採藥，如三陽開泰，月到十五日，則圓明光輝，此亦不是指一天二天之比喻，乃將

大道，修煉之採藥此節，而形容明示，使修煉之人，容易明通大意，若不用積集之法，亦難得一時間，補滿先天之破處，所以煉道修真，教人定要抱長久之志，累年累月之功，即如在砂中傾金同樣，乃積少成多，從近而遠，登高必自邇，如行路之初，由近處而出發，能久行不怠，方得到目的地，採藥之法，亦與此相同也。

再如雞母生卵，一日一定生一粒，並無一日生二粒之理。所以此段採藥之功夫，乃表示世人，在先天所帶，此點元陽，是元精，藏在後天濁精之內，至男十六，真陽走，女十四，月經行，日日耗散，終無人指醒，至死方休，今修行之人，修煉金丹，採舍利大藥者，即是採此一點元陽真精也。須要謹慎注意，待一陽初動之時，正宜採取逆行，知者仔細，依照書中之口訣，而精進之，此玄妙之天機，古今不得言明者，今為應普度之期間，廣施妙法，亦不得不講，乃希望世人，增加進修之婆心，而指洩漏明，須要敬慎以學之，自無錯誤之差失也。

◎學者，須知採藥，就是採取精液所化之真氣，所謂金丹大藥，並無物可形容，千言萬語，亦是自身之濁精，由全身溫暖之氣，乃強烈之火候燒過，而成真種，由此方有真氣可採也。此真氣，又曰元氣，修煉大道，總要保持，此點真種不散，如浩然之氣，時時上升，而得長生不老也。

例如精似水，爐屬火，水放在鼎內，就是精血聚在丹田，即爐中內，爐若不熱，無猛火燒起，此鼎之水，永遠不滾，既然水不滾，就無薰蒸之氣浮上，至終此水，則變成汙臭水，此乃比如精血，聚在丹田，若無受過溫暖之燒，此精血永不化，雖然有極法可閉，亦不是究竟功夫，久久亦都走泄，此論說，一樣如造酒，只收薰蒸之氣，而為酒精，若無

收此燒氣之薰蒸，為酒者，不久定壞去，若真酒精，任存數十年，亦都不壞，所以大道之修法無他，亦是採取，溫暖之氣燒化，所薰蒸之真氣，使其周流全體，而通竅聚陽棄陰，即煉金剛不壞之舍利，若用有形，而為藥者，即差之矣？

（第三節：採藥，古傳為曹國舅講授）

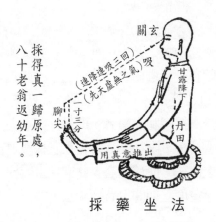

採藥坐法

第四節　得藥

得藥者，得精化氣謂之大藥，前節用心火降下丹田，丹田本有水，水得火，水火則融和，性命則合一，而成真種矣。故自初次凝神，心返照丹田，渾然而定靜，以忘形而待動，以意氣而同用，以神火而化精，以息風而吹炎，以武火而鍛鍊，武火者，乃呼吸之急速，以文火而守，文火者，不存而守，不息而噓，時時刻刻，不昧惺惺，綿綿不絕，如有如無，息息歸爐，到此意氣兩不相離，如母子相隨，則和合凝矣。吾仙苦歎世人，只知順行，生人生物之理，全不知逆行，成仙成佛之道，何也。因為人身，下丹田之處，藏命之所，其中有水，故名曰龍宮，其水是生人生物之濁精，水質

沉沉重重，朝朝下流，而心即神，神屬火，火質輕輕浮浮刻刻上炎，兩離分散，則性不能見其命，而命不能見其性，此為人道之事，死後變鬼道，轉六道之苦，乃由順行而沉墜，故逆行之法，知者微少，上升亦少矣。

◎若仙佛之道，即天道，乃煉龍宮之水，即生人之濁精，使其逆行，再用心中之火，降下丹田，火凝在水中，自此而身中，無名之火消滅，心則自空，而火不上炎，腎水得火煎，就變為元氣，以後此濁精，則不下流，六神通之中，漏盡一通已得，精血既不下流，化而為氣，由此真氣，自然上升，此名曰，煉汞補丹基，延年益壽，可為地仙也。又曰，最初一點真種子，入得丹田萬古春，乃此意也。得藥者，無念之念，是為正念，若正念時時現于前，方可合先天一氣，到此藥苗，則能順序而得矣。得藥之名，乃是奪天地造化之權，盡在此得藥之節，藥既然得入，名曰風霜都吃盡，獨佔普天春，此乃譬喻梅花，不怕霜雪，而風霜不染，修煉到此，萬塵不能染身，內外融和，已無陰氣，如春陽光輝，丹田一派，純陽之氣，其中景象，如沐如浴，周身融融和和，爽快不可勝言，此內外真是陽春之景，乃真種產時，大藥已得也。

學者，若坐到此真境時節。當興功收取，如若不收取，即是當面錯過機會，須要用仙佛靈活手段，如降龍伏虎以強奪之，切要勇猛，用真意牽之，用真息攝之，將大藥收歸在丹爐之中，後待法輪之功，得藥之時，欲靜理純，忘照沌沌，意思無緩無急，自然定靜，虛無合體，我不知有身，身不知有我，如是真忘，真照真息，此為真噓之文火，能用此文火，何懼真種大藥之不得哉。此時呼吸之頓斷，呼吸再復起，總由得藥之自然口訣，以採藥之後，不吸氣者，何也。

蓋回光有火，吸氣有風，風火交加，必損藥苗，所以不回不吸，此時依照前節，兩腳伸直，兩手搭膝，心守丹田，意順甘露而降下丹田，引出兩腿，腳尖上面，已免收回，盡追引，盡降下，約三寸香久，數分間，引出三十六回左右，追得風盡，心自靜，身自輕，恍惚杳冥。入虛無之境，全體舒暢爽快，四相忘形，膀胱即尿道，如火熱，兩腎如滾湯之蒸氣，相貌如癡癲，不知有我身，甘露如蜜之甜，久久忽醒，此為得藥妙景火候也。到此之時，須要緊急進火，切莫貪其清爽，恐怕藥性太過，則不能結丹矣。

吾仙教好色欲之人，須急速來學道，道中亦有色欲之可娛樂，猶勝有形之娛樂數萬倍，此樂不但不犯過失，亦不損精氣神，反而精神爽快，氣血壯旺，精氣不外泄走，得此娛樂者，反而得長生不老，亦可得仙佛之極樂，豈不大妙哉。此乃飲食自家水，即長生藥，乃精所化永生真水，又名先天真水，既然能得飲吃此水，可得快樂長生，盼望世人，須要相信，至急來學道修煉，而受無為之樂，故謂好色者，快來學道，以上妙喻，讀者切記之，勿忘是幸。

◎上說得藥，由全身溫暖之熱氣，而將濁精汙血燒化，方有真炁可採取，即用逆行之功，用心意，另名精神力，而使真氣升降，轉運法輪，所以精能化氣，由氣可養元神明朗，此元神另名，謂之本性，世人若知用元神做事，即不違背良心犯過失，因此元神好靜，人若知靜定，自得減少閒事是非，所謂識神者，即貪求愛欲之心，此元神同識神鬥戰，天理戰敗人欲，謂之邪不敵正，從此元神退藏，即元神人心用事，學道之人，若要見本性，須知煉己之功純一，將識神人欲，煉得乾淨，精血能化為真氣，而得元神本性明現，學者所知，本性本虛空無體，若有意見本性者，本性永遠不得

見，心有著相，乃屬有為法，所謂棄我者，即天堂現前，從我者，即天堂路遠，地獄現前矣。若有意入虛空，即虛空不可得，比如世人，有意欲鼻聞吸香味，千思萬想，香味亦不來，但無意思吸香味，香味一陣一陣吹來，此乃示學道者，不可執我相人相，或一切有為法，而求本來佛性，故佛之淨土法門，由念佛號，以棄心中雜念，則說「有禪有淨土，猶如帶角虎，有禪無淨土，十人九差路」此乃欲得藥，見本性者，須念佛號靜心也。

（第五節：得藥，古傳為鍾離權祖師講授）

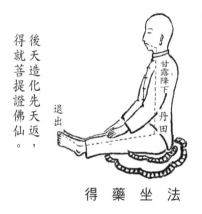

鉛汞相投性命合，
乾坤反覆無極圓，

甘露降下
丹田

退出

後天造化先天返，
得就菩提證佛仙。

得 藥 坐 法

第五節　進　火

　　進火者，乃是道之運周天，釋曰明心性：儒謂升降，三教之名雖異，其理相同，總由真炁上升，方得法輪常轉，學者，要知轉運之理，並不是有何物可轉，乃是用真意，使真氣運轉而已也。所以自得藥以後，不知不覺，忽然丹田融融合合，全身如棉花之輕軟快樂，爽快之樂，透於四肢，其時身自然定靜，如大石居在高山不動，吾心亦自然入虛空無物

之靜，猶如秋天之月，天氣清和，月影照在澄碧水，而現出光亮，約有數分鐘久，全身毫毛孔竅，丹田之處，癢生快樂爽快，肢體酥麻如綿，自然自心亦舒快，陽物勃然而舉，男人雖有此證，但女人到此功夫，亦是感覺爽快之境，現在內理，男女修煉，無差別絲毫，此時忽然一吼，呼吸頓息，即呼吸斷去，神氣如磁石之相翕，意思如螯蟲之相合，不覺入於恍惚，天地人我，莫知所有，渾渾淪淪，入得無為恍惚之中，其時心自不肯捨其物，心腎合一，物者三炁所結之至寶，又名曰金丹大藥，元炁亦不肯離其神，相親相戀，紐結一團，而元關之頓變，如婦人之受胎，呼吸偶然斷，身心樂，容顒神氣真渾合，自此萬竅千脈自開，其中景象，似舒似翕，而實未見之舒翕似泄走真精，亦如漏走真藥，而實不能以漏泄此精氣，有此妙境，不可以言語形容也。故大士云，一陽初動，有無窮之消息，亦是表示此得藥之樂境也。少焉恍恍惚惚，此爽快之境，在恍恍惚惚之時，約數分鐘間，心於是復靈，呼吸再復起，丹田之氣自下，往後而行，腎管之根，即外腎，龜頭毛際之間，癢生快樂，實不能禁止，女人雖無此證，但樂在其中，亦難形容，總不徹底說，恐成汙語也。

此境界謂金滿三車奪聖基，衝開九竅過漕谿，谿者丹田，迢迢運上崑崙頂，萬道霞光射紫微，此乃指示修學之人，到此境來，定不可貪爽快，若貪爽快，恐變後天，須至急運周天進火，但亦不可真機未動，而急於運轉進火，須待其爽快暫過，方可進火運周天，此進火之名，又曰移爐換鼎，亦名抽坎補離，即煉石補先天之妙名也。

◎所謂氣滿，前任脈、後督脈自開，而運行道路自通，乃自然之法，而上自有溶溶兮、如山雲之騰太空，霖霖兮、

似膏雨之遍原野，淫淫兮、如春雨之滿漢澤，液液兮，似河水之將流釋，散則透於周身，為百川之總綱，聚則合於先天，真氣之虛無，此乃至清至真之正子時，實則至虛至靈之真景象，乃妙示得藥後，要進火之真妙景也。此景象，若有妄想，或功夫未到，總不可得，功到自然而有，至此時膀胱如熱火，兩腎如滾湯，切不可貪其舒暢，恐藥苗，被熱氣燒太過之危，有金丹不結之險，須急速轉大法輪，運上玄關，不然此物，滿而有溢，物極必反，樂極生悲，則前功廢矣。進火之法，兩腳收回，照前築基之姿勢坐法，統身端正，兩手安太極，眼露一線之光，此謂盤膝，則尾閭關自開，尾閭謂之第一關，尾閭一開，則夾脊謂之第二關亦開，玉枕關謂之第三關亦開，此謂之三關，三關既齊開，九竅亦定相通，所以泥丸宮，崑崙頂，等等關竅都盡開，此自古至今，先天大道，自然之經絡，若是真意，不對三關順序運上崑崙，而下玄關，若對玉枕運透玄關者，乃大差矣。

　　此運法之路，乃屬偏路，絕不是大道之通路，若如此做，不是一氣流行通達，而天地相通之理，所以若如此運用定然做不通，亦定煉不成，此謂左道旁門，若知用前面之正法運用，至此時候，三關已開，八方暢通，甘露如泉，吞不得了，其味香如蜜，此時緊急迴光返照而吸氣，運動真意，推動甘露降下，引對前通任脈上通陰蹻，下通陽蹻，中通衝脈，橫通帶脈上前通陽維，而降下丹田，自丹田所得之藥物，即金丹舍利，運動真意，引對尾閭關，而通督脈上後通陰維，而直運過夾脊關，到達玉枕關，再運過九峰山，崑崙頂上，一併載于金鼎，即玄關之中，此時心意齊守玄關，丹田已免再守，藥物到玄關之時，約量守二三分鐘，此謂第一次運功，第二次運功，心意再順甘露，而照初次運法，引通

尾閭，提上玄關，再守二三分鐘，第三次之運法相同，連運三回以後，心意齊守玄關，以待烹煉，其時龍虎同宮，水火既濟，又曰貫滿天也。此謂少鍛鍊之功夫耳，以上候烹煉，參照下節自知也。

◎須知進火之法，即用真意，另名謂之精神力，亦謂心之思想力，運用丹田之熱氣，使其周流全體，既然有溫氣，可轉運關竅，由此而可得，新鮮血氣周流，百病不治自癒，所謂熱氣，即陽氣，寒冷之氣，謂之陰氣，所以人身，有一分溫氣，即不死，仙佛若有一點陰氣，則不成，故道法無他，全部都是，用精神力運用，學者，若如將精神統一，時時用真意使其升降，氣血自循環，所謂達摩西來一字無，全憑心意用功夫，即此意也。

（第五節：進火，古傳為李鐵拐祖師傳授）

仙曰運周天

三關九竅最難穿，
自古佛仙不敢傳，

佛曰轉法輪

為急收圓逢末劫，
玄機口訣露成篇。

玄關　玉枕
甘露降下
拿癸
任脈　美脊
丹田
盈大腿　命基
尾閭

進火坐法

第六節　烹煉

何謂烹煉，烹煉者，譬如凡人飲食之煮飯也。煮飯起初，定必用猛火而煮，初初要煮之時，若無用猛火煮者，米

定不能成飯矣。所以藥物已得，若無用進火行法輪之功，不運上玄關烹煉，定不能成金丹舍利也。須知道者，路也。乃法輪之通路也。即前任脈，後督脈也。烹煉必須，不遲不速，以呼吸定其法，進火亦名，運周天也。

故行法輪之時，神氣必須與甘露而同行，亦謂心意，乃精神力之作用，其時心意同甘露，至丹田，則運過尾閭，夾脊，玉枕，透上泥丸宮，落在玄關，若泛然由偏道之外而行，渺渺茫茫，不由正路而行，此不得成舍利，凡行法輪，合乎自然，同順三關九竅之大道，若勤則太過，而風大，即呼吸粗，法輪不能轉運，而息息所制，若怠則不及，而風少，乃呼吸過微，不能成長旺之功，而變散也。

須知進火者，乃運大藥，即真靈歸源，若不運轉，則漏盡，不能止，而舍利亦不成，此運用之法，要運三回後，心意齊守玄關，以待烹煉，此言雖重複，乃叮嚀之妙喻，學者愈須注意為是，所謂達摩初祖，折蘆渡江，此亦是行法輪過關之妙喻也。

世尊一箭射中九重鐵鼓，此亦行法輪之意也。箭者真意也。射者神氣，同甘露而行之法也。九重者，人身背骨有三關，即尾閭夾脊玉枕，此三關，左右皆有竅，故曰，九重鐵鼓，當過關之妙法，所以運過關，亦要照前節說明，必由中竅而運行，若馳別路，則不能得道矣。

◎須知烹煉在玄關，儒曰，靈台，鍛鍊九曲明珠，釋曰，靈山，烹煉牟尼寶珠，道曰，靈關，修煉黍米玄珠，名雖分三，其實皆烹煉，真意所運載之藥物，金丹舍利，使混合一團也。

學者當知，此藥物雖載于金鼎，若不用烹煉之功，而用武火鍛鍊，則不能凝丹成至寶，此時依照，前節坐法盤膝，

六神統一，齊守玄關，即守藥物，同時立刻用起合同，大開神光，兩眼圓神，返照玄關守竅，兩手舉起，左手迭右手，如帶加之刑，須用大力，在胸前臍上八寸左右，用最大力量之武火，將那濁精識神，遊魂鬼魄，妄意一切煉退，此時呼吸之功，自然一吸到丹田，一呼到玄關，自此妙法輪而常轉，烹煉大藥，約量數分鐘久就可，若過時間，恐怕藥物燒化，而丹反不結也。此時五物自交，成為元精，元氣，元神，元性，元情也。五物既返，則五元歸復，五德持權，則五賊降伏後，五氣自然朝元，三花聚頂，顯吾本性，如城巍巍不動，而丹自結，舍利自成矣。

所謂武火者，呼吸之息強烈，謂之武火，微細謂之文火，因此烹煉之功，全動武火用事，但年青之人，以及老年之人，在修煉之中，文武火候之分法，亦略有差別之不同，因老年人氣弱，須多用文火溫養，若是青年之人氣旺，精血猛強，故要多用武火而制止，絕不可過微，反而精不化，即大丹不結，若過旺精走泄，而藥被燒，即丹分化，須謹慎抱中和，進功，為一大要事也。

◎學者，既知前節進火，是用真意，引動元氣，周流全身，實際上是精神力之作用，須知此精神力偉大，身體若有失調之處，只用調息之功，而運動精神力，如兵將抗戰，專心誠意，統一精神，然後將此精神力。引對此痛處而出，能相信不怠運用，久久血氣循環，由此百病，免服藥調治，亦決定痊癒，若工作上無注意，或無故打傷，須要隨時運動精神力，打開凝結血氣，自然免積傷，此法，最秘之妙法，古今少有洩漏，今為使學修煉之人，早得見功，雖未得道成真，亦可得身體健康，享人間之安樂也。

（第六節：烹煉，古傳為何仙姑傳授）

全憑自己勇力任，
猛烹度數適中決。

一陣武火圓神法，
燈煉玄珠在元關，

烹　煉　坐　法

第七節　溫　養

　　溫養即是溫養聖胎，實喻保守此元氣之不散也。前節既
採得金丹大藥，逆運河車，轉大法輪，透過三關，載于玄
關，用烹煉之功，煉化陰神，識性，妄念，自此神光寂照，
須臾不離，合成虛境，溫養聖胎，乃專一，猶如雞抱卵之
至誠，恰似龍含珠，時時靜守玄關竅，免得爐中水火寒，此
時陽氣未純，有餘有陰氣未盡，須要防危險，所以至誠，保
守胎元不虧損，要念茲在茲，念之天理，即抱正念，如明月
之當空，念之人欲，即有妄想，如浮雲之蔽日，須能一念不
生，靜極自生動機，有一點純陽之物，從丹田升上中宮，欲
與道胎，合為一處，則自往下，轉回尾閭，而上幹頂，降
于玄關，此物是無為助胎至寶，如有現此妙境，當要謹慎轉
之，所以在克念可以作聖，不視不聞，存覺性，無思無念，
養胎仙，須知元氣為結胎之本，呼吸為養胎之源，再者，元
氣有生活之理，呼吸有資養之機，元氣生時，使之歸源，助
我胎之圓滿，呼吸綿然，使之純調，助我胎之化育，則心依
息平，而息亦隨心平，心息相依，神氣相含，息之往來，如

有如無，不急不緩，聽其自然，任其自如，故調其息，定養其神，明道胎初凝，後天之息，本似於有，不著於有，聖胎既結，意在其中，寂然不動，心常覺悟，勿忘勿助而養，勿寂勿照而溫，自然氤氳二氣，升降循環不絕，法輪亦自轉，其元氣同流，激去五臟六腑之陰氣，即變成純陽之體，由此而三百六十骨節，八萬四千毛竅，無不通達，打成一片明鏡，凡軀自忘，道胎永存，昏昏默默，渾渾淪淪，則神入其氣中，而此氣包住其神，外則我虛無寂滅之性，在於氤氳瑞氣之中，其時陽光發現，普照全體，內則一派天然之佛性，無形無象，又無內無外，就可以欣喜，則性朗朗兮、如秋月之明，而命融融兮、如薰蒸之醉，其骨肉如沐浴，而心性似太空，通達無為兮，安寂六根，靜照六識兮，空盡五蘊，身似浮雲兮、實合泰山之不動也。

◎若溫養聖胎者，照最初築基坐法，枷子放下，眼漏一線之光，守玄關，約量數分鐘，就可以沐浴，此時最忌妄念，武火不用，全用文火，溫養聖胎，一呼一吸，隨其自然，亦不著而存心意，又不放心意，則不使陰魔作祟，煉陰保陽，而金丹自固矣。

前節烹煉，譬喻煮飯，起初用猛火而煮，後米已成飯，但有水分未乾，所以餘燼熱度，自然飯不太過，乃是自定之文武火候，火候若不平和，即金丹被損，恐焚化之危險，烹煉金丹多用武火，須合身中三昧真火，此火者，身心意大定後，可謂三不昧，而成也。此為煉魂制魄，而成金剛真性，到此溫養聖胎，定要用文火，須能知進知止，若不知進或止，當用文火之時，而再用武火者，所成之藥物金丹，定被武火逼散，學者，到此功程，當知危險，至要謹慎，此為小溫養，須知小溫養之功，不但靜坐進功時，要保守元氣之

不散而已，在行住坐臥，都要小心注意，現在所說之溫養，乃每日每時之溫養保守，故謂小溫養，至元氣結聚，溫養道胎，即謂大溫養，雖分有大小溫養，但其原理原同，只要防止心意不動，使元神元精能合一，關於溫養道胎，需要經過，九年面壁功夫，方得本性圓明，而出聖胎，故謂之大溫養也。學修煉之人，今聽此重複之言論，定有疑問，總要抱信心，尊師重道，在受苦遇難考刺中，亦要精進，若能煉到此功夫，雖免說明，已無不知之處，切莫溫一時，而放棄寒雨時，如此修法，任有精勤用功，亦決定不能成功，得道果也。

（第七節：溫養，古傳為藍采和祖師傳授）

武武文文調合際，
永固長生不老根。

武火烹分文火溫，
呼吸有無自然存，

溫 養 坐 法

第八節　沐　浴

沐浴乃是聖胎結就，即元氣已經聚會，須防其危險，是防其心念不定，畏此陽氣未純也。慮者，慮其意念不靜，怕此陰氣未盡也。學者，當知洗心滌慮，正是寂而常照，此為沐浴之首務，沐浴者，乃洗滌其心，能知此意，則能轉識成

智，日後則能證胎之圓性，比如玉工琢玉，如琢如磨，則玉如光亮，而成寶貴矣。

　　古仙云，三萬刻中無間斷，行行坐坐轉分明，此為常運因元，息息歸根，只知內而不知外，免妄想念慮，則無分散之不幸，所以元氣既聚，如嬰兒出現，十月之養胎，只在綿密寂照之功夫，此綿密寂照之功者，乃沐浴所用之義也。能得心意不動，正是照而常寂，此為沐浴之正功也。

　　須知後天氣，乃濁精被熱氣薰蒸，化在全身，結在元關，所以寂照反觀，正是綿而又密，此為沐浴之大義，其時默識氤氳和暢，正是密而又綿，此為沐浴之仙機，所謂道胎立，則千智生，金丹舍利歸中宮，自然明通真理，可以聞一知二，至大成之後，萬物之事理，即無所不通，若至六通具備，智慧廣大，過去未來，亦無所不知，內則心無虛妄，性無生滅，佛性融融，猶如陽日之慧光，耀耀心明，猶如陰月之光亮，正是真空無為之景，此乃一性圓明，不為物欲所累也。沐浴者，聖胎已結，舍利金丹出現，本性圓明，實是元氣聚而不散之說也。此種種之名字，乃借比喻而已，總不離自身三寶，精氣神也。所以要沐浴其身，須絕點塵埃也。

　　但此嬰兒非後天順生之肉子，實自身至寶，三花五氣結成，若十月胎足，脫離胞胎，必須沐浴其心身能潔，如污水之蓮花，不受污穢之染，此即儒之無聲無臭，釋為不生不滅，道曰不凋不殘，總之，不外內守，洗心滌慮，不受情欲之牽，在行住坐臥不使心意妄馳，至此時候，若無謹慎，妄念一起，譬喻凡間婦人之流胎，金丹舍利分散，則前功盡廢矣。須當緊制妄念，能久久不移志念，至胎圓，脫胎神化，總由此而成也。

　　此沐浴坐法，盤坐就可，兩手搭膝，在腿上，此時玄關

免守，全心放空，兩腳放開亦可用，兩眼自然，上不守玄關，下不守丹田，舌免搭天橋，停幾分鐘可以退符，所謂十月養胎，乃借比喻而已，學者當知大道之真理，須要加倍猛志，窮究心性理，才免煉至中途，而生疑惑退志，致費前功也。亦不是學十月道胎自能足，而能脫胎神化也。定要保守，日日溫養而知新，刻刻不離常轉運，至本性圓明，兩用真意，使其出胎，方可穩當，若本性未明，後天陰氣未盡，其時出胎者，恐出陰胎，另名謂之陰神出現，如此則不妙，學者，當知此意，而靜守待時，雖守三年五載，亦須忍耐精進，若全身之溫熱，能得日日增加，則有進步之證據，若熱度火候日退，乃元氣分散之內證，總要調和凡體，至大功成就，方可和光混俗，而渡己渡人，乃有獨善其身周全，即可兼善天下，萬眾無不欽服也。

　　希望大成仙佛之果，若無經十四五年之火候燒過，由此熱氣，而激出身中陰氣，由陰氣煉盡，本性圓明，方能大成仙佛也。若無修煉大道之人，身中之熱氣，屬在感邪之氣，此邪氣既發，至發汗後，全身變成虛弱失力，若有練功者，所發之熱氣，謂之浩然正氣，此氣既生，全體爽快，元

棄黑歸白塵穢無，
得見本性明朗活。

人心維危
道心維微

防其心欲洗靈台，
滌清妄念真仙訣，

沐　浴　坐　法

氣百倍，口永不渴，須知修煉大道，定無速成之法可學，若用速成之法，以望早出胎神者，定走出陰神，此法乃屬旁門外道，非真仙佛之道也。所以仙佛，有一分陰氣未盡，則不成，人若有一分陽氣，乃體中有絲毫溫氣，則不死，宜要棄陰保陽也。

（第八節：沐浴，古傳為韓湘子祖師傳授）

第九節　退　符

何謂退符，乃是退陰符也。未出胎神之前，體中有陰氣，必須用退符之功，兩腳伸直，兩手搭膝，求生甘露，此時心意順甘露，而降下丹田，再推出兩腿足彎，連推三回，已免吸回收入，為何要退陰符於兩足彎，因留下火種，以待下次煉丹之用也。若退符在腳尖者，已無火種矣。所以退在足彎，乃留下次之火種也。退符三回以後，起身留意，切莫胡思亂想，以使心意無妄馳，行住坐臥，須臾不離，念茲在茲，時時在道，外則三寶，眼耳口閉塞，自然功夫日進，胎神日足，待氣足神明，能脫胎神化，則不為閻王，以及天地五行，金木水火土之拘束，做世外之客，無極永久長存也。吾仙囑咐學道之眾生，先明此九節玄功之秘訣，自築基，至退符，為做全盤大道之總訣，此九節玄功，要分為二階段以行之，不可亂分為三四段，若分為三四段者，差矣。

第一段者，築基第一節，煉己第二節，此二節者，謂之第一段，未進道之人，或者，進道之眾生，定要先修此二節，以為健康長生之根本，方可做大道之基礎，所以煉己之功不可急，須知煉己難，而還丹容易，煉己，須要煉數年，總之年數不能一定，心性能得早靜者，身體早得健康，方有辦法可煉道，若身體未健康，或心性未純，須煉三年二載，

或五七月八九月之久，亦要忍耐精進，若覺有精進，就可以繼續進入，第二階段修煉，諸子，大道不可想難，須知道要真，人亦要真，理有真，亦須天命有真，總要由自己根緣，至誠即能感天，然後方有大道真理可得，所以築基，煉己之功，若無大德行以感天，受上天神佛之暗助，亦決定做不來，須能忍耐，苦心修煉，在數年之艱苦，方能進功，煉心性之功夫，若做得完全，雖受刺激不動心，可順序進入第三節，由採藥至退符，合共七節，謂之第二段，雖然分為九節二段，亦要同時做得始終，二段亦如一段，此初步每日定要做，須勤采，而繼續運周天之功夫不斷，若能做到心腎合一，則陰陽會合後，此九節免做，只用文火保守，守至本性明朗，自能脫胎飛升，此時逍遙快樂，在千萬劫亦不損，豈不大妙哉。

　　◎諸子對此九節玄功，時時刻刻要詳細靜觀，自有妙理出現，須知築基，若築有堅固，自然男不走精，女無月信，此乃築基之證據，但此煉己，乃一生之功程，雖然築基成功，自有大藥金丹可得，乃由精化，而元氣方聚，謂之結道胎，至本性圓明，未出胎之前，因為身中存有陰氣，故煉己之功夫，切不可少也。煉己之功，謂之煉心性，此功夫定要至死方休，在未成道之前，切莫放鬆煉己功程，恐有無明火，燒化功德林，則前功盡廢矣。

　　學者，對此九節玄功之做法，每日定要做二次至三次，一次之功夫，約量一點鐘左右，同時定要做得透徹後，方可以休息起身，待至道胎圓滿，至出胎後，吾身順先天一氣而行事，乾坤雖大，難包其身，吾身無掛無礙，無拘無束，養太和之氣，所謂大德潤身，至德自有至道，此九節玄功，謂道之全盤口訣，自進道，以至了道，無不備此中矣。此盤玄

機，乃是吾八大金仙同南極仙翁，奉無極至尊懿命，應三期收圓，不得已漏在本道鐘書中，賜於劫中之眾生，以及劫後之原人，能得早日，返本還原，若有大幸，得受本書，能依照書中之皈戒，以及口訣而修持，男子三綱五常不廢，女人三從四德無虧，始終無怠，久久自有效果，然必要栽培功德，或印一切善書醒世，或者，代老母印本道鐘救劫，警明大千世界，渡盡原人，放生解孽，或者誦經消冤，或者，捨身渡眾，有財出財助道，修廟設堂結緣，行種種善事，廣積陰德，以為做大道之基礎，久行無怠，方保此先天至道，能得成就，不然，雖得本書，日聞大道，片善不積，寸功無行，欲望仙佛之快樂，即愚夫之想也。而道定無所成矣。

得此道鐘既有機緣，聞此至道，須恭敬于諸佛諸仙諸聖面前，叩首百拜，以謝洩漏玄機之恩，盡孝於無極老母，愛兒女之心，一心一德，尊敬精進，待後日功圓果滿，自有丹書下詔，脫殼跨鶴飛升，永不再投東下世，此為大丈夫之能事畢矣，是謂得其出生了死，先天大道也。其樂為何如乎，奈因何而不謹慎哉。

（第九節：退符，古傳為張果老祖師傳授）

全盤功課續修完，
十月靈孩產滿圓，

乳哺三年面九載，
凡驅脫卻返瑤天。

甘露降下　丹田

腳彎　推足

退符坐法

第十節　九轉還丹功補充明細之解說

九節玄功者，古稱九轉還丹功，築基、煉己、採藥、得藥、進火、烹煉、溫養、沐浴、退符也。

築基者，建築基礎也。學道，必須先行人道，配合天道，行外功，做善事，守規誡，煉靜坐，閉精血，定飲食，制睡眠，適勞動，棄妄想，以為修大道基礎也。為何學道，要先行此幾項乎，因為無先守此幾項，決定離不開地獄門路，所以佛說地獄五條根，謂之貪財，好色，愛名，貪食，貪睡，此五項之欲，乃世人所欲，所以學道之人，若不知制止，激去此欲，絕無成道之可望，再者，靜坐之法，依照書內所定三種，一雙盤，二單盤，三自然盤此三種坐法，由人隨便選坐，此三法者，乃築基初步坐法也。初步坐法，坐到心靜，雜念消除，則伸出兩腳，雙手搭膝，此兩腳伸直之法者，築基心靜之時，所用之法也。

煉己者，煉心制性也。使心欲無妄生，靜中對境無心，一切假境，現於目前，一毫不著，即俗氣全消矣。煉己坐法，兩腳照原伸直，恐心意不定，合掌暗念佛號，求佛說明，此二節者，成佛成仙之總根源也。外功由此而滿，內果由此而圓，大藥由此而生，絕不可急欲速成也。此二節，每日勤調，時時注意，勤練勤習，學習既久，功自成矣。人欲煉盡，天理流行，道氣凝結，藥苗自現，此自然之正理，雖無意採藥，而自有藥物可採也。

然後順序做第三節，採藥功夫，採藥者，築基煉己功成，外功滿，而人欲消，得到大自然之景象，靜極之中，已有藥物漸現，即時用採取之功奪之也。採藥坐法，佛號，免念，玄關免守，兩腳照原伸直，兩手搭膝，靜中求出甘露，

真意順甘露，而降下丹田，即時用真意，推出兩腿，在腳尖拇趾上面。一寸三分高，隨時吸先天虛無之氣到玄關，在吸之同時，眼要開一次，而鼻息，亦要吸一回，開吸後，隨時再降下甘露，同樣推出兩腿，二次照原，一吸一開，連續用三次，到得藥之節者，照前節之坐法，兩腳伸直，兩手搭膝，心守丹田，再求甘露，真意再順甘露，而降下丹田，即時推出兩腿，腳尖拇趾上面，以免吸回，口訣以採藥之後，不吸氣者何也。因回光有火，吸氣有風，風火交加，必損藥苗也。所以不回不吸，約量引出三寸香久，連推連降，有三十六回左右，推得陰盡，心自靜，身自輕，全體舒暢爽快，四相忘形，膀胱如火，兩腎即丹田如湯，相貌如癡，甘露如蜜，此時緊急進火，運法輪之功也。若貪其輕爽，則損藥苗，而大丹不能結矣。

進火者，運周天，行法輪之名也。進火坐法，兩腳收回，照初步築基之坐法，大藥元氣，已凝結在丹田，緊急用真意，順甘露，而降下丹田，茲將丹田之藥物，名曰金丹舍利元氣，原本用真意，引對尾閭關，而上夾脊關，直透玉枕關，運上崑崙頂，自將所運之藥物，乃溫暖之氣，一併載于玄關之中，此時約量守數分鐘，再繼續第二回，再降下甘露，運過三關，到玄關，再守數分鐘，連運三次，以待烹煉之功，烹煉者，用武火而鍛煉真意所引之藥物，謂之元氣，在玄關烹煉之也。若不烹煉，定不能成金丹舍利，就是此溫暖之氣，不能聚在身中，分散之危險也。

烹煉坐法，照前節築基之姿勢，六神統一于玄關，守藥物，立刻用起枷子，大開神光，兩眼圓神觀竅，用最大力量，兩手速力，將那濁精，識神，遊魂，鬼魄，忘意，一切煉退，烹煉大藥，約量數分鐘就可以，並看年齡，由自己分

定，更要時刻注意，恐藥物燒化也。

溫養者，溫養聖胎，實是濁精所化，已成元氣，聚在丹田，如萬星斗數，拱照北斗星也。前節所載藥物，用烹煉之功，已成金丹舍利矣。所以聖胎已結，溫養聖胎，不用武火，而用文火，以溫養之，坐法照最初築基之法，枷子放下，眼漏一線之光，守在玄關，呼吸要自然，不可急，約量溫養數分鐘，就可以沐浴矣。

沐浴者，因金丹舍利元氣已結，沐浴其心身，絕點塵埃也。沐浴坐法，照初步築基姿勢，兩手放開，兩眼自然，此時玄關免守，全身放空，暫停幾分，可以退符矣。

退符者，乃全盤功夫做完，退了陰符，留下火種，待下次之用也。坐法兩腳再伸直，兩手搭膝，再求甘露，即時真意順甘露，降下丹田，用真意引出兩足彎，已免吸回，退符於兩足彎，以待下次煉丹之用也。連推三回以後，起身留意，切莫胡思亂想，使心意無妄馳也。

此段功夫，若希望早日入手者，一日定要連作三四次，不可中途而停止也。以上九節妙訣者，是最上乘之法也。而且自築基，到煉己，此二節為一段，自採藥起，得藥，進火，烹煉，溫養，沐浴，退符，此七節為一段，此二段，若合為一段而學，亦可用也。絕不可功夫未就，築基未固，煉己未純，時時都有走漏，則心意妄想採藥，或妄想得藥，乃愚人也。因築基煉己之功夫，未煉得堅固，直做採藥者，定無藥可採，反而變成筋骨酸痛也。藥者須外功滿，而人欲無，得大自然之正理，至精血閉斷，自有藥物可採也。所以築基，煉己未純，欲想採藥，或欲望得藥，亦不研究實學，致功夫亂做，如此者，差之毫釐，錯有千里，定錯失機緣，且永沉苦海，無有出期矣。

此九節實際，係同時並用，不分亦可以，為使學道之人，詳細起見，不得已分段，而繪圖記述，為較勿明瞭，便利應用關係也。此九節絕不可分割三四段，而煉之，學者，應該精進，統一精神，十二分貫徹，善於體會，能記吾言而不忘者，決定成功也。

學者，當知真道為體，方法為用，故在修煉當中，須要抱意誠志堅，借假體以修真性，由外功內果具備，方可證位大羅，所以先後天兼用之法，不可不知也。須知借後天命，而修先天性，再有先天息，後天息之分別，先天息之呼吸，對玄關吸，但要借後天鼻出入，修煉若無借後天息，決定無道可學，所以法為筏，即船也。欲渡江須用筏，若到彼岸，法就不用，故此九節玄功行法，亦是暫時借用而已，行法至陰陽會合，水火既濟以後，已有產真種，另名謂之結道胎，乃浩然正氣上身，煉到此功夫，四禪通用，只用文火保守真氣不散，已免再用九節玄功亦可，此保守之法，亦須要詳細，雖然陰陽會合，已得真種，宜要保守謹慎，以免真種分化之憂，若只歡喜，水火既濟，此未得究竟之道，此乃初開花，未結道果，花既然開，須能使其結果了道，對於結果之說，即指在善能保守道胎本性圓明，由此而可出陽神，脫胎神化，謂之結果也。

若不能脫胎出陽神，就是守屍鬼，任學百年亦難成道，死後定走不出，六道輪廻，觀古及今能開花不結果者，不計其數，多是有始無終，煉至中途放棄不學，為此原因，致成道證果者少矣。今既然知開花結果之法，不分男女須要向上精進，緊急修持正法，行功積德，待至功果全備，應赴三會龍華，得涅槃之極果，須知今次龍華會，是最後一會，切勿輕視本道鐘而不學，致錯過此會良期也。

跋 一

《黄帝外經》直譯後記

在本書的編著過程中，筆者進行全文翻譯和注解了五十五至八十一章，並負責全面校訂。妻子鐘堅女士根據《黄帝外經淺釋》對原文進行了初校。弟子韋立憲、傅志海根據天津市衛生職工醫學院圖書館《黄帝外經微言》清初手抄影印本，對原文進行了精校。周慶威、趙忠偉、劉冰、李俊濤等道友協助進行圖文校訂。最後，由蘇華仁總主編統稿成書。值此書付梓之際，謹對在該書編著和出版過程中付出辛勤勞動的人們表示誠摯地感謝！

由於作者水準有限，加之成稿時間倉促，譯文中一定還存在著值得商榷的地方，敬請讀者不吝指正！

電子信箱：Liaodq168@126。com

廖冬晴（賢陽）

跋于古邕州五象嶺寓所

參考文獻

① 陳士鐸。外經微言（清初手抄影印本，天津市衛生職工醫學院圖書館館藏）。中醫古籍出版社。1984。

② 張岫峰，馮明清，劉淑華。黄帝外經淺釋。第二軍醫大學出版社。2006。

跋 二

《黃帝外經》探微後記

將近四個月的淅雨濛風，我們的《黃帝外經》探微之旅終於要告一段落了。由於我的寫作環境不好，一邊上班，一邊擠時間寫，一會兒筆寫兩句，一會兒用手機打，一會兒在電腦上寫，這樣思維就比較亂，寫作邏輯不夠嚴謹。但總算蒼天不負苦心人，今天終於寫到了第八十一章了，交卷之餘，回首歷程，不免心中惴惴，恐負讀者，特此贅言，以表寸心。

余初讀《黃帝外經》就被其中真實神奇的丹道醫道和天馬行空的思維所深深吸引，前年在羅浮山軒轅庵與蘇華仁道長因天緣相會，可惜又孽重身累，將白話直譯寫了個虎頭蛇尾，虧得有廖教授冬晴先生大德援助，收拾殘局，使得卒篇。而今又受蘇道長之命，注解並探其微，偏偏身不由己，每日匆匆忙忙，心不得閒，不勝惶恐，恐負重托，夙興夜寐，竭心盡力。今幸不辱命，倉促成篇。不知是否得中，伏望海內外諸君不吝賜教，不勝感激之至。

黃帝聖祖，得廣成子密授生命大道，卻心念萬世之臣民，不忍獨享長生之福，故命諸臣按所傳之秘，詢問於天師岐伯，使岐伯天師講解後天養生祛病之理，而暗寓先天修道還丹之機，《黃帝內經》由外及內，由天地而人身，旨天人合一達到道家養生卻病之妙；《黃帝外經》由內及外，論人而及天道，內含丹道至秘，以期有緣者，潛心成道獲長生不

老之境。

《黃帝外經》首章即開宗明義，直發天人之機，明瞭修真之密旨。要在幽冥昏默之間，葆其天真。行陰陽顛倒之妙術，傳順逆生死之秘旨，論天人壽夭之文義，指命根救母之根源，關紅鉛損益之外道，述初生骨陰之盛衰，篇篇直指先天丹道之要旨。

然後逐卷論述，以後天醫理為用，以先天道義為體。從經脈、臟腑、陰陽、五行、命門、關竅、呼吸、脈動、瞳精，直至天地人三才，五運六氣，四季營衛、氣血風寒、八風太乙、補瀉善養，辨別真假，晝夜火候，從逆行以窺源，解寒熱以調，一路上直透天機。中華聖祖黃帝，度世之心何等迫切！何等大慈大悲！

願讀本書的朋友，深刻體會黃帝聖祖苦心，理解讀經就是養性，至誠速拜丹道高師於當代，學得真訣才可了命，司杳冥之旨，體昏默之意。早築道基，得證混元。切勿因難懂而輕視之，辜負岐黃度世心。

鄙人匆匆截稿，所探索之微言大義百不及一，只願以此為引玉之磚，希讀者朋友中有志之人能夠從中得悟真訣，獲得聖祖聖靈開啟光照，修成丹道獲長生久視，進而度己度人，將此絕學發揚光大，流傳後世，不亦功德無量嗎？「路漫漫其修遠兮，吾將上下而求索！」

秘道明于淮安青蓮崗
辛卯年冬月

特別附錄

研究《黃帝外經》必備經典論著精選

第一節 《黃帝外經》與《黃帝內經》篇目對照表

《黃帝外經》	《黃帝內經》	
	《素問》	《靈樞》
陰陽顛倒篇第一	上古天真論篇第一	九針十二原第一
順逆探原篇第二	四氣調神大論篇第二	本輸第二
回天生育篇第三	生氣通天論篇第三	小針解第三
天人壽夭篇第四	金匱真言論篇第四	邪氣臟腑病形第四
命根養生篇第五	陰陽應象大論篇第五	根結第五
救母篇第六	陰陽離合論篇第六	壽夭剛柔第六
紅鉛損益篇第七	陰陽別論篇第七	官針第七
初生微論篇第八	靈蘭秘典論篇第八	本神第八
骨陰篇第九	六節臟象論篇第九	終始第九
媾精受妊篇第十	五臟生成篇第十	經脈第十
社生篇第十一	五臟別論篇第十一	經別第十一
天厭火衰篇第十二	異法方宜論篇第十二	經水第十二
經脈相形篇第十三	移精變氣論篇第十三	經筋第十三
經脈始終篇第十四	湯液醪醴論篇第十四	骨度第十四
經氣本標篇第十五	玉版論要篇第十五	五十營第十五
臟腑闡微篇第十六	診要經終論篇第十六	營氣第十六
考訂經脈篇第十七	脈要精微論篇第十七	脈度第十七
包絡配腑篇第十八	平人氣象論篇第十八	營衛生會第十八
膽腑命名篇第十九	玉機真臟論篇第十九	四時氣第十九
任督死生篇第二十	三部九候論篇第二十	五邪第二十

陰陽二蹻篇第二十一	經脈別論篇第二十一	寒熱病第二十一
奇恒篇第二十二	髒氣法時論篇第二十二	癲狂第二十二
小絡篇第二十三	宣明五氣篇第二十三	熱病第二十三
肺金篇第二十四	血氣形志篇第二十四	厥病第二十四
肝木篇第二十五	寶命全形論篇第二十五	病本第二十五
腎水篇第二十六	八正神明論篇第二十六	雜病第二十六
心火篇第二十七	離合真邪論篇第二十七	周痹第二十七
脾土篇第二十八	通平虛實論篇第二十八	口問第二十八
胃土篇第二十九	太陰陽明論篇第二十九	師傳第二十九
包絡火篇第三十	陰明脈解篇第三十	決氣第三十
三焦火篇第三十一	熱論篇第三十一	腸胃第三十一
膽木篇第三十二	刺熱篇第三十二	平人絕穀第三十二
膀胱水篇第三十三	評熱病論篇第三十三	海論第三十三
大腸金篇第三十四	逆調論篇第三十四	五亂第三十四
小腸金篇第三十五	虐論篇第三十五	脹論第三十五
命門真火篇第三十六	刺虐篇第三十六	五癃津液別第三十六
命門經主篇第三十七	氣厥論篇第三十七	五閱五使第三十七
五行生剋篇第三十八	咳論篇第三十八	逆順肥瘦第三十八
小心真主篇第三十九	舉痛論篇第三十九	血絡論第三十九
水不剋火篇第四十	腹中論篇第四十	陰陽清濁第四十
三關升降篇第四十一	刺腰痛篇第四十一	陰陽系日月第四十一
表微篇第四十二	風論篇第四十二	病傳第四十二
呼吸篇第四十三	痹論篇第四十三	淫邪發夢第四十三
動脈篇第四十四	痿論篇第四十四	順氣一日分為四時第四十四
瞳子散大篇第四十五	厥論篇第四十五	外揣第四十五
診原篇第四十六	病能論篇第四十六	五變第四十六
精氣引血篇第四十七	奇病論篇第四十七	本臟第四十七
天人一氣篇第四十八	大奇論篇第四十八	禁服第四十八
地氣合人篇第四十九	脈解篇第四十九	五色第四十九
三才並論篇第五十	刺要論篇第五十	論勇第五十
五運六氣離合篇第五十一	刺齊論篇第五十一	背腧第五十一

六氣分門篇第五十二	刺禁論篇第五十二	衛氣第五十二
六氣獨勝篇第五十三	刺志論篇第五十三	論痛第五十三
三合篇第五十四	針解篇第五十四	天年第五十四
四時六氣異同篇第五十五	長刺節論篇第五十五	逆順第五十五
司天在泉分合篇第五十六	皮部論篇第五十六	五味第五十六
從化篇第五十七	經絡論篇第五十七	水脹第五十七
冬夏火熱篇第五十八	氣穴論篇第五十八	賊風第五十八
暑火二氣篇第五十九	氣府論篇第五十九	衛氣失常第五十九
陰陽上下篇第六十	骨空論篇第六十	玉版第六十
營衛交重篇第六十一	水熱穴論篇第六十一	五禁第六十一
五臟互根篇第六十二	調經論篇第六十二	動輸第六十二
八風固本篇第六十三	繆刺論篇第六十三	五味論第六十三
八風命名篇第六十四	四時刺逆從論篇第六十四	陰陽二十五人第六十四
太乙篇第六十五	標本病傳論篇第六十五	五音五味第六十五
親陽親陰篇第六十六	天元紀大論篇第六十六	百病始生第六十六
異傳篇第六十七	五運行大論篇第六十七	行針第六十七
傷寒知變篇第六十八	六微旨大論篇第六十八	上膈第六十八
傷寒異同篇第六十九	氣交變大論篇第六十九	有恚無言第六十九
風寒殊異篇第七十	五常政大論篇第七十	寒熱第七十
陰寒格陽篇第七十一	六元正紀大論篇第七十一	邪客第七十一
春溫似疫篇第七十二	刺法論篇第七十二	通天第七十二
補瀉陰陽篇第七十三	本病論篇第七十三	官能第七十三
善養篇第七十四	天真要大論篇第七十四	論疾診尺第七十四
亡陽亡陰篇第七十五	著至教論篇第七十五	刺節真邪第七十五
晝夜輕重篇第七十六	示從容論篇第七十六	衛氣行第七十六
解陽解陰篇第七十七	疏五過論篇第七十七	九宮八風第七十七
真假疑似篇第七十八	徵四失論篇第七十八	九針論第七十八
從逆窺源篇第七十九	陰陽類論篇第七十九	歲露論第七十九
移寒篇第八十	方盛衰論篇第八十	大惑論第八十
寒熱舒肝篇第八十一	解精微論篇第八十一	癰疽第八十一

第二節　《黃帝歸藏易》

（清・馬國翰輯本）

　　馬序：《歸藏》一卷，殘闕。《周禮・春官・太卜》：
「掌三易之法，一曰《連山》，二曰《歸藏》，三曰《周
易》」，鄭玄注：「《歸藏》者，萬物莫不歸而藏于中」，杜
子春曰：「《連山》，宓犧；《歸藏》，黃帝」，賈公彥疏引
鄭志答趙商云：「非無明文，改之無據，且從子春。」近師皆
以為夏殷也。《禮記・禮運》：「孔子曰：『吾欲觀殷道，是
故之宋，而不足徵也，我得坤乾焉。』」鄭注云：「殷陰陽之
書，存者有《歸藏》」，是亦以《歸藏》為殷《易》矣。《漢
書？藝文志》不著錄，晉《中經簿》始有之，阮孝緒《七錄》
云：「《歸藏》雜卜筮之書雜事。」《隋書？經籍志》有十三
卷，晉太尉參軍薛貞注，《唐書？藝文志》卷同，宋《中興書
目》載有《初經》、《齊母》、《本蓍》三篇，諸家論說多以
後出，疑其偽作，鄭樵《通志略》云：「言占筮事，其辭質，
其義古，後學以其不文，則疑而棄之，獨不知後之人能為此
文乎？」楊慎亦云：「《連山》藏于蘭臺，《歸藏》藏于太
卜」，見桓譚《新論》，則後漢時《連山》、《歸藏》猶存，
未可以《藝文志》不列其目而疑之，今玩其遺爻，如「瞿：有
瞿有觚，宵粱為酒，尊於兩壺。兩羭飲之，三日然後穌。士有
澤，我取其魚」、「良人得其玉，君子得其粟」、皆用韻語，
奇古可誦，與《左氏傳》所載諸繇辭相類，《焦氏易林》源出
於此，雖「畢日」、「奔月」頗涉荒怪，然「龍戰於野」、
「載鬼一車」大《易》以之取象，亦無所嫌也，但殷《易》而
載「武王枚占」、「穆王筮卦」，蓋周太蔔掌其法者推記占驗
之事，附入篇中，其文非漢以後人所能作為也。今並宋時三篇

亦佚，朱太史《經義考》搜輯甚詳，據以為本，間有遺漏，為補綴之，並附諸家論說為一卷，以此與世傳《三墳書》所謂《氣墳歸藏》者互較參觀，其真贋可以立辨矣。歷城馬國翰竹吾甫。

《歸藏·初經》朱震《漢上易》曰：「《歸藏》之易，其《初經》者，庖犧氏之本旨也。」

初乾幹寶《周禮注》、朱震《易叢說》其爭言。李過《西溪易說》、胡一桂《周易啟蒙翼傳》

初（知北遊按：《康熙字典》、《中華大字典》）幹寶《周禮注》，朱震曰坤。榮犖之華。《西溪易說》、《周易啟蒙翼傳》，朱氏《經義考》引作「榮榮」。

初狠幹寶、朱震引並作艮，李過《西溪易說》、黃宗炎《周易象辭》皆引作狠，黃云：「艮為狠，艮有反見之象，無言笑，面目可徵，故取其剛狠之義與？」徼徼鳴狐。《西溪易說》、《啟蒙翼傳》。

初兌幹寶《周禮注》、朱震《易叢說》其言語敦。《西溪易說》、《啟蒙翼傳》。

初犖幹寶《周禮注》、朱震曰坎，李過曰：「謂坎為犖，犖者勞也，以為萬物勞乎坎也。」黃宗炎曰：「坎為勞卦，故從勞諧聲而省。物莫勞于牛，故從牛。」為慶身不動。《西溪易說》、《啟蒙翼傳》。

初離幹寶《周禮注》、朱震《易叢說》。離監監。《西溪易說》、《啟蒙翼傳》。

初釐幹寶《周禮注》，朱震曰震，李過曰：「為震為釐，釐者理也，以帝出乎震，萬物所始條理也。」黃宗炎曰：「震為釐，離當為釐，於震則不近，豈以雷釐地而出以作聲與？」燀若雷之聲。《西溪易說》、《啟蒙翼傳》。

初巽幹寶《周禮注》、朱震《易叢說》有鳥將至而垂翼。《西溪易說》、《啟蒙翼傳》。

卦皆六畫《易叢說》。王應麟《漢藝文志考》卷一。

朱元升《三易備考》曰：「《歸藏易》以純坤為首，坤為地，萬物莫不藏於其中。《說卦》曰：『坤以藏之』，蓋造化發育之真機，常于此藏焉。然而一元有一元之造化，癸亥甲子之交為之藏；一歲有一歲之造化，冬夏二至之交為之藏；一日有一日之造化，夜半日中之交為之藏。是又《歸藏易》無所往而不用其藏也。六十四卦藏者十有六，用者四十有八。乾為六十四卦之父，坤為六十四卦之母，坤統藏卦，乾統用卦，坤、乾所以首六十四卦也。有藏者斯有用者，純坤又所以首純乾。」

徐善《四易》曰：「《歸藏》卦序：坤、震、坎、艮、兌、離、巽、乾，蓋震下一陽生於純坤，之後進坎而中，進艮而上，乃交於中五而得兌之二陽，然一陰猶在上也。至離而中陽進上，至巽而初陽進中，於是純乾體成，此陽氣漸長之序也。反而推之，巽下一陰生於純乾，之後進離而中，進兌而上，乃交於中五而得艮之二陰，然一陽猶在上也。至坎而中陰進上，至震而初陰進中，於是純坤體成，此陰氣漸長而陽氣歸藏之序也。『歸藏』之名義殆本諸此，其數則自下而上者，始八終二，由於陽氣之生自無而有，其理為『知來之逆』也。自下而上者，始二終八，由於陽氣之歸，自有而無，其理為『數往者順』也。聖人命《歸藏》之名，蓋告人以反本復始之道焉。」

六十四卦依李過《西溪易說》所載，自乾至馬徒凡六十卦，其四卦闕者補之。

《西溪易說》引闕四卦，賈公彥《禮記疏》：「此《歸

藏易》以坤為首」，據《初經》補乾《西溪易說》，下並同屯蒙溽訟師比小毒畜《西溪》曰：「小畜為小毒畜。」黃宗炎曰：「大畜、小畜為大毒畜、小毒畜，毒取亭毒之義。」

　　履泰否同人大有狠厱大過頤困井革鼎旅豐小過林禍《西溪》曰：「臨為林禍。」觀萃稱黃宗炎曰：「升為稱，地之生木，土厚者茂，瘠者瘁，言木與土相稱也。」

　　僕黃宗炎曰：「剝為僕。」

　　復母亡黃宗炎曰：「無妄為母亡，母即無，亡即妄，非有他也。」

　　大毒畜《西溪》曰：「大畜為大毒畜。」

　　瞿黃宗炎曰：「瞿當屬觀。」案：《西溪》引已有觀，朱太史彝尊《經義考》以反對為義，謂瞿在散家人之前，則睽也。

　　散家人黃宗炎曰：「家人為散家人，則義不可考。」

　　節奐黃宗炎曰：「渙為奐，古字或加偏旁或不加偏旁，因而互易也。」

　　蹇荔黃宗炎曰：「解為荔，荔亦有聚散之義。」

　　員黃宗炎曰：「損為員。」

　　誠黃宗炎曰：「咸為誠。」朱太史曰：「以損為員，而誠次之，則誠為益也。」

　　欽黃宗炎曰：「欽當屬旅。」朱太史曰：「欽在恒之前，則咸也。」

　　恒規夜黃宗炎曰：「規當屬節，夜當屬明夷。」案：《西溪》引已有節、明夷，朱太史曰：「規、夜二名不審當何卦，非夬、姤則噬嗑、賁也。」案：古者書契取諸夬，於規義近；夜有姤遇取女義，疑規當屬夬，夜當屬姤也。

　　巽

兌離犖兼黃宗炎曰：「謙為兼。」

分黃宗炎曰：「分當屬睽。」朱太史曰：「以謙作兼，而分次之，則分為豫也。」

歸妹漸晉明夷岑靐黃宗炎曰：「岑靐當屬賁。」朱太史曰：「岑靐在未濟前，則既濟也。」

未濟黃宗炎曰：「遯為，形義本通，無有異議。」

蜀黃宗炎曰：「蠱為蜀，蜀亦蟲也。」

馬徒朱太史曰：「以蠱為蜀，而馬徒次之，則馬徒為隨也。」

已上六十卦並《西溪易說》引，奭一卦據《初經》補。

熒惑

耆老

大明羅蘋《路史注》云：「《歸藏・初經》卦皆六位，其卦有明夷、熒惑、耆老、大明之類，昔啟筮明夷、鯀治水枚占大明、桀筮熒惑、武王伐商枚占耆老是也。」案：《西溪》引明夷即明夷，乾下應有奭卦，已據幹寶、朱震所引《初經》補之，合熒惑、耆老、大明，恰符六十四卦之數，依黃、朱二家所釋，惟闕噬嗑、賁、中孚，未知所屬，補附於此。

朱元升《三易備考》曰：「《歸藏易》以六甲配六十四卦，所藏者五行之氣也，所用者五行之家也。」

又曰：「《歸藏易》首坤尾剝。」

又曰：「《歸藏》二篇，自甲子至癸巳為先甲，自甲午至癸亥為後甲，其策萬有八百。」

十二辟卦

子復，丑臨，寅泰，卯大壯，辰夬，巳乾，午姤，未遯朱太史曰：「《歸藏》本文作。」申否，酉觀，戌剝朱太史

曰：「《歸藏》本文作僕。」亥坤徐善《四易》。

　　徐善曰：「此《歸藏》十二辟卦，所謂商易也。辟者，君也。其法：先置一六畫坤卦，以六陽爻次第變之，即成復、臨、泰、大壯、夬五辟卦；次置一六畫乾卦，以六陰爻次第變之，即成姤、遯、否、觀、剝五辟卦，十辟見而綱領定矣。又置一六畫坤卦，以復辟變之，成六卦之一陽；以臨辟變之，成十五卦之二陽；以泰辟變之，成二十卦之三陽；以大壯辟變之，成十五卦之四陽，以夬辟變之，成六卦之五陽。更進為純乾，而六十四卦之序已定矣。徐而察之，乾之六位已為遞變之新爻，而坤之六位尤為未變之舊畫，即卦中陽爻已變而陰爻猶故也。於是復置新成之乾卦，以姤辟變之，成六卦之一陰；以遯辟變之，成十五卦之二陰；以否辟變之，成二十卦之三陰；以觀辟變之，成十五卦之四陰；以剝辟變之，成六卦之五陰，更進為純坤之六位已更新矣。卒之非有兩營也，止此六十四虛位，順而求之，由坤七變，得陽爻一百九十二，而純坤之體見。逆而之，由乾七變得陰爻一百九十一，而純坤之體見。一反一覆，而三百八十四爻之易全矣。」

　　歸藏・齊母經「齊母」不知何義。按《歸藏》以坤為首，坤者，物之母也。郭璞《山海經注》又引有《鄭母經》，疑十二辟卦以十二分野配之，未審是否。

　　瞿：有瞿有觚，宵梁為酒，尊於兩壺，兩羭飲之，三日然後蘇。士有澤，我取其魚。《爾雅？釋獸？羊屬》郭璞注引《歸藏》「兩壺兩羭」，邢昺疏：「此《歸藏？齊母經》『瞿有』之文也。案彼文」云云，考《西溪易說》引《歸藏》卦名有「瞿」，此即瞿卦爻辭也，邢昺謂「瞿有」之文恐非。

歸藏・鄭母經

明夷曰：昔夏後啟筮：乘飛龍而登於天，而枚占于皋陶，陶曰：「吉。」郭璞《山海經注》引《歸藏？鄭母經》曰：「夏後啟筮禦飛龍登于天，吉。」案：張華《博物志》卷九《雜說上》引多「明夷曰昔」及「而枚占于皋陶陶曰」十二字，「禦」作「乘」，「龍」下有「而」字。《太平御覽》卷九百二十九引《歸藏》曰：「昔夏後啟上成龍飛以登於天，皋陶占之曰吉」，文雖小異，要為此節遺文也，茲據補。

昔夏啟筮徙九鼎，啟果徙之。《博物志》卷九《雜說上》引此與前為一節，下更有四節，蓋一篇之文，故次於此。

昔舜筮登天為神，枚佔有黃、龍神曰：「不吉。」同上

武王伐紂，枚占耆老，耆老曰：「吉。」同上

昔鯀筮注洪水而枚占大明曰：「不吉。有初無後。」同上

昔者桀筮伐唐而枚占熒惑曰：「不吉。不利出征，惟利安處，彼為狸，我為鼠，勿用作事，恐傷其父。」《太平御覽》卷八十二引《歸藏》云：「昔桀筮伐唐而枚占熒惑曰：『不吉。不利出征，惟利安處，彼為狸為鼠』，脫「為我」二字。又卷九百一十二引云：「昔者桀筮伐唐而枚占熒惑曰：『不吉。彼為狸，我為鼠，勿用作事，恐傷其父。』」王氏《漢藝文志考》順為一節，今依錄之。《博物志》引云：「桀筮伐唐而枚占熒惑曰：『不吉』」，不及爻辭，彼蓋約文言之爾。

昔者羿善射，畢十日，果畢之。郭璞《山海經注》引《歸藏・鄭母經》。《尚書・五子之歌》正義、《春秋左

傳・襄四年》義並引《歸藏》「羿畢」。

遺爻附案：徐善《四易》謂《歸藏》三百八十四爻，是每卦六爻，與《周易》同爻，當屬經，傳注所引只有《齊母》、《鄭母》，其可考者已分屬於二篇，其但引卦名與卦名並不詳者，未敢強屬，故附經後，題「遺爻」以別之。

開筮帝堯降二女為舜妃。《周禮・春官・太卜》賈公彥疏

屯　屯膏。《西溪易說》云：「今以《周易》質之《歸藏》，不特卦名用商，卦辭亦用商，如屯之『屯膏』，師之『帥師』，漸之『取女』，歸妹之『承筐』，皆用商《易》舊文。」

師　帥師。《西溪易說》

小毒畜　其丈夫。朱震《漢上易傳・叢說》引《歸藏・小畜》。

鼎　鼎有黃耳，利取鱣鯉。歐陽詢《藝文類聚》卷九十九

僕　良人得其玉，小人得其粟。《太平御覽》卷八百四十引作「剝」。馬驌《繹史》卷十四引作「君子得其粟」。

節殷王其國，常毋若谷。《周禮・春官・太卜》賈公彥疏引《歸藏》云「見節卦。」羅蘋《路史注》引作「常毋谷月。」

歸妹　承筐。《西溪易說》

漸　取女。同上

明夷　垂其翼。同上

已上爻辭有卦名可考者依《西溪易說》所次卦序次之，至所引《初乾》「其爭言」、《初坤》「熒熒之華」、《初艮》「徽徽鳴狐」、《初兌》「其言語敦」、《初犖》「為

慶身不動」、《初離》「離監監」、《初厘》「燀若雷之
聲」、《初巽》「有鳥將至而垂翼」，雖皆有卦名而皆係
「初」字，故入《初經》，不復錄此，其無卦名可考者列
後。

上有高臺，下有雝池，以此事君，其富如何。《太平御
覽》卷四百七十二，王應麟《漢藝文志考》引作「以此賈
市，其富如河漢」，《繹史》引作「河海。」

有白雲出自蒼梧，入于大樑。虞世南《北堂書鈔》卷一
百五十，徐堅《初學記》卷一，《文選》卷二十謝元暉《新
亭渚別范零陵詩》李善注。

雖有豐隆莖：得雲氣而結核。《北堂書鈔》卷一百五十
乾者，積石風穴之琴。《北堂書鈔》

有鳧鴛鴦，有雁鶂鷞。《藝文類聚》卷九十二，《太平
御覽》卷九百二十五，《漢志考》卷一

有人將來，遺我貨貝。以至則徹，以求則得。有喜將
至。《藝文類聚》卷八十四，《太平御覽》卷八十七

君子戒車，小人戒徒。《文選》卷二十研延年《秋胡妻
詩》注，王應麟《玉海》卷三十五

有人將來，遺我錢財，自夜望之。《太平御覽》卷八百
三十五。

知北遊按：《歸藏易》原書佚失，晉代從汲塚當中出
土，到宋代又佚失，全本不可見，只有輯本和出土的秦簡
本。以前學者多言《歸藏》，但許多連《歸藏》的原文是什
麼樣子都沒見到。數年前，我曾經把三個版本的《歸藏易》
輯本原文手錄下來上傳到的中國先秦史論壇的「E書和文本
書資源」欄目裏，這三個版本是：清·馬國翰《玉函山房輯
佚書》輯本、清·嚴可均《全上古三代秦漢三國六朝文》輯

本、湖北省江陵王家台出土秦簡本（已公佈的部分）。目前網上流傳的《歸藏易》原文都是由我上傳的這三個版本互相輾轉轉帖來的，在轉帖過程中有不少人根據自己的喜好任意改造刪節，有失原貌。這裏就再把這三個版本重新整理上傳，供愛好者參考。

第三節　古三墳《黃帝歸藏易》

三墳傳說中是我國最古的書籍，現有《三墳書》（亦稱《古三墳書》）一卷。全書分為山墳、氣墳、形墳，分別解說《連山易》、《歸藏易》和《周易》。

《山墳》是《三墳》之一，主要以伏羲氏的連山易為解釋對象，該書作者尚不能確定。據稱《山墳》保存了《連山易》的概貌，它的八宮卦歌詞以山（艮）為首描繪了崇山、伏山、列山、兼山、潛山、連山、藏山、疊山等八種山，反映了古代人民的山居生活。其內所載的「連山易爻卦八宮分宮取象歌」為「崇山君、君臣相、君民官、君物龍、君陰後、君陽師、君兵將、君象首；伏山臣、臣君候、臣民土、臣物龜、臣陰子、臣陽文、臣兵卒、臣象股；列山民、民君食、民臣力、民物貨、民陰妻、民陽天、民兵器、民象體；兼山物、物君金、物臣木、物民土、物陰水、物陽火、物兵執、物象春；潛山陰、陰君工、陰臣野、陰民鬼、陰物獸、陰陽樂、陰兵妖、陰象冬；連山陽、陽君天、陽臣乾、陽民神、陽物禽、陽陰禮、陽兵遣、陽象夏；藏山兵、兵君師、兵臣佑、兵民軍、兵物材、兵陰謀、兵陽陣、兵象秋；疊山象、象君日、象臣月、象民星、象物雲、象陰夜、象陽晝、象兵氣。」根據《山墳》這一八宮分宮取象歌所述，《連山易》的八卦名稱是君、臣、民、物、陰、陽、兵、象。這種

說法尚未得到公認。

《氣墳》是《三墳》之一。載有「歸藏易爻卦八宮分宮取象歌」：「天氣歸、歸藏定位、歸生魂、歸動乘舟，歸長兄，歸育造物，歸止居城、歸殺降；地氣藏、藏歸交、藏生卵、藏動鼠、藏長姊、藏育化物、藏止重門、藏殺盜；木氣生，生歸孕、生藏宮、生動損陽，生長元胎、生育澤、生止性、生殺相克；風氣動、動歸乘軒、動藏受種、動生機、動長風、動育源、動止戒、動殺虐；火氣長、長歸從師，長藏從夫，長生志，長動麗、長育違道、長止平、長氣順性；水氣育、育歸流，育藏海、育生援，育動漁、育長苗、育止養、育殺畜；山氣止、止歸約、止藏淵、止生貌、止動濟、止長植物、止育潤、止殺寬宥；金氣殺、殺歸屍、殺藏基、殺生無忍、殺動干戈、殺長戰、殺育無傷，殺止動。」歌中列地、天、木、風、火、水、山、金等八物象，保留了《歸藏易》概貌。有人將此與通行本《周易》八卦作比較發現，《氣墳》有「金」而沒有「澤」字。認為歌中「歸生魂」、「歸育造物」、「藏生卵」、「藏育化物」等強調土地與事物生長化育的關係。「山氣止」、「止長植物」、「止育潤」、「止殺寬宥」強調了山地的生殖作用，反映戒止濫捕濫殺禽獸的思想，說明《歸藏易》已進入農業發展時期，人們對土地功能的認識和應用已漸深化。較之《連山易》，「山」退居到次要地位，《連山》與《歸藏》為兩個時代。兩者思想認識有所差異。《連山》依賴自然、崇拜山林；《歸藏》順應自然，且有改造自然的觀念。並據此歌認為《歸藏》八卦名稱是地、木、風、火、水、山、金、天。八氣發生、發展和轉化過程，都按「歸、藏、生、動、長、育、止、殺」幾種動態排列。「歸藏」是表示天象的圓形結

構，按五行運轉確定方位。此說尚缺乏論據，未得到公認。

《三墳》中最後一墳為《形墳》，形墳保留了《乾坤易》《周易》的前身的概貌。載有「乾坤易爻卦大象八宮分宮取象歌」「乾形天、地天降氣、日天中道、月天夜明、山天曲上、川天曲下、雲天成陰，氣天習蒙；坤形地、天地圓丘、日地圜宮、月地斜曲、山地險徑、川地廣平，雲地高林、氣地下濕；陽形日、天日昭明、地日景隨、月日從朔、山日沉西、川日流光、雲日蔽霧、氣日昏部、陰形月、天日淫、地月伏輝、日月代明、山月升騰、山月東浮、雲月藏宮、氣月冥陰；土形山、天山嶽、地山磐石、日山危峰、月山斜巔、川山島、雲山岫、氣山岩；水形川、天川漢、地川河、日川湖、月川曲池、山川澗、雲川溪、氣川泉；雨形雲、天雲祥、地雲黃英、日雲赤曇、月雲素雯、山雲疊峰、川雲流章、氣雲散彩；風形氣、天氣垂氤、地氣騰氳、日氣晝圍、月氣夜圓、山氣籠煙、川氣浮光、雲氣流霞。」有人認為，歌詞中「乾」升到了首位，以純乾為八卦之冠，突出了「乾形天」、「陽形日」的地位，反映了已由氏族社會進入階級社會，重父統的「殷道親親」的觀念已為重母統的「周道尊尊」思想所代，反映了以父系為主體的社會制度到周代已完全確定。歌詞對「天」、「日」、「陽」等卦象推崇極高；對「地」、「月」、「陰」等卦象只作自然描述。有重男輕女、崇陽抑陰傾向，帶有一定政治色彩。乾為天，坤為地，「天尊而地卑，貴賤有別。」乾為龍（周以龍為飾），坤為虎（殷以虎為飾），龍居天上，虎居地上。所以龍為帝王之徵，虎為臣屬（如虎將之類），虎不及龍。乾健而坤順，故坤必承乾。有人據此歌認為《乾坤易》八卦之名為乾天（天），坤地（地），陽日（日），陰月（月），

土山（山），水川（川），雨雲（雲），風氣（氣），《乾坤易》即《周易》，是表示地象的方形結構，用「天、地、日、月、山、川、雲、氣」八個物質概念縱橫相乘，構成八八六十四卦。也有人認為《形墳乾坤易》不等於《周易》，從《乾坤易》到《周易》，至少經過了數百年時間。

第四節 《黃帝歸藏易》發源地為古都安陽考

秦文學

　　內容摘要：由於「黃帝歸藏易」年代久遠，且已亡佚，歸藏易發源何地，眾說紛紜。本文從有關文獻中旁徵博引，以不爭的事實證明，「歸藏易」確有其書，且盛行于殷商時期，是當時社會實踐的指導性文獻，故有「歸藏易」又名商易和殷易之說。在此基礎上，從安陽殷墟出土的甲骨文中尋找「歸藏易」的蹤跡，列舉了大量的刻錄在甲骨上的占卜內容，說明這些內容就是殷商時期的先哲運用「歸藏易」進行占卜的案例記錄。在殷墟出土甲骨上發現有易卦的數字卦，呈現奇數為陽，偶數為陰，共三十三卦，且甲骨卜辭的內容呈系統化、廣泛化，集中化趨勢，並占出土甲骨文的99%，說明甲骨卜辭即是「歸藏易」的典籍，也是迄今為止中國歷史上有出土文物可考、有文字可證的最早的唯一典籍。因此論證了安陽是「歸藏易」的發源地。

　　中國古有三易，即「連山易」、「歸藏易」、「周易」，「史記」載：「紂囚西伯羑裏」、「文王拘而演周易」，使安陽的羑里城成為「周易」的發祥之地已是不爭的事實。

　　由於「連山易」、「歸藏易」年代久遠，並已亡佚，「連山易」、「歸藏易」發源何地，眾說紛紜。近百年來，

在安陽殷商古都的殷墟遺址考古發掘過程中，出土了15萬片之多的甲骨文，使殷商「歸藏易」初顯端倪。本文運用100年來甲骨學研究所取得的成果，結合易學研究，經過認真考證認為，安陽是「歸藏易」的發源地。

一、「黃帝歸藏易」考

「歸藏」一書，「周禮？春官？太卜」：「掌三易之法：一曰連山，二曰歸藏，三曰周易。其經卦皆八，其別皆六十有四。」「山海經」曰：「黃帝得河圖，商人因之，曰『歸藏』。「桓譚新論・正經」：「『易』一曰『連山』，二曰『歸藏』，三曰『周易』。『連山』八萬言，『歸藏』四千三百言。『連山』藏于蘭台，『歸藏』藏于太卜。」王充「論衡」也曾論及，「論衡・謝短」注曰：「『易』有三易，一曰『連山』，二曰『歸藏』，三曰『周易』。」「禮記・禮運」：「孔子曰：『我欲觀夏道，是故之杞，而不足微也，吾得夏時焉。我欲觀殷道，是故之宋，而不足徵也，吾得坤乾焉。坤乾之義，夏時之等，吾以是觀之。』」杜子春、鄭玄也曾注過，鄭玄注：「得殷陰陽之書也，其書存者有『歸藏』。」又「周禮・春官・太卜」注曰：「『歸藏』者，萬物莫不歸而藏於中。」又注引杜子春云：「『歸藏』」黃帝易。而「漢書・藝文志」未載。「隋書・經籍志」說：「『歸藏』，漢初已亡，晉『中經』有之，唯載卜筮，不似聖人之旨。以本卦尚存，故取貫于『周易』之首，以備殷易之缺。」孔穎達曰：「孔子曰：『吾得『坤乾』焉。』殷易以坤為首，故先坤後乾。」賈公彥曰：「此『歸藏易』以純坤為首，坤為地，萬物莫不歸而藏於其中。」又曰：「殷以十二月為正，地統，故以坤為首。」「歸藏」又

號為「坤乾」，在卦序上先坤後乾，以坤為首。古代兒童啟蒙教育讀物「三字經」中也有「有連山，有歸藏，有周易，三易詳」的字句，因此我們認為，「歸藏易」在歷史上確實存在，只是現已亡佚，且可考資料不多。所以，從已出土的甲骨文中尋找「歸藏易」的一些相關線索，應是目前探索「歸藏易」源頭的可行之路。

二、「黃帝歸藏易」即「殷易」，為殷商時期占卜活動的理論根源

1.「歸藏易」即「殷易」。鄭康成曰：「殷，陰陽之書存者有『歸藏』，是亦以歸藏為殷易矣。」「歸藏易」歷來有屬於「黃帝易」說和「殷易」說。黃帝之時尚無文字，即使有也不過只是簡單的符號，不大可能用以記錄長篇的語言。而殷墟甲骨文中已有「易」字，該字形表示龜卜中的甲骨龜板和「三兆」的意象，這些當屬於「易」的內容。因而該「易」字為殷人所造，所反映的乃殷人龜卜之事，故「歸藏易」亦即「殷易」的存在應是可信的。西周時太卜仍在掌握和使用「歸藏易」，春秋時孔子在殷族後裔的宋國曾徵集到「坤乾之書」即「殷易」，說明「殷易」至西周和春秋時仍在流傳。它的徹底失傳當是在戰國亂起和秦火以後。從以上資料中我們可以得出這樣的結論，安陽古稱殷地，因此，商代的這個時期稱為殷商時期，安陽稱殷商古都，歷八代十二王，達255年，「歸藏易」曾於殷商時期盛行，所以被稱為「殷易」，其功能主要用於占卜。反之，「殷易」就是當時流傳古都安陽的「歸藏易」。

2.「歸藏易」指導著殷商時期的占卜活動。我國至少在新石器時代，占卜活動就已經流行，商代是占卜活動極為盛

行的時代。當時幾乎事無巨細，都要透過占卜來決定吉凶。近百年來，在安陽殷商古都的殷墟遺址考古發掘過程中，出土了15萬片之多的甲骨文，為我們提供了研究當時社會各個方面的寶貴資料，從這些資料可以看出，當時的占卜活動已經十分普遍和規範。

從安陽殷墟考古發掘出的甲骨卜辭看，占卜用的材料非常講究，主要是龜甲、獸骨。龜甲主要用龜的下甲或叫腹甲，有時也使用龜的上甲或叫背甲。獸骨主要使用牛的肩胛骨，也有其他動物如羊、豬的肩胛骨，還發現有鹿角等，這些甲骨都是經過篩選、加工，才使用的。

龜甲的加工，從出土情況看，有的龜甲，整個不動，只要打平即可。有的將龜甲殼從上甲和下甲連接處鋸開，使它的平整部分留在下甲上，再削平邊緣，使之形成比較平整的弧形，而上甲都要從中間脊縫處剖成兩個半甲，再把半甲的凸凹部分和首尾兩端削平。牛的肩胛骨則把它加工成上窄下寬的形狀，將其整個刮平。其他用骨要求大致相同。

在占卜之前，對加工好的甲骨，先要鑽鑿，占卜時用加熱的金屬器件在鑽鑿處灼烤，待發出爆裂後，有了兆紋，即告占卜成功。正面爆裂的紋路，即卜兆，貞人就根據兆紋，來判斷所問事務的成敗與吉凶。之後，將其進行的情況和結果契刻在甲骨的正面，叫卜辭，當然也有刻在反面的。

一篇完整的卜辭，一般包括四個部分：包含敘辭、命辭、占辭、驗辭，通常情況下還包含序數（或卜數）和兆辭。敘辭也稱前辭，指整條卜辭前面記蓄日和貞人名的文辭；命辭也稱貞辭，因常以貞字起句之故，乃命龜之辭，是占卜的事類，也是卜辭的中心部分；占辭是視當坼定吉凶從而決定事情是否可行之判斷和預測，屬於占卜的結論部

分，它與兆辭有區別，兆辭的構詞法每每是一定的，因有約定俗成序數一二標明了先後灼龜二次的次序。但必須指出，敘辭、命辭、占辭、驗辭四者包括序數等都具備的完整卜辭形式，其實並不太多。敘辭、問辭、占辭、驗辭。字數也多寡不同，多則近百字，少則三、四字，一般都在二、三十字左右，在已發現的甲骨卜辭中，一般驗辭較少，前三部分較多，多數卜辭只記有其中幾項，如或記敘、命、占辭和序數、兆辭幾項，或記敘、命、驗辭和序數幾項，或記敘、命辭和序數、兆辭幾項，互有省略。

由於「歸藏易」盛行於當世，且很規範，所以占卜家所遵從的範制應該都來源於「歸藏易」。

三、甲骨卜辭即運用「黃帝歸藏易」占卜的案例記錄，是殷商時期的主體文化

據「甲骨學一百年」載：安陽殷墟出土的甲骨文，就其性質類別而言，基本上可以分為5大類：

1.甲骨卜辭

內容大都以殷商王朝武丁以來下至商末各時王的占卜行事為主體，也包括數量不等的其他貴族家支的占卜記錄。甲骨卜辭通常是在貞人灼龜命卜後，以一定的公文形式在甲骨上刻寫下的相關文辭。每一條卜辭就是一個運用「歸藏易」進行占卜的案例。

2.與占卜有關的記事刻辭

這類刻辭專署甲骨卜材的前期準備之事，如卜材的來源、甲骨的貢納、整治及檢視者、簽名者等等。

3.特殊記事刻辭和一般性記事刻辭

這類刻辭一般都與甲骨占卜毫不相關。大抵屬於銘功旌

紀或頒事信憑意義的書刻文字，主要有人頭骨刻辭、虎骨刻辭、或牛頭骨刻辭、鹿頭骨刻辭、牛距骨刻辭、牛胛骨刻辭、骨符等等。

4.表譜刻辭

這類刻辭主要有「干支表」、「祀譜」、「家譜刻辭」等，起備覽查閱之用。表譜刻辭的載體，有單獨刻於一骨或一甲上的，也有刻在已卜用過的甲骨或廢棄骨料上的，還有的夾雜在甲骨卜辭之間，而後兩者往往屬於習刻或仿刻之作。

5.習刻

習刻之作為仿刻之作，通常是字體歪斜，書體浮淺，結構鬆散，大小失調，文不成句，行款紊亂，舉刀稚嫩，通版章法更無從談起，內容凡卜辭、記事、干支表等等均有。用料一般都是利用廢棄骨料或卜用過的甲骨。

大致說來，卜辭是殷墟甲骨文的主體，約占到99%，後4類合起來只占到1%左右，其中第三類最少，第二、四、五類的數量，均比第三類多出好幾倍。可見殷商時期的甲骨文化就是易經文化，即盛行於當世的「歸藏易」文化。因此說，「歸藏易」文化在當時占主導地位。是殷商時期的主體文化。

四、「黃帝歸藏易」易卦的表現形式──
甲骨上的數位卦

「歸藏易」在甲骨上的表現形式是由數字來表示的，許多甲骨上刻記有易卦，現已為考古界認同。在殷墟遺址四盤磨村出土的有數字卦象排列的甲骨有十二塊，上刻有數字易卦十六卦。其中，1950年春在四盤磨村Spn小坑內發現一塊卜骨，上刻三組易卦，即「（＋）（＋∧＋∧，）（∧∧）

（＋，＋＋∧∧∧」三組，讀「七八七六七六，八六六五八七，七五七六六六」。分別為未濟、明夷、否卦，1967年～1977年，又在殷墟小屯村中、北、南先後發掘出14塊刻辭甲骨，其中甲骨十片，卜甲四片。1973年出土一塊卜甲，上面文字和「易卦」排列有序，為以往所罕見，是目前較為完整的「易卦」卜甲珍品。上刻有三組易卦，即右上為「（∧＋）（九∧）」，右下為「∧＋一∧＋九」，左上為「＋＋∧＋∧∧」。右上讀為「六七八九六八」，右下讀為「六七一六七九」，左上讀為「七七六七六六」，分別為蹇、兌、漸卦。在殷墟甲骨文中易卦發現較多，其他地方如江蘇海安縣青墩遺址出土的新石器時代的松澤文化骨角，上刻有「≡×≡≡∧，∧＝≡×≡一」兩組重卦卦象。第一組讀為「三五三三六四」，第二組讀為「六二三五三一」。分別為遯、大壯卦。在岐山周原也發現了不少甲骨文數字卦象。周原齊家遺址出土六號卜骨上面刻有「（一∧一∧∧）背面刻有（∧）（）（一一）（∧九≡∧）（∧）（≡∧∧∧一）（∧）（∧）（＝＝）」等六組數字卦。灃西張家坡遺址出土卜骨上刻有「（∧）（＝）（一一，）（＝∧）（一一，∧∧）＝∧，∧一∧∧∧一，＝∧一＝」等五組數字卦象。甲骨文數字卦經張政烺先生收集整理為三十三個數字卦象：坤、巽、兌、艮、離、乾、坎、益、節、渙、未濟、大壯、無妄、升、蠱、乾、屯、小畜、明夷、未濟、既濟、艮、恒、蒙、否、剝、比、豐、中孚、漸、夬、震、坤。

安陽殷墟出土的青銅器、陶器、石器等器物上也發現刻有數字卦象，這些卦象與甲骨文上的數字卦象基本相同，都是奇數為陽，偶數為陰，數字卦的寫法也相同，數位卦有三字組，有四字組，有五字組和六字組。

甲骨文是迄今為止發現的中國最古老的成熟文字和文章，甲骨文中已經有六十四卦中常見的貞、禍、亡、凶、吝等字，已有「天干」、「地支」、「五行」，並且有完整的「六十甲子」，以「六十甲子」來記載卜辭。甲骨文中還有明顯的東方蒼龍、北方玄武、西方白虎、南方朱雀的四象記載，比如甲骨文中「啟龍」、「告龍」均為東方蒼龍。

五、「黃帝歸藏易」文化滲透到殷商時期 社會的各個方面

　　「歸藏易」文化滲透到殷商時期社會的各個方面，體現于殷商甲骨卜辭記載的內容，包括了經濟、政治、軍事、文化、天文等，涉及祭祀、征戰、打獵、出入、疫病、風雨、軍伐、做夢、時日、生男、生女等社會的各個方面，國內外從事甲骨文研究的學者經過百多年的搜集、整理、考證、綴合、辨偽、考釋和綜合研究，形成了專門的一門學科——甲骨學，並取得了巨大的成果。甲骨文的整理和研究，對「歸藏易」的研究，提供了大量的資料，使我們得以在前人研究的基礎上，更好地發掘「歸藏易」的文化蘊藏。

　　甲骨卜辭的內容浩如煙海，涉獵廣泛，現分類選出幾例，為了簡便、易懂，只將釋文或大意列出。

年景豐欠方面的卜辭

　　「殷契粹編」907卜辭：己巳王卜貞（今）歲商受（年）王占曰吉：東土受年；南土受年；西土受年吉；北土受年吉。大意為在己巳這一天，王進行占卜，今年商將有豐年嗎？王檢驗說：占卜的結果是吉利的。東方的土地將有好收成；南方的土地將有好收成；西方的土地將有好收成；北方的土地將有好收成。

戰爭征伐方面的卜辭

「小屯南地」2064，卜辭的大意為：如果王和他的軍隊打入方地區的舊城，他能從左邊還是從右邊攻取它呢？

「小屯南地」2320，卜辭的大意為：在甲辰那天進行占卜，在「片」這個地方，牧的首領如果為先鋒，首先進攻和攻取城是吉利的嗎？

「小屯南地」N‧190卜辭大意為：在第13天占卜，今天，我們應殺死召方的俘虜嗎？

在第17天占卜，王應命令部族配合他進攻嗎？

祭祀大典方面的卜辭

「小屯南地」236，卜辭大意為：應該在鼓聲中獻祭嗎？還是不要任何犧牲？

在第30天占卜：應該擊鼓而沒有犧牲嗎？

在第39天進行占卜：應該向死去的母親獻上人祭，酒祭，第二天行嗎？

「小屯南地」N‧3852，卜辭大意為：在第51天，占卜：第二天將祭酒嗎？如果不在丁卯祭祀，在下一個六十天週期的第4天，將要獻上多種酒類祭祀嗎？

「小屯南地」2121，卜辭大意為：需要禱祝先母直至第5天嗎？大吉。

「小屯南地」3035，卜辭大意為：在第60天占卜：應該讚美祖丁嗎？

「小屯南地」2349，卜辭大意為：在第28天占卜，需要禱祝嗎？用二升麥子，需要在辛那天用祭酒祈求祖先嗎？大吉。要用一頭牛。

「殷契粹編」482，卜辭大意為：是否需祈禱（並且）獻祭兩頭牛，王即可（從神祇）得到輔佐？

心理和命運方面的卜辭

「小屯南地」N·3852，卜辭大意為，在第51天占卜：如果他出生並變成王（太子），王（現在的）將陷入陷阱裏嗎？

「殷墟書契續編」（1933）卜辭大意為「帝王不喜歡我嗎？」或「帝王不喜歡我的屬民嗎？」

用人方面的卜辭

「小屯南地」2426，卜辭大意為：在第17天（占卜）：在南方使用人嗎？在北方使用人嗎？在東方使用人嗎？

「小屯·殷墟文字甲編」547：卜辭大意為：吉祥，可以使用。

大吉大利，可用。

天氣預測方面的卜辭

「小屯南地」665，卜辭大意為：在第18天占卜：如果給倪獻祭，雨將不會停止吧？沒有獻上犧牲，天將晴嗎？

「小屯南地」N·2358，卜辭大意為：在第34天進行占卜：王將應該去夜獵嗎？將不會遇到雨嗎？大吉，真的不會下雨。如果不夜獵，他將遇到雨嗎？如果在落日時分王外出，晚上回來，不會遇到雨嗎？如果晚上回來，不會下雨嗎？

狩獵方面的卜辭

「小屯南地」395，卜辭大意為：在第1天占卜：如果令眾人打獵，他們會服從命令嗎？

「小屯·殷墟文字甲編」3914，卜辭大意為：在壬申日（干支第9日）占卜，王問道，如果國王去狩獵，士卒（同他一起）去是否有災？

「小屯南地甲骨」N·2386，甲骨卜辭大意為：丁卯日

（干支第4日）占卜，次日，即戊辰日（干支第5日），如果國王去狩獵，是否有災？大吉！

如不去狩獵，是否有難？吉利！

如去巡視領地（狩獵之地），是否有難？大吉！

如果這個領土用於狩獵，是否有難？吉利！

如果這片領土用於狩獵，是否有災？

如果這個領土不用於狩獵，是否有災？吉利。

如果這片土地不用於狩獵，是否有災？吉利。

學習歌舞方面的卜辭

「小屯南地」662，卜辭大意為：需要學習跳舞唱歌嗎？好。

農耕方面的卜辭

「小屯南地」N・2291，卜辭大意為：戊王耕種盂田，是否需殺狗祭祀？

「小屯南地」N・2697，2，卜辭大意為：如在喪田巡視，是否有利？

「殷墟書契續編」228，5，卜辭大意為：如果大王命令眾說，你們去耕作，是否會有好收成？時為十一月。

「小屯・殷墟文字甲編」3510，卜辭大意為：癸巳日（第30天）占卜，問道：是否需命令眾人進入羌國去開墾田地？

占卜時間和結果方面的卜辭

「鐵雲藏龜」298：卜辭大意為：吉祥，已捕獲37隻狐狸。

「甲骨續存」1・1644：卜辭大意為：甲子日占卜，王不再占卜，這就是結果，即這就是應遵行的路線。

「殷墟書契續編」1・39・9：卜辭大意為：庚申日（第

57天）占卜，旅問，官員是不是不應在第二個月占卜。

稅賦方面的卜辭

「戰後南北所見甲骨錄」26，卜辭大意為：不應率眾人一起向王納稅？

睡眠方面的卜辭

「鐵雲藏龜」26‧3，卜辭大意為：壬午日占卜，王宣讀占卜的意思是，會有夢。

生育方面的卜辭

「殷墟卜辭綜類」7‧1，卜辭大意為：在乙亥那一天進行占卜儀式，一占卜者問道：王說他妻子懷孕了，是好事嗎？另一個占卜者說，是好事。

六、結　論

綜上所述，「黃帝歸藏易」商代又稱殷易，其卦名、卜筮方法均散見於出土的甲骨文中，由於「歸藏易」本書已亡佚，因此可以說15萬餘片的甲骨卜辭本身就是一部「歸藏易」的典籍，殷商甲骨片、青銅器、陶器、石器上的數字卦象應屬於「歸藏易」的範疇。

這是目前為止發現的商代唯一的最古老的「歸藏易」典籍，甲骨上的易卦雖然只有三十三卦，但從甲骨卜辭的內容上看已經比較系統、比較廣泛，比較集中，這是迄今為止考古學上發現的有文物可考、有文字可證的中國歷史上最早的唯一典籍，因此可以證明，安陽是「黃帝歸藏易」的發源地。

羅浮奇人蘇華仁話養生

中國廣東著名作家《惠州日報》資深記者牟國志

古人曰：大隱於野，小隱於市。意思是說，一些大學問家、大思想家往往隱居於深山老林之中。在被公認為中國道教十大洞之一，中國嶺南第一山廣東的羅浮山，居住著一位潛學習、修煉心研究中國傳統養生之道的學者——

世界著名壽星吳雲青老人的入室弟子蘇華仁在羅浮山築室而居：門前有勝景，屋側有靈泉，屋旁有蒼松，屋下有奇地。

1980年9月10日，《人民日報》在第四版刊發了新華社的電訊：中國陝西省延安市青化砭村142歲老人吳雲青，增補為延安市五屆政協委員。吳雲青出生於清朝道光18年臘月（即1838年）原為青化寺長老，現為人民公社社員，他雖然經歷了142個春秋，但仍精神矍爍，步履穩健」。該報導之後，吳老又活了18年，至1998年圓寂，終年160歲，成為世界最長壽的老人之一。

坐化圓寂後，弟子蘇華仁等將吳老置坐於甕中，神態安祥，肉身經年累月不腐不爛，成為金剛不壞之身，「不朽真人」曠世奇觀，為此，2002年10月3日中央電視臺晚8點旅遊節目向海內外播出，在海內外引起強烈反響。當時任中國道教協會會長閔智亭道長，親自赴中國古都河南安陽靈泉寺，他在瞻仰了吳老的肉身遺容後，感慨不已，當時揮毫書下四個大字：靈泉聖境。本文介紹的羅浮山奇人，就是吳雲青老人的入室弟子，在吳老生命的最後十餘年間，他常常伺奉在

側，與大師「五同」——同食、同宿、同行、同田勞動、同場練功，故而深得大師真傳，而後，他與諸同道一起，在香港創建了世界傳統養生文化學會。其目的是給大家帶來身心健康，這位羅浮奇人他叫蘇華仁。

記者是在陪同王炳堯先生採訪時得以結識蘇先生的。王炳堯是中國記者協會機關報《中華新聞報》原秘書長，此次來廣東公幹，轉道羅浮山來採訪蘇華仁。那天，我們的車到了羅浮山腳下，已經不能再開了，一條羊腸小徑從山上垂掛下來，時隱時現，蘇先生來到路口拱手相迎。他大約50多歲，中等身材，面容清瘦，雙目卻炯炯有神，頗有道氣。片刻的寒暄之後，蘇先生在前面引路，我們沿著陡峭的山路攀援而上。

山越爬越高，路越走越難，不一會，我們就已汗流浹背，氣喘吁吁，可蘇先生卻步履矯健，顯得輕鬆自如，一會兒就把我們拉下一大截，不得不一次次停下來等我們。

好不容易爬到了半山腰，眼前豁然開朗，蘇先生的隱居之所到了。這是一所磚石搭建的小屋，顯得樸實而簡陋。但小屋周圍的風光，卻讓人歎為觀止——小屋靜靜臥於林海之中，右側是羅浮山雲蒸霞蔚的主峰；站在小屋前望出去，視野十分開闊，遠山近水盡收眼底；小屋左右，兩道清泉潺潺湧流，水質清純，喝上一口，沁人肺腑；令人稱奇的是，在小屋旁邊，有兩棵形態獨特的松樹，一棵從根部開始，呈360度盤旋後直上，就像一條龍騰越而上，直插雲天；另一棵則像一把弓，似在等待你張弓搭箭；而屋下的一塊地，則更令人驚歎：那是半山腰上的一塊平地，沒有任何人工的修飾，完全是渾然天成，其形狀就像易經中的先天八卦圖！

問及蘇先生為何選擇來羅浮山安居治學？他說，羅浮山是中國十大名山之一，不僅風光優美，且有深厚的文化底蘊，是

中國唯一的集中國儒教、道教、佛教文化可以並存的地方。

有關史書記載：兩千多年前，先秦的安期生，晉朝的葛洪辭官不做，來此修道，到這裏潛心修煉留下了煉丹爐和洗藥池？葛洪之後，又有多位高人來此修煉。諸如單道開、黃大仙、蘇元朗、軒轅集、呂洞賓、蘇東坡、白玉蟾、張三豐、……這裏確實是一個天下少有的風景勝地和修道聖地，所以我在參訪了全國不少名山大川之後，選擇了羅浮山。

大病不死，雲遊天下，尋訪全國各地百歲以上壽星
和教門高人拜師，潛心探求中華傳統養生長壽真傳

蘇華仁是《周易》發源地中國河南安陽市人，年輕的時候他癡迷文學，歷史、哲學。當時，曾是年輕的中國作家協會河南分會會員之一。但由於只知一心學習寫作，而不懂的養生之道，故在他20多歲時，一場大病襲來，差點讓他撒手人寰，當時，他患有嚴重的心臟病，神經衰弱，前列腺炎、下肢肌肉萎縮等症，北京協和醫院用現代科學儀器檢測：醫生告訴他只能活半年。

貧病交迫中，幸得安陽三教寺李嵐峰高師出手相救，依古戒授之以中國道家內丹祛病養生秘術，他按秘術修煉僅僅七天，疾病竟獲全無。把他從死亡線上，拉了回來。大病痊癒之後，蘇華仁重新認識人生，從此讀古書，研《周易》，刻苦鑽研中華傳統養生與學問。透過多年苦讀，他悟出這些的真機並未寫在書上，也不可能在世間流傳，這些無價之寶僅僅掌握在為數不多的幾位百歲高師手中。於是，他下決心雲遊天下，遍訪百歲以上壽星拜師學道。

1980年8月，他來到中國陝北延安青化寺長老吳雲青身邊，研習黃帝、老子內丹養生之道之後，又在河南泌陽白雲山117歲道長唐道成身邊，他學得道家陳摶老祖華山派內丹養生

之道。1988年，當代佛門泰斗，百歲法師釋淨嚴在開封古觀音寺親授他佛家秘功心法。此外，他還是中國首任佛教協會主席，禪宗泰斗虛雲老法師親傳弟子、九華山佛學院首座大法師釋明心的弟子，他在中國華山道功高師邊治中門下求得道家內丹養生之道動功……

經過二十餘年的執著追求，蘇華仁成為道家秘傳養生長壽內丹術的正宗名家、著名的易經學者，他的內丹養生之道已步入一流境界。

坐在蘇先生陋室前木板搭成的小桌旁喝著泉水，吃著他們自種的花生和剛摘下的龍眼，聽他講授中華傳統養生益壽的學問，感到深受啟迪，心胸豁然開朗。

蘇華仁先生說：

中國道家內丹養生長壽學，在世界上有很高的地位和影響，在我國更是歷史悠久，源遠流長，我國歷史上許多著名人物，就是這些學問的宣導者、實踐者和傳播者。根據有關史書明確記載：我們中華民族的人文之祖軒轅黃帝，在大約五千年前，就拜道學高師廣成子為師，學習內丹養生之道、並著有《黃帝陰符經》、《黃帝內經》等流傳千古。中國大思想家道家祖師老子，中國大教育家、儒家聖人孔子、中國智慧聖人、縱橫家祖師鬼谷子、中國商業界祖師范蠡，漢代被譽為「帝王之師」的張良，晉代道學與易學大名家葛洪，隋、唐之際的中國藥王孫思邈，唐代大詩人李白，宋代易理大師陳摶老祖、中國太極拳創始人張三豐等等，都曾積極地研習和推崇中國道家內丹養生之道這門學說。

到了現代，隨著生命科學的進步和發展，中國道家內丹養生長壽學受到世界大科學家們的高度重視，舉世聞名的大科學家、英國皇家學會會員、《中國科技史》的作者李約

瑟，非常仰慕老子道家內丹養生之道，將自己改名姓李、因為（老子叫李耳），他在其著作《中國科技史》中精闢地指出：「中國的內丹是世界早期生物化學史上的一個里程碑。」世界著名生物遺傳學家牛滿江不僅推崇道家內丹養生之道，還親赴北京拜中國養生之道大師華山丹道大師邊治中為師，學習道家內丹養生之道動功，他還取得了整個身心回春之效，此後，1982年4月4日，牛滿江博士在香港《明報》撰文說此術。從增加生命之源入手，應稱之為『細胞長壽術』『返老還童術』。我國著名大科學家錢學森也在其《論人體科學》一書中指出：結合科學的觀點，練功，煉內丹。

繼續談論下去，蘇先生笑道：「我可以一語道破道家內丹長壽學說的玄機。」他說，人有三寶：精、氣、神。人為什麼衰弱、生病？就是這三寶中的其一或其他受到了損害。道家內丹長壽術的真諦，就是啟動人體自身的潛能，修復被損害的器官，使「三寶」，重顯活力，以達到祛病健身，延年益壽的目的。蘇先生進一步闡述說，把道家養生長壽術的「秘訣，歸納成現代說法，可簡單地濃縮為20個字五條」永葆童心；早睡早起；飲食全素：修煉內丹；積德行功。

聽完蘇先生高度概括的中國傳統道家內丹長壽之道、20個字的要訣，我豁然有所悟。是啊，世人只要按這20個字來進行養生，必然會取得養生健康長壽，為您人生事業成功，奠定一個堅實的基礎。因為這是古今中外無數修學中國道家內丹長壽之道成功的經驗之談，很值得我們借鑒。

安貧樂道、志與天下同道
共創「中國道家內丹養生基地」

靜觀蘇華仁老師簡樸的穿著，簡陋的山間茅庵，茅庵內大量的藏書。閱讀中國《科學晚報》和《香港經濟日報》等

報章。介紹他在海內外傳播中國道家內丹養生的有關文章，使我深深感到：蘇華仁老師是一位安貧樂道者。

蘇華仁老師在海內外傳播中國傳統道家內丹養生之道。奉行的宗旨是「弘揚丹道，造福人天。」他傳播中國傳統道家內丹養生原則是：「奉行真德，傳授真功。」他從不做商業炒作，嚴禁弄虛作假。因爾，海內外邀其講學，治病和傳播中國道家內丹養生之道者絡繹不絕。這其中特別值得一提的是：蘇華仁老師為海內外著名企業家、慈善家譚兆先生治病的實例：

2000年夏季，蘇華仁老師應邀到香港與譚兆先生治病。譚兆先生是香港著名企業家、慈善家。他平生心地慈悲，崇尚道學，為此特別設立「譚兆慈善基金會」本基金會專門支持中國道教文化事業發展，據有關部門統計，截止2000年，「譚兆慈善基金會」給中國道教文化事業贊助的人民幣達五億多元，而且還在源源不斷地贊助。

譚兆先生由於在商場上拼搏操勞過度，他在五十歲左右便身患癌症。患病後，譚兆先生即拜海內外聞名、臺灣中國道家內丹養生之道高師馬炳文先生為師，習煉中國道家內丹養生之道，使身心轉危為安，由弱轉強。

又過了20年左右，時至2000年，年近70的譚兆先生舊病復發，病情十分嚴重。透過馬炳文先生之緣，譚兆先生於2000年夏7月邀請蘇華仁老師為其治病，由於治病效果好，譚兆先生即讓其太太拿鉅資酬謝。蘇華仁老師面對鉅資毫不動心，蘇華仁教師真誠地對譚太太講，我有三條理由不能要你們的錢：

第一：你們雖然有錢，但也是你們辛勤勞動所得。你們已經給中國道教文化事業贊助數億元。我們信仰中國道家文

化的人，給你們治病是天經地義的。

第二：我是因譚兆先生道家師父馬炳文之緣而來治病的。

第三：現在譚兆先生有病正需要錢，我怎麼能增加負擔呢？

譚兆先生的太太聽後十分感動地說：「您是罕有為我先生治病而不要錢的人。」

蘇華仁老師給他人治病不貪財的例子還有許多、許多……

由於蘇華仁老師功高德昭，故當蘇華仁老師發起在羅浮山建立中國道家內丹養生基地時，自然而然會得到了海內外有道之士的慷慨解囊。目前，在中國廣東羅浮山東麓，已經有一塊以紫雲洞、軒轅庵為中心，占地一百多畝左右的土地，已蓋了十幾間簡易的房子，供修學中國道家內丹養生之道者修煉的場所。同時，也歡迎有緣的同道來此修行、研究與養生，同心同力，早日建成「中國道家內丹養生基地」造福天下有緣的善良人。

創立「世界傳統養生文化學會」
建立「世界傳統養生文化大學」

瞭解到蘇華仁老師學習、修煉中國傳統道家內丹養生之道情況之後，我問道：「你最大的理想是什麼？」

聽到我問他，蘇華仁老師抬頭看了看四周碧綠的青山，然後真誠地對我說：「自從三十多年前，我的第一位恩師，中國安陽三教寺李嵐峰道長，他秘傳我中國道家內丹養生之道，使我短時間從死亡線上回春以後，我便有三個願望：

1.雲遊天下，將中國傳統道家、佛家、儒家、易學、中醫、武術家養生長壽、開發智慧、天人合一和治病救人的最

高層絕技學到手。

2.將中國傳統養生長壽、開發智慧、天人合一和治病救人的絕技造福天下善良人。

3.如果有緣：希望能走出國門，將中國傳統養生長壽、開發智慧、天人合一和治病救人的最高層次的絕技服務世界各地善良人。同時將海外西方的傳統養生文化學到手。在此基礎之上，創立一個「世界傳統養生文化學會」。然後再創辦「一個世界傳統養生文化培訓中心」，建立一個世界傳統養生文化網站。先出版一套《中國道家養生長壽學祕傳叢書》，再出版一套《中國道家養生與現代生命科學叢書》，然後再出版一套《世界傳統養生文化叢書》，最後創辦一座「世界傳統養生文化大學」。

我聽蘇華仁老師講完其遠大理想、心中十分激動，不禁問道：「您的理想已經實現了多少？」

蘇華仁老師答道：我的理想在海內外有緣同道的大力支持下，目前已實現了一部分。情況如下：

1.我在中華大地雲遊多年，基本上已將中國傳統養生精華掌握了。

2.我於1995年，應邀赴馬來西亞傳授中國道家內丹養生之道。

3.我於1999年，應邀赴新加坡傳授中國道家內丹養生之道，同時傳授中國《周易》養生預測學。期間被新加坡道家養生學會特聘為名譽主席。

4.我於2001年，應邀赴香港傳授中國道家內丹養生之道和《周易》養生預測學。

5.2001年底，我在香港與褚同道一起：「成立了世界傳統養生文化學會」。

6.2006年，我與弟子辛平合著的《中國道家養生長壽學秘傳叢書》，一套書計畫5本，目前已經出版了兩本：一本是《中國傳統道家內丹養生動功》，另一本是《中國傳統道家內丹養生靜功》。

　　7.2007年，我在易道學術老前輩唐明邦、道家學術名家胡孚琛的支持下、與同道師友趙志春、弟子辛平和海內外同道劉小平、巫懷徵、劉繼洪等共同努力下，已經編輯出《中國道家養生全書與現代生命科學叢書》中的12本，其書目如下：

　　1.《老子〈道德經〉養生之道》

　　2.《藥王孫思邈道醫養生》

　　3.《道家內丹功與現代生命科學》

　　4.《太極拳祖師張三豐內丹養生》

　　5.《〈周易參同契〉與道家養生》

　　6.《世界著名壽星吳雲青談中國傳統養生之道》

　　7.《〈黃帝外經〉丹道修真長壽學》

　　8.《〈鬼谷子〉與茅山道派丹道修真學》

　　9.《葛洪〈抱朴子〉道醫丹道修真長壽學》

　　10.《呂洞賓丹道修真長壽精華》

　　11.《華山陳摶老祖丹道修真長壽學》

　　12.《道家南宗丹道修真長壽學》

　　8.羅浮山紫雲洞軒轅庵道家內丹養生基地在海內外同道支援下，特別是在馬來西亞辛平先生、美國張德聶先生、中國大陸廖慶生先生、宋樹貴先生、李志傑博士、巫懷徵先生、游阿邦先生、臺灣李武勳先生、黃易文先生、任芝華同道、中國香港劉裕明先生等同道真誠支持下，境況也日益發展。

以上是我理想已經完成的一部分，另外部分我正在與海內外同道共同努力、共同完成、我也真誠歡迎海內外同道共同來完成弘揚世界傳統養生、造福世人的盛舉。

　　聽完蘇華仁老師這一番話，我感觸很深，我從心底祝願他的理想成真，因為他的理想成真，將會造福更多人。

老子《道德經》與養生大智慧

　　仙風道骨裏蘊藏著真知的大智慧，灑脫飄逸中彰顯出驚人的力量！高人出山，亮相於知名學府，向社會精英講授幾乎絕世的呂洞賓秘注的《道德經》。

　　　　呂祖首序定評論，自敘尤開八德門，
　　　　又見關中來紫氣，真看李下毓玄孫，
　　　　欲教後世人同渡，能使先天道益尊，
　　　　多少注家推此本，寶函長護鎮崑崙。
　　　　　　——張三豐《老子道德經呂祖秘注》禮贊詩

　　老子《道德經》自問世以來，仁者見仁，智者見智，各類注解達3000多種。流傳最少的是凡人成仙的呂洞賓秘注的老子《道德經》。探其究竟，仙人的秘注奧妙無窮，玄機無限，非常人能夠領悟。為了使精英階層增強真知灼見，我們特意邀請學貫中西的蘇華仁道長出山授道。奇人傳大道，茅塞方頓開。學員們在暢遊知識海洋的同時，還能掌握久遠的養生秘訣，使每個學員都能擁有一個健康的身體、豁達的心情，以充沛的精力向人生最高目標精進!

　　蘇華仁道長其人：出師名門，採取眾長，深山隱修，著書立說

師從160歲丹道壽星吳雲青：（1980年9月10日《人民日報》四版、中央電視臺四台國際頻道「發現之旅」欄目2010年11月25日晚間十點以「肉身不腐之謎」節目播出，登錄央視網站即可觀看詳細報導）

　　師從117歲的丹道高師唐道成；（1980年10月8日《河南日報》三版詳細報導）

　　師從當代道功名家邊治中：（1983年9月18日《世界日報》頭版詳細報導）

　　師從當代道功名師李嵐峰、終南山百歲道醫李理祥；（1992年5月22日《科學晚報》報導）

　　師從當代佛門禪宗泰斗120歲虛雲法師弟子、九華山佛學院首座法師釋明心（虛雲法師事蹟海內外諸多媒體均有報導）

　　師從當代佛門密宗泰斗113歲釋圓照上師（其平生修煉金剛心法，圓寂火化心臟成金剛體）

名山住持，德高望重：

1980年出任中國禪宗祖庭少林寺副住持

現任中國十大名山羅浮山軒轅庵、紫雲洞道長

繼承傳統，造福人類

世界傳統養生文化學會創始人

《中國道家養生與現代生命科學系列叢書》總主編

　　蘇華仁道長用中國傳統道家內丹養生之道、為攻克聯合國公佈十七種疑難雜症中的十六種（愛滋病除外），進行了大量的臨床實驗，取得了不少科研成果，康復患者無數。

中國道家養生20字要訣

——中山大學舉辦「羅浮山道家養生與哲學 專題講座」綱要之一

世界著名丹道壽星吳雲青弟子、中山大學兼職教授
中國廣東羅浮山軒轅庵、紫雲洞道長　　蘇華仁

　　中國道家養生之道，其養生效果真實而神奇。其道理「道法自然」規律，博大精深，師法並揭示宇宙天地人萬事萬物變化規律。因而能夠讓全人類達到健康長壽、天人合一。確如中華聖祖《黃帝陰符經》中所言：「宇宙在乎手，萬化生乎身。」

一、中國道家養生20字要訣內容

　　中國道家養生之道，其具體方法卻極其簡單、至簡至易，便於操作。正如古今丹道祖師所言：「大道至簡。」要爾言之，不過「道家養生廿字要訣。」其內容如下：

永保童心，

早睡早起，

長年食素，

煉好內丹，

積德行功。

　　以上「中國道家養生廿字要訣」。是我多年反覆學習道家養生經典：《黃帝陰符經》《黃帝內經》《黃帝外經》《老子道德經》《太上老君內丹經》和《周易參同契》《孫

思邈千金要方・道林養性》《呂洞賓祖師全書》《張三豐全集》等道家經典，然後對其中道家養生之道成功經驗的高度濃縮與高度概括；同時是我多年來，學習當代多位年逾百歲猶童顏的道家內丹養生高師吳雲青、李理祥、趙百川、唐道成和道功名家邊治中、李嵐峰，道家內丹養生之道成功經驗的高度濃縮與高度概括。

二、中國道家養生20字要訣真實效果

我近年來，應邀在海內外講學，講授中國道家養生之道時，我都主要講：「道家養生20字要訣。」無數實踐證明：凡是聽課者能切切實實執行「道家養生20字要訣」的，都能取得身心康壽、開智開慧、事業成功的真實而神奇的養生效果。故大家稱讚「道家養生20字要訣」。

為「健康聖經」。為此，我特意寫出「道家養生20字要訣」。禮讚：

> 永保童心返歸嬰，
> 早睡早起身常青，
> 長年食素免百病，
> 煉好內丹天地同，
> 積德行功樂無窮。

三、黃帝《陰符經》老子《道德經》是中國道家養生廿字要訣本源

中國道家養生廿字要訣，其方法簡便易行，效果真實神奇。溯其根源，主要來源於中華民族神聖祖先、中國道家始祖黃帝《陰符經》、中國道家祖師老子《道德經》。

當我們靜觀細讀、反覆揣摩黃帝《陰符經》老子《道德

經》，你自然而然會真切地感受到，黃帝與老子對人類身心健康長壽的關懷與大慈大悲的博大胸懷。

為了全人類健康長壽，黃帝、老子自願將他們取得養生長壽，成功經驗，毫無保留地貢獻給全人類，衷心地希望全人類，獲得健康長壽。《史記・五帝本紀》《史記・封禪》記載：黃帝平生用道家養生之道，獲得壽高111歲以上高壽，《史記・老莊韓非列傳》記載老子「壽高200餘歲不只知所終」。

1.「永保童心」源自黃帝《陰符經》「至樂性餘」老子《道德經》「聖人皆孩子」。

「永保童心」，是古今中外壽星與養生名家取得養生長壽共同成功經驗之一，故黃帝《陰符經》老子《道德經》，反覆諄諄、循循善誘的教導全人類要從「爭名奪利」，「庸碌一生」中解脫出來，人類的生活方式，要全方位地回歸自然，要時時刻刻保持心性樂觀，做到「至樂性餘，至靜性廉」，（黃帝《陰符經》下篇）同時，時常永保童心，如嬰兒之未孩。並且特別指出：聖人的養生要訣是：「聖人皆孩子」（老子《道德經》第四十九章）。詳情請看：黃帝《陰符經》老子《道德經》全文。

2.「早睡早起」來源於黃帝《陰符經》、老子《道德經》「道法自然」規律養生。

眾所周知：人是大自然的兒子，人是宇宙萬物之靈，故人與大自然本來就是天人合一天人一體的。這一點：我們中華民族的偉大祖先、中國道家始祖黃帝，早在約五千年前就發現這一科學真理。故黃帝《陰符經》上篇曰：「宇宙在乎手，萬化生乎身。」中國道家祖師老子早在2500多年，繼承發展黃帝關於「天人合一」思想，老子在其名著老子《道德

《黃帝外經》丹道修真長壽學

經》中曰：「人法地，地法天，天法道，道法自然。」

不言而喻：「道法自然」規律是人類養好生的根本法則、根本準則、根本保證。

「日出而作，日落而息」是古今人類與大自然同步的具體體現。

「早睡早起身體好」是婦幼皆知的養好生的好習慣與成功經驗。

「萬物生長靠太陽」是婦幼皆知的生命生長的根本法則。

中國道家傳統養生要訣詩曰：

> 天有三寶日月星，
> 地有三寶水火風；
> 人有三寶精氣神；
> 善用三寶可長生。

道家傳統養生要訣又曰：「人生在卯」。指人生健康長壽要卯時起床，修煉與工作。卯時，即早上5～7點，而早上5～7點，恰恰是日、月、星三寶聚會之時。

清晨初生的太陽光，古人稱之為「日精」，將日精吸入人體之內稱為「日精」。無數日精者經驗證明：對著清晨的太陽練功，沐浴清晨的陽光，呼吸清晨的新鮮空氣，對人類健康長壽補益甚大。

月亮光，古人稱之為「月華」，早上5～7點和晚上5點～7點，對著初升的月光修煉，將月亮光呼吸入人體之內古人稱之為「吸月華」，對身體也有很大的補益。

星星光，古人稱之為「星輝」，早上5～7時，和晚上5點～7時，包括夜晚對著星辰修煉，將星光呼吸入人體之內，對身體也有很大的補益。而且可以激發人類大腦的活力

與想像力、創造力。

而現代科學透過現代化儀器，試驗表明：太陽光、月亮光、星星光中，均含有大量的對宇宙生命生長、特別是人類生命有益的大量的微量元素。而每天早上5～7點，正是太陽光、月亮光、星星光三光相聚之時，三種光綜合為一產生的微量元素對人類健康長壽，更為有益。這是無數早上卯時修煉者、取得健康長壽與開發智慧成功的經驗總結。

黃帝《陰符經》下篇曰：「聖人知自然之道不可違，因而制之。」老子《道德經》第二十五章曰：「人法地、地法天、天法道，道法自然。」這兩者之說，都是強調人類養生一定要「道法自然」規律，而早睡早起，則是「道法自然」規律、具體養生方法之一，早睡早起身體好，是無數取得養生長壽者的寶貴經驗，誰認真遵行誰身心健康受益。

3.「長年食素」源自老子《道德經》「見素抱樸」「深根固蒂」。

「長年食素」是中國道家傳統養生二十字要訣之一，也是中國道家取得養生長壽成功經驗。老子《道德經》第十九章、五十九章曰：「見素抱樸」是謂「深根固蒂」「長生久視」之道。

「長年食素」對人類健康長壽有益。早已為現代科學透過實踐證明：故現代科學之父愛因斯坦，運用大智大慧，經過長期的嚴謹科學實驗後，深刻而精闢地指出：「我認為素食者的人生態度，乃是出自極單純的生理上的平衡狀態，因此，對於人類的影響應是有所裨益的。」

在中國古代老子與現代科學之父愛因斯坦等大聖哲、大科學家影響下，當今世界食素的人數的越來越多，各國素食學會如雨後春筍，日益增多。有資料表明：在臺灣很早以前

就率先建立了「素食醫院」。新加坡等國家和地區早已有了素食幼稚園、素食中學與素食大學。

更有資料表明：除上述老子與愛因斯坦外，長年食素者還有古今中外許許多多的大聖哲：如中國儒家聖人孔子、佛祖釋迦牟尼，耶穌基督……大科學家達爾文、愛迪生、牛頓……大政治家邱吉爾、甘地……大作家托爾斯泰、蕭伯納、馬克·吐溫、伏爾泰……大畫家達·芬奇和體壇名人路易斯……

綜上所述：「長年食素」是中國道家傳統養生二十字要訣之一，是中國道家養生長壽成功經驗，也是古今中外諸多大智大慧者的明智選擇，更重要的是您只要認真的食素一個月，您的心身健康素質和智商就會改善。這是無數健康長壽者的經驗之談。

還有重要的一點是：現在環境污染與轉基因飼料飼養動物，給人類健康造成危害日益嚴重，故當今人類實行長年素食者日益增多。

4.「練好內丹」源于黃帝《陰符經》、老子《道德經》《老子內丹經》。

「練好內丹」是中國道家傳統養生二十字要訣之一，因為，中國道家養生之道精華是中國道家內丹養生之道。中國道家內丹養生之道，是古今中國各界泰斗和中國道家養生名家取得養生長壽，開發大智，事業成功、天人合一的真實而神奇法寶。古今中外無數修煉者的實踐表明：中國道家內丹養生之道，也是全人類取得養生長壽，開發大智，事業成功、天人合一的真實而神奇法寶。

中國道家內丹養生要訣與秘訣，主要蘊含於黃帝《陰符經》、老子《道德經》、《老子內丹經》之內。黃帝《陰符

經》中講得「宇宙在乎手，萬化生乎身。知之修煉，謂之聖人」是指修煉中國道家內丹養生之道。修煉中國道家內丹養生之道的核心是人與宇宙天人合一。

老子《道德經》中第一章講的「常有欲觀其竅，常無欲觀其妙」，實是講修煉中國道家內丹養生之道的第一要訣是「守玄觀竅」，所以其下文緊接著曰：「玄之又玄，眾妙之門」。

鑒於上述，故中國道家南宗祖師張伯端在《悟真篇》中，用詩歌禮贊黃帝《陰符經》與老子《道德經》曰：

> 陰符寶字逾三百，
>
> 道德靈文止五千，
>
> 今古上仙無限數，
>
> 盡從此處達真詮。

老子《道德經》與《老子內丹經》一同珍藏於中國《道藏》之內。《老子內丹經》在《道藏》中原題名為《太上老君內丹經》，眾所周知：「太上老君」是中國道家與中國道教對老子的尊稱，緣於此《太上老君內丹經》，實是《老子內丹經》。《老子內丹經》闡述中國道家內丹養生之道要訣曰：「夫練大丹者，精勤功行。修生之法，保身之道，因氣安精，因精養神，神不離身，身乃長健。」

5.「積德行功」源於《黃帝陰符經》「天人合發」，老子《道德經》「重積德則無不克」。

「積德行功」是中國道家傳統養生二十字要訣之一。

「積德行功」源于《黃帝陰符經》「天人合發、萬變定基」，「知之修煉、謂之聖人」，與老子《道德經》第五十九章：「重積德則無不克。」倘我們靜觀、細讀《黃帝陰符經》和老子《道德經》，您可以從字裏行間深深體會到：黃

帝、老子對「積德行功」精華的論述。特別是老子《道德經》第五十一章、五十四章、五十九章論述尤顯詳細、尤顯重要，故今敬錄如下：

老子《道德經》第五十一章曰：「道生之，德蓄之，物形之，勢成之，是以萬物莫不尊道而貴德，道之尊，德之貴，夫莫之命而常自然。故道生之，德蓄之，長之育之，成之熟之，養之復之。生而不有，為而不恃，長而不有，是謂玄德。」

老子《道德經》第五十九章曰：「治人事天莫若嗇。夫唯嗇，是謂早復，早復謂之重積德，重積德則無不克。無不克則莫知其極，莫知其極則可以有國，可以長久。是謂深根固蒂，長生久視之道。」

老子《道德經》第五十四章曰：「修之於身，其德乃真，修之於家、其德乃餘，修之於鄉、其德乃長，修之於國、其德乃豐，修之於天下，其德乃普；故以身觀身，以家觀家，以鄉觀鄉，以國觀國，以天下觀天下。吾何以知天下之然哉？以此。」

中華丹道・傳在吳老

——己丑年（2009年）恭拜世界著名壽星
　吳雲青真身獻辭（徵求意見稿）
　　吳雲青入室弟子、廣東羅浮山
軒轅庵蘇華仁（吳老賜道號：蘇德仙）

一

五月十五、歲在己丑，
恭立安陽、吳老身後，
靜觀人類、放眼宇宙，
面對現實、悲歡皆有，
諸多災難、時降五洲，
經濟風暴、令人哀愁，
信仰迷茫、競擬走獸，
Ａ型流感、侵襲全球，
人類繁榮、大家共求，
仰問蒼天、良方何有？

二

當今世界、中華獨秀，
雖歷滄桑、終居上游，
舉世仰慕、探其源由，
究其根源、全在道家，

《黃帝外經》丹道修真長壽學

道家文化、孕育偉大，
人類歷史、啟示人類，
道家文化、救世良方，
得道者昌、失道者亡。

三

道家文化、源遠流長，
中華聖祖、黃帝開創，
越五千年、如日月光，
聖祖黃帝、演繹《歸藏》，
著《陰符經》《黃帝內經》；
偉哉老子、集其大成，
著《道德經》、傳《內丹經》。
道家文化、「道法自然」，
人類遵之、自然日興，
道家核心、「天人合一」
人類忠行、萬事可成。

四

道家秘傳、最重內丹，
養生法寶、修真成仙；
因此中華、也稱神州，
縱觀古今、橫覽中外，
朗朗乾坤、獨尊內丹，
中華泰斗、多煉內丹，
黃帝煉成、龍馱升天，
龍的傳人、因此開端；

老子丹成、著《道德經》，
「東方聖經」、世世永傳；
孔子學道、拜師老子，
發猶龍歎、《史記》明載；
孫子兵法、萬古流傳，
修道保法、乃其大概；
商祖范蠡、攜同西施，
外助勾踐、內煉內丹，
隱居太湖、逍遙自在。

五

智聖鬼谷、煉成內丹，
注《陰符經》、隱雲蒙山，
入世法傳、蘇秦張儀，
毛遂徐福、孫臏龐涓，
出世法傳、茅蒙茅山，
雨王赤松、稱黃大仙，
內丹煉成、逍遙人天，
育出張良、一代國師，
功成身退、辟穀修仙；
張良玄孫、名張道陵，
為傳大道、創立道教，
從此中華、方有教傳，
外傳法術、內傳內丹，
光陰似箭、越兩千年，
代代仙真、口傳內丹，
名家輩出、功德永傳，

葛洪煉丹、隱羅浮山，
著《抱朴子》、建立道觀，
偉哉藥王、名孫思邈，
著《千金方》、內丹詩傳。

六

呂祖洞賓、天仙狀元，
為學內丹、受盡苦難，
鍾離權師、口授真傳，
為使大道、永傳人間，
偉哉呂祖、不避艱險，
東西南北、為度有緣，
中華大地、遺跡猶在，
《呂祖全書》、德澤人天：
北有七真、祖述呂祖，
南有五祖、根在呂仙，
大江西派、呂祖開源，
呂祖師友、最尊陳摶，
高臥華山、傳道真脈，
承前啟後、繼往開來，
育出弟子、火龍真人，
育出徒孫、名張三豐，
創太極拳、秘傳內丹，
造福人類、口碑永傳。

七

方今世忙、人身少健，

為益身心、唯有內丹，
歷史經驗、史書明載，
煉好內丹、心身康泰，
煉好內丹、轉危為安，
煉好內丹、人類日健。

八

當今之世、內丹何在？
中華大道、內丹誰傳？
吳老雲青、煉成內丹，
上承黃帝、老子真傳，
吳老雲青、真人典範，
年逾百歲、鶴髮童顏，
積德行功、廣度有緣，
臨終坐化、歸空九天，
金身不壞、萬世稱讚，
我輩效之、煉成內丹，
度己度人、造福人天，
笑傲滄桑、得大自在。

2009年6月7日吟於安陽

力爭能使世人學到一套實用的
道家養生之道的叢書

——《中國道家養生與現代生命科學系列叢書》後記

尊敬的趙志春師友：道安

貴社與您決定出版《中國道家養生叢書與現代生命科學叢書》實是弘揚中華國粹，造福世人功德之舉。

因貴社和您推舉我出任本叢書總主編，故我本人深感此事事關重大，因為我本人三生有幸：生於《周易》發源地一個崇尚道家養生和佛家明心見性之學世家，自幼受易學、道家養生、佛學薰陶，少年便被安陽三教寺李嵐峰道長精心教誨栽培十年。成年之後，又三生有幸：被當代多位年逾百歲而童顏的道家養生真師吳雲青、李理祥、唐道成、趙百川和當代世界著名的華山道功名家：邊治中道長收為入室弟子而耳提面命多年。期間，還有緣被當代數位百歲佛學高師開示佛學真諦。

在上述高師厚愛下，使我學到了道家養生學和道家養生的核心秘術——道家內丹養生之道。在拜名師修煉師傳丹道路上，期間雖歷經滄桑驟變，又經種種磨難與悲歡離合，但終有所成，使我整個身心脫胎換骨，同時，使我親身感受到了中國道家養生之道和易學養生預測之道、乃人間至寶，它確確實實可以造福世人，改善宇宙天地人萬物生存環境，同時，又深深感到修學道家養生之道務必要有真正得道、並且真正修成大道名師指導，只靠一味看書、盲修苦練是不容易

成功的。因為易道汪洋。表面看玄之又玄，其實您只要在名師秘傳下學到真正口訣，同時經過苦練加體悟，才能學得其真諦，故古聖者曰：「得訣歸來方看書。」

趙老師：由於宇宙天地人運行規律所致，目前，世界興起易學熱、道家養生熱、佛學參禪熱、中醫熱、太極拳熱。由於我近幾年常應邀在海內外講授道家養生之道和《易經》養生與預測學，故而深知：在易學、道家養生學、中醫學，太極拳修煉熱潮中，雖然出山的各類老師不少，出版的書也不少，但在靜觀沉思之下，有幾點需讓世人注意，以便儘快掌握真諦，取得效果。

1.真正懂得易學本義、道家養生、佛法真諦、中醫真諦、太極拳精華的高！師依然如古語道「得道高師不易逢」。

2.截至目前，海內外出版易學、道家養生學、佛學、中醫學、太極拳的書確實不少，但讓人細細批閱後實在令人憂喜參半。

第一類是由嚴謹地名牌大學學者所著，這些著作的最大優點是：言論時尚、資料豐富、翔實，考證有據，思維有序；其不足之處是未遇名師指導，故理論有餘、實用不足。

第二類書是實修者所著：這些著作最大優點是確有傳承，其所寫養生方法實用、理論樸實、資料翔實，其不足之處，大多屬中上等功法，因為易學本義，道家養生秘訣，佛學禪理真諦、中醫精髓、太極拳內在精華不是一般人能得窺其奧旨的。

第三類由於目前受經濟利益驅動，有些書是書商所為，這些書等您看過許多本之後，才能明白，他們寫書的原則是「天下文章一大抄」。此類書誠不足取不足論也。

第四類，真正高師所著，此類書實在難逢難遇，因為這些書首先是以真訣為綱、真理為導、真功為用，故真能濟世度人，功德無量。

第四類書的不足之處未與現代科學結合，故而讓人感到有些玄而難學。

趙老師：故我們出版中國道家養生叢書力爭集上述四類書之長而成書，故而我思慮再三，又徵求了海內外諸多師友意見，決定我們要出的叢書定名為：

《中國道家養生全書與現代生命科學叢書》

其目的不言而喻：是想編出一套讓世人喜聞樂見，又能使世人學到一套實用的養生之道的叢書。

為此，我經過這一段的聯絡，已約定國內外一些具有真才實學的有道有德之士從事這方面工作。同時擬寫出叢書目。

以上愚見如何？請你明示。

此致

敬　禮

蘇華仁

2007春于中國廣東羅浮山沖虛觀東坡亭道易養生院

道家養生長壽基地崛起山東沂蒙山

——代《中國道家養生與現代生命科學系列叢書》
再版後記

　　承蒙海內外各界有識有緣之士的理解與厚愛，《中國道家養生與現代生命科學系列叢書》出版上市後很快脫銷並即將再版，我有幸作為本叢書總主編，首先懷著十分感恩的心情，懇謝我們中華民族神聖祖先伏羲、黃帝、老子等古之大聖哲，是他們運用大智大慧，參透宇宙天地人生命變化規律，而後克服無數艱難險阻，給我們創立了古今中外有識之士公認為全人類最佳養生長壽之道的中國道家養生之道。

　　再者懇謝對在本叢書編寫、出版、傳播過程中給以支持的海內外各界有緣之士；同時懇謝海內外各界有緣又深深理解本叢書內含的中國道家養生之道神奇效果與科學文化價值的讀者們。

　　這其中特別值得一提的是：中國當代著名傳統養生文化研究專家、博士，海內外著名的中國傳統養生文化傳播者李志杰博士，結緣於我隱居修煉中國道家養生之道的中國廣東羅浮山軒轅庵，我們倆一談相知，因為我們對中國傳統養生文化精華中國道家養生之道認識、理解、研究、完全一致，在相見恨晚的談話中，李志杰博士告訴我一個令人十分鼓舞的喜訊：為了儘快弘揚中國道家養生文化，造福世人、身心康壽。他已和山東金匯蒙山旅遊資源開發有限公司董事長李興等有關同道，在位於中國山東沂蒙山腹地蒙陰縣「蒙山國

家森林公園」與「蒙山國家地質公園」內，已經開始建設一個中國道家養生長壽基地，而且已初具規模。李志杰博士希望我能儘快實地考察，如有緣，他希望我以後能常到基地去講授、傳播中國道家養生之道。

因為我是學習與研究中國歷史和中國道家養生之道的，故我深知：中國山東沂蒙山和沂蒙山廣闊的周邊地區，是一片地靈人傑的風水寶地。根據諸多史書明確記載：古來這塊寶地孕育造就出為數不少的中國儒家聖人與中國道家仙真，同時孕育出數位大軍事家與中國文化名人，其中，最著名的有儒家聖人有孔子、孟子、曾子、荀子與中國書法聖人王羲之、顏真卿以及中國算術聖人劉洪、中國孝聖王祥、孔子的老師之一郯子也生活在蒙山一帶。最著名的中國道家仙真有鬼谷子、赤松子、安期生、黃大仙……最著名的軍事家有孫武子、孫臏、蒙恬、諸葛亮……緣於此，山東沂蒙山也被史家稱為中華仙聖文化的搖籃。

緣於上述原因，我欣然應諾李志杰博士的邀請。於是，2009年6月7日，我先邀請李志杰博士、李興董事長、河南省工商銀行劉樹洲先生、河南電視臺辦公室劉素女士、青島甘勇董事長、廣西張勇董事長、深圳中華養生樂園創辦人張利、河南易學新秀李悟明等一行九人來到我的故鄉，舉世聞名的《周易》發源地中國河南安陽。

在安陽靈泉寺內參加了我與師弟山西大學劉鵬教授合辦的我的道家養生師父、世界著名壽星吳雲青不腐肉身拜謁儀式。而後，《中國道家養生與現代生命科學系列叢書》編委、河南省著名企業家、《周易》學者、安陽市貞元集團董事長駢運來的夫人梁婷梅與臺灣易學名人、《周易》學會理事長丁美美設午宴盛情款待我們。下午二時，我們一行十人

告別古都安陽，驅車千里，於當晚到達位於山東沂蒙山腹地的蒙陰縣蒙山國家森林公園內，此處是著名的國家4A級名勝風景區。

當日夜半，我們一行十人登上蒙山，舉目四望，但見在皎潔月光輝映下，群峰起伏，莽蒼蒼的蒙山像一條沉睡的巨龍安臥在齊魯大地上，滿山遍野的松樹林散發的陣陣松花香味沁人心脾，使人身心頓爽……

次日清晨，李志杰博士帶領我們一行數人到蒙山頂上考察。我們登上白雲繚繞的蒙山峰頂，環顧四方曠野，親身體驗了孔子當年「登蒙山而小齊魯」的神韻；同時，親身體驗了荀子身為「蘭陵令」即沂蒙山地區長官所生活多年的山水與人文風貌……

次日上午，李志杰博士又特意安排專人帶我們考察了位於蒙山峰頂的兩座古道觀「雨王赤松子、黃大仙廟」（當地人簡稱為雨王廟）與「紫雲觀」。（紫雲觀之名源於老子「紫氣東來坐觀天下」）但見廟觀建築風格古樸而壯重，廟內供奉的神像有中國雨王赤松子、黃大仙、中華智聖鬼谷子、中國道家真人呂洞賓、道佛雙修的慈航道人觀音菩薩，於此足見蒙山中國道家文化底蘊深厚……

次日下午，李志杰博士、李興董事長特意與我就在蒙山籌建中國道家養生長壽基地，交換了各人觀點與打算，令我們三人感到十分滿意的是，我們三人見識、觀點與打算竟然不謀而合。最後我們三人達成了共識：充分發揮蒙山得天獨厚的壯美大自然環境與底蘊深厚的人文環境。同時以蒙山現有的四星級標準的蒙山會館為基礎，儘快籌建起中國道家養生長壽基地。隨後，李博士、李董事長又與我詳細探討了中國道家養生長壽基地的近期與遠期規劃。

我們到蒙山的第三天，李志杰博士又特意安排兩個專人陪我們一行人從山上一直考察到山下，又從山下考察到山上，其間收穫甚豐；最大的收穫為參觀中國戰國時代軍事家孫臏與龐涓修道讀書的山洞。

　　孫臏洞給我們留下的印象尤為深刻；我們身臨孫臏洞，但見四周美如仙景，那古樸幽靜的山洞高低深淺適度，令我們遐想當年大軍事家孫臏拜中國智聖鬼谷子為師，在地靈人傑的蒙山中學習與研究其祖父孫武子所著《孫子兵法》，而後成為大軍事家、著出流傳萬世而不衰的《孫臏兵法》的一幕幕……而今，山東臨沂銀雀山漢墓竹簡博物館陳列出土的《孫臏兵法》竹簡，是孫臏著兵法的印證。

　　下午，我們則重點考察了具有四星級標準的蒙山會館，但見蒙山會館主體大樓坐西面東、背山面水、紫氣東來。蒙山會館大樓共有四層，設施與服務水準可以說是一流，蒙山會館可以容納一百多人的食宿與學習，其標準房間和會議室裝修風格使人有賓至如歸的感覺。

　　第三天晚上，我們一行人和李志杰博士、李興董事長舉行了晚餐會。其間，我們進一步確立了中國道家養生基地基本框架：以蒙山大自然的環境為大課堂，以蒙山會館作為生活與學習的小課堂，以《中國道家養生與現代生命科學系列叢書》為中國道家養生基地的主要教材。

　　光陰似箭，轉眼三天過去，當我即將離開蒙山之時，我看著李志杰博士與李興董事長大慈大悲，立志建設中國道家養生基地，大力弘揚中國道家養生長壽文化，造福人類健康長壽的雄偉藍圖，同時，我再一次飽覽了山東蒙山壯美的風光山色，深信曾經孕育造就出諸多聖人與仙真和中國大軍事家和文化名人的山東沂蒙山，源於中國道家養生基地的建

立，一定會在當代孕育出更多的中國道家養生人才而造福世人。

　　我深信中國山東蒙山道家養生基地會越辦越好。

　　我深信世界各地中國道家養生基地會越辦越多。

　　我深信來中國道家養生基地養生者會越來越多。

蘇華仁

2009年7月1日寫起于中國廣東羅浮山軒轅庵中

《黃帝外經》丹道修真長壽學

原　　著｜黃帝岐伯

作　　者｜蘇德仙　廖冬晴　嵇道明　杜葆華

責任編輯｜趙志春

發 行 人｜蔡森明

出 版 者｜大展出版社有限公司

社　　址｜台北市北投區（石牌）致遠一路 2 段 12 巷 1 號

電　　話｜(02)28236031・28236033・28233123

傳　　真｜(02)28272069

郵政劃撥｜01669551

網　　址｜www.dah-jaan.com.tw

電子郵件｜service@dah-jaan.com.tw

登 記 證｜局版臺業字第 2171 號

承 印 者｜傳興印刷有限公司

裝　　訂｜佳昇興業有限公司

排 版 者｜千兵企業有限公司

授 權 者｜山西科學技術出版社

初版 1 刷｜2013 年 3 月

初版 3 刷｜2023 年 5 月

定　　價｜600 元

國家圖書館出版品預行編目 (CIP) 資料

《黃帝外經》丹道修真長壽學／黃帝岐伯原著；蘇德仙等編著
— 初版 — 臺北市，大展出版社有限公司，2013.03
面；21 公分—（道家養生與生命科學；7）
ISBN 978-957-468-936-1（平裝）

1.CST: 道教修鍊　2.CST: 養生

235.2　　　　　　　　　　　　　　　　102000319

大展好書　好書大展
品嘗好書　冠群可期

大展好書　好書大展

品嘗好書・冠群可期